毛澤東詩詞全編鑒賞

[增订本]

主　编／吴正裕

副主编／李　捷　陈　晋

人民文学出版社

图书在版编目(CIP)数据

毛泽东诗词全编鉴赏／吴正裕主编． —增订本． —北京：人民文学出版社，2017
（2025.10 重印）
　　ISBN 978–7–02–012973–7

　　Ⅰ. ①毛… Ⅱ. ①吴… Ⅲ. ①毛主席诗词—鉴赏 Ⅳ. ①A841.4

中国版本图书馆 CIP 数据核字（2017）第 220424 号

责任编辑　王一珂
装帧设计　刘　静
责任校对　刘晓强
责任印制　张　娜

出版发行　人民文学出版社
社　　址　北京市朝内大街 166 号
邮政编码　100705

印　　刷　三河市中晟雅豪印务有限公司
经　　销　全国新华书店等

字　　数　477 千字
开　　本　680 毫米×1000 毫米　1/16
印　　张　46.875　插页 6
印　　数　314001—334000
版　　次　2017 年 9 月北京第 1 版
印　　次　2025 年 10 月第 38 次印刷

书　　号　978–7–02–012973–7
定　　价　99.00 元

如有印装质量问题，请与本社图书销售中心调换。电话：010-59905336

* 1913年，在湖南省立第四师范学校就读时的毛泽东

* 1918年3月,湖南省立第一师范第八班合影,四排右二为毛泽东

* 1919年春，毛泽东、毛泽民、毛泽覃与母亲在长沙合影

* 1919年5月,湖南省立第一师范学校湘潭学友会合影,二排左三为毛泽东

* 1920年1月18日,毛泽东(左四)与湖南进步团体"辅社"在北京同仁游览陶然亭时合影

* 1920年5月8日,新民学会部分会员在上海半淞园合影,左七为毛泽东

* 1924年，毛泽东在上海

* 1925 年，毛泽东在广州

* 1927年3月10日,国民党二届三中全会在汉口开幕时合影,中排右三为毛泽东

* 1931年11月,毛泽东在江西瑞金

* 1933年6月26日，中央苏区八县贫农团代表大会主席团合影，右一为毛泽东

* 1934年，毛泽东与警卫员在江西瑞金合影

* 1936年，毛泽东在陕北保安与红四军部分干部合影

* 1936年，毛泽东在陕北保安

* 1937年5月9日，毛泽东在延安与参加秋收起义的部分同志合影

* 1938年，毛泽东在延安

* 1938年，毛泽东在延安与当年参加井冈山斗争的部分同志合影

* 1942年5月，毛泽东与丁玲（前排右一）等在延安文艺座谈会后合影

* 1945年，毛泽东与彭德怀在延安

* 1945年8月28日，毛泽东在延安机场向欢送的群众挥手告别

* 1946年冬，毛泽东在延安枣园窑洞中伏案工作

* 1947年，毛泽东在转战陕北途中

* 1949 年 4 月,毛泽东在北平香山双清别墅翻阅刊载南京解放消息的报纸

* 1949年5月5日，毛泽东与柳亚子在北平香山双清别墅

* 1949年10月1日，毛泽东在开国大典上

* 1950年6月28日，毛泽东与胡乔木在中央人民政府第八次会议上

* 1954年2月10日，毛泽东在杭州攀登北高峰

* 1954年3月，在北京伏案工作的毛泽东

* 1954年夏，毛泽东在秦皇岛北戴河海滨

* 1955年12月，在广州伏案工作的毛泽东

* 1956年5月31日，毛泽东在武汉横渡长江

* 1958年，毛泽东与陈毅在北京

* 1958 年 5 月 25 日，毛泽东在十三陵水库工地参加义务劳动

* 1959 年，毛泽东和亚非拉各国青年朋友在一起

* 1959年6月26日，毛泽东在湖南韶山与乡亲们畅谈

* 1959年6月27日，毛泽东与李淑一在长沙

* 1959年6月27日，毛泽东在长沙与相关同志、亲友合影，右一为周世钊

* 1960 年，毛泽东在北京

* 1961年，毛泽东在庐山读书

* 1961年，毛泽东在庐山

* 1963年12月,毛泽东向罗荣桓遗体告别

* 1964年2月13日，毛泽东与郭沫若在人民大会堂春节座谈会上

＊ 1965年春，毛泽东在武汉东湖客舍

* 1965年5月，毛泽东在井冈山漫步

* 1966年6月,毛泽东在韶山滴水洞三号水库边小憩

* 1973年8月24日，毛泽东在中国共产党第十次全国代表大会上

去去思君深，思君君不来，愁杀芳年友。悲歌有余哀，衡阳雁声徹，湘浓春濑回。感物念所欢，踯躅南城隈。城隈草萋萋，涔泪侵双题。采采余孤景，日落衡云西。方期沅湘游，零落匪所思。永诀从今始，午夜惊鸣鸡。鸣鸡一声唱，汨罗度东皋。上丹君去矣，握手珠眶溃。关山蹇骥骥，兰丛鹫骢归。

云帐我怀涕九斯，狂歌倚列峰，三叹皋月旦。旧歙念试长剑，东海有岛夷，北山尽仇怨。温瑸谁氏子，姜旦辞浮贱。子期竟早亡，牙琴从此绝。琴绝最伤情，朱华春不荣。后来有千日，谁与共平生。望雪云蓊荐杯酒，怅怅春铭旌，怅怅生何寄，江天水一泓

*《五古·挽易昌陶》手迹

归国谣

今宵月,
应把天涯都照彻。
清光不含青山尖,
清辉却向青阶泄。
鼙鼓歇,
马嘶人语长亭白。

* 《归国谣·今宵月》手迹

虞美人·枕上

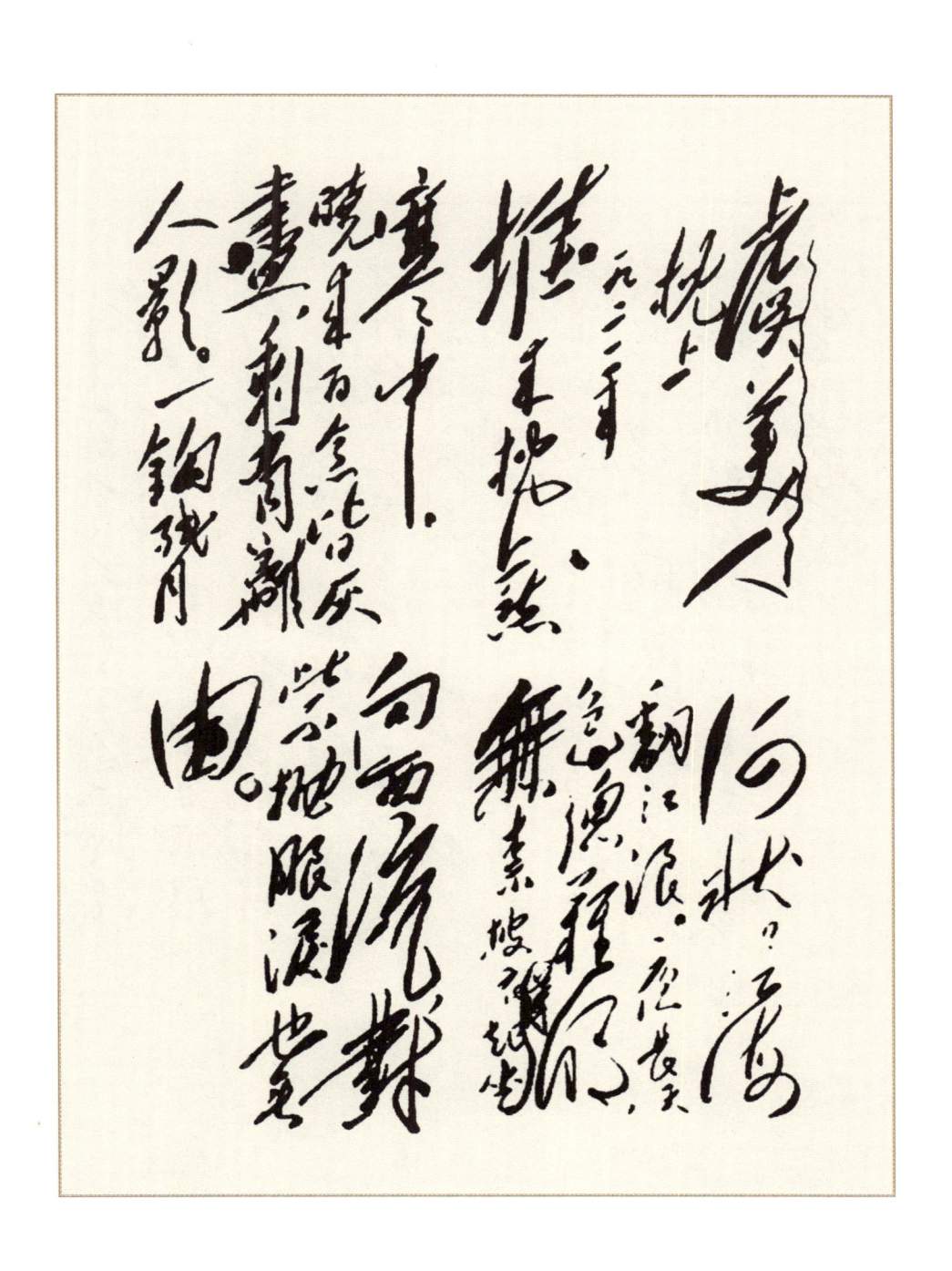

一九二一年

堆来枕上愁何状，江海翻波浪。夜长天色总难明，寂寞披衣起坐数寒星。

晓来百念都灰烬，剩有离人影。一钩残月向西流，对此不抛眼泪也无由。

*《虞美人·枕上》手迹

*《贺新郎·别友》手迹

*《沁园春·长沙》手迹

*《菩萨蛮·黄鹤楼》手迹

*《西江月·井冈山》手迹

*《清平乐·蒋桂战争》手迹

*《采桑子·重阳》手迹

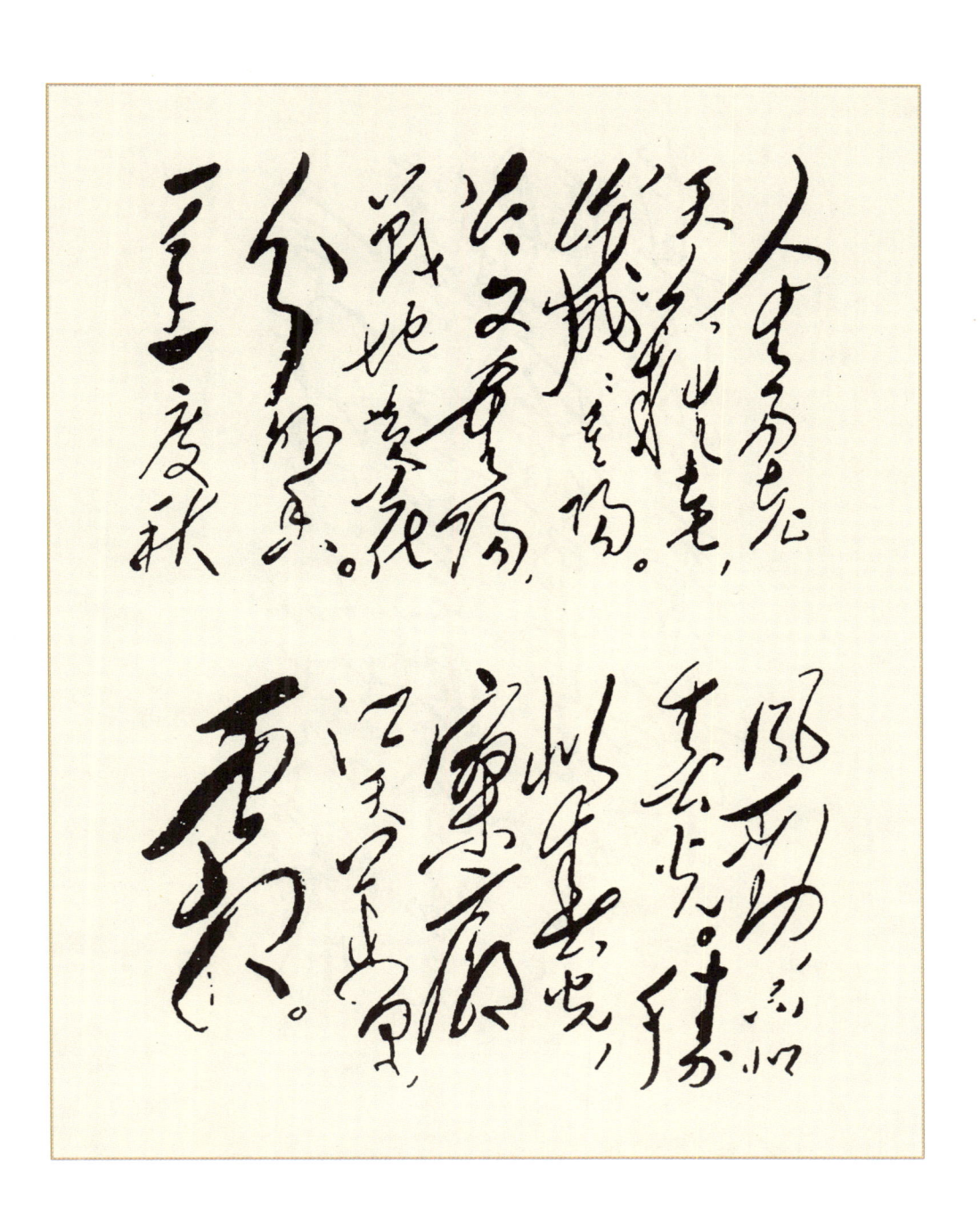

*《如梦令·元旦》手迹

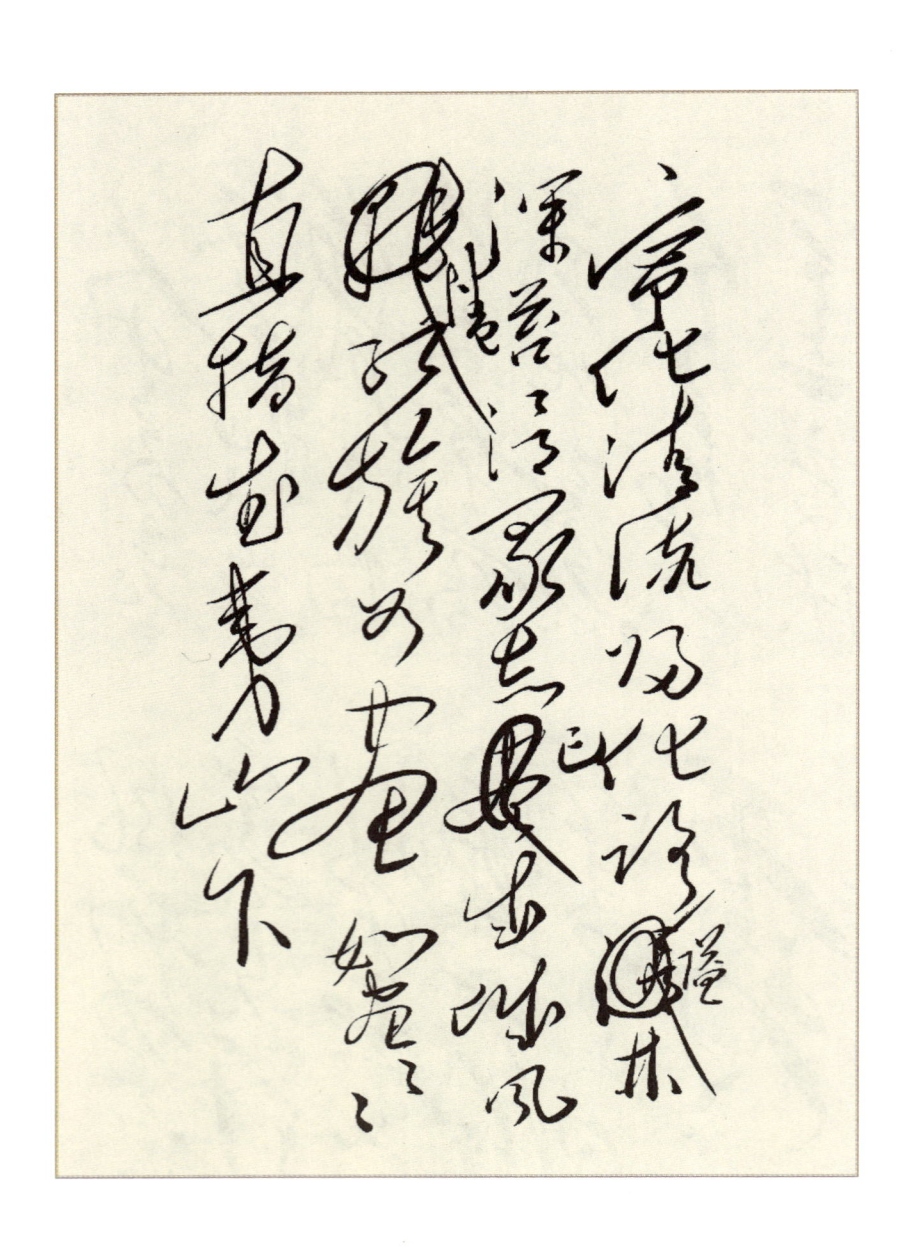

*《减字木兰花·广昌路上》手迹

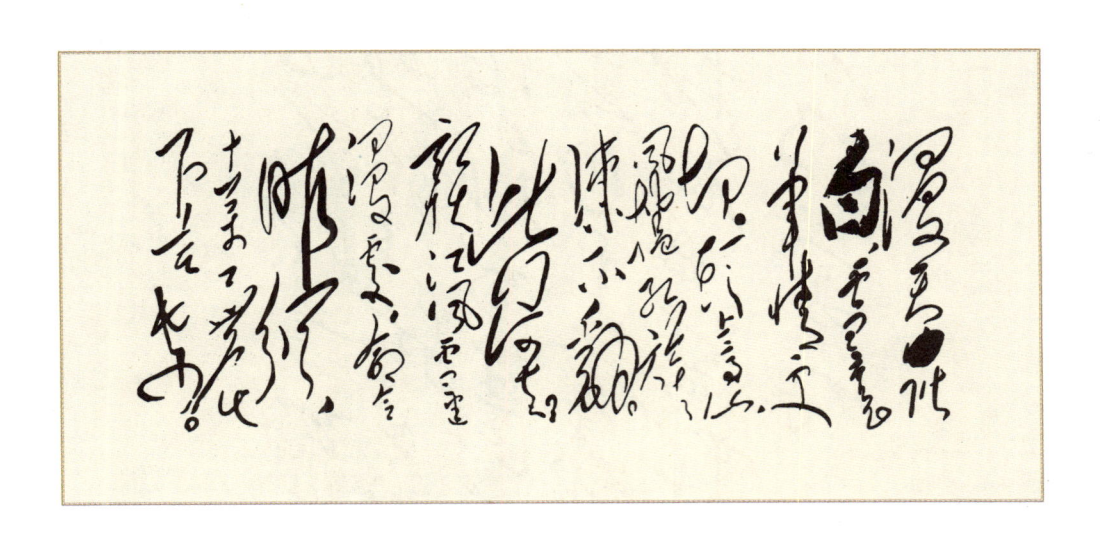

*《菩萨蛮·大柏地》手迹

清平乐

东方欲晓,莫道君行早。
踏遍青山人未老,风景这边独好。

会昌城外高峰,颠连直接东溟。
战士指看南粤,更加郁郁葱葱。

*《清平乐·会昌》手迹

*《十六字令三首》手迹

*《忆秦娥·娄山关》手迹

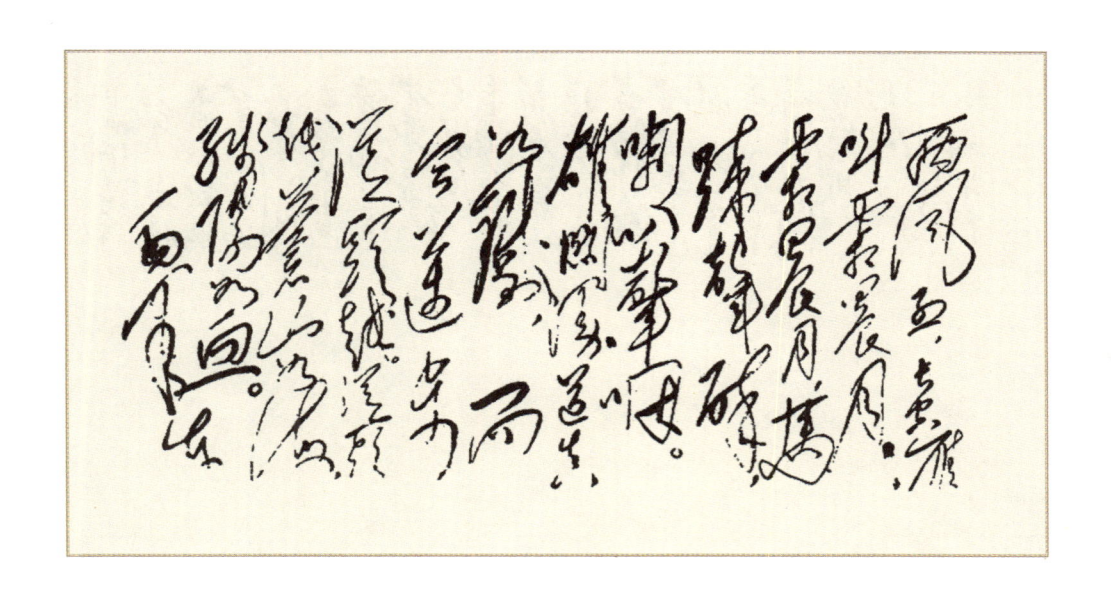

*　《七律·长征》手迹

*《念奴娇·昆仑》手迹

* 《清平乐·六盘山》手迹

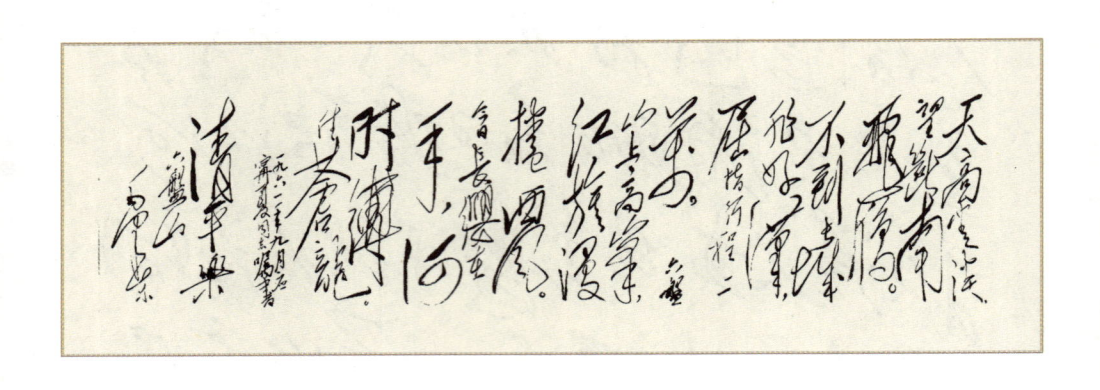

*《沁园春·雪》手迹

*《临江仙·给丁玲同志》手迹

*《四言诗·祭黃陵文》手迹

钟山风雨起苍黄，百万雄师过大江，虎踞龙盘今胜昔，天翻地覆慨而慷。宜将剩勇追穷寇，不可沽名学霸王。天若有情天亦老，人间正道是沧桑。

* 《七律·人民解放军占领南京》手迹

*《七律·和柳亚子先生》手迹

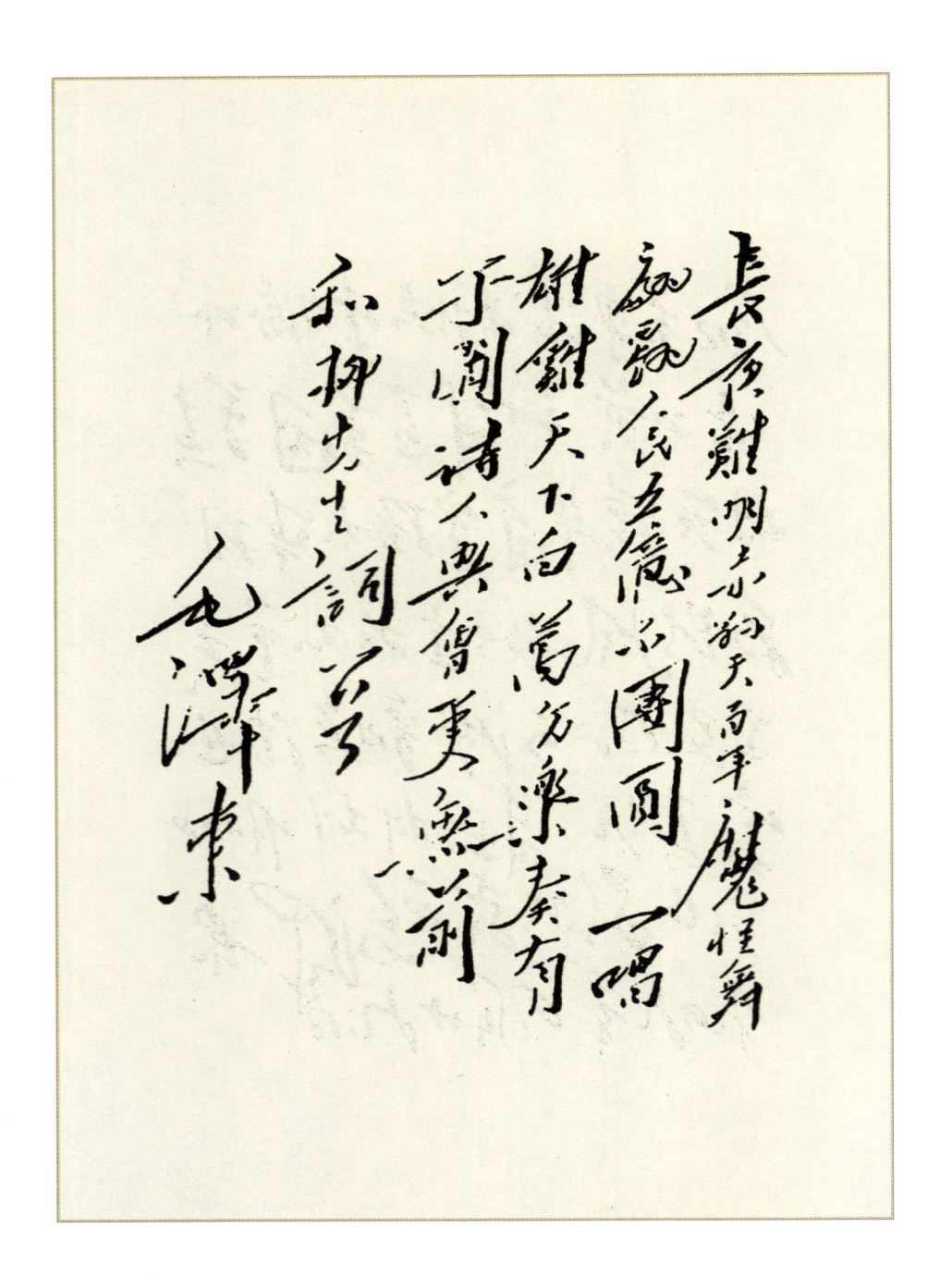

长夜难明赤县天，百年魔怪舞翩跹，人民五亿不团圆。

一唱雄鸡天下白，万方乐奏有于阗，诗人兴会更无前。

和柳先生词一首

毛泽东

*《浣溪沙·和柳亚子先生》手迹

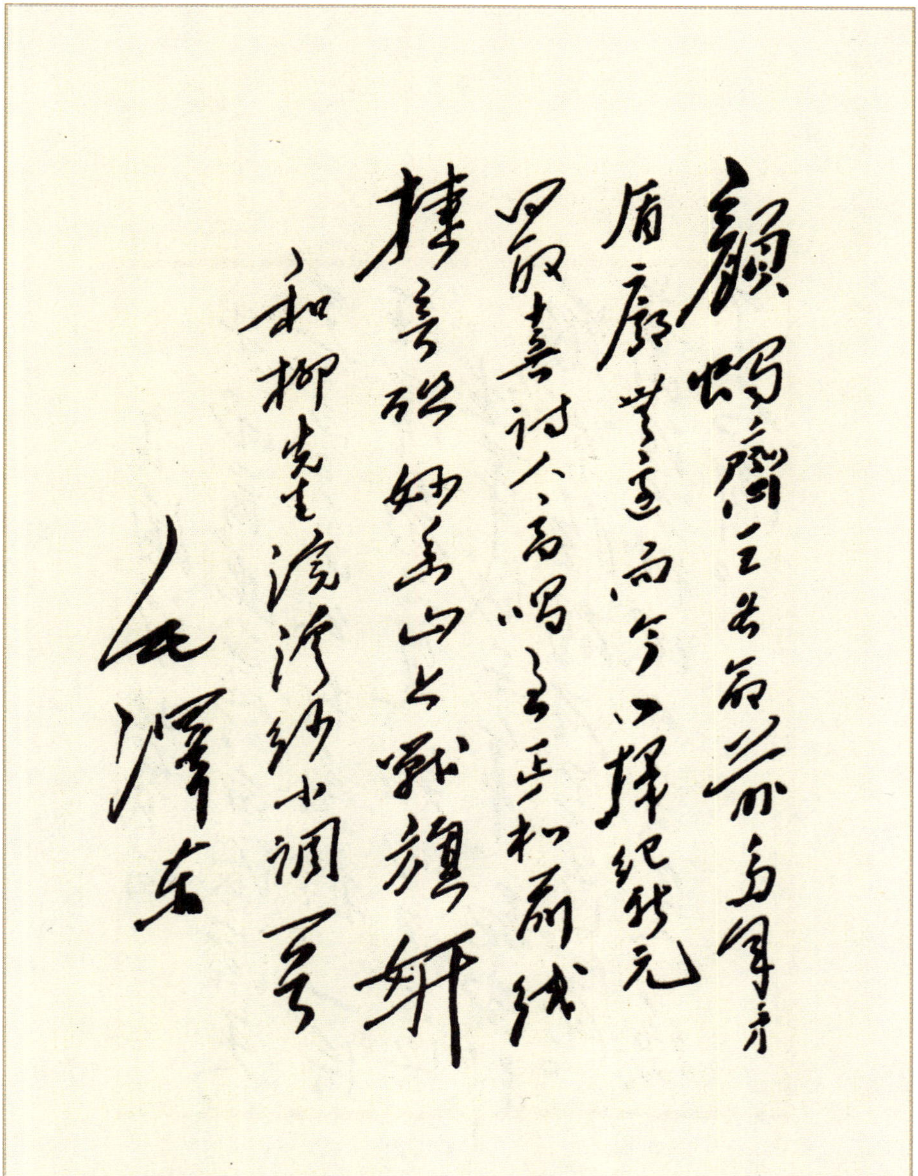

颜斌亮同志所书为是，

盾翁（柳亚子）先生以今八择一之。纪弦元

最喜诗人高吟至正和前线

捷喜妙语山上战旗妍

和柳先生浣溪沙小调一首

毛泽东

*《浣溪沙·和柳亚子先生》手迹

浪淘沙 北戴河

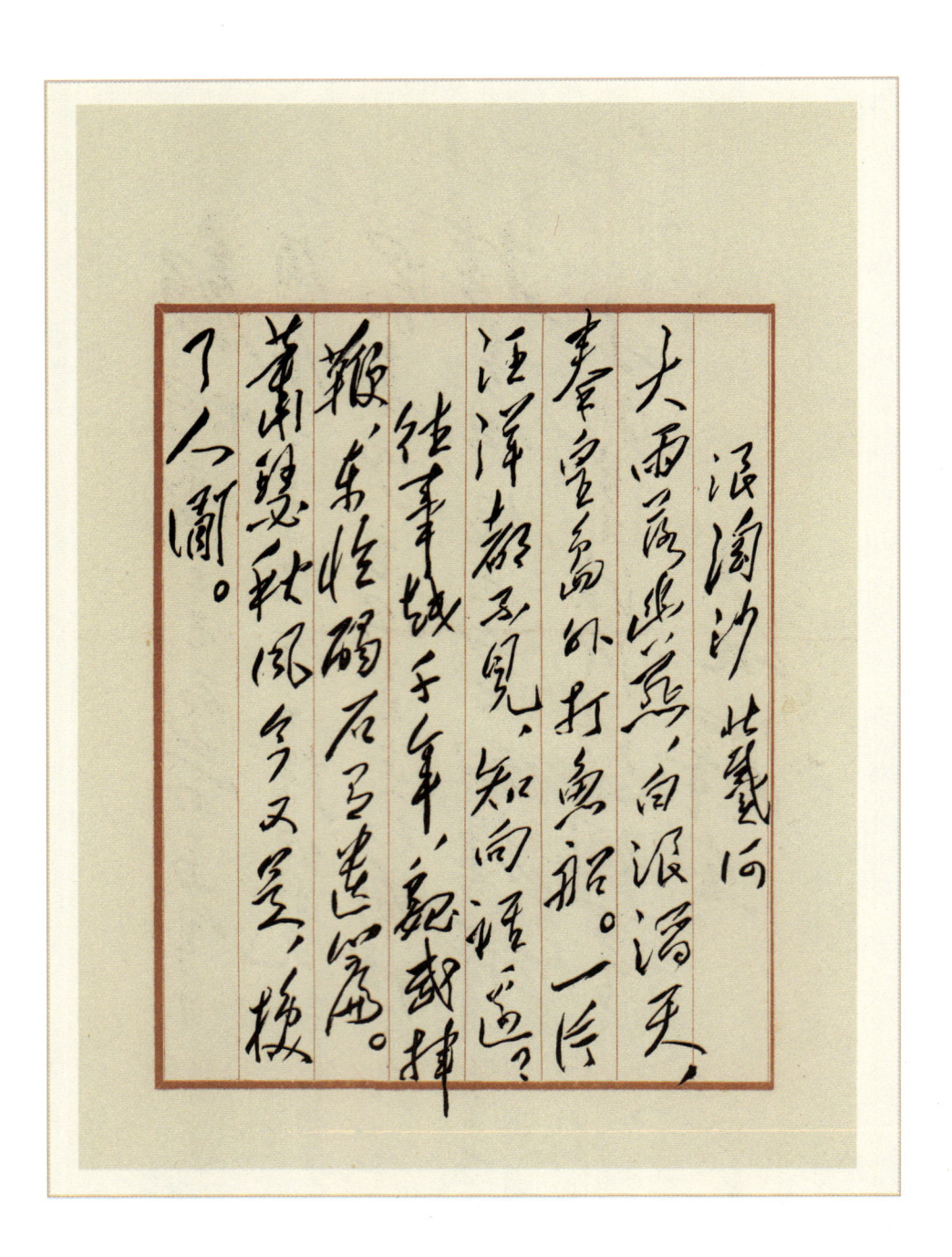

大雨落幽燕,白浪滔天,秦皇岛外打鱼船。一片汪洋都不见,知向谁边?

往事越千年,魏武挥鞭,东临碣石有遗篇。萧瑟秋风今又是,换了人间。

*《浪淘沙·北戴河》手迹

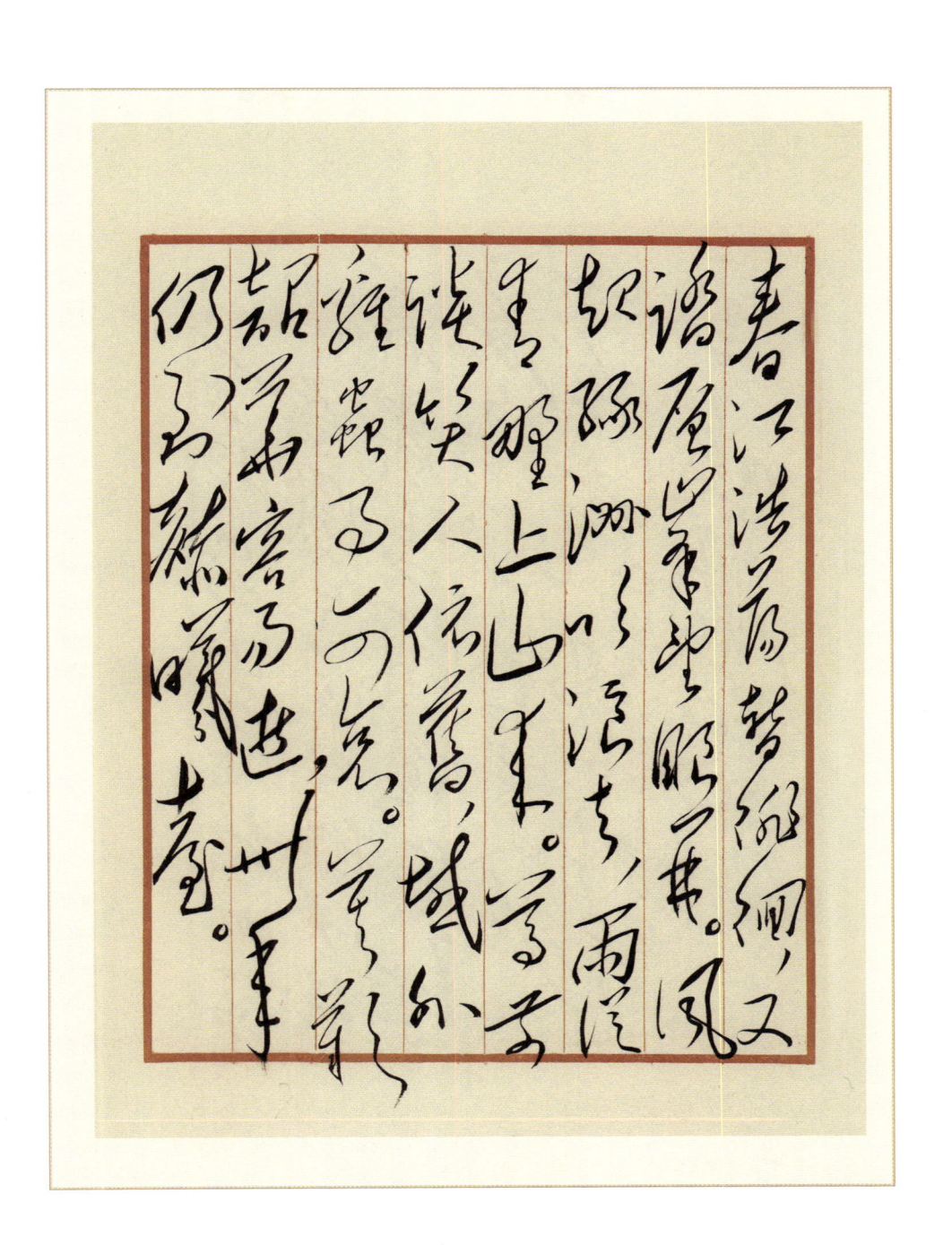

春江浩荡暂徘徊,又
语痕鳌地照三风。
犹跨洲十浪下,两涯
青雕上山来。尊子
谁笑人信鸳,城外
难起子何急。尝羽
韶到雨宫高处,
何烟而蘸喷荟。

*《七律·和周世钊同志》手迹

*《五律·看山》手迹

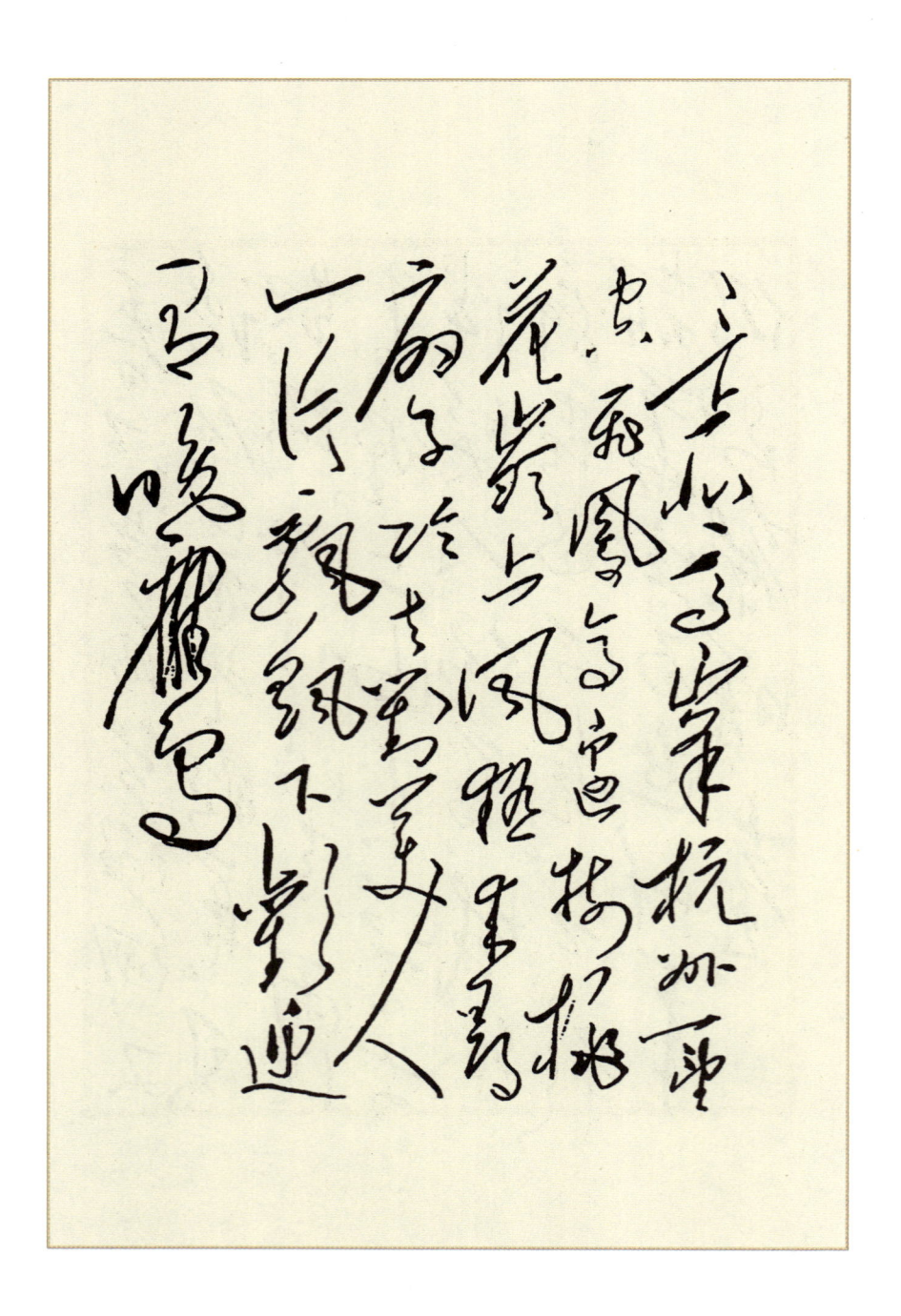

*《七绝·莫干山》手迹

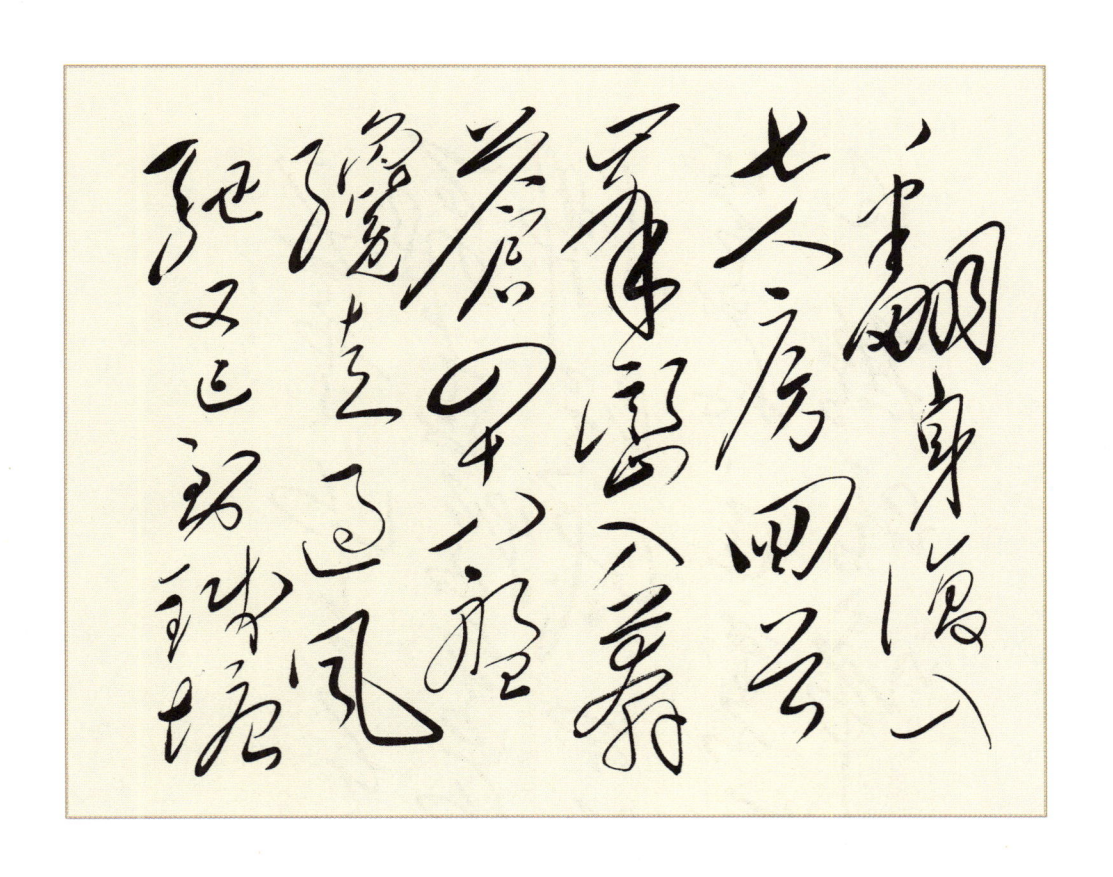

*《七绝·五云山》手迹

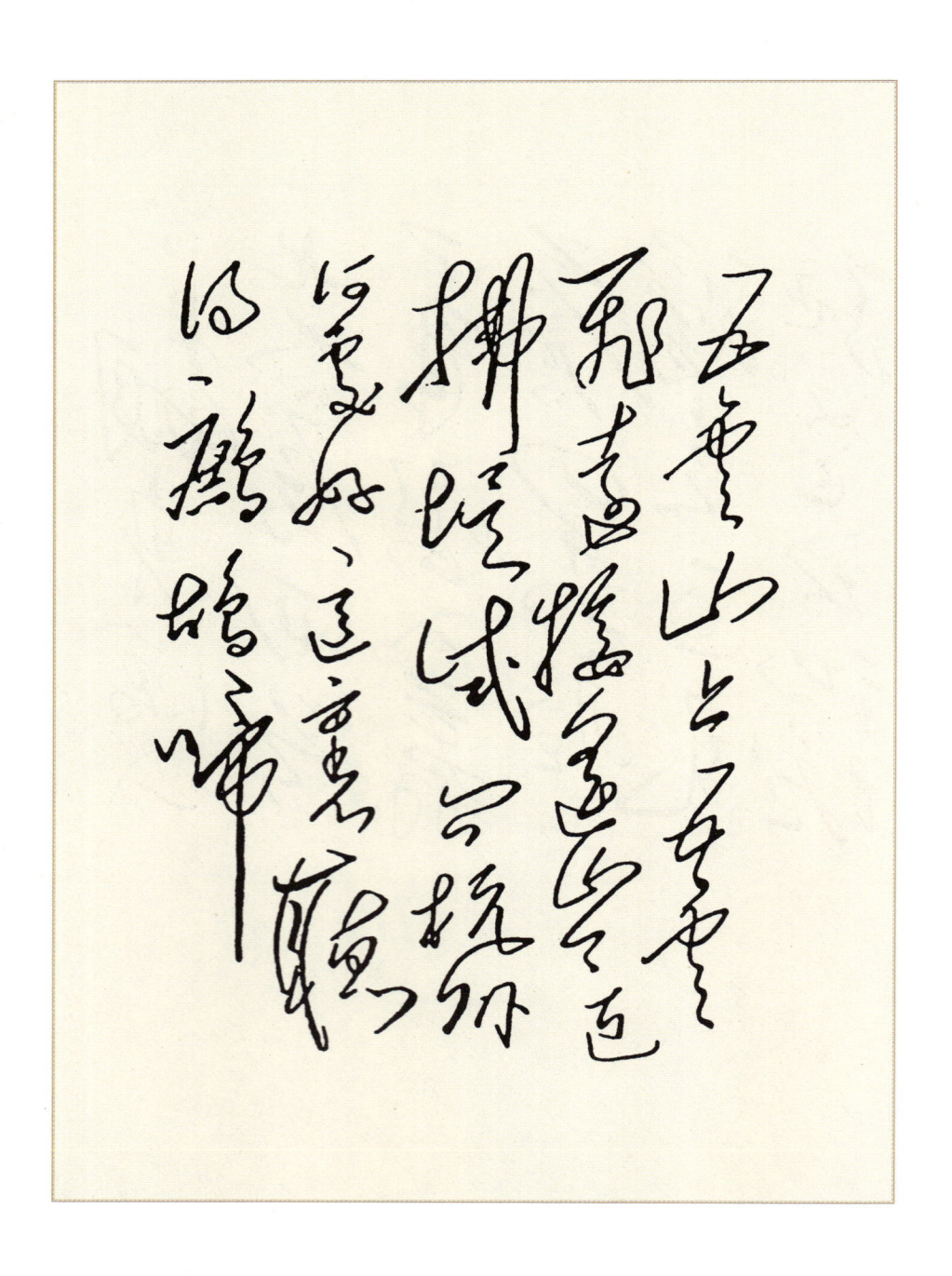

水调歌头·游泳

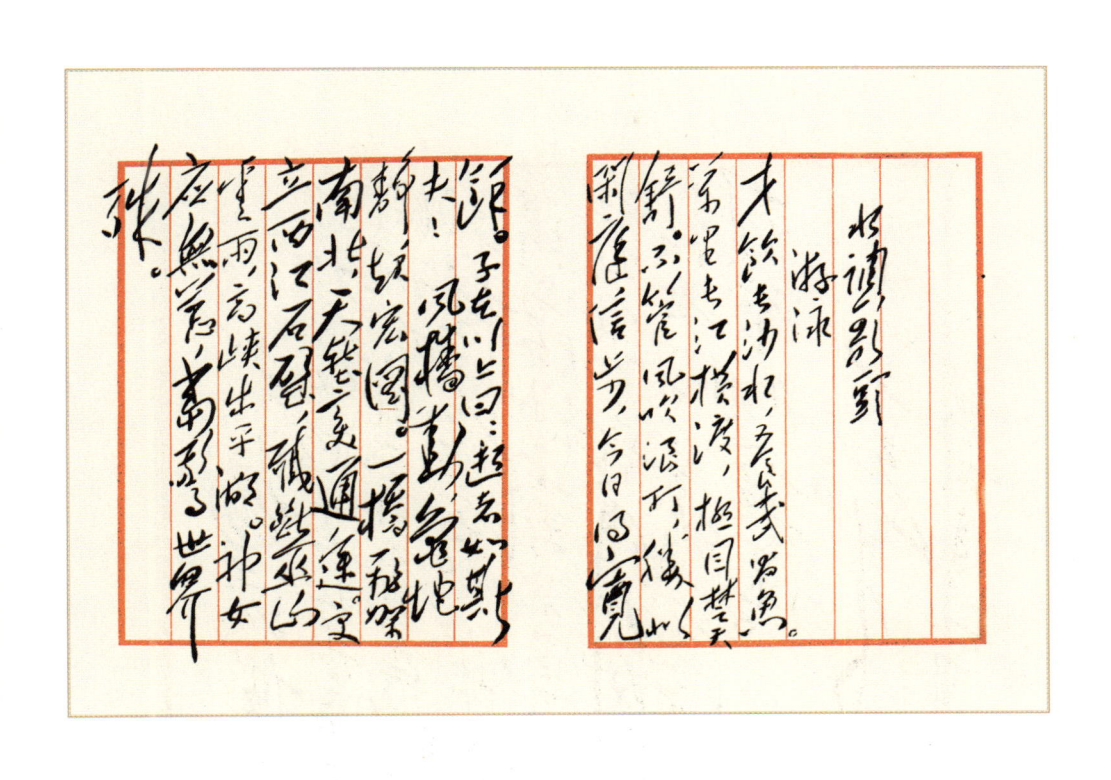

才饮长沙水,又食武昌鱼。万里长江横渡,极目楚天舒。不管风吹浪打,胜似闲庭信步,今日得宽馀。子在川上曰:逝者如斯夫!

风樯动,龟蛇静,起宏图。一桥飞架南北,天堑变通途。更立西江石壁,截断巫山云雨,高峡出平湖。神女应无恙,当惊世界殊。

*《水调歌头·游泳》手迹

*《蝶恋花·答李淑一》手迹

*《七律二首·送瘟神》手迹

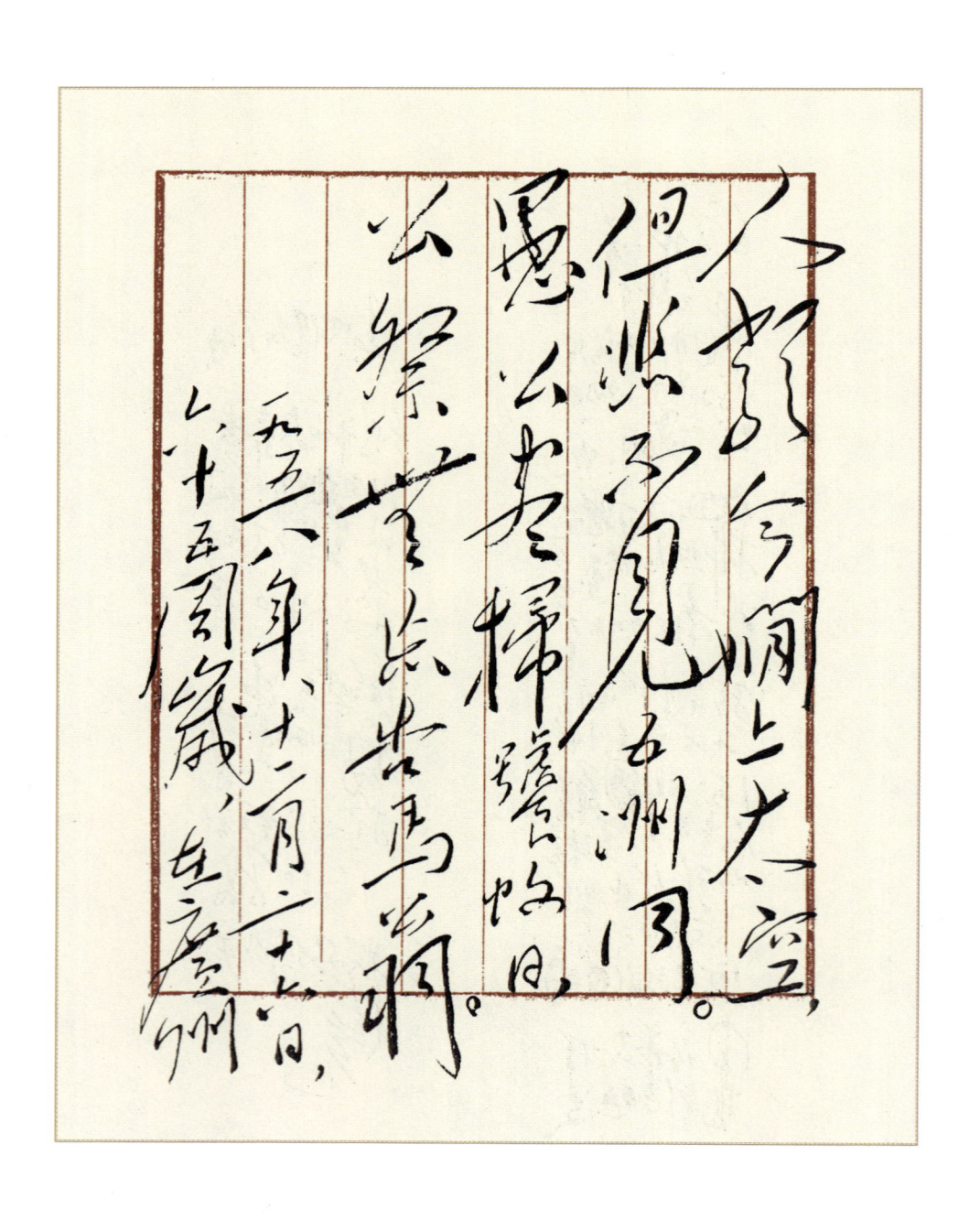

人类今闲上太空,
但见沿河五洲间。
愿以今春杨柳枝,
以绵送与赤县哺。

一九五八年十二月二十一音,
六十五周岁,在广州。

*《七绝·仿陆游诗》手迹

*《七律·到韶山》手迹

*《七律·登庐山》手迹

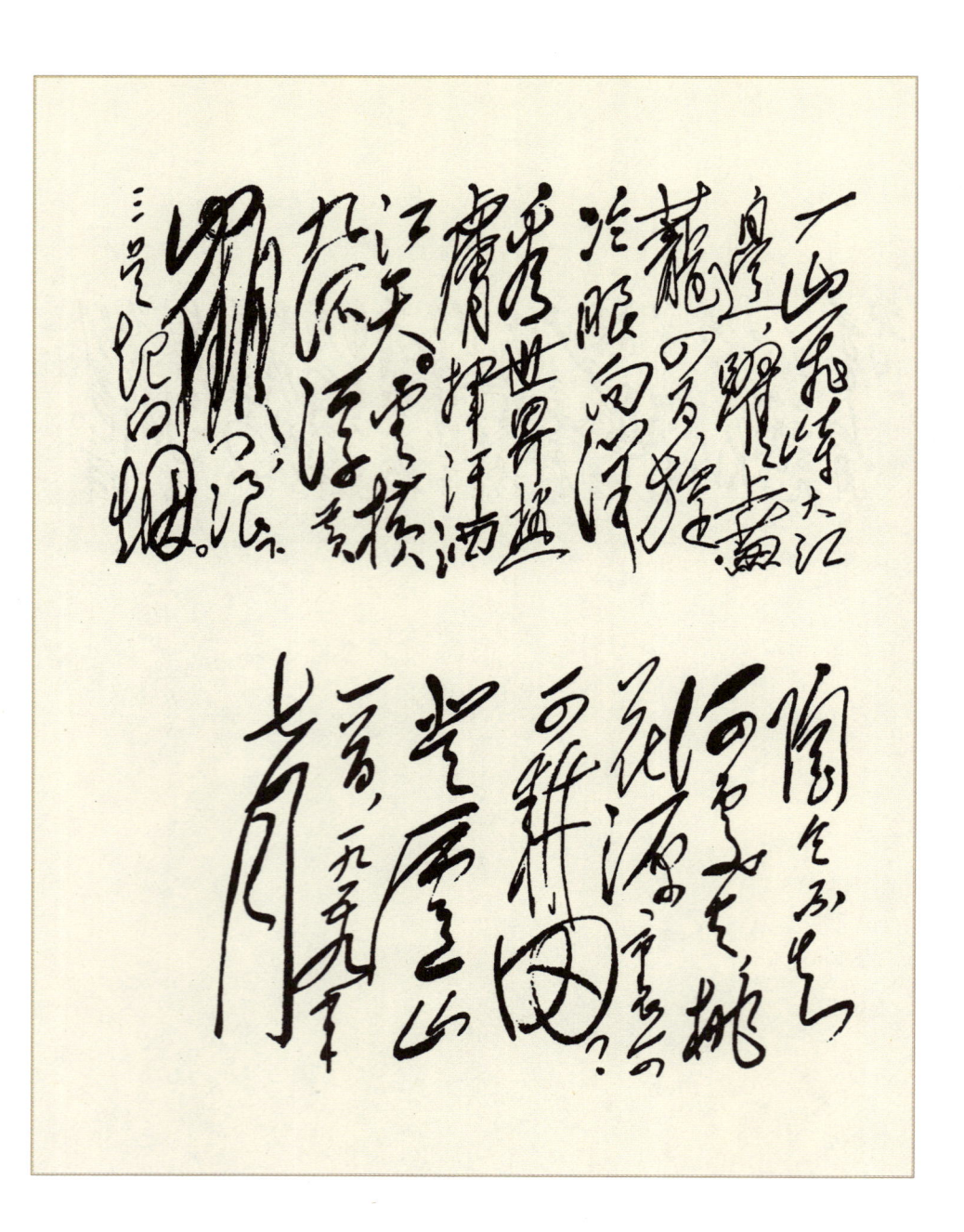

*《七绝·为女民兵题照》手迹

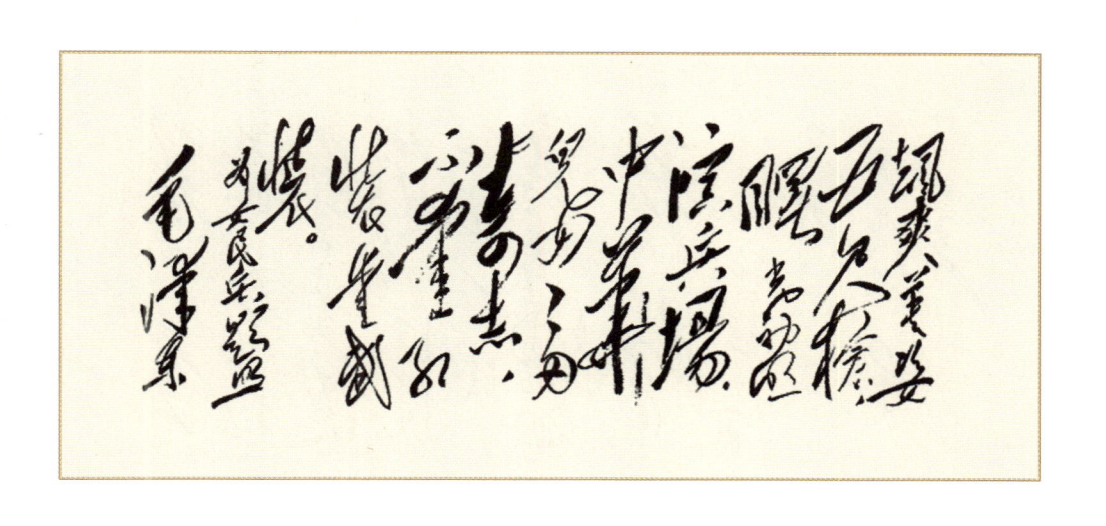

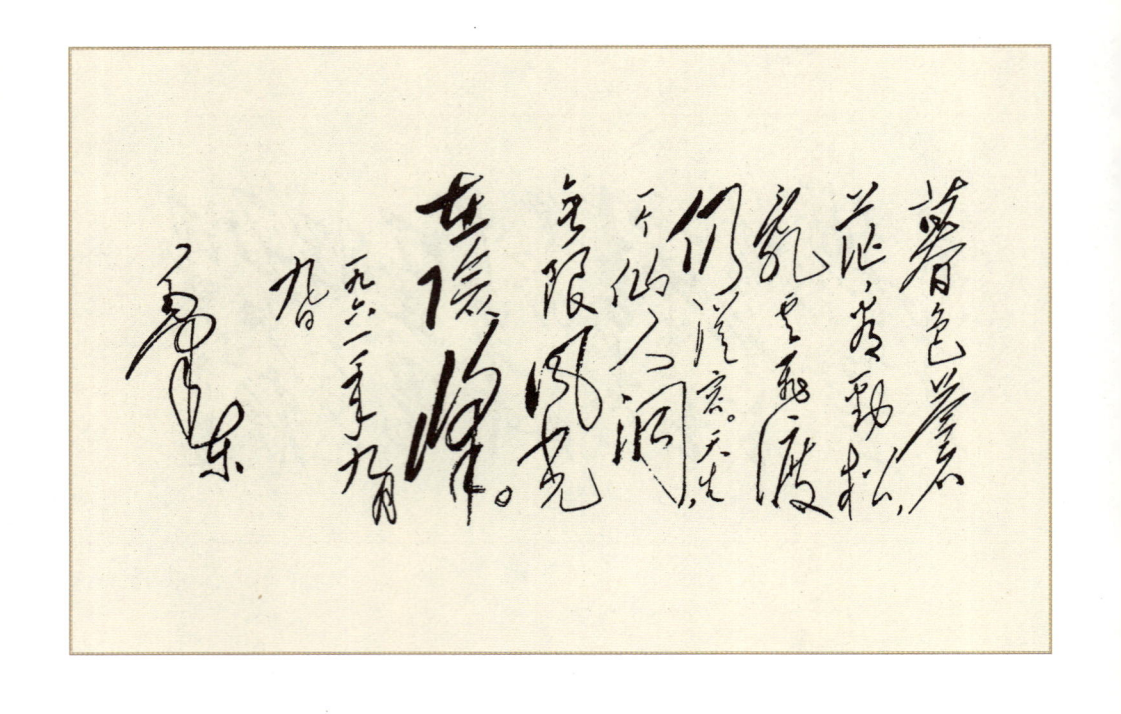

*《七绝·为李进同志题所摄庐山仙人洞照》手迹

《七律·和郭沫若同志》手迹

＊《卜算子·咏梅》手迹

*《满江红·和郭沫若同志》手迹

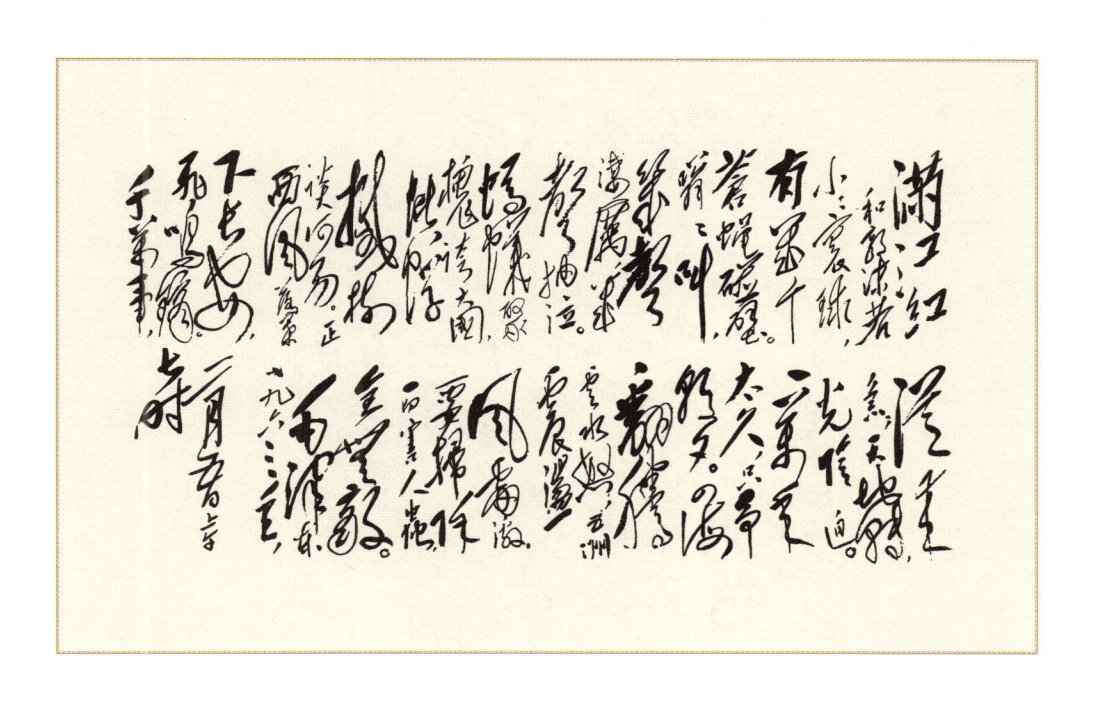

*《七律·吊罗荣桓同志》手迹

*《贺新郎·读史》手迹

* 《水调歌头·重上井冈山》手迹

*《念奴娇·井冈山》手迹

*《念奴娇·鸟儿问答》手迹

*《七律·洪都》手迹

*《七律·有所思》手迹

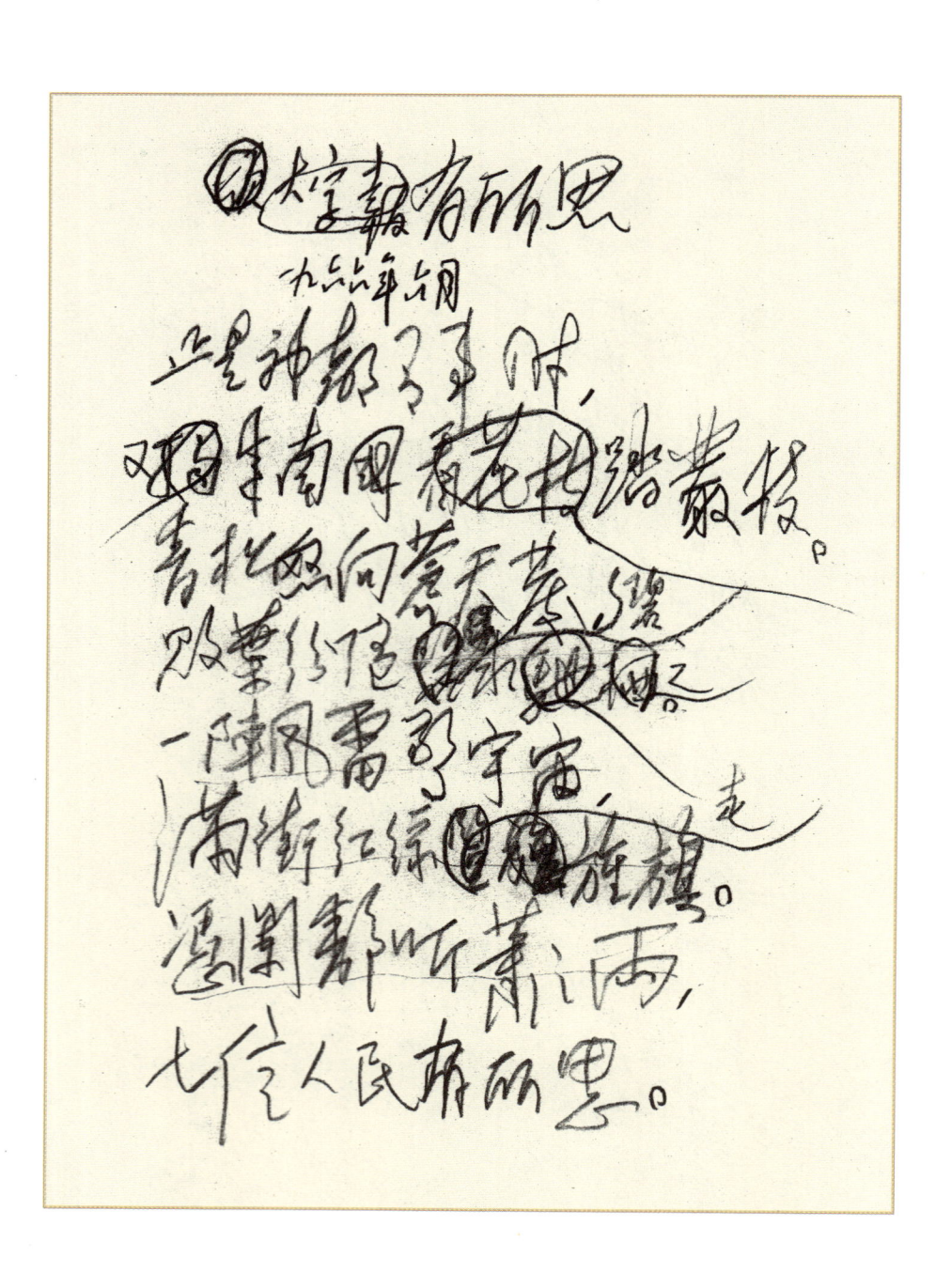

* 对《沁园春·长沙》的批注手迹

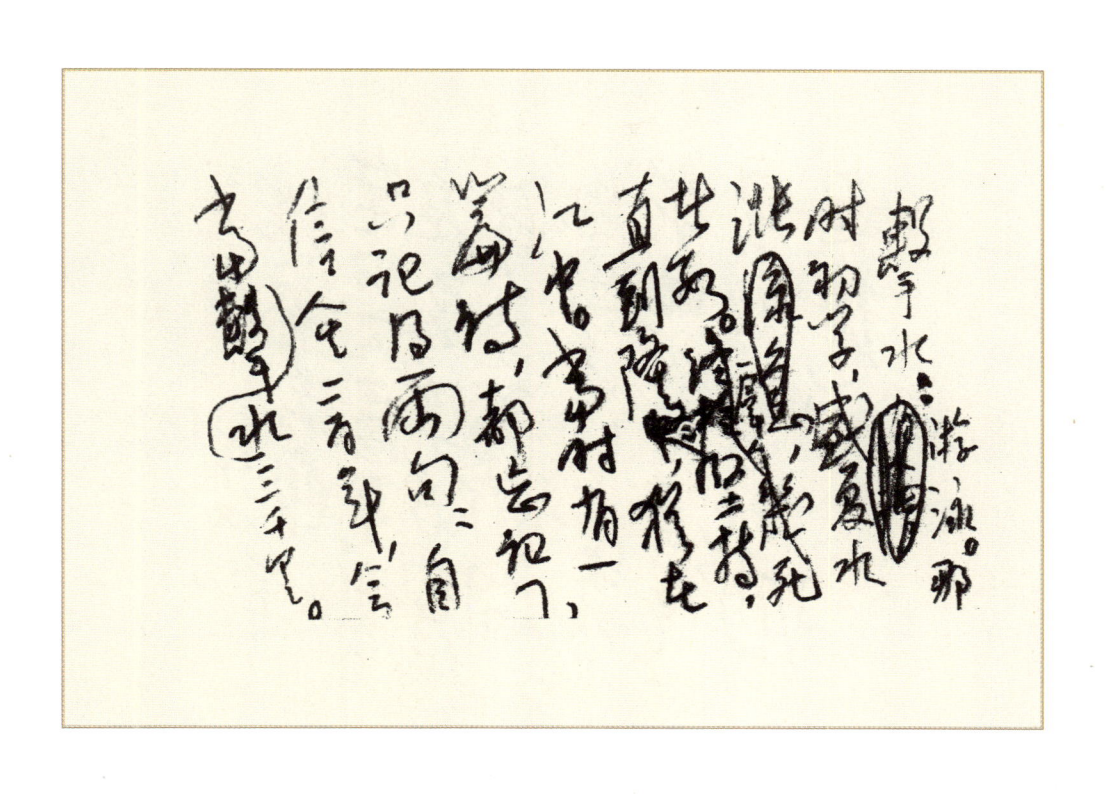

*对《清平乐·会昌》的批注手迹

*对《沁园春·雪》的批注手迹

*《词六首》引言手迹

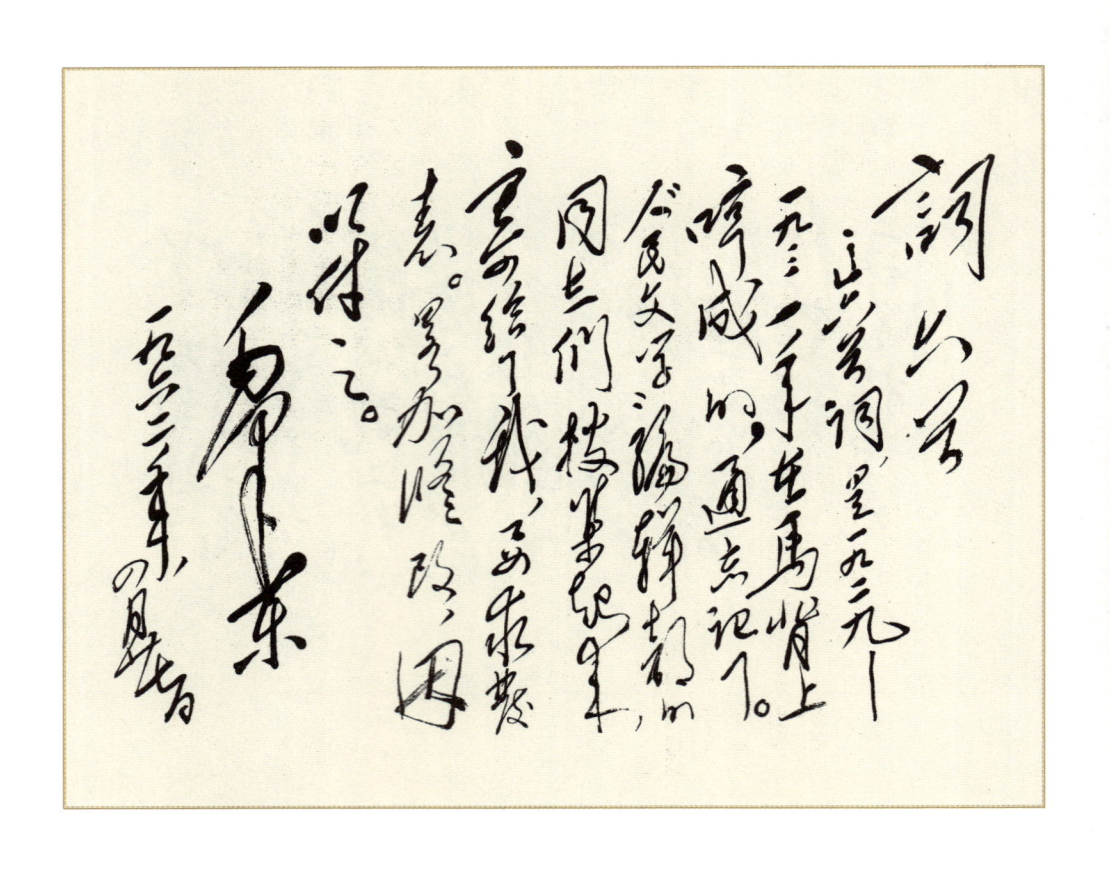

出版说明

2003年,《毛泽东诗词全编鉴赏》问世。这次由人民文学出版社出版的"增订本",做了大量增补和修订工作。"增订本"大体有如下几个特点:

第一,增补了六首毛泽东诗词,堪称名副其实的"毛泽东诗词全编"。这六首诗词分别是:《四言诗·祭母文》《归国谣·今宵月》《四言诗·祭黄陵文》《七律·重庆谈判》《七绝·仿陆游诗》《七律·读报》。加上《毛泽东诗词全编鉴赏》初版本原来附录的五首七律,比《毛泽东诗词集》增收了十一首,毛泽东诗词总量多达七十八首。可以说,本书收录了现在已经公开披露并经严谨考证的所有毛泽东诗词。它是收录毛泽东诗词最多、最全的版本。目前出版物中所见毛泽东诗词全编、全集、大全之类书籍,收录毛泽东韵文作品一百多篇,但其中很多标明为古体诗,实际上是四言、五言、六言、七言、杂言韵语。这些韵语不能看作毛泽东自称的"旧体诗词",即不符合毛泽东诗论。毛泽东曾说过,诗要精炼、含蓄,要有诗意;诗要用形象思维,不能如散文那样直说,比、兴两法不能不用;律诗要讲平仄,不讲平仄即非律诗,等等。用毛泽东诗论关于旧体诗的艺术标准来衡量,这些韵语既不是旧体诗中的古体诗,更不是旧体诗中的近体诗,因此不能称为毛泽东诗词。

第二,对初版本进行了全面的修订。首先,关于注释部分,一一订正了史实性的讹误;兼顾不同文化程度读者的需要,对诗词中的词语增补了简要解释;对所有典故,包括语典和事典,力求注明出处和注出原文;对难懂的或解读有分歧的诗句,增加了串讲。其次,关于考辨部分,除订正讹误外,还提供了研究毛泽东诗词和手迹的新资料;并对毛泽东诗词研究的存疑问题增补了辨析。再次,关于赏析部分,新增的六首诗词补写了六篇赏析文章;统一了体例,将页下注和文后注改为文中注;重新校阅了文章中的史实和引文,订正了差错;对部分文章的标点,做了规范。

  第三,经过认真细致的挑选,收入作者照片和诗词手迹各四十余幅,比初版本增加很多。毛泽东一生留下大量照片,为结合他的诗路历程,展现他在各个不同历史时期的形象和风采,本书精选了少量珍品以供读者欣赏。毛泽东是伟大的诗人,又是杰出的书法家。他创作的旧体诗词和书写的自作诗词手迹,堪称双绝。本书精选的诗词手迹,大都是富有艺术魅力的书法瑰宝,少数是弥足珍贵的手稿。在阅读脍炙人口的毛泽东诗词的同时,辅以雄浑瑰丽的毛泽东诗词手迹欣赏,可以得到高尚的艺术和审美享受。

  最后,感谢卢中南同志为本书题写书名,感谢王一珂同志编辑中的辛勤劳作,感谢人民文学出版社对本书出版予以的所有支持和帮助。

编者
2017年8月

目 录

正 编

贺新郎　别友 —— 3
（一九二三年）

熔婉约与豪放于一炉
——《贺新郎·别友》赏析 / 公　木

沁园春　长沙 —— 13
（一九二五年）

问苍茫大地　谁主沉浮
——《沁园春·长沙》赏析 / 吴奔星

菩萨蛮　黄鹤楼 —— 21
（一九二七年春）

掌上千秋史　诗笔绘华章
——《菩萨蛮·黄鹤楼》赏析 / 邓国栋

西江月　井冈山 —— 29
（一九二八年秋）

诗情画意描战场
——《西江月·井冈山》赏析 / 李远源

清平乐　蒋桂战争 ——36
（一九二九年秋）

　　风云突变红旗跃

　　　　——《清平乐·蒋桂战争》赏析／萧永义

采桑子　重阳 ——43
（一九二九年十月）

　　革命人生的壮美颂歌

　　　　——《采桑子·重阳》赏析／何火任

如梦令　元旦 ——51
（一九三〇年一月）

　　意象的奇妙组合

　　　　——《如梦令·元旦》赏析／丁国成

减字木兰花　广昌路上 ——58
（一九三〇年二月）

　　白雪·红旗·过大关

　　　　——《减字木兰花·广昌路上》赏析／程光锐

蝶恋花　从汀州向长沙 ——65
（一九三〇年七月）

　　狂飙颂

　　　　——《蝶恋花·从汀州向长沙》赏析／李　瑛

渔家傲　反第一次大"围剿" ——73
（一九三一年春）

　　大气磅礴的战歌

　　　　——《渔家傲·反第一次大"围剿"》赏析／刘　征

渔家傲 反第二次大"围剿" —— 81
（一九三一年夏）

辉煌的诗史 壮丽的史诗
——《渔家傲·反第二次大"围剿"》赏析 / 杨子敏

菩萨蛮 大柏地 —— 88
（一九三三年夏）

无产阶级革命家笔下的战场画面
——《菩萨蛮·大柏地》赏析 / 钟振振

清平乐 会昌 —— 96
（一九三四年夏）

为中国的革命气节而骄傲
——《清平乐·会昌》赏析 / 万文武

十六字令三首 —— 104
（一九三四年到一九三五年）

独具"化美为媚"的美学魅力
——《十六字令三首》赏析 / 刘 文

忆秦娥 娄山关 —— 112
（一九三五年二月）

沉郁中的壮思
——《忆秦娥·娄山关》赏析 / 李壮鹰

七律 长征 —— 119
（一九三五年十月）

挑战者之歌
——《七律·长征》赏析 / 丁正梁

念奴娇　昆仑 _____128

（一九三五年十月）

　　"昆仑"——自然的人化

　　　　　　——《念奴娇·昆仑》赏析 / 刘业超

清平乐　六盘山 _____136

（一九三五年十月）

　　再长征的号角

　　　　　　——《清平乐·六盘山》赏析 / 朱家驰

沁园春　雪 _____144

（一九三六年二月）

　　雄视千古

　　　　　　——《沁园春·雪》赏析 / 吴欢章

七律　人民解放军占领南京 _____152

（一九四九年四月）

　　"人间正道是沧桑"

　　　　　　——《七律·人民解放军占领南京》赏析 / 刘汉民

七律　和柳亚子先生 _____160

（一九四九年四月二十九日）

　　意深语畅，跌宕生姿

　　　　　　——《七律·和柳亚子先生》赏析 / 丁　芒

浣溪沙　和柳亚子先生 _____171

（一九五〇年十月）

　　开国纪盛话新旧

　　　　　　——《浣溪沙·和柳亚子先生》赏析 / 蒋力余

浪淘沙　北戴河 ———— 179
（一九五四年夏）
　　观海则意溢于海
　　　　——《浪淘沙·北戴河》赏析／陈顺智　丁　毅

水调歌头　游泳 ———— 189
（一九五六年六月）
　　宏伟建设的畅想曲
　　　　——《水调歌头·游泳》赏析／苏者聪

蝶恋花　答李淑一 ———— 196
（一九五七年五月十一日）
　　植根深厚而超迈古今
　　　　——《蝶恋花·答李淑一》赏析／董乃斌

七律二首　送瘟神 ———— 205
（一九五八年七月一日）
　　社会主义建设时期的"送神曲"
　　　　——《七律二首·送瘟神》赏析／丁　毅

七律　到韶山 ———— 216
（一九五九年六月）
　　故乡行　中华情
　　　　——《七律·到韶山》赏析／纪　鹏

七律　登庐山 ———— 223
（一九五九年七月一日）
　　时代巨人的襟怀　历史潮流的赞歌
　　　　——《七律·登庐山》赏析／郭永文

七绝　为女民兵题照 _____ 237

（一九六一年二月）

　　畅晓见蕴藉　坦陈更雄豪

　　　　——《七绝·为女民兵题照》赏析 / 李人凡

七律　答友人 _____ 243

（一九六一年）

　　情意洞幽赋寥廓

　　　　——《七律·答友人》赏析 / 胡为雄

七绝　为李进同志题所摄庐山仙人洞照 _____ 250

（一九六一年九月九日）

　　奇松云海托真情

　　　　——《七绝·为李进同志题所摄庐山仙人洞照》赏析 / 孙宝玲

七律　和郭沫若同志 _____ 256

（一九六一年十一月十七日）

　　"打鬼"颂"金猴"

　　　　——《七律·和郭沫若同志》赏析 / 蔡厚示

卜算子　咏梅 _____ 265

（一九六一年十二月）

　　风流标格　首开奇响

　　　　——《卜算子·咏梅》赏析 / 吴万刚

七律　冬云 _____ 273

（一九六二年十二月二十六日）

　　雄奇豪迈　气贯长虹

　　　　——《七律·冬云》赏析 / 江凯波

满江红　和郭沫若同志 ———————————— 278
（一九六三年一月九日）

  气吞八荒　光耀千古
    ——《满江红·和郭沫若同志》赏析 / 孟庆文

七律　吊罗荣桓同志 ———————————— 287
（一九六三年十二月）

  亦哭亦诉悼战友
    ——《七律·吊罗荣桓同志》赏析 / 董正春

贺新郎　读史 ———————————— 297
（一九六四年春）

  藻耀而高翔　文笔之鸣凤
    ——《贺新郎·读史》赏析 / 张贻玖

水调歌头　重上井冈山 ———————————— 305
（一九六五年五月）

  双关的思想内涵　隐秀的艺术标本
    ——《水调歌头·重上井冈山》赏析 / 张惠仁

念奴娇　鸟儿问答 ———————————— 316
（一九六五年秋）

  生动形象　寓意深刻
    ——《念奴娇·鸟儿问答》赏析 / 赵维新　李发功

副 编

五古 挽易昌陶 —— 327
（一九一五年五月）

赞美好友　怀念故人
——《五古·挽易昌陶》赏析 / 周振甫

七古 送纵宇一郎东行 —— 334
（一九一八年四月）

视宇宙如稊米　展鹏翼而击浪
——《七古·送纵宇一郎东行》赏析 / 李子建

虞美人 枕上 —— 344
（一九二一年）

无情未必真豪杰　多情亦是大丈夫
——《虞美人·枕上》赏析 / 蔡清富

西江月 秋收起义 —— 351
（一九二七年）

千秋暴动第一诗
——《西江月·秋收起义》赏析 / 蔡诗华

六言诗 给彭德怀同志 —— 360
（一九三五年十月）

油然发自肺腑的爱将歌
——《六言诗·给彭德怀同志》赏析 / 黄辉映

临江仙　给丁玲同志 ——————————— 368

（一九三六年十二月）

　　友情·党情·国情

　　　　——《临江仙·给丁玲同志》赏析 / 徐　涛

五律　挽戴安澜将军 ——————————— 376

（一九四三年三月）

　　英雄的颂歌

　　　　——《五律·挽戴安澜将军》赏析 / 莫文征

五律　张冠道中 ——————————— 382

（一九四七年）

　　陕北艰苦转战的真实写照

　　　　——《五律·张冠道中》赏析 / 冯　蕙

五律　喜闻捷报 ——————————— 390

（一九四七年）

　　且行"秦塞"漫吟哦

　　　　——《五律·喜闻捷报》赏析 / 杨胜群

浣溪沙　和柳亚子先生 ——————————— 398

（一九五〇年十一月）

　　无个人之乐而有众人与共之喜

　　　　——《浣溪沙·和柳亚子先生》赏析 / 涂怀理

七律　和周世钊同志 ——————————— 408

（一九五五年十月）

　　赫曦春望寄情高

　　　　——《七律·和周世钊同志》赏析 / 罗　炽

五律　看山ーーーーーーーーーーーー 417
（一九五五年）

　　一篇富于形象的佳作
　　　　——《五律·看山》赏析／林东海

七绝　莫干山ーーーーーーーーーーー 424
（一九五五年）

　　游兴高昂　情满于山
　　　　——《七绝·莫干山》赏析／胡国强

七绝　五云山ーーーーーーーーーーー 430
（一九五五年）

　　情人眼里出西施
　　　　——《七绝·五云山》赏析／刘济昆

七绝　观潮ーーーーーーーーーーーー 434
（一九五七年九月）

　　弄潮者的自我升华
　　　　——《七绝·观潮》赏析／陈　晋

七绝　刘蕡ーーーーーーーーーーーー 439
（一九五八年）

　　呼唤新的时代精神的咏史诗
　　　　——《七绝·刘蕡》赏析／李　捷

七绝　屈原ーーーーーーーーーーーー 446
（一九六一年秋）

千秋一阕　英雄悲歌
——《七绝·屈原》赏析 / 李仁藩

七绝二首　纪念鲁迅八十寿辰——————452
（一九六一年）
"但见奔星劲有声"
——《七绝二首·纪念鲁迅八十寿辰》赏析 / 陈漱渝

杂言诗　八连颂——————459
（一九六三年八月一日）
八连精神的热情礼赞
——《杂言诗·八连颂》赏析 / 张　晶

念奴娇　井冈山——————465
（一九六五年五月）
望云不尽井冈情
——《念奴娇·井冈山》赏析 / 石　英

七律　洪都——————471
（一九六五年）
雄图发英断　大略驾群才
——《七律·洪都》赏析 / 吴开有

七律　有所思——————478
（一九六六年六月）
所思的是故国和人民
——《七律·有所思》赏析 / 龚育之

· 11 ·

七绝　贾谊 _____ 486

赞美与同情交织的诗人情怀

——《七绝·贾谊》赏析 / 孙东升

七律　咏贾谊 _____ 492

千古同惜长沙傅

——《七律·咏贾谊》赏析 / 丁　毅

附　录

四言诗　祭母文 _____ 503

（一九一九年十月八日）

秋雨韶山洒泪多

——《四言诗·祭母文》赏析 / 唐　逊

归国谣　今宵月 _____ 512

（一九一九年十月）

《归国谣》考证 / 萧永义

戴月离乡山冲行　青山清溪不了情

——《归国谣·今宵月》赏析 / 黄玉杰

四言诗　祭黄陵文 _____ 522

（一九三七年三月）

坦诚真挚　可昭日月

——《四言诗·祭黄陵文》赏析 / 魏守忠

七律　重庆谈判 _____ 530

（一九四五年秋）

《七律·重庆谈判》考证 / 吴正裕

无非一念救苍生

——《七律·重庆谈判》赏析 / 季世昌　徐四海

七绝　仿陆游诗 ———————— 548

(一九五八年十二月二十一日)

巧仿古诗铸新词　"一诗三体"赋心声

——《七绝·仿陆游诗》赏析 / 吴直雄

七律　读报 ———————————— 559

(一九五九年十一月)

戏谑反讽　粗犷坦直

——《七律·读报》赏析 / 李癸德

七律　读报 ———————————— 565

(一九五九年十二月)

人类先进思想的不灭火焰

——《七律·读报》赏析 / 何联华

七律　读报 ———————————— 574

(一九五九年十二月)

"既反列斯又反华"

——《七律·读报》赏析 / 吴正裕

七律　改鲁迅诗 ————————— 582

(一九五九年十二月)

改旧出新　感怀幽深

——《七律·改鲁迅诗》赏析 / 蔡清富

七律 读报 ———————————— 591

（一九六〇年六月十三日）

  青空黑海入篇章

   ——《七律·读报》赏析 / 萧永义

七律 读《封建论》呈郭老 ———————— 598

（一九七三年八月五日）

  爽直的批评　诚恳的规劝

   ——《七律·读〈封建论〉呈郭老》赏析 / 龚国基

毛泽东诗论

致臧克家等 ———————————— 609

（一九五七年一月十二日）

致李淑一 ———————————— 610

（一九五七年五月十一日）

读范仲淹两首词的批语 ———————— 612

（一九五七年八月一日）

致胡乔木 ———————————— 614

（一九五八年七月一日）

《七律二首·送瘟神》后记 ———————— 615

（一九五八年七月一日）

致周世钊 ———————————— 616

（一九五八年十月二十五日）

在《毛主席诗词十九首》上的批注 —————— 618
（一九五八年十二月二十一日）

致胡乔木 —————— 623
（一九五九年九月七日）

致胡乔木 —————— 624
（一九五九年九月十三日）

《词六首》引言 —————— 625
（一九六二年四月）

《忆秦娥·娄山关》的写作背景 —————— 626
（一九六二年五月）

对《毛主席诗词》中若干词句的解释 —————— 628
（一九六四年一月二十七日）

致陈毅 —————— 633
（一九六五年七月二十一日）

正编

贺新郎

别友

一九二三年

挥手从兹去。更那堪凄然相向，苦情重诉。眼角眉梢都似恨，热泪欲零还住。知误会前番书语。过眼滔滔云共雾，算人间知己吾和汝。人有病，天知否？

今朝霜重东门路，照横塘半天残月，凄清如许。汽笛一声肠已断，从此天涯孤旅。凭割断愁丝恨缕。要似昆仑崩绝壁，又恰像台风扫寰宇。重比翼，和云翥。

这首词最早发表在一九七八年九月九日《人民日报》。

【注　释】

〔贺新郎〕词牌名。词牌就是词调的名称，如本书中的《沁(qìn揿)园春》《菩萨蛮》《西江月》《清平乐(yuè月)》《采桑子》《如梦令》《减字木兰花》《蝶恋花》《渔家傲》《十六字令》《忆秦娥》《念奴娇》《浣溪沙》《浪淘沙》《水调歌头》《卜算子》《满江红》《虞美人》《临江仙》《归国谣》等都是词牌名。"词"原来是歌唱用的唱词，都配有曲调。后来发展成为一种特殊的文学体裁，绝大多数的词调都已失传，变得只能吟诵而不能按原调唱了。词的句子大都有长短，字音平仄和押韵方式都有一定的格律。词牌最初有一部分是根据词意命名的，后来的作词者大都只按照一定词牌的格律来"填词"，词意不再与词牌有关，而在词牌之外可依词意另标题目。

〔别友〕本词首次发表时只标词牌，未标词题。后来发现作者有一件本词的手迹，标题为《别友》。本词是作者写给夫人和战友杨开慧的。杨开慧，1920年冬同作者结婚，1921年加入中国共产党。

〔一九二三年〕这年6月，中国共产党第三次全国代表大会在广州召开。毛泽东出席了大会，当选为中央执行委员。大会通过了《关于国民运动及国民党问题的议决案》，决定同国民党合作，建立革命统一战线。9月至12月，毛泽东在湖南从事党的工作，年底奉中央通知由长沙去上海转广州，准备参加国民党第一次全国代表大会。据此，本词可能作于这年12月底离开长沙的时候。当时革命形势在上升，作者"割断愁丝恨缕"而为革命事业献出全副身心的豪情，以及作者所预想的未来革命风暴的猛烈壮阔，在词中"昆仑崩绝壁""台风扫寰宇"的比喻中得到强烈的表现。

〔挥手从兹去〕本于唐李白《送友人》："挥手自兹去。"从兹，从此。

〔知误会前番书语〕前番，指上次。书语，书信中的话。词题《别友》的手迹上，"书语"曾改作"诗句"，据谢柳青编著的《毛泽东家书》中说，杨开慧对毛泽东由依恋渐渐变得依附，毛泽东感觉到了拖累，就写信劝说，引述唐元稹《菟丝》一诗中"人生莫依倚，依倚事不成"等诗句，杨开慧感到受了伤害，产生了误会。

〔过眼滔滔云共雾〕滔滔,流逝,消失。云雾,比喻误会。过眼云雾,犹过眼云烟。本句意为误会犹如烟云,很快就会消失。

〔人有病〕指作者内心因误会和惜别而产生的痛楚。

〔东门〕指长沙城东的小吴门。古诗词中常用东门泛指送别之地。

〔横塘〕指长沙小吴门外的清水塘,当时作者和杨开慧住在这里。因塘东西长,南北窄,作者特称横塘。并暗用横塘之典,借指妇女居住的地方。唐崔颢《长干曲》:"君家何处住?妾住在横塘。"清水塘附近有火车站。

〔半天残月〕残月,即下弦月,状如钩,阴历月末拂晓时见于东方天空。因它偏挂天的半边,故称"半天残月"。

〔天涯孤旅〕天涯,形容极远的地方。孤旅,孤身行旅。

〔凭〕意思是借以,包含两方,非单"请求"彼方。

〔昆仑崩绝壁〕昆仑山的峭壁倒塌。这和下面的"台风扫寰宇"都用来表示"割断愁丝恨缕",参加革命斗争的强大决心,同时也烘托了未来的大革命的声威。

〔寰宇〕犹天下,指国家全境。

〔重比翼,和云翥(zhù 注)〕指重逢时再一起投入革命斗争,宛如在云霄中比翼双飞。翥,鸟飞。比翼双飞,多比喻夫妻。

【考　辨】

这首词作者留存的手迹,现在所见有六件,大体上可分为三个稿本。第一个稿本见于作者1937年于延安书赠杨开慧在长沙周南女校的同学、作家丁玲的手迹(即刊载于《中国风》1992年11月创刊号那幅),题为《贺新凉》。"贺新凉"是"贺新郎"的别名。这个稿本同正式发表的那个稿本相比,异文如下:"惨然无绪","曾不记:倚楼处","我自精禽填恨海,愿君为翠鸟巢珠树。重感慨,泪如雨"。估计这个稿本是原稿,至少接近原稿。第二个稿本,见于作者1961年在中南海书房书赠副卫士长张仙朋的手迹（同时书赠的还有《虞美人·枕上》的手迹），当时嘱咐他说："这两首词还没有发表，由你保存。"这个稿本题为《贺新郎·别友》，并标明写作时间为"一九二三年"，同第一个稿本相比，有四处异文：把"惨然无绪"改为"满怀酸楚"，把"书语"改为"诗句"，把"曾不记：倚楼处"改为"重感慨，泪如雨"，把"我自精禽填恨海，愿君为翠鸟巢珠树。重感慨，泪如雨"改为"我自欲为江海客，再不为呢呢儿女语。山欲堕，云横翥"。另外留存的两个手迹，基本上属于这一稿本，略有文字出入。第三个稿本，见于作者20世纪60年代前期在第二个稿本基础上的修改件，在这一手迹上可明显地看到，先将"诗句"改为"书语"，将"重感慨，泪如雨"改为"人有病，天知否"，将"再不为呢呢儿女语"改为"愧不作人间小儿女"，将"山欲堕"改为"天欲堕"；后划去"满怀酸楚"，改为"苦情重诉"，划去"我自欲为江海客，愧不作人间小儿女。天欲堕，云横翥"，改为"要似昆仑崩绝壁，又恰像台风扫寰宇。重比翼，和云翥"。作者当时做如此多的修改，估计原打算将此词编入1963年12月出版的《毛主席诗词》。这个稿本作者留有抄正的手迹，见本书前插。但在这个手迹上有两处笔误，即"眉梢"误为"眠梢"，"前番"误为"前翻"。这首词1978年发表时，配发的手迹是将作者抄正的手迹做了技术处理，即把"眼角眠梢"订正为"眼角眉梢"。

　　这首词上述已提到有一件手迹标明词题为《别友》。关于"别友"，近年来许多注家和论者都解释为毛泽东同夫人和战友杨开慧的离别；但也有个别论者考证为毛泽东同"情人"的离别，在他看来，"别友"的"友"只能作"情人"解，此词如赠杨开慧，标题应为"别妻"，不能写为"别友"。难道"别友"的"友"不能解作"战友"？难道夫人就不能兼为战友？革命领导人夫妻之间称"友"，是有例可援的。《周恩来邓颖超通信选集》（中央文献出版社1998年2月版）第十七页，周恩来于1942年7月6日给邓颖超的信上，就称她为"至友兼爱妻"；该书第七页，邓颖超于1988年4月写的《从西花厅海棠花忆起》（代序）中，也称亡夫周恩来为"同志、战友、伴侣"。这样的例子说明，毛泽东把他同杨开慧的离别,称为"别友",是完全恰当的,为此提出的质疑是不值一驳的。

《毛泽东诗词选》和《毛泽东诗词集》的注释,都将《贺新郎·别友》一词,解释为"是作者写给夫人杨开慧的"。这个解释是有根据的。其一,作者曾说过或者他的行为表明是写给杨开慧的。美国作家史沫特莱在《中国的战歌》中记述:"有时他(毛泽东——引注)引述中国古代诗人的诗句,或者背诵他自己的诗词。有一首是怀念他第一个妻子的。她已经由于是他的妻子而被国民党杀害。"史沫特莱还在《道地的中国理论家和诗人》一文中说,毛泽东与她谈话时,有时低吟自己写的诗,"有一首是怀念他第一夫人的悼亡诗"。白黎在《中国行——记史沫特莱》一书中记载:"毛主席……也满怀深情地讲述了他和杨开慧的爱情。讲述完,毛主席还低声吟了一首怀念杨开慧的诗。"这里虽然没有点明是哪首诗词,但可以判断是《贺新郎·别友》。因为史沫特莱在1937年春是由丁玲陪同从前线回到延安的,当时毛泽东曾将这首词书赠给了丁玲。丁玲与杨开慧在周南女校读书时,陶毅(个别论者认定这首词是赠给她的,并把她暗指为毛泽东的"情人")正在周南女校任教,她是由毛泽东主持会务的新民学会会员,丁玲当然知道毛泽东与杨开慧、陶毅的关系。毛泽东给丁玲书赠这首词,不言而喻是表示对被国民党杀害的杨开慧的怀念。难道毛泽东会向丁玲表示这是对陶毅(1931年病逝)的怀念?再说,毛泽东对这首词不断修改,三易其稿,足见他的珍惜之情,难道这不是寄托了他对杨开慧的一片怀念深情?毛泽东在杨开慧牺牲后对她的怀念之情,有不少史实可资证明,对此是无可置疑的。1961年,毛泽东将这首词与《虞美人·枕上》一起书赠张仙朋,要他保存,张仙朋当时就认为这两首词都是写给杨开慧的。何况其中《枕上》一词已在1957年被李淑一证明为写给杨开慧的。其二,最早说明这首词写作者与夫人杨开慧离别的是《毛泽东诗词》英译本。1979年外文出版发行事业局将这首词补入《毛泽东诗词》英译本中,并做了一个题注:"这首词写的是毛泽东与夫人杨开慧离别时的情景。"这个题注与此词其他译注,曾经过中共中央毛主席著作编委会办公室核对和胡乔木审核。其三,《毛泽东诗词选》注明这首词"是作者写给夫人杨开慧的",出于胡乔木的手笔。胡乔木早在1941年就担任毛泽东的秘书,他对毛泽东诗词"其中多数作品写作过程比较了解"(该书《出版说明》语)。其四,这首词的内容也表明是写给夫人杨开慧的。词中的"东门""横塘",点明作者是从长沙小吴门外的清水塘离家远行的,难道不是作者的夫人而是"情人"住在清水塘吗?个别论者提出质疑,认为杨开慧于1923年11月23日在离长沙四十多公里的板仓分娩,完全没有可能到长沙城东小吴门的火车站跟毛泽东告别。据考,毛泽东是在这年12月底离开长沙的,那时杨开慧生第二个儿子毛岸青已满月,按旧俗已能出门活动,很可能已回清水塘住。此词的第一稿本有"我自精禽填恨海,愿君为翠鸟巢珠树"句,这里用了两个典故,分明是夫妻间就解决治家、育儿等矛盾所发的誓愿。作者表示要像精卫鸟衔西山木石填东海那样,用实际行动填平"恨海";希望妻子像翠鸟筑巢在珍贵的珠树那样,带好孩子治好家。从这词句来看,哪里像写给"情人"之语?此词的第三稿本有"苦情重诉"句,"苦情"当指妻子的家务劳累和生产前后面临的困难等,难道"情人"有什么"苦情"要诉?又如"重比翼,和云翥"句,比翼双飞多比喻夫妻,难道与"情人"谈得上是比翼鸟?个别论者仅根据《别友》这个词题,以及易礼容晚年所说"这可能是赠给陶毅的"一句似是而非的回忆,就否认这首词是作者写给夫人杨开慧的,这既不符合历史真实,又误导了广大读者。

★ 赏 析 ★

熔婉约与豪放于一炉
——《贺新郎·别友》赏析

公　木

　　词作于1923年12月间,调寄《贺新郎》,是写夫妻别情的。1920年冬,杨开慧与毛泽东在长沙结婚。翌年春夏间,毛泽东外出考察,曾写《虞美人·枕上》,反映新婚乍别愁绪。是年7月,中国共产党诞生,中共湘区委建立,毛泽东任书记。杨开慧亦于此时入党,在湘区委协助工作,1922年10月生长子岸英。1923年4月,毛泽东调中央工作,告别长沙,赴上海。6月,毛泽东去广州参加中国共产党第三次全国代表大会,当选为中央执行委员会委员、中央局委员、中央局秘书,大会决定同国民党合作,建立革命统一战线。会后回上海,9月,经武汉返长沙;11月,杨开慧生次子岸青。妻子刚刚生产不久,毛泽东奉中央通知,由长沙到上海,再转广州,准备参加国民党第一次全国代表大会。此词当即作于这次离开长沙的时候,是写给夫人杨开慧的一首革命激情与儿女柔情有机结合的真挚的革命爱情诗。

　　抒写离别,歌咏爱情,在毛泽东诗词中,此词和《虞美人·枕上》是仅见的两首。想象诗人毛泽东于青年时期,此类题咏,当还有不少,或得续有发现;即仅就这传阅的两首来看,也足以使我们想见,诗人是多么珍重他的初恋,多么挚爱他的伴侣!只由时代召唤,历史使命,生活奔波,迄无宁日,虽新婚而不得厮守,总是会少而别多。若此,就尤其足以说明,共产党人决然不是像一般论客所指的铁石心肠,他们尽如常人,也有悲欢离合,也有哀怨愁苦,也有凄清感伤。因为他们也同样具有生命意识,渴望在这有限的生命中,多一些圆满,少一些缺憾;每逢生离死别,自亦悲莫悲兮!不过,他们的生命意识更真挚,更灼热,更纯粹,且得将之升华到宇宙人生境界,结晶于改天换日的伟大事业中去,而不会为凄凄惨惨戚戚所陷溺。

　　就以这首《贺新郎·别友》而论,终以其属于现代诗词,且为投身革命征程所作,纵然写的是离别,也不见南浦、阳关等类词藻,而是现实主义地把时空隐限在一个冬晨的车站上。开篇便说:"挥手从兹去",是在等候登车了。是的,在这里是改写了一句熟语。唐李白《送友人》:"挥手自兹去,萧萧班马鸣";宋张孝祥《水调歌头·金山观月》:"挥手从此去,翳凤更骖鸾。"在这里把"自兹""从此",改写作"从兹",读起来更顺口些,自然不闻班马萧萧,更无翳凤骖鸾,而是"更那堪凄然相向,苦情重诉",不免黯然。此时怦怦对跳着的两颗心不禁同时惦念,留在家里的长子犹在褓褓,次子刚才满月,这样便不得不匆匆远行。此情此境,一肚子苦水,欲诉无从,怎能不"眼角眉梢都似恨,热泪欲零"呢?终于忍耐了,所以"还住",这就更揪心。"执手相看泪眼,竟无语凝噎。"亲爱的妻子,你有满腹委屈,"知误会前番书语"。什么误会呢?这里没有说,我们也便无须浪猜。反正夫妻间事,猜出了,也许只是些针头线脑,反而无甚意思;即或有关往返行藏,在风尘奔波与家庭生活间,怎免得了矛盾?好在下面紧接着说了:"过眼滔滔云共雾",已经天霁日晴,雾消云散了,算来这人间知己,还是数着"吾和汝"。生活上难得周到,我的心里是有愧疚和隐痛的呀。天啊,你可是知道的吗?话似乎说了好多,只是一霎间心理活动,并没有说出口,是两颗真挚的心灵感应啊。痛极呼天,实际上是暗自忖问:我的内心苦痛,亲爱的妻子,你总会知道的吧!这是上阕。

过片下阕,仍在原处,没有移动,只一闪念又想到方才离家来站送别途中,头顶半天残月,脚踏遍地清霜,穿过凄清的横塘,并肩踽踽行进在东门外大路上。这里都是往日共同生息活动的地方,而今远别了。没有言语,也没有叙写衷情,全用苍凉的景色衬托出凄苦的心境。这是在车站候车时浮起的意念,拂也拂不掉的印象呀!而忽然"汽笛一声",兀地又回到现场,真个要"挥手从兹去"了,正是断肠人对断肠人:"从此天涯孤旅",不禁神驰海阔天空……到此,如若往昔诗人,该会留下多少悱恻,抑或不尽缠绵。或悬念:"今宵酒醒何处?杨柳岸,晓风残月。"或哀怨:"此去经年,应是良辰好景虚设,便纵有千种风情,更与何人说?"或悔忏:"早知恁么,悔当初,不把雕鞍锁。"或叮咛:"语已多,情未了,回首犹重道:记得绿罗裙,处处怜芳草。"或期盼:"后回君若重来,不相忘处,把杯酒浇奴坟土。"……但是这些,能装进现代词境中吗,更何况在毛泽东的大手笔下?看他是怎样承接下去的。就好像被那"汽笛一声"惊醒一般:"凭割断愁丝恨缕。"是恳请,是鼓励,振作起来,让我们把那些离愁别恨一扫光吧,坚决地! 这不只是豪情壮语,而是山雨欲来大革命形势的绘影绘声:"要似昆仑崩绝壁,又恰像台风扫寰宇。"还会有什么剪不断的愁丝恨缕呢? 于是,在依依惜别之时,便铮铮预言了:"重比翼,和云翥。"行待风云际会,在革命高潮中,我们再重逢携手,并肩战斗吧! 把热情和挚爱升华到如许这般境界,非只源于观念,而是凝炼生命意识显像于自然造化的结晶。大悲无痛,大爱不宠。这便是伟大诗人同于常人又高于常人之处。或曰:"要似""又恰像"两句,是形容"凭割断愁丝恨缕"的坚决性和彻底性。如此呆读,有用牛刀杀鸡之嫌。不是不沾边儿,却不止于此,不限于此。诗词语,正以其朦胧处显出多义性,费猜测才更饶意味,弥见其容量的宏阔。这里抒发的是革命者的别情,是为时代风雷所净化了的爱情!

　　通读全词,平铺展开,描绘了三幅动人的惜别图:第一幅是送别东门路,月残霜重,倍觉凄清;第二幅是临别长沙站,泪眼相向,心病如焚;第三幅是挥手告别时,激情潮涌,转向高昂。而在写法上,却从火车要开动,"挥手从兹去"说起,再折回笔来写临别前候车时间难舍难分的心态,再追溯过横塘至东门外路上送别情景,最后又"汽笛一声"把时空拉回,这样便集中长沙车站这一地点、等候开车这一片刻,更突现了临别告别场面,更充分铭记了离情的凄苦,并深刻烙印了别意的沉雄。整首词的基调凄清而明丽,激越而高昂,熔婉约与豪放于一炉,儿女情与英雄气兼而有之。词是写给爱侣兼同志的,错落点染,自可心照。这是纯粹的革命爱情诗,革命夫妻的惜别诗。有的论者套用革命加恋爱的公式来读解,似乎有点儿偏于表面化了。诚然,"词里有为祖国献身的决心,也有对爱侣依恋的衷悃,昂扬的革命激情和缠绵的儿女柔情融洽地纠合起来,给人以浑然一体的深切感受"。朗读起来确如唐弢同志在《革命激情和儿女柔情的统一》一文中所指出的。但是,《贺新郎·别友》乃是在倾诉儿女柔情中由衷地流露出或者说无意间升华为昂扬的革命激情的。就词的本身或词的创作而论,这里的革命激情内在于或附丽于儿女柔情,"革命"是从"恋爱"中生长出来,不是外加进去的,在这里"革命"是"恋爱"的属性,不是装饰。因而不是革命加恋爱,也不是恋爱加革命,而是革命的恋爱。词是自我宣泄,写给心上人的,是自然生命的表现,诗人当然珍爱自己的作品,但是大约不曾想到发表。而今终于发表出来了,作为读者的我们才得由以窥见诗人真实的内心世界,从而受到感染。词的不朽的艺术魅力,也端在于它抒发了热烈崇高而真实的爱情。

这是一首纯粹的富有革命激情的真实的爱情诗篇。

沁园春　长沙

一九二五年

独立寒秋，湘江北去，橘子洲头。看万山红遍，层林尽染；漫江碧透，百舸争流。鹰击长空，鱼翔浅底，万类霜天竞自由。怅寥廓，问苍茫大地，谁主沉浮？

携来百侣曾游。忆往昔峥嵘岁月稠。恰同学少年，风华正茂；书生意气，挥斥方遒。指点江山，激扬文字，粪土当年万户侯。曾记否，到中流击水，浪遏飞舟？

这首词最早发表在《诗刊》一九五七年一月号。

【注　释】

〔长沙〕湖南省省会。作者的青年时代,大部分时间在长沙学习和进行革命活动。词中所说的"百侣"和"同学少年",即指作者1914年至1918年在长沙湖南省立第一师范学校读书时的同学和革命友好。

〔独立〕独自站立,寓有"操危虑深"之意。唐杜甫《独立》诗:"天机近人事,独立万端忧。"明末清初的金圣叹在《杜诗解》中说:"操危虑深,故云'独立'。"

〔湘江〕湖南省的最大河流,源出广西壮族自治区的海洋山,向东北流贯湖南省东部,经过长沙,北入洞庭湖。

〔橘子洲〕一名水陆洲,是长沙城西湘江中的一个狭长的小岛,西面靠近著名的风景区岳麓山。

〔万山红遍〕万山,指岳麓山及长沙周围的群山。岳麓山上多枫树,到秋天枫叶变成红色。

〔舸(gě个上)〕大船。汉扬雄《方言》卷九:"南楚江湘,凡船大者谓之舸。"

〔浅底〕指清澈可见底的水下。北魏郦道元《水经注·湘水》引《湘中记》:"湘川清照五六丈,下见底。"

〔万类霜天竞自由〕众多动物都在秋天的自然环境中争着自由地活动。

〔寥廓〕广远空阔。这里用来描写宇宙之大。《楚辞·远游》:"上寥廓而无天。"

〔谁主沉浮〕由上文的俯瞰游鱼、仰观飞鹰,纳闷地寻思("怅")究竟是谁主宰着世间万物的升沉起伏。这句问话在这里可以理解为:在这军阀统治下的中国,到底应该由谁来主宰国家兴衰和人民祸福的命运呢?

〔峥嵘岁月稠〕峥嵘,不平常。稠,多。是说过得不平常的日子是很多的。

〔挥斥方遒(qiú求)〕挥斥,奔放。《庄子·田子方》:"挥斥八极。"西晋郭象注:"挥斥,犹纵放也。"遒,强劲。挥斥方遒,是说热情奔放,劲头正足。

〔指点江山〕指点,意为批评、评论。江山,喻指国家、国是。

〔激扬文字〕含有宣扬真理和革命思想之意。激扬,激励宣扬。

〔粪土当年万户侯〕万户侯,古代食邑万户的侯爵。这里喻指当时的军阀和政客,把他们鄙薄地看作粪土一般。

〔击水〕作者自注:"击水:游泳。那时初学,盛夏水涨,几死者数。一群人终于坚持,直到隆冬,犹在江中。当时有一篇诗,都忘记了,只记得两句:'自信人生二百年,会当水击三千里。'"数(shuò朔),屡次,几次。

【考　辨】

这首词首次正式发表在《诗刊》1957年1月号;在此之前,曾在1949年8月出版的萧三所著《毛泽东的青少年时代》一书中披露,文字略有讹误,如"怅"误作"张","廓"误作"阁","方"误作"芳","遏"误作"过"。

这首词作者留存的手迹,现在所见有六件,既有异文,亦有笔误。其中有四件作"层峦尽染",有一件作"忆往曾",有一件作"还记否",有两件作"向中流击水",有一件署有"一九二六年作"。在"文革"期间常见的一件手迹,是文物出版社征求作者同意,将作者用八行信笺竖写的这件手迹,做了技术性处理,即把"层峦"改为"层林",把"忆往曾"改为"忆往昔",把"向中流"改为"到中流"。这件手迹由文物出版社收入1965年11月出版的《毛主席诗词》(册页散装)。有论者根据这件手迹所署写作时间和作者的经历,并根据此词所写景物,考证的结论是:这首词的写作时间不是1925年,应是1926年12月。

《毛泽东年谱(1893—1949)》把这首词的写作时间定为1925年秋,即在毛泽东8月28日离开韶山去长沙至9月上旬由长沙动身赴广州之间。这个判定是有依据的。(一)当时按四季划分已到初秋季节,并早在是年8月8日已立秋。这个时候早晚已能感到秋天的微寒,词称"寒秋",就是这种情景的写照。同时还应考虑到,长沙在20世纪20年代,秋天的气温要比现在低一些。词中的"寒秋"和"霜天",应解作秋天,不应解作深秋。诗人写诗,有时会把多年的观察和通常季节的写法融入诗中,未必像照相或速写那样捕捉景物。仅根据诗中景物的特征来判断季候,并进而判断写作时间,是不可靠的。大家知道,郭沫若曾根据《忆秦娥·娄山关》上阕所写景物,判定是在写两次的事,头一阕一次,第二阕一次,结果他错了。(二)手迹上署明的写作时间,有的是不加思索随手写上的,常有笔误。毛泽东留下的手迹,有多件把写作时间写错了。例如,《忆秦娥·娄山关》词,有一件手迹落款错成:"调寄菩萨蛮一九三四。"又如,《临江仙·给丁玲同志》词,有一件手迹所署写作时间错成"一九五二年"。还有的是署了创作初稿的时间,或者修改的时间。因此对手迹中所署写作时间,要进行慎重的鉴别和考证。(三)作者在发表诗词时判定的写作时间,往往是经过反复回忆而确定的,还可能有作者的特殊考虑,没有过硬的证据,一般不宜推翻。例如,《念奴娇·鸟儿问答》有一件手迹署"一九六五年五月",这是写出初稿的时间;发表确定的写作时间为"一九六五年秋",这是修改定稿的时间。(四)如果把这首词判定作于1926年12月,那时已是寒冬季节,就不好理解"独立寒秋"句。作者绝不会写下这样不合时令的词句。(五)"独立寒秋"的"独立",颇有深意。《易·大过》:"君子以独立不惧,遁世无闷。"孔颖达疏:"君子于衰难之时,卓尔独立,不有畏惧。"杜甫《独立》诗:"天机近人事,独立万端忧。"金圣叹在《杜诗解》中说:"操危虑深,故云'独立'。"1925年秋,湖南省省长赵恒惕派兵去韶山缉捕毛泽东。毛泽东是秘密潜入长沙的,可能是在傍晚时分到了橘子洲头,周遭无人,又"操危虑深",才写出"独立寒秋"的诗句。如果到了1926年12月,他回长沙已无危险可言,怎会有"独立"之忧呢?

★ 赏　析 ★

问苍茫大地　谁主沉浮
——《沁园春·长沙》赏析

吴奔星

　　毛泽东作为杰出的诗人，生平写了两首《沁园春》：其一是早年写长沙的秋景，其二是中年写北国的雪景。前者提出了惊天动地的"苍茫大地，谁主沉浮"的一问，并对"谁"做了形象性的联想或探索；后者则对"谁"做了判断性的肯定：一切帝王将相"俱往矣"，数得上风云人物的是今天那些正在涌现的人民英雄，只有他们才能决定"苍茫大地"的盛衰、兴亡。我认为把这两首主题近似的词对照鉴赏，更能突出作者的历史使命感和社会责任感，也更能显示他作为新中国缔造者的深邃思想光辉和词作的完美艺术魅力。

　　《沁园春·长沙》写于1925年秋。这一年春天，毛泽东回到韶山养病，一边为即将爆发的大革命造声势，发动湖南农民运动与大革命同步进行。在决策完备后，正值秋高气爽，他南下广州经过长沙，重游了岳麓山和橘子洲：那是他在长沙学习和从事革命活动时期，与战友经常登临和游泳的地方。因此，词的上片一开头，便点明季节和地点：他独自一人，伫立于寒气袭人的萧瑟秋风中，见湘江经过橘子洲头，向北流去，想到它一进洞庭湖，便会与长江合流，将出现"大江东去，浪淘尽，千古风流人物"的浩大气势；对照自己即将南下广州，发动农民运动，配合北伐战争，投身反帝反封建的革命洪流，更是"驾长风破万里浪"的壮举。他徘徊橘子洲头，仰观俯察，心潮澎湃。当年的橘子洲和岳麓山，连成一片，其间没有现在的高楼大厦隔离，只点缀着橘农与渔民搭建的竹篱茅舍。作者用一个"看"字领起下文，山水尽收眼底，并无远看和近看之分（"看"在诗词中一般指近距离，远距离则用"望"，如《沁园春·雪》"望长城内外，惟余莽莽"，与《长沙》一词的"看"加以比较，便会恍然大悟），只有宏观与微观之别。从宏观着眼，是"万山红遍，层林尽染；漫江碧透，百舸争流"：立体的岳麓山，群峰耸立,层次分明,都像染了红色,真是"霜叶红于二月花";而平面的湘水,碧清透明,成百条航船,各自争流,可谓"秋水共长天一色"。再从微观着眼,则是"鹰击长空,鱼翔浅底":山鹰冲击于长空,如同兽类在平原驰逐;游鱼漂浮于清澈见底的水中,又似鸟类在高天翱翔。真是水深凭鱼跃,天高任鸟飞。面对诸如此类的秋景,作者不禁心动神驰,喷出一句"万类霜天竞自由",将长沙山水中动态和静态的生物做了高度的概括:既有层林的红叶,也有争流的百舸,更有冲击长空的山鹰、翱翔水底的游鱼,大可借用郭沫若的诗句:"一切的一"和"一的一切",无不栩栩如生,生动活泼,都在为争取各自的自由而开展竞争。在那个封建军阀各据一方、争权夺利的时代,作为万物之灵的人类,在"万类霜天竞自由"的季节,能无动于衷,能不去争取自由解放吗?回答当然是要争取的。特别是当时的革命青年,经历过辛亥革命的巨变,接受过五四运动的洗礼,面对祖国"如此多娇"的大好河山,人民不能当家做主,忧国忧民的忧患意识必然产生一种历史使命感和社会责任感,迫使他在怅惘之中面对寥廓的大地,情不自禁地从内心深处喷发出"苍茫大地,谁主沉浮"的气壮山河的一问:究竟神州赤县的盛衰兴亡,应由谁来主宰?这一气壮山河的提问,是在以作者对长沙山水的宏观和微观所构建的心理基础上产生的,与寻常所谓的借景抒情或情景交融,迥然不同。这一问,集中体现了诗意、诗情、诗味、诗美,流露着"天下兴亡,匹夫有责"的深刻的内心感受。这样的内心感受,超越了古今中外一切从个人出发的名利意识,显示出高尚的、纯粹的、真正的崇高美。

  上片的"谁主沉浮"直贯下片,承上启下,为探索上片提问的答案而揭示内在的心理活动,把叙事、议论、抒情融为一体,内涵丰富,如同一篇革命回忆录的形象性的缩写。下片的"百侣"呼应上片的"独立",表明他的"独立",不是孤立。一个"忆"字展示了十多年前的学习生活与革命活动的峥嵘岁月,正好呼应上片的"万类霜天竞自由"。一个"恰"字打开了记忆的窗口,对往昔携手同游的"百侣",从年龄("同学少年")、气派("风华正茂")、干劲("书生意气,挥斥方遒")、风度(指点江山,激扬文字)等方面,肯定他们大无畏地蔑视"苍茫大地"的统治者封建军阀的战斗精神("粪土当年万户侯"),暗示人们:"苍茫大地"的主宰权,是并非不可以由"百侣"取而代之的。为此,词的结尾,特别向一同游泳的"百侣"反问:还记得当年在湘江中流游泳,我们掀起的浪涛,竟然把飞驶而来的船舶都阻挡了的魄力吗?其中自然含蓄着提出:今天要夺回"苍茫大地"的主宰权,当年"浪遏飞舟"的精神是不可淡忘的啊!这一反问,从艺术匠心说,把上下片紧扣在一起。上片提出问题,下片试图解答。但在敌强我弱的时代背景下,作者并没有轻率地肯定分散于各地的"百侣",就能取代封建军阀的残酷统治。所以这最后的反问,在思想上是庄重的,在艺术上是豪迈的,特别是当年那种"浪遏飞舟"的精神,更是不可须臾忘怀的!正因为如此,词的结尾便留下了一个为各族人民所关心的悬念:苍茫大地,究竟由谁来主宰它的盛衰、兴亡?这个悬念直到1936年2月毛泽东写《沁园春·雪》时,才对统治中国长达两千多年的封建帝王,予以正面的回答。在肯定历代帝王各自不同的历史功绩的同时,他便毫不含糊地指出:从"今朝"到未来,一切封建主义,包括为帝国主义所支持的现代封建主义,只能"俱往",真正的风流人物,"还看今朝"。这就明确回答了《沁园春·长沙》一词所提出的"问苍茫大地,谁主沉浮"的问题,凡是炎黄子孙,莫不欢欣鼓舞。

两千多年前的孔子在整理古诗三百篇时,曾教导他的儿子孔鲤认真学习三百篇。他指出诗的四大功能(或作用):兴、观、群、怨。他之所谓"兴",是说诗有振奋或鼓舞人心的作用;他之所谓"观",相当于我们今天说的认识世界;他之所谓"群",即以诗会友,起团结的作用;他之所谓"怨",是揭露丑恶,起审美的作用。这四种功能,都体现于《沁园春·长沙》:上片侧重在"兴"与"观"。如"万类霜天竞自由",则是诗可以"兴",读之令人振奋,感到鼓舞;"问苍茫大地,谁主沉浮?"则是诗可以"观",意味着从认识世界走向改造世界。下片侧重在"群"与"怨"。如"携来百侣曾游",即诗可以"群",体现团结的作用;如"粪土当年万户侯",即诗可以"怨",起审美的作用,要以真、善、美取代假、恶、丑。当然,孔子的话未必完备。我们用他的诗论对照,是为了显示毛泽东这首词的多方面的功能,突出它的豪放风格和崇高美感。

　　《沁园春·长沙》虽写于20世纪20年代中期，在21世纪的今天读之，更有它积极的现实意义。香港和澳门都已在20世纪内回归祖国的"苍茫大地"，这是令人欢欣鼓舞的。但是，台湾的回归尚遥遥无期，在海内外分裂主义者和霸权主义者狼狈为奸的干扰下，以致不能及早完成祖国的统一大业。"问苍茫大地，谁主沉浮"的问题，还不能说百分之百的解决。我们应把这个问题放在爱国主义的旗帜下，团结一切可以团结的力量，为完成祖国的统一大业，共同奋斗。

菩萨蛮　黄鹤楼

一九二七年春

茫茫九派流中国，沉沉一线穿南北。烟雨莽苍苍，龟蛇锁大江。　黄鹤知何去？剩有游人处。把酒酹滔滔，心潮逐浪高！

这首词最早发表在《诗刊》一九五七年一月号。

【注　释】

〔黄鹤楼〕旧址在湖北省武昌市区之西长江岸边的黄鹤矶（一作黄鹄矶，古代"鹤"与"鹄"相通）上，即今武汉长江大桥南端西侧。楼在历史上曾几经毁坏修复，1927年作者到那里游览时只存遗留建筑物警钟楼，1955年重建长江大桥时拆去遗留建筑物，1985年6月在重新扩建后开放。《南齐书·州郡志》说有个叫子安的仙人，曾骑黄鹄经过黄鹄矶。《太平寰宇记》说骑鹤仙人叫费文祎（huī灰），一作费祎（yī衣），每乘黄鹤到此楼休息。楼因此得名。许多文人曾题诗抒慨，唐崔颢的名句"黄鹤一去不复返"，尤为历代传诵。作者借这个题目，抒发了革命家的截然不同的感慨。

〔九派流中国〕派，水的支流。相传在长江中游一带有九条支流同长江汇合，所以称"九派"。南朝宋鲍照《登黄鹤矶》诗："九派引沧流。"中国，即"国中"，指中国的中部地区。

〔沉沉一线穿南北〕指当时长江以南的粤汉铁路和以北的京汉铁路。另一说：沉沉，水深的样子。一线，指长江。穿，穿连。意为黑沉沉的长江像一条长线把中国的南方和北方穿连起来了。

〔莽苍苍〕茫茫一片，不甚分明。

〔龟蛇锁大江〕龟蛇指龟山和蛇山，蛇山在武昌城西长江边，龟山在它对岸的汉阳，隔江对峙，好像要把长江锁住一样。

〔把酒酹（lèi泪）滔滔〕酹是古代用酒浇在地上祭奠鬼神或对自然界事物设誓的一种习俗。这里是指对着滔滔的长江表示同反动势力斗争到底的决心。

〔心潮〕作者自注："一九二七年，大革命失败的前夕，心情苍凉，一时不知如何是好，这是那年的春季。夏季，八月七号，党的紧急会议，决定武装反击，从此找到了出路。"

【考　辨】

这首词作者留存的手迹，现在所见有五件，每件都将"把酒酹滔滔"写作"把酒酎滔滔"，显系笔误。另有一件在"文革"期间常见的此词手迹，是由文物出版社征求作者同意后，将落款"调寄菩萨蛮登黄鹤楼一九二七"字样这件手迹做了技术处理而成，即把"酎滔滔"订正成了"酹滔滔"。这件手迹由文物出版社收入1965年11月出版的《毛主席诗词》(册页散装)，并刊载于《文物》1965年第五期。

此词中"沉沉一线穿南北"句，一般注家都把"一线"注为粤汉铁路和京汉铁路，极个别的注为长江。把"一线"注为"长江"，比注为铁路有更充足的理由。

一、此词写游黄鹤楼遗址，登高望远，视线由远而近。首句写远方的"茫茫九派"，即长江的支流，次句当写近处的"沉沉长江"。如果不写眼前的长江，反而写遥远的九派，是不合情理的。作者在《七律·登庐山》中的"云横九派浮黄鹤，浪下三吴起白烟"诗句，就是先写九派，再写长江。霍玉厚《毛主席诗词讲解斠补》手稿解"一线"为"横在眼前的长江"，并引敦诚《四松堂集外诗辑》中《和张尧峰登金山》诗"大江一线青潮落"句作证。并说："穿南北，多指横穿南北，并非指纵贯南北而言。"公木在《毛泽东诗词鉴赏》笺注中按："全词是写登楼望江，由远而近，不得于此句另指铁路，霍说甚是。"

二、把"一线"解作铁路，在1927年尚难说成是"一线"。粤汉铁路到1936年才筑成，其中株洲至韶关段直至1929年才开始修建。再说粤汉铁路与京汉铁路当时并无大桥接通，故难称是纵贯南北的"一线"。何况"沉沉"一词的多个义项，没有一个适合形容铁路。

★ 赏　析 ★

掌上千秋史　诗笔绘华章
——《菩萨蛮·黄鹤楼》赏析

邓国栋

文有文眼,诗有诗眼,词有词眼。毛泽东的《菩萨蛮·黄鹤楼》的词眼便在"心潮"二字。关于它,作者自注道:"一九二七年,大革命失败的前夕,心情苍凉,一时不知如何是好。这是那年的春季。夏季,八月七号,党的紧急会议,决定武装反击,从此找到了出路。"它向我们提示了这阕词丰富的史的内涵,展示了诗人悲壮苍凉的主体情怀,表达了宏肆无羁、深沉、深邃的崇高审美追求。这一"词眼"便是理解全词的关键。

诗人为何把酒临江,心潮逐浪?对大革命即将失败的愤懑与压抑,对曲折多艰的人民解放道路的回顾与前瞻,使极富史学情结的诗人情感,滔滔然,汩汩然而不已于言。

中国人民反对封建专制制度的斗争,从周秦以来,近三千年间,经历了从陈胜、吴广直至太平天国,总计大小数百次的农民起义,总是陷于失败,总是被地主阶级利用了去,当作他们改朝换代的工具,总是悲剧性的结局。

帝国主义入侵中国以来,和中国封建主义相勾结,把中国变为半封建半殖民地社会。近百年间,中国人民的反抗,又经历了鸦片战争、太平天国、中法战争、甲午战争、戊戌变法、义和团运动、辛亥革命、五四运动、五卅运动,直至北伐战争。中国人民不屈不挠的斗争是可歌可泣的。1927年,面对蒋介石叛卖革命,破坏国共合作,一步步把中国人民拖入血海的时候,中国共产党当时的领导人陈独秀等,不懂得以斗争求团结的道理,不知道充分发动工农群众和争取武装力量以壮大自己,进行必要的武装反抗。他们一味担心与国民党的团结会破裂,从而对蒋介石的反革命进攻步步退让,表现得软弱无力;相反,对党内的一些正确意见,如毛泽东在《中国社会各阶级的分析》《湖南农民运动考察报告》中的正确意见,却一再排斥、拒绝、压制,并向已经握有兵权的党员发出命令,如不向国民党交出兵权,便开除其党籍。血雨腥风,使革命航船濒临颠覆,千百年的历史悲剧将再次重演。于是,诗人伫立于长江之滨,嗷啸于白云黄鹤之乡,来解读长江,铸造史诗。

正是这样,词一开端,便将我们引入了这漫漫的历史长河,为其着上了莽莽苍苍的悲壮之色。

什么是"茫茫"?——时、空的悠远广大之貌。所谓"茫茫终古"(左思《魏都赋》),乃指时间之久远绵长;所谓"何视天之茫茫"(陆机《叹逝赋》),主要指空间之广大,亦指时间之悠远久长。

什么是"九派"?——一般认为,"派"即水的支流。所谓"九派",即"九江",相传在湖北、江西一带有九条支流汇注长江,所谓"九派引沧流"(鲍照《登黄鹤矶》)即是例证。这里就是代指长江。以局部指代全体,是古典诗词从来就有的修辞手法。如杜甫《月夜》之"香雾云鬟湿,清辉玉臂寒"以"云鬟""玉臂"指思念中的妻子即是。由此可知,毛泽东以"茫茫九派流中国"开篇,便是以浩瀚幽渺的长江之象,图写其深邃绵密的史的思考之情。正如马克思所说:"五官感觉的形成是以往全部世界史的产物。"(马克思《一八八四年经济学——哲学手稿》)毛泽东"茫茫九派流中国"便是以视觉之象,表达其对中华民族历史命运的终极关怀和对历史发展的后顾与前瞻的。联系作者其他同类诗句,如《七律·登庐山》中"云横九派浮黄鹤,浪下三吴起白烟",《水调歌头·游泳》中"子在川上曰:'逝者如斯夫!'",更可证明诗人在这里是以"九派"指代长江,图写历史的。

《七律·登庐山》写于江西,起句便明指"大江"——"一山飞峙大江边"。而后又明言"云横九派浮黄鹤"——即后此常言的"白云黄鹤之乡",且接以"浪下三吴起白烟";于是,"大江""九派""三吴",乃纵览长江横流天地之象,其描绘时空,与"茫茫九派流中国"之诗情画意,有异曲同工之妙。若在这里把"九派"解作"江西境内向东北流注鄱阳湖而入长江的河流",无论如何也是扞格不通的。

至于《水调歌头·游泳》词中的"川"与"万里长江"同时出现,则"川"即

"长江",大概不会有歧义。而《论语·子罕》中之"子在川上曰:'逝者如斯夫,不舍昼夜。'"其《正义》曰:"此章记孔子感叹时事既往不可追复也。"这样,毛泽东在这里使用此典,同样是抒发其历史兴亡、民族荣辱之感了。于是,该词的整个上片,便释然可解。

"茫茫九派流中国",以滚滚长江东流之象,具写中华民族历史悠久之貌;同样,"沉沉一线穿南北",则以纵贯南北在武汉连接成一线的京汉、粤汉铁路,来图写由南而北的北伐战争的发展趋势,"沉沉"二字,写来使人如铅压心,深沉、深邃,使人好像触摸到了诗人当时那苍凉的情怀。上下两句,从空间而言是东西南北;从时间而言则是上下古今。接着的两句:"烟雨莽苍苍,龟蛇锁大江",则由远而近,由朦胧而清晰地把眼前行将归于失败的北伐战争的历史悲剧形神兼备地描写了出来。

马克思主义美学把社会生活中新旧力量尖锐的矛盾冲突、美的有价值的东西被毁灭叫做悲剧或悲壮(参看鲁迅《再论雷峰塔的倒掉》)。北伐战争的即将失败,即作为亘古的历史长河中又一反抗之火的行将被熄灭,便带有这种悲剧的色彩。面对即将降临的悲剧,作者用"茫茫九派""沉沉一线""烟雨""莽苍苍"等一系列着色苍凉的意象,充分烘托出了撼人心魄的悲剧氛围。而在"龟蛇"与"大江"之间,着一"锁"字,有江断帛裂之感,使悲剧断然出现在我们眼前。整个上片,寓情于景,动人心魄,不能不说是这种悲剧美或称悲壮美的撼人心魄的力量所致。

这场悲剧的形成,正如前述,并不是马克思主义美学所指称的那种"历史的必然的要求与这个要求实际上不可能实现之间的冲突的产物",其"主要的原因就是由于共产党内的机会主义路线,不努力扩大自己的队伍(工农运动和共产党领导的军队),而只依仗其暂时的同盟者国民党"所造成的。这就不能不使作者深长悲叹,深入思索其来龙去脉,寻求解决危机之法。于是,由此而过渡到下片:追求。由人间而天上,想到那个飘逸而至,解救人间疾苦,而后又骑鹤高飞远走的费祎。果真有此神人吗?其实没有:"黄鹤知何处?剩有游人处。"仍回到了现实。"昔人已乘黄鹤去,此地空余黄鹤楼。黄鹤一去不复返,白云千载空悠悠。"崔颢美丽苍凉的诗句和它所记载的"白云黄鹤"的故事,并不能解除诗人毛泽东作为清醒的现实主义者的人间痛楚,于是,"剩有游人处",便是他朝天上、神仙探寻后的回答。神仙皇帝也不能解救民族危难于万一,继之而来的,自然还应是立足现实的苦苦追求。于是,"把酒酹滔滔,心潮逐浪高",便是对这种追求的状写。全词于高潮中结束,又意犹未尽,情感仿佛又回荡到了全词,而不能不使人反复吟唱。

写到这里,我们还要从审美的高度强调一点:抽象的概念、原则,一般不能构成审美情感活动的对象。仅有对中华民族近百年史乃至北伐战争史的逻辑判断或理性认识,不能构成诗。必须是"客体的人化,即对象主体化"了的,就是说人化了的历史才能是美的,是诗的。然而,客体的人化,即对象的主体化和主体的物化,形式又是多种多样的,所谓耳遇之而成声,目遇之而成色。具体地说,这首词的美的形式,有情,有景,有声,有色,有动,有静,等等,共同构建成一个苍凉悲壮的境界。其充溢其间的情感律动又是"精骛八极,思游万仞"的,所以构成宏肆无羁的审美情感活动特色。

就情景而言,如果说,上片是写景为主而又寓情于景;那么,下片便是抒情为主而寓景于情。如果说,上片借所写之景:"长江"——"茫茫九派","京汉、粤汉铁路"——"沉沉一线","锁大江"的"龟蛇",而又借着莽苍苍的烟雨等悲壮苍凉之色以抒忧愁幽思的史的情结的话,那么,下片则以上天入地、把酒酹江,心潮逐浪的抒情为主而寓白云黄鹤之景及上片所言之景于抒情之中。而"心潮逐浪高"一句,即前所述之"词眼"所在,把全词所言之景,所抒之情,均收束其中。片言居要,收摄风云,容纳古今,这就是该诗人化了的史的特色,是诗化了的史。而以此结句,情语也,亦景语也,以情结尾,亦以景结尾,有情景交融、余味无穷之妙。

此外,"人化了的史"的审美特色还表现在使事用典方面。前面已谈及的崔颢的黄鹤楼诗及"白云黄鹤"的故事,这里且不说了。再如"把酒酹滔滔"一句,看似白文,实含二典,均与作者的史学情结有关。此二典,一是出自苏轼赤壁词:"一樽还酹江月。"一是出自苏轼《前赤壁赋》:"方其破荆州,下江陵、顺流而东也,舳舻千里,旌旗蔽空,酾酒临江,横槊赋诗,固一世之雄也,而今安在哉?"都是苏轼借慨叹三国英雄而抒怀才不遇之感的。毛泽东这里"把酒酹滔滔"之时,何尝没有联想到这些英雄及前贤呢?只是历史见解完全不同而没有明言而已。作者的高妙之处在于使用此典,深化无迹,既可使人从苏词、苏赋中的有关语言符号,想象到曹操酾酒临江,横槊赋诗,图一统,成霸业的英雄精神,又不等同于古人,从而熔铸成新的抒情高度:"把酒酹滔滔,心潮逐浪高"的伟词,融进不屈不挠"继续战斗"的无产阶级革命英雄主义精神,体现出与出典处迥别的另一种境界。这又是不能不令人叹服的。

西江月·井冈山

一九二八年秋

山下旌旗在望,山头鼓角相闻。敌军围困万千重,我自岿然不动。早已森严壁垒,更加众志成城。黄洋界上炮声隆,报道敌军宵遁。

这首词最早发表在《诗刊》一九五七年一月号。

【注　释】

〔井冈山〕位于江西、湖南两省边界的罗霄山脉中段,在江西省宁冈、遂川、永新和湖南省酃(líng灵)县(今炎陵)四县交界的众山丛中,周围有五百多里。1927年10月,毛泽东率领秋收起义部队进军井冈山,在这里建立了中国第一个农村革命根据地。1928年4月,朱德、陈毅率领南昌起义保存下来的部队和湘南农军转移到井冈山革命根据地,同毛泽东领导的部队胜利会师。随后,两支军队合编为工农革命军第四军,不久又根据中共中央指示改称红军第四军。1928年8月30日,湖南、江西两省敌军各一部,乘红四军主力还在赣西南欲归未归之际,向井冈山进犯。红军不足一营,凭借黄洋界(在井冈山西北部,是进入井冈山五个主要隘口之一)天险奋勇抵抗,激战一天,击退敌军,胜利地保卫了这个革命根据地。这首词是作者在黄洋界保卫战胜利后所作。

〔旌旗在望〕喻指山下的部分红军和井冈山一带的赤卫队、暴动队等地方武装。这里用"旌旗"是为了增加诗的鲜明的形象感。作者说,其实没有飘扬的旗子,都是卷起的。

〔鼓角〕战鼓和号角。古代军队用鼓角发号施令,指挥队伍行动。这里指红军的军号等声音。

〔岿(kuī亏)然〕高踞屹立,形容红军在强敌围困下稳如泰山的气概。

〔森严壁垒〕指防备严密,工事(壁垒)牢固,不可侵犯。

〔众志成城〕《国语·周语》:"众心成城。"形容军民同仇敌忾,万众一心,成为牢不可破的城堡。

【考　辨】

这首词作者留存手迹一件,词前书有标题《西江月·井冈山》,词末署名毛泽东。此词首次正式发表在《诗刊》1957年1月号;在此之前,1948年7月1日东北解放区出版的《知识》杂志第七卷第六期曾传抄发表，是在锡金文章《毛主席诗词四首臆释》中披露的，文字略有讹误，如"早已"误作"久已"，"黄洋界"误作"望洋界"。

此词"山下旌旗在望"，喻指山下的部分红军即袁文才、王佐领导的三十二团，以及井冈山一带的赤卫队、暴动队等地方武装也在坚守井冈山，山下并没有都被敌人占领。"山头鼓角相闻"，喻指守卫黄洋界的红军第三十一团第一营以不足一营的兵力，利用悬崖峭壁的地形顽强抵抗敌人的进攻。

此词按词律，上下两阕第二、第三句押平声韵，第四句押原韵的仄声韵。此词韵脚上阕为"闻、重、动"，下阕为"城、隆、遁"，没有按词韵押韵，而依湖南湘潭一带方音押韵。湘潭一带方音没有诗韵、词韵中的东韵和冬韵，即没有韵母ong及iong。毛泽东的部分诗词以湖南方音押韵，是一大特色。这对辨认他的根据抄件刊印的《五律·张冠道中》和《五律·喜闻捷报》，是一个重要标识。

★ 赏 析 ★

诗情画意描战场
——《西江月·井冈山》赏析

李远源

捧读毛泽东《西江月·井冈山》，眼前立即出现一幅如诗如画的场面：

万山丛中，雄峰高耸，一条羊肠小路，傍松沿溪，盘旋隐入云端，一面是深壑生烟，一面是峭壁逼人。山下红旗在望，弹雨纷飞；山头军号齐鸣，炮声隆隆。井冈山，黄洋界，这里正在经历着一场血与火的洗礼！穿过险隘坚垒，来到万丈绝顶，只见那身躯伟岸的战斗指挥者岿然伫立，俯视群峰，周围则是人群欢拥，硝烟渐消，松涛长鸣，一片胜利后的洋洋喜气。此时此地，毛泽东竟是那样镇定潇洒，安详自如，一步一咏地唱出了一首《西江月》。

其实，当时作为党代表的他不在现场，但我们是在读诗，我们以为他就在现场。黄洋界保卫战的胜利，是在他的思想和策略指导下取得的。

1927年10月7日，毛泽东率领秋收起义队伍进驻井冈山，创建了中国第一个农村革命根据地。1928年4月，朱德、陈毅率领南昌起义保存下来的部队和湘南农军转移到井冈山会师，兵力得到加强。到6月底，根据地已拥有江西宁冈、永新、莲花三个全县，吉安、安福各一小部，遂川北部，湖南酃县（今炎陵县）东南部。根据地的建立、巩固和发展，引起国民党当局极度恐慌，不断前来进攻。"四月以后，湘赣边界的割据，正值南方统治势力暂时稳定的时候，湘赣两省派来'进剿'的反动军队，至少有八九个团，多的时候到过十八个团。"（毛泽东《井冈山的斗争》）7月间，"湖南省委代表杜修经和省委派充边界特委书记的杨开明，乘力持异议的毛泽东、宛希先诸人远在永新的时候，不察当时的环境，不顾军委、特委、永新县委联席会议不同意湖南省委主张的决议，只知形式地执行湖南省委向湘南去的命令，附和红军第二十九团（成分是宜章农民）逃避斗争欲回家乡的情绪，因而招致边界和湘南两个方面的失败"。(毛泽东《井冈山的斗争》)红军数量上约损失一半,第二十九团损失殆尽。消息传来,毛泽东决定第三十一团第一营留守井冈山,自己率领第三营前往湖南桂东方向迎还大队。8月23日,在桂东与第二十八团会合,决定重回井冈山,保卫根据地。"八月三十日敌湘赣两军各一部乘我军欲归未归之际,攻击井冈山。我守军不足一营,凭险抵抗,将敌击溃,保存了这个根据地。"(毛泽东《井冈山的斗争》)先是湘敌吴尚三个团,赣敌王均一个团,趁我主力在外,从酃县直扑黄洋界。我第一营闻讯,于8月28日星夜兼程赶往前线,29日,到达黄洋界,加固工事,"以生死与共的决心坚守井冈山"。30日,敌发起四次进攻,都被我击退,敌死伤百数十人,被打垮一个团。战斗一昼夜,31日中午,我军由茨坪调去迫击炮一门增援,两发命中,吓得敌军狼狈逃走。9月26日,毛泽东率主力归来后,面对黄洋界保卫战的胜利,满怀热情地填写了这首《西江月·井冈山》。

"山下旌旗在望,山头鼓角相闻。"开篇用一对仗单刀直入,立即展现了战火纷飞的现场。旌旗和鼓角都是古代用来指挥战斗、助扬军威的器具,历来诗人常借以表现行军、列阵和战斗场面,而又往往在一联中排比连用,造成一种特殊的战争气氛。如"旌旗荡野塞云开,金鼓连天朔雁回"(明谢榛《塞上曲》),给人以悲壮之感;"陷敌抚金鼓,摧锋扬旆旌"(南朝梁刘峻《边塞》),则引人壮怀激烈;"苦雾沉旗影,飞霜湿鼓声"(明林鸿《出塞曲》),则示人军旅生活的艰辛;"雪暗雕旗画,风多杂鼓声"(唐杨炯《从军行》),读来则油然有苍凉之感。当代诗人毛泽东在"旌旗""鼓角"前面分别冠以"山下""山头"两个方位词,立即点明眼前是一场山地保卫战;句尾又分别续以"在望"和"相闻"两个动词,更令人放眼战场,耳闻杀声,有居高临下之感,于威武雄壮之中透出几分沉着镇定,预示此战是必胜无疑的了。

接着,"敌军围困万千重,我自岿然不动",补足了气氛,完成了上阕。红军那气吞强虏、屹如泰山的群体英雄风貌也就跃然而出。

"早已森严壁垒,更加众志成城。"过片也用了一个对仗,令人信服地认同"我自岿然不动"并非虚夸之笔。毛泽东早就估计到:"既有民众拥护、地形又极险要的大小五井,不但在边界此时是重要的军事根据地,就是在湘鄂赣三省暴动发展的将来,亦将是重要的军事根据地。"(毛泽东《中国的红色政权为什么能够存在?》)"在四围白色政权中间的红色割据,利用山险是必要的。""山上要隘,都筑了工事。"(毛泽东《井冈山的斗争》)黄洋界在井冈山西北部,是当年井冈山五大哨口之一(其他为桐木岭、朱砂冲、双马石、八面山),因常年烟雾弥漫,又称汪洋界,地势非常险要。毛泽东有词赞扬:"过了黄洋界,险处不须看。"它是进入红军指挥中心茨坪的必经之地,设防之严,自不待言。词中将"壁垒森严"颠倒为"森严壁垒",除平仄、对仗需要外,把形容词变成动词,更加突出了人的主观意志的作用。这件事临战前就做好了,所以便自然贴切地冠以"早已"二字。但是,仅有坚壁固垒是不够的,还要加上人的精神因素,所以特意接上一句"更加众志成城"。于是,一座攻不进、打不破的铜墙铁壁便岿然摆在敌人面前。

"黄洋界上炮声隆,报道敌军宵遁。"黄洋界山路窄险,敌人兵力施展不开,只能成一字长蛇阵向上仰攻,红军则枪弹、手榴弹、滚石齐下。一天一夜激战下来,敌兵尸横山野,待我方炮声一响,便吓得连夜逃走了。一首动人心弦的咏叹调,就这么轻松潇洒地突然煞住。其中多少动人场面,多少豪情激慨?无须说,也不必说了。这"宵遁",是诗的语言,不必非得坐实夜晚。这"炮声隆"字面给人以听觉感,字底给人以嗅觉感。联系上阕"旌旗在望""鼓角相闻",使你好像真的看到了红旗招展,听到了战鼓声声,嗅到了火药味浓。然而,当我们回过神来,方才领悟到这是诗人巧妙地用形象思维和特写手法所造成的意象。那山下旌旗实际上是看不见的。作者说,其实没有飘扬的旗子,都是卷起的。结尾,"报道敌军宵遁",既见豪情,又示轻蔑。古诗"前军夜战洮河北,已报生擒吐谷浑"(唐王昌龄),"月黑雁飞高,单于夜遁逃"(唐卢纶),"传声漠北单于破,火照旌旗夜受降"(唐张仲素),写的也是夜传捷报;虽气概略似,但意境有别。这里,"报道敌军宵遁",隔片与"我自岿然不动"互相呼应,互为因果,将我之雄和敌之怯恰到好处地做了艺术表达,于中又透出几分豪迈、几分飘逸,更见境界高远。而这胜利的消息是通过"炮声"传报的。陈毅说:"在战争中尝有炮声雷鸣而敌已开始逃跑。此敌之起身炮也,我之送行炮也。不可不知。"

掩卷回味,你不得不叹服作者善于把"战略上藐视敌人,战术上重视敌人"的思想给以诗化;也会联想到历史上许多以弱克强、以少胜多的战例,获得一次美的享受。

截至《毛泽东诗词集》问世,在已公开发表的六十七首毛泽东诗词中,有十八首是以军旅生活和战争为题材的。其数量之多、意境之高、音律之美,都是罕见的。这固然与作者所处的时代背景、个人经历密切相关,但作者独特的文化气质和博大的胸怀,不能不起着春雨催花、流光溢彩的作用。作者"与天奋斗其乐无穷,与地奋斗其乐无穷,与人奋斗其乐无穷"的情志,在他的战争诗歌中自然难以掩抑,《西江月·井冈山》就是其中一首。

诗人毛泽东首先是一位伟大的马克思主义者和伟大的无产阶级革命家,毕生参加并且主导了中国人民的解放事业。他在"八七会议"上提出了"枪杆子里面出政权"的著名论断,深知正义的战争对于争取人民幸福多么重要,因而在诗词中付以深情的美学审视。在艰苦的行军途中,他看到的是"风展红旗如画";在秋风萧瑟的战场上,他感受到的是"战地黄花分外香"。即使在被王明"左"倾冒险主义者排挤之际来到大柏地旧战场,也情调昂扬地给残破的景象赋予了诗情画意:"当年鏖战急,弹洞前村壁。装点此江山,今朝更好看。"这首《西江月·井冈山》同样诗心别运,画意盎然。若不是笑对战争,能够如此妙笔生花吗?

清平乐·蒋桂战争

一九二九年秋

风云突变,军阀重开战。洒向人间都是怨,一枕黄粱再现。

红旗跃过汀江,直下龙岩上杭。收拾金瓯一片,分田分地真忙。

这首词最早发表在《人民文学》一九六二年五月号。

【注　释】

〔蒋桂战争〕指1929年春发生于国民党南京军阀蒋介石和广西(简称"桂")军阀李宗仁、白崇禧之间的战争。毛泽东在1928年10月《中国的红色政权为什么能够存在?》一文中曾经指出:"国民党新军阀蒋桂冯阎四派,在北京天津没有打下以前,有一个对张作霖的临时的团结。北京天津打下以后,这个团结立即解散,变为四派内部激烈斗争的局面,蒋桂两派且在酝酿战争中。"1929年4月,蒋、桂两派间果然爆发了战争,所以词中称为"风云突变"。1929年的军阀战争给红军的发展造成了一个有利条件。1929年3月,红四军由江西进入福建西部,占领长汀,5月、6月三次占领长汀东南的龙岩,9月占领长汀以南龙岩以西的上杭。这首词作于红军攻占上杭之后,当时闽西新革命根据地正在开展"分田分地"的土地革命。

〔洒向人间都是怨,一枕黄粱再现〕蒋介石发动新的军阀战争,这场"风云"变出的暴雨,只引起深受痛苦的人民的怨愤;他的武力统一中国的野心,不过是又一场黄粱梦而已。唐沈既济小说《枕中记》说,卢生在邯郸客店里向道士吕翁诉说自己的穷困不得志,当时店主正在蒸黄粱(黄小米)做饭;吕翁给卢生一个瓷枕,要他枕了睡,卢生枕后在梦里果然享尽荣华富贵,醒来黄粱还没有蒸熟。

〔汀江〕韩江上游,源出福建省西部长汀,南流入广东省境内。

〔龙岩上杭〕当时是福建西南部的两个县,上杭位于龙岩之西。

〔收拾金瓯(ōu 欧)一片〕化用黄兴《临江仙》"收拾金瓯还汉胤"句。瓯是古时杯盆一类的容器。古人常把金瓯比喻国家疆域完整无缺。南北朝时的梁武帝曾说:"我国家犹若金瓯,无一伤缺。"(《南史·朱异传》)"金瓯一片",在这里比喻宝贵的革命根据地。

【考　辨】

这首词在1962年《人民文学》编辑部搜集的传抄稿上,题为《清平乐·进军福建》；作为《词六首》之一发表在《人民文学》1962年5月号时，只有词牌而无词题；收入1963年12月出版的《毛主席诗词》时，才题为《清平乐·蒋桂战争》，并标明写作时间为"一九二九年秋"。

这首词《人民文学》编辑部搜集的传抄稿，原为"宁桂大开战"，在《人民文学》发表时作"军阀重开战"；原为"收拾张卢残部"，发表时作"收拾金瓯一片"。"张卢残部"，这里的张，指当时国民党军闽南军阀张贞；卢，指当时任国民党军福建省防军暂编第二混成旅旅长卢新铭。

这首词作者留存的手迹，现在所见有三件。其中有一件"黄粱"写成"黄梁"；另一件"黄粱"写成"黄粮"，"金瓯"写成"金铙"，显系笔误，并非异体字。

★ 赏　析 ★

风云突变红旗跃
——《清平乐·蒋桂战争》赏析

萧永义

　　1929年春,蒋介石同广西军阀李宗仁、白崇禧为争夺湖南、湖北两省地盘展开混战,战争历时四个月之久。同年秋,又发生了蒋冯阎战争。军阀战争给红军和红色根据地的发展造成了有利条件。这年3月,毛泽东、朱德率领的红四军由江西进入福建西部,占领长汀。5月、6月,三次占领龙岩。9月打下了上杭。毛泽东作于1929年秋的《清平乐·蒋桂战争》生动、真实地反映了这一段历史。由于词中并未描述蒋桂的战事,有些读者不免对词题迷惑不解。其实,红四军挺进闽西与蒋桂战争是这一时期紧密关联的重要历史事件。在一定意义上,几乎可以说无蒋桂战争即无红军当时向闽西的发展。正是在这个问题上,作者当年曾反复阐明自己的观点。

　　早在1928年10月,毛泽东就曾指出:"国民党新军阀蒋桂冯阎四派,在北京天津没有打下以前,有一个对张作霖的临时的团结。北京天津打下以后,这个团结立即解散,变为四派内部激烈斗争的局面,蒋桂两派且在酝酿战争中。"(毛泽东《中国的红色政权为什么能够存在?》)随后他还指出,中共中央那时有一个通告,"谓蒋桂战争不一定会爆发"(毛泽东《星星之火,可以燎原》)。"有些同志在困难和危急的时候,往往怀疑这样的红色政权的存在,而发生悲观的情绪。这是没有找出这种红色政权所以发生和存在的正确的解释的缘故。我们只须知道中国白色政权的分裂和战争是继续不断的,则红色政权的发生、存在并且日益发展,便是无疑的了。"(毛泽东《中国的红色政权为什么能够存在?》)蒋桂战争的爆发及红四军向闽西的发展无疑证实了这一论断的正确。

　　《清平乐·蒋桂战争》这首词最初是否有"蒋桂战争"这一标题已无可考了。1959年,《人民文学》编辑部搜集到的这首词的传抄稿的词题是"进军福建"。1962年作为《词六首》之一发表时只有词牌而无词题。1963年收入《毛主席诗词》时才加上"蒋桂战争"的标题。做这样的标题,难道没有回顾这段历史的意向吗?回答应当是肯定的。词以"风云突变"开篇,实则作者并不感到突然。因为蒋桂战争的爆发,作者早已料到,并预言过。词中作如是写,只是就一般而言,同时,除了词作修辞艺术上的考虑,恐多少也表露了作者自己的某种感慨。

这首词,辞藻并不华丽,但遣词用语凝重而准确。如"风云突变,军阀重开战",一个"重"字就概写了军阀混战连年不断的历史事实。仅就1927年以来的情况说:1927年10月有新军阀蒋介石和广西军阀李宗仁等对武汉派和湖南军阀的战争,12月有蒋介石和广东军阀争夺广东的战争;1928年4月、5月间,有新旧军阀蒋介石、李宗仁、冯玉祥、阎锡山的联盟对抗奉系军阀的战争;1929年4月间有蒋桂之战,8月间又有蒋介石和旧军阀阎锡山、冯玉祥之战,等等。正如作者指出的,这是半殖民地中国的特征之一。"洒向人间都是怨",则指所有这些战争,"造成了普遍于全国的灾荒和匪祸,使得广大的农民和城市贫民走上求生不得的道路"(毛泽东《星星之火,可以燎原》)。一个"洒"字,一个"都"字,一个"怨"字,都不可移易。

"一枕黄粱再现。""一枕黄粱"典出唐人沈既济传奇小说《枕中记》,后人以此比拟贪婪的妄想。作者词中"一枕黄粱再现"的"再"字是有所交代的:旧军阀混战都没有好下场,新军阀开战也只能是重蹈覆辙,不过是你方唱罢我登场,不过是一个又一个的黄粱梦。

词的下阕用轻快的笔触写革命斗争的可喜形势。"红旗跃过汀江,直下龙岩上杭。""红旗",使人想起"边界红旗子始终不倒"的那面"红旗",又使人想起某些人心目中"红旗到底打得多久"的"红旗"。事实是,这面"红旗"现在跃过了汀江,还插向了龙岩、上杭……"红旗"可以指红军、红色政权,指中国共产党领导的以农村包围城市为根本特征的革命道路……所以诗人的作品中累累用之。

"红旗跃过汀江,直下龙岩上杭",这是值得一书的胜利。陈毅当年也有诗唱道:"闽赣路千里,山花笑吐红。铁军真是铁,一鼓下汀龙。"(毛泽东《反攻连下汀州、龙岩》)毛词的"红旗跃"与陈诗的"山花笑"可谓异曲同工相映成趣。而两人句中的"下"字,则用法完全相同,充分显示了红军的气势。可见两位诗人的心是相通的。开辟闽西根据地,红四军当时占领的城市主要有汀州、龙岩和上杭。但在毛泽东词中只写了龙岩、上杭,没有点汀州;在陈毅诗中则只写了汀州、龙岩,没有举上杭。这都是省笔,出于修辞和言韵的考虑。在这一点上,两位诗人的笔法又何其相似。

"收拾金瓯一片,分田分地真忙。""金瓯"是用典。瓯,盆盂类器皿。《南史·朱异传》载梁武帝萧衍语:"我国家犹若金瓯,无一伤缺。"后人遂以"金瓯"代指完整无缺的国家山河。"一片",盖指红军占领闽西,犹于军阀割据的四分五裂的祖国大地上收取了其中的一片。"收拾",看似口语,又有来历。如岳飞《满江红》:"待从头收拾旧山河,朝天阙。"因此我们不难从毛词中读出"从头收拾旧山河"之意趣。又,近年我们读到了毛泽东在延安抄给丁玲的三首词的手迹。其中《临江仙》一首,据查是资产阶级民主革命家黄兴1912年随孙中山北上之作。其下片首两句云:"收拾金瓯还汉胤,何殊舜日尧天。"是说"人民成为国家的主人翁,好景来了"(臧克家《谈毛泽东手迹三幅》)。毛词"收拾金瓯"与黄兴词的用语同。可能由于对青年时期读过的黄兴的这首词作留有深刻印象,在写作《清平乐·蒋桂战争》时就带出来了。但"收拾金瓯一片"又自成意境,上承"红旗跃过汀江,直下龙岩上杭",下连"分田分地真忙",浑然一体。"直下龙岩上杭"固然是"收拾金瓯一片","分田分地真忙",又何尝不是"收拾金瓯一片"? 总之,"收拾金瓯"句可以带给读者众多的联想,可谓以少胜多之笔。

这首词的结句"分田分地真忙",以口语入词,韵味悠长,却又非泛泛道及。

1929年7月,中国共产党闽西地区第一次代表大会在上杭召开。大会总结了闽西土地改革的经验,通过了《土地问题决议案》。会后,闽西开展了轰轰烈烈的土地革命运动,在长汀、连城、上杭、龙岩、永定数县三百多里的地区内,解决了五十多个区、五百多个乡的土地问题,约有六十万农民得到了土地。毛泽东这时已离开红四军前委,在闽西指导地方工作,亲自领导了闽西的土地革命。词中"分田分地真忙",便是那番动人情景的真实写照。着一"忙"字,闽西群众参加土地革命的踊跃和热烈劲头便跃然纸上。没有亲身经历,没有与群众同呼吸共命运的感情是断然写不出的。同时,可见作者锤炼字句的功力。清代赵翼说:"所谓炼者,不在乎句险语曲,惊人耳目;而在乎言简意深,一语胜人千百,此真炼也。""分田分地真忙"当即此种"真炼"。

红四军从1929年1月下井冈山以来,在以毛泽东为书记的前委领导下,利用军阀分裂和混战的时机,在敌人统治比较薄弱的地带,艰苦转战,在仅仅半年多的时间内,就打下了赣南、闽西革命根据地的基础。这是继开创井冈山根据地之后中国革命新的飞跃发展。在这个意义上,可以说《清平乐·蒋桂战争》是毛泽东诗歌史上的又一座里程碑。用四十六个字的小令包容如此纷繁的历史事件,鞭黑暗讴光明于一章,熔古典与现代词语于一体,诗人在继承发展我国诗歌优良传统方面的成功,也是非常引人注目的。

采桑子·重阳

一九二九年十月

人生易老天难老,岁岁重阳。今又重阳,战地黄花分外香。

一年一度秋风劲,不似春光。胜似春光,寥廓江天万里霜。

这首词最早发表在《人民文学》一九六二年五月号。

【注　释】

〔重阳〕阴历九月初九叫"重阳节"。《易》以阳爻为九,故称九九为重阳。1929年重阳节是阳历10月11日。当日,在福建省永定县合溪养病的毛泽东,由地方武装用担架护送到上杭县城,同朱德等红四军领导人会合。这首词是毛泽东赴上杭道中所作。

〔战地黄花分外香〕化用南宋杨万里《九日郡中送白菊》"为底寒花分外香"句。战地,1929年秋天,红四军在福建省西部汀江一带歼灭土著军阀,攻克了上杭,所以词中称上杭等地为"战地"。黄花,指菊花,我国古代菊花的主要品种是黄的。《吕氏春秋·季秋纪》:"季秋之月:……菊有黄华(花)。"古人常于重阳赏菊。

〔寥廓〕状广远空阔。

〔霜〕指霜叶,是秋色的代字。唐杜牧《山行》:"霜叶红于二月花。"

【考　辨】

这首词作者留存一件手迹,无词题,也无落款。此词在1962年《人民文学》编辑部搜集的传抄稿上,题为《采桑子·有赠》;作为《词六首》之一发表在《人民文学》1962年5月号时,只有词牌而无词题;收入1963年12月出版的《毛主席诗词》时,才题为《采桑子·重阳》,并标明写作时间为"一九二九年十月"。词题《重阳》,表明是重阳节那天所作,即作于阳历10月11日。

此词作于何地,原无争议,长期以来认为是在闽西上杭县城、汀江之滨的临江楼写的。但是,在作者主持编辑的《毛主席诗词》清样稿上,此词开始题为《江西广昌县路上作》,接着改为《广昌路上作》,最后改定为《重阳》。这说明这首词在作者的记忆中,是作于行军路上的。诚然,说作于广昌路上,恐是记忆所误。1929年8月、9月间,作者在闽西永定金丰大山养病,10月上旬转到永定合溪养病。重阳节前夕,作者并未去过广昌,而是从永定合溪由地方武装护送到上杭县城的。据此推断,此词应是"上杭路上作"。

　　这首词《人民文学》编辑部搜集的传抄稿,原为"人生有老天无老",后改为"人生易老天无老",在《人民文学》发表时作"人生易老天难老";原为"但看黄花不用伤",后改为"大地黄花分外香"和"野地黄花分外香",发表时作"战地黄花分外香"。着一"战"字,把战地的环境和氛围烘托出来了,从而为此词浓重地涂抹了一笔革命色彩。"战地"一词,可说是此词的"词眼"。

★ 赏　析 ★

革命人生的壮美颂歌
——《采桑子·重阳》赏析

何火任

　　毛泽东诗词是中国现当代人民革命和建设事业的壮丽史诗，也是一位坚定的共产主义者革命人生道路上开放出的光彩夺目的艺术花朵。在表现革命人生的感悟和豪情方面，《采桑子·重阳》一词独具神韵、别开生面，极富艺术魅力。这首词，是作为伟大无产阶级革命家和诗人的毛泽东，以他特有的胸怀、气魄和艺术眼光，谱写的一曲旷古绝伦的革命人生的壮美颂歌。

　　《采桑子·重阳》词最早发表于《人民文学》1962年5月号，当时只有词牌而没有标明词题和写作时间。人民文学出版社1963年出版的《毛主席诗词》收入该词时，才标出词题《重阳》和写作时间"一九二九年十月"。

　　1929年，毛泽东在自己的革命人生道路上有着一段特殊的经历，也因而有着一些独特的感受。自1927年蒋介石叛变革命后，中国大地上出现了由帝国主义指使、操纵的新旧军阀混战的大动荡局面，毛泽东充分利用军阀混战的有利形势，率领秋收起义部队上井冈山，组织人民武装，开展游击战争，开辟和发展农村根据地，进行土地革命，建立工农红色政权，寻找到一条由农村包围城市、最后夺取全国胜利的中国人民寻求解放的革命道路。1929年3月、4月间，新军阀蒋介石同桂系军阀李宗仁、白崇禧之间酝酿并爆发了争夺湖南、湖北地盘的战争。乘此良机，毛泽东与朱德等率红四军第一次入闽占领长汀，并主持召开了红四军前委扩大会议，决定创建赣南、闽西根据地。为此，他们回师赣南，开辟了赣南根据地；5月又率军二次入闽攻占龙岩，开创了闽西革命根据地。6月下旬，在龙岩县城召开的红四军第七次党代表大会上，关于建军原则和建立巩固的革命根据地等基本战略问题发生意见分歧，毛泽东的正确主张未能被多数同志理解和接受，他也因此未能继续当选为前委书记，离开了红四军领导岗位。此后,他身患重病,仍然在闽西一边养病,一边开展地方工作,主要是深入农村基层搞调查研究和指导土地革命。8月中旬,朱德、陈毅率红四军主力进击闽中,9月上旬又返回闽西龙岩,并于9月21日攻克上杭。毛泽东于9月下旬到达永定县境的合溪,继而于10月11日(即当年农历九月初九日)重阳节前夕带病坐担架离开合溪到达红四军刚解放不久的上杭,沿途所见,黄菊灿烂,秋色感人,于是在他居住的上杭县城临江楼上吟成了这首著名的《采桑子·重阳》。

毛泽东这段特殊的生活经历同他长期的奋斗历程相联系所深蕴的革命人生哲理和壮志豪情,在《重阳》词中得到了生动而深刻的艺术表现。这种深邃的人生感悟和豪壮的革命情怀将我们引进词中所营造的浩阔雄奇、瑰丽壮美的艺术境界,令人心旷神怡、情感激荡振奋。

讴歌人民革命战争是震响在《重阳》词中的时代最强音。战争作为人类社会阶级对抗达到白热化程度时常会出现的一种必然现象,总是伴随着屠杀与血污。但战争又有着正义与非正义的不同性质:侵略别国或镇压本国人民的战争都是非正义战争;侵略者或镇压者相互间狗咬狗的战争也是非正义战争,因为他们的目的无非是为了争夺奴役别国或本国人民的霸主权力,受害者始终是人民;而一切反侵略、反奴役的战争都是正义战争。正义战争推动历史前进和社会进步,而非正义战争则阻碍历史前进和社会进步。显然,1927年后以毛泽东为代表的中国共产党人领导的土地革命战争,是在中国根本改变半殖民地半封建社会性质、建立工农民主新政权的伟大而正义的人民革命战争。作为这场伟大革命战争的主要领导者的毛泽东,面对1929年闽西革命游击战争的辉煌胜利,面对炮火硝烟刚散、人民喜获新生的上杭大地上黄灿灿的菊花,情不自禁地从心灵深处迸发出"战地黄花分外香"这样的千古绝唱。词中,诗人没有用一字去直接表现战争,而独独摄取既能紧扣"重阳"词题又最能抒发自己豪情的"黄花"这一动人意象来讴歌这场战争。诗人之所以强烈感受到"黄花"格外馨香,就因为它是怒放在人民革命战争取得胜利的"战地"上。"战地",真可谓是词句中的点睛之笔。特别值得玩味的还有,诗人并未直用

"菊花"而是突现闪耀着菊花色彩的"黄花"这一形象,这就使词中的声律美、色彩美、画面美、情感美与意境美升华到绝妙的艺术美的境界。书法家舒同回忆,1932年春漳州战役刚结束时,毛泽东曾在弹痕遍地的战场散步,他边走边捡起一颗弹壳轻轻地说:"战地黄花呵!"(崔向华、世一《笔阵横扫千人军》)这一史实有助于我们更深切地理解和感悟毛泽东在1929年重阳节时讴歌人民革命战争的壮志豪情。

展望人民革命事业光辉灿烂的未来是回荡在《重阳》词中的时代主旋律。1927年后,毛泽东的一个重要战略思想是选取敌人力量薄弱的地区,通过游击战争开辟革命根据地,在根据地进行深入的土地革命,取得广大群众对革命的理解、拥护、支持和参与,在扎实的群众基础上建立红色政权,使星星之火逐渐形成燎原之势,稳步地将革命向全国推进,以夺取中国人民最后的胜利。1929年赣南、闽西革命根据地的建立,正是毛泽东实践这一伟大战略思想的结果。尽管他的这一战略思想在红四军党的第七次代表大会上暂时未能被多数同志所完全理解与接受,但由朱德、陈毅率领的红四军实际上仍然在继续实践他的这一战略思想。作为杰出的无产阶级战略家的毛泽东,不论在顺境还是逆境的情况下,他都始终坚信红军绝不是单纯打仗的队伍,而是执行无产阶级革命政治任务的人民武装力量,战争是手段并不是目的,人民军队只是通过革命战争去推翻旧政权,建立新政权,拥抱一个新中国,进而实现人类最美好的共产主义理想。毛泽东的这些精深博大的思想,这种凌云壮志和满腔豪情,都凝聚在"寥廓江天万里霜"这一神来之笔中。是啊,江天万里,浩阔明净,腐恶尽除,万象更新,一派多么壮美的秋色!这不正是诗人对人民革命战争带来的大好形势的由衷赞美和对祖国光辉灿烂的美好未来的深情展望与讴歌吗?20世纪20年代末,这响彻云霄的昂扬激越的时代主旋律就这样发自毛泽东的笔端。

《重阳》词独特的思想艺术价值还在于,诗人极其巧妙精到地表现了他作为一位杰出的无产阶级革命家所具有的唯物辩证的世界观和积极、乐观的人生态度。词中对人民革命战争的热情讴歌和对人民革命事业光辉美好未来的由衷赞美均源于此。诗人吟唱"人生易老天难老,岁岁重阳"和"一年一度秋风劲,不似春光",并非如古代不少诗人那样,面对重阳节和秋光,常常不免叹喟秋风萧索,感慨人生的悲愁、苍凉、寂寞与孤独。毛泽东以唯物主义者的艺术眼光,深刻地看到人生有限,宇宙无穷,岁岁重阳复见,年年秋风劲吹而不如春光明媚,这些都是客观存在的大自然的法则与规律。然而,诗人的惊人之处在于他能从不变中见到变,从相同中看出不同,着眼点和着重点都放在"今又重阳"与"胜似春光"这不同的一面,不同正在那"战地黄花分外香"和"寥廓江天万里霜"啊!这充分表明,由诗人的世界观所决定的艺术观既是唯物的,也是辩证的,他以联系、发展的艺术眼光来观察和表现世界与人生,这正是他高出一般诗人特别是古代诗人的地方。古代诗人中也有赞秋、颂菊乃至将秋菊同战争联系起来表现与咏叹的诗作,其中也不乏艺术性很强的佳句。唐代刘禹锡有"自古逢秋悲寂寥,我言秋日胜春朝"(《秋词》)之句,元稹有"不是花中偏爱菊,此花开尽更无花"(《菊花》)之句,宋代杨万里也有"秋气堪悲未必然,轻寒正是可人天"(《秋凉晚步》)和"若言佳节如常日,为底寒花分外香"(《九日郡中送白菊》)之句,苏轼亦有"菊残犹有傲霜枝"(《冬景》)之句,他们的这些诗句都赞秋颂菊,甚至也赞叹秋"胜"春、菊花"分外香",然而又都不过是表现封建士大夫文人或悠闲自适或孤芳自赏的心态与情怀。唐末黄巢的颂菊诗句"冲天香阵透长安,满城尽带黄金甲"(《不第后赋菊》)还是比较有气势的,通过对菊花的香气与色彩的比喻描绘和抒写,相当生动贴切地表现了胸怀大志的作者虽然失意却仍豪情满怀的心绪,可是他的胸怀与气魄也只不过囿于长安城而已。至于唐代岑参的"遥怜故园菊,应傍战场开"(《行军九日思长安故园》)和清代陈维崧的"好花须映好楼台,休傍秦关蜀栈战场开"(《虞美人·无聊》)等诗句词句,则都哀叹菊花因开在战场而似乎浸透晦气,表现出强烈的厌战、反战情绪。如果联系更多的古代诗词中诸如杜甫的"万里悲秋常作客,百年多病独登台"(《登高》),李清照的"帘卷西风,人比黄花瘦"(《醉花阴》)等悲秋怜菊的名句,更能感受到古代诗人们那种临秋面菊而倍觉凄凉、寂寥、哀婉与孤独的心境和感情。古代诗人的咏秋咏菊诗词在格调上是难以同毛泽东的《重阳》词相比的。这主要是因为时代、阶级属性和人生经历的不同,以及由此而形成的诗人的世界观、人生观、战争观与艺术观的不同。作为杰出的无产阶级政治家、军事家和诗人的毛泽东,他满腔热情地讴歌人民革命战争和展望人民革命事业光辉灿烂的未来,正是对壮丽的革命人生的深情赞美,深蕴着诗人那积极奋发的人生态度和强烈高昂的革命乐观主义精神。

　　这首《采桑子·重阳》词中,诗人匠心独运,神思飞扬,大处着眼,小处落笔,由感悟到具象,由宏观到微观,由近及远,语言朴素自然,音节回旋跌宕,气势雄浑浩阔,意境宏远瑰丽,真可谓思接千载,视通万里,吐纳珠玉之声,卷舒风云之色,壮哉美哉!

如梦令

元旦

一九三〇年一月

宁化、清流、归化,路隘林深苔滑。今日向何方,直指武夷山下。山下山下,风展红旗如画。

这首词最早发表在《诗刊》一九五七年一月号。

【注　释】

〔元旦〕1929年毛泽东和朱德率领红四军在福建省建立闽西革命根据地后,12月底在上杭县古田村召开了对红军发展史有重大意义的中共红四军第九次代表大会。同时,蒋介石组织了江西、福建、广东的反动武装实行"三省会剿",向闽西革命根据地逐步进逼。当福建敌军先头部队进抵离古田村仅三十里的小池时,红四军在1930年1月上旬向敌后转移。朱德率领红四军第一、三、四纵队先出发,挺进江西。毛泽东率领第二纵队掩护主力转移后,向北经福建连城、清流、归化、宁化等县,西越武夷山,去江西和红四军主力会合,使敌人的"三省会剿"宣告破产。元旦,这里指阴历正月初一,即阳历1930年1月30日。

〔宁化、清流、归化〕是福建西部的三个县,归化县即今明溪县。

〔武夷山〕绵延于福建、江西两省边境,是这两省的界山。

【考　辨】

这首词首次正式发表在《诗刊》1957年1月号;此前,曾在1956年8月3日出版的《中学生》8月号传抄发表,是由谢觉哉《关于红军的几首词和歌》一文披露的,词题为《宁化途中》,只有一处异文,即"风展"原作"风卷"。

此词作者留存一件手迹,像是初稿,三句至六句为:"众志已成城,风卷红旗如画。如画如画,直指武夷山下。"

这首词在1963年12月出版的《毛主席诗词》中标明写作时间为"一九三○年一月"。词题《元旦》表明了填词的日子。过去注家都把"元旦"注为"一九三○年一月一日",是不符合实际的。作者1930年1月5日给林彪的信(收入《毛泽东选集》第一卷时,改题为《星星之火,可以燎原》),原文末尾写着"于上杭古田"的字样。这证明他在1929年12月底召开古田会议之后,到1930年1月5日,尚未离开古田。因此,

1930年1月1日,作者根本不可能写出此词中那些内容。"元旦"一词,最早见于南朝梁萧子云《介雅》诗:"四气新元旦,万寿初天朝。"南宋吴自牧《梦粱录》说:"正月朔日,谓之元旦,俗呼为新年。"自汉武帝以后,历代相沿,都以正月初一为元旦。作者将这首词题为《元旦》,正是指阴历庚午年正月初一,即阳历1930年1月30日。这一天就是作者填写该词的日子,当时他追写了率领红四军第二纵队由福建转移到江西行军途中的情景。根据这一考证,人民文学出版社1986年9月出版的《毛泽东诗词选》为"元旦"做了正确的注释。

★ 赏　析 ★

意象的奇妙组合
——《如梦令·元旦》赏析　　　　　　　　　　丁国成

　　题中"元旦"，乃是传统说法，并非指公历1月1日，而是指农历正月初一，即公元1930年1月30日。

　　在此之前，1929年毛泽东、朱德率领红四军创建了赣南、闽西革命根据地，革命形势发展很快。但在军队和根据地建设等重大问题上，红四军内部发生了严重分歧，党内、军内存在着单纯军事观点、流寇思想等非无产阶级思想，毛泽东原拟6月下旬在龙岩召开的中共红四军第七次代表大会上加以解决。不料，会上毛泽东遭到排挤，未能当选前委书记，继而离开了红四军领导岗位，到地方指导土地革命斗争。10月，陈毅从上海带回中共中央"九月来信"，要求毛泽东"应仍为前委书记"。12月28日至29日的"古田会议"，即中共红四军第九次代表大会通过了毛泽东起草的决议（《关于纠正党内的错误思想》是这个决议的第一部分），并重新选举毛泽东为前委书记。这时，赣、闽、粤三省敌军调动十四个团，第二次"会剿"闽西根据地和红四军，已经攻至离古田只有三十华里的小池。红四军前委当即决定兵分两路：由朱德率主力转移赣南，以便实现"争取江西的计划"，于1930年1月16日占领江西广昌；由毛泽东率第二纵队先在小池地区阻击敌军，掩护主力转移，而后从古田北上，经连城、归化（今明溪）、清流、宁化，翻越武夷山，于1月24日到达广昌，同朱德率领的主力部队会合。此词写于两路红军会合之后，写的就是这次进军。

　　这首词在艺术上的突出特色，有些论者说是创造了优美的独特意境，我很赞同，不再重复。还有一点，似乎未被他人道破，就是：意象组合极为奇妙。作品的意境创造，是靠意象的巧妙组合来完成的。

　　作品一开头就连写三个地名，孤立地看，确实是三个抽象的概念，枯燥乏味，并无诗意；但是，紧接着出现了三个词组，形象具体，鲜明如见。

两句词里,没有任何动词和连接词,只是把三个地名和三个词组并列出来,连在一起,就像电影中的蒙太奇,将六个电影镜头组接起来。这就赋予抽象地名以浓郁的诗味,让读者自己去想象、填充,进行审美鉴赏的再创造。

从修辞角度说,两句词构成了排比式列锦和并列式互文:上句地区是对下句物象的限定——"路隘林深苔滑"不是其他地方,而是"宁化、清流、归化";下句物象则是对上句地区的描绘——"宁化、清流、归化"不见其他景象,惟见"路隘林深苔滑",两句参互成文,合而见义。由于两句词各举一边而又互相关联,既化抽象地名为具体形象,又使景物描写有了地理位置,这便形成了词的意象组合,给读者提供了广阔的想象余地和再度创造的艺术空间。也就是说,允许读者根据各自的生活体验,展开合理想象:"路隘林深苔滑"三种景象可以分别属于"宁化、清流、归化"三县的不同地理特点,也可以理解成每个县份都有这样三种地形地貌,即把作品的具体描绘,当作是写实的。正如曾经在这三个县份"均住过或且路过"的郭风所说:"这些地区,以自然环境而言,山路险峻,林木茂密,溪流如带……"(郭风《具有战争史诗性质的华章——读〈如梦令·元旦〉》)

从意象角度看,作为诗歌艺术,作品这种描写,又不完全是写实的。其一,经过诗人的精心剪裁。红四军此次进军显然不止经过"宁化、清流、归化"三县,还有许多县份,作品无法、也无须一一写到。三县的地理环境也绝对不止于"路隘林深苔滑",其他景象与作品主旨关系不大,都被省略了。其二,作品的形象描绘,不仅经过提炼选择,而且做了艺术加工,属于典型形象的集中概括,寄托了作者的主观情思,饱含着诗人的思想寓意,因而变成了具有象征意味的意象创造,不尽实指,也有泛指。

不管是写实,还是象征,这种意象并列的独特结构方式,至少蕴涵着五层意思:一、三个县份从读者眼前一闪而过,足以显示部队行军之疾,迅猛异常。二、三个县份标明了红四军的行军路线——实际行军是先到归化、中经清流、后过宁化,作品颠倒路程顺序,是为求得平仄合律,按照词谱,"如梦令"前句作"仄仄仄平平仄","归化"与"宁化"如不对换,则不合平仄。不过,三个县份只是诗人举其大要,绝非征程全部,更非行军终点。作品以少总多,从而写出征途之遥,前路漫漫。三、"路隘林深苔滑",如同电影特写镜头,连续推出,展示了征程之难,布满坎坷。四、作品表面上无一字言及敌人,其实,红四军背后正对着强大之敌:红四军之所以绕开宽平大道,专走崎岖山路,就是因为敌人占据有利地形,实行"三省会剿",红四军只得避开强锋,争取主动。这里已经暗示出进军之险,表明敌强我弱。五、如此艰难险阻、征途遥远,丝毫挡不住红四军的飞速前进。敌人纵然追至这些县境,也只能望城兴叹,无可奈何。作品借此五端,集中而又充分地表现了人民军队历尽千辛万苦、不怕流血牺牲的大无畏革命精神和英雄气概。

"今日向何方,直指武夷山下。"一问一答,干脆利落,毫不含糊。从问句中可以看出,"武夷山下"只是"今日"的进军方向和目标,而不是最后的进军终点和驻地。答句除了说明行军方向外,还透露出这次进军不是盲目的被动流窜,而是清醒的主动转移。"直指"两字,既显示出红四军统帅的坚定沉着、胸有成竹、从容不迫,大有"指挥若定失萧曹"(即诸葛亮)之概,又反映出红四军部队镇定自若、秩序井然、步调一致,颇具"万马不嘶听号令"之势。尽管当时军事形势严峻,但红四军撤离福建、挺进江西,也不是一般性地运用"敌进我退,敌驻我扰,敌疲我打,敌退我追"的游击战术;因为早在1929年4月红四军前委就向中央提出"争取江西的计划",直到1930年1月5日毛泽东还在《星星之火,可以燎原》中再次重申"争取江西"的理由。可见,这次进军是有计划、有组织、有准备的战略转移。红四军不会停在武夷山下,还要翻过山去,到达江西。

"山下山下,风展红旗如画。"叠用"山下",进一步突现了武夷山,使之与"风展红旗如画"的意象,与作品前边的意象组合起来,构成一个完整的优美意境,除了具有写实意味外,同样也有象征意义。"今日向何方,直指武夷山下",与毛泽东1935年10月在长征途中翻越六盘山时所写的名句"不到长城非好汉",有异曲同工之妙;不同的是,此句以肯定口吻出之,彼句以否定语气道之。象征意义大略相近:从正面说,革命的目的,一定要达到,一定能够达到;从反面说,不达革命目的,不是好汉,誓不罢休。"武夷山下"

与"长城"由实指而变泛指,成了革命目的、奋斗前景的象征了。作为形象描绘,这里的"红旗"即是军旗,借以代指红四军;作为意象创造,"红旗"则又象征革命。红旗猎猎,迎风招展,似火如画,美不胜收——既是赞美工农武装,又是讴歌中国革命。虽然后有强敌追击,前有险路阻挡,但是红四军将士不畏艰险,充满了战斗的豪情和必胜的信念。作品通过典型意象的精心创造与巧妙组合,热情歌颂了人民军队一往无前的革命英雄主义气概和战无不胜的革命乐观主义精神,预示了中国革命高潮必将到来的美好前景,表达了诗人高瞻远瞩的广阔胸怀与胜利进军的喜悦心情。

这首词还有两个艺术特点值得称道。

一是根据内容需要,在表现形式上,作品特别讲究韵律。全词格律严谨,节奏明快,音韵铿锵,旋律轻捷,调子高亢。这与诗人所要表达的坚定的思想、美好的信念、乐观的情绪、欢快的心情、豪迈的气势是和谐一致的,做到了内容与形式的表里相宜、完美统一。已有论者拈出,这里不再赘述。

二是借鉴古典诗歌的表现手法,并加以创新,自铸伟词。"宁化、清流、归化,路隘林深苔滑"两句,很容易使人忆起杜甫的诗句和马致远的小令。杜甫的《闻官军收河南河北》有句:"即从巴峡穿巫峡,便下襄阳向洛阳。"两句连用四个地名,这在古诗中已属罕见。而毛泽东则在一句之中连用三个地名,而且不加任何中介词语,更是不可多得。这一方面见出诗人的艺术胆识非凡,不怕冒犯最为常见的概念化的风险;另一方面也见出诗人的艺术功力卓越,能够突破古人的樊篱,而有自己的独特创造,遂将风险转化为奇崛。马致远的《天净沙·秋思》写道:"枯藤老树昏鸦,小桥流水人家,古道西风瘦马。夕阳西下,断肠人在天涯。"毛泽东精通古典,名篇佳句烂熟于心,很可能由此得到启发,创作出"路隘林深苔滑"的清词丽句,用现代美学术语说,叫做意象叠加,类似电影中的蒙太奇手法。两句词可谓因难见巧:上句的抽象地名因有下句的意象对接而顿生光彩;上下句的不同意象因并列组合而引发新的意蕴,扩大了作品的生活容量,启人遐思,余味无穷。

减字木兰花 广昌路上

一九三〇年二月

漫天皆白,雪里行军情更迫。头上高山,风卷红旗过大关。 此行何去?赣江风雪迷漫处。命令昨颁,十万工农下吉安。

这首词最早发表在《人民文学》一九六二年五月号。

【注　释】

〔广昌路上〕广昌，县名，在江西省东部。1930年2月中旬，毛泽东率红军准备攻打赣江西岸江西省中部重镇吉安时经过这里。因当时国民党军调集七个旅十二个团，开始对赣西南革命根据地和红军进行"会剿"，毛泽东、朱德等遂决定不攻吉安，改在吉水县水南、吉安县值夏一带，打孤军进犯的国民党军唐云山旅。

〔情更迫〕首次发表时原作"无翠柏"，人民文学出版社1963年12月版《毛主席诗词》改为"情更迫"。

〔风卷红旗过大关〕原作"风卷红旗冻不翻"，本于唐岑参《白雪歌送武判官归京》诗"风掣红旗冻不翻"句。大关，这里指险要的山口。

〔赣江〕江西省主要河流。由章水、贡水流到赣州市汇合而成，北流经吉安、南昌注入鄱阳湖。

〔迷漫〕茫茫一片，看不分明。

【考　辨】

这首词在1962年《人民文学》编辑部搜集的传抄稿上，题为《减字木兰花·攻吉安》；作为《词六首》之一发表在《人民文学》1962年5月号时，只有词牌而无词题。作者在1963年主持编辑《毛主席诗词》时，此词开始题为《广昌县路上作》，接着改为《广昌路上作》，最后定稿为《广昌路上》，并标明写作时间为"一九三〇年二月"。

这首词《人民文学》编辑部搜集的传抄稿，原为"满天皆白，雪里行军情更切"，在《人民文学》发表时作"漫天皆白，雪里行军无翠柏"（人民文学出版社1963年12月版《毛主席诗词》，将"无翠柏"改为"情更迫"）；原为"风卷红旗冻不翻"，发表时作"风卷红旗过大关"；原为"赣江云雾迷漫处"，发表时作"赣江风雪迷漫处"。

此词作者留存一件手迹，二句为"雪里行军情更切"，四句为"风卷红旗冻不翻"。

★ 赏　析 ★

白雪·红旗·过大关
——《减字木兰花·广昌路上》赏析

程光锐

　　毛泽东说过,他1929年至1931年的几首词是"在马背上哼成的"。这是可以理解的。当时正处在游击战争的环境中,他作为红军的主要领导人,东征西战,戎马倥偬,哪有许多空闲时间去写诗呢?可是,他毕竟还是一位卓越的诗人。国家的兴亡、人民的忧乐、斗争的艰苦、胜利的喜悦,都会唤起诗人的灵感。诗情如火关不住,总要迸发出火花来。《减字木兰花·广昌路上》与它的姊妹篇《如梦令·元旦》一样,都是写这次红军行军生活的。长途行军正好为诗人提供了在马背上"哼诗"的好机会。

　　1930年初,古田会议后,蒋介石调集赣、闽、粤敌军进行"三省会剿",逼近闽西苏区。红四军前委决定立即兵分两路作战略转移。由朱德率主力转向赣南,毛泽东率一个纵队掩护主力转移后,挥师北进,穿过闽西的崎岖山路,从宁化西越武夷山,进入赣南,于广昌以西与主力会合。红四军于战略转移结束后,遂即进入战略进攻。红四军前委为了促进赣南革命形势的发展,2月初在吉安境内的陂头举行红四军前委、赣西特委和红五、红六军军委联席会议,会上毛泽东提出夺取江西全省的口号,确定了当前的总目标是攻取吉安,并成立了毛泽东任书记的中共共同前委。2月中旬,共同前委发布了进攻吉安的命令。于是,毛泽东率领红军和赤卫队,分兵数路,浩浩荡荡,踏上征途。

　　赣南2月,寒冬未尽。红军刚上征程,就遇天降大雪,纷纷扬扬。毛泽东面对一天风雪,浮想联翩,诗思潮涌。于是,在马背上哼出了这首《减字木兰花·广昌路上》。

　　"漫天皆白",起句脱口而出,自然流畅。但并非泛写,读者稍加思索,就可以感到它表现出来的广阔境界和非凡气势。因为这个短句中两个精炼而又能表现大境的字,启发了读者广阔的联想,从而丰富了诗的内容。"漫"天——寥廓天空,急风卷雪,飞雪舞风;"皆"白——茫茫大地,山川原野,素裹银装。这一天风雪,这一个回旋涌动的洁白世界,展现出大自然的无穷威力和无比壮美。正当红军要在赣南上演一出威武雄壮的戏剧之时,这场好雪正为这场好戏布置了一个天然的宏大舞台,庄严而壮丽!

词由写景而抒情:"雪里行军情更迫。"这"情更迫"三个字,意在笔先,力透纸背。情迫,是因为这次出征任务重大,军情紧迫。"情更迫",因为是雪里行军,大雪毕竟会给行军带来艰苦和困难,红军战士必须要去征服它,确保红军军事目的的实现。然而,我们不要忘记,当时的红军战士已经不是两个月前的红军战士了。古田会议的精神提高了他们的思想,《星星之火,可以燎原》的哲理启发了他们的觉悟。此刻,诗人在这里用了"情更迫"三个字,是因为他深刻地理解他的红军战士,相信他们一定能够以英勇无畏的精神去战胜当前的艰难困苦,并且借漫天风雪旋转乾坤的威势来壮我行色、扬我军威,以更加昂扬、更加迫切的心情勇往直前,投入席卷江西的新的战斗。

赣南多山。红军从广昌向吉安方向行进,起初连下于都、宁都、永丰三城,接着翻过一道道崇山峻岭,度过一座座雄关险隘。这次继续西进,途中依然是群峰插天,峭崖壁立。诗人回首来路,展望前程,千丈高山之下,风萧萧,雪漫漫,旗猎猎,人奕奕。好一幅威武壮丽的雪里行军图!"头上高山,风卷红旗过大关。"这气魄宏伟、壮怀激烈的词句,引发了读者的奇想,仿佛是诗人折青峰为笔,铺白雪为纸,饱蘸满腔革命豪情,振笔挥洒而成的。笔落处,轰鸣起一阵阵雷声。任你山高关险,也挡不住红军的滚滚铁流。特别是那临风飞舞的红旗,宛如熊熊燃烧的鲜丽火焰,动人心魄,引人遐思。白雪,红旗,过大关——此景此情,豪迈,昂扬,雄壮,崇高。

词的上阕是写雪地行军,下阕则是回答战斗的场所在何处。这里用设问方式,使词句有所变化。"此行何去?赣江风雪迷漫处。"答句泛指赣江岸上的广阔地带。"风雪迷漫"回应"漫天皆白"。但"漫天皆白"只是对自然现象而言,而"风雪迷漫"还有更深一层的意思,其中还隐喻着敌区的黑暗的现实。"争取江西",计划的范围是广阔的。这次红军进攻赣江岸上的某个城市,是实现这个计划的重要行动。另外,这里用了"风雪迷漫"这个舒缓含蓄的意象,也是为了词律的安排。全首共有四个四、七字句,是以抑扬相间安排的。现在第二句"头上高山,风卷红旗过大关"和即将出现的第四句都是上扬句,如果再是上扬句,就显得太平板了。因此,第三句就换用一个下抑句:"……赣江风雪迷漫处。"从而使整首词抑扬顿挫,跌宕多姿,增加了一种波澜起伏的节奏美。

"命令昨颁,十万工农下吉安。"明确地回答了"此行何去",激励了全体战士的斗志。一首豪放雄丽的新词完成了,一场激烈的战斗即将开始。诗人内心的喜悦和激动是可想而知的。由这位伟大的革命家和军事家率领和指挥的十万红军和赤卫队,浩浩荡荡,继续奔向风雪弥漫的前方,去迎接一场激烈的战斗。而且,前方还有更多的"风雪迷漫处",需要去战斗;还有更多的诗篇和伟大的史诗,在期待诗人去创作!

白雪和红旗,构成了《减字木兰花·广昌路上》这首词的基本意象和鲜明色调。

雪,是古今诗人词家爱写的题材。雪,在他们的心目中也是一种精神,它具有博大的胸襟、高洁的灵魂、奉献的品格。在中国文学史上,风格豪放的咏雪诗词多为边塞诗和军旅诗。唐代边塞诗人岑参的《白雪歌送武判官归京》雄浑悲壮,色彩鲜明,"忽如一夜春风来,千树万树梨花开",更是千古传诵的名句。在现代诗词中,毛泽东的咏雪词是赫赫有名的。他的诗词风格是"偏于豪放,不废婉约"。他那首以"雪"为题的不朽之作《沁园春》,意境高远,气象宏伟,充满革命豪情。词中写尽了"千里冰封,万里雪飘"的北国风光;"须晴日,红装素裹,分外妖娆",更是艳丽动人;纵论古今英雄辈出,"数风流人物,还看今朝",思接千载,卷舒风云。《减字木兰花·广昌路上》是小令,全首仅四十四字。由于篇幅短小,诗人在这首描述雪里行军的小词中,写雪景的只用两句共八个字。一句是"漫天皆白",一句是"风雪迷漫";一句豪放,一句婉约。大笔写意,咫尺千里,依然挥洒自如,游刃有余。唐朝诗人皮日休有句云:"高韵最宜写雪赞",诚然,这对于咏雪的大手笔毛泽东是最恰当的评语。

红旗,是中国无产阶级革命的象征。作为中国伟大的革命家、军事家,毛泽东一生伴随着红旗南征北战,出生入死,红旗就是他的生命。作为中国杰出的诗人,红旗又是他的诗词的重要意象。他写的关于红旗的诗词豪壮雄浑,热情奔放,风格多样而独特。例如:"红旗卷起农奴戟",诗人在新中国成立后回乡,故乡的景物"又唤起了已依稀如梦的斗争与失败的回忆"。想起当年"卷起农奴戟"的许多同志牺牲了,心情是沉痛的。"不周山下红旗乱",二十万敌军风烟滚滚自半天而降,诗人却请了个神话人物——能旋转天地的大英雄共工来,触倒天柱,断裂地维,挺立于天地之间,以此来象征无产阶级军民伟大神奇的气魄。"六盘山上高峰,红旗漫卷西风",长征的英雄们立马山巅,仿佛已经可以望见长城脚下的陕北高原,极富传奇色彩的中国红军长征的故事即将结束了。这是多么令人欢腾鼓舞啊! 这些虽然是从诗人吟咏红旗的诗词中摘下来的几句,有的深沉,有的神奇,有的充满希望和胜利的信心,可是我们仍然能从中体会到诗人对红旗深厚的感情。

《减字木兰花·广昌路上》是毛泽东1930年2月写的。郭风同志认为,从1929年10月到1930年7月毛泽东写的几首词(即《采桑子·重阳》《如梦令·元旦》《减字木兰花·广昌路上》《蝶恋花·从汀州向长沙》等),是以古田会议为标志的这一革命历史阶段的一组系列性的史诗。因为这一组诗真切地表现了这一阶段革命战争的胜利,以及红军在困难面前的坚强信念和革命乐观主义精神。

毛泽东的诗词不仅在国内受到人民的热爱,而且早已走向了世界。1971年11月15日,联合国第二十六届大会通过决议,正式"恢复"中华人民共和国的一切权利。我国代表团首次出席大会,这天的大会几乎成了欢迎中国代表团的盛会。会上五十多个国家的代表致辞热烈欢迎中国代表团。值得提起的是,智利驻联合国代表温伯托·迪亚斯·卡萨努埃瓦在会上热情而激动地朗诵了毛泽东的一首词作,即是这首《减字木兰花·广昌路上》,他的朗诵赢得了大会各国代表长时间热烈的鼓掌。我们伟大的诗人大概不会想到,他四十年前在中国南方群山中冒着漫天风雪行军时哼成的一首小词,竟会在一个国际大会上被外国朋友热情地朗诵,而且受到了那样的欢迎。那白雪,那红旗,像梦一样,给中国的代表们,也给大会送来最好的祝愿:友谊与和平。

《减字木兰花·广昌路上》和《如梦令·元旦》一样,都写于毛泽东的著名文章《星星之火,可以燎原》之后,此文批判了党内有些人对"红旗到底打得多久"的怀疑。时间不过一个多月,事实已经证明:武夷山下,"风展红旗如画";广昌路上,"风卷红旗过大关"。特别是文章那段不是诗句、胜似诗句的结尾令人深思,它说中国革命高潮的到来,并不是"可望而不可即"的,"它是站在海岸遥望海中已经看得见桅杆尖头了的一只航船,它是立于高山之巅远看东方见光芒四射喷薄欲出的一轮朝日,它是躁动于母腹中的快要成熟了的一个婴儿"。

蝶恋花
从汀州向长沙

一九三〇年七月

六月天兵征腐恶,万丈长缨要把鲲鹏缚。赣水那边红一角,偏师借重黄公略。 百万工农齐踊跃,席卷江西直捣湘和鄂。国际悲歌歌一曲,狂飙为我从天落。

这首词最早发表在《人民文学》一九六二年五月号。

【注　释】

〔从汀州向长沙〕1930年6月,红军第一军团(开始称第一路军)由福建省汀州(长汀)进军江西省。8月,从江西向湖南进军,在浏阳东北同彭德怀领导的红军第三军团会合,并决定共同组成红军第一方面军。9月,红一方面军进攻长沙未克。守敌强而有备,红军不宜攻坚。同年夏,由于蒋、冯(玉祥)、阎(锡山)正在河南等地混战,数月之内江西、湖南一带,除长沙、南昌等大中城市外,都无强敌。因此,毛泽东说服红一方面军的干部改变当时执行立三路线的党中央指示的夺取湘、鄂、赣三省省会的冒险方针,分兵攻取茶陵、攸县、醴陵、萍乡、吉安、峡江、新喻(今新余)等地,占领了大片地区,扩大了部队,为粉碎敌人的第一次"围剿"准备了条件。这首词写的是红军6月、7月进军中的豪迈心情。

〔天兵征腐恶〕指红军征讨腐朽凶恶的国民党军阀。《文选》李善注:"天兵,言兵威之盛如天也。"

〔万丈长缨要把鲲鹏缚〕长缨,长绳索。这里指革命力量。汉武帝时终军出使南越(古国名,今广东、广西一带),请授长缨,说要把那里的国王缚住带回来(《汉书·终军传》)。鲲鹏是《庄子·逍遥游》中所说的一种极大的鱼和由它变成的极大的鸟,所以既可分指两物(通常"鲲"不单用),也可合指一物。通常是褒义词,这里作贬义用,等于说巨大的恶魔。

〔赣水那边红一角〕指赣西南的赣江流域黄公略率领的红六军(1930年7月改称红三军)所建立的根据地。红六军是赣西南的主力红军,1930年6月同红四军、红十二军组建为红一军团。当红一军团的主力红四军和红十二军由福建省汀州向江西省进军时,红六军尚在赣西南的赣江流域,所以下文称为偏师。

〔黄公略〕(1898—1931)湖南湘乡人。1927年参加中国共产党。1930年,任红三军军长。1931年9月,在江西省吉安东固地区行军中遭敌机扫射牺牲。

〔席卷江西直捣湘和鄂〕指要夺取江西和直向湖南、湖北进军。

〔国际悲歌〕指悲壮的《国际歌》。

〔狂飙(biāo 标)为我从天落〕化用唐杜甫《乾元中寓居同谷县作歌七首》(其一)"悲风为我从天来"句。狂飙,疾风。这里形容正在兴起的革命风暴。

【考　辨】

这首词抒发了红军第一军团在1930年6月、7月进军中的豪迈心情,但也反映了执行立三路线的中共中央关于夺取南昌、长沙和会师武汉的错误决策。1966年4月,正在编辑毛泽东诗词注释本的胡乔木为此诗做了一条注,送给毛泽东审阅,毛对其做了较多的修改。胡乔木主持编辑《毛泽东诗词选》时,将这条注照收了,但做了史实的订正和补充(见本词〔从汀州向长沙〕注)。这条注讲清了毛泽东对立三路线的抵制,肯定了他的正确主张对发展红军力量和革命根据地所起的巨大作用。

此词在1962年《人民文学》编辑部搜集的传抄稿上,题为《蝶恋花·进军南昌》;作为《词六首》之一发表在《人民文学》1962年5月号时,只有词牌而无词题。1963年作者主持编辑《毛主席诗词》时,此词在清样稿上开始题为《从福建到湖南路上作》,接着改为《从汀州向长沙路上作》,最后改定为《从汀州向长沙》,并标明写作时间为"一九三〇年七月"。该词和《重阳》《广昌路上》两词,在《毛主席诗词》清样稿上,词题都曾标明为"路上作",这同作者在《词六首》引言中说的"在马背上哼成的",意思完全一样,不过表述不同而已。

《人民文学》编辑部搜集这首词的传抄稿,原为"六月红军征腐恶,欲打南昌必走汀州过",在《人民文学》发表时作"六月天兵征腐恶,万丈长缨要把鲲鹏缚";原为"十万工农齐会合",发表时作"百万工农齐踊跃";原为"统治阶级余魂落",后改为"苍天死了红天跃",发表时作"狂飙为我从天落"。

★ 赏 析 ★

狂飙颂
——《蝶恋花·从汀州向长沙》赏析

李 瑛

　　1927年大革命失败后,毛泽东逐渐提出了建立农村革命根据地,以农村包围城市、最后武装夺取城市的正确道路,并首先在井冈山创建了第一个农村革命根据地,随后又创建了赣南、闽西革命根据地,使革命形势有了很大发展。但党内仍存在种种错误思想,1929年底在古田召开的中共红四军第九次代表大会,通过了毛泽东起草的决议,即著名的古田会议决议,对当时党内各种非无产阶级思想进行了深刻剖析和批判,确立了正确的建党、建军原则和建立红色政权的理论,有力地推动了红军和革命根据地的巩固和发展。会议刚刚结束,毛泽东针对当时党内的一种悲观思想,又写出了《星星之火,可以燎原》这一具有伟大历史意义的文章。当时革命形势很好,工农武装斗争的烈火燃遍了江西、湖南等省许多地区,建起了十几个革命根据地,红军也发展到十万人左右;适值国际资本主义世界发生严重的经济危机,1930年夏,国内蒋、冯、阎之间又爆发了大规模的军阀战争。本来,国内外的这种局势,对革命的发展极为有利,但当年6月,中共中央政治局在李立三主持下,片面估计了革命的形势,在敌强我弱的总态势没有改变之前,通过了《新的革命高潮与一省或数省的首先胜利》的错误决议,制订了组织全国中心城市武装起义和集中红军兵力攻打中心城市的冒险计划,使古田会议后刚刚蓬勃发展起来的革命形势面临新的危险。当时,中央领导人错误决定攻打南昌、武汉、长沙,宣言"会师武汉,饮马长江",并不顾毛泽东的反对,命令他率红一军团夺取南昌。7月下旬,进攻南昌的红一军团行至樟树镇后,毛泽东等判断攻打南昌实在冒险,便在附近休整筹款,发动群众;而此时彭德怀率领的红三军团攻入了长沙,但不久即遭敌军反扑,被迫退出,中央又令红一军团从江西前往救援;毛泽东遂率部向湖南进军,这是1930年8月间的事。期间,红一军团与红三军团在浏阳东北合编成中国工农红军第一方面军,中央又令再攻长沙,毛泽东从开始就坚决反对,但又不能不奉命行动。8月29日,部队抵达长沙附近,他一边待机歼敌,一边耐心教育广大指战员,终于改变了攻打长沙的方针。9月12日,部队撤离长沙,分兵攻取茶陵、攸县、醴陵、萍乡、吉安等地,占领了大片土地,使斗争形势又得到新的发展。这首词就是毛泽东在这种十分严峻、复杂的情况下,于1930年6月奉命率红一军团由福建汀州出发,7月进逼南昌,随后攻略长沙的进军途中所作。

词的开头"六月天兵征腐恶,万丈长缨要把鲲鹏缚",这两个起句奇突不凡,直截了当的开头,如一声霹雳,惊天动地,既明确表达出出征的时间和目的,又形象地描绘了红军行动的气势。这里,"天兵"指正义之师,即指红军,征讨的"腐恶"自然是指腐败罪恶的国民党军阀及其武装力量。"长缨"是长绳子,"鲲鹏"是古代神话中的大鱼和大鸟。《庄子·逍遥游》的寓言中说:鲲的背不知有几千里大,化为鹏鸟,其翅不知有几千里大。这里都是说,尽管敌人在帝国主义支持下还是强大的,但它的本质决定了它的强大只是貌似而已,在已经觉醒的人民和崛起的革命武装力量这个"万丈长缨"面前,是再没有什么了不起的了,是就要被缚住了,贴切地表现出红军战士及工农群众消灭敌人的英雄气概和必胜信心。

紧接两句:"赣水那边红一角,偏师借重黄公略。"当时部署进攻南昌的主力是红四军和红十二军,黄公略带领的红六军(1930年7月改称红三军)此时尚在赣西南,故称"偏师"。黄公略,湖南湘乡人,1898年生,1928年夏参加过平江起义,历任团党代表、副师长、红军第三军军长等职,1931年牺牲;其所率的红三军是赣西南主力红军,系由农民和矿工组成,是一支百战劲旅,他们一直在赣西南的赣江流域农村发动群众,使武装斗争的烈火燃遍赣江边广大地区,开辟出一片红色革命根据地。毛泽东在词中用"红一角",既渲染了赣江边兴起的如火如荼的革命斗争,又写出黄公略及其部队的声威,充分肯定了他们的卓越功绩;接着下句中又用了"借重"二字,"借重"是倚重的意思,再次表达了对黄公略及其部队的器重和赞誉。

上半阕四句,以形象思维作准确的意象概括,层次分明,简洁地道出了红军出征的磅礴气势和必胜的信心。但此词主旨在下半阕。下半阕的四句,毛泽东以敏锐的政治眼光和坚定的信念,全力讴歌了南方几省正在和将要兴起的工农武装斗争的生气勃勃的景象,并对其寄予美好的展望。

以"百万工农齐踊跃"的态势,便想到"席卷江西直捣湘和鄂"。他深信,只有走武装工农的道路,才能取得革命的最后胜利。"踊跃",形容欢欣鼓舞、奋勇争先的样子。这里说,千百万工农起来了,"其势如暴风骤雨,迅猛异常",那排山倒海的气势,即将席卷江西,并向湖南、湖北直捣过去,这亿万"饥寒交迫的奴隶"的觉醒,是"无论什么大的力量都压抑不住的"。由"赣水那边红一角",发展到"席卷江西直捣湘和鄂",说明形势越来越好,革命烈火越烧越旺。这里的后一句中连用了"席卷""直捣"这两个既通俗又果决的词汇,写尽了工农红军所向披靡、气吞山河的浩大声势,并在隐约中使人预见到这革命的大风暴将吹遍全国大地的必然。

雄浑悲壮的国际歌,曾激发全世界无产者和被压迫的人们起来战斗。在中国,马列主义真理的声音正在唤醒大众,奋起的人们高唱着这支歌去战斗,旧世界必将被打得落花流水。"国际悲歌歌一曲"中,"国际歌"里加一"悲"字,从形式上看,是由于传统词律声韵构成的要求,必须增补一字;从内容看,加一"悲"字使全词更增强了壮怀激烈、慷慨悲壮的高亢气氛。作者在这里写群众高唱着国际歌进行战斗,不仅强化了人们崛起的动势和勃发英姿,加深了全词的恢宏意境,深化了容量和内涵,扩大了读者的想象空间;而且进一步阐明了篇首两句出征的最终目的,不仅是缚住"鲲鹏",而最终是要创造一个没有剥削、没有压迫、没有贫穷苦难的新世界,一个人人享有自由、平等和尊严的共产主义新世界。"狂飙为我从天落"句中,"我"自是指包括作者在内的中国工农大众,乃至全世界一切劳苦大众。毛泽东以大无畏的革命豪情,礼赞了中国工农群众所掀起的这场革命大风暴,说它就像从天而降一样,铺天盖地地卷遍人寰,并必将以排山倒海之势、雷霆万钧之力,涤荡旧社会一切污泥浊水,迎来一个新世界。词的最后两句的发展,使意境大大升华,内容大大深化了。

读罢全篇,一个风起云涌的火热年代、一群崛起的劳苦工农大众和一位胸中自有雄兵百万的革命领袖的高大形象,巍然屹立在读者面前,不禁使人产生一种奋起直前的巨大力量。

从外观上看,《蝶恋花·从汀州向长沙》词句通俗晓畅,几乎没有任何费解之处,仔细阅读,会发现这样一些特点:

一、这首词作于1930年7月,江南正是一片夏景,与诗人当时胸中涌动的火热情怀正相一致。全词情景交融,浑成无迹,特别需要指出的是,这首题为《从汀州向长沙》,但其主旨全放在大力讴歌各地农村革命根据地的建立及其最终必将胜利的光辉远景上。也可以说,这是一首欢呼工农崛起的由衷的赞歌。

二、如前所述,此词是作者在自己的正确主张被拒绝和排斥的特定处境下,于执行进军命令的途中所作。红一军团的这次行动,是毛泽东执行中央命令的过程,也是他以正确的方式巧妙地抵制错误决定,使红军和革命免受损失的过程。从中,读者自可想象当时作者满怀难言之隐的心绪;但由于他坦荡的气度和胸怀,以及他对革命事业不屈不挠的意志和信念,使他做出完全正确的选择。因此也可以说,这是一页根据中国特点创造的必须走农村包围城市的道路的形象性历史文献,是这一光辉理论的艺术体现。在这一重大的政治内容、深刻的哲学思想和复杂的历史背景下,全词通篇未用任何枯燥的政治术语和理念性阐述;对当时中央错误领导人及其冒险决定的辩驳,也未着一字,而是全部从正面写起,以其对未来时局发展趋势的深邃的洞察力和敏锐的预见性,热情地赞美了崛起工农的燎原之火,以准确的借喻、对比、象征等多种艺术手段,把当时斗争的态势、群众的豪情,从容潇洒地表现得淋漓尽致。

三、这首词像作者在其他许多诗词中一样,以气薄云天的革命英雄主义和革命乐观主义精神,满腔热情地歌颂和激励人民大众。所不同的是,作者当时正处在革命面临巨大挫折危险的紧急关头,即使在这种境遇下,在他眼里也仍然是"赣水那边红一角",使人看到一幅碧水波涌、红旗翻飞(或烈焰高燃)的绚丽壮阔的图画,这种明丽的色彩,在人们视觉空间显得多么强烈和生动；仍然是"狂飙为我从天落"，使人听到一阵阵雄风从浩浩天宇直下四野八荒，这种磅礴沉雄的轰响，在人们听觉中又是何等撼人心魄！这种色彩，这种声音，深刻体现出作者的革命英雄主义豪情和革命乐观主义精神。作为一个卓越的哲学家、政治家、军事家所具有的这种豪情和精神，系源于他对中国历史的深刻了解、对现实斗争的清醒认识、对马列主义世界观的熟谙把握和他崇高的品格，才能使他把中国革命的具体实践与马列主义的革命原理得以正确地结合，从而使他在行动和实践中能得心应手、无往而不胜；在文学作品中则必然表现为从容不迫、高瞻远瞩，字里行间充满大无畏的情怀和哲理的睿智，使通篇自始至终都涌动着一种庄严炽烈的崇高美。

四、在艺术表现上，第一句开始，即从容挥洒，写景状物，使用了不少壮阔的词语，烘托出一片恢宏的大境界，越是发展，越显豪迈，直至终结，达到宏阔情大之极致。在一般诗词的艺术处理中，豪壮的语言自可表现磅礴的情怀，也有助于体现作者沉雄粗犷的风格特色和艺术个性，但如果只是空洞的豪言壮语，则只能成为概念的口号。标语口号是非艺术的，是为诗人所不取的；此外，对文学而言，语言毕竟是外在的东西，它虽与思想内容的表达密切相关，却又不能完全代替思想内容本身；作为感情领域中特殊艺术形式的诗词创作，尤其如此，必须通过具体的、生动的、准确的形象，并赋予浓重的感情慰藉。在这首词中，作者所写天兵征腐恶，长缨缚鲲鹏，直到百万大众，席卷江西，直捣湘鄂，以及为九天狂飙，轰然而降等，都是通过具体事物和特定的意象，并赋予它们以真挚炽烈的激情，来欢呼工农奋起，礼赞烈火燎原，就给人以强烈的感染，从而产生一种深沉的审美愉悦和巨大的艺术冲击力量。

《蝶恋花·从汀州向长沙》既是一首记录中国革命史上峥嵘岁月的光辉史诗，又是一首充满高亢激越和乐观情怀的豪放的战歌和颂歌。

渔家傲
反第一次大『围剿』
一九三一年春

万木霜天红烂漫，天兵怒气冲霄汉。雾满龙冈千嶂暗，齐声唤，前头捉了张辉瓒。

二十万军重入赣，风烟滚滚来天半。唤起工农千百万，同心干，不周山下红旗乱。(原注)

【作者原注】

关于共工头触不周山的故事：

《淮南子·天文训》：『昔者共工与颛顼争为帝，怒而触不周之山，天柱折，地维绝。天倾西北，故日月星辰移焉；地不满东南，故水潦尘埃归焉。』

《国语·周语》:"昔共工弃此道也,虞于湛乐,淫失其身,欲壅防百川,堕高堙庳,以害天下。皇天弗福,庶民弗助,祸乱并兴,共工用灭。"(韦昭注:"贾侍中(按指后汉贾逵)云:共工,炎帝之后,姜姓也。颛顼氏衰,共工氏侵陵诸侯,与高辛氏争而王也。")

《史记》司马贞补《三皇本纪》:"当其(按指女娲)末年也,诸侯有共工氏,任智刑以强,霸而不王,以水乘木,乃与祝融战,不胜而怒,乃头触不周山崩,天柱折,地维缺。"

毛按:诸说不同。我取《淮南子·天文训》,共工是胜利的英雄。你看,『怒而触不周之山,天柱折,地维绝。天倾西北,故日月星辰移焉;地不满东南,故水潦尘埃归焉』他死了没有呢?没有说。看来是没有死,共工是确实胜利了。

这首词最早发表在《人民文学》一九六二年五月号。

【注　释】

〔反第一次大"围剿"〕蒋介石在他所策动的反革命内战中，曾经对中央革命根据地发动过五次"围剿"。从1930年10月起，他布置反革命的第一次大"围剿"，纠集了十万兵力。12月，他任命江西省政府主席鲁涤平兼任陆海空军总司令南昌行营主任，即"围剿"军总司令，开始进犯中央革命根据地。红军诱敌深入，集中优势兵力，在12月30日乘雾对进入龙冈包围圈内的敌军主力张辉瓒第十八师发起总攻，激战至晚，把敌军全部歼灭，俘获张辉瓒以下官兵九千余人。接着乘胜追击逃至东韶的敌军另一主力谭道源第五十师，又歼灭其一半。两仗共歼敌一万五千余人，缴枪一万余枝，余敌纷纷逃窜。第一次反"围剿"胜利结束。这首词作于第一次反"围剿"胜利之后，第二次反"围剿"交战之前。

〔万木霜天红烂漫〕万树经霜后红叶艳丽。

〔霄汉〕即天上。霄指云天，汉指星河。

〔龙冈〕在江西省永丰县的南端，南与兴国县相连，西与吉安县相接，是险要的山区。

〔千嶂(zhàng障)〕层峦叠嶂。嶂，如屏障的山峰。

〔齐声唤〕指欢呼胜利。

〔张辉瓒〕国民党"围剿"军前敌总指挥、第十八师师长。

〔二十万军重入赣〕蒋介石在第一次"围剿"失败后，又调集二十万兵力至江西，以何应钦为陆海空军总司令南昌行营主任，1931年4月发动第二次"围剿"。

〔风烟〕犹风尘，这里指战乱的烟尘。

〔不周山下红旗乱〕不周山，我国神话中山名。这里用触倒不周山的共工，来比喻决心打倒反革命统治的工农红军和革命群众。红旗乱，红旗缭乱拥挤，描写革命队伍士气之盛。

【《作者原注》注释】

〔共工、颛顼(zhuānxū专需)、炎帝、高辛、女娲(wā蛙)、祝融〕都是传说中古代部族的首领。

〔天柱、地维〕维,大绳。古人设想天圆地方,天有九根柱子支撑,地有四根大绳系缀。

〔虞于湛(dān丹)乐,淫失其身〕贪图享乐,纵欲放荡。虞,同娱。失,同佚、逸。

〔堕(huī灰)高堙庳(yīnbēi因杯)〕平毁山丘,填塞沼泽。堕,同隳。

〔以水乘木〕乘,接替。古代有用金、木、水、火、土五行相生相克以解释朝代更替的说法。《史记》司马贞补《三皇本纪》称女娲"亦木德王",共工想用水德来代替木德。

【考 辨】

这首词在1962年《人民文学》编辑部搜集的传抄稿上,题《渔家傲·反"围剿"》;作为《词六首》之一发表在《人民文学》1962年5月号时,只有词牌而无词题;收入1963年12月出版的《毛主席诗词》时,才题为《渔家傲·反第一次大"围剿"》,并标明写作时间为"一九三一年春"。

这首词《人民文学》编辑部搜集的传抄稿,原为"红军怒气冲霄汉",后改为"秋来一派风流态",在《人民文学》发表时作"天兵怒气冲霄汉";原为"飞机大炮知何限",发表时作"风烟滚滚来天半";原为"教他片甲都不还",后改为"牵来后羿看朝饭",发表时作"不周山下红旗乱"。

★ 赏　析 ★

大气磅礴的战歌
——《渔家傲·反第一次大"围剿"》赏析　　　刘　征

　　这首《渔家傲》题为《反第一次大"围剿"》，是毛泽东于1931年春写的，正当反第一次大"围剿"胜利之后，反第二次大"围剿"之前。

　　1930年9月间，党的六届三中全会纠正了李立三的"左"倾路线之后，在毛泽东正确路线的指引下，革命根据地和工农红军迅速发展壮大。同年12月，国民党当局纠集十万兵力，由鲁涤平任总司令、张辉瓒任前线总指挥，由北而南分八路纵队向我中央根据地大举进犯。在敌强我弱的情势下，毛泽东采取了诱敌深入、聚歼敌军于根据地之内的战略方针。第一仗就打垮了张辉瓒的两个师和一个师部，师长张辉瓒和敌军九千人全部被俘。我军乘胜追击，五天内连打胜仗，各路敌军畏打，纷纷撤退。反第一次大"围剿"就这样取得了胜利。

　　"万木霜天红烂漫，天兵怒气冲霄汉"，开头写奋起迎敌的红军"气吞万里如虎"的威势。秋，在我国的传统诗文中，历来取为凄凉哀怨的象征。《诗经》里的"蒹葭苍苍，白露为霜"，《楚辞》里的"悲哉秋之为气也"，由来非常久远。毛泽东的诗词里多次写到秋，写到霜天的红叶，却赋予其全新的象征意义。这次战斗是在12月间，赣南一带还是深秋景象。"万木霜天红烂漫"，是写实景，也是写豪情，以万山霜叶的绚丽色彩渲染革命军民的昂扬斗志。"烂漫"用得好，形容红得鲜亮，红得火炽，红得生气勃勃，真是"霜叶红于二月花"了。"天兵怒气冲霄汉"，从正面着笔，与起句相辉映，写工农红军的士气。"天兵"这个词，在传统诗文中用来称道代表国家正统的军队，如扬雄的《长杨赋》写"天兵四临，幽都先加"。我以为，这里的"天兵"可取此义。与国民党军队恰好相反，作者称工农红军为代表国家正统的军队。据刘亚楼回忆，出击之前召开了隆重的誓师大会。毛泽东举出六项必胜条件，大大鼓舞了士气。他还带头高呼口号，口号声"像万丈狂涛,山鸣谷应"。这句词正是战士情绪的回响。

接着写这次反"围剿"的主要战役——龙冈战役。有关回忆录是这样记述的:12月27日,我军准备围歼谭道源师,因谭师龟缩不出,转而准备围歼张辉瓒师,由红十二军诱张师进入龙冈。龙冈山岭重叠,十分险要。29日,张师进入我军包围圈。30日凌晨下起蒙蒙雾雨。上午十时,我军发出总攻击令。至下午二时,该师连同师长在内全部被俘。"雾满龙冈千嶂暗",既是写实景,又是写战场气氛。我军埋伏于深山密林之中,加以云雾缭绕,犹如藏龙隐豹,令人莫测。接着略去繁复的战斗描写,直接地写张辉瓒的被捉。据回忆,张躲在灌木丛里企图换上普通士兵衣服逃跑,才换了上身就被俘了。"齐声唤",先是听到先行的战士齐声高喊。怎么回事?"前头捉了张辉瓒。"啊,原来是捉住了敌军的头子!诗人是在马上从战士的传呼中听到这个捷音的。他不仅写出了广大战士的兴奋鼓舞,而且写出了在疾速行军中的行动特征。词,便于抒情,不便于记事,前人以词记事的很少。这么一次规模很大又很复杂的战役,诗人只用了二十七个字,却写得有声有色。抓住特征,大胆取舍,不须着墨处惜墨如金,须着墨处淋漓泼洒,真是足以驱山断河的大手笔。

词的下片写反第一次大"围剿"胜利后,反第二次大"围剿"即将来临的情势,预示革命的必胜。第一次"围剿"被粉碎后,国民党当局集结二十万军队发动第二次"围剿"。我军则乘胜开展工作,在广昌、宁都一带发动群众,巩固扩大革命根据地,在广大游击区和新解放区建立了红色政权和地方武装,为粉碎敌军新的进犯进行了充分准备。

一波才平,一波又起。"二十万军重入赣,风烟滚滚来天半。"大批敌军袭来,荡起涨天的尘土,来势猛恶。"重"字点出敌军是卷土重来,与上片贯接。"唤起工农千百万,同心干,不周山下红旗乱",写广大革命军民奋起抗敌,声势浩大,斗志昂扬,显示了人民战争战无不胜的威力。诗人虽然不可能写出这次反"围剿"胜利的结局,却已经预示了胜利的必然。

古人说,一篇作品要具有"豹尾",以千钧之力振起全篇,说得很好。这首词可以说具有一条真正的"豹尾",结句"不周山下红旗乱",极大地拓展了词的意境,俨然包藏天地,深化了词的思想,由一次具体的战役引向整个革命的必然胜利。如果没有这个结尾,全词会局限于写这一次战役,黯然减色。

毛泽东在注文里列举了关于共工神话的大量资料,说法不一。他的按语说:"诸说不同。我取《淮南子·天文训》,共工是胜利的英雄。你看,'怒而触不周之山,天柱折,地维绝。天倾西北,故日月星辰移焉;地不满东南,故水潦尘埃归焉。'他死了没有呢? 没有说。看来是没有死,共工是确实胜利了。"诗人赋予这个神话以全新的意义,把共工看作是力能旋乾转坤的英雄。面对红军奋勇歼敌的壮烈场面,眼前幻出一个更为宏阔的神话世界。那里有一位大英雄,触倒天柱,断裂地维,挺立于宇宙之间。这是无产阶级集体英雄的形象,是何等雄奇伟大的气魄!"乱"字,有人认为应反训见义,解为"齐整",有人认为可以直接解为"参差错落",两解均可。

细味全词,要问它的最鲜明的特色是什么? 我以为是它那一泻千里、吐纳大千的气势。气势是难以言传的,只能在吟味中去感受;但又是可以捉摸的,有其形成的原委。这气势的由来,不仅因为选用了一些具有雄强色彩的词语,而且因为音调铿锵,节奏响亮,其更深层的本源则是红军压倒一切强敌的士气,这首词的气势正是红军士气的升华。顺便提一下,《渔家傲》这首词的体式,句句押韵,全押仄韵,各句紧紧相衔,且有短句相间,读起来如马蹄疾走,嘚嘚有声,用来表现这种气势是十分恰当的(当然并非说这个词牌不便于表达别种情绪)。

从北宋到南宋,词的风格不断嬗变发展,与婉约派并秀,逐渐出现并形成了豪放派。豪放派一出来,有些词家不承认,连大词人李易安也囿于对词的固定看法,认为"词别是一家",那不过是"句读不葺之诗尔"。这种看法未能遏止豪放派词风的发展,以及广大读者对豪放派的肯定和欢迎。毛泽东的词在全新的生活和思想的基础上,把豪放派的词风加以发展变化,向前推进了。诚然,毛泽东的词不仅不等同于任何词派,而且也不同于文人笔下的作品,是迄今为止古今词坛上独一无二的。这正是它得以"不废江河万古流"的真正的价值。

今后,如果词仍然活下去,那么它的生命就在于推陈出新。关于词的推陈出新,毛词虽然做了光辉的示范,却不应认为路只有这一条,词苑的新葩也应是千姿百态的。有一点非常清楚:如果不追求创新,只搞古董的复制品,虽然搞得竟能乱真,词却会因失掉新的生命而香消玉殒。

渔家傲

反第二次大『围剿』

一九三一年夏

白云山头云欲立,白云山下呼声急,枯木朽株齐努力。枪林逼,飞将军自重霄入。　七百里驱十五日,赣水苍茫闽山碧,横扫千军如卷席。有人泣,为营步步嗟何及!

这首词最早发表在《人民文学》一九六二年五月号。

【注　释】

〔反第二次大"围剿"〕红军在这次作战中仍取诱敌深入、集中优势兵力、各个击破敌人的战术。1931年5月16日,先对由富田(在吉安县城东南九十里)向东固(在吉安县城东南一百二十里)地区前进之敌一个师和一个旅突然猛攻,经一昼夜激战大部歼灭之。然后向东横扫,一直打到江西、福建两省的边境。5月31日,第二次反"围剿"胜利结束。前后共歼敌三万余人,缴枪两万余枝。

〔白云山〕在江西省吉安县东南,吉安、泰和、兴国三县交界处,距东固西南十七里,是第二次反"围剿"中毛泽东、朱德指挥打第一仗的地方。

〔枯木朽株齐努力〕《古代兵略·天地》:"得其人,即枯木朽株皆可以为敌难。"本句说在红军包围歼灭国民党军队的时候,连枯木朽株也发挥了帮助红军反击敌军的作用。

〔枪林逼,飞将军自重霄入〕这是倒装笔法。飞将军,指矫捷勇猛的将军。《史记·李将军列传》:"(李)广居右北平,匈奴闻之,号曰'汉之飞将军'。"这里用来称赞行动隐蔽神速的红军。重霄,高空。当时红军隐蔽集结在山上,敌军由富田向东固地区进犯,红军突然从山上打到山下,好像飞将军从天而降。

〔七百里驱十五日,赣水苍茫闽山碧〕当时红军从赣江流域的富田地区打起,打到同江西省毗邻的福建省建宁地区(闽山,指那一带的武夷山),东西约七百里。战役从5月16日开始至31日结束。

〔有人泣,为营步步嗟(jiē皆,又读juē撅)何及〕蒋介石鉴于第一次"围剿"冒进失败,这次"围剿"改用所谓"稳扎稳打,步步为营"的办法,但仍遭惨败,嗟叹莫及。蒋在这次"围剿"失败后召开军事会议,怒骂其部属无能,不禁伤心而泣。

【考　辨】

这首词在1962年《人民文学》编辑部搜集的传抄稿上,署一"又"

字,表示同前一首标题,即题为《渔家傲·反"围剿"》;作为《词六首》之一发表在《人民文学》1962年5月号时,只有词牌而无词题;收入1963年12月出版的《毛主席诗词》时,才题为《渔家傲·反第二次大"围剿"》,并标明写作时间为"一九三一年夏"。

  这首词《人民文学》编辑部搜集的传抄稿,原为"三路大军齐进逼,包抄疾,拉朽摧枯如霹雳",在《人民文学》发表时作"枯木朽株齐努力。枪林逼,飞将军自重霄入";原为"八百里趋十四日",采纳郭沫若的意见,发表时作"七百里趋十五日";原为"蒋何泣,步步为营嗟何及",发表时作"有人泣,为营步步嗟何及"。

★ 赏　析 ★

辉煌的诗史　壮丽的史诗
——《渔家傲·反第二次大"围剿"》赏析　　　　杨子敏

这首词写于1931年第二次反"围剿"胜利之后。全词仅六十二字,却以气吞山河之势,淋漓酣畅地描绘了一幅豪壮雄奇的图画,既是一页辉煌的诗史,又是一曲壮丽的史诗。

1931年4月,蒋介石不甘心第一次"围剿"的失败,纠集二十万大军,对中央苏区发动了第二次大"围剿"。敌军从江西吉安到福建建宁,东西八百里,布成一条弧形阵线,改变第一次大"围剿"中破了产的"分进合击,长驱直入"战术,采用"稳扎稳打,步步为营,紧缩包围"的战术,向中央苏区步步进逼。

毛泽东为第二次反"围剿"的战略行动做了精心的设计和部署,亲自指挥红一方面军,选择进占富田地区之敌王金钰、公秉藩为首战对象,"从富田打起,向东横扫",先将红军主力集结隐蔽在吉安县东固一带,迫敌而居,等待战机,以料敌如神的预见和异乎寻常的耐心,秘密埋伏二十多天。至5月15日,王金钰部果然脱离其富田阵地,分三路向东固进犯,16日进入我伏击圈。红军出其不意地发起攻击,痛歼敌军,并乘胜进击,直指富田,经一天战斗,歼敌第二十八师大部和第四十七师一部,继而迅即转入战略进攻,由富田向东,奋力横扫,"十五天中(一九三一年五月十六日至三十一日),走七百里,打五个仗,缴枪二万余,痛快淋漓地打破了'围剿'"。(毛泽东《中国革命战争的战略问题》)

这首词的上阕,就是对红一方面军在白云山一带首战告捷的集中描写。

"白云山头云欲立",起句突兀奇拔,声势逼人。白云山距江西东固镇西南十七里,据《嘉庆一统志》记载:此山"峰峦特出,常有白云蒙罩"。据此可知,句中所写"云欲立",既有现实依据,又非自然的摹写,而是夸张,是拟人化,是移情于景,是诗人主观情感的外化。当中央苏区军民万众一心、同仇敌忾、决意歼灭万恶的敌军之时,连白云山头的白云也怒气冲天,愤然而立。敌军对苏区人民烧杀抢掠的暴行,激起天怒人怨;苏区军民严惩腐恶的正义之战,感天动地。

"白云山下呼声急",是说遭受突然打击的敌军,惊呼狂叫,仓皇应战,垂死挣扎。

"枯木朽株齐努力。""枯木朽株",语出汉邹阳《自狱中上梁孝王自明书》:"故有人先谈,则枯木朽株树功而不忘。"(《史记·邹阳列传》)邹阳以"枯木朽株"自喻,原系自谦之词。而在这首《渔家傲》词里究应如何理解,以往是有歧见的。有的说是指根据地的老弱病残、妇女儿童及红军伤病员等,虽也言之成理,但"枯木朽株"终含贬义,用于自谦则可,用于指代苏区群众,则不仅不够贴切,甚而也不够恰当。既使红军伤员与妇女儿童,又怎能与枯木朽株相等同?有的说是指腐朽的敌人,但紧随其后的"齐努力"则为褒语,用以说明敌人的疯狂反扑或垂死挣扎,显然也不妥当。郭沫若做过别样解释,他说:"我觉得妙在选用了'枯木朽株'。这似乎可以从两方面来解释。一方面是说调动了所有的力量,动员了广大的工农群众,'斩木为兵,揭竿为旗'。另一方面也可以说是敌人在败逃中,'风声鹤唳,草木皆兵'。"郭老认为这和起句"白云山头云欲立"的拟人化手法相同,"是巧妙的感情输入,是胜利的工农兵群众豪迈的感情,是主席豪迈的感情,使青山白云、枯木朽株,都具有了积极的能动性。"我赞成郭老的解释。最近看到《毛泽东诗词集》附录中诗人自己的解释:"'枯木朽株',不是指敌方,是指自己这边,草木也可帮我们忙。"这证明郭老的解释是符合诗人的原意的。

"枪林逼,飞将军自重霄入。"汉武帝时名将李广,英勇善战,用兵神速,人称"飞将军"。这里则是指勇猛杀敌的红军,犹如神兵天降,以迅雷不及掩耳之势,冲下山来,刀枪如林,直逼敌前。

"七百里驱十五日,赣水苍茫闽山碧,横扫千军如卷席。"三句如狂潮奔涌,排山倒海,点明了红一方面军第二次反"围剿"战役的时间和空间跨度,点染了战地山河的壮丽景色,概括地描绘了在辽阔的战场上红军远程突击、连续作战、一往无前、所向披靡的气概。

这之后,诗人把笔锋突然一转,把惨遭失败的敌人轻轻勾画了一笔:"有人泣,为营步步嗟何及!""为营步步",即"步步为营"一语的倒置。那嗟叹、哭泣者是谁呢?当然是企图以绝对优势的兵力、以"步步为营"的战术荡平中央苏区、全歼红一方面军的蒋介石了。气势汹汹而来,弃甲曳兵而走,自嗟自叹,向隅而泣,一副滑稽、丑陋的可怜相,活现在我们眼前,与苏区军民的大获全胜形成鲜明对照。仿佛一部雄浑豪壮的交响曲,经过酣畅淋漓的抒发之后,忽然以几声轻盈的拨奏结束全篇,既富于色调变化,又使人感到意蕴悠长。

从《西江月·井冈山》到《清平乐·六盘山》,包括我们在前面着重讲过的《渔家傲·反第二次大"围剿"》在内,总共十八首诗词的写作时间起讫于1928年秋至1935年10月,前后历时七年。这七年间,经历了井冈山革命根据地的巩固和发展;经历了中央苏区第五次反"围剿"的失败,仓促退出苏区,实行战略大转移;经历了遵义会议,扭转乾坤,使中国革命重新踏上正确道路,完成了震惊世界的二万五千里长征,胜利到达陕北。这是怎样的七年啊!中国共产党和中国人民,以革命的狂风暴雨、熊熊烈火,破坏着一个旧世界,以生命和鲜血孕育着一个新世界,在血与火的斗争中,在正确与错误、成功与失败的反复对照中,摸索着,探寻着,一步步拓出一条独特的、通向胜利的中国革命的道路,写下了中国历史、中国革命史上辉耀天地的一页。然而,除了亲历者的回忆文章,除了幸而保存下来的历史文献和资料,除了党史和历史著作的记述以及后人作为革命历史题材而创作的多种形式的文艺作品而外,在这七年间,直接置身于当时的伟大历史进程,并以其伟大实践直接推动着中国历史的革命变革,又在变革历史的实践的同时,以诗的形式记录着发生在眼前的时代风云的,怕是只有毛泽东这十八首诗词了。因此,对于这七年,它是独一无二的特殊形式的历史文献,更是艺术上风标高致的典范。当我们评价它在中国文学史和中国诗史中的地位的时候,这一点是不应当被忽略的。

以"诗国"著称的中国，古典诗词成就辉煌。但经过"五四"新文化运动的冲击，旧体诗词创作不仅零落凋敝，且有"封建余孽"之嫌，尽管"五四"新文化运动的前驱者们，几乎人人都写旧体诗，却也不曾改变传统诗体的尴尬地位。在这种情况下，毛泽东诗词却异峰突起，成为传统诗体创作中一座直薄云天的新峰。旧体诗词还有生命力吗？旧体诗词能够表现新的时代、新的现实、新的思想感情吗？对于这种种疑问，毛泽东的灿烂诗章，已经在实际上做出了肯定的回答。他以传统的形式，描绘了全新的天地，表达了全新的境界，给旧形式注入了新生命。这使我们认识到：只要对中国诗歌的优秀传统具有深厚的修养，能够熟练地掌握和运用旧体诗词的形式、方法和技巧，对中国的历史典故、神话传说、民歌民谣、文言词语特别是当代口语有广博的知识，有高超的分辨、取舍、改造、锤炼、熔铸、点化、驾驭、驱遣的能力，尤其重要的是，能够自觉树立马克思主义世界观、人生观，用以观照现实生活，从中汲取丰富、新颖、饱满、充沛的诗情，使思想的新、精神的新，成为催发老树新枝的春风春雨；这样，在运用旧形式表现新生活的创作实践中，自能纵横驰骋，自由翱翔，从心所欲而不逾矩。

可以肯定的是，无论新、旧体诗歌创作，都能够从毛泽东诗词中得到有益的启示。

菩萨蛮 大柏地

一九三三年夏

赤橙黄绿青蓝紫,谁持彩练当空舞?雨后复斜阳,关山阵阵苍。 当年鏖战急,弹洞前村壁。装点此关山,今朝更好看。

这首词最早发表在《诗刊》一九五七年一月号。

【注　释】

〔大柏地〕在江西省瑞金县城北六十里。1929年1月,毛泽东和朱德率领红军由井冈山向赣南进军。2月10日(正值春节)至11日,在大柏地击败尾追的国民党赣军刘士毅部,歼敌近两个团,俘敌团长以下八百余人,并缴获了大批武器。这是毛泽东和朱德率领的红军部队离开井冈山后打的第一个大胜仗。这首词是作者1933年重过大柏地时所作,当时他已被调离军事领导职务,专任政府工作。

〔彩练〕彩色的丝带,比喻虹。

〔雨后复斜阳〕化用唐温庭筠《菩萨蛮》词"雨后却斜阳"句。

〔关山阵阵苍〕关山,指大柏地周围险要的群山和隘口,是当时的战场。阵阵苍,是说在雨后时现时隐的斜阳照耀下,关山出现一阵一阵苍翠的颜色。一说"阵阵"指山阵。阵阵苍,是指绵延层叠的群山郁郁苍苍。现已因本词将大柏地的山改名为关山。

〔鏖(áo 熬)战〕激烈的战斗。

〔洞〕射穿,作动词用。

〔前村〕前面的村子,指杏坑,现已因本词改名为前村。

【考　辨】

这首词作者留有手迹一件,无标题,也无落款。

作者写此词的心情,见于他1958年在《清平乐·会昌》"踏遍青山人未老"注中所说:"一九三四年,形势危急,准备长征,心情又是郁闷的。这一首《清平乐》,如前面那首《菩萨蛮》一样,表露了同一的心境。"这里所说的《菩萨蛮》,即指《菩萨蛮·大柏地》。此词作于1933年夏他重过大柏地时,当时他已被调离军事领导岗位,专任政府工作,心情是复杂的。旧地重来,回忆起1929年他和朱德率领红军由井冈山向赣南、闽西进军,在大柏地战斗中获得歼灭追敌近两个团,俘敌八百余人的大胜利,自不待言有一种怀念打胜仗的欢快心情。这从"装点此关山,今朝更好看"的词句中透露出来。但是,他追昔抚今,面对自己军权旁落,甚至在中共中央也处于无权状态的处境,难免不产生一种失落感;眼看中央革命根据地日趋缩小、形势日益危急,难免不产生忧心忡忡的郁闷心情。此词"雨后复斜阳,关山阵阵苍"句,表现了几分凄清的意境;"当年鏖战急,弹洞前村壁"句,表露了几分苍凉的心境。这是作者在重过大柏地时自然流露出来的特殊的心情。

★ 赏 析 ★

无产阶级革命家笔下的战场画面
——《菩萨蛮·大柏地》赏析   钟振振

  1929年1月1日,湖南、江西两省的国民党军队成立"会剿"军总指挥部,纠集约三万人的兵力,准备对井冈山革命根据地发动第三次"会剿"。为了打破敌人的"会剿",也为了解决部队面临的给养、冬服等问题,毛泽东、朱德、陈毅等率领红四军主力三千六百余人于1月14日离开井冈山,向赣南出击。由于敌军以重兵围追,又由于转入外线后人地生疏,红四军沿路作战屡遭失利。2月9日,红四军刚到达瑞金,江西敌军刘士毅旅便尾追而至。次日亦即阴历正月初一,毛泽东等见来敌孤立,遂决定设伏聚而歼之。他们部署红四军在瑞金城北约三十公里处的大柏地山区布成长形口袋阵,伏击敌追兵。自下午三时激战至11日下午,才全歼被围之敌,俘虏敌团长以下八百余人,缴枪八百余支,取得了此次转战以来的第一个重大胜利。

  1932年10月中共苏区中央局宁都会议后,毛泽东受王明"左"倾冒险主义路线的排斥,被免去了红一方面军总政治委员的职务,改到地方上去主持中华苏维埃共和国临时中央政府的工作。1933年夏天,他因搞调查研究、领导中央苏区的查田运动而重到大柏地。置身于旧日的战场,他抚今追昔,回忆四年半以前的那次鏖战,写下了这首对革命战争的热情颂歌。

  "赤橙黄绿青蓝紫,谁持彩练当空舞?"起二句写天上的彩虹,措辞、构思都极为精彩,破空而来,突兀奇妙。上句写彩虹的七色,一气连下七个颜色字,自有诗词以来,从未见此写法,的确是创新出"色"的神来之笔!下句愈出愈奇。将彩虹比作"彩练",一般诗人或也构想得出来,尚不足夸;妙的是作者提炼了一个独具匠心的"舞"字,遂使本为静态的彩虹活了起来,何等的灵动!这样的语言,正是诗词的语言,非其他任何一种艺术样式所能做到。试想,七彩缤纷,长虹如拱,这一幅景象,油画、版画、水彩画,哪一个彩色画种不能描绘?更不用说摄影、电影、电视可以真实地将它记录下来了。惟虹霓化"彩练"而"当空舞",这样的意境,只能存在于诗人的形象思维之中。诗词是用文字符号砌成的艺术建筑,而文字符号无论如何也比不上视觉形象来得直观动人。因此,欲追求诗词写景的逼真如画,从某种意义上来说,是自取其败。聪明的作者,往往注意扬诗词之长而避其短,于"画"所不能表现之处,别出趣味。依照这一法则创作出来的诗词,方有诗词独特的艺术魅力,庶使其他任何一种艺术品类都无法替代。毛泽东这两句词的妙处,正须向这方面去体认。又者,"谁持"云云,是设问的语气,却并不要人回答。由于下文都是陈述句,这里用问句开篇,就显得非常吃重。有此一问,通篇句法便有起伏、变化,不致流于呆板、凝滞。假若这句换用诸如"天仙彩练当空舞"之类的叙述语气,岂不逊色多多,何能像现在这样峭拔?

"雨后复斜阳,关山阵阵苍。"作者已署明写作日期是"一九三三年夏",注重交代了季节的特殊性——"夏",这里更补出词篇切入的具体时间和气候状况。由于这是夏天的某个傍晚,一场阵雨后夕阳返照,于是才会有彩虹映现的绮丽景观。又由于大雨洗尽了空气中悬浮的尘埃,斜晖投射无碍,于是群山才显得格外的苍翠。可见那"雨后复斜阳"五字,虽只平平说来,并没有什么惊人之处,但却束上管下,使前面的"赤橙"二句、后面的"关山"一句,都显出了合理和有序,委实是少它不得的。晚唐著名诗人、"花间派"的鼻祖温庭筠,有《菩萨蛮》词曰:"南园满地堆轻絮,愁闻一霎清明雨。雨后却斜阳,杏花零落香。　　无言匀睡脸,枕上屏山掩。时节欲黄昏,无聊独倚门。"毛泽东"雨后复斜阳"句,即用温词成句,仅改动了一个字。然而,温词是写闺情,风格绮怨而纤柔;毛词则是写战地,虽借用温词之句,但一经与下文"关山阵阵苍"云云搭配,便见得境界阔大、气象苍茫,风格与温词迥异。毛泽东博览群书,熟读了大量古诗词,故时将前人成句信手拈来,或稍加绳削,用入自己的创作。值得称道的是,其所取用,大都与自己的作品浑然化为一体,不见痕迹,绝非食古不化者可比。这里又是一个典型的例证。

以上诸句,都比较容易理解,历来的注家和评说者对此并没有太大的分歧。惟"关山阵阵苍"一句,却貌似浅显而实费思量,很有必要仔细玩味求索。这里不妨先抄录两种旧说:一说,"骤雨过后,又是夕阳斜照,金光万道,云彩飘忽,山势起伏,一阵阵地变幻色彩,有的地方嫩绿耀眼,有的地方是苍翠浓郁,闪烁不定,变化万端"。一说,"'阵阵苍',是说经过雨水洗涤后,关山的颜色显得更其青翠鲜艳了。……以动态写静景,彩虹既可以当空而舞,苍色当然也可以阵阵入目。所以,我们以为'阵阵'二字,与其落实到景物上,还不如领会毛主席用笔之活,表现力之强"。

以上两说,尽管有歧义,但对"阵阵"二字的理解却是相同的,都把它当作现代汉语中表示时间上的断断续续的那"一阵一阵"。仔细捉摸,我们总感到这样的解说十分牵强。南方林木葱茏的"关山",基色便是"苍",无论光线如何变化,山色浓淡深浅,都只是"苍"的程度上的差别,不能说它一会儿"苍",一会儿不"苍";至于说"苍色阵阵入目",只可用来描述云烟倏开倏合时群山忽隐忽现的景观,然而此时正是夏雨初霁、夕阳复见于晴空,关山自必历历在目,一望尽收! 旧说既不可通,那么此句究当作何理解? 关键在于应对"阵阵"一词做出贴切的训释。按"阵"本字作"陈",本义是"军阵",即军事上的战斗队列。《论语·卫灵公》篇载,"卫灵公问陈于孔子"。所谓"问陈",即询问作战时应如何布阵。叠作"阵阵",在古汉语中有两种不同的用法。一种就是后来一直延续到今天,现代汉语中仍在使用,为人们所熟悉的那种,表示连续而略有间断。这一义项,《辞源》之类大型古汉语工具书里已经收录。然而从语源学的角度来考察,它是由实向虚、由专向泛变化了的,当属后起的引申义。另一种用法,在现代汉语中已消失,因而人们也不甚了了,但它大体上保留了"阵"字的本义,即表示物体的空间陈列。例如,宋人赵抃《和韵前人初出锁头》诗曰:"淮木林林脱,霜鸿阵阵飞。"这是一联对仗,"林林"对"阵阵",辞义显然既实而专。两句是说,淮河流域的树木,一林一林地脱落了树叶;霜降时节的大雁,排成"人"字形或"一"字形的阵式,一队一队地向南方飞去。这里的

"阵阵",即以"军阵"为喻,而与"鸿"搭配,略同于唐人王勃《滕王阁序》之所谓"雁阵惊寒,声断衡阳之浦"。"阵阵"的这种用法,《辞源》等大型工具书竟然未收,是一个疏漏。或者有人会问:"阵"与"雁"搭配成辞,古人有之矣;与"山"搭配,有书证吗?当然有!请看北周庾信《周柱国大将军长孙俭神道碑》曰:"风云积惨,山阵连阴。"笔者以为,毛泽东此词中的"关山阵阵苍",若取"山阵"之义,便一切都豁然贯通。骤雨之后,斜阳复照,那绵延不断、层层叠叠、酷似千军万马战斗队形的群山,每一列横阵或每一块方阵都郁郁苍苍。"苍"者,靛青色也,正是军装的颜色。将群山比作严阵待敌的铁军,气象是何等的威武森严!众所周知,在第二次国内革命战争时期,毛泽东的主要革命实践活动是作为红军的统帅,指挥与国民党军的战斗。作此词时,他虽然已被王明"左"倾机会主义者褫夺了"帅印",排挤到中央革命根据地的临时中央政府去工作,但他的心还在军中。当他来到旧日曾率领红四军与强敌殊死搏杀的战地,眼中、心中的一切仍和军队、战斗联系在一起,这不是很自然、很顺理成章的吗?

以上对"关山"句做出的全新的解说,不仅切合毛泽东作为前红军统帅的特殊身份,切合大柏地作为昔日战场的特殊性质,而且从词的思路、章法上来看,也是最可取的一种解说。由于视群山为军阵,这就水到渠成地逗引出了下片的开头两句:"当年鏖战急,弹洞前村壁。""当年"那一场决定红四军命运的"鏖战",其激烈程度究竟如何?作者不愧为大手笔,你看他写"鏖战"之"急",全不用正锋直进之法,而是避实就虚,腾挪跳跃,陡地来了个侧面迂回,词笔一下子插进到如今战场附近村庄墙壁上犹存的累累弹孔。读者由此弹孔,自不难随其弹道,神游于当年枪林弹雨、战火纷飞的白热化战斗场景之中。这就调动了读者的想象,从接受美学的角度,使之参与了对于"当年鏖战急"的艺术表现的创造,比起直接将战况诉诸读者的正面描写法,是不是具有更大的美学包孕性和更大的艺术魅力呢?

然而,毛泽东此词的作意并不仅仅是怀旧,他那如椽之笔稍作逆挽,旋又折回,画龙点睛,以歌颂革命战争改造世界的伟力,作为全词的总结:

"装点此关山,今朝更好看。"眼前壮丽雄伟的自然界的"关山",得"弹洞前村壁"的人工"装点",愈增其妍,"更"其"好看"！不因战争的破坏性而叹息,却着眼于革命战争能够摧毁一个旧世界,从而使一个更美丽的新世界能够分娩出来,这就是一个伟大的无产阶级革命家的战争观！

　　自从有了无产阶级,有了马克思主义,有了共产党,人民这才懂得了用血与火的洗礼去迎接一个没有压迫、没有剥削的幸福美好的新世界的诞生。时代呼唤着文学家写出新的、情调高昂爽朗的、讴歌无产阶级革命战争的《吊古战场文》。毛泽东的这首词,正是这样一篇独具特色的吟咏战地的杰作！

清平乐

会 昌

一九三四年夏

东方欲晓,莫道君行早。踏遍青山人未老,风景这边独好。会昌城外高峰,颠连直接东溟。战士指看南粤,更加郁郁葱葱。

这首词最早发表在《诗刊》一九五七年一月号。

【注　释】

〔会昌〕县名,在江西省东南部,东连福建省,南经寻乌县通广东省。早在1929年,毛泽东为开辟赣南根据地,就率领红军到过会昌,以后又常途经和居住在这里。这首词是1934年夏天作者在中共粤赣省委所在地会昌进行调查研究和指导工作时所作。

〔莫道君行早〕旧谚:"莫道君行早,更有早行人。"又见于《增广贤文》。本句的"君"指作者自己。这里暗指在阵地上做战备的部队战士是早行之人。

〔踏遍青山人未老〕作者自注:"一九三四年,形势危急,准备长征,心情又是郁闷的。这一首《清平乐》,如前面那首《菩萨蛮》(指《菩萨蛮·大柏地》——编者)一样,表露了同一的心境。"本句的"人"指作者自己。本句表露,作者在政治上受压的情况下,仍然十分关心党和红军的命运,竭力挽救危局,并充满自信。

〔这边〕指中央革命根据地南线。

〔会昌城外高峰〕指会昌城西北的会昌山,又名岚山岭。作者在20世纪60年代曾回忆说:会昌有高山,天不亮我就去爬山。

〔颠连直接东溟（míng明）〕颠连,山峰相连,起伏不断。东溟,指东海。

〔南粤〕古代地名,也叫南越,在今广东、广西一带。这里指广东。

〔郁郁葱葱〕这里指树木苍翠茂密,景色浓郁。

【考　辨】

这首词作者留存的手迹,现在所见有七件,其中有三件作"从者指看南粤",有三件作"战士指看南粤",有一件作"从者指看南越"。

1934年,中央革命根据地形势险恶,几十万敌军向以瑞金为中心的地区逼近,中共中央和中央红军面临战略转移的危局。同年夏天,作者在中共粤赣省委所在地会昌进行调查研究和指导工作,特别是亲临中央革命根据地南线红军二十二师,引导部队抵制了"左"倾冒险主义的错误,使南线出现了相对稳定的新局面。7月23日天不亮,作者带领粤赣省委干部(即从者)和警卫员(即战士)去登会昌山。此词写了登山沿途的所见所感。1958年12月21日,作者对此词"踏遍青山人未老"句写了一条批注:"一九三四年,形势危急,准备长征,心情又是郁闷的。这一首《清平乐》,如前面那首《菩萨蛮》一样,表露了同一的心境。"这条批注是理解这首词的一把钥匙。现在对这首词的注释和赏析,往往同这条批注的精神不尽相符。例如,"东方欲晓",有论者解作给人以充满希望和追求的情绪;"风景这边独好",有论者解作是对红军所创建起来的革命根据地的赞歌;"更加郁郁葱葱",有论者解作咏唱了气象壮美,显示出革命乐观主义精神。按照这样的理解和解释,此词怎么能表露作者"心情又是郁闷的"呢?其实,"东方欲晓",是黎明前一种暗淡的景色,是作者心情在词中的折射;"风景这边独好",是独指中央革命根据地南线形势较好,言下之意整个中央革命根据地特别是北线形势危急;"郁郁葱葱",指景色浓郁而迷蒙。这首词是对"左"倾冒险主义的影射指责,和对危急形势的深沉思考。同时,从"踏遍青山人未老,风景这边独好"这样的诗句,透露了作者坚定的革命精神和他对挽救危局、引导革命走向胜利的强烈自信。

★ 赏　析 ★

为中国的革命气节而骄傲
——《清平乐·会昌》赏析　　　　　　万文武

南宋文天祥在《集杜诗·自序》中说："昔人评杜诗为诗史，盖以其咏歌之辞，寓纪载之实，而抑扬褒贬之意，灿然于其中，虽谓之史可也。"那么，毛泽东诗词就更足以称之为史了。杜甫的诗，还只不过是以第三者的旁观身份"纪载"客观的史料而已；而毛泽东诗词则是以历史缔造者的主观身份，直发胸臆，所以它更是历史心态的凸现，于史岂非更为直接。所不同的是，一般诗人正如《乐记》所言，情随政转，遇治世，其音则安以乐；遇乱世，其音则怨以怒。而毛泽东则正因为他于"世"不是第三者纪录的身份，而是直接缔造者，所以乱世于他，反更足以激起创世的豪情，形成了他为人所不可企及的气势磅礴的革命浪漫主义。这固然是出于他个人的文学涵养对于中国古典诗词的发展，但也源于他作为一个时代必然的领袖人物的胸襟。《清平乐·会昌》便是这样典型的乐章。

要正确理解这阕词，这里作为标题而特意标出的"会昌"二字，是不宜轻易放过的。

我们知道，蒋介石在1930年至1934年这五年内，对中央苏区进行了五次"围剿"。第一、二、三次反"围剿"中，红军第一方面军在毛泽东的直接指挥下，都取得了令敌人惊恐的辉煌胜利。第四次反"围剿"时，虽然中共临时中央已到达中央苏区，执行一套"左"倾冒险主义路线，排挤了毛泽东对于红军的领导，但是他们这一套在当时还没有来得及全面贯彻到红军中去，而毛泽东的军事思想和战略战术在红军中又有较深刻的影响，所以红一方面军在周恩来、朱德的指挥下，这次反"围剿"也仍然取得了胜利。只有到了第五次反"围剿"时，王明"左"倾冒险主义路线已在红军中取得了完全的统治，全盘否定了毛泽东正确的战略战术原则，而以从苏联硬搬来的所谓"正规"战争代替游击战争，采取全线抵御的军事战略，强调

"御敌于国门之外"的阵地战、堡垒战;这次不仅没有打破蒋介石的"围剿",反而如毛泽东后来所说的"反对流动的同志们真像大国家的支配者一样处理问题,结果得到的是不寻常的大流动二万五千里长征"。显然,当时"大国家"是插手了中共中央事务的,这从第五次反"围剿"失败后莫斯科来电还指挥中国共产党从瑞金出发,"在离蒙古近的什么地方寻找个安全地带"可以看出。倒是在中央苏区南线会昌担任掩护的红二十二师,因接受了当时在南线指导工作的毛泽东的意见,改用游击战和带游击性的运动战的打法,则取得了可喜的胜利。这阕词就是针对王明"左"倾冒险主义者、特别是他们背后的"大国家的支配者"而发的。

词的开头第一句"东方欲晓",很见气势。根据毛泽东的理论,"诗要用形象思维",所以这里的"东方"并非实指方位,而是借代位处东方的中国。"欲",希望。"晓",天亮。希望天亮,意即中国要想革命胜利,下面的话没有在字面上表达出来,却因一"欲"字导向了采用什么方法。然而此时"左"倾冒险主义者所采用的却是先照搬苏联的革命经验,且以老大自居,排斥了毛泽东所创导的中国革命路线,所以毛泽东讥讽他们:"莫道君行早。"

不错,这里的"君",一说是指毛泽东自己。1964年翻译毛泽东诗词的英译者曾问毛泽东,"君"指谁?毛泽东说是他自己天不亮就上山,山很高。但我以为毛泽东在这里只是解释他写此词时的背景。按照现代结构主义的理论,最多也只能说他以此意构成艺术成品。若将这两句直解释为,"天快亮了,我一早上山,山上已有战士在训练"。实则实矣,只是于词则索然寡味!是以纵令如此,也还有待于上升为美学客体。当代现象学派代表人物之一的诺曼·英加顿认为:"作品是一种纯粹的意图客体,然而它并不完全依赖主体而存在;相反,它是一种本体受外界支配的构成。这就是说,作品源于作者的意图,但它在两种受外界支配的领域内也有继续存在的基础:一种是在作者语句中现实化了的理想概念或表现内容,另一种是构成本文的真正的文字符号。"从真正的文字符号说,"君"在《中华大字典》中有二十三种解释,够多的了,但却没有一种是作"我"解释的。作为互证,就以作者用字的习惯而论,毛泽东在自己的有限诗词中,六处用到"君"字,也不少了,同样没有一处是指自己的。再从表现内容或实现化了的理想概念看,这已如上述,南线作战,分明表现了两条军事路线的斗争,而事实上又证明了毛泽东所坚持的路线是正确的。然而,正确的却受到了压制,在这种心境或者说隐意识的作用下,这个"君"字恰如他在1965年秋写的《念奴娇·鸟儿问答》中那个"君"字,便具备了对国际机会主义者的蔑视那样的韵味。它看似尊重对方,细味起来实含讽刺。这就是它自身显示出来的美学客体。赫士在《诠释的目的》一书中说过:"作品不过是提供意义的一个引线,而诠释者才是意义的创造者。"这样解释"君",也不无根据吧?

对于诗词者应当具备怎样的修养,词学大师叶嘉莹教授有过极好的意见。她说:"东西方的某一类抒情诗,有着某些相似的特质。其一是就作者而言,除去其在外表所叙写的显意识中情事以外,更可能还流露有作者所不自觉的某种心灵和感情的本质。""其二是就读者而言,除去追寻其显意识的原意之外,也还更贵在能从作品所流露的作者隐意识中的某种心灵和感情的本质而得到一种感发。""词人如何把一篇艺术成品提升为美学客体,而对之做出富有创造性的诠释,当然也就成为了词人所当具备的一种重要的修养和手段。"(叶嘉莹《中国词学的现代观》)毛泽东是自诩"对于长短句的词学稍懂一点"的,他是懂得词是"要眇宜修"的,绝不会将词写得比诗还要浅露! 这是我以为"君"不宜作"我"解的又一理论上的依据。

"莫道"二字,是彻底否定之意。不要以为你成功得早,其实在这里完全没有用,这里是中国。所以诗人在否定了"君行早"的"左"倾冒险主义后,便紧接着相对地提出了自己的、此时经过了会昌实践的对比检验、证实完全行之有效的方案:"踏遍青山。""踏遍青山"就是毛泽东当时指导红二十二师的游击战:"要在敌人侧翼,集中优势兵力,造成有利条件,首先歼灭小股敌人。敌人做一路来,我们不打他的头,也不打他的身子,要打他的尾巴;敌人做几路来,就打他侧面的一路。"可以这样说,"踏遍青山"

四个字,也就是毛泽东整个中国革命战争战略战术的最形象、最生动的概括。赖毅在《毛委员教我们发动群众》中举了一个很有说明性的例子:毛泽东上井冈山不久,曾对大家说,过去这个井冈山上,有个土匪头子叫朱聋子,"军阀和反动政府围剿了他几十年,总是捉不到他。朱聋子说,他所以站得住脚,只有一条经验,就是:不要会打仗,只要会打圈。现在我们要改他一句,叫:又要会打仗,又要会打圈"。"踏遍青山"不就是"打圈"最形象的表现吗?

"人未老"很有点儿自负的味道。《礼记》:"七十曰老。"毛泽东写这首词时,正值四十一岁的壮年,这个"人"自然不是指他自己。其实就连这个"老"也不是其本义,而是延伸作"无用"解。毛泽东在这里是暗用了廉颇的典故。斯诺在《红星照耀中国》中关于毛泽东在回顾这段历史时谈话的印象写道:"毛泽东的叙述,已经开始脱离'个人历史'的范畴,有点儿不着痕迹地升华为一个伟大运动的事业了……所叙述的不再是'我',而是'我们'了;不再是毛泽东,而是红军了;不再是个人经历的主观印象,而是一个关心集体命运的盛衰的旁观者的客观史料记载了。"事实上,毛泽东在这里是把南北两条战线作为对立面来写的,这"人"至少是代表了南方战线。他的这个自负,正是对"君"而言的:我们并非没有用,用不着你来指手画脚。这个问题,毛泽东在此后两年所总结的《中国革命战争的战略问题》中讲得够清楚的了。不过那是理性的论述,而这是"词"罢了。所以他接着下了断语:"风景"还是"这边独好"。"风景"也不是指自然风光,而是他当时亲自指导下已取得胜利的"南方战线"。

是的,中央苏区南线作战在整个第五次反"围剿"中胜利是小的,但毛泽东正是从这两条战线的鲜明对比中,看清了什么是中国革命战争的正确路线,"风景这边独好",这意义就是伟大的了。诗人在这里充满了自信的叫"好"声,不止是在歌颂他的路线的胜利,而且是在为中国的革命气节而骄傲。

这首词,如果说上阕主要是抒情,那么下阕则主要是写景。具体说,都是写的红二十二师在南线作战胜利的情景。"会昌城外高峰,颠连直接东溟。"这是南方战线的蓝图,作为历史的回味。"战士指看南粤,更加郁郁葱葱。"这更多的是对未来的展望。毛泽东之词,之所以不走婉约一派,是因为他的词也主要是用来言志的,且总是用来表述革命之大志,因此在这里虽仅啫一脔,亦足以知一镬之味。会昌城外的"高峰"、直接东溟的"颠连"山势、战士喜指的"南粤",所有"郁郁葱葱"之处,都莫不是上阕"青山"亦即毛泽东整个游击战略的写照,亦莫不是他开创新局面的"风景"的具体化。在毛泽东胸中,它是整个中国战场,岂止是"南方战线"而已。"战士指看南粤",具体我们可以读作这就是毛泽东以打破敌人第五次"围剿"的突围之地。其实作为意象的载体,它比字面上的意义要大得多,它是具有战略性的、路线性的,而绝不只是地域性的。下阕的"指看"与上阕的"好"遥相呼应。如果"好"作为一种战略的肯定,那么"战士指看"的欣喜之情,则表达了下层指战员们的由衷拥护。事实上,在整个中国革命战争中,没有战士的同心同德,要想取得解放全中国这么巨大的胜利是不可能的。

这首词作者曾自注:"一九三四年,形势危急,准备长征,心情又是郁闷的。"而词却写得如此生气勃勃,斗志昂扬,是极具浪漫主义色彩的。但毛泽东在这里所表现的革命浪漫主义,不是故作豪放的假大空话,而是出于对自己"战士"的真切理解,是基于实践基础之上的科学展望。它是浪漫的,但在更深层次上又是真实的。诗人妙就妙在以广大下层指战员的支持来作为自己全词的结束,便无须个人"怨以怒",甚至也不见他说的"郁闷",只有无限开阔的郁郁葱葱之向往,而给词以余不尽之韵味。

十六字令 三首

一九三四年到一九三五年

山,快马加鞭未下鞍。惊回首,离天三尺三。(原注)

其二

山,倒海翻江卷巨澜。奔腾急,万马战犹酣。

其三

山,刺破青天锷未残。天欲堕,赖以拄其间。

【作者原注】

湖南民谣：『上有骷髅山，下有八面山，离天三尺三。人过要低头，马过要下鞍。』

这三首词最早发表在《诗刊》一九五七年一月号。

【注　释】

〔十六字令三首〕这三首词都描写作者在行军途中所经过的群山形势的险峻,那山,是作者内在心态、思想、感情和精神的外化。

〔倒海翻江卷巨澜〕巨澜,大浪。这是以大浪的翻卷比喻群山的起伏。

〔万马战犹酣〕这是以山势的起伏比喻万马正畅快奔腾之状。酣,畅快。

〔锷(è鄂)未残〕剑锋未残缺,比喻山峰的高耸。

〔拄(zhǔ主)〕支撑。

【考　辨】

这三首词在《诗刊》1957年1月号发表时,在第一首"离天三尺三"句下做了原注:"民谣:'上有骷髅山,下有八宝山,离天三尺三。人过要低头,马过要下鞍。'"后来发现作者有一件手迹上有夹注,对原注做了修改,称"湖南民谣",并把"八宝山"改正为"八面山"。1996年9月出版的《毛泽东诗词集》,已按这条夹注对原注做了订正。此外,1964年1月,外文出版发行事业局组织翻译英译本《毛泽东诗词》时,英译者提问"离天三尺三"是哪里的民谣,毛泽东答复说:"这是湖南常德的民谣。"

《十六字令三首》作者留存的手迹,现在所见有两件,均无标题。词中"倒海翻江卷巨澜"句,有两处异文,一件作"搅海翻江",一件作"搅巨澜"。

这三首词首次发表时排在《忆秦娥·娄山关》之后。当时每首诗词都未系年,1963年编辑《毛主席诗词》时才加上写作时间,但诗词编排仍沿用首次发表时的顺序。1986年编辑《毛泽东诗词选》时,根据《十六字令三首》和《忆秦娥·娄山关》的写作时间,编排顺序做了调整,这是合乎一般编辑体例的。此外,1958年毛泽东在《忆秦娥·娄山关》一词上作注说:"过了岷山,豁然开朗,转化到了反面,柳暗花明又一村了。以下诸篇,反映了这一种心情。"从《十六字令三首》反映的作者心情来看,不像其中有两首是"过了岷山"才作的,只有第三首可判定是"过了岷山"之后的作品。即使根据这一情况,此篇也不宜排在《忆秦娥·娄山关》之后。

★ 赏　析 ★

独具"化美为媚"的美学魅力
——《十六字令三首》赏析　　　　　　　　刘　文

　　1934年到1935年间,是中国共产党领导的革命事业和中华民族的生存面临着严峻挑战的时期。在这危机四伏的关键时刻,中国共产党为了保卫中国人民的革命事业和拯救中华民族的危亡,勇敢地接受了内危外患的双重挑战,毅然率领中央红军进行战略大转移,即"历史纪录上的第一次"的二万五千里长征。《十六字令三首》就是对这一震烁千古的历史事件所做的完美的艺术概括。

　　《十六字令三首》是同调协奏的三部曲组诗。它以山这一具有"数学上的崇高"和"力学上的崇高"的特定景物为题材,从三个不同的时空角度描绘了红军战士与无产阶级领袖在沧海横流中显示出来的英雄本色。

　　第一首小令运用白描手法,从正面描绘了山势的高峻和红军快马加鞭飞越险峰的惊心动魄的情景。这一情景,就是红军战士在长征途中闯关夺隘,冲出重围的一往无前的英雄气概的真实写照。

　　劈头一个"山"字,奇峰突起,以其体积上的庞大性与时间上的突兀性,形成一种强大的心理震撼。接着镜头一转,推出快马加鞭向上飞驰的骑手形象。这对于"人过要低头,马过要下鞍"的险峰来说,是反常的,也是出人意料的。这一人与自然的组接中所突出的巨大反差,势必激起第二次心理冲击:对骑手命运的关切。在人与山的搏斗中,到底谁是胜利者?一个"惊回首",就将结果明确地告诉了我们:是"快马加鞭未下鞍"的勇士。但是,这种胜利的得来并不是容易的,一个"惊"字又一次掀起了更大的心理波澜:对"离天三尺三"的回眸审视。这是惊愕,又是惊奇,但更主要的是人战胜自然后的惊喜。既惊愕、惊奇于自然力的伟大,更惊喜于战胜自然力的人的伟大。在这匆匆的一顾中,以山的高大形象作为铺垫,衬托出比高山更加高大的无产阶级巨人的形象,显示了何等豪迈的情怀和坚强的自信！而就运笔的艺术功力来说,一波三折,矫若游龙,区区十六字,就将一次英勇的战斗经历和生动的心理过程,栩栩如生而又惊心动魄地再现无遗。

第二首运用比喻手法,突出群山绵延起伏、雄伟磅礴的气势,寄寓了红军战士万里驱驰,辗转奔突,奋进不已的坚韧不拔的战斗精神。

随着镜头的纵向延伸,群山有如倒海翻江的巨澜涌现在我们眼前,又如奔腾的万马,在战场上酣畅地驰骋。这一串串飞动性的镜头,具有写意与写实的双重属性。就写意来说,群山是红军一往无前的革命英雄主义精神的"拟容取心"的寄托;就写实来说,群山是红军万里征途中英雄主义战斗经历的见证。诗人以此作为观照点,从虚与实两方面使多光源聚焦,既令形象更加生动,又令内涵更加深邃。

由于这一多光源的审照,我们对两个比喻之间的内在联系就会理解得比较透彻了。"巨澜"与"万马"两个比喻,虽都是喻拟山形、山势,但二者之间并非简单的并列关系,而是一种纵向的承接与递进的关系,一个"犹"字就是二者之间的纽结点。"倒海翻江"使人联想到红军突破重围中铁流滚滚,急急奔腾的声势。无疑,这种奔腾是高消耗的,而且它所消耗的能量是不能在奔腾的过程中得到补充的。在这艰苦卓绝的"奔腾急"的逆境中,红军并未稍减其战斗的神威,依旧能进行千军万马的酣畅淋漓的大搏战。一个"犹"字和一个"酣"字,就将此种信息对我们进行了形象的解说。由于这一反衬,红军旺盛的斗志彰显得更加激昂悲壮,更加动天地而泣鬼神。

第三首是描绘山形山势的峻峭挺拔,形象地表现了中央红军在实现战略转移后丝毫不减的锐气,和敢于力挽民族危亡的顶天立地的胆略与豪情。

第三首的画面同样是用两个比喻性的形象组成。一个比喻是把山的形态喻拟为"刺破青天锷未残"的长剑,"刺破青天"极状其形之锋锐,"锷未残"极状其质之坚韧。另一个比喻是把山的形态喻拟成撑持欲堕长天的砥柱,极状其坚挺峭拔、不折不挠的雄姿。"一切景语皆情语也"(王国维语),形象是感情的载体,诗人借山的剑似的锋锐和砥柱似的坚牢,对双重挑战做出了响亮的全方位回答。它将两个历史阶段清晰而又紧密地连接到了一起:"长征一完结,新局面就开始。"(毛泽东语)明喻中隐含着暗喻,暗喻中折射着现实的斗争,将诗与史妙合无痕地融为一体。

　　诗与史的结合,是毛泽东诗词基本的艺术特色。这一特色在《十六字令三首》中体现得非常鲜明和完整。由于它们是组诗,组诗具有跨阶段组合的属性,因此,它们在包容历史信息与美学信息方面具有极大的全息概括的优势。三幅画面,以点概面,相倚相成,以阶段缀成全程,以侧面连成整体,绘成了反映人类"历史纪录上的第一次"的长征的艺术画卷。这一艺术画卷的长幅性同样具有"历史纪录上第一次"的特征:它所概括的时间跨度是"十二月的光阴",它所概括的空间跨度是"长驱二万余里,纵横十一个省"。这一大笔如椽的艺术概括的枢纽就是对时空的大浓缩。将万里征途浓缩于山,将千军万马的征战依托于山,将无产阶级巨人顶天立地的英雄气概寄寓于山。作者巧妙地以山为特定的美学载体,大开大合,"笼天地于形内,挫万物于笔端",借山的形象,实现人的自然化与自然的人化,将历史与艺术,将共性与个性,将诗史与史诗,融合成一个熠熠生辉的整体。

　　这一整体的美学魅力并不仅仅在于它具有山的形象与山的精神,也不仅仅在于山的这种形象、精神以及红军战士的群体形象与他们独具的革命英雄主义精神息息相通,更主要还在于它具有远远超出形象内涵的启示力。这种"睹一事于句中,反三隅于句外"的伟大启示力,来自含蓄的力量。任何画面中所内涵的美学信息总是有限的,惟有想象是无穷无尽的。含蓄的力量就在于唤起想象。"冰山在海里的移动之所以显得威武雄壮,这是因为它露出水面的只有八分之一。"(海明威语)三首小令中,第一首中突出山尖一点的"离天三尺三"的夸张,二、三首中关于山形山势的明喻与暗喻的勾连通贯,都是激发想象的重要美学手段。这些美学手段之所以能在毛泽东诗词中大放异彩,最主要的原因是由于它们都从属于"化美为媚"这一极其重要的美学法则。所谓"化美为媚",就是对客观事物的动态性的敏锐把握,并以此作为在诗歌中体现画面美的关键。众所周知:"绘画在它的空间中并列的结构里只能运用动作中的某一顷刻,所以就要选择最富有生发性的顷刻,使得前前后后都可以从这一顷刻间了解得最透彻。"因此,"诗歌要在描绘物体美时赶上艺术,那就是化美为媚"。(拉辛《拉奥孔》)在《十六字令三首》中,毛泽东成功运用了艺术手段的波动性,来唤起始终处于内在的波动状态的内心世界的感受。在外在世界与内心世界的快速的双向碰撞中,使画面美与心灵美都达到美学应力的极限值而获得震撼灵魂的效果。

表现在第一首中,是人与山之间的相对运动,即以人之动显山之动。人之动是快马加鞭的跨越,山之动是自下而上的延伸。"离天三尺三"是山尖的空间定格,这种定格以天为标准,天本身又是无穷无尽的,那么山的高峻在读者的想象里也必然是无穷无尽的。而这一切,又笼摄于"惊回首"的特定瞬间,这种在运动状态中骤然发现的运动着的事物的美学特征,必然产生"稍纵即逝而却令人百看不厌"的心理激荡:对大自然的惊心动魄、对战胜大自然的惊喜万分,都在此一特定的瞬间喷薄而出,以视觉的短促急骤,而留下无穷的想象空间和无穷的艺术享受。

其他两首则是用比喻的方式化静为动,化美为媚。在这两幅画面中,屹立的群山得到了"变形化"的艺术处理而成了异彩纷呈的运动着的形象:倒海翻江的巨澜、奔腾酣战的万马,或是刺破青天的长剑、顶天立地的砥柱。前者以水平方向的运动显示了不断向前的力度美,后者以垂直方向的运动显示了不断向上的力度美。它们都通过运动,使山获得了"最富有生发性"的美学魅力。这种独特的美学魅力,就是毛泽东诗词的独特气势形成的基本的心理学依据与形态学基础。

无疑,对名作的领略是无穷无尽的。《十六字令三首》来自历史,也必然走向历史,千秋万代的人,都会从中获得无穷无尽的美学熏陶与理性教益。

忆秦娥　娄山关

一九三五年二月

西风烈，长空雁叫霜晨月。霜晨月，马蹄声碎，喇叭声咽。　雄关漫道真如铁，而今迈步从头越。从头越，苍山如海，残阳如血。

这首词最早发表在《诗刊》一九五七年一月号。

【注　释】

〔娄山关〕在贵州省遵义城北娄山的最高峰上,是防守贵州北部重镇遵义的要冲。中央红军长征时,于1935年1月占领遵义,召开了革命历史上有伟大意义的遵义会议。会后,红军经娄山关北上,原准备在泸州和宜宾之间渡过长江,没有成功,就折回再向遵义进军,在途中经半天激战打败了扼守娄山关的贵州军阀王家烈部一个师,乘胜重占遵义。这首词写的就是这次攻克娄山关的战斗。前阕写红军拂晓时向娄山关进军的情景;后阕写红军攻占和越过徒称天险的娄山关时,太阳还没有落山。词的意境凄清,反映了当时作者的心情。作者自注:"万里长征,千回百折,顺利少于困难不知有多少倍,心情是沉郁的。过了岷山,豁然开朗,转化到了反面,柳暗花明又一村了。以下诸篇(按:1958年出版的《毛主席诗词十九首》,《忆秦娥·娄山关》排在《十六字令三首》之前,'以下诸篇'指《十六字令三首》《七律·长征》《念奴娇·昆仑》《清平乐·六盘山》),反映了这一种心情。"

〔西风烈,长空雁叫霜晨月〕似写秋季景象,实乃当地2月间的真实情景。

〔咽(yè页)〕本义是声音因梗塞而低沉,这里用来描写在清晨寒风中听来时断时续的军号声。

〔漫道〕莫说,不要说。

〔从头越〕重新跨越,意为无坚不摧的红军第二次越过天险娄山关。

〔苍山如海,残阳如血〕1962年作者回忆了这两句诗的产生,他说:是在战争中积累了多年的景物观察,一到娄山关这种战争胜利和自然景物的突然遇合,就造成了自以为颇为成功的这两句话。

【考　辨】

这首词在《诗刊》1957年1月号首次发表时,被编排在《十六字令三首》之前,因为一起发表的十八首诗词都未系年。后来出版的几种毛泽东诗词集子,都沿袭了这一编排。直到1986年9月人民文学出版社出版《毛泽东诗词选》,才按写作时间的顺序,将此词编排在《十六字令三首》之后。

此词作者留有的手迹,现在见到的有七件。词中"长空雁叫霜晨月"句,有两件作"梧桐叶下黄花节",有一件作"梧桐叶下黄花发"。此外,有两件手迹写有标题《忆秦娥》,有四件手迹各在词末或署名毛泽东,或落款为"毛泽东书致叶大夫",或写有"长征词一首",或写有"调寄菩萨蛮一九三四"。"调寄菩萨蛮 一九三四"字样,显为作者的笔误。

这首词公开发表后,读者和学术界对词中所写景事究竟是一次还是两次向有不同理解。1962年3月7日,《羊城晚报》报道郭沫若在广州文艺界诗歌座谈会上的讲话,及同年《人民文学》5月号刊载郭沫若《喜读毛主席的〈词六首〉》,都谈到这首词上阕写的是1934年秋天红军长征初期的事,下阕写1935年1月遵义会议后红军第一次攻克娄山关之事。理由是上阕写的明显是秋景,而毛泽东写词是不会不顾及时令的。郭沫若在发表《喜读毛主席〈词六首〉》前,曾把文章的清样寄送毛泽东审阅,毛泽东把郭沫若阐述上面观点的一段原文删去。专门加写了一千多字的一段话,说明该词写的就是1935年2月第二次攻克娄山关的事:"在接近娄山关几十华里的地点,清晨出发,还有月亮,午后二三时到达娄山关,一战攻克,消灭敌军一个师,这时已近黄昏了。……词是后来追写的,那天走了一百多华里,指挥作战,哪有时间和精力去哼词呢?南方有好多个省,冬天无雪,或多年无雪,而只下霜,长空有雁,晓月不甚寒,正像北方的深秋,云贵川诸省,就是这样。"由于毛泽东退回改样时没有赶上《人民文学》的出刊,因此《人民文学》正式发表的仍是郭沫若的原文。这样,毛泽东自己关于《忆秦娥·娄山关》一词的解释也就不为人知。一直到1964年1月,外文出版发行事业局组织翻译出版英译本《毛泽东诗词》时,英译者又请毛泽东解释这首词写的是一次的事还是两次的事,毛泽东再次答复:"这首词上下两阕不是分写两次攻打娄山关,而是写一次。"

★ 赏　析 ★

沉郁中的壮思
——《忆秦娥·娄山关》赏析

李壮鹰

　　作为题名的娄山关，是位于贵州遵义城北娄山之巅的关隘。中央红军曾于1935年1月占领遵义，在遵义举行了具有伟大历史意义的遵义会议，确立了毛泽东在党和红军内的领导地位。会议以后，毛泽东即率领红军经过娄山关北上长征。原计划于四川宜宾与泸州之间渡过长江，但由于蒋介石集结重兵拦江阻截，红军不得不重新折回遵义，而这时的娄山关已被贵州军阀王家烈部的一个师所扼守。经过了数小时的激战，红军击溃了娄山关的守敌，重占遵义。这首词写的就是红军第二次回师遵义途中的娄山关战斗。

　　这是毛泽东在长征途中，也是他1935年1月重新回到中央领导岗位后写的第一首诗词。

　　当年参加长征的文学家成仿吾曾回忆："我军猛攻娄山关高地点金山，经过肉搏，占领了这个制高点，然后连续冲锋，把敌人完全击溃，傍晚占领了娄山关关口。"就在毛泽东往这道雄关上登临的时候，还迎面碰上抬下来的一个伤员，腿被打断了。毛泽东问他叫什么名字，回答说叫钟赤兵，是个团长（后来钟赤兵成了有名的将军）。很多年后，毛泽东还谈起这个细节。登上山顶，显然太阳还没有落山，战场也还没有打扫干净。硝烟轻抚着血迹，毛泽东走到那里竖着的一块石刻前，指着上面"娄山关"三个字，和身边的人讨论，这种书法是什么体。看来，他当时的心境既沉重又轻松。无论怎样，娄山关给他留下了难忘的印象。随后，他作了这首《忆秦娥·娄山关》。

　　对这首词，1958年毛泽东在文物出版社刊印的《毛主席诗词十九首》的书眉上作注说："万里长征，千回百折，顺利少于困难不知有多少倍，心情是沉郁的。"难怪，他这首词写得如此苍凉、凝重。上阕写红军清晨向娄山关进军,仿佛是把某种巨大的即将炸裂的东西用劲捂住,带来更多的想象和威慑。在这罕见的压抑沉默中,给人一种引而不发的情绪积累。下阕写黄昏时攻克娄山关后的登高远眺,倒是把视野放得很开阔,可依然是那般在雄浑中透出郁闷和悲壮。那里好像突现着作者自己的形象,夕阳的最后一抹晚霞染红了天空和群山,他身上的灰色军装也变成了橘黄。这里,没有战斗胜利后的喜悦,全词甚至没有一字写胜利本身。

不过,毛泽东此时的"沉郁",同他写《清平乐·会昌》时说的"沉郁",恐怕有些不同。那时他没有指挥权,离开前线,耳边没有枪声,在大兵压境的情势下只能去看山。过娄山关的时候,在他的指挥下,红军打了第一个胜仗。那么,他"沉郁"的是什么呢?无疑就是他自注中说的关于长征的困难和前途。

有人或许说了:在毛泽东的领导下,前途还有什么可担忧的呢?这无疑是几十年来真把毛泽东当成神了的隔雾看花,哪里知道亲历者的内心感受?复出的毛泽东作为红军统帅,肩负非凡使命,内心的忧患和沉郁,可想而知。这是毛泽东不同于纯粹诗人的地方,也是提醒我们理解他的诗词不可或缺的一个角度。只有那些志大才疏的诗人在谈论政治军事的时候,才会把一切都看得易如反掌。如闲居的李白在"安史之乱"时,突然逢诏,禁不住唱道:"仰天大笑出门去,吾辈岂是蓬蒿人",甚至表示,可以"为君谈笑净胡沙",仿佛真的是袖里乾坤一般。这样的人,一干事,准会碰壁。

重领兵权的毛泽东感觉到的是什么呢?

全词略去了攻关时的激烈战斗场面,只写了一头一尾,一朝一夕,将笔力集中在战斗开始之前与战斗结束之后的气氛渲染上。

"西风烈,长空雁叫霜晨月。""烈"是凛冽寒冷的意思。西风凛冽,清晨的残月照着地上的严霜,天空中传来了大雁的鸣叫。"霜晨月,马蹄声碎,喇叭声咽。"在这月笼霜重的清晨,细碎的马蹄声与鸣咽的军号交织在一起。这上阕五句,生动地传出了清晨行军的情景。用笔虽然不多,但因为诗人选取、剪接了极富启发性的意象,从而使词境具有一种立体氛围。

在这氛围中,"西风烈"是寒冷的触觉感受,"雁叫""马蹄声""喇叭声"都是听觉感受。这是因为在清晨那朦胧熹微的霜光月色之下,人的最灵敏、最能发挥作用的感官只能是触觉与听觉。另外,本阕表面上全部写景,实则情景交融。"西风烈"的"烈","马蹄声碎"的"碎","喇叭声咽"的"咽",既生动贴切地形容了事物的感性特征,同时也寄寓着诗人作为感受主体的主观感情。因为这次行军,是未能实现渡江部署之后的一次退却,所以作为指挥者的诗人,心境自然低沉。关于这首词,作者自注说,"万里长征,千回百折,顺利少于困难不知有多少倍,心情是沉郁的",正说明了这一点。而"烈""碎""咽",就是作者以低沉之心境观物,使"物皆着我之色彩"的"有我之境"。

"雄关漫道真如铁,而今迈步从头越。"上阕写了娄山关战斗之前的行军,下阕起笔处却突接战斗结束之后的感情抒发。"漫道"即"慢道"。它是"莫道"的音转,是"不要说"的意思。"从头"为重新、再次之意。娄山关是设在群峰之间惟一的一条通往遵义的盘山路上的险要关口,故称"雄关"。这两句是说:"不要说这娄山关隘真像铁板一样难以攻破,如今红军力克守敌,迈开脚步,重新越过了它。"这是战斗胜利之后豪迈之情的抒发。"漫道"二字,表现了作者蔑视敌人的革命英雄主义气魄。"从头越,苍山如海,残阳如血。"诗人站在娄山关上,极目远眺,只见远处群峰如苍茫的大海,欲落的残阳有如鲜血之殷红。这结尾两句写景很有特点。如果说前阕的写景是动态的,而这结尾处的写景则是静态的。在这气魄宏伟、色彩浓郁的景物之中,透出的是一种深远悠长的情味。前人讲作词时的结句,很推崇"以景结情"的方法,如沈义父《乐府指迷》:"结句须要放开,含有余不尽之意,以景结情最好。"他举了周邦彦的两首词。一首是《瑞龙吟》,词中写诗人去访问故人秋娘,但人已不见,只能回忆以往的情事,最后以"断肠院落,一帘风絮"作结;另一首是《扫花游》,词中写自己思念意中人,但他却不能与她见面,只能伫立凝想、搔首踟蹰,最后以"掩重关,遍城钟鼓"作结。其实,无论是"一帘风絮"还是"遍城钟鼓",因为是怀着特定情怀的抒情者耳目中的特定景物,所以写出这特定景物即能衬出抒情者的情怀。这种通过写目中之景来抒发心中之情的方式,不但含蓄蕴藉、余韵悠长,而且可以传出作者某种复杂的、无名的、用正面的直抒胸臆的手法很难说清的心情。毛泽东这首词中的结句"苍山如海,残阳如血"就是如此。这是一幅沉静、悲壮的视觉画面。尤其是作者选取"血"这个意象来形容残阳,更显出一种沉雄、悒郁的情调来。娄山关战斗的胜利,并没有使诗人长久地沉浸在喜悦之中。作为红军的统帅他很清楚,这次战斗,不过是退兵之中的一次夺路而已。它并没有从根本上改变部队被动受挫的局面。想到万里长征的艰辛,想到革命的前途未卜,毛泽东的心情又回到了悒郁之中。于是,他眼望着苍山夕阳,陷入了深深的思索……

  这首词抒情的特点首先在于寓情于景,情景交融。其次在于情感不平板、不单一,而是随着情境的变化而自然流转跌宕,从而传达出一种乐与忧、豪与悲相互交织的、复杂的心理感受和情怀。清人王夫之在《姜斋诗话》中曾夸奖成功诗作的抒情为"哀乐之触,荣粹之迎,互藏其宅";并举杜甫《登岳阳楼》为例,"'吴楚东南坼,乾坤日夜浮',乍读之若雄豪,然而适与'亲朋无一字,老病有孤舟'相为融浃"。毛泽东的这首《忆秦娥》在情感的流转上是深得这方面的妙处的。

七律　长征

一九三五年十月

红军不怕远征难，万水千山只等闲。五岭逶迤腾细浪，乌蒙磅礴走泥丸。金沙水拍云崖暖，大渡桥横铁索寒。更喜岷山千里雪，三军过后尽开颜。

这首诗最早发表在《诗刊》一九五七年一月号。

【注　释】

〔七律〕七言律诗的简称。七律是律诗的一种，每篇一般为八句，每句七个字；偶句末一字押平声韵，首句末字可押可不押，必须一韵到底；句内和句间要讲平仄，中间四句按常规要用对仗。

〔长征〕1934年10月间，中央红军主力从中央革命根据地出发作战略大转移，经过福建、江西、广东、湖南、广西、贵州、四川、云南、西康、甘肃、陕西等十一省，击溃了敌人多次的围追和堵截，战胜了军事上、政治上和自然界的无数艰险，行军二万五千里，终于在1935年10月到达陕北革命根据地。这首诗和《念奴娇·昆仑》《清平乐·六盘山》都是在长征取得胜利时所作。

〔万水千山只等闲〕万水千山，形容路途遥远艰险。唐贾岛《送耿处士》诗，有"万水千山路"句。只，仅仅，不过。等闲，平常。本句是说艰险的遥远征途在红军看来不过是平常之事。

〔五岭逶迤（wēiyí威移）腾细浪〕大庾（yǔ宇）、骑田、萌渚（zhǔ煮）、都庞、越城等五岭，绵延（"逶迤"）于江西、湖南、广东、广西四省之间。1934年10月，中央红军从福建、江西出发，沿这四省边境的五岭山道，越过敌人封锁线，向西进军。"腾细浪"是说险峻的五岭绵延起伏，在红军眼中只像水面吹起的细小的波浪。

〔乌蒙磅礴走泥丸〕乌蒙山绵延在贵州、云南两省之间，气势雄伟（"磅礴"）。走泥丸，本于《汉书·蒯通传》的"坂上走丸"。在斜坡上滚下泥丸来，跳动得快，看上去像一条起伏的线条。"走泥丸"是说气势雄伟的乌蒙山，在红军看来也只像滚动着的渺小的泥丸。

〔金沙水拍云崖暖〕金沙江，即长江上游自青海省玉树县至四川省宜宾县之间的一段。中央红军于1935年5月上旬在云南省禄劝县西北的皎平渡渡过了金沙江。云崖，江的两岸，是高耸入云的悬崖峭壁。暖，即暖翠，指晴明时青翠的山色。宋黄庭坚《追和东坡壶中九华》诗有"顿觉浮岚暖翠空"之句；元吴景奎《和韵春日》诗有"江上数峰浮暖翠"之句。

本句"水拍"原作"浪拍"。作者自注:"水拍:改浪拍。这是一位不相识的朋友建议如此改的。他说:不要一篇内有两个浪字,是可以的。"《诗刊》1957年1月号发表时已改为"水拍"。

〔大渡桥横铁索寒〕大渡河源出青海、四川两省交界处的果洛山。两岸都是高山峻岭,水势陡急,曲折流至四川省乐山县(今乐山市),入岷江。桥指大渡河上的泸定桥,在四川省泸定县,形势险要。桥长,三十丈左右,用十三根铁索组成,上铺木板。中央红军在1935年5月下旬到达泸定桥,当时桥板已被敌人拆掉,红军先头部队的英雄战士在对岸敌人的炮火中攀缘着桥的铁索冲了过去,夺得此桥。寒,指铁索给人寒冷的感觉。一说,指铁索放射的寒光。

〔岷山〕在四川省北部,绵延于四川、甘肃两省边境。岷山的南支和北支,有几十座山峰海拔超过四千五百米,山顶终年积雪,称为大雪山。

〔三军过后尽开颜〕三军,作者自注:"红军一方面军,二方面军,四方面军。不是海、陆、空三军,也不是古代晋国所作上军、中军、下军的三军。"开颜,笑,欢腾。本句寓有作者对红军三个方面军通过长征达到胜利会师的期盼。

【考　辨】

《七律·长征》是毛泽东诗词中最早以印刷文字流传开来的作品。据斯诺在1958年出版的《复始之旅》一书中讲:1936年10月,他在陕西保安采访毛泽东时,"他(毛泽东——引注)为我亲笔抄下了他作的关于红军长征的一首诗。在他的译员的帮助下,我当场用英文意译了出来"。后来,斯诺把《七律·长征》收进了伦敦戈兰茨公司1937年10月出版的《红星照耀中国》(英文版)一书。该书的第一个中译本于1938年2月由上海复社翻译出版,并易名为《西行漫记》,其中《长征》一章,即以此诗结尾。值得一提的是,在英文版《红星照耀中国》以及中译本《西行漫记》出版之前,《七律·长征》就以中文印刷的形式流传了。

1937年4月,北平东方快报印刷厂秘密印发了一本《外国记者西北印象记》,主要内容是斯诺1936年在陕北采访的有关报道和讲演,以及毛泽东同他的谈话等,其中就有《七律·长征》。该书总编辑王福时当时是北平的青年学生,他后来说,这本书的编辑和出版得到了斯诺的帮助。这首诗很可能就是斯诺提供给编译者的。有意思的是,在该书出版的第二个月,王福时陪同美国的尼姆·韦尔斯访问延安时,当面赠送给毛泽东一本《外国记者西北印象记》,于是,毛泽东成了这本书较早的读者,同时也第一次看见了用铅字印出来的自己的《七律·长征》诗。

此诗在新中国成立前被一些报刊发表过,如苏北抗日根据地1942年8月1日的《淮海报》、1948年7月1日东北出版的杂志《知识》第七卷第六期、1949年8月2日上海的《解放日报》等。各种文版与1957年1月号《诗刊》发表的正式文本均有差异,有的差异还很大。1958年12月,毛泽东在广州为此诗作注时曾指出:"水拍:改浪拍。这是一位不相识的朋友建议如此改的。"多年来,不少报刊发表文章说,1952年元旦,时在东北大学历史系任教的罗元贞呈书毛泽东祝贺新年,信中建议将《七律·长征》中的第五句的"浪拍"改为"水拍",毛泽东复信表示接受这个建议,于是称罗元贞是"一字师"之说不胫而走。经查,当年罗元贞确实曾致信毛泽东,毛随即给罗复信,但两人信中都未提到《长征》诗中"浪拍"改"水拍"的问题。罗元贞的同乡罗亚辉等到中央档案馆也只查到上述两封信,没有查到其他来往信件,为此,他们曾发表文章质疑"一字师"的说法。罗元贞在1990年给广东兴宁老人会的信上说,他在1952年之前买了中华书局周振甫注释的《毛主席诗词选》(二十五首)。此说也受到他的兴宁同乡的质疑,因为根本不存在那本书。

毛泽东在广州为此诗作注时还说,"三军过后尽开颜"一句中的"三军"是指:"红军一方面军,二方面军,四方面军。不是海、陆、空三军,也不是古代晋国所作上军、中军、下军的三军。"但无论是1986年版的《毛泽东诗词选》还是1996年版的《毛泽东诗词集》的注释,都没有采用毛泽东的这个自注,而注为"泛指整个军队"。原因是1935年10月毛泽东作此诗时,红二方面军尚未成立,其前身红二军团和红六军团还在湘鄂川黔根据地,尚未开始长征;红四方面军主力则被张国焘强令南下川康边境。这两个方面军迟至1936年7月才在长征途中越过岷山山脉。近年来有读者和学者对不用作者自注提出了意见,他们认为毛泽东具有革命浪漫主义情怀,《长征》诗结句寓有作者对红军三个方面军通过长征达到胜利会师的期盼。当时虽然没有红二方面军的番号,实际早已把红军二、六军团内定为二方面军了。这些意见不无道理,在重印《毛泽东诗词集》时已采用了作者的这条自注。

  这首诗作者留存的手迹,现在所见有七件,发现多处异文。诗中"金沙水拍云崖暖"句,有七件手迹作"浪拍",有四件手迹作"云岩",有一件手迹作"悬岩";"更喜岷山千里雪"句,有一件手迹作"更有",有一件手迹作"最喜"。另有一件在"文革"期间常见的《长征》诗手迹,是由文物出版社征求作者同意,将落款"毛泽东 一九六二年四月二十日"字样这件手迹作技术处理而成,即把"浪"字改为"水"字,"水"字是由本手迹的"万水千山"中移植过来的。这件手迹由文物出版社收入1965年11月出版的《毛主席诗词》(册页散装)。

★ 赏 析 ★

挑战者之歌
——《七律·长征》赏析

丁正梁

1935年10月初,毛泽东率领红军长征来到甘肃通渭,在城东的一所小学校里召开全军副排长以上的会议,毛泽东向全体干部讲述了长征的意义并朗诵了这首诗。

关于长征的意义,毛泽东在《论反对日本帝国主义的策略》一文中有更系统的论述,其中写道:"长征又是宣言书。它向全世界宣告,红军是英雄好汉,帝国主义者和他们的走狗蒋介石等辈则是完全无用的。"诗正是对红军的这种英雄精神的歌颂,又由于作者系红军的统帅,他在歌颂红军的同时也把自己的人格追求表现了出来。陈晋在《毛泽东的文化性格》一书中曾指出,毛泽东的性格主要特点是挑战精神与超越情怀,这首诗正集中体现了这一点,它是向困难的挑战之歌,也是超越情怀的展示。

一、二两句概括了红军在长征中表现出来的英雄主义精神,也是诗人人格特点的全面概括。长征之难人所共知,这里无须细说。然而面对"远征难"红军硬是"不怕",这就是敢于挑战。态度坚决表现在语调上就显得极有气魄。"万水千山"是"远征难"的具体化、形象化,面对它,红军不仅"不怕",而且以"只等闲"态度对待,"等闲"犹言一般、寻常、随便。将"万水千山"造成的重重险阻看作平平常常,非常轻松,这是何等的潇洒,何等的风流倜傥!正所谓超越情怀。"万水千山"虽是成语,用在这里却展示出壮阔景象,"只等闲"的态度就在这壮阔空间中表现出来,因而这一句就让人感到格外豪迈。

一、二两句在全诗起到总括作用,犹如画家构图,先粗线条勾勒一笔,然后再细加描绘。这里已告诉读者,所写的,是红军队伍在万水千山中远征,下面则要具体交代如何克服征途中的困难;这里已概括尽诗人的独特个性,下面则是对这种个性的生动丰富的展示。

三到七句是对长征中克服"万水千山"带来险阻的具体交代。

三、四两句写在山中行军。以五岭、乌蒙山代表"千山"。五岭横亘在江西、湖南和两广四省,以"逶迤"形容其绵延之广。乌蒙山在云南东北部、贵州西部,海拔在两千三百米左右,以"磅礴"形容其气势雄伟。两个形容词使用极其准确、生动,把两个庞然大物形象地描绘了出来。这两个联绵词一属叠韵一属双声,读起来又极尽声韵之美。然而这两句的功力还在后面"腾细浪""走泥丸"的选用上。前面已极言其大,这里又极言其小,又都是针对同一事物,反差极大,造成一种奇崛的艺术效果。如同高速公路上跑着的汽车,突然来了个高度数大转弯,在突然转折中爆发出一种巨大的力量,让人神摇目眩,为之惊叹。前极言其大是从实际出发,山大走出困难也大;后极言其小是因为红军藐视困难,敢于挑战。这样描写也并非故作豪语,而是建立在长期山间行军的生活基础之上的。对于有登高山经验的人来说,当登上相当高度时再看其他山岭,真也就如同"细浪""泥丸",完全可以说诗人是凭借高山间行军长期形成的印象造出这个奇句的。山本来是静的,用"腾""走"两个动词描述,是诗家常用的化静为动手法,却又是山间快速行军者的感受,也写出人对山的征服中所表现出来的精神力量。

说这两句诗显示了人的精神力量,是在一大一小的反差中展示出一个广大空间,写出一个旷远境界。所谓"生气远出",远可以引起人的想象,由有限通向无限。读这两句诗可以想象出一支行军队伍在山间奔驰,也可以想象出一个巨人在高山之巅昂首天外,把目光投向更远之处。

五、六两句写出对水的征服,涉过"万水"。以金沙江、大渡河为代表,是因为过这两条江河时经历了惊心动魄的战斗,又关系到长征的成败。毛泽东用巧计转移了敌人注意力,历时七天七夜取得巧渡金沙江的胜利,不失一卒一马。抢渡大渡河做的是背水之战,夺取泸定铁索桥充满铁、血、火的战斗,红军付出了流血牺牲。这是两句诗包括的基本史实。这两句诗的奥妙之处在"暖""寒"二字的选用上,特别是"暖"字用得出人意料,值得反复玩味。试去掉此二字,"金沙水拍云崖","大渡桥横铁索",似乎就平常许多。何以安排两个表示温度的形容词就生色不少呢?"暖"是诉诸触觉的,在句子里显然是强调"水拍云崖"效果的,正所谓"河出潼关,因有太华抵抗,而水力益增其奔猛"。"暖"字使用诚如一些研究者所指出的"充满了对那冲激力量赞美的热情",而在表现手法上则是很好地运用了通感。钱钟书在那篇著名的《通感》论文里,曾举出杜牧《阿房宫赋》中的"歌台暖响"一句是以温度上的"暖"字来描写喧繁的乐声。(钱钟书《七缀集》)毛诗用法有类于此。"水拍云崖",其水势可见,其击水之声可闻,用一"暖"字强化了这一感受,不仅限于状物而且写出了人的初级心理活动。"寒"字用法也是如此,突出了过泸定桥时各种条件引起人所作反应形成的感觉。"暖""寒"作为一对反义词出现在一联诗内,相反相成,相得益彰。长征艰难一面有赖于此传达出来,正是在对艰难的征服中才显示出红军英雄的气魄、坚强的精神。这联诗是对开端"远征难"的照应,否则全篇战斗豪情的抒发就显得空泛无力许多。

第七句写过岷山。岷山终年积雪是长征最艰难的路段,过了岷山就意味着取得了决定性胜利,用"更喜"强调人的喜悦心情,这正如诗人自注中说:"过了岷山,豁然开朗,转化到了反面,柳暗花明又一村了。"翻过大雪山后不期然与红四方面军相遇,陕北根据地的大好形势,这一切都可以作为这句诗的注解。但作为诗歌艺术,这一句更值得探索。"岷山千里雪"让诗人感到"更喜",更集中显示出了诗人对冰雪美热爱的审美趣味。那是在巨山大川之后出现的冰清玉洁的世界,峭拔之笔把人引入更高的意境。

最后一句照应开端,展现红军走过万水千山特别是大雪山后全军的喜悦之情。这一句又是前句中"更喜"的发挥,也是诗人人格的集中实现,正如毛泽东早年所说过的,"圣人者,抵抗极大之恶而成者也"(毛泽东《伦理学原理》批注)。长征是毛泽东生涯中最艰难的一段路程,也是显示他超人才华的大舞台,中国革命成功就在此一举。全诗以"开颜"作结,意味深长。

《七律·长征》是一幅万里行军图。万水千山是人征服的对象,人征服困难的精神借助于这些自然之物显示出来,于是这些雄壮奇险的山川、晶莹的冰雪成为表现诗人人格的意象,体现出一种崇高的美,构成全诗壮丽的艺术境界。

有的研究者提出,长征包括对敌武装斗争和冲破自然环境险阻两方面,为什么全诗对前者略而不书呢？这涉及全诗的艺术特点问题,值得探讨。

应当看到,诗人在井冈山时期所填之词是直接写过战斗的,那些词保留了以叙事言情的特点。而到长征时期则发生了变化,诗人的抒情诗艺术有了进展,是通过意象来表现感情,去创造一种境界。借用叶嘉莹研究杜诗所使用的概念(叶嘉莹《迦陵论诗丛稿》),前者所抒感情为"现实之感情",后者为"意象化之感情"。比较一下诗人两个阶段创作涉及的战斗诗词,不难看出之间差别。就这首七律而言,"铁索寒"是体现当年残酷战斗的人文意象,读者完全可以悟出当时的情景。

这也是诗人公开发表的创作最早的一首七律。毛泽东自己说过,他的词比诗写得好,事实也是如此。诗词两体各有其特点,诗的功能在于概括性强,适于表现大的事件。所以毛泽东还是坚持运用这个体裁去反映大的事件,这也就是他为什么在长征路上写了六首词还要写这首七律的原因。就反映长征这一旷古未有事件而言,非用七律不可,应该说诗人是成功的。一路长征事件极多,容易铺陈出一首诗,也容易平铺直叙失于呆滞无味。诗人舍具体事件不写而去选择意象,既反映了长征这一大的事件,又歌颂了红军的战斗精神,更重要的是作为抒情诗表现了诗人独特的人格。这首七律实现了词所不能代替的功能。

在毛泽东的全部七律中,这一首应占其魁。

念奴娇

昆 仑

一九三五年十月

横空出世，莽昆仑，阅尽人间春色。飞起玉龙三百万，(原注)搅得周天寒彻。夏日消溶，江河横溢，人或为鱼鳖。千秋功罪，谁人曾与评说？

而今我谓昆仑：不要这高，不要这多雪。安得倚天抽宝剑，把汝裁为三截？一截遗欧，一截赠美，一截还东国。太平世界，环球同此凉热。

【作者原注】

前人所谓，『战罢玉龙三百万，败鳞残甲满天飞』，说的是飞雪。这里借用一句，说的是雪山。夏日登岷山远望，群山飞舞，一片皆白。老百姓说，当年孙行者过此，都是火焰山，就是他借了芭蕉扇扇灭了火，所以变白了。

这首词最早发表在《诗刊》一九五七年一月号。

【注　释】

〔昆仑〕山脉名称。其主脉在新疆维吾尔自治区和西藏自治区交界处，东段分三支伸展。其南支向东延伸后与岷山相接，因而红军长征时所经过的岷山，也可以看作昆仑山的一个支脉。

作者自注："昆仑：主题思想是反对帝国主义，不是别的。改一句：一截留中国，改为一截还东国。忘记了日本人是不对的。这样，英、美、日都涉及了。别的解释不合实际。"

〔横空出世〕横空，横在空中；出世，超出人世。形容山的高大和险峻。

〔飞起玉龙三百万〕玉龙，白色的龙；三百万是形容其多。这里是说终年积雪的昆仑山脉蜿蜒不绝，好像无数的白龙正在空中飞舞。

〔周天寒彻〕满天冷透。

〔江河横溢〕长江和黄河都洪水泛滥。

〔人或为鱼鳖〕人们也许要被洪水淹死。《左传·昭公元年》："微（没有）禹，吾其鱼乎！"

〔千秋功罪〕指昆仑山脉几千年来，给长江、黄河提供水源和造成洪灾的"功"与"罪"。本词偏重于论"罪"。

〔倚天抽宝剑〕传楚宋玉作《大言赋》："方地为车，圆天为盖。长剑耿介，倚天之外。"唐李白《大猎赋》："于是擢倚天之剑。"倚天，形容宝剑极长和带剑的人极高大。

〔遗(wèi胃)〕赠予。

〔还东国〕首次发表时原作"留中国"，1963年版《毛主席诗词》改为"还东国"。东国，指中国、日本等东亚国家。

〔太平世界，环球同此凉热〕蕴含争取世界和平，消灭帝国主义，实现共产主义的理想。

【《作者原注》注释】

〔前人〕指北宋张元。

〔战罢玉龙三百万,败鳞残甲满天飞〕张元咏雪诗句,始见南宋吴曾《能改斋漫录》卷十一,原作"战死玉龙三十万,败鳞风卷满天飞"。以后有关记载渐有出入。南宋魏庆之辑《诗人玉屑·知音》姚嗣宗条作"战退〈旧时通行本作战罢〉玉龙三百万,败鳞残甲满天飞",似为作者原注所据。对此,作者后来曾自注:"宋人咏雪诗云:'战罢玉龙三百万,败鳞残甲满天飞。'昆仑各脉之雪,积世不灭,登高远望,白龙万千,纵横飞舞,并非败鳞残甲。夏日部分消溶,危害中国,好看不好吃,试为评之。"

〔当年孙行者过此〕是指当地居民传说《西游记》里的故事。

【考　辨】

这首词在《诗刊》1957年1月号首次发表时,下阕第八句作"一截留中国"。次年12月作者在广州批注文物出版社1958年9月出版的《毛主席诗词十九首》时,改为"一截还东国"。1963年人民文学出版社出版的《毛主席诗词》,照作者意见正式改为"一截还东国"。

此词作者留存的手迹,现在所见有七件,发现多处异文:"横空出世"句,有两件作"横空绝世";"莽昆仑"句,有一件作"有昆仑",有一件作"挺奇姿";"阅尽人间春色"句,有一件作"揽尽人间春色",有一件作"俯视人间无物";"搅得周天寒彻"句,有六件均作"都是此君余脉";"把汝裁为三截"句,有一件作"把尔挥为三截",有两件作"把汝挥为三截",有三件作"姑且裁为三截";"一截遗欧,一截赠美,一截还东国"句,有两件作"一截抛洋,一截填海,一截留中国",有四件作"一截遗欧,一截赠美,一截留中国"。这些手迹的词尾,一件写有"右反帝念奴娇一首"(这件手迹的文字同此词公开发表的文字完全一样),一件写有"调寄念奴娇登岷山一九三五",两件写有作者自注(注文之一见此词《作者原注》注释)。

昆仑山也是古代传说中仙人聚居的神山。晋张华《博物志》卷一引《河图括地象》:"昆仑山广万里,高万一千里,神物之所生,圣人仙人之所集也。"北魏郦道元《水经注》:"昆仑山三级:下曰樊桐,一名板桐;中曰玄圃,一名阆风;上曰层城,一名天庭。"古来诗词使典用事,多涉及昆仑,但都取其神话奇境。毛泽东此词以昆仑为题,既有遥望想象的虚幻成分,又有身临接目的现实感受。红军翻越的岷山尽管与昆仑山脉的南支相接,但还不是严格意义上的昆仑山的支脉;伫立岷山之巅,也是看不到积雪浑莽的昆仑山主脉的。作者所写,显然与古代传说中的昆仑有关,或说是他心里构想的昆仑。另一方面,作者又避开了古代诗人的思路,没有去写有关昆仑的各种神话传说,而是实写昆仑山的形貌气势("高")和自然特征("雪"),评说它的"千秋功罪"。故此词中作为描写对象的昆仑,虚实兼而有之。

★ 赏 析 ★

"昆仑"——自然的人化
——《念奴娇·昆仑》赏析

刘业超

"20世纪目击了人类历史上最血腥的战争和最伟大的进步。在这一百年的岁月里,人类意识到了自己最巨大的破坏力和最伟大的创造力。"(理查德·尼克松语)人们赞赏这一判断的睿智和深刻。而在此之前的半个多世纪,当人类即将面临空前战祸的时候,就已经有一位东方的诗人和哲人,用自己雄奇瑰丽的诗篇,形象地表述了对人类历史内涵的深层透析,并且对从根本上解决这一人类的难题,做出了历史性的启示。

这位东方的诗人和哲人就是毛泽东。他借以表达这一博大精深意蕴的艺术画卷,就是于1935年10月写成的《念奴娇·昆仑》。该词分上下两阕,上阕借景抒情,下阕缘情发议。它从当时世界性的大冲突出发,借助昆仑山脉的高大形象,抒发了诗人彻底改造旧世界,埋葬帝国主义,实现人类永久和平的伟大抱负。在毛泽东诸多的诗词杰作中,《昆仑》词以厚重的历史感、思想视野的开放性以及想象的新颖雄奇性,占有着特殊的艺术地位。

词的上阕,作者以夸张、比喻、拟人的手法,浓墨重彩,描绘了昆仑山光影交错的多角度、多层面的艺术形象。既突出了它"数学上的崇高"和"力学上的崇高",也突出了它的高寒、多雪所产生的巨大破坏力。在正与反的强烈对照中,自然引发出一个促人深思的问题:对于此中的历史功过,究竟应当如何评说?

"横空出世,莽昆仑,阅尽人间春色。"一起笔,巍巍昆仑奔来眼底,以其壮美的雄姿,造成强大的心理震撼。"横空出世",以天地为上下标线极状其高。"莽",以视觉印象的迷茫无际极状其广。"阅尽"则有两重意思:一是以人世沧桑为参照物突出昆仑的古老,一是以昆仑作为特定窗口来收视人类创造力的伟大。通过这一双向映照,实现了自然的人化和人的自然化,赋予了昆仑山以历史巨人的崇高地位。人类历史中所包容的异质性的深邃内涵,由于这一变形化处理而变得格外鲜明和尖锐,强烈唤起读者对人类生存空间及人类历史命运的关注。

"飞起玉龙三百万,搅得周天寒彻。"运用比喻和夸张的手法,描绘了昆仑山披冰盖雪,千里蜿蜒的气势,和这种巨大的自然力带给人类生存环境的严重的负面影响。

这种巨大自然力的负面影响,到了夏天的时候就会变得更加酷烈。"夏日消溶,江河横溢,人或为鱼鳖。"诗人忧国忧民的心情,也因此显得更为急切了。

昆仑山是一个如此奇特的存在,它既是力的极致,又是灾的根源。对于这样一种矛盾的现象,必然引出一个不容回避的问题:"千秋功罪,谁人曾与评说?"这是对以昆仑山为代表的自然力的深层属性的探索,也是对以昆仑山为见证的人类历史的深层内蕴的探索。诗人站在时代的制高点上,以人民群众的生活疾苦作为集中的关注点,要求做出公正的评判,充分体现了无产阶级革命家敢于向历史挑战的勇气,以及对全人类命运的自觉的责任心和崇高的使命感。

词的下阕,是作者对上阕中提出的问题,通过雄奇的想象所做出的美学回答。

"而今我谓昆仑",是对"千秋功罪,谁人曾与评说?"的强劲对接。"而今"是对"千秋"的接榫,"我"是对"谁"的接榫。"当诗人说着我的时候,同时也在指着人类和世界。"(别林斯基语)因此,这句词中所说的"谓",就自然扩化成作为无产阶级自觉代表的诗人和作为人类历史文化象征的昆仑山之间的直接对话。"不要这高,不要这多雪。"是气吞山河的宣告,也是对大山的指令,带有不容违拗的威严性,充分显示出无产阶级革命家主宰沉浮的伟力和自信。

"安得倚天抽宝剑,将汝裁为三截。"诗人借助想象的力量,对高寒多雪的昆仑山重新进行工程性的精心裁制。在这举重若轻地扭转乾坤的"抽""裁"二字之中,形象地表达了通过革命斗争去理想地改造世界的远大志向。

"一截遗欧,一截赠美,一截还东国。"诗人继续发挥雄奇的想象,对裁下的三截大山做出了不偏不倚的处理,让昆仑山所蕴藏的巨大能量在经过兴利除弊的改造后,为全人类共同造福。在《纪念白求恩》一文中,毛泽东曾明确表示:"我们要和一切资本主义国家的无产阶级联合起来……才能打倒帝国主义,解放我们的民族和人民,解放世界的民族和人民。"这段话,可以帮助人们具体理解这三句词中博大精深的理性内涵;这三句词,可以看成是这段话中所强调的无产阶级国际主义精神的艺术注脚。

"太平世界,环球同此凉热。""同此凉热"的"太平世界",是人类理想社会的代名词,中国古代贤哲把它表述为"世界大同",现代无产阶级革命理论家把它表述为"解放全人类",即没有剥削、没有压迫的共产主义社会。这是诗人对人类明天的衷心祝愿,也是对本词宏大主旨的画龙点睛。

无疑,这一主旨的广阔和重大是旷世罕见的。它的无与伦比的广阔性,在于它对人类历史的全息包容;它的无与伦比的重大性,在于它对人类解放的总体启示。在人类面临二战浩劫的前夕,毛泽东以自己雄奇瑰丽的诗篇,表达出一个明确的方向:惟有彻底变革旧世界的社会结构,才能真正铲除战争的根源,全人类才能获得彻底的解放。

《念奴娇·昆仑》的思想辐射力和美学辐射力,犹如光芒万丈的灯塔,远射至国门之外。美国著名东方学学者特里尔在他的《毛泽东传》中,特别引用了这首词,并对它的世界性意义进行了深刻的揭示:"长征结束时,毛甚而面对群山又发灵感,将它视作超出中国自身革命之外的世界和平的象征。"

毛泽东《昆仑》的思想内涵之所以能表现得如此强烈鲜明,是与它的艺术手段无法分开的。这一艺术手段的独特性,集中体现在革命现实主义和革命浪漫主义两种创作方法的结合上。毛泽东将现实主义的实貌写真,浪漫主义的雄奇想象、象征暗示以及热烈奔放的直抒胸臆,在"为了革命"和"表现革命"的前提下,融合成为一个有机的整体,实现对生活的最广阔、最深刻、最生动的概括。他所展现的以昆仑山为聚焦点的历史画卷,既是现实的,又是超现实的;既是真实的,又是理想的。它来自现实生活,又变形于现实生活并高出于现实生活。它的现实性以对生活的针对性和指导性而具有"史诗"的品格。它的超现实性造成了广阔无垠的艺术想象空间,可望而不可即,清晰可睹而又扑朔迷离,以其不可抗拒的美学魅力,吸引和启示人们穿透时空的迷雾,放眼璀璨的未来。"不用说这里丝毫没有旧式诗人的那种靡靡之音,而使苏东坡、辛弃疾的豪气也望尘却步。这里使用着浪漫主义的极夸大了的手法把现实主义的主题衬托得非常生动,深刻动人。真可以说是古今的绝唱。我们如果要在文艺创作上追求怎样才能使革命的现实主义和革命的浪漫主义结合,毛泽东的诗词就是我们绝好的典范。"(郭沫若《浪漫主义和现实主义》)这一评价是恰如其分的。

清平乐　六盘山

一九三五年十月

天高云淡,望断南飞雁。不到长城非好汉,屈指行程二万。

六盘山上高峰,红旗漫卷西风。今日长缨在手,何时缚住苍龙?

这首词最早发表在《诗刊》一九五七年一月号。

【注　释】

〔六盘山〕在宁夏回族自治区南部固原县西南,是六盘山山脉的主峰,险窄的山路要盘旋多重才能到达峰顶。毛泽东在1935年9月中旬率领中央红军进入甘肃省南部,10月上旬,突破敌人的封锁线,打垮了敌人的骑兵部队,胜利地越过六盘山。

〔望断南飞雁〕化用唐王维《寄荆州张丞相》诗:"目尽南飞雁,何由寄一言。"望断,犹目尽,放眼远望,望到看不见。古人有雁足传书之说,本句蕴含作者思念和关怀南方革命根据地红军和人民的深情。

〔长城〕指六盘山附近遗存的古长城。这里借指长征的目的地。

〔红旗漫卷〕红旗,首次发表时原作"旄头",1963年版《毛主席诗词》改为"红旗"。漫卷,随风翻卷。

〔今日长缨在手,何时缚住苍龙?〕化用南宋刘克庄《贺新郎》词:"问长缨何时入手,缚将戎主?"长缨,见《蝶恋花·从汀州向长沙》注。苍龙,古代传说的一种凶神恶煞。《后汉书·张纯传》注:"苍龙,太岁也。"古代方士以太岁所在为凶方,因称太岁为凶神恶煞。

作者自注:"苍龙:蒋介石,不是日本人。因为当前全副精神要对付的是蒋不是日。"

【考　辨】

这首词最早非正式地发表在1941年12月5日上海出版的文学刊物《奔流新集之二·横眉》上,因系传抄发表,略有讹误,如将"二万"误作"两万",将"六盘山上高峰"误作"六盘山上峰火"。后来曾以《长征谣》为题刊登在1942年8月1日的《淮海报》附刊上,又见于1947年8月1日《战友报》、1948年7月1日出版的《知识》杂志,1949年8月2日在《解放日报》上发表时改题为《长征词》,编者注明"转载东北哈尔滨日报"。

此词在《诗刊》发表时,下阕第二句作"旄头漫卷西风"。旄头,古时旗杆头上用牦牛尾做的装饰,后泛指有此装饰的旗帜。1961年,董必武受宁夏同志委托,请作者书写此词时,作者改为"红旗漫卷西风"。9月8日,作者派人将此词手迹送到董必武处并附信说:"必武同志:遵嘱写了六盘山一词,如以为可用,请转付宁夏同志。如不可用,可以再写。"

此词作者留存的手迹,现在所见有十二件,词中"红旗漫卷西风"句,有八件作"旄头漫卷西风";"何时缚住苍龙"句,有七件作"何时缚取苍龙",有一件作"他年缚住苍龙"。

1995年8月4日,《人民日报》刊载的记者报道《"塞上江南"在延伸》一文说:"毛泽东的著名诗词《清平乐·六盘山》,就是在山上(指六盘山)一个叫和尚铺的地方挥毫写下的。"说《六盘山》词作于六盘山上,写作时间无疑就是1935年10月了,因为作者是10月7日越过六盘山主峰的。此说很可能是当地人的附会。此外,对这首词作于何时也有另外的说法。一说是毛泽东长征时的警卫员陈昌奉的回忆,他说:"1935年12月的一天,毛主席没有开会,也没有看书,静静地坐在桌前,反复吟诵,挥笔写出了《清平乐·六盘山》。"(1986年12月28日《解放军报》所载李敏杰文)另一说是:"杨静仁曾当面问过毛主席,《清平乐·六盘山》这首词是否长征途中所写。毛主席说,长征千难万险,哪里有时间写!这是在延安感怀长征的情景时写的。"(1993年《读书》第八期所载郁之的文章)这两种说法值得研究,如果不加分析地予以肯定,就等于否定了作者编辑《毛主席诗词》时对这首词判定的写作时间。《六盘山》词同《长征》诗、《昆仑》词一样,都是在1935年10月长征取得胜利时所作,当然也不排除在长征路上曾打腹稿,甚至已产生初稿;据传《长征》诗和《六盘山》词当时在部队朗诵过,但是直到长征胜利结束时才写出定稿,并且后来又修改过。说《六盘山》词在六盘山上"挥毫写下",缺乏可信的证据。陈昌奉回忆此词在1935年12月"挥笔写出",

可能把修改当成初写了。杨静仁当面问过作者,不过是否听得准确,记得准确,会不会把"保安"听成了"延安"? 1935年10月19日,毛泽东率红军抵达保安县吴起镇,标志着长征取得胜利。此词可能完稿于保安县吴起镇,因为10月30日作者才离开此地。这样,此词可说成作于保安,即作于保安县而非作于保安城。作者在1936年7月12日才到保安城,难道过六盘山后隔了九个月才作这首词?再说,作者到延安是在1937年1月13日,那时离过六盘山已长达十五个月,难道还会有诗兴写这首词?如果此词真的作于保安城或延安城,作者怎么可能把写作时间确定为1935年10月呢?说《六盘山》词同《长征》诗、《昆仑》词都是在1935年10月长征取得胜利时所作,有一个可靠的旁证:彭德怀的秘书王亚志在《关于毛主席给彭德怀同志的诗》一文中谈到,1954年8月彭德怀回忆了毛主席写给他那首诗的情况,同时还说:"那时(指1935年10月中央红军到达保安县吴起镇时——引注)毛主席除抓紧时间读书外,经常挥笔写诗、写词或写别的什么,一有空就总是写呀!写呀!写个不停。"(1979年2月8日《人民日报》)

★ 赏 析 ★

再长征的号角
——《清平乐·六盘山》赏析

朱家驰

1935年9月,红军长征进入甘肃南部,先占领通渭县城,继而又突破了西(安)兰(州)公路封锁线。北上抗日的目的地胜利在望。而蒋介石亲自出任所谓"西北剿匪总司令",调兵遣将,妄图阻止红军继续北上。10月7日,在六盘山下的青石嘴,红军与敌骑兵七师之一部遭遇,大获全胜。当天下午,红军便登上了长征途中最后一座高山——六盘山。《清平乐·六盘山》即作于此后。

"天高云淡,望断南飞雁。"开篇从登上六盘山所见景物写起。这两句大意是说:在这天高气清、淡云飘空的秋天,诗人登上六盘山的峰顶,深情而久久地凝望着南飞的大雁,直到其消失在远天的尽头。犹如一幅高原秋景图,把读者带进了一个寥廓而明丽的艺术境界。这里借景抒情,既是深秋景物的写实,也抒发了诗人长征以来战胜千山万水,胜利在望时喜悦舒畅的心情。在广阔而深远的背景上,我们不仅仰望到作者立于高山之巅目送飞鸿的高大身影,更感受到他那博大的胸襟和气魄。"望断"是久久凝望,直到望不见还在望的意思。如此一个细微动作,却包蕴着诗人无限情思:雁系候鸟,秋来南飞;而红军为了民族的生存却跋山涉水,万里北上。大雁南飞的去路,不正是红军北上的来路吗?长征万里,关山阻隔,大雁可凭借双翅飞翔而过;红军则是历尽了艰难险阻,靠着一双铁脚板走过来的。诗人仰望大雁南飞,也自然会想到留在南方根据地坚持游击战争的革命战友和人民。红军一路播下的革命种子,如今是否已经开花结果?身在北国的诗人,无时无刻不心系南方!

"诗是无形画,画是有形诗。"正因为开篇"天高"两句浓郁的诗情中包蕴着丰富的画意,所以才能诱发一位当代画家以"望断南飞雁"为题挥笔作画。这固然不应排斥画家于艺术再创造过程中辛勤的劳动,可也从一个侧面说明诗句本身艺术形象的生动性及其鲜明的画面感。没有诗句提供的坚实绘画基础,是很难引起画家的创作欲望的。并非任何诗句都能命题作画,道理即在于此。

"不到长城非好汉,屈指行程二万。"长城,指长征的目的地。这两句大意是说:屈指一算,长征艰难的行程已走过两万余里了。不到达目的地就不是英雄好汉。如果说前两句所抒之情绵邈而深沉,这里诗人笔锋一振,则一变而为豪迈坚定了。自打长征以来,一路上红军一以当十斩关夺隘的英雄壮举已证明"红军是英雄好汉"。(毛泽东《论反对日本帝国主义的策略》)然此刻长征的目的地已相去不远,如果就此半途而废,还算得什么英雄好汉呢?长城是中华民族的象征,是抵御外侮的钢铁屏障,它雄伟、坚定、壮观。诗人以此同陕北革命根据地及抗日最前线联系起来,对红军的讴歌赞美之情溢于言表。"不到长城非好汉",这气壮山河的诗句,是对红军英雄气概、革命豪情的赞歌,是红军长征必胜的决心和信心不可动摇的铮铮誓言,是鼓舞红军将士去夺取长征最后胜利的进军号角,也是对张国焘逃跑主义的有力批判。随着历史的发展,诗句本身的意义就不再局限于长征这一特定历史事件,在更广泛的意义上变成鼓舞人们战胜困难去夺取胜利的精神武器了。在社会主义革命和社会主义建设时期,每当人们遇到困难和挫折,便会记起"不到长城非好汉"这鼓舞人心催人奋进的诗句。毛泽东诗词中这类富有哲理和警策意味的句子还有不少,诸如:"雄关漫道真如铁,而今迈步从头越""世上无难事,只要肯登攀"等,虽终古长见而光景常新,总能不断给人们以新的启示。

"屈指行程二万。""屈指",扳着指头计算的意思。"二万"系举其成数,并非确指。这一句是诗人登上六盘山之后,对长征漫长而艰难的历程的概括与深情的回顾。"万水千山只等闲"的红军,二万里艰难的行程都胜利地走过来了,余下的这点儿路程更不在话下。回顾中充满了无限豪情和必胜的坚定信念。值得玩味的是,诗人在"行程二万"前面巧妙地冠以"屈指"二字,一个细微的动作,体现了诗人作为一位无产阶级革命家从容不迫举重若轻的广阔胸襟和豪迈的气度。

"六盘山上高峰,红旗漫卷西风。"如果说上阕是由远景兴起对长征以来的深情回顾,下阕则就近景引出对长征前景的展望了。六盘山,在宁夏回族自治区南部固原县西南,是六盘山山脉的主峰,海拔三千多米,险窄的山路要盘旋多重才能到达峰顶,故名六盘山。"六盘山上高峰",过阕点题,既收敛了上阕对长征的回顾,又开启了下文对未来前程的展望。"红旗漫卷西风",这首词于1957年最早在《诗刊》1月号上发表的时候,"红旗"原作"旄头",人民文学出版社1963年版《毛主席诗词》改作"红旗"。一词之改,色彩、形象更加鲜明,革命的象征意蕴也尤为显豁了。"漫卷",舒卷自如的意思。鲜艳的革命红旗在高高的六盘山上迎风招展,自然使人联想到,这面火红的战旗,从井冈山一直打到六盘山,不但没有倒,反而更加鲜艳夺目,光彩照人。它是革命胜利的象征,也是诗人及广大红军将士兴奋喜悦心情的艺术再现。"红旗"出现在诗人的笔下,总是同胜利联系在一起的:"红旗跃过汀江,直下龙岩上杭""头上高山,风卷红旗过大关""山下山下,风展红旗如画"。今天在六盘山上迎风招展的红旗,明天也必将在全中国胜利飘扬。诗人站在六盘山上,胜利的喜悦和满怀的豪情难以自抑,高瞻远瞩,遂逼出下文结尾两句。

"今日长缨在手,何时缚住苍龙?""长缨",长绳子。《汉书·终军传》云:武帝时终军出使南越,"军自请,愿受长缨,必羁南越王而致之阙下"。"长缨"在这里借指革命武装力量。"苍龙",凶神恶煞。语出《后汉书·张纯传》注:"苍龙,太岁也。"古代方士以太岁所在为凶方,因称太岁为凶神恶煞,这里借指国民党当局首领蒋介石。两句大意是说:如今中国人民已掌握了强大的革命武装力量,打败蒋介石已指日可待。结尾两句,诗人用了两个典故,生动形象地揭示了长征必将胜利的光明前景。"何时缚住苍龙"一句,并非诗人对克敌制胜缺乏信心而发出的无可奈何的慨叹,而是故作设问,是诗人和红军将士恨不得立刻就把敌人彻底消灭的急切心情的自然流露。既已"长缨在手","苍龙"被缚则定然无疑。"长征一完结,新局面就开始。"(毛泽东《论反对日本帝国主义的策略》)结尾两句,既揭示了全词的主旨,也是全词的高潮,曲笔为用,婉而有致,意味深长地表达了革命人民要战胜一切敌人的雄心和壮志。这首词在当时曾鼓舞长征路上的红军将士奋然而前行,在今天新的形势下,仍然具有深远的意义。

沁园春

雪

一九三六年二月

北国风光,千里冰封,万里雪飘。望长城内外,惟馀莽莽;大河上下,顿失滔滔。山舞银蛇,原驰蜡象,(原注)欲与天公试比高。须晴日,看红装素裹,分外妖娆。 江山如此多娇,引无数英雄竞折腰。惜秦皇汉武,略输文采;唐宗宋祖,稍逊风骚。一代天骄,成吉思汗,只识弯弓射大雕。俱往矣,数风流人物,还看今朝。

【作者原注】

原指高原,即秦晋高原。

这首词最早发表在《诗刊》一九五七年一月号。在这以前,一九四五年十月,毛泽东在重庆曾将其书赠柳亚子先生〔参看《七律·和柳亚子先生》〔索句渝州叶正黄〕注〕,因而被重庆《新民报晚刊》在十一月十四日传抄发表,以后别的报纸陆续转载,但多有讹误,不足为据。

【注　释】

〔雪〕这首词作于红一方面军1936年2月由陕北清涧县准备东渡黄河进入山西省西部的时候。作者在1945年10月7日给柳亚子信中说,这首词作于"初到陕北看见大雪时"。

作者自注:"雪:反封建主义,批判二千年封建主义的一个反动侧面。文采、风骚、大雕,只能如是,须知这是写诗啊!难道可以谩骂这一些人们吗?别的解释是错的。末三句,是指无产阶级。"

〔长城〕这里指陕西、山西北部的长城。

〔惟馀莽莽〕惟馀,只剩下。莽莽,本义形容原野无边无际,这里指原野白茫茫一片。

〔大河上下,顿失滔滔〕指黄河的上游和下游,因冰封而立刻消失滚滚的波浪。河,古代专指黄河。

〔山舞银蛇〕山,指陕西、山西北部的群山。舞,舞动。银,白色。本句意为连绵不断的群山,在大雪笼罩下好像无数白蛇在舞动。

〔原驰蜡象〕原,作者自注指"秦晋高原",即指陕西、山西的黄土高原。驰,奔跑。蜡,蜡白,引申为极白。本句意为高低起伏的高原,在大雪笼罩下好像一群白象在奔跑。

〔欲与天公试比高〕欲与,要同。天公,对天拟人化的敬称。试比,即比试。本句意为群山和高原在大雪笼罩下,与天一色,与天相接,好像要同长天比试高低。

〔须晴日,看红装素裹,分外妖娆(ráo饶)〕须,待,等到。红日和白雪互相映照,放眼望去好像内着红艳服装的美女外裹白色的外衣,格外娇媚。

〔竞折腰〕折腰,倾倒,躬着腰侍候。这里是说争着为江山奔走操劳。

〔秦皇汉武〕秦始皇嬴(yíng盈)政(前259—前210),秦朝的创业皇帝;汉武帝刘彻(前156—前87),汉朝功业最盛的皇帝。

〔略输文采〕文采本指辞藻、才华。"略输文采",是说秦皇汉武,武功甚盛,对比之下,文治方面的成就略有逊色。

〔唐宗宋祖〕唐太宗李世民(599—649),唐朝建立统一大业的皇帝;宋太祖赵匡胤(yìn 印)(927—976),宋朝开国皇帝。

〔稍逊风骚〕意近"略输文采"。风骚,本指《诗经》里的《国风》和《楚辞》里的《离骚》,后来泛指文章辞藻。

〔天骄〕汉时匈奴自称为"天之骄子"(《汉书·匈奴传》),后以"天骄"泛称强盛的边地民族。

〔成吉思汗(hán 寒)〕元太祖铁木真(1162—1227)在1206年统一蒙古后的尊称,意思是"强者之汗"(汗是可汗的省称,即王)。后来蒙古在1271年改国号为元,成吉思汗被推尊为建立元朝的始祖。成吉思汗除占领中国黄河以北地区外,还曾向西远征,占领中亚和南俄,建立了庞大的帝国。

〔只识弯弓射大雕〕是说只以武功见长。雕,一种属于鹰类的大型猛禽,善飞难射,古代因用"射雕手"比喻高强的射手。

〔俱往矣〕都已过去了。

〔数(shǔ 暑)风流人物〕数,计算起来,屈指一算。风流人物,这里指对历史发展有极大影响的人。

【考 辨】

这首词的写作时间,1963年12月出版《毛主席诗词》时标明为"一九三六年二月"。毛泽东在1945年10月7日给柳亚子的信中说:"初到陕北看见大雪时,填过一首词。"中共中央文献研究室编《毛泽东年谱》记载:1936年2月8日,毛泽东"在清涧县袁家沟,侦察渡口情况,督促渡河准备工作";2月上旬,"遇大雪,作《沁园春·雪》"。但是,日本作家武田泰淳和竹内实在《诗人毛泽东》一书中,引述了美国作家罗伯特·佩恩关于《雪》词"在飞机里写的"说法。佩恩在1946年到延安采访毛泽东后写了《毛泽东》一书,说毛泽东对他谈过这首词:"在飞机里写的,那是我第一次坐飞机时候的事。我为从空中俯瞰我的国家的壮美而赞叹。"佩恩的说法有三个明显的疑点:一是作者不可能轻易推翻他对柳亚子的说法,即"初到陕北看见大雪时"所作;二是作者第一次坐飞机是在1945年8月28日赴重庆谈判,那时正值夏秋之交,不可能看到雪景,当然也写不出咏雪词来;三是作者于1937年春在延安曾将《雪》词书赠丁玲,查核丁玲完好保存下来的这件手迹,同作者在重庆谈判期间书赠柳亚子的两件《雪》词手迹相比较,发现只有一处异文,即原为"绝代姿容"改作"一代天骄",这充分说明那种"在飞机里写的"说法是无中生有,佩恩一定是听错话了。

此词作者留存的手迹,现在所见有九件。词中"望长城内外"句,有一件手迹作"看长城内外";"原驰蜡象"句,有一件手迹作"原驰腊象",有八件手迹作"原驱腊象";"引无数英雄竞折腰"句,有一件手迹作"引多数英雄竞折腰";"一代天骄"句,有一件手迹(即书赠丁玲的那件)作"绝代姿容"。

这首词中"蜡象",原作"腊象"。1957年1月14日,作者找臧克家等人谈诗,臧向作者询问词中的"腊象"作何解释?作者反问:"你看应该怎样?"臧提议:"如果作'蜡'比较好讲,'蜡象',正可与上面的'银蛇'映对。"作者点头同意:"好,你就替我改过来吧。"1958年9月,文物出版社刻印的《毛主席诗词十九首》已改作"蜡象"。值得指出的是,上述九件手迹均作"腊象",其中有的手迹是在臧克家提建议后书写的,说明写成"腊象"并非笔误,真像郭沫若解释的,原意是指真腊象,即白象。作者接受臧克家建议改为"蜡象",只是出于好讲易懂而已。

★ 赏　析 ★

雄视千古
——《沁园春·雪》赏析

吴欢章

　　《沁园春·雪》写于1936年2月,是毛泽东诗词中的辉煌篇章。写作此词时的毛泽东,心中充满胜利的喜悦。这种喜悦的心情,一方面来自党内路线斗争的胜利。经过革命实践的反复检验,历史选择了毛泽东,在中央红军长征途中终于确立了代表正确路线的毛泽东在中国共产党的领导地位。另一方面也由于长征的胜利。中央红军在共产党和毛泽东的领导下,冲破国民党军队的围追堵截,战胜数不尽的艰难困苦,终于完成历史的空前壮举——二万五千里长征,胜利到达陕北革命根据地。"长征一完结,新局面就开始。"(毛泽东《论反对日本帝国主义的策略》)什么新局面呢? 日本帝国主义的步步入侵,蒋介石的投降卖国的倒行逆施,由此激发的中国人民的如火如荼的抗日救亡运动,民族革命浪潮的高涨。面对这种新的形势,中国共产党和毛泽东充满大无畏的英雄气概,勇敢地担当起救国的重任。就在率领红一方面军由陕北准备东渡黄河进入山西西部时,毛泽东通过《沁园春·雪》把洋溢在心中的胜利喜悦和革命豪情鲜明生动地表现了出来。

　　词的上半阕,由"雪"入题,以"视通万里"的大手笔,咏唱了祖国的多娇江山。上半阕抒写雪里山河,包含三个层次。"北国风光,千里冰封,万里雪飘。望长城内外,惟馀莽莽;大河上下,顿失滔滔。"这第一个层次,展现的是一种雄浑苍莽的景象,创造的是一种静穆旷远的境界。作者着重从浑茫旷远的方面去把握北国雪景的美,既显示了宏阔的眼光和博大的胸襟,也流露出静观默察的深思的意态。然而与此形成对照,第二层次的描写却展现了北国雪景另一种形态的美。"山舞银蛇,原驰蜡象,欲与天公试比高。"这是着重表现了一种动态的美,创造了一种洋溢着生机的灵动的境界。作者为了突出北国雪景的不同的美的形态,使用了不同的艺术手法。"望长城内外,惟馀莽莽;大河上下,顿失滔滔",这是变动为静;"山舞银蛇,原驰蜡象",这是化静为动。艺术上用巧而无痕,是因为它们恰好准确而细腻地传达了作者审美感受的微妙的推移和变化。这里写雪景的腾挪飞扬,也折射出作者生气勃勃的精神状态。"欲与天公试比高",这是写雪里的高原山岭,但也不难想见诗人的胸中丘壑。到了第三个层次,词又峰回路转进入另一番境界:"须晴日,看红装素裹,分外妖娆。"这个层次又和前两个层次构成鲜明的对照。如果说前两个层次是着重描写雪中的北国美景,那么这里则是着重表现雪后的北国美景;前面是用冷色调写出雪中江山的雄浑的美,这里却是以暖色调写出雪后江山的妩媚的美。词的上半阕,以动静结合、冷暖相映的多转折结构,歌赞了北国雪景的丰富多彩的美,也通过美不暇接的感受透露出作者热烈深沉的爱国主义情怀。一切景语皆为情语。古往今来,艺术中所表现的绚烂多姿的自然美,莫不根源于作者不同的个性、气质、素养和境遇。即以咏雪而论,前人诗词大多格局较小,境界不深,而且总带有某种苦寒寂寥的色彩;像毛泽东的《沁园春·雪》所呈现的这种大眼光、大胸襟、大气魄,这种春意盎然的气象,的确是开千古未有之新境界。此词写雪,从形象、语言、色彩等等来看,基调是雄放,但也不乏柔婉;壮美是主要的,但也有优美。这种艺术表现的多侧面性,正显示着作者内心世界的丰富性。毛泽东说:"我的兴趣偏于豪放,不废婉约。"又说:"人的心情是复杂的,有所偏但仍是复杂的。所谓复杂,就是对立统一。"(《读范仲淹两首词的批语》)毛泽东这些话和《沁园春·雪》的多样化的艺术表现,都是值得我们注意的。

  词的下半阕,在上半阕歌赞江山多娇的基础上,以"思接千载"的联翩浮想,自然而然地引出对古往今来活跃在这片美丽土地上的英雄人物的评论。说它自然而然,不仅因为它是即景生情,更重要的是它符合作者由指点江山到评论人物的心理推移的内在逻辑,是它隐伏于江山咏唱中的情感潜流终于奔涌而出所激起的浪花。下半阕的抒写,也可分为三个层次。"江山如此多娇,引无数英雄竞折腰。"第一层次这两句,既是承接上文的过渡,又是领起下文的开端。这两句言简而意赅,可以引发我们的无穷联想:在辽阔美丽的中华大地上,一代又一代曾有多少英雄在这里纵横驰骋,曾有多少豪杰在这里建功立业。在沧海桑田的历史回想中,作者又进而对中国封建社会里几位有代表性的杰出人物集中笔墨做了评判:"惜秦皇汉武,略输文采;唐宗宋祖,稍逊风骚。一代天骄,成吉思汗,只识弯弓射大雕。"这是以议论入诗,应当说带有明显的理性色彩。毛泽东曾说明这首词的创作意图:"雪:反封建主义,批判二千年封建主义的一个反动侧面。"但是我们须要注意,这里的议论,是全词从江山与人物的辩证关系上所展开的整体艺术境界的一个有机构成部分,又是通过人物形象的具体生动的刻画来进行的,因此它是富于诗意的"议论",是形象化的"批判"。即使在这种对于封建社会的英雄人物的诗化评判中,我们也可以感受到渗透于其中的历史唯物主义的科学精神。第一,这是对封建统治阶级的代表人物的评判,而不是对古代中国社会历史发展的全盘否定。第二,对这几个堪称历史上杰出的封建统治阶级的代表人物,也只是着重批判他们的一个侧面,而不是简单地否定其历史作用。第三,即使对这几个代表人物的评判,因为他们分属于中国封建社会的不同发展阶段,分寸掌握也有所不同,秦皇汉武、唐宗宋祖是"略输文采""稍逊风骚",成吉思汗则是"只识弯弓射大雕"。至于这里所评判的"文采""风骚"云云,只不过是一种诗意的说法,从表面看来,这是指相对于"武功"的"文治"而言,其实它涵盖着深刻的历史内容。在漫长的中国封建社会中,虽屡经改朝换代,但这不过是封建地主阶级内部一个统治集团取代另一个统治集团,其实质仍然是对广大人民群众的剥削和压迫,从这个角度来说,秦皇、汉武、唐宗、宋祖等等,都只是政治意义上的多娇江山的统治者,而不是文化意义上的多娇江山的建设者。为何此词此时特别批判封建主义的这个反动侧面,我以为可能有着某种现实的针对性。因为现代中国,不论是袁世凯还是蒋介石,各派带有浓厚封建性的新旧军阀,都是凭借武力统治人民的;历史上封建统治阶级的杰出人物尚且不能成为多娇江山的建设性力量,蒋介石等辈作为多娇江山的破坏性力量就是不言而喻的了。那么,回顾历史,瞻望未来,究竟谁是与祖国多娇江山相称、相配、相谐的真正主人公和建设者呢？"俱往矣,数风流人物,还看今朝。"毛泽东自注:"末三句,是指无产阶级。"是的,历数中国历史百千载,真正能在多娇江山上创造一个崭新的美好社会的风流人物,是以毛泽东为首的中国共产党,是包括毛泽东在内的无产阶级和人民大众。这一结尾,举重若轻,力拔千钧,其境界犹如"会当凌绝顶,一览众山小",其气势好像群山逶迤突起一座高峰,江河迂回奔流到浩瀚大海。

《沁园春·雪》这首词,写景是放眼千里万里,骋目长城内外、大河上下、峻岭高原,神驰晴日多彩的雪色;写人,则是古往今来的英雄人物,秦皇、汉武、唐宗、宋祖、成吉思汗,均为曾经叱咤风云的一代豪杰,继往开来的则更是今天的风流人物。作者借壮丽之景,写俊杰之人,抒发无产阶级爱国主义的豪情,表达创造历史新篇章的远大志向,使词章呈现一种雄视千古的崇高风格。这首词,上半阕着重在空间上展开,而下半阕却着重从时间上伸延,这就形成了一种纵横交错而又时空转化的立体结构。眼前的大好山河由于时间的介入而具有历史感,想象中的历史和历史人物由于空间的介入而具有现实感,这就使《沁园春·雪》达到了十分广阔而又非常深邃的艺术境界。

毛泽东写作《沁园春·雪》的1936年,正是中国全面抗日战争即将开始的时刻;他抄赠柳亚子并得以公开发表该词的1945年,又是中国人民解放战争即将开始的时刻。我们可以看出,《沁园春·雪》的写作和发表时间,都处在中国社会历史"大变动的前夜",因而它是当时革命形势的鲜明反映,是人民群众高涨的革命情绪的集中表现。这首词发表之后引起广泛而热烈的反应绝非偶然,那是历史的必然因素所起的作用。

七律 人民解放军占领南京

一九四九年四月

钟山风雨起苍黄,百万雄师过大江。虎踞龙盘今胜昔,天翻地覆慨而慷。宜将剩勇追穷寇,不可沽名学霸王。天若有情天亦老,人间正道是沧桑。

这首诗最早发表在人民文学出版社一九六三年十二月版《毛主席诗词》。

【注　释】

〔人民解放军占领南京〕1949年4月21日,毛泽东主席和朱德总司令发出《向全国进军的命令》,号令全军坚决、彻底、干净、全部地歼灭中国境内一切敢于抵抗的国民党反动派,解放全中国。中国人民解放军百万大军即在西起江西湖口、东至江苏江阴的一千余里的战线上强渡长江,并于4月23日占领国民党反动政府的"首都"南京。

〔钟山风雨起苍黄〕钟山即紫金山,在南京市的东面。苍黄,同仓皇,状急遽、突然。本句是说南京突然遭到了革命暴风雨的袭击。

〔虎踞(jù巨)龙盘〕形容地势优异。三国时诸葛亮看到吴国都城建业(今南京市南)的地势曾说:"钟山龙盘,石头虎踞,此帝王之宅。"(《太平御览》引《吴录》)石头即石头山,在今南京市的西面。

〔慨(kǎi凯)而慷〕感慨而激昂。东汉曹操《短歌行》诗:"慨当以慷。"

〔宜将剩勇追穷寇〕剩勇,余勇。穷寇,走投无路的敌人。《后汉书·皇甫嵩传》:"兵法(指《司马兵法》),穷寇勿追。"作者在这里改变了这种说法,号召将革命进行到底,把敌人坚决、彻底、干净、全部地歼灭掉,不要留下后患。

〔不可沽名学霸王〕沽名,故意做作或用某种手段猎取名誉。秦朝末年,项羽(曾自封西楚霸王)和刘邦(后来的汉高祖)同时起兵反秦。刘邦先据秦都咸阳拒项羽。项羽歼灭了秦兵主力,拥四十万大军入咸阳。他当时为了避免"不义"之名,没有利用优势兵力消灭刘邦,后来反为刘邦所消灭。这里是说应从项羽的失败得到教训,不可为了"和平"的虚名,给敌人以卷土重来的机会。

〔天若有情天亦老,人间正道是沧桑〕上句借用唐李贺《金铜仙人辞汉歌》中诗句,说的是汉武帝时制作的金铜仙人像,在三国时被魏明帝由长安迁往洛阳,铜人悲痛得落泪,天若有情,也要因悲伤而衰老。这里是说,天若有情,见到国民党统治的黑暗残酷,也要因痛苦而衰老。1964年1月,作者就英译者对本句诗的提问答复说:"这是借用李贺的句子。与人间比,天是不老的。其实天也有发生、发展、衰亡。天是自然界,包括有机界,如细菌、动物。自然界、人类社会,一样有发生和灭亡的过程。社会上的阶级,有兴起,有灭亡。"人间正道,人类社会发展的正常规律。沧桑,沧海(大海)变为桑田,这里比喻翻天覆地的革命性的发展变化。葛洪《神仙传》:"麻姑谓王方平曰:'接待以来,已见东海三为桑田。'"

【考　辨】

　　这首诗作者留有手迹一件,有两处异文,三句作"虎据龙盘今胜昔",七句作"天未有情天亦老"。此诗在"文革"期间常见的一件手迹,是由文物出版社征求作者同意,将上述手迹作技术处理而成,即把"虎据"改为"虎踞",把"天未"改为"天若"。这件手迹由文物出版社收入1965年11月出版的《毛主席诗词》(册页散装)。另有一件作者修改审定的抄件,只改一字,即将首句"苍皇"改为"苍黄",并加上了标题《人民解放军占领南京》。据说,这首诗作者写成手稿,随手丢进字纸篓,秘书田家英捡起,保存了下来。1963年作者编辑《毛主席诗词》时,他对写过此诗已经忘了,由田家英记起后让他的秘书逄先知用钢笔抄清才送给作者。作者看了说:"我还写过这么一首诗,写得还可以,收进去吧。"随即对抄件做了修改,并在抄件上给田家英作批示说:"此诗打清样两份,你一份,我一份。看看如何,再定。"落款所署时间为1963年11月29日,这已是《毛主席诗词》付梓的前夕了。同年12月5日,作者给田家英做批示说:"'钟山风雨'一诗,似可加入诗词集,请你在会上谈一下,酌定。"

★ 赏　析 ★

"人间正道是沧桑"
——《七律·人民解放军占领南京》赏析

刘汉民

　　1949年4月20日,国民党南京当局拒绝中国共产党提出的和平谈判条款,致使谈判破裂。毛泽东主席与朱德总司令于4月21日发布了《向全国进军的命令》。22日夜,百万解放大军开始强渡长江,南京政府惊恐万状,很快如鸟兽散。23日,英勇的解放军战士进入总统府,里面空无一人,日历只翻到了22日。革命的红旗插上总统府的墙头,南京宣告解放。

　　这是一个非常伟大的历史事件。《七律·人民解放军占领南京》对这一事件迅速做了反映,给予了热情的歌颂和崇高的评价,并揭示了这一事件发生的必然历史原因,提出了南京解放后将革命进行到底的战略指导思想。这首诗,是南京解放的光辉标志,也是纪念南京解放的历史性的丰碑。

　　"钟山风雨起苍黄",一场大规模的如暴风骤雨般突然兴起的战役,降临了南京城。起句笔势豪纵,气象非凡,一下子将读者带入风卷云飞、大气磅礴的审美氛围之中。这一句与下句"百万雄师过大江"构成比兴的艺术关系:诗人既用钟山风雨的骤然兴起以起兴,给整首诗定下黄钟雷鸣、声薄云天的基调,又以之比喻百万解放大军突然发起渡江战役的情景与态势。两句诗语气相互激荡,高亢昂扬。

　　"百万雄师过大江",一"过"字,力度极强,充分表现了"百万雄师"那排山倒海般勇敢进击、猛不可挡的渡江气势。读着这诗句,仿佛看到刘伯承、邓小平、陈毅等将领率领的人民解放军第二、第三野战军,在西起江西湖口,东至江苏江阴,长达五百余公里的战线上,正强渡长江。红旗蔽空,炮声震天,怒涛滚滚,万船竞发,人民解放军过长江了,南京解放了。

　　"虎踞龙盘今胜昔,天翻地覆慨而慷",既再现了南京解放时群情激昂、万众欢腾的景象,又对解放南京做了崇高的、科学的历史性评价。南京是我国重要历史文化名城,曾有过不少封建帝王在此建都,演出过很多朝代更替的悲剧、喜剧,发生过许许多多重大的历史事件。今天的南京解放,却绝不是一般的改朝换代,而是一种历史发展进程中的根本性的变革,是"天翻地覆"之变。南京解放,不仅仅宣告了二十二年国民党反动政权的结束,还宣告了我国半殖民地半封建的屈辱的历史命运的结束,甚至宣告了几千年来剥削制度的结束。一个"昔"字,就包括南京解放前的全部历史。南京从此新生了,祖国将从此新生了,崭新的、人民的世纪将从此来临。这是一个多么伟大的历史事件!其历史意义,远非过去那些重大历史事件的意义可以比拟;其历史影响,将是十分巨大而深远的。这两句诗,从属对的角度看,艺术性也很高:一是对仗工整,"虎踞龙盘"与"天翻地覆"既各自对,又相互对;二是意思连贯递进,成流水对:上句记录南京解放的史实,扣诗题,下句对其作历史性评价。这样的对仗在律诗的对仗中是较为难得的。

"宜将剩勇追穷寇,不可沽名学霸王。天若有情天亦老,人间正道是沧桑。"这四句诗,内容极为丰富,思想异常深刻,不仅几乎浓缩了毛泽东为新华社写的1949年新年献辞《将革命进行到底》一文的全部内容,还表现出了一个人民军队的伟大统帅和一个伟大的无产阶级战略家的眼光、胆魄与襟怀。

这四句诗,有两方面的用意。

第一方面,向全国乃至全世界申明了中国人民解放军为什么要解放南京的道理,是对此前不久国内乃至国际上关于中国革命要不要过长江的议论的回答。当辽沈、平津、淮海三大战役结束,几百万解放大军正向长江一线作战略性部署时,国民党南京政府在美国指使下发出了求和声明,搞缓兵之计,企图卷土重来。国内有些人被这求和假象迷惑,害怕美国出兵干涉,也说解放军不必过江,鼓吹什么南北分治。有的人还认为蒋介石军队已是穷寇,而穷寇不宜猛追。国外也有人,比如斯大林,不相信中国共产党人会取胜,认为美国会全力支持蒋介石,害怕由此引起苏美冲突,劝说中国共产党与国民党政府言和,建立某种联合政府。一时间,渡江不渡江,是否以长江为"鸿沟"国共分疆而治,成了国内外许多人士关心的焦点。中国革命又到了一个紧要关头。中共中央和毛泽东主席敏锐地识破了南京政府求和的阴谋,果敢地做出了渡江作战的部署与决策。南京解放了,实践证明中共中央和毛泽东是英明的、正确的。"宜将剩勇追穷寇",对已处于穷途末路的国民党政权,是一定要追剿和消灭的,中国一定要统一,不能再来一个"南北朝"。"宜"字,显得果敢、刚毅、坚决、英武。"剩勇",即成语"余勇可贾"的"余勇"之意,用"剩勇"不用"余勇",从艺术性上讲,既显得造语新鲜,又符合平仄格律的要求(此处以有两仄声字为宜);从达意上看,既表明解放大军有足够的力量追灭"穷寇",又表明解放大军将不遗余力地去推翻蒋帮统治。"穷寇"一词用得妙极:准确地勾勒出了国民党政权军事上(还有政治上、经济上)的实际力量与败逃窘况,能打消国内外某些人存有的以为蒋介石还难以打败的错误心理,能鼓舞人民解放军的斗志士气。"不可沽名学霸王",用项羽在军事上占优势的情况下,为钓取"仁义"之名两次放走了自己的对手刘邦(一次鸿门宴,一次以"鸿沟"为界)而终于被刘邦逼得走投无路在乌江自刎的历史教训,表明解放大军势必渡江夺取全国胜利,绝不能止步江北,给已陷入灭顶之灾的"穷寇"——国民党军队获得喘息的机会,让他们养好伤口,卷土重来,剿杀革命人民,重演一出楚霸王项羽的悲剧。这里只讲了一个项羽,其实,在古今中外的历史上,类似项羽的悲剧是不可胜数的。历史的教训值得注意,前车之鉴,决不重蹈。一个"宜将",一个"不可",正面号召,反面警戒,既坚定而充满必胜信心,又评说历史,援古证今,充分表现出一个非凡的革命领袖的胆识与豪情。

"天若有情天亦老,人间正道是沧桑。"诗人用无比精粹的语言,表达出历史唯物主义的观点,并用以宣告中国共产党和中国人民解放军为什么非解放南京不可的道理。"天若有情天亦老",要从诗句所处的这首七律的整体构思系统中或特定的语言环境中看。一首诗,不是由一些有各自表达意思的诗句相加的联合体,而是一个特定的艺术构思系统或语言环境;确认其中每句诗所表达的意思,包括表层、深层和潜在层的,要看其在该艺术构思系统或语境中所处的位置。"天若有情天亦老",在李贺的《金铜仙人辞汉歌》一诗的构思系统或特定语境中,在那悲酸风、荒凉月、铜人都清泪如水的艺术氛围中,与上句"衰兰送客咸阳道"相贯连、比照、衬托,表达了"天"如有情也会为"金铜仙人辞汉"而悲哀以致变得苍老的意思,从而加重了诗的悲伤凄凉的情感色调。《七律·人民解放军占领南京》境界阔大,情感激昂,在这样崇高美的审美语境中,"天若有情天亦老"已完全褪去了在李贺诗中原有的思想内容、情绪色彩。它与下句"人间正道是沧桑"构成一个陪衬、呼应的艺术关系,所要表达的意思是:天有不以人的意志为转移的运动规律,那么,人类社会有没有不以人的意志为转移的运动规律呢?有,是什么?"人间正道是沧桑!"上句陪衬,下句主体,意象并联,呼应同振。"沧桑",即沧桑之变,沧海变桑田、桑田变沧海的简述,这里用以比喻人类社会的革命性的变革与进步。人类社会的发展规律就是新生的代替腐朽的,先进的取代落后的,人民群众推翻剥削阶级。因此,南京的解放,是历史前进的必然,是人类社会发展变化规律的生动体现。人民解放军解放南京,正是顺应了时代的发展趋势,遵循了人类社会发展规律,或者说是"天意",而"天意"难道是可以违背的吗?这就把人民解放军解放南京提到了历史唯物主义哲学高度来审视,非常有力地回答并驳斥了那些劝阻人民解放军渡江的错误、荒谬的言论。这里,有必要引述诗人关于这首七律写作缘起的说法。1950年10月7日,毛泽东在北京饭店看望来北京参加了国庆观礼的表兄王季范和一师同学周世钊,同他们谈到解放战争,毛泽东说:"说老实话,全国解放得这么快,这是出乎我的意料的。当时我们的淮海战役和平津战役已经胜利结束。"

  第二方面,这后四句诗还是向中国共产党、人民解放军提出的南京解放后的战略指导思想,向全国乃至全世界宣传了我们党的世界观和历史使命,表现出了中国共产党人要将革命进行到底的决心与信心。革命决不能止于解放南京。"宜将剩勇追穷寇,不可沽名学霸王。"毛泽东用诗的语言向全军下达了继续向全国进军的命令,号召人民解放军要坚决、彻底、干净、全部地消灭一切敢于抵抗的敌人,把解放的红旗插遍祖国四面八方。"天若有情天亦老,人间正道是沧桑。"中国共产党人要坚持马克思列宁主义,要按照自然的客观规律改造自然,也要按照人类社会的发展规律改造人类社会。这是多么深刻有力的思想,这是只有像毛泽东这样的诗人才能写得出的诗句。如果说全诗有一种"群山朝岳""百川归海"的气势的话,这两句诗便是全诗的"岳"与"海",是力度最强、思想境界最高、感情最为豪迈的一笔。

《七律·人民解放军占领南京》是一首达到了很高美学境界的诗。它将记事与议论、抒情与明理、形式与内容,十分和谐地统一起来了。其内蕴之丰富深刻,在自有近体诗以来的七言律诗中是不多的。诗的气势豪壮、意境宏阔,有一股巨大的、无法与之抗衡的力,充分显示出了崇高美或阳刚美的审美特色。这样的力的崇高,在诗坛上可以说是独步千古。

七律 和柳亚子先生

一九四九年四月二十九日

饮茶粤海未能忘,索句渝州叶正黄。三十一年还旧国,落花时节读华章。牢骚太盛防肠断,风物长宜放眼量。莫道昆明池水浅,观鱼胜过富春江。

这首诗最早发表在《诗刊》一九五七年一月号。

【注　释】

〔和(hè贺)柳亚子先生〕和，唱和。和诗，有用原诗韵的，有不用原诗韵而回答原诗的，本诗属后一种。柳亚子于1949年3月28日作《感事呈毛主席》一诗(见本篇附诗)，这是作者的答诗。柳亚子(1887—1958)，江苏吴江人。早年参加旧民主主义革命，是清末文学团体"南社"发起人和主要诗人之一。旧民主主义革命失败后，继续参加新民主主义革命，是著名的国民党左派。1948年1月，国民党革命委员会成立后，被选为中央常务委员兼秘书长。1949年中华人民共和国成立后，先后当选为中央人民政府委员和全国人民代表大会代表、常务委员会委员。著有《柳亚子诗词选》。

〔饮茶粤海未能忘〕粤海，指广州。1926年5月，柳亚子(国民党中央监察委员)赴广州出席国民党二届二中全会，同作者初次晤面。蒋介石向全会提出了所谓"整理党务案"，旨在排斥共产党，夺取国民党党权。在这次会议上，毛泽东反对陈独秀的右倾投降主义，坚持反蒋的革命立场，何香凝、柳亚子等也支持了这一立场。"饮茶"句即指当时作者同柳亚子的交往。按柳亚子在1941年《寄毛主席延安》诗中，曾有"粤海难忘共品茶"之句。

〔索句渝州叶正黄〕渝州，即重庆。毛泽东于1945年8月至10月曾到重庆，同国民党进行了四十多天的和平谈判。当时柳亚子曾索取诗稿，作者即手书《沁园春·雪》相赠。

〔三十一年还旧国〕旧国，过去的国都。作者1918年和1919年曾两次到过北京，到1949年北京(当时称北平)解放后再来，前后相距约三十一年。

作者自注："三十一年：一九一九年离开北京，一九四九年还到北京。旧国：国之都城。不是State，也不是Country。"

〔落花时节读华章〕化用唐杜甫《江南逢李龟年》诗"落花时节又逢君"句。华章，美丽的诗篇，指柳亚子的感事诗。本句是说，暮春时候读柳的感事诗。

〔牢骚太盛防肠断〕意为牢骚太多会损害健康。

〔放眼量〕阔大眼界去衡量,不必斤斤计较个人得失。

〔莫道昆明池水浅〕化用唐杜甫《秋兴八首》诗中"昆明池水汉时功"句。昆明池,这里指北京西郊颐和园内的昆明湖。当时柳亚子住在颐和园内。昆明湖,在明代称西湖。清乾隆年间将湖开拓,取汉武帝在长安开凿昆明池训练水战的故事,改称昆明湖。

〔观鱼胜过富春江〕观鱼,用《庄子·秋水》中庄子和惠施在安徽濠水桥上看水中游鱼的故事。一说,用鲁隐公观鱼的故事。《左传·隐公五年》载,隐公"将如棠观鱼",一个大臣以为他真是观鱼,大力劝阻,隐公无法,才说"吾将略地焉"。所以"观鱼"这个典故,含有谋划军国大事之意。富春江在浙江省桐庐和富阳两县境内,东汉时隐士严光(字子陵)曾在那里游钓。这句诗的意思说,在颐和园的昆明湖观赏游鱼比在富春江更好。这是对柳亚子原诗"分湖便是子陵滩"而言。当时柳亚子想等他的家乡吴江县(今吴江市)的分湖解放后回去隐居,因此作者劝他,留在北京共商国是比隐居要好得多。

附：柳亚子原诗

七 律
感事呈毛主席

开天辟地君真健，说项依刘我大难。夺席谈经非五鹿，无车弹铗怨冯驩。头颅早悔平生贱，肝胆宁忘一寸丹！安得南征驰捷报，分湖便是子陵滩。

【原注】

分湖为吴越间巨浸，元季杨铁崖曾游其地，因以得名。余家世居分湖之北，名大胜村。第宅为倭寇所毁。先德旧畴，思之凄绝！

【附诗注释】

〔开天辟地君真健〕健,即健儿,引申为英雄。本句赞美毛泽东是真正的英雄,领导全国人民创建新中国功如开天辟地。

〔说项依刘我大难〕说项依刘,劝说项羽接受刘邦的领导。柳诗作时正值中共中央争取南京国民党政府接受和平解决方案,希望民主人士共同努力。柳在此处表示他虽也是国民党元老,自觉无能为力。一说,本句化用明张羽《寄刘仲鼎山长》诗"向人恐说项,何地可依刘"句,即用的是杨敬之到处讲项斯的好话和王粲去荆州依附刘表的故事。唐杨敬之《赠项斯》诗:"平生不解藏人善,到处逢人说项斯。"《三国志·魏书·王粲传》:"乃之荆州依刘表。表以粲貌寝而体弱通侻,不甚重也。"这句柳意为,说人好话、依附他人,自己很难做到。

〔夺席谈经非五鹿〕东汉戴凭驳倒许多讲经的学者,夺取了他们的讲席(《后汉书·儒林·戴凭传》)。又,西汉显贵、受宠的五鹿充宗讲《易经》,曾被朱云驳倒(《汉书·朱云传》)。柳这里借指自己有夺席谈经的学问,绝不是五鹿充宗那样依附权势、徒具虚名的人。

〔无车弹铗(jiá荚)怨冯驩(huān欢)〕战国时齐人冯驩投靠孟尝君田文。田文门下食客分三等:上等坐车,中等吃鱼,下等吃粗饭。冯驩列下等,他弹剑唱:"长铗归来乎,食无鱼。"田文把他列为中等,他又弹剑唱:"长铗归来乎,出无舆。"(《史记·孟尝君列传》)铗,剑,或说剑把。冯驩,《战国策·齐策四》作冯谖(xuān宣)。柳这里借指自己有冯驩出行无车那样的怨言。

〔头颅早悔平生贱〕柳亚子因反对蒋介石的专制独裁统治,曾遭通缉,但悬赏的赏格不是很高,所以他说早已悔恨自己的头颅价贱。

〔肝胆宁忘一寸丹〕柳意为对党和人民肝胆相照,怀有一颗红心。宁忘,怎能忘记,即怀有。

〔安得南征驰捷报〕怎能得到人民解放军南征传来的胜利消息。

〔分湖便是子陵滩〕分湖在柳亚子家乡的吴江县(今吴江市)。子陵

164

滩,即七里滩,起自浙江建德梅城,迄于桐庐钓台,因东汉初严子陵曾在此隐居游钓而得名。这里柳指自己要回乡去隐居。

〔杨铁崖〕名维桢,字廉夫,元末明初诸暨(今浙江诸暨)人,当时的著名诗人。

〔先德旧畴〕先辈旧产。

【考　辨】

这首诗在《诗刊》1957年1月号发表时,题名为"赠柳亚子先生",后改为"和柳亚子先生"。

这首诗作者留存的手迹,现在所见有两件。一件即书赠柳亚子的"和作",将"落花时节读华章"句,写为"暮春时节读华章"(另一件手迹也与此相同),并在诗后署有:"奉和柳先生三月廿八日之作,敬祈教正。毛泽东　一九四九年四月廿九日。"

在另一件手迹上,既无标题也无落款,"牢骚太盛防肠断"句,作"牢愁太盛防肠断"。

这首诗的写作时间,曾被判断为"一九四九年夏",1964年4月再版《毛主席诗词三十七首》时,将写作时间进一步确定为"一九四九年四月二十九日"。

附在诗后的柳亚子原诗,在很长一段时间里曾误为作于同年马克思一百三十周年诞辰的《七律·卡尔中山两未忘》。1964年4月再版《毛主席诗词三十七首》,将柳亚子的原诗正式更正为《七律·感事呈毛主席》。

《毛泽东诗词选》"说项依刘"这条注,是由胡乔木亲自撰写的。当时参加该书编辑工作的同志曾提出意见:一是把"说项依刘"解释为"劝说项羽接受刘邦的领导"无出典,二是"说项依刘"用的是杨敬之到处讲项斯的好话和王粲去荆州依附刘表的故事。对此,胡乔木做过详细的解说:"解说项依刘,一须看当时政治背景(否则柳亚子不会写这样牢骚太盛的诗,至于表示希望回家,且亦必不至于写诗)。柳对党和毛泽东一向崇敬,但为人极为自负,颇不适于参加政治活动,故到京不久,遇到中央提出的国共和谈的问题,自己感觉政治地位不如他人,才会写出这样的诗。如分别解释说项和依刘,则了无意义,他当然不会认为到北京是依刘,笼统地'说项'安在这里也很难说通。刘项之争本身就是出典。二须与上句对看。上句的开天辟地是四字一贯的常用语,故下句这四字必须也是四字一贯和一目了然的,如分开再合用就不但没有前例,合起来也很难说明是什么意思。"胡乔木的这个解说,有理有据,是值得看重的一家之言,所以《毛泽东诗词集》仍保留了他撰写的这条注文。

★ 赏 析 ★

意深语畅，跌宕生姿
——《七律·和柳亚子先生》赏析

丁 芒

  柳亚子早年参加旧民主主义革命，是清末文学团体"南社"的发起人和主要诗人之一，与宋庆龄、何香凝等同是著名的国民党左派；1948年1月，国民党革命委员会成立后，被选为中央常务委员兼秘书长。新中国成立前，民主人士云集北平，柳也应邀共商国是。1949年3月25日，他到西苑机场迎接初入北平的毛泽东。当晚出席了中共中央为民主人士举行的招待宴会后，兴奋异常，文思泉涌，写诗四章，盛赞共产党、毛泽东改天换地的功绩。但三天后，他又写了《感事呈毛主席》。关于柳亚子究为何事发"牢骚"，因他不久便卧病不起，未能核正。"索隐派"对此曾有种种揣测。

  毛泽东这首和诗作于1949年4月29日，中国人民解放军发动渡江战役之后仅仅第九天。一方面要指挥彻底推翻蒋家王朝的天翻地覆的大战，一方面要积极筹划建立人民共和国，居我党、我军最高决策人地位的毛泽东，军书旁午，政务繁冗，可想而知。但他在经纬万端之际，仍作诗对柳酬答劝慰，隔了一天（5月1日）还亲自登门拜访，可见他对柳之人品、才华、革命功绩和相互交谊的重视程度。

  柳亚子诗人气质，敏感，任性，情绪容易波动。当时又是事务纷繁、百废待兴，对他工作、生活诸多方面照顾不周，容或有之，只须沟通，就可解决。事实上，柳亚子读到毛泽东派秘书田家英送来的和诗后，步其韵一连写了二十首七律，充满革命激情。柳亚子接受劝挽，留京工作，后来当选为中央人民政府委员，又被任命为华东军政委员会副主席。上述情况正是毛泽东此一诗作的写作背景和心理动机。我认为掌握了这些情况，对理解此诗就足够了，不必徒事钩沉索隐于区区寸尺之间。

  律绝体始盛于唐，当时称今（近）体诗，是我国古代诗美学观念的高度集中、全面体现的一种形式，在声韵、节奏、平衡、对称诸方面，要求极为严格,需要有深厚的功力才能驾驭。惟其是高度完美的艺术形式,才具有持久的生命力。至今我国及海外华人的旧体诗作中,百分之八十以上都是律绝体。毛泽东诗作中,律绝较词为少,我认为与诗人的创作个性有关;雄放不羁、曲折跌宕之情所致,往往更适于用长短句的词来表现。毛泽东词胜于诗,大概其根源也在于此。他的律诗构思缜密,结构跌宕有姿,但语言却十分流畅,充分展现了豪放的风格,这对需要精雕细镂的律诗创作来说,是十分难能可贵的艺术技巧。从这点来说,他的律诗更加值得我们细加鉴赏。

这首七律是和作。和诗分两种:一种是"原韵奉和",即按原诗脚韵所属的韵部用韵,不必每韵字字相同;一种是"步韵奉和",不但按同一韵目用韵,还要求每一韵字相同。这首诗属于前一种。需要说明的是,原作是"寒删"韵,和作是"江阳"韵,放宽用韵时,这两个韵目可以相通。一般说,词韵较诗韵为宽,毛泽东显然倾向于言韵放宽,这大概也是他词多于诗,和此首七律不墨守严韵的原因之一吧。

首联:"饮茶粤海未能忘,索句渝州叶正黄。"诗人过去和柳亚子曾两度相逢。第一次是1926年5月,在广州召开的中国国民党第二届二中全会上。时毛泽东任国民党中央代理宣传部长,柳任国民党中央监委,曾有机会相识品茶,畅谈国事。柳亚子在坚持国共合作、反对国民党右派反共叫嚣、谴责假左派蒋介石策划中山舰事件等反共阴谋方面,和共产党人有不少共同语言。第二次是1945年秋,毛泽东由延安赴重庆(简称"渝")与国民党进行和平谈判,曾将柳亚子等部分民主人士请到红岩八路军办事处谈话,使他们对形势有了正确的看法,打破了对蒋介石国民党政权的幻想。这期间,柳曾向毛泽东索诗,毛乃手书《沁园春·雪》赠柳。二十三年前的事,犹未忘,可见印象之深;而用"未能忘",更见相契之深。"叶正黄",形象地表现时令,与后边的"落花时节"表现春季一样。如果赋以象征意义:"叶正黄"象征了当时蒋介石伪装和平谈判、暗中正紧锣密鼓发动内战,国家命运有如秋叶;而后文"落花时节"则象征解放战争取得决定性胜利,人民共和国即将诞生,"花褪残红青杏小"的政治气候。我们何妨作这样的理解,以更丰富地领略诗中韵味呢!

领联:"三十一年还旧国,落花时节读华章。"三十一年前,毛泽东到过北平。此处的"国",指"国都",当时北洋军阀控制的中华民国,国都就在北京(北平)。经过了漫长的艰巨斗争,现在才重新回到旧时的北平,所以"还旧国"三字中,饱含着万千感慨。华章,华美的诗章,实指柳亚子的这首《感事呈毛主席》。作者的视点,从历史落到当代,从广阔的国土落到眼下的北平,从虚幻的忆念落到现实的诗章,完成了全诗的抒叙部分,为后半首诗的发展,奠定了时空架构的背景基础。

还有必要说明的是,按律诗的要求,第一、二句和第七、八句,不必对仗(也有人写成联语的);而第三、四句和第五、六句,则必须对仗。虚对虚,实对实,动词、名词、形容词甚至颜色、五官、节令、数字都要成双捉对,而且不能在同一层意思上反复,否则便犯了"合掌"的错误。不过,严格的对仗也有通融的办法,这就是放宽条件的"宽对"。此诗"三十一年"和"落花时节"显然不是字字相对仗,但都是指时间而言,在这"意思"上是相对称的,所以被称为"流水对",并不逾格。

颈联:"牢骚太盛防肠断,风物长宜放眼量。"这是全诗主旨所在,是针对柳亚子牢骚心境的深刻批评和劝慰。惟其是诗人高度的哲理升华,它的思想深度、艺术力度都大大超出了原诗规定的范畴,涵盖率推廓了几十上百倍。随着毛泽东诗词的普及,这一联诗已渗入社会各个阶层、领域,成为人们用以解释、指导种种类似情境、思维的经典性格言,而经常在口头传播。从艺术上来说,此联立意一砥一励,一抑一扬,组合自然,语势顺畅,有严谨的对称美,也有流畅的节奏美。尤其"防肠断"对"放眼量",不但对仗无懈可击,意思也恰如其分,且来自日常用语,自然贴切,幽默生动,真可谓佳句天成,非妙手岂能偶得?

尾联:"莫道昆明池水浅,观鱼胜过富春江。"这两句是针对原诗尾句"分湖便是子陵滩"所做的辩解性抒发。东汉隐士严光(子陵)曾在浙江富春江游钓,至今钓台古迹犹存。柳亚子家居分湖之北的吴江县,他这句诗意思是说:"……我就回到家乡分湖,学严子陵在富春江垂钓去了。"毛泽东于是针锋相对地在这句上做了点文章。当时,柳亚子正住在颐和园益寿堂。毛泽东便信手拈来园中的昆明湖,与严子陵垂钓的富春江,作为两个象征意象:昆明湖观鱼,用以象征留京参与国政,富春江垂钓用以象征避世隐居。诗需凭形象物,曲言事理,方称上乘。其实并非要柳亚子真去天天观鱼,也并非昆明湖的鱼就真比富春江的好看。本来,柳亚子的诗说的是想回到分湖。如果和作末句用"分湖",比"富春江"就更为妥帖。毛泽东是从格律需要来置换的。"分湖"只两个字,如果用于末尾,又要押"江阳"韵或"寒删"韵,必须增加一个字,如"湾"——"观鱼胜过分湖湾"。但此律是平起平收格,末句必须是"仄平平",不能更易。"分湖湾"却是"平平平"。律绝体诗句结尾,切忌三连平、三连仄和"仄平仄""平仄平"。毛泽东为了避开诗家大忌,故改用音调完全合乎"仄平平"要求的"富春江"三字。律诗的尾联,承全诗之重,拓全诗之境,抒不了之情,任务很重,但又不宜再写哲理,否则便了无诗意,流于枯燥。像这首诗,如果尾联也像颈联那样写成议论句,便是败笔。毛泽东不愧高手,赋以形象,寄以遐思,意境于是大开,余韵于是绵绵。

综观全诗,先是铺叙,继以哲理,结以宕开之笔抒情,结构严谨而跌宕有姿,加之运用口语,语意畅达,语势波折,语流顺畅,可歌可吟,确是口传文学之佳作。

这里附带说一说用典问题。柳亚子作诗喜欢用典,这篇《感事呈毛主席》就连用六个典故。这个风气,在旧体诗界来说,已成痼癖,至今不衰,尤其写律诗,中间两联,一般都爱用典。且不说有些作者仅是为了炫情,一般读者不易理解,还要用数倍篇幅加以诠解,颇不利于诗的传播。并不是应一律不用典,而是要注意其"共知率",一般人都知道的典故和成语,如卧薪尝胆、刻舟求剑等,用也不妨,僻典则宜摒弃不用。综观毛泽东诗词,用典极少,有也是众所周知的,如"一枕黄粱""不周山""鲲鹏"之类。像这首诗,他就一反原诗的倾向,没有新用一个典故(仅仅重复了原诗的一个严子陵的典故)。我想,这也正是毛泽东诗词审美观的一个体现。

浣溪沙
和柳亚子先生

一九五〇年十月

一九五〇年国庆观剧,柳亚子先生即席赋浣溪沙,因步其韵奉和。

长夜难明赤县天,百年魔怪舞翩跹,人民五亿不团圆。　一唱雄鸡天下白,万方乐奏有于阗,诗人兴会更无前。

这首词最早发表在《诗刊》一九五七年一月号。

【注　释】

〔即席〕这里指就在座位上。

〔步韵〕照用他人诗词押韵的字依次押韵。

〔赤县〕指中国。《史记·孟子荀卿列传》介绍战国末驺（zōu邹）衍的说法："中国名曰赤县神州。"

〔百年魔怪舞翩跹（piānxiān 偏仙）〕自1840年中英鸦片战争时起，外国资本主义和帝国主义侵略者开始侵入中国。他们和他们的走狗在中国横行霸道，好似群魔乱舞。从那时到1949年全国解放，已有一百多年的时间。

〔一唱雄鸡天下白〕唐李贺《致酒行》："雄鸡一声天下白。"李贺诗句意为天亮了。这里是化旧句表新意，喻指我国已经解放了。

〔万方〕这里指全国各民族。

〔乐奏〕1958年9月文物出版社出版的《毛主席诗词十九首》中误植为"奏乐"，1963年人民文学出版社出版《毛主席诗词》时，照作者的意见改为"乐奏"。

〔于阗（tián 田）〕新疆维吾尔自治区西南部县名，1959年改于田。当地人民以能歌善舞著名。这里借指新疆文工团所表演的音乐歌舞节目。

〔诗人兴会更无前〕兴会，犹言兴致。无前，过去没有过。本句是说诗人柳亚子的兴致极高。

附：柳亚子原词

浣 溪 沙

十月三日之夕于怀仁堂观西南各民族文工团、新疆文工团、吉林省延边文工团、内蒙古文工团联合演出歌舞晚会，毛主席命填是阕，用纪大团结之盛况云尔！

火树银花不夜天。弟兄姊妹舞翩跹。歌声唱彻月儿圆。（原注） 不是一人能领导，那容百族共骈阗？良宵盛会喜空前！

【原注】

新疆哈萨克族民间歌舞有《圆月》一歌云。

【附词注释】

〔火树银花〕状悬灯于树,这里喻灯火辉煌。

〔舞翩跹〕形容轻快地跳舞,状喜气洋洋。

〔一人能领导〕指毛泽东主席领导得好。

〔骈阗〕聚会,会集。

〔空前〕过去没有过。

【考　辨】

这首词首次正式发表在《诗刊》1957年1月号;此前,曾在1951年1月23日《文汇报》同柳亚子原词与和词一起发表,标题为《毛主席新词》,同《诗刊》发表的版本相比,词句无差异,只是少一小序。

这首词作者留有手迹两件,一件词末署有"和柳先生词一首",另一件先写柳亚子原词,续写奉和之作,词末署有"和作"字样。此词在《诗刊》1957年1月号首次正式发表时,"万方乐奏有于阗"句,"乐奏"刊印为"奏乐"。1958年12月21日,作者在文物出版社同年9月刻印的大字本《毛主席诗词十九首》的书眉上批注:"乐奏:这里误植为奏乐,应改。"1957年1月《人民文学》编辑部呈毛泽东审改的传抄稿(该刊原拟在同年2月号以《毛泽东词钞》为总标题发表三首词,当《诗刊》发表毛泽东《旧体诗词十八首》后就撤销了这一计划),此词原作"乐奏",这证明《诗刊》发表时确系误植。1963年12月出版《毛主席诗词》时,才照作者的意见订正为"乐奏"。

此词"诗人兴会更无前"句中的"无前",现在有两种不同的解释:其一,没有比他上前的,指最高。这是诗人同他人相比。其二,即空前,以前没有过,指极高。这是诗人同自己相比。1957年1月《人民文学》编辑部呈毛泽东审改的传抄稿,此词原作"空前",作者在这个抄件上曾改为"无前"。这证明将无前作空前解释是符合作者原意的。

★ 赏　析 ★

开国纪盛话新旧
——《浣溪沙·和柳亚子先生》赏析

蒋力余

　　《浣溪沙·和柳亚子先生》一词写于新中国成立后的第一个国庆节。1950年10月3日晚上,来京参加国庆盛典的各族代表,在怀仁堂隆重举行了向中央人民政府首长献旗、献礼致敬的仪式。之后,由各少数民族文工团联合举行歌舞晚会。毛泽东观看了这些歌唱共产党和自己英明领导、颂扬各民族兄弟般团结的表演,心情甚为激动,对坐在前排的柳亚子先生说:"这样的盛况,亚子先生为什么不填词以志盛？我来和。"柳亚子先生即席赋《浣溪沙》,以纪念大团结之盛况。毛泽东步其韵奉和,写了《浣溪沙·和柳亚子先生》一词。

　　上片描绘旧中国社会的悲惨画面。"长夜难明赤县天",既写出了过去那一段历史时期的漫长和黑暗,也写出了广大人民盼望光明的焦急和殷切,"长""难"二字表达出深沉的感慨。"长夜"一词,南朝宋裴骃《〈史记〉集解》载应劭引春秋齐宁戚《饭牛歌》:"长夜曼曼何时旦？"鲁迅诗云:"惯于长夜过春时。"(《无题》)鲁迅在《为了忘却的记念》一文中还有"夜正长,路也正长"的描写。用"长夜"象征旧中国之黑暗漫长,极为形象传神,可谓情景兼得。"赤县",指中国。战国时驺衍称中国为赤县神州(《史记·孟子荀卿列传》),简称赤县。的确如此,在漫长的封建社会,虽也曾出现过"文景之治""贞观之治"等所谓清明盛世,但自古治世少而乱世多,人民长期在水深火热之中挣扎、呻吟,近百年来的旧中国更是如此。从陈胜、吴广到太平天国,到孙中山,中国人民为追求光明曾做过无数次不屈不挠的斗争。直到十月革命一声炮响,送来了马列主义,出现了共产党,中国人民的革命斗争才取得了胜利。"百年魔怪舞翩跹",诗人的目光从漫长的历史长河,移到了鸦片战争至新中国成立前的中国近代社会,含蓄地说明了"长夜难明"的原因。一部中国近代史,实际上是一部中国人民的血泪史,而这悲剧的导演者是谁？魔怪！"魔怪"即妖魔鬼怪，它们张牙舞爪，神通广大，心狠手辣，吃人不厌。新中国成立前的旧中国，吃人的魔怪多得很。在国外有大大小小的帝国主义，在国内有反动统治阶级。这些丑类在中华大地上飞扬跋扈，横行霸道，穷凶极恶，肆无忌惮，做尽了坏事。"翩跹"，描写魔怪们的舞姿，褒词贬义，极言敌人的猖狂得意。反动统治阶级狂欢狞笑之日，正是中国人民备受蹂躏之时。君不见，那圆明园的大火，那南京大屠杀的惨剧，那上海租界悬挂的"华人与狗，不得入内"的门牌，那"千村薜荔人遗矢，万户萧疏鬼唱歌"的哀状，所有这些不正是"魔怪舞翩跹"所产生的吗？诗人抚今追昔，心头有滴血之痛。魔怪们的罪恶是罄竹难书的，对它们带来的灾难，诗人只用七个字做了概括性的描写："人民五亿不团圆。""人民五亿"，指当时全中国人民。"团圆"一词，本来是一个令人神往、富于感情色彩的字眼，与幸福、与美有较多的联系。唐人李群玉《湖寺清明夜遣怀》："每因时节忆团圆。"宋人吕本中《采桑子》："待到团圆是几时？"可惜，这里"团圆"的前面加了副词"不"字。在那黑暗岁月，中国人民向往团圆而不得团圆。这里的"不团圆"，有丰富的思想内涵：既指各民族之间不能和睦相处，也指全国分崩离析像一盘散沙，广大人民不能安居乐业，也享受不到民主和自由。在中国历史上，封建统治者无论是汉族还是少数民族，大多实行民族压迫政策，对许多兄弟民族一直是歧视和迫害，有时还制造借口，挑起事端，从而残酷镇压，民族间的关系哪有"团圆"可言？至于人心涣散，民生凋敝，乃旧中国的普遍症状。广大人民群众在丰年也不免流浪他乡，荒年更是骨填沟壑，加上战乱频仍，瘟疫流行，更是死伤如积，哀鸿遍野。这样的社会生活，哪能过上几天"团圆"的日子？一部民族的苦难史，千头万绪，从何说起，可是毛泽东仅用二十个字，通过艺术的浓缩就做了形象的反映。我们不能不惊叹诗人高度的概括力和表现力。

下片抒写新中国、新时代的欢乐情景。全词的色彩由黯淡转向明丽，格调由沉郁转向高昂。"一唱雄鸡天下白"，过片承上启下，含意丰富，精警绝伦：凡上下两片的词，无论是长调还是小令，历来都很重视过片（亦称过变),即上下片转换之处。"最是过片,不要断了曲意,须要承上接下","意脉不断"。(宋张炎《词源》)这句词从唐人李贺《致酒行》"雄鸡一唱天下白"化用而来,但这个化用是飞跃性的点化,赋予了新意,显得气势宏伟,境界阔大,与全词浑然一体,妙合无痕。此句与上片一、二句关合甚密。长夜茫茫,但总有日出天明的时候。终于雄鸡一唱,夜幕大开,天下通明,"万怪烟消云落"。这是何等崭新的气象,何等欢乐的情景?这一句词,既有诗人为新中国的诞生、民族大团结的出现而产生的喜悦感和自豪感,也有因备历艰难、大业方成而生发的万千感慨。"一唱"二字,极有力度,写出了中国共产党领导中国人民推翻压在头上的三座大山,涤污荡垢,廓清宇内的磅礴气势。这里的"雄鸡",象征以马克思列宁主义为旗帜的党。"万方乐奏有于阗",诗人勒住了思想野马的缰绳,回到国庆晚会欢乐情景的描写。万方,指全国各族人民。古人称国族为"方",《书经》中有"多方",《易经》中有"鬼方"。杜甫《登楼》:"万方多难此登临。"笔者意为"万方"与《易经·乾文言》"首出庶物,万国咸宁"中的"万国"一词相仿佛。"乐奏",指表演的歌舞节目。"于阗",汉朝西域国名,在新疆维吾尔自治区,这里指新疆文工团。又有一说,蕃胡曲中有《于阗采花》一曲,这里指少数民族歌舞。两说皆通,但取第一说较胜。此句与上片"人民五亿不团圆"关合甚密,而今黑暗的时代已经结束,各兄弟民族欢聚一堂,翩翩起舞,团圆的美梦终成现实,诗人怎不浮想联翩,夜不能寐;怎不口吐华章,纵情讴歌?"诗人兴会更无前",诗人的诗兴自当比任何时候都要更加浓厚了。这里的诗人,固然是指柳亚子先生,但解释得更活脱一些,也指诗人自己,还可指广大文艺工作者。诗人创作,应物斯感,缘景生情。舞台上的情景象征着新中国成立后全国各民族的融合团结,也象征着各民族幸福祥和的美好生活。生活在崭新时代的艺术家们,面对这一切的一切,定会激发创作的激情,谱写出一曲曲描写新生活、反映新时代的新乐章。一个"更"字,表达了诗人对明天的必胜信心,同时也表达了诗人对广大文艺工作者所寄予的殷切期望。结句使全词进入一个抒情高潮,画龙点睛,曲折含蓄,余音绕梁。清人沈祥龙说:"小令须突然而来,悠然而去,数语曲折含蓄,有言外不尽之致。着一直语、粗语、铺排语、说尽语,便索然矣。"(清沈祥龙《论词随笔》)毛泽东的确深谙诗词艺术的个中三昧。

《浣溪沙·和柳亚子先生》一词,既是一首具体而细微的反映新旧时代伟大变化的作品,更是一曲民族大团结的颂歌,深刻而含蓄地反映了党和毛泽东的民族政策。刘少奇说:"一百多年来,我国各民族,包括汉族和兄弟民族在内,共同遭受了帝国主义的压迫。帝国主义者曾经进行各种阴谋,破坏我国各民族间由于长远的历史而形成的联系,企图实现他们的'分而治之'的侵略政策。"(刘少奇《关于中华人民共和国宪法草案的报告》)这段话,有助于我们理解全词丰富而深邃的思想内涵。国家的繁荣、民族的团结,老一辈无产阶级革命家曾为之不懈奋斗,后来者更应前赴后继,开创新的局面。

《浣溪沙·和柳亚子先生》一词虽属唱和之作,但尽脱窠臼,另辟新境,自出新意。柳词从当时晚会的情景写起,从而歌颂毛泽东,歌颂国内各民族的大团结。而毛词则从历史到现实,气魄宏大,对比鲜明,构思更为精巧。以小令写重大题材,没有力小而任重的感觉,没有抽象化、概念化的东西,而能以鲜明生动的形象,从高处着眼,从大处着笔,竟能曲尽其意,天然工致,真无愧乎斫轮圣手。虽得之于学养,亦赖乎天分也。

浪淘沙
北戴河
一九五四年夏

大雨落幽燕,白浪滔天,秦皇岛外打鱼船。一片汪洋都不见,知向谁边?　往事越千年,魏武挥鞭,东临碣石有遗篇。萧瑟秋风今又是,换了人间。

这首词最早发表在《诗刊》一九五七年一月号。

【注　释】

〔北戴河〕在河北省东北部渤海边秦皇岛市西南海滨,是著名夏季休养地。

〔幽燕(yān烟)〕这里泛指河北省。我国古代的幽州和燕国,都在今河北省北部一带。

〔一片汪洋都不见〕意为只见白浪滔天,不见打鱼船。1964年1月,作者就英译者对本句的提问答复说:"是指渔船不见。"

〔往事越千年,魏武挥鞭,东临碣(jié竭)石有遗篇〕汉献帝建安十二年(公元207年),曹操(后被尊称魏武帝)和乌桓族作战凯旋。挥鞭,即指跃马指挥作战。当时,曹操曾经路过碣石一带。他在《步出夏门行》诗《观沧海》一章里写道:"东临碣石,以观沧海。"碣石,据考古发现,在今辽宁省绥中县西南的近海里,西距山海关约三十里。遗篇,即指《观沧海》诗。

〔萧瑟秋风今又是〕这句诗由曹操《观沧海》诗里的"秋风萧瑟"句而引出。

【考　辨】

这首词在《诗刊》1957年1月号正式发表前,毛泽东曾于1956年12月4日写给黄炎培的信中称,"录陈审正,以答先生历次赠诗的雅意"。

此词作者留存的手迹,现在所见有三件。其一,即附在写给黄炎培的信中,词前署有标题《浪淘沙·北戴河》(后因作技术处理出现不同的版本);其二,为硬笔书法,既无标题,也无落款,"魏武挥鞭"句作"孟德挥鞭";其三,词前署有标题《浪淘沙·北戴河》,词后署有落款"毛泽东　一九六三年十一月十七日"字样,词内有一处异文,即"东临碣石有遗编"。

1954年7月23日,毛泽东在北京给到北戴河度假的李敏、李讷写信说:"北戴河、秦皇岛、山海关一带是曹孟德(操)到过的地方。他不仅是政治家,也是诗人。他的碣石诗是有名的。"毛泽东办公室秘书林克曾在一个抄件上写道:毛泽东"是因李讷喜李煜词,而李煜历来只能写婉约词,不能写豪放词,于是他写了一首豪放词给李讷"。林克在《忆毛泽东学英语》一文中记载,1962年4月21日,毛泽东谈《浪淘沙·北戴河》一词写作的缘由时说:"李煜写的《浪淘沙》都属于缠绵婉约一类,我就以这个词牌反其道行之,写了一首奔放豪迈的,也算是对古代诗坛靡弱之风的抨击吧。"

关于曹操《观沧海》诗中"东临碣石"之碣石的地点,历来有不同说法。1986年9月人民文学出版社出版的《毛泽东诗词选》注为:"在今河北省昌黎县境,北戴河以西。"1996年中央文献出版社出版的《毛泽东诗词集》改注为"在今辽宁省绥中县西南的海滨,西距山海关约三十里",依据是"近年来考古发现"。曹操诗中说,"水何澹澹,山岛竦峙",表明碣石就在海滨,他观海之处可能是个半岛。20世纪80年代,在辽宁省绥中县西南海滨,即在称为"姜女坟"的所在地,发掘出了秦始皇东巡到碣石的行宫遗址(距海大约百米),和汉武帝跨海到碣石修筑的"望海台"(一说汉武台)遗址。这两个遗址都临海,相距仅三四华里。"望海台"遗址在一个很小的半岛上,名为黑山头,这里可能就是曹操观海之处。汉武帝所到的碣石,据东汉末文颖(与曹操是同时代人,略早)的《汉书》注:"在辽西累县,累县今罢,属临渝,此石著海旁。"临渝在今山海关一带,此说与考古发现的碣石地点是相符合的。秦皇、汉武为什么要东巡至碣石,曹操为什么要到碣石观海呢?此处是"碣石门",这有史可查。《史记·秦始皇本纪》载:"三十二年(前215年),始皇之碣石,使燕人卢生求羡门高誓,刻碣石门。"《汉书》记载汉武帝在元封元年(前110年),"行自泰山,复东巡海上,至碣石"。当年的帝王把碣石门看作国之大门,故秦始皇派人由此入海求仙,并在此刻石歌功颂德;汉武帝在此筑"望海台"。碣石,为什么称碣石门,而不称碣石山呢?《尔雅·释名》:"碣石者,碣然而立在海旁也。"文颖《汉书》注也说"此石著海旁",似是他亲身见闻。碣石门就是由屹立在近海里的石柱,即海蚀柱形成的。现在绥中县西南海旁的"姜女坟"(由几根石柱组成)是原碣石门的中间门柱,它的东西两边,各隔三四华里原也有两组石柱,据当地老人说,几十年前东端还残存着石柱(现已毁),西端在退潮后还看得到石柱遗迹。这样三组相对称的石柱形成的"天然门阙",古人自然会称奇并视作国门了。不少注家把"碣石"注为昌黎县城西北的碣石山,但那里离海四五十里,曹操不可能到那里观海,就是到那里观海也看不到"洪波涌起",更不可能把此山称作"山岛"。

1954年夏,从7月26日至8月20日,毛泽东在北戴河避暑,边办公边休息。他常下海游泳,有时吟诵曹操的《观沧海》诗,还游览了山海关。就在本年夏,他在北戴河海滨写了《浪淘沙》词。时值夏天,为什么词中说"萧瑟秋风今又是"呢?一种看法是并非实指眼前事,而是给古今对比提供一个自然的联结点。此说颇有新意,不失为一家之言。但究其实,作者绝非不顾时令那样写的,而是作词时已经到了夏秋之交。此词据分析作于本年8月上中旬。据查本年立秋是8月8日,阴历是七月初十,按四季的划分,当时已进入初秋。再说,作者身临气温较低的北戴河,可能已经感到秋寒了。请看本年他在该地的留影,头戴帽子,身穿风衣,已不是夏天的着装了。

★ 赏　析 ★

观海则意溢于海
——《浪淘沙·北戴河》赏析

陈顺智　丁　毅

　　这首词是毛泽东1954年夏天在北戴河休假时所作,最初发表在《诗刊》1957年1月号上。应当说它也是毛泽东写得不算太晚,但发表得却比较早的诗词之一。这与毛泽东其他很多诗词创作得早却发表得晚的历史情况恰恰形成鲜明的对照。不仅如此,此词的写作与发表时间也十分值得重视,因为1954年正值解放的第五年,已经完成了"三反""五反"等一系列旨在巩固政权、恢复经济的政治运动,随即开始了轰轰烈烈的社会主义改造的"三大运动"。这种写作背景和发表时间都给本词增添了不少的政治色彩和丰富内涵。

　　《浪淘沙》最初本来是唐代教坊曲名,后来才用作词牌。这个词牌又名《浪淘沙令》《卖花声》《炼丹砂》等。最初诗人多以七言绝句入曲,到南唐后主李煜开始制双调令词。又分平韵、仄韵两体。平韵多以李煜词为正体,全词一般为五十四字,上下阕各二十七字,五句四韵。北宋中后期,柳永、周邦彦复将其演为长调慢曲,长达一百三十余字,并定为用入声韵。毛泽东所作此词则属平韵体小令。

　　北戴河,在河北省东北部渤海边港口秦皇岛市西,北依莲蓬山,境内山石起伏,林木茂盛,气候宜人,是著名的游览避暑休养胜地。清代即为皇帝、贵族的游览场所,光绪二十六年(1900年)后曾被外国列强所霸占。新中国成立以后,修葺一新,这里成为中央领导的休息疗养地。毛泽东以"北戴河"为题,正在点明本词是以北戴河之景为主要内容。词作上阕叙写海上所见景象,下阕则畅想往古。

　　"大雨落幽燕,白浪滔天,秦皇岛外打鱼船。"此句用倒卷法,排宕而下,一气呵成。诗人置身天地之中,首先感觉的是"大雨",而"大雨"起笔便给全诗奠定了悲怆、沉重、浓密的感情氛围;与大雨相伴的必是乌云翻滚、狂风大作,但是诗人却没有选取诸如"乌云""狂风"之类的意象,其主要原因一则是平仄的关系,一则是构图的需要:天空的大雨由上而下"落",而海面的"白浪"则是由下而上"滔"天,如此也就构成一个完整的空间。"幽燕"之"燕"应读作平声(yān烟),中国古代幽州与燕国均在今河北省北部一带,此处泛指河北省。幽燕自古以来便是兵家必争之地,又多慷慨悲歌之士,这二字的运用不仅点明了北戴河所处的大的地理环境,而且融入了深沉的历史文化内涵,同时还为下阕的展开埋下了伏笔。此外,幽燕所表现出的古朴的色彩,既与"大雨"的色彩融为一体,又与下句之"白浪"相应,呈现出一种明暗的对比。北宋柳永咏钱塘江潮有"卷起千堆雪"之句,是用白雪来形容江潮之大;所以诗人也是用"白"来形容浪潮之大、浪头之高。前两句一写大雨由上而下,一写巨浪由下而上;一写陆地,一写海洋,从而完整地展现出一个风起云涌、大雨如注、浪高极天的壮阔场面。如果说"幽燕"还只是泛泛指出北戴河所在的大背景的话,那么接下来的"秦皇岛"则是更进一步明确点出北戴河了。然诗人巧妙地用一"外"字又将我们的视线引向海上那处于大雨狂涛之间的打鱼船。读至此,诗人才最终将其中心意象"打鱼船"呈现出来,我们也才知道前两句都是为"打鱼船"渲染一幅恶劣的自然环境。

人们对"秦皇岛外打鱼船"一句的理解从来颇有分歧。或云"打鱼船"象征过去侵略中国的帝国主义;或云"打鱼船"就是新中国的革命航船;或云整个上阕喻指当年伟大的合作化运动,而"打鱼船"则是构成这种比喻的一部分;或云就是写渔民,借此讴歌广大劳动人民建设社会主义的积极性。以上四说共同之处是设法找出这句词的政治含义,大都脱离了作者创作这首词的独有心态,也很少顾及词句所蕴含的美学意义。

这三句实际写出了毛泽东所追求的一种人生境界。作者早在《〈伦理学原理〉批注》中就说过:"大风卷海,波澜纵横,登舟者引以为壮……"这三句就是这段文字的诗化,是毛泽东独有的挑战个性的外化。"秦皇岛外打鱼船"后所画的句号,意在强调它与前边两句共同构成了一个统一的境界,是不容割裂的。有一个英译本放弃了原诗的句读方式(把"秦皇岛外打鱼船"与下两句连在一起),译本这几句话的大意是:原来在海上的,从秦皇岛来的许多打鱼船,现在一条也不见了,不知道它们漂到哪儿去了。这应该是对毛词曲解造成的认识,与作者原意并不相符。造成曲解的原因则在于译者不理解作者本是有意的安排,是他追求壮美人生境界在词境上的显示。照译者的理解去读,词的独有情调则变得索然无味了。

照理说,风浪大作时海中是不会有渔船作业的,毛泽东也并非不知道渔船早已躲进避风港内,可为什么偏偏这样写呢?关键在于,这是艺术创造而不是生活实录。艺术本是虚构的世界,因而我们同意词中"打鱼船"是虚拟的景象。看来毛泽东这位浪漫主义大师如同他的前辈李白等人,是善于虚处用力的。"秦皇岛外打鱼船"正是如此,看似简单的一句,却包含着诗人的美学追求,是不容简单处理的。

"秦皇岛外打鱼船"在上阕中占据中心地位,下边"一片汪洋都不见,知向谁边?"则是由此生发而来。诗人当时与风浪搏斗的豪情借助于"打鱼船"得到寄托,试想海面上狂风大雨、白浪交加、汪洋一片,什么也看不清,而诗人心目中的渔船又漂向更远之处,人与自然该展开何等惊心动魄的殊死搏斗啊!作者在这里显示的人生境界更为崇高。

还应当看到"打鱼船"在全词中所起的作用。它作为拓展广大空间的物象,起到了引向下阕对历史的回顾,即完成由空间(上阕)向时间(下阕)的转换作用。"知向谁边?"表面上看是在广大空间中追寻,实际上是借助于具体的空间物象引发出对一千七百年前"往事"的评说。读到这里,我们仿佛见到一代伟人面对大海作着历史的探索。

下片由上片低沉迷茫的自问与自语中振起:"往事越千年,魏武挥鞭,东临碣石有遗篇。"作者不仅是具有丰富政治斗争经验的国家领袖,而且还是一位谙熟中国传统历史文化的诗人。他由所在的幽燕、秦皇岛,遐想到一千多年前中国历史上的另一位政治家、军事家兼诗人的英雄人物——曹操。为削平群雄统一中国,曹操于汉献帝建安十二年(公元207年)五月征乌桓,七月出卢龙塞,九月胜利班师时经过碣石山,写下了组诗《步出夏门行》,其中《观沧海》一章云:

东临碣石,以观沧海。
水何澹澹,山岛竦峙。
树木丛生,百草丰茂。
秋风萧瑟,洪波涌起。
日月之行,若出其中,
星汉灿烂,若出其里。
幸甚至哉,歌以咏志。

曹诗真实地写出了碣石山附近的沧海之景以及自己内在的感受,表现出那种吞吐宇宙的宏阔气象。毛泽东及践斯地,此情此景,不由想起曹操这位横槊赋诗的老英雄来。魏武即曹操,其子曹丕代汉建魏称帝(文帝)后,追尊曹操为武帝;碣石,即碣石山,又名大碣石山。现存的碣石山虽有古迹之观赏价值,但是否为曹操所临之原址尚有疑问,学术界一般认为原碣石山久已没入海中。所谓"遗篇",即曹操此篇《观沧海》诗。毛泽东对于中国历史上的许多帝王曾有过评价,说:"惜秦皇汉武,略输文采;唐宗宋祖,稍逊风骚。一代天骄,成吉思汗,只识弯弓射大雕。"(《沁园春·雪》)毛泽东认为他们虽长于武略但于文采方面或"略输""稍逊",或不识翰墨,均不能文武兼长。而曹操则不同了,他既是一位政治家、军事家,同时又是一位颇有成就的文学家。因此,毛泽东对曹操这位一千多年前颇具文韬武略的英雄情有独钟,并产生一种认同感、敬慕感也是极其自然的事情。由此,我们也可以看出毛泽东独特的价值取向——文武兼长,既不屑于做一个纯粹的文人,也不愿做一个纯粹的政治家或军事家。此外,曹操当时所处的政治、社会环境之复杂、斗争之尖锐也或可与毛泽东当时所处的国内外复杂而尖锐的政治环境相比拟。因此,作者在1954年夏这样一个独特的时间来到北戴河并想起曹操也是极其自然之事。

但是,另一方面,当时毛泽东所处的时代、社会环境到底不同了。首先,曹操所面临的是一个军阀纷争的分裂的中国,而毛泽东面临的则是一个人民翻身当家做主的统一的新中国,虽然其中也有来自内部不同方面的斗争;其次,曹操没有国际社会的政治压力,而毛泽东则面临着国际社会的巨大政治压力。因此,两者的不同还是占据主导地位。所以词作接下来说:"萧瑟秋风今又是,换了人间。"昔日曹操作《观沧海》的地点、季节与毛泽东作此词的地点、季节相近,这正是"萧瑟秋风今又是"的含义,"萧瑟秋风"四字借用魏武原诗中的"秋风萧瑟"四字,只因词律平仄的缘故略作颠倒;但两者所处的时代、社会制度毕竟不同,所以接着说"换了人间"。这种异中之同,说明毛泽东所面临的难题;这种同中之异,说明毛泽东有充分的自信、有足够的能力来解决所面临的难题。"换了人间",从字面来看似乎仅仅是一种对比、一种直叙,如果我们进一步深究的话,那么,其精神内涵则是十分丰蕴的,它包含着对新时代、新社会的肯定和热爱,对控制当时国内政治局面能力的自信,还包含着对冲出国际上阵阵反华浪潮的围困、对冲破国际上层层封锁所具有的坚定不移信念的表述。这正是一个伟大政治家的气魄与胸襟!在这里所表达的明朗的思想感情和充分自信的信念恰与上片结尾所表现的犹疑与困惑形成鲜明的对比。

除上所述,本词还有一些值得提及的地方。首先,作为一首小令,作者没有完全按照小令的写法即采用感兴式的表现方法,而是采用了长调慢词的铺叙手法来进行创作,这有很大的难度,需要很高的艺术技巧。因为词体过小,不易充分铺展,往往给人以捉襟见肘之感;而本词则于铺展之中有变化,有余味,可说是小令创作的一种创新。其次,在艺术结构上,本词采用了今——古——今的结构形式。上片之"今"按"宋初体"的体式来看属于写景部分,下片抒情,其中之"往事"则属于"古",下片之"今又是"则又重新加到了今天崭新的伟大时代而不是今天所见的极目之景,因而下片之"今"乃是对于上片之"今"的一种升华和提高,表现了诗人不同于魏武的广阔胸襟、巨大魄力和时代特色。

本词收敛光芒入小词,将叙事与抒情、写景与象征、今与古、诗人之情与政治家之情等有机地结合起来,充分表现出了作者卓越的艺术才能和超群的政治气魄!

伟哉斯人!

水调歌头
游　泳

一九五六年六月

才饮长沙水,又食武昌鱼。万里长江横渡,极目楚天舒。不管风吹浪打,胜似闲庭信步,今日得宽馀。子在川上曰:逝者如斯夫!

风樯动,龟蛇静,起宏图。一桥飞架南北,天堑变通途。更立西江石壁,截断巫山云雨,高峡出平湖。神女应无恙,当惊世界殊。

这首词最早发表在《诗刊》一九五七年一月号。

【注　释】

〔游泳〕1956年6月,作者曾由武昌游泳横渡长江,到达汉口。

〔长沙水〕作者自注:"民谣:常德德山山有德,长沙沙水水无沙。所谓无沙水,地在长沙城东,有一个有名的'白沙井'。"

〔武昌鱼〕作者自注:"三国孙权一度从京口(镇江)迁都武昌,官僚、绅士、地主及其他富裕阶层不悦,反对迁都,造作口号云:'宁饮扬州水,不食武昌鱼。'那时的扬州人心情如此,现在变了,武昌鱼是颇有味道的。"按:此注有误记,据《三国志·吴书》记载,吴主孙皓一度从建业(故城在今南京市南)迁都武昌,反对迁都者造的童谣是:"宁饮建业水,不食武昌鱼。"武昌鱼,指古武昌(今鄂州市)樊口的鳊(biān编)鱼,称团头鳊或团头鲂。

〔极目楚天舒〕极目,放眼远望。武昌、汉口一带在春秋战国时属于楚国的范围,所以作者把这一带的天空叫"楚天"。舒,舒展,开阔。北宋柳永《雨霖铃》:"暮霭沉沉楚天阔。"作者在1957年2月11日给黄炎培的信中说:"游长江二小时飘三十多里才达彼岸,可见水流之急。都是仰游侧游,故用'极目楚天舒'为宜。"

〔闲庭信步〕在安静的庭院里散步。

〔宽馀〕指神态舒缓,心情畅快。

〔子在川上曰:逝者如斯夫〕《论语·子罕》:"子在川上,曰:'逝者如斯夫!不舍昼夜。'"(孔子在河边,说道:"奔流而去的是这样匆忙啊!白天黑夜地不停留。")这两句诗由河水的流逝,借喻时间的消失、世事的变化。

〔风樯(qiáng墙)〕樯,桅杆。风樯,指帆船。

〔龟蛇〕龟山和蛇山。见《菩萨蛮·黄鹤楼》注。

〔起宏图〕拟定宏伟的计划,指建设武汉长江大桥和三峡大坝。

〔一桥飞架南北,天堑(qiàn欠)变通途〕一桥,指当时正在修建的武汉长江大桥。1958年版《毛主席诗词十九首》和1963年版《毛主席诗词》,作者曾将此二句改为"一桥飞架,南北天堑变通途",后经作者同意恢复原句。天堑,天然的沟壕。古人把长江视为"天堑"。据《南史·孔范传》记载,隋伐陈,孔范向陈后主说:"长江天堑,古来限隔,虏军岂能飞渡?"通途,四通八达的大道。

〔更立西江石壁……当惊世界殊〕将来还打算在鄂西、川东长江三峡一带建立巨型水坝("西江石壁")蓄水发电,水坝上游原来高峡间狭窄汹涌的江面将变为平静的大湖。到那时,巫山一带的雨水被水坝拦阻也都得流入这个"平湖"里来。巫山上的神女应当会健在如故,她看到这种意外的景象,该惊叹世界真是大变样了。巫山,在四川省巫山县东南。巫山形成的峡谷巫峡和上游的瞿塘峡、下游的西陵峡合称三峡。巫山云雨,传楚宋玉《高唐赋·序》说,楚怀王在游云梦泽的高唐时曾梦与巫山神女遇,神女自称"旦为朝云,暮为行雨",这里只是借用这个故事中的字面和人物。

【考　辨】

这首词作者留存的手迹,现在所见有四件:(一)1956年12月4日,作者致信黄炎培,信中"录陈"此词,题为《长江》,上阕结句为"逝者如斯乎"。同年12月16日又致信黄炎培说:"逝者如斯乎的'乎'错了,请改为'夫'字。"(二)1956年12月5日,作者致信周世钊,信中"录陈"此词,题为《长江》,上阕结句为"逝者如斯乎"。文物出版社征求作者同意,曾对这件手迹做过技术处理,词题改为《游泳》,"乎"字改为"夫",收入《毛主席诗词》(册页散装),于1965年11月出版。(三)1961年9月24日,作者在武汉将此词书赠英国蒙哥马利元帅,词前写有标题和作者署名,词后写有"右词一首,赠蒙哥马利元帅",词中将"截断巫山云雨"句,写作"切断巫山云雨"。(四)作者只写了此词的上阕,标题写作《水调歌头·游泳》。

这首词在《诗刊》1957年1月号首次发表时改题为《水调歌头·游泳》,"逝者如斯乎"句"乎"改为"夫"。

毛泽东在1957年5月21日学英语休息时,对辅导他学英语的办公室秘书林克说:"《水调歌头·游泳》这首词是反映社会主义建设的。'一桥飞架南北',只有我们今天才做到了。"(林克《忆毛泽东学英语》)

★ 赏　析 ★

宏伟建设的畅想曲
——《水调歌头·游泳》赏析

苏者聪

毛泽东的诗词气势磅礴，意境阔大，充满革命浪漫主义豪情与乐观主义精神。语言明白晓畅，不事雕琢，但在平淡朴实的词句里蕴藏着深刻的哲理与深邃的内涵。1956年6月，毛泽东写的《水调歌头·游泳》这首词即是如此。当年12月，毛泽东用毛笔书写了他喜爱的这首词，1957年12月该词发表于《诗刊》1月号。

词开头说："才饮长沙水，又食武昌鱼。"长沙水，作者自注："民谣：常德德山山有德，长沙沙水水无沙。所谓长沙水，地在长沙城东，有一个有名的'白沙井'。"此水清澈见底，味甘甜，是山中流出的未曾污染的泉水。"武昌鱼"中的武昌，不是今天的武昌，而是古代的鄂州。鄂州樊口盛产一种鳊鱼，头小，身扁宽，肉嫩味美，称"团头鳊"或"团头鲂"。词中举沙水与鳊鱼两种具有代表性的特产以示所到之地，使词更具生活气息。长沙，是毛泽东家乡的省会，又是他青少年时代求学、革命、恋爱、结婚的所在地，他对它自有深厚的感情。武昌，大革命时期曾是中国共产党革命活动的中心之一，1927年春，毛泽东在那里主持农民运动讲习所的工作，和杨开慧共同度过了许多日子。新中国成立后，他又经常到长沙、武汉考察，了解民情，对它们非常熟悉，所以词从生活入手，从饮水食鱼写起，使人感到分外亲切自然。

毛泽东自幼酷爱游泳，从小就培养了与大自然搏斗的精神。游泳不仅可以锻炼人的身体，而且更可磨炼人的意志。1925年，他在《沁园春·长沙》中写道，"到中流击水，浪遏飞舟"，表现出劈波斩浪、一往无前的豪迈气概。1955年6月，毛泽东在浪大水深的湘江游泳。翌年6月又三次在长江游泳，6月1日中午从武昌长江大桥八号墩附近下水，横渡长江，到汉口谌家矶登船，历时两小时，全程近十四公里；6月3日下午约两点，再次畅游长江,从汉阳鹦鹉洲附近下水,穿过正在建设的武汉长江大桥桥墩,到武昌八大家江面上船,游程十四公里;6月4日,他第三次畅游长江,从汉阳到武昌。"万里长江横渡,极目楚天舒。"他在汹涌澎湃、水深流急的万里长江中时而侧泳,时而仰游,纵目远望,楚天浩大无垠。湖北武昌一带在春秋战国时属楚国的范围,故称楚天。毛泽东此时已是六十三岁的老人了,他在与风浪搏斗中,显示出高昂的意志与大无畏的精神:"不管风吹浪打,胜似闲庭信步。"不管恶势力多么猖獗,他从容自在,"等闲"以待。

这两句词虽然是写与大自然风浪的搏斗,但却具有深刻的哲理性,在他一生艰苦卓绝的斗争中,对待险恶的政治风浪何尝不是如此?!1927年大革命失败,蒋介石对共产党实行大屠杀,妄图斩尽杀绝。共产党召开紧急的"八七会议",不久决定上井冈山,实行武装斗争,以农村包围城市,从而找到了中国革命的出路。1928年开始,国民党军阀武装向井冈山发动了多次"会剿",毛泽东面临着暂时强大的国民党政权,采取诱敌深入,集中优势兵力打歼灭战,实行各个击破的方针。他在艰苦的岁月里,始终充满战胜国民党政权的信心。当1928年国民党湘赣两军以重兵包围井冈山时,毛泽东写下"敌军围困万千重,我自岿然不动"(《西江月·井冈山》)的藐视敌人的诗句;同年10月到1929年2月,国民党向井冈山发动第三次"会剿",共产党被迫离开井冈山,形势危急,毛泽东竟在《采桑子·重阳》中写出"战地黄花分外香"的诗句。他如此乐观,深信人民战争必胜。1933年夏,国民党将要向共产党发动空前规模的第五次大"围剿",斗争形势非常险恶,毛泽东时任政府工作,重过大柏地时在《菩萨蛮·大柏地》中写下:"当年鏖战急,弹洞前村壁。装点此关山,今朝更好看。"战争留下的伤痕是国民党对人民犯下罪行的铁证,历史记载了他们的耻辱。作者以乐观态度写战争,以幽默诙谐的笔调嘲讽国民党政权的残暴。1934年,红军被迫长征,转战南北十一省,行程二万五千里,面对着强大的敌人与险恶的山水,毛泽东以气吞山河的如椽大笔在《七律·长征》中写道:"红军不怕远征难,万水千山只等闲。"他以"等闲"的态度克服重重困难,取得了举世闻名的长征胜利。中华人民共和国刚一诞生,武装到牙齿的美帝国主义发动侵朝战争,企图以此为跳板进攻中国,毛泽东坚信"美帝国主义是纸老虎"的论断,毅然派出中国人民志愿军,跨过鸭绿江,与朝鲜人民军一道打败了美帝国主义。凡此等等说明,1956年,毛泽东写出"不管风吹浪打,胜似闲庭信步",既是他一生革命斗争生涯和中国革命历史的经验总结,也是他乐观坚定的人格意志的自然流露。毛泽东这两句诗可谓是至理名言,内含量极大,它指引着革命者在遇到自然风浪、政治风浪和一切恶势力时,毅然采取大无畏的精神与乐观主义态度。

　　毛泽东畅游长江,见滔滔江水迅速流逝,不由得想起《论语·子罕》中孔子的话:"子在川上曰,逝者如斯夫,不舍昼夜。"世上万事万物都像江水日夜不停地速逝,从而产生"只争朝夕"的思想。这是毛泽东一贯的观念,他曾说过"抓而不紧,等于不抓","被动是要挨打的"等话,是教导人们要雷厉风行地办事。他眼见江上桅杆浮动,"百舸争流",一片繁忙的景象,两岸对峙的龟山、蛇山悄然屹立,宏伟的武汉长江大桥正在兴建之中,这是第一个五年计划项目,也是新中国成立后第一座巨型的桥梁工程。解放不到六年,中国人民就有这样惊天动地的壮举,所以毛泽东热情地讴歌它:"一桥飞架南北,天堑变通途。"堑,指壕沟。古人把长江视为"天堑",现在却变成了通途。武汉是重要的工业城市,也是繁华的商业都市,为九省通衢的要地。武汉长江大桥的建立,对于沟通南北交通、活跃经济文化起着重要的作用。毛泽东对"起宏图"的赞颂,实是对社会主义伟大建设的赞颂,对劳动人民勤劳智慧的赞颂。他一向认为:"人民,只有人民,才是创造世界历史的动力。"又曾说:"数风流人物,还看今朝。"一个伟大的革命者总是把人民看作历史的主人。

　　毛泽东尽管是在日理万机后的闲暇之时去游泳,也仍然不忘国家的建设,他不仅关注现在,而且想到未来:"更立西江石壁,截断巫山云雨,高峡出平湖。"设想在长江上游的三峡,即西陵峡、巫峡、瞿塘峡江面较狭窄处把江水拦腰截断,建设一个巨型水库,利用江水发电。巫山云雨,用宋玉《高唐赋》典。楚怀王游云梦泽的高唐时,梦中与巫山神女相遇,神女自称:"且为朝云,暮为行雨,朝朝暮暮,阳台之上。"毛泽东在词中化用这个典故,增加了词的神奇色彩。在险山恶水上筑坝,使高峡成为平湖,工程浩大,难度极高,而当时却已在筹划论证之中。毛泽东进一步联想到,将来三峡动工,百万大军向江山开战,移山填海,巫山上的神女该不会受到惊吓吧!"神女应无恙,当惊世界殊!"神女在长江边的巫峡峰上寂寞地待了数亿万年,将来如果见到举世闻名的三峡巨大工程的建设,祖国翻天覆地的变化,她一定会惊叹赞美不已,会赞美共产党、毛泽东"敢想、敢说、敢干"的精神,赞美劳动人民的勤劳、勇敢与智慧。她是历史最好的见证人,是最有发言权的。当年毛泽东建设社会主义的宏伟畅想曲今天已变为现实。这真是世界罕有的高峡平湖。

这是一篇现实主义与浪漫主义相结合的作品,充满积极浪漫的豪情,其中杂有神话故事传说,使词具有神秘色彩与艺术魅力。词中情景交融,借景抒情,随意自然,发人深思。

蝶恋花

答李淑一

一九五七年五月十一日

我失骄杨君失柳,杨柳轻飏直上重霄九。问讯吴刚何所有,吴刚捧出桂花酒。　寂寞嫦娥舒广袖,万里长空且为忠魂舞。忽报人间曾伏虎,泪飞顿作倾盆雨。

这首词最早发表在一九五八年一月一日湖南师范学院院刊《湖南师院》。

【注　释】

〔答李淑一〕这首词是作者写给当时的湖南长沙第十中学语文教员李淑一(1901—1997)的。词中的"柳"指李淑一的丈夫柳直荀烈士(1898—1932),湖南长沙人,作者早年的战友。1924年加入中国共产党,曾任湖南省政府委员,湖南省农民协会秘书长,参加过南昌起义。1930年到湘鄂西革命根据地工作,曾任红军第二军团政治部主任、第三军政治部主任等职。1932年9月在湖北洪湖革命根据地的"肃反"中被害。1957年2月,李淑一把她在1933年写的思念柳直荀的一首《菩萨蛮·惊梦》词寄给作者,作者写了这首词答她。

〔骄杨〕意为值得骄傲的杨开慧烈士。这是对她英勇牺牲的赞美。杨开慧(1901—1930),湖南长沙人,1920年冬同作者结婚,1921年加入中国共产党,在中共湘区委员会负责机要兼交通联络工作,后随作者去上海、广州、武汉等地。1927年大革命失败后,隐蔽在长沙板仓坚持地下工作。1930年10月被国民党当局逮捕,11月牺牲。

〔杨柳轻飏(yáng扬)〕指两位烈士的忠魂升天。飏,飘扬。

〔重霄九〕即九重霄,天的最高处。我国古代神话认为天有九重。

〔问讯吴刚〕问讯,问候和讯问。吴刚,神话中月亮里的仙人。据唐段成式《酉阳杂俎》,月亮里有一棵高五百丈的桂树,吴刚被罚到那里砍树。桂树随砍随合,所以吴刚永远砍不断。

〔嫦娥〕神话中月亮里的女仙。据《淮南子·览冥训》,嫦娥(一作姮娥、恒娥)是羿(yì异)的妻子,因为偷吃了羿从西王母那里求到的长生不死药而飞入月中。唐李商隐《嫦娥》:"嫦娥应悔偷灵药,碧海青天夜夜心。"

〔舒广袖〕伸展宽大的袖子,指舞蹈。

〔忽报人间曾伏虎,泪飞顿作倾盆雨〕忽然听到中国人民终于推翻了国民党政权统治的捷报,两位烈士的忠魂顿然高兴得泪流如雨。

〔舞、虎、雨〕这三个韵脚字跟上文的"柳、九、有、酒、袖"不同韵。作者自注:"上下两韵,不可改,只得仍之。"

【考　辨】

　　1957年1月，毛泽东十八首诗词在《诗刊》上发表后，当时在长沙第十中学任教的李淑一给毛泽东写信，寄来她1933年写的悼念自己的丈夫柳直荀烈士的一首《菩萨蛮·惊梦》，并索要毛泽东1921年写给杨开慧的《虞美人·枕上》全词。毛泽东1957年5月11日回信说："大作读毕，感慨系之。开慧所述那一首不好，不要写了吧。有《游仙》一首为赠。"《湖南师院》首次发表这首《蝶恋花·游仙》时，根据作者意见，改题为《蝶恋花·游仙赠李淑一》。收入人民文学出版社1963年12月版《毛主席诗词》时，标题改定为《蝶恋花·答李淑一》。

　　此词作者留存的手迹，现在所见有三件。(一)1957年5月11日给李淑一复信时附写在信上。(二)1961年9月1日应毛岸青、邵华请求所书写，首句写作"我失杨花君失柳"，并说"称'杨花'也很贴切"，末句写作"泪挥顿作倾盆雨"。(三)1961年10月16日书赠李胜利(又名李静，曾任总政文化部部长)，词前写有词牌和小序，词中末句写作"泪挥顿作倾盆雨"。

　　1962年，作者在天安门城楼观礼时，老友章士钊曾当面问他"骄杨"作何解释，得到了他的答复。次年，章士钊在他所作的《杨怀中别传》中写道："毛公填词，有我失骄杨句。吾乃请益毛公，何谓骄？公曰：'女子革命而丧其元(头的意思——编者注)，焉得不骄？'"

★ 赏　析 ★

植根深厚而超迈古今
——《蝶恋花·答李淑一》赏析

董乃斌

　　毛泽东于1957年写的《蝶恋花》词,是一首脍炙人口的作品。自公开发表以来,除文学界对它做了许多讲解论析外,还引出了不少以它为蓝本的艺术创作,如歌、舞、曲艺、绘画、金石等。有关这首词的背景、本事及其基本内容,人们已经相当熟悉。所以本文在这方面不拟多费笔墨,而想着重从中国文学、特别是诗歌史的角度,谈谈这首词既植根于民族传统而又超迈卓绝于传统之外的杰出地位。

　　这首《蝶恋花》词的主题,是悼亡;其表现形式,是游仙;而其功用或曰创作目的和契机,则是赠答。因友人来信来诗触发灵感,乃用游仙的方式抒发对亡人的怀想,并以此作为对友人的答复,这便是《蝶恋花·答李淑一》的创作过程。

　　悼亡主题、游仙形式和以诗词相赠答,在中国文学里都具有极其深厚的传统。毛泽东的《蝶恋花》词既与这些传统有着密切的关系,同时又绝不被其局限,而是有所突破、有所创造,从而不但在思想上,而且在艺术上都达到了全新的高度。

　　下面让我们试加分析。

　　所谓悼亡,在文学史上有个特定的含义,那就是悼念亡妻。较早的悼亡名篇见于《昭明文选》诗类哀伤之作中所收的潘岳《悼亡诗三首》。到唐代,著名的诗人元稹有《遣悲怀三首》,李商隐有《房中曲》等,都是追念亡妻的。李商隐的《锦瑟》诗,也有人认为其主题即是悼亡。宋代苏轼的《江城子》(十年生死两茫茫)则是最广为人知的悼亡词。以上所举都是众所周知之作,文学史上还有更多的此类作品,简直不胜枚举。

　　上述诸多悼亡之作,有一个共同特点,那就是感情真挚而细腻。作者们往往从不同角度、运用不同手段来表达对亡妻的思念,有的侧重回忆,有的立足想象,都能够抓住一些细节、通过某些器物和一定环境的描写,制造凄凉悲伤的氛围,从而倾吐哀思,并引起读者的共鸣。

潘岳的《悼亡》有这样几句:"望庐思其人,入室想所历。帏屏无髣髴,翰墨有馀迹。流芳未及歇,遗挂犹在壁。怅恍如或存,回遑忡惊惕。"写妻亡后作者回到他们的住室,满眼是妻子的遗物,恍惚间觉得她并没有离去。李商隐的《房中曲》手法类似:"玉簟失柔肤,但见蒙罗碧。忆得前年春,未语含悲辛。归来已不见,锦瑟长于人。"器物依旧而伊人已逝,充满了物是人非之感。

元稹的《遣悲怀》用的细节更多也更生动,所以给人印象也更深。他的诗描写当年的贫困,有云:"顾我无衣搜荩箧,泥她沽酒拔金钗。野蔬充膳甘长藿,落叶添薪仰古槐。"把一对"贫贱夫妻"的日常生活写得十分具体。而今自己做了大官,妻子却已死去,一切都无法弥补了。诗的末尾写道:"唯将终夜长开眼,报答平生未展眉。"那遗憾确实是很深的。此后的许多悼亡之作,在写法上大都如此。

但毛泽东在《蝶恋花》词中没有采用这种传统的表现手法。开篇一句"我失骄杨君失柳",明白道出悼亡之意,这既是一种长歌当哭,又贯注了一股豪气,失去亲人固然悲痛,但作者又绝没有被悲痛所压倒。这样开篇就为全词定下了慷慨豪迈的基调,使它迥然不同于上述任何悼亡之作。而只用一个"骄"字,便透露了对妻子无限怜爱的柔情,这种以极简之言传极深之意的炼字法,也是很高明的。

古人的悼亡诗也常运用想象之笔,借表现阴阳两间的隔绝难通来寄托自己的哀思。例如潘岳《悼亡》写他去妻子坟上"徘徊墟墓间,欲去复不忍",仿佛感到妻子的灵魂就在这里,"孤魂独茕茕,安知灵与无"?他简直想与她对话了,然而这又怎么可能?作者的痛苦可想而知。

苏轼的《江城子》词写于妻子亡故整整十年之后,其下阕是这样的:"夜来幽梦忽还乡。小轩窗,正梳妆。相顾无言,唯有泪千行。料得年年断肠处,明月夜,短松冈。"作者写的是自己的梦境,这梦境是他睡时醒时千百遍想象过的情景。他梦到自己风尘仆仆回到久别的故乡,回到了自己家中,他惊喜地发现,妻子正像从前一样在窗前梳妆。他激动极了,赶紧上前去嘘寒问暖,然而妻子只是默默地望着他流泪,一句话也不说。恍惚中他有点儿明白了,妻子已经死去,已和自己有生死之隔,他也流下了悲苦而无奈的泪水。"相顾无言,唯有泪千行",把梦境写得那么真切,把悼亡之痛写得那么深沉,感动了世世代代的读者。

  毛泽东借鉴了这种驰骋想象、在更上一层的境界中表达对亡人无限思念之情的手法。但他的《蝶恋花》词要追念的不仅是亡妻杨开慧一人,还有李淑一的亡夫柳直荀,尤其重要的是,杨、柳二人不但是毛泽东的亲人和挚友,更是革命队伍中的同志,因此毛泽东对他们的追思,便很自然地会从他们而扩展开去,想到在几十年革命战争中那许多献出了宝贵生命的战友和亲人。这就决定了毛泽东的追思必然要超越个人的范畴、具体的场景,而升华到一个更高更广更宏伟的境界。

  不仅如此,毛泽东的整个世界观,特别是他的文艺思想,也决定了他一定会把对亲友暨烈士的杨、柳二人的深沉怀念之情做一番提炼和升华。一般地表述一下悲哀和思念,把诗词的内容仅仅限制在个人悼亡的怅惘以内,他是不屑而为的。他承认"诗言志"的古训,并且认为"志"有各种各样,人的胸襟怀抱应当宏远壮阔;他也很懂得"诗缘情而绮靡"的道理,但更强调"情"有阶级性,有正邪、善恶、高下之分。他曾经说过,文艺的目的是团结人民、教育人民、鼓舞人民,要求广大文艺工作者用文艺作为武器,帮助人民同心同德地和敌人做斗争。他自己也正是这样身体力行的。创作《蝶恋花》词虽然暂时是个人的赠答唱和,但即使真的只有一位读者,也同样有个用何种思想影响人的问题,何况他深知,此类诗词作品的广泛流传,实际上只是早晚的事,因此在写作时就必须考虑面对大众。

  毛泽东平生不止一次为革命烈士发表悼词,然而他从未为追悼而追悼。他给年轻的共产党员刘胡兰题了"生的伟大,死的光荣"的悼词,他为追悼张思德、纪念白求恩而向群众讲话,中心都是阐发烈士模范行为的精神实质,号召大家继承他们的遗志。他在《论联合政府》一文中,说到1927

年"四一二"反革命政变,无数共产党人和革命人民被国民党屠杀,"但是,中国共产党和中国人民并没有被吓倒,被征服,被杀绝。他们从地下爬起来,揩干净身上的血迹,掩埋好同伴的尸首,他们又继续战斗了"。这段话既是对敌人的强烈控诉,也表达了他对所有革命烈士的深切悼念,同时也是对整个革命队伍的有力鼓舞。事实上,杨开慧、柳直荀以及毛泽东的其他几位亲人,都是在历次战斗中先后牺牲的,毛泽东曾经多少次经受过丧失亲人和同志的悲痛。作为一位领袖和统帅,自己的战友和部队在革命战争中有所牺牲,更是要经常面对的事。他既要努力减少这种损失,又不能惧怕付出代价而放弃战斗,但对于英勇牺牲的同志,他是那样地满怀痛惜和敬意。这些人生遭际和感情经历,在毛泽东创作《蝶恋花》词的时候,都会自然地发生作用,使他笔下一字一句所凝聚的情思更加浓郁厚重。

李淑一随信附寄的那首作于二十五年前的悼亡词,情调比较低沉。这是可以理解的。毛泽东在回信中说:"大作读毕,感慨系之",表示了深深的同情。在此之前的一封信中,毛泽东还说过:"直荀牺牲,抚孤成立,艰苦备尝,极为佩慰。"话虽不多,但对烈士遗孀艰辛生活的理解和慰问,令人感动。李淑一是杨开慧的同窗好友,当年杨曾将毛泽东写给她的一首词讲给李听,这次李请毛泽东把此词重新抄录给她,以作纪念。毛泽东认为从前作的那首不好,可是故人的来信触发了他的灵感,遂作了这首《蝶恋花》词回赠。

此词最初的题目是"游仙",信中有个说明:"这种游仙,作者自己不在内,别于古之游仙诗。但词里有之,如咏七夕之类。"后来正式发表时,才改题为"答李淑一"。

毛泽东采用游仙的形式来抒发郁积于胸的对烈士的怀念,完全是为了升华悼亡主题的需要。从《蝶恋花》的内容可以看出,这种打通天上人间、打通仙凡之隔的形式,极大地方便了作者想象的飞腾,极有助于作者对想象中烈士们的生活环境的营造,也极好地完成了作者以革命胜利殷殷告慰烈士和畅抒豪迈乐观之情的创作旨趣。

以往的诗人悼念逝者,尽力想象的是阴间的凄清孤寂,意在舒泄心头的悲苦哀伤,除了宗教提供的某种解脱感,他们没有什么更强劲的精神力量作为支撑。

而毛泽东不同,他和万千烈士们共同为之奋斗的事业,如今已经取得了胜利,"忽报人间曾伏虎",当初夺去烈士们宝贵生命的反动势力已经垮台,烈士们的牺牲已经有了回报。我们纪念一切为这伟大事业献身的先逝者,但我们不能沉溺于悲哀之中,因为我们完成了烈士们的未竟之业,实现了他们的理想,他们的在天之灵也会为此而感到宽慰和高兴的。所以,《蝶恋花》词在用一句话点明了悼亡主题之后,紧接着就巧妙地把两位烈士的姓氏转化成为自然物杨枝柳条,以之象征着他们的忠魂;随后又用巨大的想象力,把象征着烈士忠魂的杨柳直送到高高的天上,让仙界的吴刚、嫦娥对他们表示出由衷的敬意,并让他们一起对人间的巨变挥洒因万分激动而喷涌迸射的泪水。在这里,作者那杰出奔放、天马行空的想象,把读者的思绪一路引领向上。人们仰头而望,仿佛能够看到以杨、柳为代表的无数革命先烈,正和吴刚、嫦娥一起关切地俯视着人间,为人间伏虎的伟大胜利而喜泪滂沱;而那由泪水化成的倾盆大雨,不但冲刷着后死者心头的悲哀,而且把天上人间联系了起来。

杨、柳二烈士的忠魂,到了天上,畅饮了神仙吴刚的桂花酒,欣赏了神仙嫦娥的精彩舞蹈……这种写法是典型的游仙笔法。

游仙之诗,古已有之。收在《昭明文选》中的晋人何劭、郭璞的《游仙诗》,是这类作品较早的代表。它们或写山林之士的得道成仙,或写仙人们逍遥无虑的生活,如所谓"陵阳挹丹溜,容成挥玉杯。姮娥扬妙音,洪崖领其颐",所谓"赤松临上游,驾鸿乘紫烟。左挹浮丘袖,右拍洪崖肩"等,表达的是嫌恶浊世、藐视权贵和厌弃功名利禄而一心向往神仙世界的幻想,这种游仙的主人公是作者自己。形式介乎诗词之间的《步虚词》,也是以游仙为主要内容,写人与仙的交往,写仙界的清净美好,抒发诗人对仙境的想象和向往。词中也有写游仙的。毛泽东所指出的《咏七夕》,大多是借歌咏牛郎织女故事以想象神仙生活,表示对牛郎织女的同情,作者本人一般不在内。宋代以后的诗家写过不少这一题材的作品,比较著名的如欧阳修的三首《渔家傲》（喜鹊填河仙浪浅、乞巧楼头云幔卷、别恨长长欢计短）、柳永的《二郎神》（炎光谢过）、秦观的《鹊桥仙》（纤云弄巧）等。此外也还有作者在内的游仙词，如柳永《巫山一段云》（清旦朝金母、萧氏贤夫妇）之类，李调元《雨村词话》就说他们写的是游仙。

显然，毛泽东《蝶恋花》词只是借用了古人游仙诗词的形式，以丰富诗境、升华情思，而彻底扬弃了他们企图逃避现实的思想倾向，从而赋予这种传统形式以崭新的生命，可以说是批判地继承、改造后利用的典范。

最后说到以诗歌赠答的传统。这个传统也非常悠久，范围并不限于诗，而是诗词文章都有。这是中华文明的一种独特创造，它把人际关系诗化了，审美化了。以毛泽东答李淑一的这首《蝶恋花》词而言，作者对于逝者的深情、对于生者的关切和抚慰，对于伟大事业的自豪和信心，就都那样艺术化地、优美而简洁地表达了出来，短短六十个字，把夫妻爱、同志情和深沉丰厚的历史内容，那样浑然地熔铸为一体，若不是借用古典诗词的形式，若不是力量千钧的大手笔，恐怕是难以办到的。

七律二首

送瘟神

一九五八年七月一日

读六月三十日《人民日报》，余江县消灭了血吸虫。浮想联翩，夜不能寐，微风拂煦，旭日临窗。遥望南天，欣然命笔。

绿水青山枉自多，华佗无奈小虫何！千村薜荔人遗矢，万户萧疏鬼唱歌。

坐地日行八万里，巡天遥看一千河。牛郎欲问瘟神事，一样悲欢逐逝波。

其二

春风杨柳万千条,六亿神州尽舜尧。红雨随心翻作浪,青山着意化为桥。天连五岭银锄落,地动三河铁臂摇。借问瘟君欲何往,纸船明烛照天烧。

这两首诗最早发表在一九五八年十月三日《人民日报》。

【注　释】

〔送瘟神〕把迷信传说中的司瘟疫之神送走。意为动员起来的群众力量同科学知识相结合,将有可能彻底消灭危害中国长江流域以南很多省份广大人民的血吸虫病。

〔余江县〕在江西省东北部。

〔浮想联翩〕种种想象接连而来。

〔微风拂煦〕微弱的风吹来温暖。

〔枉自〕徒然,白白地。

〔华佗无奈小虫何〕华佗,东汉末著名的医生。小虫,指血吸虫。本句意为新中国成立前不发动群众消灭它,就是名医也无能为力。

〔千村薜荔(bìlì必利)人遗矢〕化用五代谭用之《秋宿湘江遇雨》诗"暮雨千家薜荔村"句。薜荔,野生常绿藤本植物。千村薜荔,形容很多村落荒凉。矢,同屎。"人遗矢",借用《史记·廉颇蔺相如列传》所记战国时赵国名将廉颇的故事。廉颇被废,虽老仍健,赵王想再起用他,但派去的使臣却捏造说他一会儿就拉了三次屎("顷之,三遗矢矣")。这里指血吸虫病流行地区病人下泻不止,濒于死亡。

〔万户萧疏鬼唱歌〕萧疏,萧条冷落。鬼唱歌,指病死者多,一片死寂。

〔坐地日行八万里,巡天遥看一千河〕上句化用唐李商隐《瑶池》诗"八骏日行三万里"句。人们住在地球上,因地球自转,于不知不觉中,一日已行了八万里路。地球赤道全长四万公里,合八万华里。地球在天空转动,所以住在地球上的人们也在"巡天"。一千河,泛指宇宙中很多的星河。由此,"浮想联翩"的作者从农村的灾难转到同天上的牛郎谈话。

〔牛郎〕神话人物。神话传说牵牛星是由人间的牛郎变成的。

〔一样悲欢逐逝波〕逝波,一去不回的流水,借喻已过去的时间。这里是说人间的血吸虫病,在新中国成立前中国没有发动群众加以扑灭的时候,还是同牛郎在时一样,悲者自悲(指人民的悲苦),欢者自欢(指瘟神的得意),多少年头就这样流水似的过去了。

〔春风杨柳万千条〕化用北宋王安石《壬辰寒食》诗"客思似杨柳,春风千万条"句,并本于南宋陆游《柳》诗"杨柳春风千万条"句。

〔六亿神州尽舜尧〕意为新中国成立后中国的六亿人(当时人口约数)都是尧舜一样的圣人。尧和舜是古代历史传说中唐、虞两代的圣君。

〔红雨随心翻作浪,青山着意化为桥〕这里是把自然界拟人化,渲染"六亿神州尽舜尧"的得心应手。红雨,比喻桃花。唐李贺《将进酒》:"桃花乱落如红雨。"下句是说青山自己有意穿洞成为桥。

〔天连五岭银锄落,地动三河铁臂摇〕这里描写全国各地工农业战线上,劳动人民改天换地的冲天干劲和英雄气概。五岭,绵延于江西、湖南、广东、广西四省之间,参看《七律·长征》注,这里泛指南方。银锄,这里指农民使用的闪着银光的锄头。三河,汉代把河东、河内、河南三郡称为三河之地(《史记·货殖列传》),原指今晋西南和豫西黄河两侧的一部分地方,这里泛指北方。铁臂,这里指工人使用的各种钢铁机器的长臂。

〔借问瘟君欲何往,纸船明烛照天烧〕旧时祭送水中鬼神有烧纸船、点蜡烛等习俗。这里是说瘟神("瘟君")在六亿人民的奋进中无处存身,只有逃离人间,人们为送瘟神烧纸船、点蜡烛的火光照耀天空。

【考　辨】

这两首诗在1958年10月3日《人民日报》首次发表时,题为《送瘟神二首》,其中"千村薜荔人遗矢"句,作"千村薛苈人遗矢"。1963年12月出版《毛主席诗词》时仍作"薛苈"。由于"薛苈"二字联用语义不明,1966年4月5日,胡乔木在给毛泽东的信中说:"《七律·送瘟神》中的'千村薛苈人遗矢',据读者来信建议和查阅有关典籍结果,拟作'千村薜荔人遗矢'(苈只用于葶苈,系十字花科植物,即葶菜;葶字不与薛连用,亦不单用)。"毛泽东接受了这个建议,故现今的版本均改作"薜荔"。

这两首诗作者留存一件硬笔书写的手稿,上有多处异文,即"薛芿""三万里""遥渡""若问家中事""蜡烛满天烧"。另外，留存两件手迹，一件字句同首次发表的完全相同；一件只写了这两首诗中的其二，诗末写有"送瘟神一首"的字样，并有一处异文，即"借问瘟君欲何去"。

《七律二首·送瘟神》是作者自注和解释得比较多的作品。一、诗前小序说明了创作的缘起和心境。二、诗后有后记，说自己写的这"两首宣传诗"聊为消灭血吸虫"一臂之助"，还说"就血吸虫所毁灭我们的生命而言，远强于过去打过我们的任何一个或几个帝国主义"。三、写诗的同一天，又致信胡乔木说："如可以用，请在明天或后天《人民日报》上发表"，"诗中坐地、巡天、红雨、三河之类，可能有些人看不懂，可以不要理他。过一会，或须作点解释。"四、《人民日报》1958年10月3日发表这两首七律后，有人对"坐地日行八万里，巡天遥看一千河"两句提出异议，作者10月25日致周世钊信中，又对此做了详细解释。五、1964年1月在回答《毛泽东诗词》英译者提出的一些翻译中的疑难问题时，又专门解释了诗中"坐地""巡天""牛郎""红雨""青山"诸句，见本书"毛泽东诗论"部分《对〈毛主席诗词〉中若干词句的解释》。

★ 赏　析 ★

社会主义建设时期的"送神曲"
——《七律二首·送瘟神》赏析　　　　　　　丁　毅

《七律二首·送瘟神》，1958年7月1日毛泽东作于杭州西湖刘庄宾馆。

读这组诗首先要注意两点：在写诗的前三个月即3月20日成都会议上，毛泽东指出：诗的"内容是浪漫主义和现实主义的对立统一，太现实了就不能写诗了"。这个主张即被人们所称道的革命现实主义和革命浪漫主义相结合的创作方法。在写这两首诗的前一个月，中共中央八大二次会议通过了根据毛泽东的建议制定的"鼓足干劲，力争上游，多快好省地建设社会主义"的总路线。后者决定诗人的创作心态，前者决定表现这种心态的特点。

先读诗前小序。从小序看，毛泽东的诗情是因读了6月30日《人民日报》而发，报纸发表了题为《第一面红旗——记江西余江县根本消灭血吸虫病的经过》的一篇报道，同时发表《反复斗争，消灭血吸虫病》的社论。毛泽东读到这天报纸时正在杭州考察工作，他高兴地对工作人员说："好！好！全国都这样那该多好。这种小虫可害人哩，余江人民消灭了血吸虫，我看了就高兴！"和人民心连心的领袖竟高兴得"夜不能寐"，思绪贯穿古往今来、天上人间，一个个想象像鸟儿展翅飞出化成诗的构思。一夜无眠的诗人迎来了党的第三十七个生日，在西湖岸上"微风拂煦"之中，面对"旭日临窗"，可谓良辰、美景、赏心、乐事，四美俱全，于是他"遥望南天"，向余江县方向望去，高兴地写下了这组诗。

小序写得极有情致，四十三字如同晋人小品短札，韵味十足。

读过小序再看全诗命题，"送瘟神"即送走司瘟疫之神，当然含有戏谑意味在内，更重要的是这个题目决定了表现形式，它使我们想起文学史上的"送神曲"来。自屈原写《九歌》起，就有不少人写这类诗。《九歌》十一篇，前十篇为迎神曲，最后一篇《礼魂》为送神曲。唐人王维的《鱼山神女祠二首》，一标题为《迎神曲》，一标题为《送神曲》。李贺有《神弦》一诗,从"海神山鬼来座中""送神万骑还青山"诗句来看,写了迎神送神的全过程。这些诗都属于浪漫主义流派,毛泽东的这组诗也属于这个系统,即骚体流裔。只有这样认识,才算真正找到了解诗角度。

当然,毛诗所送之神属邪恶之神,它不迎自来,专门危害人民。毛泽东是彻底的唯物主义者,是不相信送神之说的,他不过是借鉴改造了古老的送神曲形式,表达了对人民的关切之情,以及对人民在改天换地过程中表现出来的冲天干劲的高度赞赏。所以说,这一组诗是社会主义建设时期的"送神曲",是反对一切迷信、鼓舞战斗的歌唱。

两首诗属连章体,既独立成章,又有密切的联系。一般研究者认为第一首写旧社会,第二首写新社会,这种常见的说法不合乎血吸虫病的实际情况。少数意见认为这两首诗"是一个浑然的整体,显示血吸虫病流行、治理和消灭,有一个历史的发展过程"。少数人的意见更符合作品实际,这里也取这种认识。

先看第一首。它抒写了诗人对瘟神来时人民遭受苦难的关切之情。

首联"绿水青山枉自多,华佗无奈小虫何",充分写出自古以来血吸虫对人的危害。前一句从空间着眼,由眼前的青山绿水想到大半个中国,只因有了血吸虫危害人的生命,江山再多再好也无人主宰,只能是徒然多而已。后一句从时间角度思考,就连名医华佗对血吸虫病都没办法。华佗,东汉末名医,《后汉书》本传记载他善治虫病,能"去三虫",可他对血吸虫无能为力,这真是一个老大难题。前两句诗一写血吸虫危害区域之广,一写危害时间之久远,很自然地引出下联。

颔联"千村薜荔人遗矢,万户萧疏鬼唱歌",形象地描绘出人患血吸虫病后轻则失去劳动力,重则死亡的惨象。人得病后症状先是腹泻,不能参加劳动,致使野草薜荔爬满村落。病重则死,造成人烟稀少的局面。据6月30日《人民日报》报道说,余江县的蓝田坂是重灾区,"过去由于血吸虫为害,在近五十年内,蓝田坂有三千多人因患血吸虫病死亡,有二十多个村庄完全毁灭,有一万四千多亩田地变成了荒野"。颔联应是对这种状况的艺术概括。"人遗矢",用廉颇故事写出人由强得病变弱的状态,也给人以历史感,说"人拉屎"虽符合音律但太直太俗,不如用一典故启发人想象。"鬼唱歌",本于李贺《秋来》诗"秋坟鬼唱鲍家诗",鬼是李贺寄予同情的对象;毛诗亦然。有人认为"鬼唱歌"是写瘟神在狂歌,甚至曲解为"瘟鬼在歌唱",疑非是。夫鬼,归也,人死所归为鬼(少数人如关羽、韩湘子则为神、仙),神是不能变为鬼的,在迷信世界里,神鬼是不能混淆的。唱歌,本欢乐行为,不说鬼泣而言鬼唱,此王夫之所谓"以乐景写哀,以哀情写乐,一倍增其哀乐",用的是反衬手法,更觉"万户萧疏"凄惨之至!再说人活着没有欢乐,到另一世界成鬼之后却唱起歌来,又是何等的悲哀!此联以客观描写为主,作者的关切之情虽不着一字,然字里行间依然可见。

诗的前半以写人民遭受瘟神之灾的苦难为主,为后半诗人抒情奠定基础。诗本是抒情的,后半才是全诗重心。有些研究者囿于对组诗整体认识,认定颔联是全诗重心之所在,并不妥当。

诗的后半抒写诗人对人民遭受瘟神之苦的关切之情,在颈联"坐地日行八万里,巡天遥看一千河"集中表现出来。"坐地""巡天"的主体是谁,经作者本人给周世钊信中点明就是他自己,全联意为:我坐在地球上以一日八万里的速度前进,随着太阳系在银河系巡游,远远看到无数星河。这样虽弄清了字面大意,但对诗意的理解还需作进一步的探求。首先应看到毛泽东在这里表现的是一种非凡的时空意识,正如陈晋在其《毛泽东的文化性格》一书中所述:"他的时空意识传达着一颗伟大心灵的搏动节奏,展示出一面在天地古今间执着求索的广阔胸怀。"这些论述可作为理解此联的出发点。诗人对人民的关切之情随着想象飞到天外,遨游广阔宇宙长河之中。"小小寰球"成了他的飞船,乘着它在银河系里穿行,再向其他星系望去,又可见星河千万条。壮哉,这是何等伟大的漫游,漫游者的形象又是何等的高大!

诗人的艺术思维真是太奇妙了,然而却是渊源有自,盖从古代游仙诗借鉴而来。作此诗的前一年诗人写《蝶恋花·游仙》一词赠李淑一,后来题目虽改了,但仍可看出游仙题材诗词对他的影响。游仙诗源于战国时代产生的神仙家思想,屈原的《远游》称得上是最早的游仙诗。从屈原到近代,此类诗不胜枚举,无非是有感于现实中的束缚想象到神仙世界里取得自由,取得自由的方式无非是精神上的漫游,所游神仙世界或在昆仑山,或在海中蓬莱岛,或在天空。这些诗也属于浪漫主义流派,引起毛泽东的兴趣是自然的。诗人坐地巡天的举动应是借鉴游仙方式所做的一次悲壮的远游,他实在是感到瘟神太猖獗,人民所受威胁太大,而他的忧虑之深广只有借助于远游方式才足以表现出来!

神仙队伍中关心人民死活的太少,只有放牛娃出身的"牛郎","自然关心他的乡人,要问瘟神如何了"。"牛郎欲问瘟神事,一样悲欢逐逝波。"牛郎关心瘟神灾及人民之事,看见诗人到来,也要打听一下;当追逐着过去的岁月时,竟同诗人一样产生了悲欢交集的感情。这里对"一样悲欢逐逝波"句的解释与时贤说法并不相同,理由有二:其一,诗的后半主要是抒发诗人之情,而写此诗时他对余江县消灭虫害则喜,对半个中国仍未达到预期目标则忧,其感情是悲欢交集的;其二,两首诗属连章体,这句诗起到了承上启下作用,前首写悲后首写欢,没这一句则连贯不起来。

诗的后半抒情是屈原式的。1958年"大跃进"的形势鼓舞着毛泽东进入浪漫主义世界,这一年他反复阅读《离骚》,觉得别有兴趣,写这组七律借鉴一下屈原是自然的。与屈原不同的是,屈原是有感于人间无人支持他的政治主张,想象坐着龙凤驾的车到天国寻求同道。毛泽东是因血吸虫病事引起他情感世界的巨大激荡,现实世界里不足以表现,只好到广漠宇宙中抒发,就连牛郎都与他有共感,诗人的情感可谓动天地泣鬼神了。然而,生活在巫风甚盛的楚国的屈原可以在诗中写他到天国漫游,毛泽东毕竟生活在科学昌明的20世纪,只能巧借科学知识做了一次比屈原更为壮观的远游。我们在玩味领联时若仅局限在对科学知识的理性认识上,那就太现实了,太现实是不能写诗也不能读诗的。

再读第二首。它抒发了作者看到余江县根治血吸虫病报道后联想到全国出现的大好形势产生的无限喜悦之情。

首联"春风杨柳万千条,六亿神州尽舜尧",诗人的眼光、思绪陡然由天上转入人间：春风荡漾，杨柳枝条轻拂，六亿中国人民个个如同古代圣贤尧舜一样。毛泽东是在盛夏写这首诗的，何以笔下有春天景物的描绘？根本原因是诗人仍在浪漫的世界里。人在地上，在别的星球看来，人不也在天上吗？人同神仙是一样的呀！这些属于毛泽东的思维方式致使他把人间做了超现实的处理，人间被写成了仙境，而仙境没有严寒酷暑，永远是春天，永远是树常绿花常开的。这也是古代游仙诗的处理方式。在浪漫主义诗歌里，时空并不是固定的，常以变态形式出现，毛泽东的这首诗就是如此。他这样写固然浪漫但又符合大多数人的习惯，在生活中，人们爱用春天比喻大好形势，祖国永远是春天、到处是春天一类提法屡见不鲜，这样写是能被大家接受的。同时我们又觉得，古代游仙诗超时空的描写是暂时摆脱理性宗教式的幻想，现代人一些流行说法是服从理性的比喻，而毛泽东的这首诗以一半篇幅写出一个春意盎然的境界，则又是眼前西湖提供材料服从诗人抒情所做的艺术变形处理。毛泽东所住刘庄宾馆，背山临水，诸楼台水榭尤具东方特色，被誉为西湖第一名园。诗在这个环境中酝酿而成，留下了西湖的影子，不了解这一点，就不能对诗意有充分的领会。

"红雨随心翻作浪，青山着意化为桥。""红雨"一词用得别致，李贺有"桃花乱落如红雨"句，诗人遂以红雨写桃花落时的景象。这两句意为桃花飘落如同红雨随及自己意愿翻作波浪，青山特别有意变为桥梁为人提供方便。真是桃花斗妍、青山争巧都为人服务，在这里大自然服从了人的主观需要，正是那个向大自然开战时代毛泽东心境的反映。随心翻浪，着意化桥，也是只有神仙世界才可能有的事，而人间可以做到，正说明六亿人民如同圣贤达到随心所欲的境界。

诗的前半部写景极其秾艳，是观察西湖景色所得，加"六亿神州尽舜尧"一句则成为神州大地的艺术再现，这一句从孟子"人皆可以为尧舜"变出，秾艳之中着一高古之笔方不失诸纤巧。

颈联"天连五岭银锄落，地动三河铁臂摇"，突出写人的作用，与前一联相呼应，人主观上获得自由是改造客观世界的结果。诗取象壮阔，创造一广远空间,让六亿人或顶天挥动银锄让高山低头,或立地挥动铁臂让河水让路,极用夸张之笔,写出"大跃进"中的人民向大自然开战的气壮山河的英雄气概。在毛泽东心目中,他坚信人民是上帝,只要人民动员起来就能根治血吸虫病,而且能改变整个中国的面貌。

人民的力量既然如此强大,那么给人民带来灾难的瘟神又将如何呢?"借问瘟君欲何往,纸船明烛照天烧。"不说瘟神而说瘟君,似尊重而实嘲弄,藐视、憎恶、讽刺兼而有之。余江县已消灭血吸虫,在全国范围消灭已不会太远;推而广之,只要人民动员起来,形形色色的瘟神必将无处藏身。最后巧借民间送神习俗,点上蜡烛烧纸船,把火烧得照亮天空,就送瘟神开路吧!以幽默的方式完成题目所规定的内容,诙谐之笔余味无穷。

这组诗借用送神曲的形式,写出了余江县血吸虫病从流行到被根治的过程,在此基础上又写出作者所期望的社会主义建设总路线所带来的大好形势。诗人的感情伴随着这一过程而变化着,深沉的忧虑、轻松的愉悦、英雄的豪迈、轻蔑的憎恶,展示出诗人丰富的情感世界。这就决定了组诗最显著的艺术特色,伴随着诗人感情的流程,展示出不同的美学境界,苍凉的悲剧、和谐的优美、令人惊叹的崇高、让人感到滑稽的丑,美学家所概括的美的形态在组诗里都有表现。这在全部毛泽东诗词中是惟一的,在其他艺术作品中似乎也不多见。

七律 到韶山

一九五九年六月

一九五九年六月二十五日到韶山。离别这个地方已有三十二周年了。

别梦依稀咒逝川，故园三十二年前。红旗卷起农奴戟，黑手高悬霸主鞭。为有牺牲多壮志，敢教日月换新天。喜看稻菽千重浪，遍地英雄下夕烟。

这首诗最早发表在人民文学出版社一九六三年十二月版《毛主席诗词》。

【注　释】

〔到韶山〕韶山在湖南省湘潭县,是作者的故乡。1927年1月,毛泽东在湖南考察农民运动时曾回到韶山。三个月以后,蒋介石发动了"四一二"反革命政变,随后5月21日湖南军阀许克祥在长沙袭击省总工会、省农民协会等革命团体,屠杀革命群众,这就是马日事变(旧时用韵目代日期,马日即21日)。当时韶山成立了农民自卫军,拿着枪和梭镖,准备配合其他农民武装力量进攻长沙。后来反动军队大举进攻韶山,农民自卫军在英勇抵抗后失败。作者于1959年6月25日至27日重返韶山,离1927年1月已经三十二年多。这首诗便是对于三十二年来的斗争和胜利的概括。

〔别梦依稀咒逝川〕别梦,离别的梦境。依稀,仿佛,模糊。逝川,一去不回的流水,喻指消逝的年代。本句意为久别重归,离别的梦境,仿佛诅咒着已消逝的国民党当局屠杀人民的年代。

〔红旗卷起农奴戟(jǐ),黑手高悬霸主鞭〕戟,古代的一种刺杀武器,这里指梭镖。黑手,反革命的血腥魔掌。霸主,指蒋介石。本联是写那个时期的阶级斗争。

〔为有牺牲多壮志〕本句说因为有先烈的流血牺牲,更激发起革命者斗争的壮志。多,增多,引申为激发。

〔敢教日月换新天〕教,使。本句意为敢于使日月更新,改造新天地。

〔菽〕豆类的总称。

〔遍地英雄下夕烟〕意为到处有劳动英雄在黄昏时的烟雾里下工回家。

【考　辨】

这首诗从1959年6月写成,到1963年12月收入《毛主席诗词》公开问世,经历了四年多时间。其间,作者多次征求有关人士的意见并作修改。据李锐《庐山会议实录》一书记载,毛泽东"乘船到九江,29日上庐山。小舟与我们同船来山。《到韶山》《登庐山》两首诗,一上山毛泽东就写给小舟、乔木二人,附信征求意见。"李锐从周小舟处抄得两诗原件,"诗中词句,同后来发表的有些出入"。《七律·到韶山》首句原为"别梦依稀哭逝川",据说毛泽东向梅白征求对此诗的意见时,梅提出应改半个字,将"哭"改为"咒"。毛泽东对这半字之改大为赞赏,称梅白为"半字师"。1959年9月1日,作者致信《诗刊》主编臧克家、副主编徐迟:"近日写了两首七律,录上呈政。"9月7日,又写信嘱胡乔木送郭沫若一阅,"加以笔削,是为至要"。9月13日晨,又致信胡乔木说:"沫若同志两信都读,给了我启发。两诗又改了一点字句,请再送陈沫若一观,请他再予审改,以其意见告我为盼。"

此诗作者留存的手迹,现在所见有两件。有一件文字与发表的定稿完全相同,诗末署有"登韶山一首,一九五九年六月五日"字样;另一件诗前署有"诗一首"和小序,同发表的定稿相比,有三处异文:即首句为"别梦依稀哭逝川",三句为"红旗飘起农奴戟",末句为"人物峥嵘变昔年"。

周世钊在《伟大的革命号角,光辉的艺术典范——读毛主席诗词十首的体会》一文中说:"我们早几年看到的传抄出来的这首诗的末句是'人物风流胜昔年'。"

★ 赏 析 ★

故乡行　中华情
——《七律·到韶山》赏析

纪　鹏

　　作者自1911年春离开故乡韶山到长沙求学、投身革命,至1976年9月9日逝世的五十八年间,据《毛泽东年谱》记载,共回故乡八次:1915年2月,作者首次回乡过春节,期间向表兄文运昌借阅《盛世危言》《新民丛报》等书刊。1916年6月26日至7月9日,作者第二次回乡,探望患病的母亲。1919年10月,作者在忙于"驱张(敬尧)运动"中,得知母亲病逝,第三次回乡,以万分悲痛的心情写了《祭母文》和两副挽联,即匆赴长沙。1921年春节,作者第四次返回故乡,拜谒父母合葬墓,教导弟、妹"要舍小家,为大家,舍自己,为人民";不久,毛泽民、王淑兰夫妇带着孩子去长沙参加革命。1925年2月6日至8月28日,作者第五次回乡,虽是"养疴"二百天,还是创建了中国农村最早的党支部之一——韶山党支部,领导群众向当地土豪劣绅展开"平粜阻运"的斗争。1927年1月上旬,作者第六次回乡,先在湘潭的县城和韶山一带考察农民运动,然后又去湘乡、衡山、醴陵、长沙进行农民运动考察,总共三十二天,于同年3月,发表了《湖南农民运动考察报告》;离开韶山时,作者向乡亲发出气壮山河的誓语:"革命不成功,我毛润之也不回韶山了!"第八次——也是最后回乡,是1966年6月17日至28日,作者住在"西方一个山洞"——"滴水洞"别墅一号楼。

　　《七律·到韶山》是作者1959年6月25日至27日第七次回乡时所作,离上次返乡已三十二年半,作者当年的誓言已实现,不但韶山、湖南早已解放,新中国已成立近十周年。当天下午五时许到达后,下榻于卢家湾招待所一号楼(现改为韶山宾馆松山一号楼),即与当地干部谈粮食、水利等情况,批阅文件至深夜。翌日微明即去楠竹坨参拜父母墓地,访问邻里、故居,视察韶山学校;下午,访毛氏宗祠,到滴水洞附近的韶山水库游泳;晚上自费设便宴请亲戚、烈属、老地下党员、老农协会员与老赤卫队员五十余人叙旧言欢。客人散去,作者一会儿在卧室踱步,一会儿躺下沉思,一会儿凭窗凝视,据当时服务人员讲,作者几乎通宵未眠,诗思如潮,联翩浮想,挥笔写下这首诗。

诗中前记,虽短短两句,二十八个字,却对故乡无限深情,以历史的高度,用如椽的大笔,为三十二年间韶山天翻地覆的巨变,掀开了史诗的序幕,诚如后来作者自释:"通首写三十二年的历史。"(毛泽东1959年9月13日晨致胡乔木信)

首联的"别梦依稀",深沉地抒写了诗人多少年来对故乡神驰梦绕的怀念,"咒逝川"描绘作者对反动当局长期剥削、压迫故乡人民的岁月的诅咒之情,思绪错综复杂,细微深刻。旧社会的韶山异常穷困,百分之八十的土地山林为地主豪绅霸占,百分之六十的农户靠乞讨度日,当地民谣称:"韶山冲来冲连冲,十户人家九家穷,有女莫嫁韶山冲,红薯柴棍度一生。"作者回忆故乡"长夜难明"的昔日,怎能不充满愤懑、激动之情呢?!

颔联的"红旗卷起农奴戟,黑手高悬霸主鞭",不但诗化、形象地概括了在中国共产党领导下农民武装与国民党军队艰苦卓绝的斗争,也象征了全国军民与蒋介石集团的斗争。"红旗"与"黑手"的斗争,是"红"与"黑"的搏斗,色调鲜明、形象生动;"农奴戟"与"霸主鞭",则是武装革命反对武装反革命的缩影。"戟"虽是古代枪头呈"井"字形利刃的长兵器之一,这里则是指武器处于劣势,却英勇反抗的民众武装所使用的梭镖。对"黑手",曾有不同理解,有的说是指工农,因作者在另文曾说"举起他们的黑手,加在绅士们头上了"(毛泽东《湖南农民运动考察报告》)、"最干净的还是工人农民,尽管他们手是黑的……"(毛泽东《在延安文艺座谈会上的讲话》)。但他们不了解一词多义,在不同地方有不同的理解。如作者对孙悟空、龙、虎、鲲鹏等,在不同诗文中,就有褒贬两用之处。"红旗"与"黑手"一正一反,相映成趣,截然对立,如是同义词,则无法理解。"农奴戟"与"霸主鞭",是两个绝对矛盾的对立物,并存是暂时的,最终是一兴一废,谁战胜谁的问题。如按以上理解,此联则解释不通了,显然是误解。郭沫若曾就此词问询作者,作者答复:"指反动派。"作者1959年9月13日致胡乔木信中还明确说:"'霸主'指蒋介石。这一联写那个时期的阶级斗争。"因此,"农奴戟"与"霸主鞭"的斗争,就不限于韶山地区的斗争,而是写在我党领导下,全国军民武装与以蒋介石为首的国民党反动武装的长期斗争。经过无数次的较量,斗争——失败——再斗争——再失败——再斗争,直到胜利,却是"农奴戟"历史发展的总趋势。

颈联的"为有牺牲多壮志,敢教日月换新天"是对韶山、湖南,乃至神州大地各族人民英勇斗争为国捐躯烈士的歌颂。自蒋介石于1927年在上海发动"四一二"反革命政变,4月15日,广州方面与之呼应;5月21日,长沙反动军阀许克祥发动"马日事变";到7月15日,以汪精卫为首的武汉国民政府召开"分共会议"。国民党当局扬言"宁杀千人,不可使一人漏网",他们在全国各地举起屠刀,向共产党人、仁人志士和劳动群众开始血腥的镇压。"马日事变"当夜,长沙就有百余名共产党人被杀,二十多天内,长沙及附近各县就有一万多名共产党人和革命群众被杀。仅韶山地区人民在漫长的革命斗争中,就有一百四十四位烈士,当然也包括作者的六位亲人:杨开慧、毛泽民、毛泽覃、毛泽建、毛岸英、毛楚雄与韶山第一届党支部的五位党员毛福轩、庞叔侃、李耿侯、毛新枚、钟志申诸同志。在毛泽东一百周年诞辰时,韶山修建了"韶山革命烈士陵园",园中建有"六亲祠"和"五杰祠",以追思、缅怀这些烈士们的英雄业绩。诗中的"敢"字,用得遒劲、有力、贴切,它雄浑刚健地体现了共产党人敢于斗争、敢于胜利的大无畏的英雄气概,无产阶级也只有不怕牺牲的壮志豪情,敢于和反动统治阶级展开殊死的斗争,才能使韶山乃至整个神州大地的"日月换新天"。这也是对全国革命烈士的礼赞,是富有革命哲理的诗化警句。

尾联的"喜看稻菽千重浪,遍地英雄下夕烟",描绘了以稻菽为代表的农业生产金浪滚滚的丰收景象、田野农民在暮霭中劳动归来的喜悦,真是诗中有画,呈现出一幅当代农村新生活的风俗画。全诗首联以"咒"字开篇,到尾联的"喜"字结句,妙笔天成,不只是写韶山,也是新中国山河大地巨变的壮丽画卷,与作者其他诗词中的"换了人间""旧貌变新颜"有异曲同工之妙。

作者以无产阶级革命家的博大胸襟，以历史美学的高度，通过阔别三十二年韶山故乡行的感怀，才在当代诗史中留下了这首作品。它既无贺知章《回乡偶书》人老回乡，叶落归根，人事已非，垂老迟暮的哀愁；也没有刘邦《大风歌》衣锦还乡，将士守边，身居至尊、君临万民的帝王意气；而是与人民共命运，与群众共悲喜，将"小我"升华为"大我"，将个人的回乡诗笺，升华为中华史诗中辉煌的一页。

作者对旧体诗词造诣颇深，创作严谨、认真，诗成后或久不示人，不愿发表；或经长时间自行反复修改，征求意见，才定稿问世。此诗自1959年6月26日至27日写成，直到1963年12月，收入人民文学出版社出版的《毛主席诗词》，相隔四年有半。这期间，作者仍不断推敲，博采高见，从诗题到个别字句都做多次修改；原题是《无题（归故里）》，后改为现题；首联原是"梦里依稀别经年"，后改为"别梦依稀哭逝川"，最后采纳湖北省委秘书长梅白的建议，才将"哭"字改为"咒"字，并笑称梅白为"半字师"。原来的"红旗飘起农奴戟"，后将其中"飘"字改为"卷"字；全诗末句，原是"始使人民百万年"，又改为"人物峥嵘胜昔年"，最后才改定为"遍地英雄下夕烟"。不论是诗题，还是诗句，不论是个别字句，还是整句，不论是自改，还是采纳他人建议，都可看出作者精益求精、虚怀若谷的诗词创作精神；也可看出，每经一次修改，都使诗的主题深化，感染力增强，内蕴更加丰富含蓄，意境有明显的提高，使诗词的思想性与艺术性的结合上日臻完美。

从政治家诗人的伟大胸襟、深厚的古典文学素养，到诗料的筛选、熔铸、剪裁、修改诸方面，这首诗的创作，都为后世留下了一份珍贵的遗产，供我们学习。

七律 登庐山

一九五九年七月一日

一山飞峙大江边,跃上葱茏四百旋。冷眼向洋看世界,热风吹雨洒江天。云横九派浮黄鹤,浪下三吴起白烟。陶令不知何处去,桃花源里可耕田?

这首诗最早发表在人民文学出版社一九六三年十二月版《毛主席诗词》。

【注　释】

〔庐山〕在江西省北部,屹立在长江之南和鄱阳湖之北。

〔一山飞峙〕意为庐山高高地耸立在半空中。

〔跃上葱茏四百旋〕葱茏,草木青翠茂盛,这里指山顶。庐山登山公路建成于1953年,全长三十五公里,盘旋约四百转。

〔冷眼向洋看世界〕以冷静甚至轻蔑的眼光,面对着外洋,观察世界形势。

〔九派〕见《菩萨蛮·黄鹤楼》注。《十三经注疏》本《尚书·禹贡》"九江"注:"江于此州界分为九道。"明李攀龙《怀明卿》:"豫章(今南昌)西望彩云间,九派长江九叠山。"作者在1959年12月29日致钟学坤的复信上说:"九派,湘、鄂、赣三省的九条大河。究竟哪九条,其说不一,不必深究。"

〔黄鹤〕这里状浮云的形态。

〔三吴〕古代指江苏省南部、浙江省北部的某些地区,具体说法不一。这里泛指长江下游。作者在1959年12月29日致钟学坤的复信上说:"三吴,古称苏州为东吴,常州为中吴,湖州为西吴。"

〔陶令〕指陶潜(365—427),一名渊明,字元亮,东晋诗人。他曾经做过彭泽县令,故称陶令。据《南史·陶潜传》记载,他曾经登过庐山。他是浔阳柴桑人,辞官后归耕之地,离庐山也不远。

〔桃花源里可耕田〕桃花源,是陶潜的理想境界,他曾作《桃花源记》,文中说秦时有些人逃到一个偏僻宁静的"桃花源"地方避乱,从此与世隔绝,过着和平的、没有剥削的劳动生活。本句提出反问,答案是明确的。诗人认为,通过人民公社运动对小农经济的进一步改造,中国农村出现了新的"桃花源",是有利于农业生产的。

【考　辨】

这首诗作者留存的手迹,现在所见有五件。其中一件标明诗题为

《夏日登庐山》,写作时间为"一九五九年七月一日"。从有关史料和这些手迹看,同《七律·到韶山》一样,在正式发表前作者几经修改。一、诗前原有一小序,云:"一九五九年六月二十九日登庐山,望鄱阳湖、扬子江,千峦竞秀,万壑争流,红日方升,成诗八句。"当时的湖南省委第一书记周小舟看后建议删去,毛泽东采纳了他的建议。二、从这些手迹看出,"跃上葱茏四百旋"曾作"跃上葱茏四百盘""跃上青葱四百旋""欲上逶迤四百旋";"冷眼向洋看世界"曾作"冷眼向洋观世界""冷眼望洋看世界";"热风吹雨洒江天"曾作"热肤挥汗洒江天""热风飞雨洒南天",此句是臧克家写信建议作者改动的;"桃花源里可耕田"曾作"桃花园里可耕田","园"字恐系笔误。三、据李锐《庐山会议实录》一书记载,1959年庐山会议之初,他从周小舟处抄得的《七律·登庐山》原件尾联为:"陶潜不受元嘉禄,只为当年不向前。"

★ 赏　析 ★

时代巨人的襟怀　历史潮流的赞歌
——《七律·登庐山》赏析　　　　　　　郭永文

庐山屹立在江滨湖畔,山势险峻,景色秀丽,博得了"奇秀甲天下"的美誉。自古以来,许多诗人登临庐山,每每触景生情,赋诗歌咏。1959年6月底,毛泽东登上庐山。在主持召开中共中央政治局扩大会议前的余暇时间,他举目远望,心中涌起诗情和豪气,吟成了《七律·登庐山》。

这不是一般的登山吟咏之作,而是东方巨人领唱的创建人类理想社会的雄壮进行曲和声威激越的时代导航歌。

全诗虽然只有八句,却具有罕见的艺术概括力和审美内涵。那高瞻远瞩、大气磅礴的主体精神气质美,那融自然、时代和历史形貌为一体的全方位形象境界美,都在不断产生着巨大的哲理启示效应和形象感悟效应。

一、形象境界所传达的思想感情价值——毛泽东创作《七律·登庐山》的思想背景。

诗是言志抒情的。一首诗必须具有一定的思想价值和感情价值,并且通过艺术形象境界体现出这些价值,才会有感染力和感召力。毛泽东登庐山,对这里一派壮阔气象的宏观观照,引发了对人民功业的宏观观照。浮想联翩中,平时对革命事业和建设事业以及国际斗争方略大计的运筹,对祖国历史、现状和未来的全局通观、哲理思考,都和眼前所见所感的景象交融起来,生成新的审美意象和激情,纳入艺术构思活动。由于这首诗是作者崇高而伟大的思想品格的高度概括抒发,主题重大,立意高深,因而评价它的思想感情价值就必然要涉及马克思列宁主义、毛泽东思想的一些基本原则,涉及毛泽东的革命理想和实践风格。

马克思列宁主义、毛泽东思想尽管需要通过实践不断提高科学化程度,但由于它的基本原理中有对社会发展的一般规律的概括,因而能够不断地指导人们促进社会的变革和发展。毛泽东在数十年革命生涯里,始终不渝地将马克思列宁主义、毛泽东思想付诸中国革命和建设实践,不断地为实现共产主义崇高理想英勇奋斗。在登临庐山赋诗时,他已经领导中国人民从原来极端落后的半殖民地半封建社会迈入了社会主义新天地。

无须讳言,在创业进程中既有胜利也有失误。毛泽东怀着社会主义与资本主义谁战胜谁的强烈紧迫感,以高速发展的战略思想来指导中国社会主义建设事业,决计赶超西方资本主义国家。他坚信,只要打破常规,尽量采用先进技术,就能在一个不太长的时期内把我国建设成为一个社会主义的现代化强国。这种高速发展战略,以社会主义制度解放和发展生产力的优越性为依据,是正确的。但是,如何才能适度高速,尤其是在中国这样落后、复杂的经济状况下如何适度高速,却是个高难度课题,谁也不可能一次性解决,需要长期艰苦探索。由于缺乏经验、对中国经济建设的一般规律和特殊规律缺乏认识,我们把"大跃进"当成了适度高速,急于求成。结果,导致严重挫折。尽管如此,我们仍需强调:毛泽东领导中国人民为加速建设社会主义现代化强国而做出的一切艰难探索,都属于开辟时代前进方向的最伟大的社会发展实践范畴,是由必然王国向自由王国迈进中很难回避的过程。

还有个不可忽视的事实是,新中国一建立,经济建设便开始高速发展。不到十年时间,原先那种满目疮痍的旧貌,便换上了欣欣向荣的新颜,大大超过了资本主义的发展速度,充分显示了社会主义制度的优越性。毛泽东在此基础上乘胜前进,对中国社会主义事业的自信心和自豪感与日俱增。这是基于社会发展规律的自信,是基于卓有成效的群众性实践的自豪。前进过程中遇到困难,出现偏差,他总是在解决已经发现的问题的同时,昭示光明前途,鼓舞奋斗士气。他深知,今天的建设事业,是经过数十年血与火的搏斗才换来的伟大的共产主义奠基工程,因而他对此深情似海,百倍珍惜,全力以赴推进。这种热切追求共产主义理想,兴致勃勃创业的革命情怀,决定了他把中国人民开创社会主义大业的气象视为最崇高的审美对象,迸发出了炽热的审美创作激情。在庐山,他这种炽热的审美创作激情,又一次涌动,谱写出了一曲中国人民一往无前的社会主义创业歌。显然,他在这首诗中所言之志,所抒之情,是有极高价值的。

新中国自诞生以来,一直受到帝国主义和其他反华势力的侵扰、挑衅和攻击,始终面临着颠覆威胁。毛泽东带领中国人民,以凛然不可侵犯的大无畏气概和胆略,接连打破封锁、禁运,斩断侵略魔爪,挫败控制和干涉图谋,回击种种诽谤叫嚣,有力地维护了国家安全和民族尊严。这一切,使惨遭列强蹂躏宰割长达一个多世纪的中华民族终于无敌于天下,扬眉吐气。以毛泽东为代表的中国共产党和中国人民所表现出的这种高度的爱国热忱、不屈不挠的革命意志、敢于抗争挑战的战斗品格,正是中华民族得以新生和振兴的一种浩然正气、坚不可摧的强大精神威势。这种正气和威势,经常激起毛泽东的诗兴,形成一次次创作的冲动。当他登上庐山远眺,心神驰骋间,这种正气和威势又一次勃发奔突,激扬诗兴,化为"冷眼向洋看世界"等诗句。这里又一次宣示了作者把外洋世界的反华反共分子看作纸老虎的挑战气概和韧性战斗精神。毛泽东在诗中言此志,抒此情,同样是有极高价值的。

毛泽东是彻底的历史唯物主义者,他坚信人民群众是历史的创造者,是真正的英雄。全心全意依靠人民群众,尊重人民群众的首创精神,是他毕生在理论和实践上贯彻到底的科学历史观。他的情感和人民群众息息相通,始终充当人民群众的代言人。当看到人民群众中蕴藏的无穷智慧和力量在同大自然作战中爆发了出来,按照高速发展战略创造崭新历史的时候,他感到无比欢欣鼓舞。尽情讴歌人民群众高涨的社会主义热情,成了他新中国成立后诗词创作的重大主题,也是他的诗词的感情基调。1958年,他在《七律二首·送瘟神》其二中欢唱"六亿神州尽舜尧"。1959年6月,他又在《七律·到韶山》中赞美"遍地英雄下夕烟"。吟罢这首诗没几天,他登上庐山,再次以火热的革命激情高唱"热风吹雨洒江天",以象征性形象礼赞中国人民在改造世界的伟大斗争中焕发出的无穷力量。毛泽东所言此志,所抒此情,弘扬了他一贯倡导的歌颂人民的文艺主旋律,表达了他对人民的炽热的爱,诗情化了历史唯物主义,因而有着极高的价值。

《七律·登庐山》表达了中华民族最先进、最伟大的思想感情。这种全新的思想感情,不是如散文那样直叙出来的,而是通过形象思维,化为有实感、有诗意的形象境界,间接、含蓄地体现出来的。读者面对诗的形象境界进行审美想象,会在潜移默化中领悟主题,产生共鸣,受到感召震撼。因此,欣赏这首诗,需要领略诗人创造形象境界的高超手法。

二、进行大幅度的主体审美重构,创造超常态的形象境界,增强形象境界的言志抒情功能。

近代著名学者王国维在《人间词话》中说:"以我观物,故物皆着我之色彩。"他说的是作为审美主体的诗人欣赏景物,实际上是在一定程度上将景物主体化,即向景物的自然美中融入人格美。读者欣赏这种被人格化了的景物形象,等于是在欣赏人格美。在诗歌创作中,所谓"着我之色彩",就是人们常说的融情于景、借景传情、睹物兴情、寄情山水、志在山水等将景物主体化手法。用这种手法描写景物,一般来说,除了描写幻想中的景物外,基本上都是依据景物的原貌如实地、有选择地进行描写,摄取天然本色美,塑造情景交融的常态形象境界。毛泽东观庐山,不同于一般的融情于景,让庐山"着我之色彩",而是对庐山进行大幅度的主体审美重构,创造出了"一山飞峙大江边"这样一种超常态的庐山美。这样一座诗中庐山,虽然还具备庐山原有的自然形态特征,但是,已经不再是原地不动的无生命的常态庐山的翻版了。它成了生命化、人格化,充满腾飞的气概抱负和运动活力潜能的超常态艺术形象了。它在那浪涛奔腾的大江边拔地而起,巍然雄踞,拉开了即将腾空飞升的架势。天然景观美升华为新颖奇特的超常态艺术景观美,姿态和气魄都蕴涵了浓厚的主体个性色彩,焕发出了鲜明的人格美风采。

毛泽东一生中同山打交道多,山既是他重要的实践环境,又是他重要的审美对象。他在诗词创作中,经常在山的自然神韵的基础上,对其进行大幅度的审美重构,再造意象,塑造超常态的艺术形象,形成了一种有强烈艺术个性的审美风格。这种超常态的艺术形象,主体化程度高,言志抒情效应可以说是独一无二的。例如:"山,倒海翻江卷巨澜。奔腾急,万马战犹酣。""山,刺破青天锷未残。天欲堕,赖以拄其间。"(《十六字令三首》)"苍山如海,残阳如血。"(《忆秦娥·娄山关》)"五岭逶迤腾细浪,乌蒙磅礴走泥丸。"(《七律·长征》)"横空出世,莽昆仑,阅尽人间春色。飞起玉龙三百万,搅得周天寒彻。"(《念奴娇·昆仑》)"山舞银蛇,原驰蜡象,欲与天公试比高。"(《沁园春·雪》)高高低低的群山,时而成了倒海翻江卷起的狂涛巨浪,时而成了激战中飞速奔腾的万匹雄马。大山峻峭,一会儿是一把向着青天迅猛刺去的利剑,一下子把青天刺破,而剑锋却没有碰断一点儿;一会儿更是大显神通,正当天要塌下来的千钧一发之际,多亏它把天支撑起来,成为顶天立地的巨柱。苍翠的群山层层叠叠,连绵起伏,俨然是一片波浪翻滚的大海。跨越数省区的五岭山脉,成了水面上泛起的微波细浪;高峻雄伟的乌蒙山成了移动着的小泥球。昆仑山一会儿横挺着巨大身躯凌空站立,昂首世外,傲视人间,一会儿又成了三百万起飞狂舞的白龙,搅动得天气寒透。披雪蜿蜒起伏的山脉,成为一条条舞动着的银白色长蛇;高原上一座座丘陵,恰似体如白蜡的象群在奔跑,山脉和丘陵都想和老天爷比个高低。

　　同样,《七律·登庐山》中的庐山,以自己形神俱动,跃跃欲试,即将起飞上天的庞然大物姿态,加入到了诗人通过大幅度的审美重构所塑造出的山的艺术形象系列之中。

　　毛泽东诗笔下这种大小和形态变化多端、翻覆腾跃不已的山的艺术形象系列,呈现出一种鲜明的生命活力美和运动变化美。这种美来自诗人对生活的审美感受,正是诗人飞动激扬的内心世界和情感波涛的形象化表现,具有高度的艺术真实性,丝毫没有虚幻、荒诞痕迹。这种山的生命活力美和运动变化美,突出地表明了毛泽东富有个性的审美观。毛泽东是以唯物辩证法为指导,来观察世界、改造世界和进行审美创造活动的。唯物辩证法观点认为,宇宙万物全都处于无休止的运动、变化和发展之中,找不到一种事物是静止不变的。人们根据这一规律,因势利导,能动地从事改造世界的实践,就可以促进世界发展。这种"天地惟动""万变不穷"的哲理根基,加上丰富的能动实践体验,便形成了毛泽东特有的审美个性。他总是以旋乾转坤般的主体能动实践意识,追求主体的奋斗精神美和能动实践活动美。他用这种审美观观照并借用自然景物,当然就不会单纯寻求自然美,而是多用大幅度的主体审美重构法,创造生命活力美和运动变化美,用以表达主体人格美。

用这样的审美观塑造的庐山形象,艺术表现力是持一当百,超拔无比的。当读者对诗审美,领悟到原先无生命的、静态的庐山一下子活了,要飞起来时,一定会产生由山到人的联想,获得别开生面的审美感受:这样的庐山,不正是诗人那种旺盛的革命活力、冲天的豪情壮志、强大的意志能量的象征表现吗?不正是诗人人格美的艺术折射和形象映衬吗?诗人这样对山审美、再造美,和古代一些诗人追求山的幽静淡远的自然美,寄托消极避世、虚静无为思想形成了鲜明的对照。

诗人写自己登庐山,用了"跃上葱茏四百旋"一句。这也是通过大幅度的审美重构而创造的超常态的形象境界。诗人坐汽车上庐山顶,要沿着三十五公里的盘山公路行驶近四百圈。车开得再快,也不可能像旋风似的飞旋过三十五公里长的四百圈盘山公路,转瞬之间便跃上海拔一千多米的山顶。而诗人却说是"跃上葱茏四百旋",形态和车速都是超常态的了。读者面对这样的登山形象境界进行审美判断,很容易对其中蕴含的象征意义心领神会:这不正是诗人在改造世界的事业中表现出的那种争分夺秒、不断进取的奋迅精神和昂扬向上,不畏险阻,勇于攀登一个又一个理想新高峰的先导英姿的艺术再现吗?

诗的头两句合起来,山和人的气势精神相互交融,相得益彰,构成一幅巨人跃上欲飞的崇山高峰的奇伟形象境界,言有尽而意无穷。登山,自古以来被人们看作是向理想目标奋进的象征形象。这两句诗写的毛泽东登山的形象境界,不同于一般的对个人追求理想目标的象征。毛泽东是中国人民的代表,群体共性与他的个性融为一体。他登庐山的形象境界,也是中国人民向理想目标登攀的象征。中国人民在他领导下,短短几年便创造了人间奇迹,不正是跃上了一个理想新高峰吗?

诗的开头两句树立的形象和带起的气氛,为进一步展现诗的壮阔恢宏境界定了基调,做了铺垫,打开了气势非凡的局面。

三、通过直观加想象,突破视力局限,将视野内景象和视野外景象相结合,创造宏大壮阔的景象境界,更为有效地言志抒情。

《七律·登庐山》的后六句,不完全是写作者的直观景象,而是作者既观看可见景象又从可见景象出发想象不可见景象,然后将两种景象结合起来构思,创造出了超视野的艺术大景观。作者当时登高远望,视野无疑是非常开阔的,能够望见鄱阳湖、长江以及远近不少峰峦等景物。尽管如此,可见景物仍满足不了作者言志抒情的需要。驰骋的神思,使他突破了视力局限,着意按照诗兴逻辑因景联想,索物托情。于是,将所见景物的意象与动情兴感中涉及的视野外景物的意象调度到一起,创造超视野的全方位艺术大景观:朝西远眺,眼底云海茫茫。云海中并列铺排开的长条云,横卧在湘、鄂、赣三省的九条大河水域之上。长条云上的点点云团,仿佛是浮在云海里的一只只黄鹤。朝东远望,长江向下游的江浙一带奔流,浩淼的江水状若白烟。诗人笔下的大景观还有远至天边的风雨、大洋以外的世界,甚至跨越时空,出现今人和古人交际的奇幻情景。

生活在一千多年前的陶令,曾登过庐山,故乡和任职地都在庐山脚下。毛泽东在庐山观景时,既对眼底的自然景观有所感触,也对这一带包括陶令故地胜迹在内的人文景观有所感触。当他将自己对现实的审美体验与对历史的审美体验交汇起来的时候,古今对比效应使他不由得寻呼起陶令来,进一步扩展了超视野的形象境界。

说到视野,必然要涉及视者的立足点。常言说:"站得高,看得远。"毛泽东登上庐山顶,不是一般意义上的登高望远。他在诗中对自己的立足点是有寄寓的。实际上,诗人是把自己站在庐山之顶看成了站在地球之巅,看成了站在时代的制高点上。因此,他纵目远眺时的着眼点,就不会局限于目光能及的范围,而是就地拓展超越,着眼于全国和全世界,着眼于历史和未来。诗人这样观物审美,真可谓进入视通万里、目接八荒、神察千古的状态境界了。

毛泽东是伟大的领袖诗人,他那举世无双的阅历体验、博大的襟怀、雄伟的气魄、昂扬的激情和浪漫主义气质,决定了他能够经常获得超越常态常理的高瞻远瞩的灵感。他的独创性的审美视角,加上高超的艺术才能,便使他能够塑造出多幅情景融合、涵盖世界、纵贯历史、调度时空的超视野全方位艺术大景观。这种充分体现诗人的时代意识、全球意识、历史意识和艺术魅力的宏大壮阔全景形象,堪称冠绝千古、独放异彩的诗歌形象类型,为诗歌世界的艺术美增添了难得的风采。

《七律·登庐山》中的超视野、大景观形象境界,不是单纯的景观艺术,其中隐喻着作者的思想感情,是作者思想感情的形象化表现。这种主客体贯通为一的情景交融形象境界,具有巨大的艺术魅力,堪称本诗言志抒情的最佳角色。它更集中、更鲜明地再现了祖国山川的雄奇壮丽风貌,从而更充分地表达了诗人热爱祖国大地的炽烈感情。同时,它又以寄情寓理形象境界的象征功能,淋漓尽致地抒发了作者洪波巨涛般激荡的政治情怀。

"冷眼向洋看世界,热风吹雨洒江天。"两句展现的超视野画面,形象地概括了当时的国际斗争态势和我国的对策,具有浓郁的时代气息。头一句扫描海外世界,表明当时国外反华反共势力不是一两家,而是多家。他们搞起了反华反共大合唱,日渐嚣张猖狂。但是,毛泽东却丝毫不把他们放在眼里,而是嗤之以鼻,认定他们的反华反共行径只不过是螳臂当车而已。因此,毛泽东显得十分冷静,他傲然独立于时代风云的制高点上,居高临下,镇定从容,投以冷眼,极端蔑视海外世界的反华反共群丑。第二句所展现的盛夏天地,是一派风助雨势,雨洒大江,江涛更加高涨的景象。由于是超视野的景象,所以风雨江浪的声势显得更为浩大。这幅景象,寓意深广。这是作者怀着极度喜悦的心情,托物寄意,借景抒怀。表明中国人民面对国外反华反共势力的鼓噪,在投以冷眼表示蔑视的同时,用实际行动针锋相对做出了回答:亿万人民挥汗如雨,以更为高涨的社会主义劳动热情改天换地,促进祖国繁荣富强。中国人民这种以压力为动力,奋发图强的风貌气概,激起了诗人情不自禁的讴歌。

"云横九派浮黄鹤,浪下三吴起白烟。"两句展示的超视野的大江奔流的形象境界,是诗人的广阔胸襟、磅礴气概、激昂情感与浩荡辽远的大江奔流景象对应遇合的艺术杰作。作者寓情于景,寓理于境,达到了最完美的程度。读者面对这种形象境界遐思神往,会很自然地领悟其中的隐喻内涵:这正是神州大地朝气蓬勃的社会主义建设声浪的象征显现,诗化反映。诗人以无产阶级战略家的气魄引导的这一时代洪流,标志着人类社会发展的趋势,正以万里长江不可阻挡之势向前奋进。

超视野的形象境界,产生了超常的抒情言志效应。

"陶令不知何处去,桃花源里可耕田?"这一超视野的今人寻呼古人的形象境界,将全诗的意境拓展到了宏阔悠远的历史空间,融古于今,深化了主题,具有更强的艺术概括力。

毛泽东怀有强烈的历史意识,博古通今,对陶渊明十分熟悉。他在庐山吟诗,心潮在现实和历史间回旋,自然想到了陶渊明,想到了陶渊明那著名的世外桃源的社会理想模式。

毛泽东最清楚,历代苦难深重的劳动人民,一直在不断追求美好生活新目标。许多善意地对待人民、在历史上有进步作用的文人,像陶渊明等,也曾有过让劳动人民摆脱苦难,安居乐业的愿望。陶渊明甚至在《桃花源记》一文中出于对现实的不满,幻想出了一个叫做桃花源的理想社会模式图景。那里没有战乱和穷困,老百姓家家安居乐业,过着恬静、舒心的日子。

然而,千百年来,劳动人民和进步文人的理想一直空悬着,无法落实。只有在今天,劳动人民主宰了自己的命运,才可能以"热风吹雨洒江天"之势,创造自己幸福的生活。今天劳动人民开创的新天地,是中国历史上最伟大的变革,是前无古人的壮举,大大超越了陶渊明等文人追求的社会理想模式,是他们当时根本无法想象到的。

毛泽东在庐山这样抚今思昔,很自然地要对同庐山有密切关系的陶令产生怀念、告慰心意。这种对现实的审美体验与对历史的审美体验交汇,形成了强劲的诗情环流,将陶令激活了。作者随即和陶令交际,想把陶令找来,请他看看如今神州大地翻天覆地的新变化。可是,不知陶令这会儿去哪儿了,猜想他可能是寻找桃花源去了,那儿能耕田吗?毛泽东在寻呼中这样发问,流露出了对陶令的几分关切和叹惋之情。

毛泽东所猜想的陶令的去向,是合乎历史逻辑的。因为古人陶令,无论在什么情况下都只能追求自己当时才可能有的社会理想,他只能幻想着到桃花源这样的世外乐土去耕田。惟有今朝当家做主了的中国人民,才能按照社会发展规律,将社会主义社会和共产主义社会当作自己的理想目标,并为实现这样的崇高目标努力奋斗。

超视野的今人寻呼古人的形象境界,能启发读者发挥浪漫主义的审美想象,以深沉的历史感借古衬今,观古颂今,深刻认识社会主义中国这一历史发展的新阶段。

四、着力塑造出了言志抒情主体的巨人艺术形象。

毛泽东的全部诗词,既是反映中国共产党领导的革命事业和建设事业的壮丽史诗,又是言志抒情主体的传奇传记。读者通读毛泽东诗词,通过一系列直接、间接的艺术形象信息,会感悟到一位言志抒情的主人公呼之欲出,活灵活现。这是一位时代巨人的艺术形象。他除了具备伟大政治家、理论家和军事统帅的特征气度外,还具备领袖诗人的个性风采。特别是他那天宇大地心驰神游的浪漫主义想象力,古今中外纵笔囊括的明慧通彻的艺术才气,实在是绝无仅有。《七律·登庐山》中,这一巨人的艺术形象尤为高大。表现巨人,离不开表现巨人所处的典型环境,即巨人的用武之地。读者从这首诗中感知到的环境,不是狭小的个人生活空间,而是20世纪50年代末的社会主义中国全局及国际斗争这一大环境的艺术投影。在这样的典型环境里,诗人跃上欲飞的庐山顶,实际上是代表全中国人民站到了地球之巅,站到了斗争风云中的指挥台,站到了历史的最高峰。他以这样的高姿态俯瞰扫描的是全中国以至整个世界,是人类的全部文明史。这种登高俯瞰的艺术形象,正是以扭转乾坤、解放全人类为目的的历史巨人伟大胸襟气魄的艺术写照。这种胸襟气魄,是无产阶级的

"大我"和诗人个体的"小我"高度和谐统一的精神境界,群体美与个性美的完美结合。由于诗人以特殊身份置身于典型环境中的特殊位置,所以心中才会涌起不同凡响的豪壮诗兴灵感。顷刻间,他的目光将世纪风云聚焦,他的语言为时代潮流导向,他的心灵感应着历史前进的脉搏。读者回味全诗,仿佛看到了一位顶天立地的巨人的威严英姿,感受到他那气吞山河、包举宇内、吐纳千古的胸襟气度,听到他发出的震撼历史长河的声音。

言志抒情主体的巨人形象鲜明生动,大大提高了诗的思想感情境界,增强了诗的形象感、个性感,突出了全诗崇高壮美的艺术风貌。

《七律·登庐山》的总体风貌气势,呈现出一种雄奇宏阔的壮美特色。这种感染力很强的美的形态,是由诗的思想感情内涵,特别是诗人的个性气质和审美风格所决定的。造成壮美效果的艺术因素,除了抒情主人公的巨人形象外,主要是壮美的景观形象境界。作者创造这种形象境界时,主要着眼点不是摄取自然美,而是注重捕捉心灵对外界环境有特殊感应后生成的审美意象。这样,在形象思维中便出现随兴变实景、纳视野外之景、超时空调度组合幻景等构思情状。这种构思情状,对客观景物的主观重构再造性强,容易使景观形象既有很强的寄情、寓意、象征、比喻等功能,又有雄奇宏阔的壮美特色。

这样创造壮美景观形象境界,并不是随意将外界景观变形、扩展,不遵守时空逻辑,而是在主体对外界景观真切审美的基础上,在捕捉心灵感应中升华出来的生动意象。这也是从现实出发,又高于现实的美的再造。

《七律·登庐山》的艺术天地间,那时代洪流的呼啸、中华奋进的强音,那崇高激情的奔泻、哲理光辉的闪耀,将与日月长存。

七绝 为女民兵题照

一九六一年二月

飒爽英姿五尺枪,曙光初照演兵场。中华儿女多奇志,不爱红装爱武装。

这首诗最早发表在人民文学出版社一九六三年十二月版《毛主席诗词》。

【注　释】

〔七绝〕七言绝句的简称。这首为七言律绝,是绝句的一种。七言律绝,每篇四句,每句七个字;偶句末字押平声韵,首句末字可押可不押;句内和句间要讲平仄;可用也可不用对仗,以不用对仗者为多。

〔飒爽英姿〕飒爽,形容敏捷勇健。英姿,英俊威武的风度姿态。唐杜甫《丹青引赠曹将军霸》:"英姿飒爽来酣战。"

〔演兵场〕旧称演武场,即练兵场。

〔儿女〕本义指子女或男女,这里为偏义复词,特指女青年。

【考　辨】

这首诗作者留有手迹,现在所见有六件。其中,有一件用硬笔书赠魏景梅的手迹,二句作"煦光初照演兵场","煦"字系笔误,因为没有"煦光"这一名词;有一件手迹,落款署有"毛泽东　一九六六年九月二十四日为吴旭君同志书"字样,此手迹最早刊于香港出版的林克、徐涛、吴旭君所著《历史的真实——毛泽东身边工作人员的证言》一书;另有一件手迹,落款署为"一九六〇年十二月",这是此诗写出初稿的时间,修改定稿是在1961年2月,所以作者确定的写作时间是定稿时间。详情见包霄林、戚鸣所撰《毛泽东〈为女民兵题照〉一诗诞生经过》一文(1991年10月8日《报刊文摘》)。该文说,毛泽东的机要员小李为了证明自己参加过民兵,拿出自己参加女民兵训练拍摄的照片给毛看,毛泽东称赞"好英武的模样",随后他沉思起来,亲笔写下了这首诗,结句为"不重红装重武装"。小李对此诗结句的回忆有误,以致后来以讹传讹。现在作者留存的手迹,有一件结句确实像"不重红装重武装",但仔细辨认,两个"重"字其实是两个草书"爱"字。小李可能不认识毛泽东所写的草书"爱"字,把此诗结句误看成"不重红装重武装"了。

★ 赏　析 ★

畅晓见蕴藉　坦陈更雄豪
——《七绝·为女民兵题照》赏析　　　　李人凡

　　毛泽东诗词有许多审美奥秘。有的诗词看似畅晓明白,却又耐人咀嚼,历久弥新;有的诗词权威注家似乎早已定评,却又新见迭出,异彩纷呈。这正和中国诗歌史上许多名家名篇一样,历代注家见仁见智,广大读者兴味长存。这种魅力无穷的审美鉴赏,也生动地表现在毛泽东这首《七绝·为女民兵题照》中。

　　这首绝句篇幅短小,用典很少,语言铿锵,旋律欢快,色彩艳丽,形象鲜活,人人读了都可以过目不忘,朗朗上口。20世纪60年代曾将其谱成歌曲,唱遍神州,妇孺皆知。

　　当然,这首绝句还有着更新的审美价值,有着更深的鉴赏蕴含。

　　读者或许记得,有的诗评家抓住诗题"女民兵"三字,在鉴赏中不惜篇幅,大谈毛泽东的"兵民乃胜利之本"的战略思想,大谈民兵发展史,大谈武装斗争的法宝。有的注家看到"不爱红装爱武装"的诗句,甚至主观臆断,强加于诗人,硬塞给读者,说毛泽东提倡"武装",反对"红装",不赞成女同志涂脂抹粉,贬之为"资产阶级生活方式"。在此诗初始发表的年代,这种赏析广有市场,深入人心,至今仍余荫不绝。

　　这种望文生义的附会式赏析,就这首绝句而言,是表层的评品,就全部毛诗而论,是审美的错位,鉴赏的误区。

　　这首绝句是毛泽东为女民兵练武时的背枪小照的题诗,自然和民兵有关,看成是诗人对民兵的颂歌也自有道理。联系诗歌发表时国际国内特定的时代氛围,和诗人当时日夜忧思的心路历程,说它是高扬武装斗争的旗帜也颇能服人。然而,这依然只能说是表层的。不错,枪杆子打出了政权,要保住政权,仍然离不开枪杆子。但是,要巩固政权,永保江山,振兴民族,强国富民,又不能仅仅依靠枪杆子,还得靠生产斗争,靠科学实验。这也是毛泽东再三阐述过的。只有打破政治评判的心理定式,抛弃虔诚的宗教式注疏,摆脱超稳定的审美接受,我们才有可能唤醒审美创造的灵感,走进审美鉴赏的崭新天地,享受到自觉、自主、自为的审美愉悦。

概括地说,这首绝句,有一个诗眼,二重情怀,三层超越。

一个诗眼,就是"中华儿女多奇志"中的"奇志"。这个"奇志",是不屈不挠,勇于为民族拼搏,为祖国献身的远大志向。在战争年代,是"万里赴戎机",是"妻子送郎上战场";在和平时期,是"可上九天揽月,可下五洋捉鳖","遍地英雄下夕烟"。20世纪60年代初期,国际、国内阶级斗争尖锐复杂,诗人鼓励女民兵投身到"大办民兵师"的洪流中,高扬"武装"的志向,这是诗人从自身经历,从博闻卓识中总结出来的一个时代主题,更是诗人从民族百年屈辱史中提炼出的"自立于世界民族之林"的诗化情结。长期艰苦的对敌斗争、坚韧不拔的与贫穷落后的宣战,熔铸了诗人不屈的灵魂,强化了诗人挑战的心理,久蓄于衷而溢于言,发为浩歌,这就喷薄出"中华儿女多奇志"的呐喊,这就是对中华民族伟大精神的颂扬。

二重情怀,一是诗人的情怀,二是民族的情怀。诗人赋予女民兵英武骁勇的形象、光辉灿烂的背景、远大奇倔的志趣,有形,有色,有声,有威。一张瞬间的静态的生活照片,在诗人的笔下衍化出了亘久奔涌的历史豪情,通过传神写照,不仅生动地凸现了画中形,更突出地表达了画外情。这是中华儿女的英姿伟态,是中华民族的雄风豪情。这姿态,这风情,感天,感地,感苍生,感鬼神。诗人把历史、现实、理想、情操、赞许、期盼,统统编织到二十八个字的诗行中,让照片极大地增加历史容量,让主人公自觉地承担民族重任。诗人坦陈心迹,心力、笔力雄豪奔纵,一首小诗,如实地记录了诗人的意志情怀。

透过诗人的情怀,我们还会发现一个奥秘。一张小照为何能激荡起诗人的奇情异趣?联想毛泽东欣赏白居易《琵琶行》时批注的几句话,我们不难破译这个奥秘。毛泽东读白诗时批道:"作者与琵琶演奏者有平等心情。白诗高处在此处,不在他处。"读毛泽东的批语,我们无不惊异于他的体察独到,出语惊人。而毛本人为女民兵题照,是不是也与女民兵"有平等的心情"呢？焉知毛泽东的诗解不是他诗心的夫子自道？这种揣摸，有毛泽东的榜样在，当不是空穴来风。这种体察，更有毛泽东的一贯思想作证，应当是熨帖自然的。毛泽东不但与"女民兵"有平等的心情，具有同等抱负、同等志向，希望着能与"女民兵"一道去爱，去憎，去战斗，去建设，更具有对"女民兵"崇敬的心情。在战争年代，他把人民群众称许为"上帝"；在建设时期，他高呼"人民万岁"。正由于有一颗博大真诚的心，毛泽东才通过一帧民兵小照画出了一幅民族大照。这，或许也正是毛诗的高处吧？

毛泽东以诗语代替宣言，以诗心激励民心。我们的民族也在心中产生了共鸣，在民情激奋中实现了共振。毛泽东的非凡一生、毛泽东的悲壮情感史，穿透了千年民族文化传统，穿越了千年的诗国时空，在民族文化品格的核心层，在共和国内忧外患的艰难时世，发出了沉雄的震响与巨大的裂变。一联"中华儿女多奇志，不爱红装爱武装"，激励了多少人，震撼了多少心！一代代读者从"女民兵"身上发现了自我人格的对应物，找到了民族精神的原生点，领悟了人生价值的道德指向。这些诗美教化，正是毛泽东诗词的永恒魅力。

三层超越，指的是诗词主体的超越、意境蕴藉的超越、审美时空的超越。

第一层超越一点就明。毛泽东本来是为一位女民兵题照，但诗情超越了个体，指向了群体，超越了女性，指向了"儿女"。诗题"为女民兵题照"和诗句"中华儿女多奇志"，清晰地勾勒了这种超越的轨迹。

第二层超越略加分析也会了然。民兵是劳武结合、亦民亦兵的群众组织。"五尺枪""演兵场"是"武"的展示，这是具象，是实指。然而这也是审美载体的抽象，是诗思范式的虚指。"五尺枪"是民族精神的符号化身，"演兵场"是民族拼搏的诗化战场。正如"曙光初照"决不仅仅是指物理自然时间，更多的是指心理精神时间，它透露的是朝气蓬勃，它昭示的是前途无量！沿着这样的诗情心路，我们不难发现从"武"向"劳"的飞越，从"战争"向"和平"的飞越，从"革命"向"建设"的飞越。革命战争离不开"奇志",和平发展也需要"奇志"。这一层意境的超越,是从显性向隐性的深入,是从一元向多元的转化,是鉴赏品格的提升,是深藏在诗语中的价值取向与期望目标的揭示,是毛泽东诗化哲学的全新阐释。领悟了这一点,对全诗中颇有争议的"不爱红装爱武装",也就找到了崭新的诠释。"红装"与"武装",是对比,不是对立;两者都是美,一是阴柔,一是阳刚。特定时期偏重于某一方,是需要,是策略。在民族发展的历史长河中,在民族文化品格的锤炼中,两者都不可舍弃,两者都要弘扬。同样,"不爱"与"爱",是反衬,不是反对;是强调,不是偏废。"不爱红装爱武装",是诗人在特定历史条件下,在特殊心态氛围中,对人的意志与情趣的诗化高扬,而不是在任何情况下绝对的政治评判与僵硬的道德说教。

  第三层超越,是审美时空的超越。眼前的现实照片,蕴含着丰富的历史内容,透示出无限的将来流向。毛泽东诗词具备的审美与教化力量,不仅强有力地影响着他在世时的整整一个"毛泽东时代",而且也必将影响着今天、明天乃至将来的民族情感。毛泽东这首一挥而就的急就章,发表时仅仅改动了几个字,它蕴含的自在、自为、自尊、自强的民族优秀文化的真谛,无疑已经凝聚成了民族文化遗产的核心部分。法国著名学者居伊·布罗索莱评论毛泽东诗词时,独到地指出:毛诗的中心主题是"时间",即"内心感情的时间""宇宙的时间""历史的时间""挑战的时间"。域外学者拉开时空的评论,对我们无疑有启发作用。古往今来的诗词鉴赏不乏这样的事实,不同时空、不同教养、不同信仰的人,都会不同程度地对某一句千古绝唱引起共鸣。文天祥的"人生自古谁无死,留取丹心照汗青",就引起了穿越时空,永具魅力的震响。毛泽东的"中华儿女多奇志,不爱红装爱武装",同样也会成为年年相诵、代代相传的中华民族永恒的奏鸣曲。

七律　答友人

一九六一年

九嶷山上白云飞，帝子乘风下翠微。斑竹一枝千滴泪，红霞万朵百重衣。洞庭波涌连天雪，长岛人歌动地诗。我欲因之梦寥廓，芙蓉国里尽朝晖。

这首诗最早发表在人民文学出版社一九六三年十二月版《毛主席诗词》。

【注 释】

〔答友人〕这首诗写作者对湖南的怀念和祝愿。友人即周世钊。作者曾将原题《答周世钊》改为"答周世钊同学",后改定为"答友人"。周世钊(1897—1976),湖南宁乡人,是作者在湖南省立第一师范学校的同学,曾加入新民学会。当时任湖南省副省长。新中国成立后与作者信件来往颇多,并有诗词唱和。1961年12月26日作者给周的信中,在引用"秋风万里芙蓉国,暮雨千家薜荔村"(见本诗〔芙蓉国〕注),"西南云气开衡岳,日夜江声下洞庭"(岳麓山联语)两联以后说:"同志,你处在这样的环境中,岂不妙哉?"可以与本诗相互印证。

〔九嶷(yí疑)山〕又名苍梧山,在湖南省南部宁远县城南六十里。传说舜帝南游死于苍梧,即葬其地。

〔帝子〕指尧帝女娥皇、女英,同嫁舜帝为妃。

〔翠微〕轻淡青葱的山色。也指"未及山顶"的高处(《尔雅·释山》疏)。《慎夏漫笔》:"凡山远望之则翠,近之翠渐微,故曰翠微。"

〔斑竹一枝千滴泪〕本于清洪昇《稗畦集·黄太君出诗集见示》诗:"斑竹一枝千点泪。"相传舜帝死后,二妃寻至湘江,悲悼不已,泪洒竹上,成为斑点,称为斑竹,又称湘妃竹。

〔红霞万朵百重衣〕本句蕴含作者怀念杨开慧烈士之意,杨小名霞姑,"红霞"与霞姑之名相应。作者在1975年曾回忆说:"七律《答友人》'斑竹一枝千滴泪,红霞万朵百重衣',就是怀念杨开慧的,杨开慧就是霞姑嘛!"

〔洞庭〕洞庭湖,在湖南省北部。

〔雪〕形容白浪。

〔长岛〕长沙橘子洲,因南北狭长故称,这里代指长沙。

〔我欲因之梦寥廓〕化用唐李白《梦游天姥吟留别》诗"我欲因之梦吴越"句。之,代词,这里代指杨开慧烈士。寥廓,广阔的境界。

〔芙蓉国〕五代谭用之《秋宿湘江遇雨》:"秋风万里芙蓉国,暮雨千家薜荔村。"芙蓉国是说木芙蓉花到处盛开的地方,这里指湖南省。

【考　辨】

这首诗作者没有留下手迹,现在所见有一件墨迹,形似毛体,已有论者考证为江青所书。

因这首诗标题为《答友人》,自此诗发表以来,历来对友人是指一人(周世钊)还是三人(周世钊、李达、乐天宇)发生争议。持三人说者,虽谈了一些依据,但颇有疑点,如郭沫若改题之说,乐天宇前后回忆不一致等。持一人说者,首先是作者本人,我们应尊重作者的意愿和他最终的确定,不必猜度他的初衷。1963年他亲自主持编辑《毛主席诗词》集子时,此诗在清样稿上标题原为《答周世钊》。(毛泽东办公室秘书林克留存的此诗抄件上的标题也是《答周世钊》,推断可能抄自此诗的初稿。)随后,作者在这个标题的周世钊名字后加上了"同学"二字。最后他将"周世钊同学"五字圈掉,把标题改定为《答友人》。1963年12月《毛主席诗词》出版后,外文出版发行事业局组织翻译出版《毛泽东诗词》英译本时,英译者向毛泽东提出了《答友人》诗中"友人"指谁的问题。毛于1964年1月27日向袁水拍等提问者当面答复说:"'友人'指周世钊。"这是毛泽东再次坚持了"友人"是一人说。英译者提这个问题,涉及翻译"友人"这一名词,英语用单数还是复数的问题。查后来出版的英译本,"友人"译为"a friend"。此外,据周彦瑜、吴美潮所著《毛泽东与周世钊》一书记载,毛泽东于1964年2月4日,答复袁水拍说:"友人,是一个长沙的老同学。"这里有一个疑点,为何仅隔不到十天,袁水拍要两次向毛泽东请示这一问题,袁或者周、吴是否把日期记错了?

★ 赏　析 ★

情意洞幽赋寥廓
——《七律·答友人》赏析

胡为雄

　　正如政治塑造了一个革命家的毛泽东一样,诗词塑造了一个风骚独著的毛泽东。毛泽东自青少年时代起就喜欢赋诗并善于赋诗填词,以至后来发展到赋诗填词成了毛泽东的生活方式中的一个不可割裂的重要组成部分,甚至成为毛泽东的生存方式之一,这恰如山呼海啸、鹤鸣虎吼是自然类和动物类的存在方式一样。与敌怒争、沙场酣战、伤怀别情、故人厚谊、佳节盛典、胜利归来及名山大川,都会激起毛泽东诗本能的冲动而吟赋出绝美的诗章。悲不赋诗,不足以表现悲;怒不赋诗,不足以表现怒;喜不赋诗,不足以表现喜;功不赋诗,不足以表现功。诗之如气,蒸郁在胸,不吐不快。毛泽东的诗大多悲壮激昂、荡气回肠,且大气磅礴,尽露心雄万夫本色。但是,毛泽东诗词风格的这种豪放,并不影响其存在婉约的一面。正如毛泽东在读宋人范仲淹的词时所道出的,他的兴趣"偏于豪放,不废婉约"。从毛泽东的全部诗作看,其总体艺术风格豪放中却也不失婉约之风。这种总体艺术风格的豪放,主要是毛泽东作为政治家为诗的本色所致。由于现实主义创作手法使然,毛泽东诗词中的婉约色调大多受其豪放诗风的裹挟。尽管如此,毛泽东诗词艺术中婉约的一面仍是很明显的。这种婉约不像历史上的婉约派"一味儿女情长",如陆游在《钗头凤》、柳永在《雨霖铃》中所展示的那样——"红酥手,黄縢酒","执手相看无泪眼",而是另一种婉约诗风,即"意境苍凉而又优美"的范仲淹式的婉约。正由于毛泽东兼蓄而不偏废,所以他的诗风鲜明而自成一脉,其诗作亦成为一个和谐的艺术整体。

　　在毛泽东诗词中,属于典型的婉约诗词有《虞美人·枕上》《蝶恋花·答李淑一》《七律·答友人》等。这几首诗词中,《七律·答友人》是婉约诗风较为突出的一首。这首意境虽然有些苍凉但却十分优美的诗,与词作《蝶恋花·答李淑一》一样,属于"游仙"那一类。

然而,何缘致使毛泽东留下《七律·答友人》这样一首意境悠悠、美妙绝伦的诗章呢?这一方面既得之于诗人的诗歌天赋,但更有赖于该诗酝酿产生的兴会之境。那是在1961年,自早春2月至初秋9月,毛泽东为做社会调查工作曾四回湖南,重踏他青少年时代久已生活和战斗过的地方,这便勾起了他久存的记忆,惹起了他对故土的思恋,并随时可能萌生出一些词幽意深的优美诗句。而恰在这一年秋,毛泽东的几位友人的传鸿、寄物、赠诗,更敦促、催生、造化了《七律·答友人》这首描写和歌颂芙蓉之国的佳篇。当时,毛泽东的湖南老乡乐天宇带着一个科研小组回故乡的九嶷山区考察,后与周世钊以及亦在湖南做社会调查的李达相遇。老友相逢在故乡,自然又都想起了他们共同的友人毛泽东,于是商定挑选几件九嶷山的纪念礼品——碑铭、墨刻、泪竹杆毛笔寄赠毛泽东,并各赠自己的诗作。乐天宇还特送了一枝鲜明黑亮的九嶷山产的斑竹。睹物见诗,如遇故人,遂引发毛泽东对故乡的无限遐思,启开了如蒸如涌的诗的激流。他以婉约笔调展示了一个梦幻的文字天地:九嶷山、白云、帝子、翠微、红霞、洞庭、长岛、芙蓉国……诗句中的这些名词巧妙地组合成一种人间仙境,仿佛是在向友人讲述一个久远的神话故事,抑或是在细诉衷肠,倾吐长久积压在心底的憾事。

这优美苍凉的诗句中包裹着诗人对故土家园一往深情的怀念,包裹着诗人对逝人追恋的火一般的炽烈情感,亦透现了诗人难以愈合的心灵伤痕和悲戚情怀。诗人在逝世的前一年,即1975年,曾道出了掩埋在他这首诗作中的秘密。他在读王粲《登楼赋》、分析其中表现的王粲怀念故土的情感时曾说:人对自己的童年、自己的故乡、过去的朋侣,感情总是很深的,很难忘记,到老年就更容易回忆、怀念这些。自己写《七律·答友人》,"斑竹一枝千滴泪,红霞万朵百重衣",就是怀念杨开慧的,杨开慧就是霞姑嘛!诗人实质上道出了《七律·答友人》的潜在主题:借答友人之机,发思故乡之情,寄念亡妻之哀。诗人以浪漫之笔涂抹真实的人生,让思绪跳跃在幻想的神话世界和现实的人间世界:美丽窈窕的霞姑,忽又成了乘风翩然而降的帝子,转眼间化作轻盈凌波的湘夫人。乘着诗兴,诗人依稀又见到为革命而牺牲的骄妻生前处处所留下的倩影……长沙浏阳门正街李氏芋园杨寓……板仓杨寓……北京鼓楼东大街豆腐池胡同九号杨寓……长沙湖南第一师范附属小学简陋的新婚洞房……韶山新屋场家中……清水塘……武昌都府堤四十一号……这倩影时而又与乘风帝子叠合在一起,化为不朽之身,化为三湘春色、白云碧水间的美丽女神。她永远牵住诗人的心魂,永远唤起诗人对逝去的韶华、逝去的美好青春的回忆。

激情出诗,但《七律·答友人》这首诗的浑然天成,不仅只是靠激情。它于外既赖于现实的诗境使之得以氤氲化生,于内更倚之于诗人毛泽东诗思的奇谲高古。从该诗的语言风格看,它反映了中国漫长诗文化发展流程中的一个新阶段,表明生活在20世纪中的毛泽东因自幼熟读诗书而深受中国传统诗词艺术风格的熏陶,赋诗填词时善于博取历代诗词名家之长而自成一体。中国历史上的诗词大家中,战国的屈原,东汉的曹操,唐代的李白、李贺、李商隐,宋代的苏轼、辛弃疾、范仲淹、岳飞等人的诗风,对毛泽东的影响似乎尤其深刻。正是熟谙中国历代诗人诗作,使得毛泽东赋诗填词时用典机巧,点化无痕,及至诗作既成便多数为绝世珍品。从该诗的具体结构看,它确也积蓄了中国古诗词文化的精华。其首联"九嶷山上白云飞,帝子乘风下翠微",使人可依稀窥见屈原《九歌·湘夫人》的潜影。《湘夫人》以湘君思念湘夫人的口气写成,其开首这样写道:"帝子降兮北渚,目眇眇兮愁予。袅袅兮秋风,洞庭波兮木叶下。"同时,句中的"白云飞"一语,亦有思亲的象征。《新唐书·狄仁杰传》载狄仁杰曾登太行南望白云孤飞,悲泣而思乡,并伫立久之。毛泽东正是置诗在这样一种悲凉意美的境界上。在诗的其他处,亦可随见毛泽东将古人诗句的点化运用或移借入诗,这也同时表明毛泽东这位诗词大家为诗字字讲来历。典型的如"斑竹一枝千滴泪",清代洪昇《七绝·黄太君出诗集见示》诗中即有"斑竹一枝千点泪"句;"我欲因之梦寥廓",亦是李白《梦游天姥吟留别》诗中"我欲因之梦吴越"的化用。

当然,毛泽东奇谲高古的诗思之行程,最终受现实诗境的制约。浪漫幻变的笔调,亦最终回归到对现实的美好涂写。毛泽东的思维之锋,不仅如游鸿回旋在"日夜江声下洞庭"的故乡山水之间,不仅如秋鹰翱翔在万里芙蓉国之上,更如鲲鹏搏击于智慧的碧空,从而构思了一个"芙蓉国里尽朝晖"的寥廓之梦。总之,毛泽东留下的这首情意洞幽的《七律·答友人》,既含藏着诗人对故土的热恋和对故人的追思,也含藏着诗人对未来的憧憬和希望。

七绝 为李进同志题所摄庐山仙人洞照

一九六一年九月九日

暮色苍茫看劲松,乱云飞渡仍从容。天生一个仙人洞,无限风光在险峰。

这首诗最早发表在人民文学出版社一九六三年十二月版《毛主席诗词》。

【注　释】

〔为李进同志题所摄庐山仙人洞照〕李进，即江青，又名李云鹤。仙人洞，在庐山佛手岩下，牯岭之西，高约两丈，深广各三四丈，传为唐朝仙人吕洞宾所居，故名。洞外有苍松。洞的左前方有一巨石，上刻"纵览云飞"四个大字。作者曾在1959年7月5日游览过庐山仙人洞。

〔乱云飞渡仍从容〕意为飞渡的乱云依然形态舒缓悠然。作者曾说过，他喜欢乱云。

【考　辨】

这首诗中"乱云飞渡仍从容"句，注家和论者往往不辨是指云从容，还是指松从容。《毛主席诗词》出版后，翻译出版英译本时，英译者对此也提出疑问，请求毛泽东做了解释。1964年1月27日，毛泽东当面向袁水拍等提问者明确回答："是云从容，不是松从容。"可是，过了十年，袁水拍对此问题又产生了疑虑，担心自己上次未听清楚毛主席的回答。1974年10月27日，袁水拍给江青写信，问："是松从容还是云从容？"江青在袁水拍来信上批道："我忘了是云从容还是松从容，请主席告我。"第二天，毛泽东的秘书张玉凤给江青写了一张便条："关于'乱云飞渡仍从容'一句，主席说'是指云从容，他喜欢乱云'。"毛泽东的这次回答，不仅表明了诗句是描写乱云飞渡时本身那种从容舒缓的形态，而且揭示了诗人观看乱云飞渡的一种欣赏的心态。诗人认为乱云飞渡依然从容舒缓，也可能与观赏的地点有关。仙人洞旁有一块巨石，形若蟾蜍，侧面有"纵览云飞"四个大字的石刻。在此观云，只能"纵览"，就是说在巨石之间观看头顶的一方云天，即使飞渡的乱云，也会看成是从容舒缓。

此诗作者留存的手迹，现在所见有四件。其中有一件手迹将"从容"误写成"纵容"，落款只写了写作时间，未署名；文物出版社征求作者同意,对这件手迹做了技术处理,即把"纵容"改正为"从容",并增补了署名,收入1965年11月出版的《毛主席诗词》(册页散装)。另有一件手迹落款有署名,并写有"为李云鹤所摄照片而作"和"一九六一年九月,在庐山"字样,此件手迹将"飞渡"写作"飞度",这说明在作者看来,"渡"与"度"是通用的。

★ 赏　析 ★

奇松云海托真情

——《七绝·为李进同志题所摄庐山仙人洞照》赏析　　孙宝玲

这是一首题照诗,是诗人为李进(即江青)拍摄的一张照片题写的绝句。该诗写于1961年9月9日,最早发表在两年后的1963年12月版的《毛主席诗词》。

李进拍摄的照片,近景为雄居高空的松枝,远景为昏暗、辽阔的天空和茫茫的云海,中景则是庐山白鹿升仙台上的御碑亭,以及仙人洞所在的树木葱茏的险峰。名为仙人洞照,其实仙人洞并没有出现在照片中,而表现的是仙人洞周围的风景:陡峭的险峰、挺拔的苍松和飞渡的乱云。照片是薄暮时分拍摄的。

庐山仙人洞,历来为游庐山必到之处。它海拔一千零四十九米,飞崖绝壁,古木参天。洞是自然形成的,高约两丈,深广各三四丈,相传为唐朝仙人吕洞宾所居,后来明代仙人周颠也曾在此修行。洞中有石建的吕祖龛,龛后有一滴泉,泉水自岩上滴下,终年不断,环以石栏,名为"一滴泉"。洞外有白鹿升仙台,台上还有"御碑亭"(即照片上出现的亭子),亭中树立着"周颠仙碑",系明太祖朱元璋亲笔书写。

1959年7月1日,毛泽东游览庐山,生机勃勃的大自然引发了他心中的诗情和豪气,于是他写下著名的诗篇《七律·登庐山》,以极高的兴会唱起雄伟豪迈的赞歌,颂扬祖国建设一片蓬蓬勃勃的景象。7月5日,毛泽东和康生等人又游览了庐山仙人洞。那时正是庐山政治局扩大会议期间,还没有开始"反右倾",毛泽东称这次会议为"神仙会",心境无疑是好的。当他看到传说吕洞宾居于此的仙人洞时;当他路过草木葱茏、山势峻峭的险峰,一览庐山无限美好的风光时,应该是有难以抑制的诗的冲动和激情的。

1961年9月,毛泽东再登庐山,主持中央工作会议,全面商讨工业、财贸、科技等问题,决心通过贯彻1960年8月中央制定的调整、巩固、充实、提高八字方针,使连续遭受三年自然灾害的我国国民经济逐渐好转。与此同时,苏联撤走专家、撕毁合同,挑起中苏两党论战和边境纠纷,攻击我党。这首七绝,就是在这种背景下写于庐山的。

这首七绝仅仅二十八个字,应该说,全诗句句紧扣照片,从描述照片的形象入手,生发出深刻的哲理。这二十八个字,高度概括了照片上的景色。您看,在暮色苍茫中松树依然苍劲、挺拔、坚贞不屈;在空旷迷茫的天际中,虽然乱云翻卷、飞扬跋扈,但诗人依然视之泰然,从容自若;而天然妙造的一个仙人洞,无限的风光装点在那高高的险峰上,这是多么令人艳羡的风景!要看仙人洞吗?请您先攀登上高峻的险峰,再去领略那无限的风光。这是全诗思想的升华、哲理的阐发。因为诗人在这里赞美的不只是"洞",而更着墨于"峰"了。仙人洞固然美,但正因为它高居于"险峰",才更显其美。只有不畏艰辛、敢于登攀的人,才能够看到这个胜景。

有必要提及的是,这首诗中的"仍从容",指的是"飞渡的乱云",而不是"劲松"。1964年1月,应毛泽东诗词英译者的请求,诗人在诠释有关诗句时曾说:"从容"是"云从容,不是松从容"。这是有道理的。试想一下,乱云即使扑来,对劲松会有多大的影响?能扑到松枝上么?所以我们理解为:当乱云飞渡时,诗人感到它仍是从容不迫的。

毫无疑问,这不仅仅是一首写景诗。古今中外大多数写景诗,都是寓情于景,从写景中升华、生发出一种高度的哲理来,这样诗才有生命力。本诗也是如此。在诗中,毛泽东无论是写松,还是写洞,都在赞颂一种坚韧不拔的革命精神。它告诉我们,作为一个革命者,如果遇到不利的环境,都应该学习这种"劲松"精神,坚强从容,毫不动摇,勇敢斗争,最后就能取得光辉的胜利。

所以,这首诗应该理解为是对坚定不移、敢于斗争、敢于胜利的革命战士及其精神的赞美。它勾勒的"劲松"形象,正是诗人心中战士的英姿;而诗人在赞扬无限风光时,还启示人们:一切革命的成果都不会轻而易举得来,前进的道路不会是平坦的。正如马克思在谈到攀登科学高峰时所说:"只有不畏艰苦、沿着陡峭山路攀登的人,才有希望达到光辉的顶点。"

　　这首诗的艺术性很强。从诗的写作起因看,诗人面对的仅仅是一幅照片(尽管他一年前曾游览过仙人洞),他需要从这幅摄影作品中挖掘出其思想和艺术内涵,并通过自己的主观再创造,使读者从诗的艺术效果去感受摄影作品的美学内涵。应该说,毛泽东的这首诗所达到的艺术效果远比摄影作品要强得多,因为它融注了更为深刻的哲理,表现出了更为昂扬的精神。

　　另外,这首诗运用口语极其自然,没有深奥的词句和艰涩的用典,通俗生动,朗朗上口。此外还运用寓情于景、寓理于景的手法,把诗人的情怀和深刻的哲理寓于生动的形象之中,使得全诗风格含蓄而遒劲,读来引人深思、回味无穷。

七律 和郭沫若同志

一九六一年十一月十七日

一从大地起风雷，便有精生白骨堆。僧是愚氓犹可训，妖为鬼蜮必成灾。金猴奋起千钧棒，玉宇澄清万里埃。今日欢呼孙大圣，只缘妖雾又重来。

这首诗最早发表在人民文学出版社一九六三年十二月版《毛主席诗词》。

【注　释】

〔和郭沫若同志〕1961年10月间,浙江省绍剧团在北京演出根据《西游记》第二十七回白骨精故事改编的绍剧《孙悟空三打白骨精》。郭沫若看过戏作了一首诗,借以反对当时所说的现代修正主义。本诗的主旨与郭诗相同(这也是作者此后大多数诗词的主题),只是不同意郭诗敌视被白骨精欺骗的唐僧的观点。郭读本诗后表示接受作者的意见。郭沫若(1892—1978),四川乐山人,现代著名的文学家和历史学家,曾任中国科学院院长兼历史研究所所长。

〔风雷〕暴风与雷霆,这里比喻革命。

〔精生白骨堆〕指白骨精。《西游记》第二十七回说,白骨精是从"一堆粉骷髅"里变出来的。这里喻指当时所说的现代修正主义。

〔愚氓(méng萌)〕氓,古义通"民"。愚氓,愚蠢的人。

〔鬼蜮(yù玉)〕蜮,古代传说中水里一种暗害人的怪物。鬼蜮,即鬼怪,后来比喻阴险作恶的人。

〔金猴奋起千钧棒〕金猴,指孙悟空,他炼就金刚不坏之体。钧,为三十斤。《西游记》第三回说,孙悟空的金箍棒重一万三千五百斤。

〔玉宇澄清万里埃〕玉宇,澄净如玉的天空。埃,微尘,指妖雾。本句意为歼灭妖精,扫除妖雾。

〔孙大圣〕孙悟空在花果山时自称"齐天大圣"。

〔妖雾〕喻指反革命的迷雾。

附：郭沫若原诗

七律
看《孙悟空三打白骨精》

人妖颠倒是非淆，对敌慈悲对友刁。咒念金箍闻万遍，精逃白骨累三遭。千刀当剐唐僧肉，一拔何亏大圣毛。教育及时堪赞赏，猪犹智慧胜愚曹。

【附诗注释】

〔人妖颠倒是非淆〕意为唐僧把妖精当人,混淆是非。

〔对友刁〕指唐僧对孙悟空一再刁难。

〔咒念金箍〕指唐僧念"紧箍咒"折磨孙悟空。

〔累三遭〕接连三次。

〔千刀当剐唐僧肉〕意为唐僧肉活该千刀万剐。这里作者错把唐僧比喻为当时所说的现代修正主义。

〔大圣毛〕这是双关语。一指孙悟空身上的毫毛,一指大圣人毛泽东。

〔猪犹智慧胜愚曹〕意为猪八戒还比较聪明,胜过唐僧这样的愚蠢之辈。

【考　辨】

　　这首诗作者留存一件手迹,标题为《三打白骨精·和郭》,诗末署有"毛泽东　一九六二年一月三十日"字样,系书写条幅的时间。手迹同发表的定稿相比,有两处异文,即"妖为鬼蜮必成灾"句,手迹为"妖为鬼魅必成灾";"只缘妖雾又重来"句,手迹为"只为妖雾又重来"。

　　有论者认为郭沫若原诗的本意并未敌视唐僧,得出这样的结论,表明对郭诗的理解有偏。郭诗把唐僧比喻为当时所说的现代修正主义,首联和颔联句句都是历数唐僧的罪状,颈联出句"千刀当剐唐僧肉",等于是对唐僧的宣判,"当剐"是活该剐割之意。就连尾联中的"愚曹"也是对唐僧的贬斥。"教育及时",是指对猪八戒,并不包括唐僧在内。怎么能说郭诗本意并未敌视唐僧呢?如果把"当剐"的"当"作"将""正要"解,那句诗就成了不加褒贬的叙事,不能与上下文一起串讲通。这样解释也不符合毛泽东和郭沫若的原意。毛泽东在和诗中不同意把被白骨精欺骗的唐僧作为打击对象。郭沫若看到毛泽东的和诗后,又写了一首七律《再赞〈三打白骨精〉》:"赖有晴空霹雳雷,不教白骨聚成堆。""僧受折磨知悔恨,猪期振奋报涓埃。"毛泽东看了郭送上的这首和诗后,致信郭说:"和诗好,不要'千刀当剐唐僧肉'了。对中间派采取了统一战线政策,这就好了。"郭沫若在《玉宇澄清万里埃》(载1964年5月30日《人民日报》)一文中说:"同是一个白骨精,在我的诗里面是指帝国主义而言,而在主席的和诗里则指的是投降帝国主义的机会主义者。""主席的和诗,事实上是改正了我对于唐僧的偏激看法。"

★ 赏 析 ★

"打鬼"颂"金猴"
——《七律·和郭沫若同志》赏析   蔡厚示

　　1961年10月17日至31日,苏联共产党第二十二次代表大会在莫斯科举行。大会通过了所谓苏共"新纲领",发起了对兄弟党的粗暴攻击,因此遭到了中国共产党的坚决反对。以周恩来为团长的中国共产党代表团,根据毛泽东的指示,于会议中途(10月24日)提前返回北京。毛泽东亲率党和国家领导人到机场迎接。10月25日,郭沫若写了《七律·看〈孙悟空三打白骨精〉》一诗,并呈送毛泽东主席。他借浙江绍兴剧团演出的戏曲情节,指斥了当时所说的现代修正主义。毛泽东针对郭沫若原诗中混淆两类不同性质矛盾的错误,于11月17日写了这首《七律·和郭沫若同志》。

　　郭沫若在《玉宇澄清万里埃》一文中回忆说:

　　"《孙悟空三打白骨精》这出戏,首先是浙江省绍兴剧团演出的。我在一九六一年十月十八日在北京民族文化宫第一次看到演出,我认为它很有教育意义。后来剧团的同志们要我提点意见,我在十月二十五日便写了一首七律《看〈孙悟空三打白骨精〉》送给了他们。

　　"主席的和诗是一九六一年十一月十七日做的,我在一九六二年一月六日在广州看到。

　　"读了我受到了很大的启发。我当天曾经用主席的原韵,又和了一首。(和诗为:'赖有晴天霹雳雷,不教白骨聚成堆。九天四海澄迷雾,八十一番弭大灾。僧受折磨知悔恨,猪期振奋报涓埃。金睛火眼无容赦,哪怕妖精亿度来!'——作者注)

　　"送给主席看过,主席回信说:'和诗好,不要"千刀当剐唐僧肉"了。对中间派采取了统一战线政策,这就好了。'"

　　这首诗的主题也是反对当时所说的现代修正主义。它用诗的形式对当时国际共产主义运动的论争做了艺术概括。诗人用"一分为二"的观点,指出历史上一切革命运动的兴起,必然伴随着出现阻遏革命运动的反对势力。我们一定要分清敌、我、友,团结、教育广大人民群众,同敌对势力作坚决斗争,以促进共产主义理想的实现。诗中借用《西游记》神话小说中的人物故事加以引申发挥,赋予它以深刻的现实意义,表达了无比巨大的、严肃的革命政治内涵。

首联紧扣郭沫若原诗的题目,从白骨精的出现写起。诗人借用这一神话情节,形象地对人类自有文字以来的历史进行了高度概括。"风雷",这里喻指历史上一切革命运动;"精",这里喻指历史上一切妄图阻遏革命运动的反对势力;"白骨堆",即小说《西游记》中所说"一堆粉骷髅"的意思。这两句非常生动地说明:每当大地上兴起革命的风暴,便有反对势力从他们各自代表的腐朽社会基础上产生。诗人用"一从"和"便有"两个词组成的条件复句,以极其斩钉截铁式的语气揭示了这个历史规律。它含普遍哲理于诗句之中,有如一声震天撼地的响雷,给读者以无比警醒的启示。

颔联紧承前两句,着重纠正郭沫若原诗中的错误。毛泽东指出:唐僧是受蒙蔽的中间派人物——"愚氓",对他们不能"千刀当剐",而应该多做教育工作。"犹可训"三字,充分体现了严格区分两类不同性质矛盾的政策。至于白骨精,则完全是另一回事。它们是化作人形的"妖",是含沙射影专门害人的"鬼蜮",必然给人们带来巨大的灾祸。诗人表示出对它们的强烈憎恨,要人们丢掉幻想,准备斗争,狠狠地打击它们。诗人用"是""为"两个系词对"僧""妖"分别做出了明确判断,又用"犹""必"两个程度副词进行正反对照,这样不仅说透彻了事理,而且教会了人们分清敌我,并对鬼蜮们保持高度警惕。

颈联借用《孙悟空三打白骨精》的胜利结局,正面歌颂了坚持斗争的英雄形象。"金猴",对孙悟空的美称。古人以猴属申,申在五行中配金,因此《西游记》中称孙悟空"金公"。一说孙悟空曾因大闹天宫被太上老君投入八卦炼丹炉中焚烧,炼出铜臂铁骨和一双能识别妖魔的火眼金睛,所以称他为金猴。这里喻指马克思主义者,含有光辉、可贵、不怕烈火的意思。"奋起"的"奋"字,突出他勇往直前、敢于斗争的精神。"千钧棒",极言其重。这里喻指强大的思想武器。"万里埃",极言其流毒深广。这里喻指现代修正主义的思想流毒。这两句是说:孙悟空有力地举起千钧重棒,消灭了妖魔鬼怪,使光洁的宇宙更加澄清了。这里喻指马克思主义者有力地举起强大的思想武器,以肃清现代修正主义的思想流毒;也意味着无限光明美好的未来,必将在坚持斗争中实现。这一联像是个特写镜头,采用流水对句式,展出了一幅痛歼妖魔、澄清世界的壮伟图景,形成全诗的情节高潮。诗人步步逼进,扣人心弦,颇能激起读者的政治热情和审美共鸣。

尾联对首联做了回应,进一步点明了诗的主题。"孙大圣",即孙悟空,他在花果山上自称是"齐天大圣"。"妖雾",这里喻指现代修正主义所散播的思想迷雾。毛泽东用这两句诗向当代马克思主义者发出了热情号召,鼓励他们反击现代修正主义的再次进攻。如果说,孙悟空曾先后三次打败过白骨精,并终于赢得了最后胜利;那么,马克思主义者面临的斗争则何止三次,它将是长期的、反复的和激烈的。但只要我们坚持马克思主义的基本原则,牢牢掌握强大的思想武器,胜利将是属于我们的。这是全诗的主旨;诗人于卒章将它明显揭出,做了有力的结束。

全诗巧妙地利用神话故事,采取借喻手法,寄寓了一个重大的政治主题。它以逻辑思维的顺序架构全篇,又以神话人物的形象隐喻现实。它说理周到,深入浅出,雅俗共赏,标志着毛泽东晚期诗词的一大特色。

毛泽东向来是提倡"诗要用形象思维"的,但毛泽东晚年的诗词风格已有所变化,说理成分逐渐增多,议论横发。这同他晚年较多地接受宋诗的影响是分不开的。只是毛泽东诗词中的议论仍紧密结合着艺术形象进行,因此避免了某些宋诗中味同嚼蜡的不良倾向。

《七律·和郭沫若同志》中的正、反两面形象对比鲜明,审美主体感情强烈,某些诗句本身就蕴含着深刻思想。如"一从大地起风雷,便有精生白骨堆",寥寥十余字,竟概括了一条社会发展的普遍规律。这些,都值得我们认真学习。

在近体诗(特别是律诗)中,除使用重言叠字(如"滚滚""微微"之类)外,一篇中宜避免同字重复。此诗中"大"字、"起"字、"妖"字俱两见。无论如何,这总归是艺术上的一点欠缺;但从不因格律束缚思想而言,毛泽东是做得对的。

卜算子 咏梅

一九六一年十二月

读陆游咏梅词,反其意而用之。

风雨送春归,飞雪迎春到。已是悬崖百丈冰,犹有花枝俏。 俏也不争春,只把春来报。待到山花烂漫时,她在丛中笑。

这首词最早发表在人民文学出版社一九六三年十二月版《毛主席诗词》。

【注　释】

〔陆游〕(1125—1210)字务观,号放翁,山阴(今浙江绍兴)人。南宋爱国大诗人。他生当南宋朝廷向北方金国委曲求和的时代,爱国抱负不为时用,晚年退居家乡。他在《咏梅》词中表现出孤芳自赏、凄凉抑郁的调子。本词用陆游原词牌、原词题,但情调完全相反,所以说"反其意而用之"。

〔风雨送春归〕化用或借用古代诗人的成句。北宋苏轼《和秦太虚梅花》诗:"不知风雨卷春归。"明唐寅《黄莺儿》曲:"风雨送春归。"

〔俏也不争春〕俏,容态轻盈美好。本句意为梅花开得俏丽,不是要同别的花在春天争奇斗艳。

〔山花烂漫〕满山遍野百花盛开,色彩艳丽。

附：陆游原词

卜算子

咏梅

驿外断桥边，寂寞开无主。已是黄昏独自愁，更著风和雨。

无意苦争春，一任群芳妒。零落成泥碾作尘，只有香如故。

【附词注释】

〔驿(yì义)外〕指驿站附近。古代官办的供传递公文的人中途住宿和换马的处所,称驿站。

〔开无主〕指无人欣赏的开在野外的梅花。

〔一任群芳妒〕任凭群芳妒忌。作者暗喻自己受人嫉妒。

〔零落成泥碾作尘,只有香如故〕梅花凋谢后被轧碎为尘土,惟独它的幽香不变。作者暗喻不管遭到什么磨难,将继续保持自己的品德和节操。

【考　辨】

这首词在人民文学出版社1963年12月版《毛主席诗词》发表时,曾把写作时间署为"一九六二年十二月"。1964年4月该书再版时,订正为"一九六一年十二月"。

此词作者留存的手迹,现在所见有三件,其中两件硬笔所写,一件毛笔所写。手迹同公开发表的文字相比,有三处异文:词中"已是悬崖百丈冰"句,三件手迹均作"已是悬岩百丈冰";"待到山花烂漫时"句,三件手迹均作"待到山花烂熳时","烂熳"与"烂漫"通用;"她在丛中笑"句,有一件手迹作"她在傍边笑",可以判断此件是初稿,曾根据初稿印出铅印件,作者在审改铅印件时将"傍边"改为"丛中"。

此外,有两件手迹中,词的小序和正式发表的有所不同,写作"仿陆游,反其意而用之";有一件手迹中,词的小序和正式发表的完全相同。三件手迹的末尾还各署有:"一九六一年十二月二十七日","一九六二年一月作","一九六二年十二月"。据分析,前两个日期,分别是此词写出初稿和进行修改的时间;后一个日期,据查阅署此日期的手迹,从词前小序到正文,与公开发表的文字比较,只有一字之差,即"悬崖"原作"悬岩"。由此可以判断,这个日期是修改定稿的时间,所以作者曾一度把这个日期定为写作时间。但是在《毛主席诗词》出版不久,作者经过进一步考虑,最后把写作时间确定为写出初稿的"一九六一年十二月"。

★ 赏 析 ★

风流标格　首开奇响
——《卜算子·咏梅》赏析

吴万刚

毛泽东的咏物名作《卜算子·咏梅》创作于1961年12月。当月下旬，作者正在北京，为即将召开的扩大的中共中央工作会议做准备。面对严峻的国内外形势，他在认真地反复思考着关于政治思潮、社会理想、革命道路、世界前途诸多重大问题。1959年以来，国内遭受三年特大自然灾害，经济面临严重的困难；国际上帝国主义、各国反动势力和修正主义反华大合唱甚嚣尘上，妄图孤立中国。在"高天滚滚寒流急""万花纷谢一时稀"这种险恶局势下，如何教育并激励全党和全国人民不畏强暴、坚持斗争，去勇敢地战胜困难、击退反华逆流，就成为毛泽东最为关注的中心问题。为此，他在"扩大的中共中央工作会议"召开前夕，潜心研读了林逋、陆游、高启等名家的咏梅诗词，经过深入地艺术构思，以传神之笔，创作了一首托意高远、别具风流标格的咏梅佳作。

该词前有小序云："读陆游咏梅词，反其意而用之。"从中可知，毛泽东是在读了陆游的《卜算子·咏梅》之后，有所感而发的。陆游是南宋著名的爱国诗人，他力主抗金，一生念念不忘北伐中原，收复失地。虽屡次遭到朝廷掌权的投降派的打击、排斥、罢官闲居，但他统一祖国的强烈愿望却矢志不移，临终前还写下了一首感人肺腑的《示儿》诗："死去元知万事空，但悲不见九州同。王师北定中原日，家祭无忘告乃翁。"

陆游一生酷爱梅花，在他的诗词集中，咏梅诗词不下百首。其中，有由衷赞颂梅花气节和品格的："高标逸韵君知否？正在层冰积雪时"；"雪虐风饕愈凛然，花中气节最高坚"。有尽情欣赏梅花幽姿的："可怜庭中梅，开尽无人知。寂寞终自香，孤贞见幽姿"；"何方可化身千亿，一树梅花一放翁"。还有借梅以抒写自己虽受挫折，但坚强不屈的性格以及顾影自怜、孤芳自赏之感伤情绪的："幽姿不入少年场，无语只凄凉。一个飘零身世,十分冷淡心肠。　　江头月底,新诗旧梦,孤恨清香。任是春风不管,也曾先识东皇。"(《朝中措》)相比之下,写得最为杰出的,还数那首《卜算子·咏梅》。

毛泽东在读了陆游的《卜算子·咏梅》词后,表示要"反其意而用之"。这是什么意思呢?它包含着批判继承之意,既有所肯定,也有所扬弃,也可以说是推陈出新。毛泽东是如何"反其意而用之"的?有比较,才能鉴别,才能见出高下。我们试用对比的方法对这两首咏梅词加以分析。

陆词上片描写梅花生长环境的荒僻和处境的艰难。开头二句,描写梅花孤独地生长在驿站外面、残破的桥边,它寂寞地开放,无人护理,也无人欣赏。"已是"二句,由偏僻荒寒的环境进而描写梅花处境的险恶。它不仅孑然一身,深感寂寞,而且偏偏在其独自愁苦的黄昏,又受无情风雨的侵袭,遭到严重摧残。可是,它顶住了各种外来的压力,在逆境中开放。词中,诗人以梅自喻,表现在投降派的排斥下,在政敌的残酷打击下,自己处境虽艰险恶劣,但仍顽强不屈。

毛词上片也描写梅花所处的环境,也写到了"风雨"。但这里的"风雨"不是作为反动势力的象征。"风雨"二句是借自然界节序的更替变化,来表现对光明前途的坚定信念。春夏之交的风雨将美好的春天送走了,而严冬时节的漫天飞雪又将迎来新的更加壮丽的春天。这里暗示了革命发展的曲折道路,同时,也抒发了革命者的乐观主义精神。这两句起得气势磅礴,高屋建瓴,为全词创造豪迈雄浑的意境做了有力铺垫。"已是"二句,紧承上句的"飞雪",着力描写梅花生长的环境。悬崖,不可谓不险峻;百丈冰,不可谓不严寒。而梅花就在这极其险峻的悬崖上俏丽地迎寒盛开。这里一反陆词中那种孤寂愁苦的情调,而显得气壮情昂,俏丽的梅花藐视一切艰难险阻,满怀必胜信心!

陆词的下片,托梅寄志。由上片煞拍叙梅之受风雨摧残,稍作停顿,转入下片首句,再写梅之无意争春。"无意苦争春"与上片,犹如藕断丝连,似断而实连,即所谓气断意不断。梅,处境险恶,独自愁闷,又遭风雨侵袭。在这种情势下,它虽然顶着凄风苦雨,凌寒先发,向人间报告春的到来,但无意与"群芳"抵死争春,只好任随"群芳"去嫉妒自己。这是诗人在与执政的投降派斗争中深感自己势单力薄心绪的反映。"零落成泥碾作尘",进一步描写梅花的不幸遭遇:它被风雨摧毁,委落于地,与泥相杂,又被来往的车辆碾成尘土,梅花的悲惨命运已达到了极点。然而,以上所写梅花的险恶处境、不幸遭遇、悲惨命运,都是为下片歇拍蓄势。"只有香如故",突出表现梅花的高贵品质:即使粉身碎骨,也要永葆自己的清香于人间。这里,诗人借助梅花这种品质来表达自己不与投降派同流合污、坚持抗金复国的理想以及孤芳自赏的心情。从全词看,前七句表现诗人忧郁、低沉、无可奈何的情绪,而最后一句以扛鼎之力,振起全篇,使悲伤情调为之一扬,读后,确令人想见其"劲节"!

毛词的下片也是托梅言志。"俏也不争春"二句,紧接上片煞拍的"犹有花枝俏",进一步描写梅花的高尚品格。"俏也不争春",与上片煞拍的"俏"字呼应,既承又转,笔力极雄健,且语激声宏、魄力雄浑,好似"奇峰突起"。开端两句写出梅花虽然俊俏美好,以战斗的雄姿与飞雪、百丈冰进行英勇斗争,迎来了春光的降临,却不想跟百花争艳,抢占春光,它只是把春回大地的喜讯预报给百花。最后两句"待到山花烂漫时,她在丛中笑",写出梅花不仅不与百花争占春光、只充当报春使者的角色,而且有着谦逊的态度和广阔的胸怀,等到大地春回、山花烂漫、遍野飘香的时刻,她隐身于百花丛中,为春天的来临发出会心的微笑,与百花共享新春的欢乐。这里的梅花形象充分显示了无产阶级革命家豁达而潇洒的气度和博大而谦逊的情怀。

上述两首《卜算子·咏梅》,同属咏物词。咏物词要写好,颇为困难。南宋张炎曾说:"诗难于咏物,词尤为难。体认稍真,则拘而不畅;摹写差远,则晦而不明。"(南宋张炎《词源》)为了避免产生"拘而不畅""晦而不明"的弊病,就要尽力做到"不离不即"(清刘熙载《艺概》)。"不离",就是不离开所咏之物;"不即",就是不局限于所咏之物,也就是说既要抓住所咏之物的特征,又要有所寄托。陆游擅长咏物,其言情体物,穷极工巧。他的咏梅诗写得"骨冷神清",能写出梅的"性情气魄",因此被古代诗评家誉为"诗家写魂妙手"(清方东树《昭昧詹言》)。他的《卜算子·咏梅》也是传世的咏物名作,描绘出梅花高洁脱俗的艺术形象,深含清旷之美,然而也给人以沉郁压抑之感。

诗人毛泽东深谙旧体诗词的形式。他驾轻就熟,故能"出新意于法度之中,寄妙理于豪放之外"(苏轼语)。他的咏梅词,不仅做到"不离不即"、深有寄托,而且达到形神兼备的境地。"犹有花枝俏","俏也不争春",两个"俏"字,不但描绘出梅花形态无比的俊俏幽美,而且写尽了梅花傲岸挺拔、倜傥风流的精神气质。"待到山花烂漫时,她在丛中笑。"一个"笑"字,不仅表现出梅花温柔潇洒的风貌,更传达出梅花胸襟博大、谦逊脱俗的照人光彩。这三个字,用得最见功力,最为传神,它寄深于浅,寄劲于婉,巧妙地为梅花写照,深得梅花之神理,真可谓摹写物态,曲尽其妙,三字得力,全篇风流。

以上,我们将两首咏梅词进行了对照比较,可以明显看出,毛泽东的咏梅词,无论是他所描画的高洁完美的梅花形象,还是独到的咏物技巧,都大大胜于陆游的咏梅词。

清代著名诗人沈德潜说过:"有第一等襟抱,第一等学识,斯有第一等真诗。"(《说诗晬语》)毛泽东是一位伟大的政治家和杰出的诗人。他能站在时代的最高峰,以无产阶级革命家的锐利目光洞察世界,以瑰奇浩瀚之才,发沉雄伟博之辞,故能创作出情真意挚、感人至深的诗篇来。在《卜算子·咏梅》词中,那高洁俊美的梅花形象,不就是诗人高尚人品和豁达气度的生动写照吗?毛泽东写尽了梅花的风流标格,在古今咏梅诗词中,首开奇响。

七律　冬云

一九六二年十二月二十六日

雪压冬云白絮飞,万花纷谢一时稀。高天滚滚寒流急,大地微微暖气吹。独有英雄驱虎豹,更无豪杰怕熊罴。梅花欢喜漫天雪,冻死苍蝇未足奇。

这首诗最早发表在人民文学出版社一九六三年十二月版《毛主席诗词》。

【注　释】

〔冬云〕这首诗作者用象征、比兴和对比手法，表现了当时国际上严峻的反华局势以及中国共产党人不惧强暴的大无畏精神和敢于斗争的英雄气概。作诗日期12月26日（作者的生日），在当年冬至节后的第四天。旧说"冬至一阳生"，所以诗中说"大地微微暖气吹"，这里是比喻虽在冬至，大地并没有完全被寒流控制。

〔白絮〕柳絮，比喻纷飞的雪花。

〔熊罴(pí皮)〕熊和罴，同本诗中的虎和豹皆为猛兽，这里比喻凶恶的敌人。罴，熊的一种，现在叫马熊或人熊。

〔苍蝇〕喻指卑污渺小的反华势力。

【考　辨】

这首诗作者没有留下手迹，发表时根据中央档案馆保存的原件刊印。这里说的原件，并不是手稿，而是作者审阅过的铅印件。诗中"高天滚滚寒流急"句，原作"高天滚滚寒流泄"。

此诗"独有英雄驱虎豹，更无豪杰怕熊罴"二句，从律诗对仗修辞的角度看，如果将出句与对句的内容解释得相同或近似，确有"合掌"之弊。但是，从此诗的整体上理解，作者是赋予此联上下句各自不同的内涵。上句"英雄"比喻中国共产党人，"虎豹"比喻美国帝国主义；下句"豪杰"比喻坚持马列主义的中国革命者，"熊罴"比喻苏联霸权主义。这样理解和解释这两句诗，就不会有"合掌"之嫌。

★ 赏 析 ★

雄奇豪迈　气贯长虹
——《七律·冬云》赏析

江凯波

《七律·冬云》创作于1962年12月,当时国际、国内形势异常严峻,斗争尖锐复杂。在国内,由于"大跃进"和反右倾的错误,加上遭受连续三年罕见的自然灾害的侵袭,我国正处于新中国成立以来最严重的经济困难时期,国家和人民遭受了重大损失。国际上,以赫鲁晓夫为首的苏联领导人挑起中苏论战,连篇累牍发表文章,大肆攻击中国共产党,并将两党之间的原则争论变为国家争端,对我国在政治上、经济上和军事上施加巨大压力。他们不但背信弃义,撕毁合同,撤走专家,极大地加重了我国的经济困难,而且还联合一些国家的共产党、工人党,围攻中国共产党,并配合国际上的反动势力,掀起一股反华浪潮,接二连三地演出"反华大合唱"。一时间,黑云翻腾,寒潮滚滚,中国共产党和中国人民面临着严峻的考验。

面对这一严峻的局面,诗人心潮澎湃,感慨万千,于是在他生日这天,挥动如椽之笔,托物言志,借景抒怀,写下了这首雄奇豪迈、气贯长虹的诗篇,表达了不畏强暴、奋勇抗争的大无畏精神,以及乐观豪迈、笑傲世间的崇高气节。

这首诗以"冬云"为题,借"冬云"起兴。因此,首联"雪压冬云白絮飞,万花纷谢一时稀",起笔就切入正题:冬云漫漫,雪花飘飘,坚冰封地,万花萎谢。一个"压"字,笔力千钧,力透纸背,刻画出大雪不可一世的骄横姿态,显示了环境的险恶。"万花纷谢"更展现了一幅严冬肃杀、万花凋零的图景,反衬了大雪的淫威。首联不仅写出了严寒冰雪的凌厉,而且为后面"梅花"的傲然出台做好了铺垫。这两句诗,表面看似是对大自然景象的客观描绘,其实诗人是用象征手法,形象地再现了当时国际斗争的严峻局面。

颔联"高天滚滚寒流急,大地微微暖气吹",这两句对比鲜明的诗句,不但进一步写出寒流之态,而且几乎不露痕迹,就揭示出自然运动发展变化的规律。一个"急"字,可见寒流来势异常凶猛,令人寒彻透骨;一个"吹"字,可感微风吹拂,顿觉温暖如春。阴极生阳,否极泰来,大地孕育着的勃勃生机,预示着严冬就要过去,一元复始,万象更新,人间即将春回大地。这两句蕴含哲理的诗句,折射出诗人辩证思想的光辉。诗的前四句虽然都是写景,但"大地微微暖气吹"一句,却一扫前三句抑郁沉闷的气氛,转为昂扬奋发的情调,体现出诗人豪迈的乐观主义情怀,给人以极大的鼓舞力量。

颈联"独有英雄驱虎豹,更无豪杰怕熊罴",这两句豪情勃发,直抒胸臆,那气吞山河的磅礴气势,有如石破天惊,不同凡响。是的,虎、豹、熊、罴都是异常凶狠的猛兽,但就英雄豪杰来说,在强暴面前要有非凡的勇气、无畏的胆略,体现出威武不屈、独立天地的浩然正气。这两句诗,既是对古往今来千古英雄人物的热情礼赞,洋溢着革命英雄主义的气概,体现出伟大的人格力量;又是对全国人民的召唤:帝国主义、修正主义以及一切反动派,就像气势汹汹、猖獗一时的虎豹熊罴一样,只不过是色厉内荏,没什么可怕,在英雄豪杰面前,等待他们的必将是灭亡的命运。我们要勇于斗争,敢于斗争,战胜他们,消灭他们!这铿锵有力、掷地有声的诗句,是巨人用惊雷般的气势发出的时代最强音,读之有如"气欲凌云,声可裂石",充满震撼人心的力量。

尾联"梅花欢喜漫天雪,冻死苍蝇未足奇",回应首联,礼赞梅花,进一步抒发情感。梅花是花中豪杰,严冬时节,凌寒盛开,而且越是严寒,越开得俊俏。她傲霜斗雪、伟岸挺拔的不凡风姿以及"敢向雪中出","气节最高坚"的铮铮铁骨,赢得了古往今来不知多少文人墨客的礼赞。而就在写这首《七律·冬云》的一年前,即1961年12月,诗人还就"读陆游咏梅词,反其意而用之",写过《卜算子·咏梅》一词,一反前人孤芳自赏的俗套,赞美了梅花"俏也不争春"的品格,遂成千古绝唱。在这里,诗人又以激越的情怀,为梅花唱了一曲清新的赞美诗。"梅花欢喜漫天雪",诗人笔下的梅花,卓尔不群,超凡脱俗,很像高尔基笔下的海燕,渴望战斗的欢乐,在暴风雨即将到来之际,高叫着:"让暴风雨来得更猛烈些吧!"那笑立风雪、傲视严寒的梅花,不正是报春的使者吗?诗人盛赞梅花不屈服大雪的淫威,任凭它铺天盖地"压"来,依然傲然屹立,凌寒盛开的形态风貌,其实就是赞美中国共产党人不畏强暴,奋勇抗争的崇高品格。梅花的品格,就是坚贞不屈的中国共产党人高尚人格和完美精神的体现。梅花的形象,就是在国际斗争中敢于坚持原则、敢于斗争的中国共产党人的形象写照。至于那些甚嚣尘上,鼓噪一时的"反华大合唱",只不过是几只碰壁的苍蝇在嗡嗡叫唤,在大雪纷飞的严冬,冻死几只苍蝇没什么奇怪,丝毫无损我们的一根毫毛。这两句诗,以谐衬庄,涉笔成趣。诗人以苍蝇的渺小,反衬梅花的挺拔;以苍蝇的卑鄙,反衬梅花的高洁,爱憎分明,对比强烈。

这首律诗前四句写景,后四句抒情,将诗情与哲理融于景物描绘之中,前后呼应,妙合天成。同时还运用象征、比喻、对比、反衬等多种艺术手法,鲜明地表现了作品的主题思想,显示了诗人艺术手法的高超。

1962年12月26日这天,正好是诗人六十九岁生日,诗人创作《七律·冬云》,借景抒怀,托物言志,充分显示了他作为中国共产党、中国人民的领袖立足涛头、砥柱中流、不畏强暴、力挽狂澜的决心和勇气,以充满战斗激情、雄奇苍劲而又闪耀着深刻哲理的诗篇,为我们奏响了一曲高亢的时代乐章。是的,前途光明,道路曲折,但中国人民前进的步伐是任何力量也阻挡不住的,严冬过后,必定是万紫千红、百花争艳的春天!

满江红

和郭沫若同志

一九六三年一月九日

小小寰球,有几个苍蝇碰壁。嗡嗡叫,几声凄厉,几声抽泣。蚂蚁缘槐夸大国,蚍蜉撼树谈何易。正西风落叶下长安,飞鸣镝。　多少事,从来急;天地转,光阴迫。一万年太久,只争朝夕。四海翻腾云水怒,五洲震荡风雷激。要扫除一切害人虫,全无敌。

这首词最早发表在人民文学出版社一九六三年十二月版《毛主席诗词》。

【注　释】

〔和郭沫若同志〕1963年1月1日,郭沫若在《光明日报》发表《满江红》词歌颂毛泽东领导的革命斗争,赞扬反修。作者读郭词后写了这首和词。

〔寰(huán环)球〕指地球、全世界。

〔苍蝇〕见《七律·冬云》注。

〔蚂蚁缘槐夸大国〕唐李公佐小说《南柯太守传》载:有个叫淳于棼(fén焚)的人,在槐树下喝醉酒,梦见自己在"大槐安国"做了驸马,又在南柯郡当了二十年太守,权势显赫。醒后才知槐安国原来是大槐树洞中的蚂蚁窝。

〔蚍蜉撼树〕蚍蜉,大蚂蚁。撼,摇动。这是对不自量力的人的嘲笑。唐韩愈《调张籍》诗:"蚍蜉撼大树,可笑不自量。"

〔正西风落叶下长安,飞鸣镝(dí嫡)〕长安,唐朝都城,即今西安市。这里喻指苏联首都莫斯科。前半句化用唐贾岛《忆江上吴处士》诗"秋风生渭水,落叶满长安"句,表示秋风已起,虫子不好过了。鸣镝,古时一种射出去能发声音的箭,也叫响箭。这里借喻革命力量的声讨。

〔迫〕急促。

〔四海〕古人认为中国四周都是海,指全国各处。

〔五洲〕亚洲、非洲、欧洲、美洲、大洋洲,指全世界。

〔一切害人虫〕喻指世界上一切反华势力。

附：郭沫若原词

满江红

沧海横流，方显出英雄本色。人六亿，加强团结，坚持原则。天垮下来擎得起，世披靡矣扶之直。听雄鸡一唱遍寰中，东方白。　太阳出，冰山滴；真金在，岂销铄？有雄文四卷，为民立极。桀犬吠尧堪笑止，泥牛入海无消息。迎东风革命展红旗，乾坤赤。

【附词注释】

〔沧海横流〕沧海,即大海。横流,指海水泛滥。这里喻指动荡的国际局势。

〔世披靡〕世界倒下去。披靡,本义草木随风倒下。

〔寰中〕指宇内、天下。

〔雄文四卷〕指《毛泽东选集》第一至四卷。

〔立极〕树立准则。

〔桀犬吠尧堪笑止〕桀是夏代最末一个帝王,是个暴君。尧即唐尧,是古代历史传说中的圣君。西汉邹阳《狱中上梁王书》:"桀之犬可使吠尧"(《汉书·邹阳传》)。堪笑止,可笑至极。

〔泥牛入海无消息〕北宋僧道原《景德传灯录》:"我见两个泥牛斗入海,直至如今无消息。"元代尹廷高《送无外僧弟归奉庐墓》有"泥牛入海无消息"之句。这里意为一去不回,杳无音信。

〔乾坤赤〕乾坤,这里指世界。赤,红色。世界一片红,寓意为无产阶级革命在全世界取得胜利。

【考 辨】

这首词作者留存的手迹,现在所见有五件;另有一件手迹,落款为"一九六三年二月五日",这与写给江青的落款为"一九六三年,二月五日上午七时"那件手迹是相同的,在"文化大革命"中做过技术处理,已将"聚槐"改为"缘槐","千万事"改为"多少事",并删去"上午七时"四字,是把毛泽东写在别处的字移来改正的。毛泽东在吟成这首词的当天(1963年1月9日),即书赠周恩来、魏文伯和身边一位工作人员。这三件手迹和另外一件落款为"一九六三年一月二十四日"的手迹,全词文字完全相同,但同正式发表的定稿,有以下异文:其一,"蚂蚁缘槐夸大国"句,原为"欲学鲲鹏无大翼",后曾改作"蚂蚁缘槐称大国"和"蚂蚁聚槐夸大国"。其二,"多少事"句,原为"千万事"。其三,"四海翻腾云水怒,五洲震荡风雷激"两句,原为"革命精神翻四海,工农踊跃抽长戟"。

作者写给江青的那件手迹,落款为"一九六三年,二月五日上午七时",全词除个别语词("聚槐""千万事")外,和正式发表的定稿完全一致。可见,作者在吟成这首词的一个月内,就完成了文字推敲和定稿工作。

★ 赏 析 ★

气吞八荒　光耀千古
——《满江红·和郭沫若同志》赏析

孟庆文

《满江红·和郭沫若同志》作于1963年1月9日,当时毛泽东正在杭州。他从1月1日《光明日报》上看到郭沫若写的《满江红》,心潮激荡,乘兴和了这首宏伟词章。

1962年秋到1963年春,世界形势发生了很大的变化。美苏两个大国争夺霸权,愈演愈烈,搅得全世界不得安宁。同时,第三世界反帝反霸反殖的斗争,汹涌澎湃,汇成不可抗拒的洪流,致使帝国主义的侵略和战争政策屡遭失败。

在国际共运中,自从中苏两党关系恶化以后,苏共连续发表文章攻击中国共产党,同时又勾结各国反动势力制造事端,掀起反华浪潮。中共与其展开针锋相对的斗争,从1962年12月15日先后发表了《全世界无产者联合起来反对我们共同的敌人》等一系列文章,锋芒所向,无不击中要害。在这强大的攻势下,苏共领导被迫喊出"停止公开论战",想以此掩盖失败,但对其论争并未停止。

与此同时,我国渡过了三年困难时期,经过国民经济调整,出现了新的转机,群情振奋。

《满江红·和郭沫若同志》就是在上述的时代背景下写就的。诗人以其磅礴的气势,犀利笔锋,无情地揭露、讽刺了美苏两霸和一切反动势力的丑恶本质;形象地描绘了世界高涨的革命形势;积极号召革命人民要以"只争朝夕"的精神,"扫除一切害人虫"。

词的上阕,以幽默的语调和漫画式的笔法,刻画出"害人虫"的可憎形象及其悲困的处境。

"小小寰球,有几个苍蝇碰壁。嗡嗡叫,几声凄厉,几声抽泣。"一开始,诗人即以气吞山河、囊括寰宇的胸怀,视地球为小,目一切反动势力为苍蝇。地球在人们心目中奇大无比,但在浩瀚的宇宙中,它不过是一个小小的星球而已。世界上那些称王称霸、恃强凌弱的反动派,表面上像庞然大物,但在广大人民面前,也只不过像几只可憎的苍蝇。在这里极写地球之小,反衬出苍蝇更为渺小。用"几个"来形容其为数不多,又以"碰壁"来描写苍蝇乱飞乱撞,遭到可悲的下场。接下去描写苍蝇碰壁的情景,先是嗡嗡乱叫,继则凄厉尖叫,然后是抽泣悲咽。三种声音刻画出苍蝇碰得焦头烂额、垂死挣扎的丑态,可谓入木三分。

"蚂蚁缘槐夸大国,蚍蜉撼树谈何易。"词中又连用两个典故,描绘蚂蚁和蚍蜉的可鄙行径。前者出自唐人李公佐的《南柯太守传》。说的是广陵人淳于棼醉卧槐树下,梦入"大槐安国"被招为驸马,并做了二十年太守,享尽人间荣华富贵,醒后方觉"大槐安国"原是槐树下的一个蚁穴。后者见于唐代诗人韩愈《调张籍》诗句"蚍蜉撼大树,可笑不自量"。原意是讥讽一些对大诗人李白、杜甫妄加贬低的人。在这里诗人化用典故,有力地抨击了当时国际上的反华势力。他们称王称霸,或自吹自擂,妄自尊大,推行其大国沙文主义;或妄图主宰世界,发动侵略战争。但在觉醒的世界人民的强大反击下,他们的妄想只能是"南柯一梦";他们的图谋更是"可笑不自量",到头来终成泡影。这两句既表现了对敌人的蔑视,又反映出革命者的坚强自信心。

"正西风落叶下长安,飞鸣镝。"前句出自唐代诗人贾岛《忆江上吴处士》诗中的"秋风生渭水,落叶满长安"。在此用以象征敌人日暮途穷的衰败景象。后句见于三国吴人韦昭乐府《汉之季》:"飞鸣镝,接白刃。"在此借喻革命力量的强大攻势,而"飞鸣镝"三字,其势如闪电,穿云破雾;其声如雷鸣,响震全球。闻之气壮山河、读之豪情满怀。

词的下阕,热情地歌颂了世界风起云涌的革命形势;并号召革命人民以"只争朝夕"的精神,"扫除一切害人虫"。

"多少事,从来急;天地转,光阴迫。一万年太久,只争朝夕。"词的换头,连用短句,言简意赅,气急势迫。既富有哲理性,又具有号召力。"多少事,从来急",说的是世界大事太多,人类不但要征服自然,还要变革社会现实,而关系到人类命运的革命大事,更是刻不容缓。天地在不断地运转,岁月在飞速地流逝;但人的生命是有限的,以有限的生命去从事无限的革命事业,这就需要以"只争朝夕"的精神,尽快地去解决当前的大事,岂能等到"一万年"?诗人在这里用自然界的规律来阐述革命斗争的急迫性。语短情深,其昭示的普遍真理,给人以强大的感召力。

"四海翻腾云水怒,五洲震荡风雷激。"这两句高度地概括了波澜壮阔的世界局势。当时世界格局正处于动荡、分化、重新组合的阶段。民族民主的解放运动此起彼伏,汹涌澎湃,其势如云水在怒吼翻腾,又似风雷在激烈震荡。诗人环顾四海五洲风云,豪情满怀地写下这动人心弦的诗句。它启迪人们高瞻远瞩,胸怀环宇,更激发革命者的斗志,希望他们为人类壮丽的事业而奋斗献身!

"要扫除一切害人虫,全无敌。"最后结束全篇,点明题旨。"害人虫"是上阕苍蝇、蚂蚁、蚍蜉总的概括,再加上"扫除一切",其含意更为深广。它表明凡是所有与人民为敌的反动势力都要打倒,大无畏的革命英雄气概尽现于此。"全无敌"三字,斩钉截铁,力抵千钧,既表明革命力量之强无敌于天下;又有力地肃清一切软弱无力的思想,增强了革命者的必胜信心。

这是一首政治词章,它充分体现了毛泽东敢于同世界霸权主义和强权政治做斗争的思想。20世纪60年代,诗人曾以这种思想教育并鼓舞过中国和世界人民进行革命斗争。那些峥嵘岁月虽早已消逝,但今日重温此词,仍感其有现实意义。当今世界帝国主义、新老殖民主义的幽灵,仍时露凶相,动辄制裁、封锁和镇压,搅得多国战乱不息;同时,一切腐朽思想泛滥成灾,人欲横流,社会黑暗。对这些现象,如丧失警惕,放弃斗争,其害无穷,世无宁日。

这首词就艺术技巧来看,有很多方法值得总结。全词充分运用了铺叙、比喻、抒情和议论等多种手法,交互结合,相映生辉,构成这首鸿篇巨制。上阕开始,由"小小寰球"写到"苍蝇碰壁",直至"几声抽泣"。大小对比,层层铺叙,形象逼真,描绘入微,而讥讽与幽默并用,更见寓庄于谐之妙用。接下连用"蚂蚁""蚍蜉""西风""落叶""鸣镝"等比喻,贴切而又生动。尤其化用前人传奇和诗句，得心应手，别出新意，达到出神入化之境，令人惊叹不已。

下阕以短语起兴，从天地运转写到人世变革，情急气迫，议论风发。时光飞逝，人生苦短。重任在肩，催人奋起。抒情与议论相交织，波澜起伏。哲理与感召相融化，启人遐思。"四海""五洲"一联，涵盖广阔，意义深远，语丽辞丰，对仗工稳，是尤为难得之佳句。

至于全词谋篇，布局严谨，章法完美。上阕着重写敌人穷途末路的困境，下阕颂扬世界革命风云之壮观，一反一正，对照鲜明。两阕结尾，前以"飞鸣镝"做动员，后以"全无敌"发号召，一呼一应，连成一体，结得有力。

综观全词，无论思想内容的丰富、艺术技巧的多样，以及语言的富丽、气势的磅礴，都体现出毛泽东诗词博大精深、宏伟壮丽的艺术风格特色，堪称是气吞八荒，光耀千古之绝唱。

七律 吊罗荣桓同志
一九六三年十二月

记得当年草上飞,红军队里每相违。长征不是难堪日,战锦方为大问题。斥鷃每闻欺大鸟,昆鸡长笑老鹰非。君今不幸离人世,国有疑难可问谁?

这首诗最早发表在一九七八年九月九日《人民日报》。

【注　释】

〔罗荣桓〕(1902—1963)湖南衡山人。1927年加入中国共产党,曾参加湘赣边界秋收起义。1930年起,历任红军第四军政治委员,第一军团、江西军区、第八军团政治部主任,八路军第一一五师政治部主任、政治委员兼代理师长,山东军区司令员兼政治委员,中共中央山东分局书记,中国人民解放军第四野战军第一政治委员,中国人民解放军总政治部主任等职。在中共八届一中全会上当选为中央政治局委员。1963年12月16日在北京逝世。

〔一九六三年十二月〕这首诗1978年发表时所署写作时间,是根据原在毛泽东身边做医护工作并曾帮他保存诗稿的吴旭君的回忆。但现在仅存的一份手稿,从笔迹鉴定,当是作者在1973年冬罗荣桓逝世十周年时据原作回忆而改写的。

〔记得当年草上飞〕这句借用传为唐黄巢《自题像》诗句。当年,这里指土地革命战争时期,即红军时期。草上飞,指红军行军打仗行动迅速。

〔每相违〕常有不同意见的争论。

〔长征不是难堪日,战锦方为大问题〕由于罗荣桓曾长期同林彪共事,所以诗中提到林的事。1935年1月遵义会议后,毛泽东在贵州、四川、云南境内率领中央红军迂回作战,摆脱了强敌的围堵,取得了战略转移具有决定意义的胜利。在迂回过程中,部队经常需要急行军。林彪曾在同年5月在四川南部会理城郊召集的中共中央政治局会议前夜写信给中央革命军事委员会,认为这样"走弓背路"要"拖垮军队",要求改变军委领导。林的这个要求被政治局会议完全拒绝。这个问题的解决没有遇到什么困难,不是难以忍受的。"战锦"是指1948年9、10月间攻打锦州,即辽沈战役的第一个和关键性的大仗。毛泽东在9月7日为中央军委写的给林彪、罗荣桓等的电报(《毛泽东选集》第四卷)早已详细说明攻打锦州的重大意义和同先打长春的利害得失的比较,但林彪仍然找出种种理由来一再反对。罗荣桓是主张执行中央军委和毛泽东的战略决策的,所以诗中特意提及。

〔斥鷃(yàn宴)每闻欺大鸟〕斥鷃,即鹌鹑,是蓬间雀,在蓬蒿中飞起来不过几丈高。《庄子·逍遥游》说,斥鷃笑鹏鸟飞得太高,认为自己在蓬蒿中飞翔,也是飞得最好了。此句和下句作者用比兴手法对林彪和罗荣桓的人品作对比与褒贬。

〔昆鸡长笑老鹰非〕昆鸡,古说即鹍鸡或鹖鸡,一种大鸡。《尔雅·释畜》:"鸡三尺为鹍。"俄国克雷洛夫寓言《鹰和鸡》中说,鹰因为低飞而受到鸡的耻笑,认为鹰飞得跟鸡一样低;鹰答道:鹰有时比鸡还飞得低,但鸡永远不能飞得像鹰那样高。

〔国有疑难可问谁〕此句表现了作者对罗荣桓十分依重,并对他的过早逝世的异常痛惜。

【考　辨】

这首诗在1978年9月9日《人民日报》发表时,所署的写作时间为"一九六三年十二月",是根据原在毛泽东身边做医护工作并曾帮他保存诗稿的吴旭君的回忆。

1978年8月28日,吴旭君在这首诗发表之前,给汪东兴写报告,详细回忆了毛泽东写作《七律·吊罗荣桓同志》一诗的经过。吴旭君的报告,见《党的文献》1996年第一期。

诗中"红军队里每相违"句,不少注家解释为在红军队伍里不常相见。这一解释不仅有违作者原意,而且不符合历史事实。从此诗手迹上发现,"每相违"原作"有非违"。"有非违"是有分歧、有争执的意思,不能解作相见甚少。改为"每相违",语词虽不同了,但意思当没有大变。此点应看作是作者的原意。在红军队伍里常有不同意见的争执,作者感受尤其深刻,这有大量史实为证。例如红四军七大前后、宁都会议前后、遵义会议前后都发生过激烈的不同意见的争论,至于在作战方面不同意见的争执更是不计其数。当然,这不是指毛罗之间有什么意见分歧。要是把这句诗理解为毛罗之间常有不同意见的争执,是缺乏历史事实根据的。但是,那种解作在红军队伍里作者和罗荣桓经常不相见,确实也是缺乏历史事实根据的。在红军时期,即在土地革命战争时期,罗荣桓先后在红四军、红一军团、总政治部、红八军团、红三军团等单位担任领导职务,同毛泽东因工作关系见面的机会是较多的。倒是在抗日战争、解放战争期间,他们远隔一方,相见极少。"每相违",假使作者的原意真是说不常相见,却不提他们相见少的时期,独提他们相见多的时期,岂非怪事?作者决不会写这种不合情理的诗句。

  这首诗中"长征不是难堪日,战锦方为大问题"两句,长期以来引起学者的争议。出现争议,如果各自的见解有理有据,自圆其说,对理解此诗的内容是有益的。《毛泽东诗词选》和《毛泽东诗词集》对这两句的注释,一是鉴于这两句诗的本事,是我党我军历史中的常识问题,另作别的解释总觉得牵强附会;二是鉴于罗荣桓长期同林彪共事,诗内提到林的事,即使按他们的人品予以扬罗贬林,也是可以理解的;三是鉴于此诗留下的惟一手迹,像作者在1973年所改写,当时全党全国都在批林,诗内有批林的内容是正常的。下面对此诗作于1963年12月罗荣桓逝世后,修改于1973年的情况稍加说明。说此诗作于罗逝世后,有吴旭君的见证,也有诗本身的印证。诗题中用"吊",一般是对刚去世者的"吊丧"。诗中有"君今不幸离人世"句,这不是在罗逝世十周年时所能写出的。说此诗修改于1973年,是考证此诗的手迹得出的。这个手迹不像是服安眠药后所书。毛泽东读文史古籍所写的批语,有些是晚上服安眠药后写的,但笔力尚健,只是多了漏字、衍字和错字,字形略显歪斜而已。可是,此诗的手迹不仅笔力不济,字形也大变,基本上已看不出是毛的书法了。查阅1973年尤其该年下半年毛留下的其他手迹,同此诗的手迹是相同的,这是一个明证。总之,此诗是罗荣桓逝世后的悼亡诗,但在批林高潮中修改时赋予了它新的内容和主题。这在毛泽东诗词中是有例可援的。毛泽东在1959年6月下旬和7

月1日,先后写的《七律·到韶山》和《七律·登庐山》,经过8月举行的庐山会议,在9月修改这两首诗时,就赋予了反击右倾机会主义的主题。这个主题是作者在当时给胡乔木的书信中自己说明的。

1986年胡乔木主持编辑《毛主席诗词选》时,他对这首诗的写作时间和写作背景,有明确而中肯的分析判断,现抄录于后:"吊罗荣桓同志一诗,我看了吴旭君同志的回忆,很难提出可疑之点,证以诗中'君今不幸离人世'一语,断非若干年后才能写出的。现存手稿同意你们的论证。盖中间一段他不可能再想到这首诗,到七一年后再追想,记忆模糊,参以当时心境,故改处甚多。作者的诗常自书写或重写多次,此诗则为特例,因此作在作者生时决难示人,即林死后犹然,罗处当然不会听说。此中究竟实亦非不可理解,细想想就明白了。因此,建议写作时间不动。"(《胡乔木谈文学艺术》)

这首诗作者留存一件手迹,硬笔书写,最早发表于1978年9月9日《人民日报》,当时做过技术处理,如几处修改,已不露痕迹。

★ 赏　析 ★

亦哭亦诉悼战友
——《七律·吊罗荣桓同志》赏析

董正春

今日重读诗人毛泽东的《七律·吊罗荣桓同志》，真是别一番"泰山梁木"之慨涌上心头。三十三年前的1963年12月16日，中国共产党的优秀党员、人民解放军的杰出的领导人之一，中央政治局委员、中国人民解放军总政治部主任、中华人民共和国元帅罗荣桓终因长期抱病工作，积劳成疾，不幸在刚履花甲之年与世长辞。噩耗传来，举国悲恸。"消息传到中央政治局常委会议上，毛主席心情非常沉重，中断了会议，领头起立默哀，他说：'一个人数十年如一日，忠于党的事业，很不容易啊！'这是对罗荣桓一生的高度评价。"(萧华《艰苦岁月·我的良师罗荣桓同志》)会议一结束，毛泽东立即与贺龙、聂荣臻赶往医院向罗荣桓的遗体告别。据原在毛泽东身边工作并曾帮他保存诗稿的吴旭君给汪东兴写的报告中说："在这之后几天中，主席讲话很少，像若有所思。有一天，主席服了大量的安眠药后仍睡不着，躺在床上写东西。""已是半夜"，"他仍旧在写"，直至"天亮以后"，"写完了"，却仍没有睡意，"闭着眼睛不停地独自吟着诗句"。吴旭君回忆，她"问主席：'是谁能使阁下这般钦佩？'主席从我手中接过诗稿，在手稿上半截空白的地方写了个题目——'吊罗荣桓同志'。"(吴旭君《关于毛泽东写作〈吊罗荣桓同志〉一诗的经过》)这就是这首悼亡诗产生的具体氛围，这就是毛泽东在"情绪不好，不愿意写字"之时，"发乎情之不容己"所经历的一段激荡感情的心路。这首写后几经吟哦而"书题"的悼亡诗是一位已届古稀的革命领袖和才气弥高的伟大诗人对战友亡灵的亦哭亦诉的追忆，是从心底涌出的怀念、赞誉和痛惜，从头至尾充溢着真情。

且看诗的首联上句，开头便以看似平常而又不可更易的"记得"两字为总领，把追忆的闸门一下子从三四十年前的"闹红军"时期打开。"当年"的罗荣桓，于中国革命紧要关头的1927年入党，同年8月参加领导鄂南秋收暴动,9月参加毛泽东领导的湘赣边界秋收起义,历任红军连、营、纵队党代表以及红四军政委、红军后方政治部主任等领导职务,为红军的创建和发展壮大做出了历史性的贡献。在十年内战的第二次国内革命战争中,在开展游击战争、进行土地革命、建立革命根据地的斗争中,在粉碎敌人的反革命"围剿"和完成伟大的二万五千里长征中,罗荣桓同志南北转战,屡建奇功;因此,诗人便巧妙地借用"草上飞"进行了形象鲜明的艺术概括,真可谓是神来之笔。"草上飞"作为一个可感的意象,给读者提供了补充想象再创造的余地,何况它还颇有一些来历。或谓本指渡河的小船,或旧称什么"流寇""草寇",或典出所传黄巢《自题像》中的"记得当年草上飞,铁衣著尽著僧衣"等等。诸说不一,大旨不悖,内中无不隐有一个"快"字,而这正是游击战中与敌周旋的红军英雄形象的特征。出没山林,行踪飘忽,灵活主动,诡秘神速,这在毛泽东写于当时的诗词中屡有所见:"红旗跃过汀江,直下龙岩上杭"(《清平乐·蒋桂战争》);"今日向何方,直指武夷山下"(《如梦令·元旦》);"命令昨颁,十万工农下吉安"(《减字木兰花·广昌路上》)以及"飞将军自重霄入","七百里驱十五日"(《渔家傲·反第二次大"围剿"》)。这其中的"跃过""直下""直指""飞将军"等等,不正是对"草上飞"的最好注释吗?"草上飞"不仅指神速,还意味着矫健和胜利,因此它既是对红军战斗生活的充满自豪的回忆,更是对罗荣桓卓著战功的充满深情的赞誉。然而,今日想来,确有许多殊感遗憾的事情,于是诗人在"斯人不重见"、战友成永诀的时刻,接着吟出了令人回肠荡气的首联下句"红军队里每相违"。

这句中的"每相违",通常认为是指常有不同意见的争执,在当时"红军队里"这倒也并非不是事实,不过是谁与谁"相违",是什么性质的"相违",何以在悼念战友中单单提及"相违",等等。深究起来,要弄得明明白白绝非易事。其实,这首联的前后句可以看作是一个因果句,"草上飞"是原因,"每相违"是结果。实则后者语出"同心与我违"(唐王维《送綦毋潜落第还乡》),同心犹知己,"违"就是分离、离别。"每相违",就是虽然心相通,却常常不能见面。同在一个"红军队里"本可经常见面,但实际相处时间不多；如今人已不在，想起来更觉得是深深的遗憾。愈到失去时，愈觉存在时的可贵，而时不可再，惟有痛惜不及。就是在看似不经意地叙说中，寄托了抹不掉放不下的无尽的哀思，这种深挚、惋惜、痛悼的凝重、深沉的感情汇聚，自非一般所能相比。

一幕幕的往事，一缕缕的哀思，引出了诗中的颔联"长征不是难堪日，战锦方为大问题"，一下子由土地革命战争的"长征"拉到了解放战争的"战锦"，艰难的革命战争岁月更加激起了诗人对战友功绩的追忆和思念。众所周知，先后担负红一军团政治部副主任、红军后方政治部主任、东北野战军第一政委和第四野战军第一政委重责的罗荣桓在战争的关键时刻曾多次发挥了重要作用，而这种重要作用是诗人通过对"当年"的边叙边议中表现出来的，恰似诗人在与逝去的朋友面对面交谈，共同回顾着往事，一起评说那走过的路，又像是对亡友敞开心扉的诉说。这一联的上下句，运用否定判断和肯定判断形成强烈的对比，对比之下，长征尽管是"千回百折，顺利少于困难不知多少倍"，但还算不上是什么最难忍受的日子，"过了岷山，豁然开朗，转化到了反面，柳暗花明又一村了"。（《在〈毛主席诗词十九首〉上的批语》）相比之下，"战锦"则有所不同，这才真正是"大问题"。但诗"不能如散文那样直说"（毛泽东1965年7月11日致陈毅信），因此解诗也不宜如索隐派那般生拉硬拽地去对号，也不必像经学家那样去处处深究其微言大义，更不可认死理、抬死杠，说"战锦"事大，就意味着"长征"事小，这二者并非势不两立，"不是""方为"只不过是有着浓重感情色彩的"诗人之理"罢了，没有必要也不可能搞什么定量定性的"科学分析"。"战锦"即指攻打锦州之战，这是解放战争中作为三大战役第一战役的辽沈战役的第一仗。解放战争是中国两种命运、两种前途的斗争，是中国人民解放事业成败攸关的大决战的开始，辽沈战役事关全局，而"一切的关键是争取在一星期内外攻克锦州"（毛泽东《关于辽沈战役的作战方针》），我东北野战军于1948年9月7日接到中央军委《关于辽沈战役的作战方针》第一封电报后，于9月底即完成了对锦州的全面包围，10月14日对锦州发起总攻，只用三十一个小时即全歼守敌，俘获敌酋范汉杰、卢濬泉及以下九万人,一举夺得了"战锦"的重大胜利,为其后战局的顺利发展奠定了基础,真是一战而关全局。既如此,诗人谓之为"大问题"便是毫无疑义的,而身为东北野战军第一政委的罗荣桓在此次"战锦"中的巨大功绩也就不言自明理在其中了。就是在"长征""战锦"的相较相承中,诗人以特有的诗的艺术概括和诗的艺术辩证,赞扬了战友的贡献,寄托了对战友的深切怀念。

继前两联对数十年悠悠往事的如泣如诉地回忆之后,诗人便回到了现实之中。20世纪60年代的中国和世界,20世纪60年代的国际共产主义运动,特别是后者,早已使政治家、革命家毛泽东忧心忡忡。当时"中国周边的国际局势趋向紧张,中国面临来自多方面的公开的和潜在的侵略威胁、战争挑衅和军事压力。在这种动荡和紧张局势中,中国如何坚持独立自主、反对来自各个方面的霸权主义,以维护中国的民族尊严和利益,维护中国社会主义事业的利益,维护世界和平、民族解放和社会主义事业的利益,是党在国际关系上考虑的中心"。(胡绳主编《中国共产党的七十年》)毛泽东的《七律·和郭沫若同志》《卜算子·咏梅》等一批"反修诗词"便是在这种情势下写成的。而在"吊罗荣桓"时,诗人自然不会忘掉这种"情势"的,可以说诗的后半部分就是由此而发的。

颈联"斥鷃每闻欺大鸟,昆鸡长笑老鹰非",全部用典,并以巧妙的借喻,形象鲜明地把当时的这种政治情势活化成了意境鲜明的优美诗句,寓爱憎褒贬于其中,令人回味无穷。斥鷃,蓬间小雀。大鸟,昊天鹍鹏。而前者"欺"后者,而且时有所闻,岂非咄咄怪事。典出于俄国克雷洛夫寓言《鹰和鸡》,其中的鸡"笑"鹰飞得太低,更使人觉得可笑、可气、可恼。这一联中的上下句,通过同义相迭而增强了表达效果,在相反相映的两组形象的"不和谐""不合理"的关系中,使大者更大,小者更小,高者更高,低者更低,在戏谑鄙夷之中,同时也透出了诗人的一份忧虑。

这份忧虑来自当时中国共产党人所面临的严峻形势以及坚持和捍卫马克思主义原则的责任感和使命感。恰恰就在这个时候,"君今不幸离人世"。尾联中的这一句朴实无华,似脱口而出,却充溢着诗人对战友"离世"的难以言状的悲痛伤感和令人心碎的惋惜。一个"君"字,更是包含了无限的意蕴,是对战友的呼唤,又是痛惜中的自言自语,既想到了过去,又想到了现在和未来。于是,结句"国有疑难可问谁",便在久存蓄势之下冲涌而出,从而把罗荣桓国之栋梁的形象树立了起来,同时也把诗人为国痛惜的感情突现了出来。如此平白语句,然而字抵千钧,感人肺腑。一句诘问,问苍天,问大地,更是发人深思,催人泪下。尾联两句,把追忆与评价、个人与国家、悲痛与惋惜,皆以浓重的感情高度地糅合在了一起,成为全诗一个自然的总结,而且结于发问,情真意切,志深笔长,令人久久难以忘怀。

  这首悼亡诗,"以其所见者真,所知者深",且以诉诸各种感官的立体形象美和"沁人心脾的言情"以及"脱口而出无矫揉装束之态"的语言,使之成为颇具"大家之作"(王国维《人间词话》)风范的毛泽东诗词中的精品,且将永为世人所传诵。

贺新郎

读 史

一九六四年春

人猿相揖别。只几个石头磨过,小儿时节。铜铁炉中翻火焰,为问何时猜得,不过几千寒热。人世难逢开口笑,上疆场彼此弯弓月。流遍了,郊原血。

一篇读罢头飞雪,但记得斑斑点点,几行陈迹。五帝三皇神圣事,骗了无涯过客。有多少风流人物?盗跖庄蹻流誉后,更陈王奋起挥黄钺。歌未竟,东方白。

这首词最早发表在《红旗》一九七八年第九期。

【注　释】

〔一九六四年春〕这首词1978年发表时所署写作时间,是根据原在毛泽东身边做医护工作并曾帮他保存诗稿的吴旭君的回忆。

〔人猿相揖别〕指由猿进化到人。相揖别,互相作揖告别,是对猿的拟人化。

〔石头磨过〕把石头磨成石器。石器时代是人类的"小儿时节"。

〔铜铁炉中翻火焰〕指青铜器时代和铁器时代。青铜器和铁器都要用炉火来冶炼和翻铸。

〔为问何时猜得〕如问什么时候懂得冶炼青铜和铁。

〔不过几千寒热〕这里作六字句,是此调的一体。赵朴初曾提出,照词律,这里一般是七字句,当作"不过是几千寒热"。青铜器时代和铁器时代只经过几千年,和石器时代经过二三百万年不同,说明人类的进化越来越快。

〔人世难逢开口笑,上疆场彼此弯弓月〕前句借用宋洪适《满江红》词"人世难逢开口笑"之句,并化用唐杜牧《九日齐山登高》诗句:"尘世难逢开口笑。"弯弓月,拉满弓形如圆月。北宋苏轼《江城子·密州出猎》:"会挽雕弓如满月。"这两句指人类过去的历史充满了各种苦难和战争。

〔头飞雪〕头生白发,形容衰老。

〔五帝三皇神圣事〕传说中国上古有三皇五帝,具体说法不一,总之都被认为是最高尚、最有才能的神圣人物。

〔无涯过客〕无涯,无数。过客,这里指历史上的人,都已过去了。

〔风流人物〕见《沁园春·雪》注。

〔盗跖(zhí职)庄屩(jué决)流誉后,更陈王奋起挥黄钺(yuè越)〕盗跖,跖被古代统治阶级污蔑为"盗",后来袭称盗跖,春秋时人。庄屩,战国时人。近人多认为他们是当时奴隶起义和农民起义的领袖。《荀子·不苟》称盗跖"名声若日月"。同书《议兵》称楚国在垂沙一战(前301

年)被齐、韩、魏三国打败,将领唐蔑被杀,"庄蹻起,楚分而为三四"。流誉,流传名誉。陈王,秦末农民起义领袖陈胜,他进占陈县(今河南淮阳县),称王。黄钺,饰以黄金的大斧。《史记·周本纪》:周武王"以黄钺斩(商)纣头,悬大白旗"。这两句是用来概括中国几千年历史上被压迫人民的武装斗争。

〔东方白〕天已亮了,喻指新中国诞生了。

【考　辨】

这首词在《红旗》1978年第九期发表时,所署写作时间为1964年春,是根据原在毛泽东身边做医护工作并曾帮他保存诗稿的吴旭君的叙述。据她回忆,在那段时间里,毛泽东在办公之余,一直在看司马迁的《史记》和范文澜的《中国通史简编》。

又据吴旭君回忆,1973年冬她为毛泽东用毛笔誊抄诗稿时,曾就这首词的"为问何时猜得"中第一个字,是"为"还是"如"向毛泽东询问。毛答:是"如",不是"为"。但又表示:"不要改了,随它去。"

词中提到的战国时被压迫阶级的起义领袖庄屩,在作者手稿中原作"莊蹻",正式发表时简化为"庄跻"。中央文献出版社1996年9月版《毛泽东诗词集》又订正为"庄屩"。把"跻"订正为"屩"(繁体字是"屩"),依据是:其一,作者手迹中的"蹻",是繁体字。繁体字"蹻"和"屩",在《简化字总表》和《辞海》第六版中没有简化,《现代汉语词典》(修订本)才将其简化为"跻"和"屩"。根据《辞海》第六版的解释:"蹻"是"蹺(跷)"的异体字,两字现已不通用;"蹻"通"屩",作"草鞋"解。又根据《现代汉语词典》(第七版),将"屩"简化为"屩",并将"屩、跻"作为"屩"的异体字而废弃。其二,庄屩同盗跖一样,是春秋战国时被压迫阶级的起义领袖,他们没有名字,被当时统治阶级蔑称为穿草鞋(屩)和赤脚(跖)的人。总之,"庄屩"这个名字,既不与"庄跻"通用,也不与"庄蹺"通用。现在有些毛泽东诗词的注释和赏析本中,把庄屩与庄跻、庄蹺混用,或称"又作庄跻",是一种误解。"蹻"注音为"jué",依据的是《辞源》和《辞海》第六版。

★ 赏 析 ★

藻耀而高翔　文笔之鸣凤
——《贺新郎·读史》赏析

张贻玖

　　毛泽东的《贺新郎·读史》,是他诗词创作中别具一格的作品。这是一首以政治家的气魄、诗人的才华、历史学家的渊博、理论家的思辨发出的歌。它风骨雄健,气盖今古。

　　恩格斯在《〈自然辩证法〉导言》中说:"这是一次人类从来没有经历过的最伟大的、进步的变革,是一个需要巨人而且产生了巨人——在思维能力、热情和性格方面,在多才多艺和学识渊博方面的巨人的时代。"伟大的中国革命造就了毛泽东这样一位巨人。他领导中国人民推翻几千年的封建统治,建立了新中国,是一位叱咤世界风云的无产阶级政治家。他写下数以百万字的理论、政论著作,成为中国革命的指南针和方向盘,深入人心,广为流传。他以丰富的革命斗争经历为素材写下的一首首诗词,谱写了时代的最强音,给人以精神的鼓舞、美的享受,为众多的读者所喜爱,诗名远扬海外。毛泽东的历史知识渊博,"不是历史学家,胜似历史学家"。他虽然没有史学专著问世,但在许多著作中,都有有关历史的精辟论述。他一生热爱历史、勤奋读史的精神,同样十分感人。

　　毛泽东从青年到老年,始终锲而不舍地广泛涉猎各种历史典籍,既读正史,又读野史、稗史、历史小说。一部三千多卷、四千多万字的"二十四史",他以非凡的毅力和刻苦精神,几乎全部通读过,有的卷册还反复多次阅读。临终前一年,他重病在身,还"一阅""再阅"地读《晋书》。

　　毛泽东读史与时代共呼吸,他对历史上朝代更替的成败得失、历史人物的功过是非、战略战术的攻守进退、农民起义的经验教训,等等,或褒或贬,或赞或叹,写下大量感情色彩浓郁的读史批注。特别是他要求全党,自己更率先垂范,批判地继承优秀的历史遗产,古为今用地为现实斗争服务。如他汲取历代农民起义的经验教训,为农村包围城市的中国革命建立巩固的根据地,建军中注意克服流寇主义;批发郭沫若的《甲申三百年祭》史论,作为整风文献,教育全党要把李自成胜利后骄傲导致失败的教训,"引为鉴戒","不要重犯";要求全党尤其是党的高级干部要像三国时的郭嘉那样"多谋善断",善于听取各方面的意见,而不要主观主义的少谋武断;他还推荐大家读《战国策·触龙说赵太后》,用意深长地指出:"如果我们不注意严格要求我们的子女,他们也会变质,可能搞资本主义复辟……"毛泽东丰富的历史知识在各方面的展现是举不胜举的。

据毛泽东身边的工作人员回忆,1964年毛泽东写作《贺新郎·读史》这首词时,全部工余时间都在专注地读《史记》和范文澜的《中国通史简编》。但从《贺新郎·读史》全篇内容看,这两部史书却似乎只是他写作此词的引发点。《贺新郎·读史》一词应视为毛泽东终生读史的立场、观点、心境、情感、所思、所想的一个缩影。它是毛泽东用诗的语言写成的史学专著,用如椽史笔写出的光辉诗篇。贯穿全篇的深邃哲理则是:劳动创造人类的观点、阶级斗争的观点、人民是推动历史前进动力的观点。也可以说,《贺新郎·读史》是毛泽东辩证唯物主义和历史唯物主义的诗化。

毛泽东《贺新郎·读史》一词分上、下两阕。上阕用高度的艺术概括手法,勾画了人类社会历史发展的进程;下阕揭露了几千年剥削阶级统治和愚弄人民的所谓"神圣",讴歌了被旧史学家贬为"盗""匪"的农民起义领袖们。全词高屋建瓴,贯今通古,其气魄和意境都是前无古人的。

先看上阕。地老天荒,世界上经过多少艰苦剧烈的演变进化,由猿产生了人类。诗人毛泽东用"揖别"两个字,举重若轻地道出其中的分别,手笔奇特而幽默。人类与自然界斗争的历史漫长,仅从出土文物考察,可歌可泣的事迹数说不完。毛泽东披沙拣金,几百万年的石器时代,仅撷取"几个石头磨过"这一场景;几千年的铜器铁器时代,只采用"铜铁炉中翻火焰"的画面。诗人旨在为劳动创造世界而歌颂,寥寥两笔,其意自明,其情尽在言外。斗转星移,岁月悠悠,随着生产力的发展,文明程度的提高,出现了阶级社会。

毛泽东说:"阶级斗争,一些阶级胜利了,一些阶级消灭了。这就是历史,这就是几千年的文明史。"阶级斗争的最高形式是战争。毛泽东点化运用唐人诗句,以"人世难逢开口笑"说明阶级社会中和平的短暂。以"上疆场彼此弯弓月"的形象,刻画战争这个人类相互残杀的怪物。面对这一不以人意志为转移的历史发展规律,诗人沉重地感叹:"流遍了,郊原血。"看,阶级社会的历史原本是用血写成的!

再看下阕。人类的历史绵绵不绝,人们终其一生都读不完这部长编。"头飞雪"是浪漫主义的夸张,含有人生苦短,很快白了头的意思。尽管史书浩繁,真正值得记住的只是"几行陈迹"而已。

这里且作一题外注解。毛泽东曾说:"二十四史大半是假的,所谓野史也大半是假的。可是你不能因为它假的多,就自己来搞一套历史,不读了,那是形而上学,是傻子。"毛泽东并不是历史虚无主义的全盘否定历史,"大半是假的","假的多",似乎系指旧史学家对帝王将相歌功颂德,过多的溢美之词而言。"斑斑点点"当属这类芜杂。所以词中接下去写道,"五帝三皇"那些统治者们的"神圣事"是骗人的;真正主宰历史的"风流人物",是那些被诬蔑为"盗""匪"的人。跖,春秋末期鲁国人;庄屩,战国时期楚国人;陈王即陈胜,秦朝人。他们都是敢于反抗统治阶级的勇士、农民起义的领袖。"更陈王奋起挥黄钺"是诗人倾注深情塑造的英雄形象。毛泽东高度评价陈胜及其所领导的农民起义。他读《史记·陈涉世家》,对陈胜不信天命的"帝王将相宁有种乎"?以及陈胜爱护士兵等记载处,都十分重视地加以圈画,对陈胜的失败,批注有"二误"。他还说:"陈胜吴广揭竿而起,反抗秦的暴政,完全是正义的。这次战争掀开了我国封建社会中波澜壮阔的农民战争的序幕,在历史上有很大意义。"毛泽东赋词讴歌这些英雄人物的业绩,把被旧史学家颠倒了的历史重新颠倒过来。

全词结尾,诗人豪迈地高唱:"歌未竟,东方白。"暗喻:历史上的英雄人物数不清,英雄的赞歌唱不完。如今,中国这片东方大国的土地上,黑暗的封建统治已经结束,人民迎来了当家做主的黎明。

毛泽东的《贺新郎·读史》是理论思维与形象思维辩证统一的典范。

他多次重申"诗要用形象思维"这一重要的创作原则,并认为"宋人多数不懂诗是要用形象思维的",所以读宋诗"味同嚼蜡"。毛泽东遵循形象思维的规律,以一位伟大无产阶级政治家的胸怀和激情,在掌握大量史料、丰富历史知识这一感性认识的基础上,进行了深刻的分析研究、选择综合、抽象概括,从而创造出各个历史阶段具有典型意义的人物和景象,寓理论思维的辩证唯物主义和历史唯物主义真理于生动鲜明的艺术形象之中,具有强大的感染力,读起来情真意切,回味无穷。

毛泽东的《贺新郎·读史》中典型的艺术形象魅力,给人以充分的想象空间。这首词仅有一百多字,它像大写意的中国画,着墨不多,挥洒自如,意境、情趣、神韵具备。它把人们带进滚滚流动的历史长河,栩栩如生地再现了先民们艰苦地凿石为器,在莽莽丛林中与洪水猛兽拼搏;熊熊炉火边,祖先们用灵巧的双手,锻铸出斧、犁、鼎、彝;古战场王朝更迭的流血厮杀,奴隶们起义的呐喊……巨人毛泽东俯瞰全景,热情奔放、铿锵有力地朗诵着解说词。

古往今来,中国古典诗词中咏史、怀古的佳作如林。刘禹锡赞扬王濬破吴立功的《西塞山怀古》:"王濬楼船下益州……"被大诗人白居易称誉为获"骊龙"之珠,众所不及的作品。苏轼的《念奴娇·赤壁怀古》,一曲"大江东去,浪淘尽、千古风流人物……"在词的发展史上成为豪放派的璀璨明珠。它们或咏一人,或凭吊一事;或从细微处切入,或从空间放开。但像毛泽东《贺新郎·读史》这样的取材,这样的格调,这样的气势却绝无仅有。刘勰在《文心雕龙·风骨》中说:"唯藻耀而高翔,固文笔之鸣凤也。"毛泽东的《贺新郎·读史》当之无愧。

谁能写出《贺新郎·读史》这样雄伟的诗篇?只有毛泽东。

水调歌头·重上井冈山

一九六五年五月

久有凌云志,重上井冈山。千里来寻故地,旧貌变新颜。到处莺歌燕舞,更有潺潺流水,高路入云端。过了黄洋界,险处不须看。　风雷动,旌旗奋,是人寰。三十八年过去,弹指一挥间。可上九天揽月,可下五洋捉鳖,谈笑凯歌还。世上无难事,只要肯登攀。

这首词最早发表在《诗刊》一九七六年一月号。

【注　释】

〔重上井冈山〕井冈山，见《西江月·井冈山》注。1965年5月下旬，作者重上井冈山游览视察。22日，先后到黄洋界和茨坪。在茨坪居住时，了解井冈山地区水利、公路建设和人民生活，会见了老红军、烈士家属、机关干部和群众。在这期间写了这首词。29日下山。

〔凌云志〕一语双关，既指重新登上高耸入云的井冈山的意愿，也指实现崇高的革命志愿。

〔黄洋界〕见《西江月·井冈山》注。

〔是人寰〕正是人世间的景象。

〔三十八年过去，弹指一挥间〕从1927年10月毛泽东率领秋收起义部队上井冈山，到这次重来，已经过去了三十八年，作者却觉得只是极短时间。弹指，是一弹指的省略语，佛家以"弹指"极言时间短暂。一挥，即一挥手，也形容时间短暂。

〔九天揽月〕九天，天的极高处。《孙子·形》："善攻者，动于九天之上。"揽月，摘取月亮。唐李白《宣州谢朓楼饯别校书叔云》："俱怀逸兴壮思飞，欲上青天览明月。"览同揽。九天揽月，暗喻要实现宏大的革命目标。

〔五洋捉鳖〕五洋，即太平洋、大西洋、印度洋、北冰洋、南大洋（也叫南冰洋或南极海），这里代指世界。捉鳖，喻擒拿敌人。元康进之《李逵负荆》第四折："管教他瓮中捉鳖，手到拿来。"五洋捉鳖，暗喻要消灭世界上的反动势力。

【考　辨】

这首词作者留存一件手迹，硬笔书写，像是初稿，同发表的定稿相比，有异文两处，即"高树入云端""是尘寰"；在"弹指一挥间"句之前多了一句"今日人人能道"，在此句之后少了三句，即"可上九天揽月，可下五洋捉鳖，谈笑凯歌还"。

此词写出初稿后,曾印发征求意见,留下了三件铅印修改稿。可知此词在发表前曾做过多次多处修改。第一次修改,删去"今日人人能道",改"尘寰"为"人寰",加写"可上九天揽月,可下五洋捉鳖,风发更心闲"。第二次修改,"可下五洋捉鳖"句,改为"可下五湖捉鳖";"风发更心闲"句,改为"谈笑凯歌还"。第三次修改,"旧貌变新颜"句,改为"早已变新颜";"到处莺歌燕舞,更有潺潺流水"句,改为"到处男红女绿,更有飞流激电";"弹指一挥间"句,改为"抛出几泥丸";"高树入云端"句,改为"高路入云端"。最后定稿时,又恢复了初稿中作者满意的句子。

1975年11月15日,《诗刊》编辑部致信毛泽东,请求将他们抄送的《水调歌头·重归井冈山》和《念奴娇·雀儿问答》两首词,在《诗刊》复刊后第一期,即《诗刊》1976年1月号发表。毛泽东在信上将词题分别改为《重上井冈山》和《鸟儿问答》,并批示"送诗刊编辑部"。

★ 赏　析 ★

双关的思想内涵　隐秀的艺术标本
——《水调歌头·重上井冈山》赏析

张惠仁

　　刘勰在《文心雕龙·隐秀》中指出："藏颖词间，昏迷于庸目；露锋文外，惊绝乎妙心。"这是说有的作品由于作者"心术之动远矣，文情之变深矣"。因此，酝酿的时间较长而又经过多次修改、推敲，终于把尖锐、独特的意义潜藏在文辞之中，使一般的读者看不出来；而其中特出、挺拔的句子，往往具有超出文本之外的含义，使高明的读者惊叹叫绝。在毛泽东生前同意公开发表的诗词中，惟有"标明"写于"一九六五年五月"而于1976年1月号《诗刊》上公开发表的《水调歌头·重上井冈山》一词最具此特点。应是他自谦实乃自豪的"对于长短句的词学稍懂一点"（毛泽东1965年7月21日致陈毅信）的晚年的得意之作。

　　或问：同时写出的《念奴娇·井冈山》难道就不具备吗？或许正因为它缺乏此特点，所以诗人生前不同意发表。与此连带的问题是这两首词在1986年9月由人民文学出版社出版的《毛泽东诗词选》中虽然把写作时间都"标明"为"一九六五年五月"，但究竟孰先孰后，目前毛泽东诗词研究界并无明确、统一的看法。笔者认为：

　　一、《念奴娇·井冈山》和《水调歌头·重上井冈山》同时，基本完成于1965年5月下旬井冈山宾馆，但《念奴娇》写于前，《水调歌头》写于后。

　　二、严格地说，《水调歌头》的定稿应是1965年9月25日。

　　关于《水调歌头·重上井冈山》的思想内涵，近年来出版的各类研究毛泽东的著作(诸如《毛泽东大辞典》《毛泽东文艺思想大全》《毛泽东诗词大辞典》《毛泽东诗词鉴赏》等)大都着眼于诗人的"怀念故地"和"赞美新貌"，说是毛泽东怀念曾经战斗过的井冈山根据地和人民群众，在"巡视大江南北"之时，游览参观了井冈山。到了山上，又"考察"了公路和水利建设，看到了不少新建筑，会见了昔日老红军……总之，由于"视察和交谈"，于是"感慨良多,诗兴勃发"。作品通过歌颂井冈山的新貌赞美祖国大好形势,激励人民发扬不畏艰险、勇于攀登的精神。这样赏析,虽无大错,但总不禁要想起郑板桥的一副对联:"搔痒不着赞何益,入木三分骂亦精。"总之,未曾搔着痒处,对其艺术特色也缺乏充分认识。

要准确地揭示《水调歌头·重上井冈山》的思想底蕴,必须把它置于二十多年前那场"文化大革命"风暴正式席卷神州大地之前"山雨欲来风满楼"的"政治气候"——亦即由于毛泽东用阶级斗争扩大化的理论错误地观察现实,从而又使现实的阶级斗争更加扩大化的恶性循环的政治形势之中。《水调歌头·重上井冈山》从开始写作到最后定稿,经历了四个月。1965年春夏之交至秋天,正是作为毛泽东亲自发动的"文化大革命"的"导火线"——姚文元《评新编历史剧〈海瑞罢官〉》在"一种很不正常的秘密状态下进行"(胡绳主编《中国共产党的七十年》)着的时候。这篇文章是在毛泽东的同意下,由江青于1965年2月到上海秘密组织姚文元、张春桥撰写,而由姚文元署名的。据江青自己说,到11月10日在《文汇报》发表时,已经是第十稿了。可以想见,5月至9月,正是姚文元文章紧锣密鼓加紧炮制的时候,也是毛泽东对即将亲手发动的史无前例的"文化大革命"的革命对象、方式、步骤等已经成竹在胸、踌躇满志而又不无担心的时候。基本完成于1965年5月下旬而最后定稿于9月25日的《水调歌头·重上井冈山》正是此种心境的秘密写照——用中国传统诗词的艺术技巧和辞格所具有的带有"密码"性质的语言,把此时此地作者充满自信、喜悦而又略带苦涩的内心奥秘反映出来。

"久有凌云志,重上井冈山。"凌云,本意为升入云霄,喻指志趣高迈或意气昂扬。自从毛泽东的《水调歌头·重上井冈山》一问世,有的笺注者把"凌云"训为"登高",于是"凌云志"就变成了"登高(山)的心愿"。似乎只有这样才能使"凌云志"与"上井冈"相"搭配"。殊不知"重上井冈山"乃为诗人内心深处的双关语,它与"久有凌云志"结构成词牌"水调歌头"的开首两句,纯粹为神来之笔,此乃妙手偶得之佳句,亦系贯串通篇之脊柱!具有"文外之重旨",又是"篇中之独拔"(南朝梁刘勰《文心雕龙·隐秀》)。

按常理,如果仅具有表层意义的话,重来革命故地井冈山,不管是游览也好,视察也好,在修辞上根本用不着"凌云"二字,直用"登高"作"久有登高意,回到井冈山",在平仄上完全合律。贺敬之的著名诗篇《回延安》写的就是重新回到生活、战斗多年的革命圣地延安的。而现在毛泽东的诗句偏偏用了"凌云"二字,而且不用"回到"而是使用了"重上",其目的全是着眼于语言所具有的"双关"意义上。

何谓双关?为了使语言符合于作者特殊的心理需要,人们有时利用词语的"音""义"条件,关顾两种不同的事物,产生"表""里"两层意思。"在一句或几句话上,表达出两重意义。""它表面说桑,实际说槐;表面说东,实际说西。"(姜崇伦《古典文学辞格概要》)对于作者来说,表层意思是次要的,其真正的用意、旨趣全在深层涵义。换言之,如果不是为了表达深层的——实际上要表达的意思,那他根本不会有创作的冲动,作品也就不会产生。

那么,"久有凌云志,重上井冈山",其深层的涵义是什么呢?在诗人的内心深处,它所要表达的是:

"酝酿很久了,要搞一次堪与民主革命——这个革命的结果是把蒋介石赶到台湾岛——相提并论的无产阶级专政条件下的继续革命亦即'文化大革命'——这个革命的结果是要整党内走资本主义道路的当权派,揪出睡在我们身旁的赫鲁晓夫。(目标明确、步骤复杂、道路曲折、会有阻力)如果弄不好,无非是使中国的革命一切重来,就像当年上井冈山打游击,重新开始。"

如果用较为简练的话表达,就是:

"早已酝酿成熟搞一次史无前例的'文化大革命',弄不好,无非是再上山打游击!"

也许有人会说,这纯粹是"想当然",无中生有!不,请看下述申论:

一、"井冈山道路"即武装斗争道路,这是凡接受毛泽东思想的人都不言而喻的。那么,"重上井冈山",就是重新搞武装斗争。

二、也许有人会说,把"凌云志"释为发动一场"文化大革命"还算勉强说得过去。那么,发动"文革"与"上山打游击"又有何相干?这个问题提得好,关键就在这里。

根据卫士李银桥的回忆:在1959年的庐山会议上,毛泽东曾经批评彭德怀,加重语气道:"军队不跟我走的话,我可以重新到乡下去组织游击队,重新建军……"(李银桥《在毛泽东身边十五年》)这段话在许全兴所著《毛泽东晚年的理论与实践》一书中有大同小异的记录:"你解放军不跟我走,我就找红军去。我看解放军会跟我走。"(许全兴《毛泽东晚年的理论与实践》)

也许有人还要说,在庐山会议上,毛泽东可能曾经担心过军队不会全部听自己的指挥,弄不好,无非是再一次"上山打游击",一切从头开始。而"文革"前夕的1965年则不一定有此想法。事实恰恰相反,"文革"前夕,直到"文革"正式开始,毛泽东殚精竭虑、萦于脑际的常常是武装政变问题。在许全兴的力作《毛泽东晚年的理论与实践》中有如下一段话:

"毛泽东对当时政治形势的主观主义分析还表现在,他以为北京有发生推翻他的反革命政变的危险。1965年12月,他在上海会议期间问南京军区司令员许世友:'假如北京发生政变,你怎么办?'关于发生政变之事,他同林彪谈过。1966年5月18日,林彪在中央政治局扩大会议的讲话中说:'毛主席最近几个月,特别注意防止反革命政变,采取了很多措施。……毛主席为了这件事,多少天没有睡好觉','多次找负责同志谈防止反革命政变问题'。毛泽东虽然不赞成林彪大讲政变,但他没有否认他为防止反革命政变所做的调兵遣将。1967年2月3日,他同阿尔巴尼亚外宾的谈话也印证了上述调兵遣将的事。"(许全兴《毛泽东晚年的理论与实践》)

在经过汪东兴"整理"过的《汪东兴日记》中,我们可以看到,毛泽东于1965年5月下旬重上井冈山时,特意于5月25日下午二时许用了两个多小时会见汪东兴和张平化(当时的湖南省委书记)、刘俊秀(当时的江西省委书记)三人,主要是毛泽东向他们三人讲述当年井冈山红军的来历及组织情况、毛泽东本人在井冈山的斗争生活、井冈山根据地创立和发展的经过。据汪东兴回忆,"没有人打断他的讲话"。"主席滔滔不绝","讲了两个多小时,难得听到主席今天讲了这么多话"。5月26日晚上,毛泽东又专门只找汪东兴一人谈心。主要谈的是"军队里"的事。由于经过"整理",现在只留下一些蛛丝马迹。《汪东兴日记》第二百三十二页上尚留有毛泽东当晚与他谈话的片言只语:"有些事情想和你说一说。我们军队里也不那么纯,军队里也有派嘛!军队里有要闹事的。"

在"5月27日"的《汪东兴日记》中还有这样一段话:"下午三时,中央派人将文件送到井冈山。我们把文件送到主席处时,我看到主席正在聚精会神地写'重上井冈山'的诗稿。"

以上种种,都说明在毛泽东的内心深处,"发动一场文化大革命"("久有凌云志")与"重新上山打游击"("重上井冈山")之间的关系。只有做好"重上井冈山"的充分准备,从最坏处考虑,并采取预防措施,才能把"凌云志"付诸实现;正因为"久有凌云志",才不惜以"重上井冈山"为代价。反之,为避免"重上井冈山",甚至更坏的结局,就必须把"凌云志"坚决付诸实现。

以上我们用了较大的篇幅说明"久有凌云志,重上井冈山"此二句具有"双关"修辞格的特点,并揭示它们所具有的深层意蕴。

自"千里来寻故地"至"高路入云端"五句,其表层意思是直记眼前所见所闻,但在诗人的形象思维中也未尝不可以看作对未来——经过"文化大革命"的"风雷"之后的神州大地的畅想。而"高路入云端"更具有象征意义:这条盘山公路是在悬崖绝壁和峡谷深渊之间开辟出来的,它不是一条笔直平坦的道路,而是一条曲折、崎岖、盘旋而上的道路。

"过了黄洋界,险处不须看。"这两句一方面实写黄洋界的险要形势,同时借景抒情,表达了藐视一切艰难险阻的英雄气概。黄洋界是井冈山五大哨口中最险要的一个,是从宁冈进入井冈山的必经之地。这里的"险处",极具"复意""重旨"。不仅指黄洋界地势险要,而且指当年处境的险恶——1928年,井冈山军民曾经在这里进行过英勇的黄洋界保卫战,使根据地转危为安。诗人毛泽东赋予"黄洋界"这一语言符号以多种含义,除了自然地理意义上的之外,主要是社会意义上的。"过了黄洋界,险处不须看",我们可以说这是毛泽东从他三十八年的革命实践中提炼出来的格言:当年像黄洋界那样艰险的处境我们都胜利地度过了,今后的艰难险阻也就不在话下了。但是,如果我们结合1965年"文革"前夕毛泽东心目中的"阶级斗争""路线斗争"形势来看,我们说这是他在此前不久通过制定"二十三条",确定了运动的重点是整"党内走资本主义道路的当权派",而又选定了从批判《海瑞罢官》作为"导火线""突破口"等对象、步骤、形式都已"成竹在胸"后对未来充满必胜信心的秘密符号也未尝不可。它们最具备《文心雕龙·隐秀》篇所说的"隐"的特点:"夫隐之为体,义生文外,秘响旁通,伏采潜发。"——意义产生在文辞之外,含蓄的内容可以使人触类旁通,潜藏的文采在无影无形中生发。

"风雷动,旌旗奋,是人寰。""风雷"在毛泽东的诗词中屡见不鲜,一般均指社会的动荡、阶级的斗争、革命的运动等。"旌旗",更是古代战争敌我战阵的标志物。此三句合起来看,就是说人类社会从来就充满着动荡和战争,与《贺新郎·读史》中的"人世难逢开口笑,上疆场彼此弯弓月"意思相近。这三句既是革命家毛泽东阶级斗争社会观的形象表述,又是诗人毛泽东对即将在神州大地上出现的"文革"风暴的浪漫主义遐想。

"三十八年过去,弹指一挥间。"既承上又启下:过去的三十八年正是"风雷震荡,旌旗奋挥"的三十八年,而即将由他亲自发动的一场革命运动,更应该是"狂风迅雷,旌旗纵横"的世界了。

"可上九天揽月,可下五洋捉鳖,谈笑凯歌还。"一对排比式的六言对句加上一个五言平韵句,语言的节奏与形象的意境密切配合,相得益彰,是本首词中最能体现毛泽东晚年词学功力的佳句,想来应是诗人的得意之笔!"揽月"句虽化用李白"欲上青天览明月",但它毕竟也是现实生活在诗人头脑中反映的产物。"揽月"与"捉鳖",在作者虽是运用形象思维的两种设喻,读者鉴赏时可以有各自不同的联想。但在作者的心目中,总有他明确的"对象"。"上天揽月"当指我国自力更生发展核工业、航天工业以打破超级大国的核讹诈(1964年10月16日,我国成功地爆炸了第一颗原子弹),这是毛泽东当年"反帝""反修"的战略考虑的重要方面。国际上的反修与国内的防修密切相关。"下洋捉鳖"系由成语"瓮中捉鳖"改造而成,喻指敌人、革命对象毫无疑问。如果说,在作者的内心深处,"捉鳖"就是指几个月前由他亲自修改制定的"二十三条"中提到的——"这次运动的重点是整党内走资本主义道路的当权派",大概不算无中生有吧!如果再用一年后经他亲自删改定稿的1966年的《五一六通知》的语言来说,就是"正睡在我们身旁"的"赫鲁晓夫那样的人物"。

"谈笑凯歌还"五字,充满着胸怀奇策、稳操胜券的信心与自豪。左思《咏史》:"谈笑却秦军";李白《永王东巡歌》:"为君谈笑净胡沙";苏轼《念奴娇》:"羽扇纶巾,谈笑间,樯橹灰飞烟灭";辛弃疾《六州歌头》:"方谈笑,整乾坤";陆游《出塞四首借秦少游韵》:"壮士凯歌归"等句子成了诗人自铸伟辞的原材料!总览"可上"三句,令人不能不联想到我国古代杰出的文论家刘勰在《文心雕龙·物色》篇中说过的一段话:"古来辞人,异代接武,莫不参伍以相变,因革以为功,物色尽而情有馀者,晓会通也。"

的确是这样,历代作家,前后相继,在写作上都是错综复杂地变化着,并在一面继承、一面改革中取得新的成就。熔铸前人诗词中刻画客观事物的语言矿藏而创造出能够切合自己微妙复杂心态的诗句,的确需要能把前人优良传统融会贯通起来的文学素养。到目前为止,我们知道《水调歌头·重上井冈山》是毛泽东一生写出的词作的最后一首,可以说是他词创作的"绝笔";然而,同时也是他一生全部诗词作品中造诣极高的"绝唱"!

本词最后两句"世上无难事,只要肯登攀",乃改造谚语而成,起了呼应开头两句之作用,如此等等,论者言之甚详,此不赘言。

最后想提到一点,与"晚年毛泽东研究"这一课题的有关著作相比,对于毛泽东晚年有的诗词的评析,则失之肤浅、空泛,缺乏实事求是的精神。我们不必"为尊者讳"。从现代接受美学观点来看,对于艺术作品,尤其是带有象征手法的、具有多义性内涵的诗歌作品,一般读者可以不管作品所蕴含的作者的原来用意,只需把它视为作者提供的一部"乐谱",每个读者都可以根据自己的领会,进行独创性的"演奏",使之成为美妙的音乐。(鲍昌主编《文学艺术新术语辞典》)毛泽东的《水调歌头·重上井冈山》由于充分具备"文外之重旨"和"篇中之独拔"的隐秀特点,它仍然会成为读者喜爱的审美对象,为人们提供审美享受。

念奴娇　鸟儿问答

一九六五年秋

鲲鹏展翅，九万里，翻动扶摇羊角。背负青天朝下看，都是人间城郭。炮火连天，弹痕遍地，吓倒蓬间雀。怎么得了，哎呀我要飞跃。

借问君去何方，雀儿答道：有仙山琼阁。不见前年秋月朗，订了三家条约。还有吃的，土豆烧熟了，再加牛肉。不须放屁，试看天地翻覆。

这首词最早发表在《诗刊》一九七六年一月号。

【注　释】

〔鸟儿问答〕这首词运用寓言样式，以鲲鹏和蓬间雀，喻指坚持马克思主义的中国共产党人和背叛马克思主义的当时所说的现代修正主义者。

〔鲲鹏〕《庄子·逍遥游》中所说的大鱼和大鸟。这里是偏义复词，指大鱼变成的大鸟，即大鹏鸟，作褒义用。

〔九万里，翻动扶摇羊角〕《庄子·逍遥游》："鹏之徙于南冥也，水击三千里，抟（tuán 团）扶摇而上者九万里。""有鸟焉，其名为鹏，背若泰山，翼若垂天之云，抟扶摇羊角而上者九万里，绝云气，负青天，然后图南，且适南冥也。"意思都是说大鹏在向南海飞的时候，凭着旋风的力量，翻动翅膀，飞上九万里高空。扶摇和羊角都是旋风的名称。

〔背负青天〕指飞得极高。

〔蓬间雀〕生活在蓬蒿之间的小雀，种类颇多。《庄子·逍遥游》中的"斥鷃"，就是其中的一种。见《七律·吊罗荣桓同志》注。

〔仙山琼阁〕泛指神仙住处。仙山，古代传说海上有蓬莱、方丈、瀛洲三座仙山。琼阁，琼楼玉宇。这里暗喻现代修正主义者鼓吹的没有武器、没有军队、没有战争的"三无"世界。

〔不见前年秋月朗，订了三家条约〕指苏、美、英三国1963年8月5日在莫斯科签订的《禁止在大气层、外层空间和水下进行核武器试验条约》。这个条约旨在维护核大国的核垄断地位，而剥夺其他国家为抗拒核讹诈进行核武器试验的权利。

〔土豆烧熟了，再加牛肉〕苏联领导人赫鲁晓夫1964年4月曾在一次演说中说："福利共产主义"是"一盘土豆烧牛肉的好菜"。

【考　辨】

这首词的写作时间，初稿署为"一九六五年五月"，原在毛泽东身边做医护工作并曾帮他保存诗稿的吴旭君的抄件上也署为"五月"，在

《诗刊》1976年1月号发表时定为"一九六五年秋"。之所以出现两次不同的写作时间,原因是"五月"为写出初稿的时间,"秋"为修改定稿的时间。至于此词为什么要把修改定稿时间确定为写作时间,原因未详。毛泽东为自作诗词确定写作时间,据考,绝大多数为写出初稿的时间,个别为修改定稿的时间。诗词都是在特定时间对特定事件、事物等有感而发的,弄清写作时间对理解诗词的内容至关重要。同时,这也就是一般把诗词写出初稿的时间定为写作时间的原因。

此词作者留存一件手迹,硬笔书写,是修改中的过程稿。已发表的定稿同修改过程稿相比,有多处异文:"翻动扶摇羊角"句,原为"翻起扶摇羊角";"都是人间城郭"句,原为"都是人民城郭";"哎呀我要飞跃"句,原为"哎呀我想飞跃";"借问君去何方"句,原为"借问你去何方";"不见前年秋月朗"句,原为"不见前年秋月白";"再加牛肉"句,原为"再添牛肉";"试看天地翻覆"句,原为"请君充我荒腹"。在另一清样稿中,全词最后一句为"看君充彼鸲腹"。

毛泽东曾请胡乔木就此词征求郭沫若的修改意见,郭沫若写信给胡乔木说:"'飞跃'我觉得可不改,因为是麻雀吹牛,如换为'逃脱',倒显得麻雀十分老实了。'土豆烧牛肉'句,点穿了很好,改过后,合乎四、四、五,为句也较妥帖,惟'土豆烧牛肉'是普通的菜,与'座满佳宾,盘兼美味'似少相称。可否换为'有酒盈樽,高朋满座,土豆烧牛肉'?'牛皮忽炸,从此不知下落',我觉得太露了。麻雀是有下落还露过两次面。"从郭沫若的修改意见,可以看到这首词的初稿面貌。

此词语言通俗诙谐,甚至用了嬉笑怒骂的俚语。对此,褒贬不一。但细加品味,就会发现此词原本受了元曲的影响。据吴旭君回忆,毛在20世纪60年代中期,常读元曲。他这个时期读元曲,不是没有原因的。1965年2月1日,赵朴初发表了散曲《某公三哭》,颇受他的赞赏,并激发了他读元曲的兴趣。此后,他在"文革"期间还创作过元曲小令,只是没有发表而已。另外,那个时候,他为了反击当时所说的现代修正主义逆流，正在写政治讽刺诗词，以作投枪和匕首。他读元曲正是想吸收它的讽刺手法，以及汲取它的生动而幽默的俚语，来探索和丰富他的反修诗词创作。

★ 赏 析 ★

生动形象　寓意深刻
——《念奴娇·鸟儿问答》赏析　　　　　赵维新　李发功

《念奴娇·鸟儿问答》一词，作者注明写于"一九六五年秋"，首次公开发表于《诗刊》1976年1月号。这首词通篇运用《庄子·逍遥游》中鲲鹏和斥鷃的寓言故事。为了更好地理解这首词，学习毛泽东创造性地运用中国古典的艺术手法，我们有必要先看看《逍遥游》中的这则寓言。下面就是经过整理删节后的这则寓言的完整形态：

北冥有鱼，其名为鲲。鲲之大，不知其几千里也。化而为鸟，其名为鹏。鹏之背，不知其几千里也；怒而飞，其翼若垂天之云。是鸟也，海运则将徙于南冥；南冥者，天池也。

鹏之徙于南冥也，水击三千里，抟扶摇羊角而上者九万里，绝云气，负青天，然后图南。斥鷃笑之曰："彼且奚适也！我腾跃而上，不过数仞而下，翱翔蓬蒿之间，此亦飞之至也。而彼且奚适也！"

庄子的寓言是服务于他的《逍遥游》的主旨的，原意在于说明大、小的差别，并泯灭这种差别，追求一种绝对自由的"逍遥"境界。同时，《逍遥游》中的这则寓言故事，写斥鷃嘲笑鲲鹏的高飞，而鲲鹏却悄然无语。毛泽东对这则寓言进行了一番改造，创造性地运用于自己的词作，并作为这首词的全部艺术内容，表达自己作品的主旨。首先，把"斥鷃"改为"蓬间雀"。虽然这只是一个名称的改动，并不改变其实体，但却是有意义的。斥，小沼泽地；斥鷃，即生活在小沼泽地的一种雀儿。显然这是以其生活环境命名的，不含任何褒贬。而"蓬间雀"，却从其飞翔空间着眼命名，结合词作来看，明显带有贬义，且与展翅九万里的鲲鹏在高度上形成鲜明的对比。其次，将斥鷃对鲲鹏的嘲笑，改为鲲鹏和斥鷃的问答。词中的斥鷃

(即"蓬间雀")不再以嘲笑者的角色出现,原来只顾高飞而对斥鹦嘲笑未做出任何反应的鲲鹏,也由被动承受变为主动出击。最后,更为重要的是,毛泽东不是从抽象的哲学理念上运用这则寓言故事的,而是摈弃了庄子唯心主义的一面,并赋予两个鸟儿形象以新的内涵。

先秦诸子说理文中的寓言,大约有两种形态。一种是故事并不完整,缺乏充分的独立性,中间往往有穿插、说明或论证的文字;脱离开这些文字,寓言本身的含义不易理解。一种是故事比较完整,比较有独立性,可以从相对独立的篇幅中理解其含义。但是,无论哪一种形态的寓言,都离不开比喻,不是明喻,就是暗喻,而以后者为多。比喻本来是以具体形象说明抽象道理的,而比喻本身却不是道理,道理既明,比喻便可弃置。所以,在说理文中,寓言都是用来体现或论证观点的,从全文来看它并非主体。但毛泽东这首通篇运用寓言故事的词作,却与此不同。在先秦诸子的说理文中,作为论证手段的寓言,在毛泽东的这首词中却成为词的形象,词的主体。既是寓言,当然就有寓意。这首词的寓意是什么,我们只要回顾一下20世纪50年代末到60年代中那段历史,便不难理解。

1957年初,毛泽东分析,当时在世界范围内,除了社会主义力量之外,还存在三种力量,即:坚持战争和侵略政策的美帝国主义的力量;其他发达资本主义国家的力量;亚洲、非洲、拉丁美洲民族独立国家和民族解放运动的力量。但到了20世纪50年代末至60年代中,世界局势动荡,上述四种力量的内部和它们相互之间的关系,发生了分化和改组。这就是我们当时所概括的"大动荡、大分化、大改组"的局面。当时中国周边的国际局势日趋紧张,中国面临来自多方面的公开的和潜在的侵略威胁、战争挑衅和军事压力。正是在这样的背景之下,中苏两党的矛盾和冲突,也日趋尖锐。这种矛盾和冲突,一方面表现为意识形态上的分歧;一方面是苏联党当时的领导以"老子党"自居,要求中国党跟他们的指挥棒转,受他们的控制。毛泽东的这首词,就是在这样的国际背景下写出的。

这首词,尽艺术形式之可能,反映了当时意识形态分歧的某些主要方面。

词的上阕描写鲲鹏展翅高飞的壮阔气势和腾空俯瞰的雄姿。这种描写本身就带有象征意义,而鲲鹏所见的"炮火连天,弹痕遍地"的场景,也正是世界被压迫人民和被压迫民族的解放战争和独立战争的生动写照。对这种正义斗争是支持还是反对,是鼓舞还是躲避?在这里,鲲鹏和蓬间雀的态度是完全相反的。"怎么得了,哎呀我要飞跃。""飞跃"者,逃脱也。一个渺小、怯懦和自私的蓬间雀的形象已跃然纸上。

下阕首句承上阕结句,采用问答形式。"借问君去何方,雀儿答道:有仙山琼阁。不见前年秋月朗,订了三家条约。还有吃的,土豆烧熟了,再加牛肉。"

"仙山琼阁"的传说中国古书上早有记载,诗文中也多所运用;而在这里,诗人却是"借声传意",以讽刺的口吻说明它只是一个虚无缥缈的幻影,喻指国际上某些人所鼓吹的没有武器、没有军队、没有战争的所谓"三无"世界。若说"仙山琼阁"还只是一种暗喻,那么下面的"三家条约"和"土豆加牛肉",就是一种不加任何喻体的明指。"三家条约",指的是1963年8月5日苏联与英、美两国在莫斯科签订的《禁止在大气层、外层空间和水下进行核武器试验条约》。这个条约实质上是个骗局,目的在于维护几个核大国的核垄断,剥夺其他国家为打破核垄断而试验核武器的权利,以推行他们对全世界的霸权主义。值得注意的是,当时我国的核武器正在积极研制并即将取得成功。在这样的时刻,签订这样的条约,从签约一方的苏联来看,无疑是对中国极不友好的又一表现。至于"土豆加牛肉",那更是苏共领导人赫鲁晓夫从1960年到1964年10月他被撤销领导职务之前,多次鼓吹的"福利共产主义"的一种形象化说法,是尽人皆知的。以上所述都是蓬间雀的回答。它所要去的"仙山琼阁"看来确是一个美妙的地方,既有和平保障,又有美餐佳肴,但那却是一幅凭空构想出来的图画。

鲲鹏,高屋建瓴,统观大局,对这种不切实际的回答,不是嗤之以鼻,而是响亮对驳:"不须放屁,试看天地翻覆。"全词的这个结句,力重千钧,和开头所描绘的壮阔情景是相照应的,从另一侧面表现了鲲鹏的博大胸怀和远见卓识。若说蓬间雀是有所指的,但鲲鹏却不能简单理解成词作者的化身。因为词作通篇采用寓言故事,作者的思想感情是渗透在描述客体之中的,词中的形象或从正面、或从反面可以传达出作者的思想感情,而作者却只能居于自己的立场,即描述人的立场。正因为这样,所以这个结句应该理解为鲲鹏的对驳,虽然这句话集中而强烈地表达了作者无以按捺的激愤情绪。

历史又翻过了一页,国际形势又一次发生了重大变化,世界出现了新的格局。对过去的论战,我们党已进行了回顾,做出了总结,并调整了对外关系。但我们早已确定的或在论战中所涉及的某些方面,如反对霸权主义、殖民主义,支持被压迫民族的解放事业和各国人民的正义斗争等,却仍然是我们今天坚定不移的对外政策。而毛泽东的这首词,作为特定历史年代的产物,也仍然放射着光华。

这首词选材巨大,气势磅礴,风格庄重,旗帜鲜明,颇具政论色彩。但它又不是一篇政论,而是一首精美的词作,是一件高超的艺术品。这两方面是如何有机结合的,词作本身给予我们以深刻的艺术启示。

一、寓巨大于细小之中。巨大政治题材一般说是不易下笔的,特别像诗词这种有格律要求和字数限制的艺术形式,更是难中有难。但毛泽东凭着他政治家的气度和诗人的才华,却能寓巨大于细小,居高临下,举重若轻,以带有游戏意味的"鸟儿问答"为题,艺术地概括了他所要表达的政治内容。我们阅读这首词,是通过轻松的艺术感受而认识它的并不轻松的政治内容的;认识与感受、巨大与细小,在幻化出的艺术境界里达到了和谐统一,以至难以分辨我们是在审美,还是在破解一部凝重的历史遗籍。

二、寓庄重于诙谐之中。重大的政治内容要求庄重的艺术风格与之配合,毛泽东这首词正是这样。但这种庄重是内在的,不是外在的;从外在表现来看,这首词却具有诙谐、风趣的特点。这是与它所采取的寓言形式有关的。既是寓言,一般就要采用比拟的修辞手法,或以物拟人,或以人拟物。这首词显然属于后者。无论是鲲鹏还是蓬间雀,都是物化了的当时国际政治舞台上的风云人物。作者对这两个形象爱憎分明,一褒一贬。词的诙谐、风趣的特点正是从褒贬之中,从两只鸟儿的问答,特别是从对蓬间雀惊慌失措神态的描绘和对答中表现出来的;但在诙谐、风趣的笔调之中,却负载着沉重的政治内容。

三、寓谨严于疏放之中。谨严与疏放是就辞体表现而言的。这首词从材料和内容取舍上来看,作者无疑是费了周章的;那么深广的矛盾冲突和论战内容,能够在词这种有严格限定的形式中有主次地表现出来,缺乏文字上谨严的运筹也是不可能的。可是我们阅读这首词时,只觉它似乎是纯循自然,不加雕琢,质朴到再不能质朴的程度。这可能与作者使用口语有关,也正是词作的高明之处。其实,谨严是这首词的辞体内质,疏放是它的外在表现。作者正是从谨严与疏放这一对立统一之中,以喜剧的形式出演正剧的内容,这也许是毛泽东革命乐观主义精神和幽默性格的一个侧面表现。

副编

五 古 挽易昌陶

一九一五年五月

去去思君深,思君君不来。愁杀芳年友,悲叹有馀哀。衡阳雁声彻,湘滨春溜回。感物念所欢,踯躅南城隈。城隈草萋萋,涔泪侵双题。采采馀孤景,日落衡云西。方期沆瀁游,零落匪所思。永诀从今始,午夜惊鸣鸡。鸣鸡一声唱,汗漫东皋上。冉冉望君来,握手珠眶涨。关山蹇骥足,飞飙拂灵帐。我怀郁如焚,放歌倚列嶂。列嶂青且茜,愿言试长剑。东海有岛夷,北山尽仇怨。荡涤谁氏子,安得辞浮贱。子期竟早亡,牙琴从此绝。

琴绝最伤情,朱华春不荣。后来有千日,谁与共平生?望灵荐杯酒,惨淡看铭旌。惆怅中何寄,江天水一泓。

这首诗作者抄录在一九一五年六月二十五日致湘生的信中,随信最早发表在湖南出版社一九九〇年七月版《毛泽东早期文稿》。

【注　释】

〔五古〕五言古诗的简称。每句五个字，句数不限，一般为偶句押韵，首句可押可不押，可以换韵，不像五律那样讲究平仄对仗。

〔易昌陶〕名咏畦，湖南衡山人。湖南省立第一师范学校学生，与毛泽东同班。1915年3月病死家中，5月23日学校为他开追悼会。毛泽东在致湘生（生平不详）信中说："同学易昌陶君病死，君工书善文，与弟甚厚，死殊可惜。校中追悼，吾挽以诗，乞为斧正。"

〔去去〕远去。汉代《别诗》四首（旧作苏武诗）其三："参辰皆已没，去去从此辞。"这里指易昌陶因病重离校回家。

〔悲叹有馀哀〕借用三国魏曹植《七哀》诗"悲叹有馀哀"句。

〔衡阳雁声彻〕湖南衡阳有回雁峰，相传雁不过此峰。雁声响彻衡阳，比喻思友悲叹的深切。

〔春溜（liù六）〕即春水。

〔所欢〕好友，指易昌陶。

〔踯躅（zhízhú直烛）南城隈（wēi威）〕踯躅，徘徊。南城隈，南城墙弯曲处。

〔萋萋〕同凄凄，寒冷的样子。

〔涔（cén岑）泪侵双题〕涔泪，不断流下的泪。双题，额的两旁，即额角。南朝宋谢惠连《捣衣》诗："轻汗染双题。"本句是说，不断地流泪，拭泪时浸湿额角。一说，俯首而泣，泪流额角。

〔采采馀孤景（yǐng颖）〕采采，这里指同学众多。馀，剩下。孤景，即孤影，这里指作者。

〔衡云〕衡山上的云烟。衡山在长沙之南，这里"衡"指作者所在的长沙之西，属衡山七十二峰的岳麓山。

〔沆瀁（hàngyǎng沆去养）游〕沆瀁，犹汪洋，水深广的样子。西晋左思《吴都赋》："颐溶沆瀁，莫测其深，莫究其广。"沆瀁游，这里指又深又广的交游。

329

〔零落匪所思〕零落,这里以草木凋零比喻人的死去。匪所思,即匪夷所思,意为不是根据常理所能想到的。

〔午夜惊鸣鸡〕用闻鸡起舞的典故。《晋书·祖逖传》:"与刘琨俱为司州主簿,情好绸缪,共被同寝。中夜闻荒鸡鸣,蹴琨觉曰:'此非恶声也。'因起舞。"东晋祖逖和刘琨年轻时都有大志,互相勉励振作,因此听到鸡鸣就起床舞剑。后以"闻鸡起舞"比喻有志之士奋起行动。本句是作者追忆和易昌陶同怀报国之志。今好友已死,半夜听鸡叫,不能与他起来同舞,所以心惊。

〔汗漫东皋(gāo高)上〕汗漫,本义是漫无边际,这里指漫步。东皋,泛指田野或高地。

〔关山蹇(jiǎn简)骥足〕关隘山川阻碍良马的奔跑。骥足,比喻俊逸的人才。

〔灵帐〕古代祭奠死人时在灵床边所设的帏帐。

〔茜(qiàn欠)〕深红色。这里指山石的颜色。

〔愿言试长剑〕这里借喻为国效力。愿言,古体诗中的惯用语。愿,念,期待。言,语助,无义。

〔岛夷〕即岛国的夷人。夷人,古代泛指外国人。这里借指日本侵略者。

〔北山尽仇怨〕北山,北方山区那边。尽,尽是,完全是。仇怨,仇恨,这里指侵略我国的仇敌,即指沙皇俄国。

〔荡涤谁氏子,安得辞浮贱〕荡涤,清除,扫荡。谁氏子,谁家的人,即谁人,何人。安得,怎能。辞,推辞。浮贱,指学识浮浅不深,地位卑贱低微。这两句是说,扫荡这些侵略者要靠何人?我们青年学生怎能以学识不深、地位低微而推辞报效国家的责任!

〔子期竟早亡,牙琴从此绝〕意为痛失知音。《吕氏春秋·本味》称,伯牙弹琴,钟子期听了,完全懂得伯牙琴曲的意境。钟子期死,伯牙碎琴绝弦,终生不再弹琴。

〔铭旌〕灵柩前的旗幡。

〔泓（hóng 洪）〕水深的样子，这里以"水一泓"比喻深情。

【考　辨】

这首诗首次正式发表在湖南出版社1990年7月版《毛泽东早期文稿》；在此之前，1987年4月出版的《中央档案馆丛刊》第二期曾以"毛泽东学生时代诗文三篇"为题发表。

此诗换了五个韵，可分五个段落，每个段落八句。弄清这个脉络，对理解全诗有帮助。例如，第一个段落是写易昌陶病重离校回家，作者对他的思念之情。首句"去去思君深"，"去去"作"远去"解；有的注释本作"去世"解，就难以理解这一段落中的一些诗句。"思君君不来"，如果人已去世，就谈不上来不来。"衡阳雁声彻，湘滨春溜回"，从大雁的回飞、春水的回流，触景生情，联想所及，思念和盼望好友的归来，这就是"感物念所欢"句的本意。"去去"作"远去"解，还有一个重要的旁证。周世钊在1915年作的《五古·挽易昌陶》诗，有"生离成死别"句（《周世钊诗词选》）。"生离"与"去去"可以看作同义的不同表述。

此诗作者留存一件手迹，认真辨认上面的一些繁体字和异体字，有助于理解诗句和用字的规范。例如，"采采馀孤景"，有的注家把"馀（余）"解释为"我"是误解，原稿为"馀"，应解为"剩下"。又如，"方期沉瀇游"，有的注家把"游"（原稿为"遊"）解释为游泳，也是误解，应解为交游，此句意为期望与好友进行又深又广的结交往来。这里的"瀇"字，在《简化字总表》中并未简化为"漭"，在《现代汉语词典》中也查不到"漭""瀇"二字，原稿作"漭"是过去的俗写字。又如，原稿中的"蒨"，现在已成"茜"的异体字而被废弃。目前，在毛泽东诗词的赏析出版物中，常见"漭""蒨"这两个不规范用字。

★ 赏　析 ★

赞美好友　怀念故人
——《五古·挽易昌陶》赏析

周振甫

　　这篇挽同学好友易昌陶的诗,按照用韵,似可分为五段,每段八句。
　　第一段写对好友的深切怀念。好友死了,不是一般的离去,所以称"去去",表示永别了;对好友想念得深切,不是一般的悲哀叹息,在悲哀叹息之余,还有深切的哀悼。想念好友,他不再来了。好友还年轻,是芳年,正在青春期死了,使人愁杀。本来好友的离去,还可以通书信,现在好友死了,不会再有书信来了。唐朝诗人高适送友人李少府的诗称"衡阳归雁几封书",还盼望别去的朋友有信来。现在衡阳归雁只有响彻的哀鸣,不再有书信来了。湘江边的春水又回来了,本来可以同去游览。感到外界事物像湘江的水涨,怀念好友,只能在长沙城南弯曲处徘徊罢了。第一段怀念好友,想到再不能收到好友的来信,再不能与好友交游了。
　　第二段写在长沙城南弯曲处,看到春草茂盛,想念好友正在青春期故去,滚下的泪水不仅沾湿双颊,还把额头的两面都沾湿了。本来两人的兴味是很丰盛的,现在只剩下我一人的孤影了。在黄昏时,只剩我一人留在衡山云气西面的岳麓山下了。看到湘江水涨,正期望和你共同游览,可是好友死了,这不是我所能想到的。与好友永别从现在开始。本来两人可以在半夜闻鸡起舞,现在在半夜听到鸡叫,只有因找不到好友而惊心了。第二段写到好友去世,不再能和好友共同闻鸡起舞的悲哀。闻鸡起舞,表示两人的奋发有为,对好友的怀念又前进了一步。
　　第三段写半夜听见鸡叫,因好友已经故去,只能自己一个人起来漫步在东面田野的高地上。好像好友还活着,渐渐地望他走来,再一次握手,但想到好友故去,眼眶里的泪珠涨满,要落下来了。想到好友像千里马,可以跑千里路,只是受到关山的阻碍,还不曾跑上千里路,还没有施展才干就死了。看到如飞的暴风吹动灵座的幡帐,自己的怀抱忧郁得像在焚烧,只能靠着排列得像屏障的山峰放声歌唱,来表达胸中的愁闷,在这里,指出这位好友,具有杰出的才能,只是他的才能还没有施展就死去了。这是就好友的杰出的才能,对他做了更进一步的怀念。

第四段写作者依靠排列成屏障的山峰,看到这些山峰有的青翠,有的绛色,青翠象征青春,绛色象征胜利。作者和好友都愿望试用长剑,长剑是用来同敌人战斗的武器,凭借这种武器要挽救当时的国难。当时侵略祖国的,东海有日本军国主义,北山有沙俄帝国主义。要扫除这种帝国主义的侵略靠谁家的人,怎能辞掉浮泛浅薄。作者和好友在当时还是学生,还没有掌握抗击帝国主义侵略的力量和道路,所以虽有这样的愿望,这种愿望只能说浮泛浅薄。这一段指出作者和好友虽是学生,虽还没有掌握抗击帝国主义侵略的力量和道路,但已具有强烈的爱国主义精神,愿为国抗击帝国主义的侵略势力,赞美好友具有反帝爱国的精神,对好友的怀念更进了一步。不仅这样,作者还进一步指出好友是同志,是知己。钟子期是春秋楚国人,懂音乐。伯牙弹琴,心里在想念高山,子期说:"巍巍乎若高山。"伯牙弹琴,心里想念流水,子期说:"荡荡乎若流水。"子期从琴声中听出伯牙心里想的用意。伯牙称他为知音。子期死了,伯牙破琴断弦,不再弹琴,认为世上没有知音的人了。这里运用这个典故,赞美好友是作者的知己,能够了解作者的思想感情。在这里,赞美好友的思想感情同作者是一致的。

第五段表达了对好友去世的深切哀悼。伯牙的破琴断弦是对好友去世在感情上的伤痛。好友像红花,却在春天就枯萎了。以后还有长长的时期,再有谁来和自己共同完成一生的志趣。望着灵位进献一杯酒,用酒来祭奠好友,心头凄凉地看着灵前的旗幡。心头失意而伤痛,哀思像寥廓的江天中深广的水,正如李煜的《虞美人》词:"问君能有几多愁,恰似一江春水向东流。"表达了哀痛的深广无穷。

七古　送纵宇一郎东行

一九一八年四月

云开衡岳积阴止,天马凤凰春树里。年少峥嵘屈贾才,山川奇气曾钟此。
君行吾为发浩歌,鲲鹏击浪从兹始。洞庭湘水涨连天,艨艟巨舰直东指。
无端散出一天愁,幸被东风吹万里。丈夫何事足萦怀,要将宇宙看秭米。
沧海横流安足虑,世事纷纭从君理。管却自家身与心,胸中日月常新美。

名世于今五百年,诸公碌碌皆馀子。平浪宫前友谊多,崇明对马衣带水。东瀛濯剑有书还,我返自崖君去矣。

这首诗最早非正式地发表在一九七九年《党史研究资料》第十期,是由罗章龙在《回忆新民学会(由湖南到北京)》一文中提供的。

【注　释】

〔七古〕七言古诗的简称。每句七个字,句数不限,一般为偶句押韵,首句可押可不押,可以换韵,不像七律那样讲究平仄对仗。

〔纵宇一郎东行〕纵宇一郎,罗章龙在1915年同毛泽东初次通信时,就已用过的化名。1918年4月,罗去日本临行前,新民学会在长沙北门外的平浪宫聚餐,为他饯行。毛泽东用"二十八画生"的笔名写了这首诗送行。罗到上海恰好碰上5月7日(1915年日本政府向袁世凯政府提出最后通牒的日子,限期要袁答复承认日本旨在独占中国的"二十一条"),当时日本政府警察侮辱、殴打中国的爱国留学生,迫使他们回国。罗因此没有去日本。罗章龙(1896—1995),湖南浏阳人。1921年加入中国共产党,1931年被开除出党。后历任河南大学、西北联合大学、湖南大学、湖北大学等校教授。曾任中国人民政治协商会议全国委员会委员。

〔衡岳〕南岳衡山。这里指南岳七十二峰之一的岳麓山。

〔天马凤凰〕指岳麓山东南、湘江之西的两座毗邻的小山。

〔屈贾〕战国时楚国屈原、西汉贾谊,皆极有才华。

〔钟〕聚集。古人称山川灵秀之气所聚集,便产生人才。

〔鲲鹏〕《庄子·逍遥游》中所说的大鱼和大鸟,这里是偏义复词,即鹏。

〔洞庭湘水〕指湖南省的洞庭湖和湘江。

〔艨艟(méng chōng 萌充)〕战舰。此指轮船。

〔宇宙看稊(tí题)米〕把世事看作平常。稊,草名,结实如小米。稊米,形容小。

〔世事纷纭从君理〕据罗章龙说,作者原诗如此。1979年罗在《回忆新民学会(由湖南到北京)》一文中第一次提供本诗时,觉得有负故人厚望,改作"世事纷纭何足理"。后来他写文章曾表示恢复原诗句。

〔沧海横流〕喻动荡的局势。

〔名世于今五百年〕名世,著名于世。《孟子·公孙丑下》:"五百年必有王者兴,其间必有名世者。"

〔诸公碌碌皆馀子〕诸公,指当时的当权人物。碌碌,平庸。馀子,其余的人。《后汉书·祢衡传》:"常称曰:'大儿孔文举,小儿杨德祖。馀子碌碌,莫足数也。'"

〔崇明对马衣带水〕长江口的崇明岛和日本的对马岛,相隔只一衣带宽的水。据《南史·陈后主纪》记载,隋文帝说隋和陈只隔"一衣带水",把长江比做一条衣带。

〔东瀛(yíng营)濯剑〕喻指到日本留学。东瀛,东海,后也指日本。濯剑,洗剑。

〔我返自崖君去矣〕《庄子·山木》:"送君者皆自崖而反,君自此远矣!"反通返。作者是送行者,所以称"我返自崖"。崖,指岸边。

【考　辨】

这首诗最早非正式地发表在《党史研究资料》1979年第十期,是由罗章龙在《回忆新民学会(由湖南到北京)》一文中提供的。此诗写作时间,在人民文学出版社1986年9月版《毛泽东诗词选》中署为"一九一八年",中央文献出版社1996年9月版《毛泽东诗词集》进一步核定为"一九一八年四月"。

罗章龙健在时,曾接受访问,回忆了有关这首诗的一些情况。罗说:这首诗毛泽东写于1918年春,是写在一张纸上的,用信封套着,当面交给他,并说"有诗一首为赠"。他看诗写得很好,就抄在本子上。后来原件和抄件都没有保存下来,现在是凭记忆追记的。又说:他和爱好文学的妹妹都能背诵这首诗,所以保存下来了。他妹妹去世前,他们二人一起核对过这首诗。

纵宇一郎,是罗章龙的化名。在人民文学出版社1986年9月版《毛泽东诗词选》里,曾作注说明这个化名是罗章龙在1918年将去日本前取的。根据罗章龙本人在《椿园载记》一书中回忆,这是他在1915年同毛泽东初次通信时就已经用过的化名。在中央文献出版社1996年9月版《毛泽东诗词集》中,对此做了订正。

"世事纷纭从君理"句,在人民文学出版社1986年9月版《毛泽东诗词选》里,曾是"世事纷纭何足理"。罗章龙在《党史研究资料》1979年第十期发表《回忆新民学会(由湖南到北京)》的文章,第一次提供这首诗时,觉得有负作者厚望,将原诗句中的"从君理"改作"何足理"。后来,他曾写文章(李锐《毛泽东早年读书生活》)表示要恢复原诗句。李锐也在《读书》1992年2月号发表《毛泽东早年的两首诗》一文,称"世事纷纭何足理"句,应为"世事纷纭从君理"。胡乔木读了他的文章,认为他的意见有道理,向中央文献研究室提出,在《毛泽东诗词选》再版时考虑改正。1996年9月中央文献出版社出版的《毛泽东诗词集》,恢复了原诗句。

原"艟艨巨舰直东指"句,后来发现罗章龙在他的《椿园载记》一书中已将"艟艨"改为"艨艟"。"艨艟"同"蒙冲",宋朱熹《观书有感》诗:"蒙冲巨舰一毛轻。"为此,中央文献出版社2003年重印《毛泽东诗词集》时已做了订正。

★ 赏　析 ★

视宇宙如秭米　展鹏翼而击浪
——《七古·送纵宇一郎东行》赏析　　　　　李子建

　　本诗作于1918年春。最早非正式地发表于《党史研究资料》1979年第十期，是由罗章龙在《回忆新民学会（由湖南到北京）》一文中提供的。人民文学出版社1986年9月版《毛泽东诗词选》正式地收录了此诗。在毛泽东逝世十周年之际，《人民日报》1986年9月9日特地发表了毛泽东这首早年的诗作。

　　1915年9月，毛泽东曾用"二十八画生"的笔名（"毛泽东"三字的繁体为二十八画）向长沙各校发出《征友启事》，旨在寻求志同道合的朋友。罗章龙认为此举不凡，便署名"纵宇一郎"首先响应。1918年4月，在俄国十月革命的鼓舞下，毛泽东创建新民学会，罗章龙又是新民学会的最早成员之一。为寻求救国救民的真理，罗章龙决定赴日留学。行前，毛泽东和新民学会的其他成员，在长沙城外的平浪宫会餐，为罗饯行。分别时，毛泽东又到码头送行，当面交给罗一个信封，说内有一首诗相赠，这便是他以"二十八画生"的笔名写的《七古·送纵宇一郎东行》。罗到上海后，正值5月7日（1915年日本政府向袁世凯政府提出"二十一条"最后通牒的日子），当时日本军政当局以暴力压迫中国留学生的爱国运动，迫使他们回国。罗因此没有去日本。

　　罗章龙（1896—1995），湖南浏阳人。1921年加入中国共产党，1931年1月，因在中共六届四中全会前后进行右倾分裂活动，被开除党籍。后历任河南大学、西北联合大学、湖北大学等校教授。生前曾任中国人民政治协商会议全国委员会委员。

　　《送纵宇一郎东行》写作的历史背景是：日本军国主义利用欧战爆发，西方列强无暇东顾之际，向中国政府提出阴谋灭亡我国的"二十一条"，激起全国人民的反日爱国运动。国内各派军阀在英、美、日等帝国主义势力的操纵下,形成军阀地方割据势力,不断制造内战,给人民带来深重的灾难。在这国际风云变幻、内忧外患交迫时期,新的时代转机也在萌发。俄国十月革命的胜利,世界上第一个社会主义国家的诞生,在军国主义顽固堡垒沙俄的土地上,树立起一面崭新的旗帜。中国国内一些学习马克思主义的秘密组织也应运而生,为中国共产党的成立在思想上、组织上做了准备。毛泽东当时创立的新民学会就是其中最显著的一个组织。

我们在搞清当时历史背景的前提下,就可以进一步赏析原诗了。全诗可分以下四层意思来理解:

"云开衡岳积阴止"至"山川奇气曾钟此"四句为第一层。点明送行时间、地点、气候及地理环境。时间为1918年春天("春树")。地点在岳麓山下、湘江边的长沙。气候是久阴转晴的日子。地理环境是山川奇气所钟之地。据罗章龙《椿园载记》说:"我东行前,连日阴雨,轮船启碇时,积阴转晴。"毛泽东这首诗开端"云开衡岳积阴止",非常切时切地。衡岳云开、积阴截止。这一"开"一"止",既使人想到"积阴"时的沉郁,又得到"云开"日出时的兴奋的感受。在一个意象中包含衡岳阴时与晴时的两重景象,含蕴深厚,真是神来之笔。次句的"天马凤凰",既是山名,又赋予山形峰影在蓬勃生机的"春树里"昂首腾空、展翅欲飞之势,静中显动。这两句,既写实,又象征,虚实相参,烘托出送别的环境气氛。

面对壮丽河山,自然会使人想到植根这块土地的光辉灿烂、享誉古今的楚文化,想到湖南的历史,想到"年少峥嵘屈贾才,山川奇气曾钟此",并引以为自豪。"惟楚有才,于斯为盛"(长沙岳麓书院门联),湖南山川秀美,地灵人杰,在历史上曾经出现过像屈原、贾谊那样出类拔萃、彪炳千古的英才。楚湘儿女素有上下求索、激昂奋进的士气民风和反抗侵略、视死如归的爱国主义精神。进入近代以后,湖南更是人才辈出、群星璀璨。而毛泽东创建的新民学会,正是响应时代的号召,继承和发扬湖湘文化的优良传统,为实现革命理想而奋斗。"山川奇气曾钟此",古人称山川灵秀之气所聚集("钟"),便产生人才,诗人在这里用以表现新民学会的进步青年才隽之气。言外之意,今日我新民学会诸君,亦当不负湘楚之秀,勉为卓荦超群人物。于此可以窥见毛泽东青年时期的理想和抱负。

概括说来,首两句横览山河,次两句纵观历史,均如登高临深,有俯视一切的气概。由此见出作者吞吐千古、囊括六合的胸怀与气度。四句虽尚未涉及送别主题,但已蕴足送别之情,为下文做好铺垫。

"君行吾为发浩歌"至"幸被东风吹万里"六句为第二层。是送别赠行之语,想象着友人乘风东行的情景,寄托了诗人的殷切期望,同时表现了诗人的壮阔胸怀。"君行"二句承"年少"二句而来,由过去的时空到现实的时空,点明送行题旨。即是说,你要远行离别,我唱着雄壮的歌子为你壮行。一扫过去一般送别诗的缠绵悱恻、凄苦悲切的感情氛围,语挚情深地激励远行者能像鲲鹏展翅,乘风破浪,可谓想象奇瑰,词句壮美,音调高昂。紧接下来的"洞庭"二句,则由别时的时空设想到别后的时空,这是作者为友人设想行进的路线。"洞庭湘水涨连天",既描绘出春汛时节江湖波澜壮阔的景观,又概括了"五四"前夕变革大潮涌动的时代特点,而"艨艟巨舰直东指",则是鼓舞友人不畏艰险,勇往直前,可谓笔健墨豪,气势浩瀚,节奏劲遒。再接下去的"无端"二句,又由别后的时空回到别前的时空,复再回到别时的时空。这种时空的安排与变化,从美学上构成了诗的多层结构,包含了深厚的内容,形成了深远的美学境界。对"无端"二句,现有两种理解:一种是按历史背景,认为意境深远。溯自辛亥革命以后,中国仍未摆脱黑暗、腐朽、恶劣的政治环境,使进步青年感到十分窒息,而1917年俄国十月革命胜利,一声炮响,给灾难深重的中国送来了马列主义,犹如强劲的东风,吹散了万里阴霾;另一种是按罗文回忆,他当时很愿意去日本留学,但家庭经济困难,于是个别向毛泽东吐露,后来得到了新民学会的部分资助,便解决了实际困难。"东风"既切合时令,又喻指同志们对罗的关怀和帮助。两种理解均可,但细较之,后者未免过于拘实,意境不高;不若前者置于当时历史背景之下来领悟,更为胸襟豁达,情深意远。

"丈夫何事足萦怀"至"诸公碌碌皆馀子"八句为第三层。纵论世界形势、身心锻炼和对革命事业的信念,抒发革命青年的豪情壮志,是对友人的慰勉，也表现了诗人坦荡而博大的情怀。这是全诗的主要内容。"丈夫"两句是说，一个有志的男儿，没有什么事足以萦绕于心、恻恻不已的，要把宇宙之浩大看成稊米之微小，无足牵挂。"沧海"二句，是"丈夫"二句的引申和展开，连用"安足虑"等强烈的反问语气，激励对方不要纠缠计较琐碎小事，不必畏惧险恶动荡的社会环境，而要有为于天下。"管却"二句则强调个人主观意志的能动作用，殷切地希望友人加强自我修养，时时保持"胸中日月常新美"的内心精神世界的华朗清新。以上六句，有着自在的联系，足以反映作者崇高的理想、倔强无畏的性格，劝勉友人要少忧虑、多信心。这表达的完全是乐观主义精神和追求真理的坚定信念，也正与前两句"无端散出一天愁，幸被东风吹万里"互相呼应。"名世"二句，化用《孟子》《汉书》《后汉书》中的典故，以古证今，既展示了"恰同学少年，风华正茂；书生意气，挥斥方遒。指点江山，激扬文字，粪土当年万户侯"(《沁园春·长沙》)的激昂慷慨的勃勃英姿，又抒发了睥睨当代的宏大抱负。这一层虽然以意为主，直抒胸臆，旨在揭示人生哲理，但"吟咏所发，志惟深远；体物为妙，功在密附"(南朝梁刘勰《文心雕龙·物色》)。正如林一顺先生所指出的："作者对宇宙人生的哲理思考和对远行者的叮嘱，是借助具体生动形象表达出来的，思想美和抒情美高度结合，呈现出一种和谐美，显示了作者所站之高、所见之远、所怀之广和所发之诚，包含了横向的时代感、纵向的历史感和纵横交织的宇宙感。"(苏桂主编《毛泽东诗词大典》)

"平浪宫前友谊多"直至最后"我返自崖君去矣"四句为第四层。以豪笔写柔情，再次点出远行题旨，首尾呼应。"平浪宫前友谊多"一句，既交代饯别的地点，又写出送行诸君的感情氛围。"崇明对马衣带水"一句，在点明东行路线的同时，也给友人以两岛一水相隔、路途非遥、海天若比邻的宽慰。"东瀛"二句，豪情与柔情并发，"濯剑""书还""我返""君去"，依依话别，恳切希望友人抵达日本后，当即来信，以免大家牵挂，在深情叮嘱中结束全篇，言有尽而意无穷！

这首诗的最大特点，也是最值得称道之处，是其彰显的青年人奋发进取的精神。毛泽东说："人总是要有点精神的。"在他早年的《送纵宇一郎东行》诗中突现出那巨人般的胸怀和一代进步青年的精神世界,视宇宙如秭米,展鹏翼而搏巨浪,要在自己手中创造一个崭新的世界。过去"三座大山"压在中国人民头上的旧中国青年,固然要有这种奋发进取的精神,跨进21世纪的社会主义的新中国青年,面临着世界风云变幻、世界格局重新组合,全世界科学竞争异常激烈的挑战;面临着改革开放,发展市场经济,加快建设中国特色的社会主义物质文明和精神文明的艰巨任务;面临着和平演变与反和平演变斗争的严峻考验,更应当发扬这种奋发进取的精神,在党的"一个中心、两个基本点"的基本路线指引下,奋发图强,开拓前进,为在社会主义现代化建设的伟大事业中做出较大的贡献。

这首诗总体有一个显著的特点,是送别与自抒胸臆互为主宾。诗人立足高、取境深、挺拔纵横,时空观极为强烈;结构有层次,但却统一在浑然一体的境界氛围之中。作者把叙事、写景、抒情、说理熔为一炉,既跳脱了空泛的抒情,又规避了抽象的说理,而是情中见理,理中寓情,情理相互生发。全篇虽分层展开,但一气贯注,自然流走,起伏跌宕,富于变化,时而写景,时而道别,时而说理,别后情景两度交错其间,现实与想象、言志与抒情交织融合,显出一种突兀参差而又统一和谐的崇高意境美。

这首诗另一个重要艺术特点,是成功地运用典故。作者在驰骋想象时,把一些典故信手拈来,融入其中,集思古、议今、用典、言志于一体,从而构成一个奇情壮采的艺术境界。这首诗中引用《庄子》《孟子》的话,都是批判地继承、发展和创新。如《庄子》大仓秭米的比喻,是说一切事物的大小,只能听其自然,无须加以辨析,这跟诗中"要将宇宙看秭米"不是一回事,而是赋予了"敢于担当天下大事"的新意境。又如《孟子》说:"五百年必有王者兴,其间必有名世者。"我们也不能从天生圣人创造一代王朝的唯心史观的原意去理解,而是要跟当时新民学会以"联合民众,改造中国与世界"的宗旨去体会,以切合毛泽东"古为今用""推陈出新"的一贯主张。毛泽东这首七古诗中用典不下七八处之多,总是运用自如,赋予新意,做到不露痕迹,含蓄洗练,启人遐思,催人奋进,从而增强了诗词审美的震撼力和感染力。

虞美人

枕上

一九二一年

堆来枕上愁何状,江海翻波浪。夜长天色总难明,寂寞披衣起坐数寒星。

晓来百念都灰尽,剩有离人影。一钩残月向西流,对此不抛眼泪也无由。

这首词最早发表在一九九四年十二月二十六日《人民日报》。

【注　释】

〔枕上〕作者写枕上思念夫人杨开慧。1920年冬,作者同杨开慧在长沙结婚。1921年春夏间新婚不久的作者曾到沿洞庭湖的岳阳、华容、南县、常德、湘阴等地,考察学校教育,进行社会调查,本词就是写这次与杨开慧的离别。

〔寒星〕有寄托之意。鲁迅《自题小像》:"寄意寒星荃不察。"

〔离人〕指作者的夫人杨开慧。

〔一钩残月〕一钩,有勾起情思的含意。残月,阴历月末拂晓时形状如钩的月亮。北宋梅尧臣《梦后寄欧阳永叔》:"五更千里梦,残月一城鸡。"

【考　辨】

这首词首次正式发表在1994年12月26日《人民日报》上。在这以前,1983年5月22日《解放军报》刊载的王瑾《从〈虞美人〉到〈蝶恋花〉》一文披露此词,是根据李淑一的回忆,多有讹误。此词写作时间,是作者在1961年亲自判定的。李淑一披露此词时,说作于1920年,恐系记忆有误。作者是当事人,他对何时所写的记忆自然要清晰得多。

1957年5月11日,毛泽东曾复信李淑一,就她来信中求书这首词,毛答道:"开慧所述那一首不好,不要写了吧。有《游仙》一首为赠。"《游仙》,即《蝶恋花·答李淑一》。

此词作者留存的手迹,现在所见只有一件,是1961年春书赠副卫士长张仙朋的,同时书赠的还有《贺新郎·别友》,并说:"这是我早年写的,没有发表,你替我保存吧。"后来作者对这首词又做了修改,留下了一件由原在毛泽东身边做医护工作并曾帮他保存诗篇的吴旭君用毛笔誊清的、经他审定的抄件,即首次正式发表时据此刊印的定稿。定稿与手迹相比,有几处改动。"江海翻波浪"句,手迹作"江海翻江浪"(第二个"江"字可能是笔误);"寂寞披衣起坐数寒星"句,手迹作"无奈披衣起坐薄寒中";"晓来百念都灰尽"句,手迹作"晓来百念皆灰尽"。此词手迹上韵脚字"明"与"中"是按湖南方音押韵,而在定稿上韵脚字"明"与"星"已合乎词韵了。

  这首词的手迹最早发表在1994年12月26日《人民日报》。该报对手迹做过技术处理,将作者书写时滴在上面的墨点修去了。

★ 赏　析 ★

无情未必真豪杰　多情亦是大丈夫
——《虞美人·枕上》赏析

蔡清富

　　毛泽东与杨开慧的爱情，是一首唱不完的歌。毛泽东钟情于杨开慧，杨开慧在他的感情生活中占有独特的地位。毛泽东为之写《虞美人·枕上》《贺新郎》《蝶恋花·答李淑一》等，还有未来得及倾吐的永埋在他心底的歌。

　　《虞美人·枕上》经中共中央文献研究室校定，正式发表于1994年12月26日《人民日报》。在此之前，1983年5月22日的《解放军报》、1989年9月19日的《湖南广播电视报》等，曾刊载过这首词，但在写作时间、作品词句方面，与正式发表的有所不同。由于所注写作时间之差异，人们对作品内容的理解也就产生了分歧。据杨开慧的好友李淑一回忆："一九二〇年……开慧和毛泽东正在谈恋爱，共同的革命志向、共同的斗争生活使他们之间产生了真挚的爱情。开慧经常向我谈起毛泽东的为人品质，连恋爱中的'秘密'也告诉我。有一天，我们在流芳岭下散步。开慧告诉我她收到毛泽东赠给她的一首词。我问什么内容，她毫无保留地念给我听，并让我看了词稿。"(王瑾《从〈虞美人〉到〈蝶恋花〉》)据此推断，《虞美人·枕上》当作于1920年，它反映的系毛、杨热恋期间的感情生活。

　　关于这首词的写作时间，作者亲笔署为1921年，这当然比李淑一的回忆文字可靠可信，应作为定论。中央文献研究室吴正裕的专文云："他们是在1920年冬结婚的。第二年的这次分别，据初步考证可能是在春夏间，毛泽东曾到沿洞庭湖的岳阳、华容、南县、常德、湘阴等地，考察学校教育，进行社会调查。这时他们新婚不久，依然在热恋之中，因此一旦长别，就产生特别强烈的离情别绪。"(吴正裕《偏于豪放，不废婉约》)1921年的写作时间，决定了这篇作品所反映的应是作者新婚后的离情别绪，而不是热恋期间的感情波折。

1957年1月,李淑一曾致信毛泽东,说自己只记得这首词的前两句,请求他写出全词。毛泽东回信说:"开慧所述那首不好,不要写了吧。"于是另作《蝶恋花·答李淑一》相赠。这首作者生前没有公之于众的爱情词,容或还有不自满意之处,但也许由于作者的身份及其与江青的关系等原因,在当时不便于公开发表。毛泽东对此词十分珍视。1961年,他手书该词交赠卫士张仙朋,嘱咐:"由你替我保存吧!"以后,他又做了几处修改,于1973年冬交给为他做医护工作并帮他整理诗稿的吴旭君用毛笔抄清保存。

词的上阕,写作者新婚别后夜不能寐的愁苦和寂寞。"堆来枕上愁何状,江海翻波浪。"这两句以自问自答的形式,集中描写了愁状。毛泽东为思念爱妻而失眠,爱之深,思之切,愁苦多。愁到何种状况呢?这种愁是持续而猛烈的:它不是一时袭来,而是层层"堆来","堆"字极言愁之多及其持续时间之长;"江海翻波浪",更写出了愁绪的猛烈,它犹如江海波涛之翻滚,使作者心胸不得平静。自古以来,用水来状写愁绪的诗句很多,如:"抽刀断水水更流,举杯消愁愁更愁"(李白《宣州谢朓楼饯别校书叔云》);"问君能有几多愁,恰似一江春水向东流"(李煜《虞美人》);"只恐双溪舴艋舟,载不动许多愁"(李清照《武陵春》)。诗人为什么用流动不息的江水来形容愁状呢?一是因为水有重量,其重量与愁者的沉重心情有契合之处;二是江水的流动感与愁者的情绪波动有相通之处;三是江水与愁者流的眼泪都是液体,其共同点引人联想。

"夜长天色总难明,寂寞披衣起坐数寒星。"伴随愁苦而来的是难耐的寂寞。由思念而失眠,因失眠而觉夜长;为了排除愁苦、孤寂,而"披衣起坐数寒星"。披衣、起坐、数寒星,三个单调的动作,写出了诗人的孤寂无奈。宋代诗人柳永的《忆帝京》云:"薄衾小枕天气,乍觉别离滋味。辗转数寒更,起了还重睡。毕竟不成眠,一夜长如岁……"毛词与柳词意境相近,毛泽东在创作上也许受到柳词的影响与启示。两相比较,后来者居上,毛词比柳词更为简练、含蓄。"寂寞披衣起坐数寒星"一句,在作者的手稿中原为"无奈披衣起坐薄寒中"。将"无奈"改为"寂寞",意义更加明确;将"薄寒中"改为"数寒星",不仅符合押韵的要求,而且由客观写实变为主观抒情,由静态描写变为动态描写,将作者的孤寂情怀展示得十分具体、形象。

下阕是上阕内容的深化,即交代抒情主人公何以会产生那样的愁苦和寂寞。"晓来百念都灰尽,剩有离人影。"乘上片"夜长"之意,过片写"晓来"。好不容易熬到破晓,可此时已是百念俱灭,心灰意冷,脑海中只有新婚离别的妻子的身影在闪动。"剩有离人影",为全词点睛之笔,它说明诗人之所以枕上堆愁,"寂寞披衣起坐数寒星",全然是由于思念心爱的人儿所致。"一钩残月向西流,对此不抛眼泪也无由。"到黎明时分,望见向西流去的"一钩残月",又不禁黯然神伤,泪流不止。月圆思团聚,月残伤别离,这是人之常情。抒情主人公的浓愁被残月勾起,当然更是愁上加愁。古人的词作,有以景语作结的,有以情语作结的,也有以议论作结的。此处结尾两句,既有景,又有情,还有议论,可谓三者兼而有之。它抒情酣畅,感人至深。

毛泽东与杨开慧是革命的伴侣,他们志同道合,情深似海。由于革命工作需要,毛泽东在新婚不久就毅然离别爱妻,去外地进行社会调查。但革命者也是人,他们与普通的人一样也有七情六欲。鲁迅酷爱他的儿子海婴,有人因此讥笑他,鲁迅特写诗回答曰:"无情未必真豪杰,怜子如何不丈夫。知否兴风狂啸者,回眸时看小於菟。"(鲁迅《答客诮》)我们对青年毛泽东的夫妻之情,也应作如是观。

与此后作者所写的绝大部分豪放诗词不同,本篇属于婉约词风。毛泽东在读范仲淹词时写有这样的批语:"词有婉约、豪放两派,各有兴会,应当兼读。……我的兴趣偏于豪放,不废婉约。"毛泽东的诗词创作,同他的阅读兴趣类似,也是偏于豪放、不废婉约。《虞美人·枕上》同古代的婉约派词风相近,具有"软媚"的特征,写得婉转细腻、蕴藉含蓄。但该词又与传统的婉约派不同,它软中有硬,略现阳刚之气。如用"江海翻波浪"去形容愁状,便有点儿豪放派的味道。在作品中,诗人不仅善于营造凄清优美的意境,抒发缠绵的儿女柔情,又能在绵婉中著一二激励语,使全词不显纤细柔弱,而呈刚劲雄奇。这既是对古代婉约词风的突破,又能从中窥见作者逐步走向豪放派词风的轨迹。

　　毛泽东与杨开慧是一对情投意合的革命伴侣,他们之间有许多美满的生活、欢乐的佳话可讲。但本篇与后来的《贺新郎》《蝶恋花·答李淑一》等,都没有从正面写他们的婚姻幸福、夫妻恩爱,而是写他们的别离之苦、由合到分的思想斗争以及"骄杨"为革命而英勇献身。这里体现着一种艺术上的辩证法。毛泽东在《矛盾论》中说过:"事物的矛盾法则,即对立统一的法则,是唯物辩证法的最根本的法则。"又说:"我们中国人常说:'相反相成。'就是说相反的东西有同一性。"《虞美人·枕上》极写作者的愁苦之状、孤寂之情、对"离人"的万般思念以及望残月而流泪的情景。诗人为什么如此伤感呢?因为在这背后,有爱情的甜蜜、夫妻的恩爱、团聚的欢乐、彼此的鼓励。一切看似对立的事物,都有其同一性,它们互相联结、互相贯通、互相渗透、互相转化。毛泽东深谙个中道理,他以愁苦衬欢乐,以孤寂衬团聚,以悲凄衬幸福,以分离衬团圆。由于诗人在创作中成功地运用了这一艺术辩证法,故能收到事半功倍之效。

　　列夫·托尔斯泰在《艺术论》中指出:"艺术感染力的大小决定于下列三个条件:一、所传达的感情具有多大的独特性;二、这种感情的传达有多么清晰;三、艺术家的真挚程度如何,换言之,艺术家自己体验他所传达的感情时的深度如何。"《虞美人·枕上》传达了作者对杨开慧独特的挚爱,这种爱是深沉而强烈的,而且传达得清晰明快、富有情趣,可谓三个条件具备,因而有着强烈的艺术感染力。本篇是毛泽东的第一首爱情词,虽出自青年时期,但出手不凡,功力颇深,堪称咏别词的上乘之作。

西江月·秋收起义

一九二七年

军叫工农革命,旗号镰刀斧头。匡庐一带不停留,要向潇湘直进。

地主重重压迫,农民个个同仇。秋收时节暮云愁,霹雳一声暴动。

这首词根据作者审改的抄件刊印。最早非正式地发表在《中学生》一九五六年八月号,是由谢觉哉在题为《关于红军的几首词和歌》的文章中提供的。

【注　释】

〔秋收起义〕1927年大革命失败,中国共产党"八七会议"决定发动农民在秋收季节举行武装起义。毛泽东在湖南省东北部和江西省西北部领导农民、工人和一部分北伐军,成立一支工农革命军。9月9日起在修水、铜鼓、平江、浏阳一带举行武装起义,遭到敌人围击。10月,毛泽东率领起义部队到达井冈山地区,成功地创立了中国第一个农村革命根据地。

〔镰刀斧头〕指工农革命军(后改称红军)军旗上的图案。

〔匡庐〕首次非正式发表时原作"修铜",1986年9月人民文学出版社出版的《毛泽东诗词选》根据作者修改的抄件改为"匡庐"。传说商、周间有匡俗(一作匡续)在今江西庐山结庐,因称匡庐或庐山。见东晋慧远《庐山记》(一作《庐山记略》)。

〔潇湘〕首次非正式发表时原作"平浏",1986年9月人民文学出版社出版的《毛泽东诗词选》根据作者修改的抄件改为"潇湘"。借潇水和湘江指湖南省。

〔同仇〕同心合力打击敌人。《诗·秦风·无衣》:"修我戈矛,与子同仇。"

〔进、动〕按《西江月》词律,上下阕末句末字当与二、三句末字同韵异调,即第二、第三句押平声韵,第四句押原韵的仄声韵。这里没有按律押韵,而依湖南方音用进、动两字隔阕押韵。

〔暮云愁〕指傍晚的云彩暗淡,带有愁色,象征反动势力气势汹汹,农民生活水深火热。

【考　辨】

这首词最早由传抄发表在《中学生》1956年8月号,是谢觉哉在《关于红军的几首词和歌》一文中披露的,词题为《秋收暴动》。随后,《解放军文艺》1957年7月号在一篇评论毛泽东诗词的文章中,也披露了这首词。直到1986年9月人民文学出版社出版《毛泽东诗词选》,才正式发表了这首词。

词中提到的"匡庐"和"潇湘",上述刊物非正式地发表时,原作"修铜""平浏"。此词收入《毛泽东诗词选》时,根据作者在20世纪60年代初修改的抄件改为"匡庐""潇湘"。

有位学者曾对《毛泽东诗词选》中这首词的"匡庐"注指出有误:"'出自殷周之际',在庐山'受道于仙人的',是匡裕(南朝僧慧远《庐山记略》),而注释本误为匡俗。"据考,东晋慧远所撰《庐山记》以及多种古籍如《水经注》《太平御览》等引《庐山记》,大都称商、周间在庐山结庐的是匡俗(也有称匡续的),个别称是匡裕,为袭误。俗、裕二字形状近似,容易误抄、误刻。南朝梁刘昭补注《后汉书·群国志》,引《庐山记略》,又引《豫章旧志》,均作"匡俗"。

★ 赏　析 ★

千秋暴动第一诗
——《西江月·秋收起义》赏析

蔡诗华

　　上下五千年,几多辉煌几多辛酸。历史,是一片片花叶点缀的风雨雷电,是一轮轮日月构成的斑驳年鉴。《西江月·秋收起义》诞生于许多年前硝烟弥漫的战斗岁月。

　　历史永远铭记着1927年4月12日与7月15日,蒋介石、汪精卫先后叛变革命,并对共产党人与革命群众大开杀戒。惨痛的血淋淋的事实、轰轰烈烈大革命的失败唤醒了诗人,唤醒了党,唤醒了处在水深火热中的劳苦大众。在中国革命处于十字路口时,中共中央于同年8月7日在汉口召开"八七会议",及时纠正陈独秀右倾投降主义的错误路线,英明地确立了重新战斗、与国民党当局进行针锋相对的抗争,积极开展土地革命的总方针,并慎重地决定在湘鄂粤赣四省发动秋季武装暴动。毛泽东出席了这个重要的会议,并当选为临时中央政治局候补委员。会后,他到长沙深入调查研究,亲自精心制定了起义方案。他在湖南东北部和江西西北部领导安源工人,湖南、江西的农民和部分北伐军,成立了工农革命军,在9月9日举行了武装暴动。通过激烈血战,寡不敌众的起义军接连失利,被迫突围、转移,19日在浏阳文家市会合,向湖南、江西边界的井冈山进发。10月,终于到达了险要的井冈山,创建了中国第一个农村革命根据地。《西江月·秋收起义》就是在这样悲壮的大背景下从诗人的心底里迸发出来的。

　　"诗言志,歌咏言。"《西江月·秋收起义》一词言革命宏志,咏革命豪情,是革命的动令、战斗的号角、奋起的呐喊,是一曲无产阶级领导下的农民武装起义的不朽颂歌。无产阶级复仇的火种被点燃,劳苦大众反击的力量被激起。大江东去,淘不尽正义与勇敢;大江东去,淘不尽坚贞与信念;救国救民是古老而年轻的话题,国魂诗魂正气不已直冲霄汉。一个个朝代交替轮回,依旧苍凉雄浑河山;一顶顶王冠支离破碎,人民更加痛苦悲惨。从春秋战国到民国末年，从诸侯割据到九州方圆，诗人毛泽东明白：万岁的是人民大众。

综观中国历史，从陈胜、吴广到项羽、刘邦；从黄巢、方腊、宋江到朱元璋；从张献忠、李自成到洪秀全、石达开等历代无数农民起义，最后皆以失败告终，最大的教训就是没有彻底的革命性，没有科学的革命理论作指导，没有严密的组织领导，从而没有逃出可悲的失败的周期率。即使像刘邦、朱元璋等侥幸地称帝称王，最后都蜕变为新的地主剥削阶级、新的统治者，自然沦为觉悟后的农民阶级打倒的新对象。"闯王"李自成曾率领广大农民起义军推翻黑暗的明朝，坐上了龙椅，睡上了龙床，歌舞升平，妻妾成群；由于时代的局限性，小农意识严重，容易知足常乐，不思进取，被暂时的胜利冲昏了头脑，只知享受，不知尽心尽力地为人民谋福利，也不知巩固新政权，丧失了彻底革命的斗志，结果授奸人以大任，贬忠良为糟糠，让牛金星之流断送了十余年艰苦征战得来的胜利果实，成为千古遗恨。

翻看世界史，公元前的古罗马出了一个著名的名叫斯巴达克斯的农民起义领袖，也重蹈了无数农民起义的覆辙，结果令人心酸。斯巴达克斯更没留下什么诗篇。

美国的乔治·华盛顿在北美独立战争爆发后曾任起义的总司令。列宁曾盛称这次战争"是一次伟大的、真正解放的、真正革命的战争"。虽其意义重大和深远，然而华盛顿很少赋诗作词。

美国的亚伯拉罕·林肯反对内战与分裂国家。他有幸成为总统，却无诗词流芳后世。

南斯拉夫的布罗兹·铁托1941年7月7日领导武装起义。与毛泽东一样，以其大无畏的不屈不挠的精神，以其高超的组织指挥能力，卓有成效地领导了祖国历史上从未有过的民族解放战争，他的一大遗憾是没写出反映革命时代的优秀诗作。

伟大的巴黎公社的起义领袖东布罗夫斯基·雅罗斯拉夫虽以失败告终，然而由此诞生了全世界无产阶级的圣歌《国际歌》。不同国籍，不同皮肤，不同语言，不同性别的劳苦大众唱着这支歌就可找到知音，唱着这支歌就能手挽手为争取自由与解放而大义凛然慷慨赴死。毛泽东的《西江月·秋收起义》最伟大的贡献就是如《国际歌》一样，旗帜鲜明地号召无产阶级及其伟大的同盟军——农民阶级不向命运与反动统治者低头，勇敢地为自由、为幸福、为远大的理想矢志追求。

翻开中国最古老的经典之作《诗经》，《伐檀》一诗也只讲述了农奴之苦，而无抗争、革命之志。

作为领袖和诗人毛泽东，深知秋收起义成功与否并不重要，重要的是继续革命继续斗争。他以诗的形式，直抒胸臆："革命！"并理智地在失败后，确定发展方向：罗霄山——井冈山……

同是农民领袖与诗人的黄巢，由于历史的局限性，不敢大胆地诉理想、表壮志，只能以《菊花》一诗，委婉地抒发心声："待到秋来九月八，我花开后百花杀。冲天香阵透长安，满城尽带黄金甲。"菊花，在封建文人骚客笔下，大多视为劲节之士的化身，赞美其傲霜的品格，使它从幽人高士之花升华为最新最美的农民革命战士之花。正因为如此，作者笔下的菊花也就一变过去那种幽独淡雅的静态美，呈现出一种豪迈粗犷、充满战士气息的动态美。诗人豪迈的语言，体现了农民领袖人物推翻旧政权的决心和信心；仅此，也正是任何封建文人骚客所不能超越的地方。然而他鲁莽有余，策略不够，所带的起义军东奔西杀，没有明确的革命目标，没有明确的革命纲领，其诗也没有像毛泽东诗中那样为革命指明方向，最终兵败被杀。

历史上有名的文功武略之士辛弃疾，既是农民领袖又是有成就的诗人。二十一岁时就在济南南部山区，聚集两千人马揭竿而起，并率部投奔另一个农民起义领袖耿京。为抗击金兵收复中原，他建议投奔南宋朝廷。由于为人耿直，不阿权贵，常遭奸逆陷害诋毁，皇上又不辨真伪，使其壮志难酬。他一生忧国忧民，始终力主抗金，多次亲临疆场，指挥并参加战斗。在封建社会，他纵有冲天鸿志，也是枉然。在戎马生涯之余，他写下诗作上百首，词作六百余首。遗憾的是，辛弃疾只能以诗论诗，以词论词，他凭的仅仅是被封建制度所压抑着的长久不能爆发的激情与义愤。而毛泽东却远远超越了前人,他站在历史的制高点,心中所揽的是整个时代,因为他要拯救的是陷入水深火热中的全体劳苦大众,所以他的诗中所表现的是一种超越历史时空而永远闪烁着的智慧和理性的光芒。

生在中国长在中国的毛泽东,没有出国留洋寻找真理,更不会去生搬硬套别国的经验和教条,他懂得真理就在脚下,真理就在心中。他最了解、最同情古老的中国及其忠厚善良、受尽欺凌和压迫的中国人民,于是他一开始就投入到人民怀抱中去,紧紧地和人民站在一起,唇齿相依,荣辱与共,一反苏联等世界革命的惯例,成功地开创了由农村包围城市的独特的革命道路,为丰富和发展马列主义做出了卓越的贡献。

《西江月·秋收起义》是他所有诗词中最早最直接颂扬革命的作品,堪称千秋暴动第一词,开历史之先河,抒革命之先声,也是世界革命史、世界革命文学史上罕见的时代最强音。锦绣的山河、明媚的阳光,是毛诗的最好的注脚、最美的韵律。对他来说,人民的幸福就是最美的愿望、最高的奖赏。

《西江月·秋收起义》成功地运用了"赋"这一中华古典诗词的传统手法。即"敷陈其事而直言也",用概念、说理方法去表达。而"赋"的特点则是侧重于叙述,有时免不了要"直说"。要"直说"得富有诗意、诗美、诗情、诗感、诗味,没有高深的诗词造诣是很难做到的。尽管诗词与民歌有别,有严格的格律、字数等条条框框,但诗人在创作《西江月·秋收起义》时,那些所谓的诗词戒律与要求等等,已遏止不住诗人的喷薄欲出的豪迈诗情。因此,在其作品中也感觉不到拘束和压抑了。故而尽管"赋"的笔法多叙述,少比兴,诗人毛泽东同样能写出这类美妙无比的千古绝唱来。

此词质朴无华,掷地有声,随意与畅怀中透出英雄之气、雄浑之美。既通俗易懂、言简意赅,又雄劲奔放、荡气回肠,无书生意气,征战在即,意味深长。压抑中透着自信,在白色恐怖的空气中,也难以窒息伟大诗人毛泽东心里那团信仰之火。相反,诗人以燃烧自己,点燃人民的热情,激励和指导着中国伟大的斗争。

词的上阕表现的是正在进行的一种具体动作,下阕表现的是革命的直接原因与必然结果。哪里有压迫哪里就有反抗。压迫得愈重,反抗得愈彻底。不是一个村、一个县、几杆枪、几门炮的反抗,而是"农民个个同仇"。这种一触即发、全民皆兵的历史契机,被诗人毛泽东非常准确而成功地把握了。他断然有力地发动了秋收起义,并饱含激情地壮写了这一划时代的革命历程。

"军叫工农革命,旗号镰刀斧头",十分直白地颂扬了秋收起义的革命性及其工农革命军的名称、旗帜等等。"镰刀斧头",不仅象征着工农联盟,而且表明起义军把共产党的领导鲜明地写在了自己的旗帜上,从而区别于古今中外任何一次起义。不仅如此,这次秋收起义还有别于一个月前举行的南昌起义,不再沿用"国民革命军"的旗号,而是直接自命为"工农革命军",揭开了中国共产党领导农民武装暴动的序幕。

"匡庐一带不停留,要向潇湘直进",既表明要摆脱敌人,又交代了队伍的走向。"匡庐"原作"修铜",即江西省的修水和铜鼓两县。修水和铜鼓,是秋收起义部队的两个主要集结地和举行首义的暴动地点。毛泽东就是在前往铜鼓与起义军会合的途中,被民团捉住,又设法挣脱的。"潇湘"原作"平浏",即湖南省的平江和浏阳两县,是秋收起义部队的主要进攻地。正是在攻打浏阳失利后,毛泽东做出了放弃下一步攻打长沙的计划,改向罗霄山脉中段进军,创建农村革命根据地的历史性决定。作者后来改用当地附近的名川秀水代指地名,使文字更加优雅,诗韵更加浓郁。

"地主重重压迫,农民个个同仇",对比与对仗、对手与对抗,爱憎分明地揭示了当时中国农村阶级矛盾尖锐的程度,从而显示了土地革命的正义性、紧迫性、必要性与真实性。有压迫就有反抗。这是千百年来颠扑不破的真理。正是由于"地主重重压迫",才逼出了农民起义;也正是由于这种压迫太悲惨,太沉重,才迫使农民团结一致,"个个同仇"。这样,一支在毛泽东领导下同仇敌忾、万众一心、奋勇杀敌的起义军的形象,便活脱脱地跃然纸上。

"秋收时节暮云愁,霹雳一声暴动",这里的"暮云"象征着没落的统治(地主)阶级。他们有"愁",何愁之有?因为他们在压迫农民、欺侮农民的同时,也为自己掘好了墓穴。农民"个个同仇"的喊声,令地主阶级楚歌四面。"霹雳"象征着新生的革命力量,它们像闪电一样拨开乌云、"暮云",重见天日,而要达到这个目的,只有很果敢很疾速地采取很有力的非常措施——"一声暴动",毫不犹豫地造反,举起革命的大旗!

这首词是革命者的进行曲,是求索者的墓志铭。生命只有一次,与其饥寒交迫,甘当奴隶,苟且偷生,或坐而待毙;不如挺身抗争,追求幸福,倒下的是躯体,站立的是精神。《西江月·秋收起义》词意十足地再现了那场伟大的革命、伟大的追寻、伟大的军民和伟大的牺牲。

六言诗

给彭德怀同志

一九三五年十月

山高路远坑深,大军纵横驰奔。谁敢横刀立马?唯我彭大将军!

这首诗最早发表在一九四七年八月一日《战友报》(冀鲁豫军区政治部主办)。

【注　释】

〔六言诗〕是古体诗的一种格式,每句六个字,偶句押韵,首句可押可不押,句数和平仄都不像律诗那样严格。

〔给彭德怀同志〕中央红军主力到达陕北吴起镇时,宁夏马鸿逵、马鸿宾的骑兵跟了上来,毛泽东和彭德怀拟写了一份电报,主张给马家骑兵一个打击,以防把敌人带进根据地,电文有"山高路险沟深"句。击败追敌骑兵后,毛泽东写了这首诗,首句即用电文句,但改"路险"为"路远","沟深"为"坑深"。据《彭德怀自述》一书第二百零六至二百零七页说,彭收到这首诗后,把诗的末句"唯我彭大将军"改为"唯我英勇红军",然后将原诗送还了毛泽东。彭德怀(1898—1974),湖南湘潭人。1928年4月参加中国共产党。1928年7月,领导平江起义参加红军,任红军第五军军长。1930年6月任红军第三军团总指挥,7月曾一度攻占长沙。同年8月与红军第一军团会合,组成红军第一方面军。(一、三军团原曾计划分别扩编为一、三方面军,因兵力不足作罢。)1935年9月红军长征到达甘肃迭部县俄界时,中共中央召开政治局扩大会议,决定红一方面军主力和军委纵队整编为中国工农红军陕甘支队,下设三个纵队,毛泽东兼任政委,彭德怀任司令员。11月初,红一方面军番号恢复,仍由毛、彭以原职领导。

〔坑深〕指陕北高原地区众多的深沟。

〔立马〕驻马。

【考　辨】

这首诗最早传抄发表在1947年8月1日《战友报》(冀鲁豫军区政治部主办)。后来又刊载在《解放军文艺》1957年4月号,是在一封读者来信中提供的。

此诗在1981年12月出版的《彭德怀自述》中是这样记载的:"山高路险沟深,骑兵任你纵横,谁敢横枪勒马,唯我彭大将军。"其中有多处与在1947年8月1日《战友报》发表的版本不同，据分析可能是记忆有误所致。彭德怀在《自述》中记载了毛泽东给他赠诗的真实情况。他还回忆说："我把最后一句改为'唯我英勇红军'，将原诗退还毛主席了。"彭德怀原秘书王亚志在1979年2月8日《人民日报》发表《关于毛主席给彭德怀同志的诗》一文，披露了彭德怀在新中国成立之初讲述毛泽东给他赠诗的详细经过。

这首诗在收入《毛泽东诗词选》之前，一些报刊发表时都称是腊子口之战留下的一个电报。这种说法是不符合史实的，先后被毛泽东、杨成武等当事人纠正过，因为攻克腊子口的是红一军团，不是彭德怀指挥的。诗词选编者根据《彭德怀自述》，参照彭德怀在新中国成立初对此诗写作过程的介绍，并参考其他有关党史资料，对此诗的写作背景作注说明：中央红军主力到达陕北吴起镇时，宁夏马鸿逵、马鸿宾的骑兵跟了上来，毛泽东和彭德怀拟写了一份电报，主张给马家骑兵一个打击。击败追敌骑兵后，毛泽东写了这首诗。

★ 赏　析 ★

油然发自肺腑的爱将歌
——《六言诗·给彭德怀同志》赏析

黄辉映

　　这是一首六言古体诗。全诗蕴蓄着深厚之情，是情不自禁地油然发自肺腑深处的激越赞歌。置于当年红军同生死、共患难的境况中回味依然动人。

　　这是毛泽东1935年10月在陕北吴起镇地区，获悉彭德怀亲临前线指挥红军击溃马家骑兵的捷报后所作。当中央红军冲破蒋军的重重围追堵截长征到甘南后，蒋介石即急令宁夏驻甘肃的军阀马鸿逵、马鸿宾的骑兵对红军进行最后追堵，因此红军在甘南即与马家骑兵屡次交战。1935年10月7日，红军翻过宁夏南部的六盘山脉后，在山的东面一带露营，马家骑兵仍尾追甚紧，因此红军于10月8日拂晓即连续昼夜兼程北上，终于在10月19日到达陕北苏区边境吴起镇。吴起镇是中央红军与陕北红军的会师地，是陕北苏区边防的门户之一，为阻止仍气势汹汹追来的五个马家骑兵团窜入陕北苏区袭扰，当晚，毛泽东、周恩来、叶剑英、林彪等即召开第一纵队团以上干部会，决定给马家骑兵一个致命打击。20日，彭德怀奉毛泽东电令，从吴起镇以西的第二、第三纵队驻地赶来见毛泽东，并同毛泽东、林彪研讨了敌情、地形和战斗的部署与电令。事后，彭德怀即连夜赶赴前线。10月21日清晨，当马鸿宾的骑兵团进入吴起镇西北地区二道川后，突然遭到红军一纵、二纵的沉重伏击。红军一举打垮了马家一个先遣骑兵团。马家其余几个骑兵团不甘心失败，奉令反扑，结果也很快被击溃，窜逃远去。毛泽东获悉此捷报后，非常高兴，当即怀着赞佩的深情，在自己住处挥毫写下此诗。

　　彭德怀是毛泽东最真诚、最可靠、最倚重的战将之一。自上井冈山后，他即同毛泽东等并肩南征北战，可歌赞的战功难以胜数，但毛泽东此前却从未直接赋诗赞颂过；而今获悉打垮马家骑兵的捷报后，则迅疾激起诗兴、诗情,这不仅说明这一胜仗的特殊意义和价值,而且表明毛泽东对彭德怀的满腔赞佩之情蓄之已久,因此情不自禁,油然涌发。毛泽东亲自决策的这一仗,既是进行战略转移的中央红军粉碎蒋介石围追堵截战略的最后一仗,也是中央红军到达陕北后的第一个漂亮的胜仗;将马家骑兵歼灭、击溃于陕北根据地境外,除掉了袭扰陕北苏区的祸患,使红军会师和开辟新局面有了相对安全的条件与保证;因此这是具有独特的战史、军史、革命史价值的很值得歌赞的一仗。

"山高路远坑深,大军纵横驰奔。"这两句写彭德怀利用便于红军歼敌的陕北地形,指挥红军急速进军和英勇激战的图景。首句重在写陕北复杂特殊的地形,写吴起镇西北一带的战地环境。其中的山、路、坑都是名词,高、远、深都是形容词,由三个主谓结构并列成句。次句重在写红军的胜利进军、进击。"大军"指红军,是一种充满自豪的尊称、爱称、敬称。"纵横",南北方向为纵,东西方向为横。"驰奔",同奔驰;奔,快走,奔跑;驰,驰骋,本指车马疾行,这里指红军急速进军,冲锋陷阵,与敌交战。既可想见红军利用地形灵活机动地伏追堵击敌骑兵的威力与气势,也可想见溃散的敌骑兵东突西窜的情状,实际上也是对彭德怀卓越的指挥才能的赞扬。

"山高路远坑深"是对成句的改用,当年关于打马家骑兵的电令中提及陕北地形时,用了这一词语,毛泽东顺手拈来,只将"沟"改作"坑"字;改用、化用成句是毛泽东创作诗词的方法之一。为什么要改用"坑"字?毛泽东没有留下自注,难以确切断定。从遣字造词的角度说,"坑"比"沟"似乎更确切些。沟,本意为田间水道。先秦典籍《考工记·匠人》:"九夫为井,井间广四尺,深四尺,谓之沟。"沟常与壑组成"沟壑",西汉典籍《淮南子·说山训》:"大蔡神龟,出于沟壑。"沟壑即溪谷之地。所谓溪谷,即有溪水的两山之间的夹道。可见,沟同窄、浅、水是联系在一起的。何谓"坑"呢?"坑"为深谷,此其一;"坑"是洼下去的坑坑洼洼的地面,或高一块或低一块的地面,此其二。由此可知,"坑"不仅有一定的深度,而且有一定的广度。这样看来,以窄浅的"沟"与"深"字搭配,是不甚恰当的;同时与下句的"纵横驰奔"也不相适应;而相对说来,有一定深广度的"坑"字,不仅与下面的"深"字足以搭配,同时与下句的"大军纵横驰奔"也相适应;而且一般说来,"沟"中无"坑",而"坑"中则可有"沟","坑"的代表性、概括性胜过"沟"。同时,音韵铿锵是诗的要素之一,毛泽东写诗向来讲究音调的自然、顺口、流畅,"高""沟"两个近声字放在一个短诗句里,读之多少有失铿锵、和谐,这或许是改动的直接原因。

  毛泽东写诗一般都很注重实景的观察,他当年大概觉得改用"坑"字更切合自己观察陕北地形的实际感受,这恐怕也是重要原因。陕北是秦晋高原的一部分,秦晋高原是黄土高原,西起甘肃的陇西高原,东至山西高原,中段即陕北高原;绵延达一千公里,海拔一千米至两千米左右,面积达五十八万平方公里。在陕北高原地区,地形、地貌十分独特,大都由数量多、分布广的塬、梁、峁、川错杂而成;塬是大量黄土堆积的结果,四周为雨水切割;梁是条状的黄土岭岗;峁为顶圆坡斜的黄土丘陵;川是较低的平野;经长期侵蚀,塬可分割成梁,梁可分割成峁,塬、梁、峁、川交错,即形成大范围、大面积的土山连绵起伏,坑谷、沟谷纵横错杂的奇特的地形、地貌。因此高高低低、坑坑洼洼随地可见,常是越过了这儿的坑谷,又上了那座峁梁,翻过了那座峁梁,又得穿越坑谷。翻峁梁,过坑谷,绕曲道,迂回上下,上下迂回,似乎前方的峁梁就在眼前不远处,但要到达那峁梁,却要上上下下、高高低低、坑坑洼洼地爬小半天,所以路似近而实远。以上是对于"沟""坑"及"路远"之考辨与推敲。

  宋代欧阳修所撰《新五代史·周德威传》曰:"平川广野,骑兵之所长也。"无疑,这种连绵起伏、坑深路回的大面积的峁梁之地,是阻止马鸿逵、马鸿宾发挥骑兵优势的天然障碍;而对红军来说,则是据以歼灭骑兵的极为有利的条件,可任红军步兵在掩蔽中纵横驰骋,发挥袭击、伏击、围击等优势。当时到达陕北的中央红军仅七八千人,正是凭据吴起镇西北大峁梁地区的有利地形,把尾追而来的四五个团的马家骑兵打得落花流水,一举就痛快淋漓地把祸患除掉了。毛泽东诗中"大军纵横驰奔"一句,即再现了彭德怀当时指挥在战役上处于优势的红军,利用高低坑洼、崎岖曲回的陕北战地,神速进军和英勇奋战的壮伟场景。

"谁敢横刀立马？唯我彭大将军！"这两句，直接赞扬彭德怀亲临前线指挥的战将风度和击败马家骑兵的卓著战功。"横刀"，即横拿着刀；杜甫《别唐十五诫因寄礼部贾侍郎》诗："胡星坠燕地，汉将仍横戈。""立马"，即骑在马背上，勒住马站着。"横刀立马"是对古籍中常用以描写武将的成语的借用，也是中华民族历史上的名将常有的英姿；这里用以歌赞主将彭德怀挺立前线指挥的英武的凛然雄姿。"谁敢"，哪个敢，有谁敢，是一种表诘问的语气，使下句更为突出。"唯"，唯有，只有；"彭大将军"是对彭德怀充满赞佩之情的尊称、敬称、爱称。当年，彭德怀是毛泽东视同手足、非常信赖的战将之一，是经常亲临前线灵活机动地直接指挥浩浩荡荡的红军奋勇实践毛泽东军事战略的卓越指挥员之一；这里的"大军"之所以能"纵横驰奔"，取得击溃、击退数团敌骑兵，俘虏七百多敌官兵，缴获百余匹敌战马的胜利，与彭德怀的亲临前线指挥，以及身先士卒的表率作用是密不可分的。全诗就这样，既是对中央红军在陕北吴起镇西北地区击败马鸿逵、马鸿宾骑兵团的战事的概括记述，同时也是对彭德怀骁勇善战的威武形象的艺术写照，是对彭德怀不畏艰险地深入前方察看地形、切实落实战斗方案的优良作风，临阵坚定沉着、奋勇当先的战将品格，以及克敌制胜的出色指挥才干和辉煌战绩的高度评价与热烈赞扬。

从诗歌艺术的概括性、典型性的视角来说，此诗亦可视为对彭德怀参加革命以来的半生戎马生涯和辉煌战绩的高度艺术概括。彭德怀是从苦难的旧社会底层走上革命征途和成为卓越战将的。他1898年10月24日生于湖南湘潭县彭家围子的一个贫苦农家里，打小给财主放牛，讨过饭，当过童工，进矿井背过煤，干过各种杂活。十五岁因参加饥民闹粜被通缉而逃至洞庭湖当堤工。1916年投湘军当兵，1922年考入湖南陆军军官讲武堂。大革命年代北伐时，他亲自指挥的那个营屡建战功。1928年4月加入中国共产党，同年7月举行平江起义，11月率部上井冈山，在历次反"围剿"中，他都是前线主要指挥员之一；蒋介石曾多次悬重赏要他的头。在长征中，面临张国焘妄图谋害毛泽东等人的紧急关头，他亲自秘密率一个团的兵力护送毛泽东、周恩来等脱离险区。到达陕北后，参与指挥直罗镇战役。在东征中担任红军抗日先锋军司令员。尔后,在抗日战争、解放战争、抗美援朝战争中,都以出奇制胜、战功显赫著称,是当年最令敌方司令部"头疼"的胆略、谋略非凡的猛将。总之,他毕生冲过千关万隘,冒过枪林弹雨,吃过大苦,立过大功,受过诬陷、冤屈、打击、误解,饱经世态炎凉;为人耿直倔强,纯朴善良,仗义执言,襟怀磊落,坚持真理,与人民息息相通,真心为百姓"鼓与呼";无论在什么情况下,他对毛泽东都抱敬重态度,对人民事业都忠贞不渝;毛泽东对他的显赫战功也都始终肯定,内心深处对他也都始终怀有老同乡、老战友、老同志之情。可以说,这油然发自肺腑的爱将歌,是具有永恒见证的文献价值的。

  从诗句字数来说,古体诗一般有四言诗、五言诗和七言诗,也有六言诗。唐以后,四言诗和六言诗均颇少见了,常见者有五言和七言两类;就这点看,此六言诗在诗史上也有一定意义。它属豪放类,豪情洋溢,真挚强烈,虎虎有生气;既笔力雄劲,又天成畅达,似出口而得,信笔而成,使雄奇与平易水乳交融,具有中华源远流长的豪放派诗风的一贯特征,表明毛泽东于此道已驾轻就熟。它既是诗,也是画,是由写景、叙事、抒情化合成的以彭德怀伟大战将形象为中心的壮伟诗画。它有宏大背景,有千军万马的群像,有特写的主将形象;正是由于毛泽东凭借实际感受和丰富想象,用粗犷的笔触把"大军纵横驰奔"的浩荡无阻的进击场面,同"横刀立马"、威武不屈、雄姿英发的主将描绘在一起,因而更渲染、烘托了对"彭大将军"的无限赞赏的深情。彭德怀的伟大人格和他所立下的勋业同此诗章一样,将永留史册。

临江仙　给丁玲同志

一九三六年十二月

壁上红旗飘落照，西风漫卷孤城。保安人物一时新。洞中开宴会，招待出牢人。　　纤笔一枝谁与似？三千毛瑟精兵。阵图开向陇山东。昨天文小姐，今日武将军。

这首词最早发表在《新观察》一九八〇年第七期。

【注　释】

〔给丁玲同志〕1933年5月,著名左联女作家丁玲在上海被国民党特务秘密绑架,押解南京幽禁。1936年秋,在中共党组织帮助下,丁玲逃离被幽禁三年多的南京,秘密经上海、西安于11月来到陕北保安。中共中央宣传部在一孔大窑洞里开会欢迎她,中央领导人毛泽东、张闻天、周恩来等都出席了欢迎会。会后不久,毛泽东问丁玲打算做什么,她答"当红军"。丁玲随总政治部北上前线,准备参加打击胡宗南的战斗,在前方收到毛泽东用电报拍发给她的这首词。1937年初,毛泽东又亲笔手书该词相赠。丁玲(1904—1986),原名蒋冰之,湖南临澧人。1932年参加中国共产党。

〔壁上红旗飘落照〕城头红旗在夕阳中飘扬。

〔漫卷〕随风翻卷。

〔保安〕在陕西省西北部,当时是中共中央所在地,1936年改名志丹县。

〔纤笔〕细致描绘的笔,指丁玲的文笔。

〔毛瑟〕德国毛瑟工厂所制造的步枪和手枪。孙中山在1922年8月24日《与报界的谈话》中说:"常言谓:一枝笔胜于三千毛瑟枪。"毛泽东在1939年12月9日《一二九运动的伟大意义》一文中说:"拿破仑说,一枝笔可以当得过三千支毛瑟枪。"毛泽东是以夸张的表述打比方,实际毛瑟枪在拿破仑去世四十余年后才设计成功。

〔阵图〕指军队行军的队列图。这里指军队。

〔陇山〕在陕西省陇县西北,延伸于陕甘边境。

【考　辨】

这首词的写作时间是1936年12月。丁玲到达保安不久,即随红军去了定边,西安事变后又随红军主力前往陇东。

这首词中有"阵图开向陇山东"句,估计此词作于西安事变后不久,因为决定红军主力开向陇东的西峰镇,是在12月14日之后。作者刚写出这首词，就用电报发到前方，由红一方面军转给丁玲。1937年初，丁玲回到延安，毛泽东又手书这首词送给她。丁玲最初由自己珍藏着这件手迹，后来担心在陕甘宁边区动荡的生活中被遗失，于1939年托人把它带到大后方重庆，交给胡风保管。胡风在装手迹的信封上写了"毛笔"二字，意为毛泽东的笔迹，并把信封装进一只皮包的夹层收藏。直到1980年，胡风夫人梅志偶然发现了这件手迹，于是将其完好无损地交回到丁玲手中。

此词作者留存的手迹，现在所见有五件。词中"今日武将军"句，有三件作"今日女将军"。其中有一件手迹，从字迹辨认，可判定用铅笔写于1973年下半年，所署写作时间为"一九五二年"，显系笔误。值得指出的是，当时丁玲的冤案尚未平反，作者书写此词，并让为他做医护工作的吴旭君用毛笔抄清保存，说明作者此时依旧记挂着丁玲，并意味着就他个人内心而言，已经为丁玲昭雪了。1984年8月，中共中央组织部经中央书记处批复同意，发出了《为丁玲同志恢复名誉的通知》。《通知》说："1955年、1957年定丁玲同志为'丁、陈反党集团''右派分子'，都属于错划、错定，不能成立。""丁玲同志在被捕期间，敌人曾对她进行威胁、利诱、欺骗，企图利用她的名望为其做事，但她拒绝给敌人做事、写文章和抛头露面，没有做危害党组织和同志安全的事。而且后来辗转京沪，想方设法终于找到党组织，并在组织的帮助下逃离南京，到达陕北。"

此词注释中说，1936年秋，"丁玲逃离被幽禁三年多的南京"，而不说她"出狱"，是根据丁玲的《我的自传》等回忆文章。她在文章中多次讲到，是1933年被国民党秘密"绑架"，"囚禁"在南京，1936年在中共党组织的帮助下"逃出"南京。这就是说她是被幽禁，并未关进监狱，所以对词中的"出牢人"未作注，对丁玲的注释中也未提"出狱"。

★ 赏　析 ★

友情·党情·国情
——《临江仙·给丁玲同志》赏析

徐　涛

我国素以礼仪之邦、诗词王国著称,诗的唱和与寄赠相当普遍,无论王侯将相、士子公卿,凡能诗者,均有所作。这便构筑了中华传统诗词之一格。寄赠诗词,叙事与抒情兼而有之,情因事发,事由情牵,主情为贵。古之寄赠诗大多营营于私人之间,或两志相投,或两情相依,一叙友情,一叙恋情,其意不过离别依依,思念悠悠,情虽真而多哀怨。至于自附风雅之士,无病呻吟之作,当不在少数。毛泽东的《临江仙·给丁玲同志》也属赠友之作,但大不同于古之寄赠诗。

毛泽东为什么在1936年12月写这首词给丁玲,而且赠送的方式竟是那样的特别——先是以电文拍发到前线,后又以亲笔书笺相赠,其赞许之高,热情之大,在毛泽东人际关系史上也是仅见的。这究竟是为什么?

我们首先要弄清楚1936年前后,中国共产党的处境与面临的形势、任务。当时的情势之一是,一年半以来"……这三支红军,都放弃了原有阵地,转移到新地区去。这个大转移,使得旧区域变为游击区。在转移中,红军本身又有很大的削弱。如果我们拿着整个局面中的这一方面看,敌人是得到了暂时的部分的胜利,我们是遭遇了暂时的部分的失败"。(毛泽东《论反对日本帝国主义的策略》)"江西红军根据地几乎全部丧失"。(毛泽东《中国革命战争的战略问题》)"使红军由三十万人降到了几万人,使中国共产党由三十万党员降到了几万党员,而在国民党区域的党组织几乎全部丧失。"(毛泽东《中国革命战争的战略问题》)1935年10月,红军经过二万五千里长征胜利到达陕北,方才进入"恢复、生长和发展"阶段,所谓"长征一完结,新局面就开始"。(毛泽东《论反对日本帝国主义的策略》)很显然,此时此刻,红军正需要恢复、生长与发展,需要各方面的支持、帮助与理解,同时还要随时准备打破敌人新的"围剿"。另一方面是,日本帝国主义要变中国为它的殖民地,"亡国的危险不容许我们有一分钟的懈怠"。"党的任务就是把红军的活动和全国的工人、农民、学生、小资产阶级、民族资产阶级的一切活动汇合起来,成为一个统一的民族革命战线。"(毛泽东《论反对日本帝国主义的策略》)不言而喻,当时阶级矛盾、民族矛盾十分尖锐。中国共产党人客观地研究了这些矛盾的性质及矛盾的主要方面,确立了建立广泛的民族革命统一战线的方针,"目前的时局,要求我们勇敢地抛弃关门主义,采取广泛的统一战线","招收广大的人马,好把敌人包围而消灭之。""把敌人营垒中被裹胁的人们,过去是敌人而今日可能做友军的人们,都从敌人营垒中和敌人战线上拉过来。"(毛泽东《论反对日本帝国主义的策略》)恰恰在这个革命兴衰之际、祖国存亡之秋,在我党斗争策略有重大变更的历史转折关头,突然从国统区跑过来一位大名鼎鼎的革命作家,真来得其时。正在着手研究党的政策大转变的政治家毛泽东,其欣喜之情是可想而知的了。设宴欢迎、亲切交谈、电文传词、书赠立诚,处处都体现出"斗争策略有重大变更"的征兆。因此,诗人在词中溢于言表的喜情,并非一般私人间的友情,它是关乎党情、国情的一种艺术折射。毛泽东精心创制了这首充满赞誉之辞的词作,无异向全国各界人士表明:中国共产党组成抗日民族统一战线的决心是不可动摇的;同时,也向国人昭示:为抗日大计,共产党求贤若渴,惟才是举,惟才是用。

心怀宇内、眼观神州风云变幻的伟大政治家,他深知丁玲一人来归,其意义的重大远在"三千精兵"之上,且喜且思,且慰且贺,且赞且誉。小小一首诗词,却关乎友情、党情、国情;身系一人,却影响红白两区,震动各界。因此,他认真地构思这首寄赠词。毛泽东深知"欢愉之词难好,哀怨之词易工"(毛泽东《讲堂录》),因之,诗人藏喜情于不露,先言其事,后赞其行,心静力雄,发端于眼前景物,上阕破题曰"壁上红旗飘落照,西风漫卷孤城"。城头上飘舞的红旗映照在落日的余晖里,旷野的西北高原上耸立着一座孤城。这一写实笔法,巧妙地勾勒了寄赠词作引发的时间、地点(时间在秋日,地点在陕北高原保安),起笔从大处落墨,不同凡响。这里,

"落照""西风""孤城"给人的美学感受既不同于"茫茫九派流中国,沉沉一线穿南北"那样沉郁、悲愤,也不同于"天高云淡,望断南飞雁"那样开朗、旷远,它似乎隐隐吐露出一种荒漠、冷寂之感,具现"边塞"独有风光,又寓藏有环境艰危的意象投影。此时此境,竟有远客来投,当是喜出望外,故而有"保安人物一时新"之赞。事件、人物、际会,皆着一"新"字,喜情已露。"洞中开宴会,招待出牢人",这事件"新"得出奇:宴会于"洞中"开,招待的竟是"出牢人"。原来,当时中共中央宣传部所主持的欢迎大会,正是在保安的一所窑洞里召开的。丁玲曾被国民党逮捕,后经国内外人士营救,幸免于难,但被幽禁在南京达三年之久,后经党组织的救援,方才逃离虎口,几经辗转来投保安,故称"出牢人"。昔日为国民党的阶下囚,今日成为共产党的座上宾。这期间,一弃一投,是对国民党当局的仇恨与鄙弃,是对进步与光明的追求,意义非凡;这一迎一宴,更显共产党思贤若渴之殷诚、之急切。最后两句,全然叙事,于事中显情,既新且奇。真所谓"含情而能达,含景而生心,体物而得神,则自有灵通之句,参化工之妙"。(王夫之《薑斋诗话》)

下阕紧随上阕意脉,仍由人物开笔,全在赞颂,却统摄于"新"字关照之下。"纤笔一枝谁与似?三千毛瑟精兵。"丁玲秀婉的文笔,文坛上少有人能比肩,别小看舞文弄墨的作家,她的作用简直抵得上三千精兵。丁玲早年写《莎菲女士的日记》成名,以写小资产阶级女性的苦闷心理见长,后来她的笔触渐渐关顾更广阔的社会人生,如1931年她的小说《水》,其思想境界有了根本性变化,嗣后她的作品紧紧把握住时代脉搏的跳动,关注广大人民的命运。在揭露社会黑暗与丑美的同时,她不同程度地展示着社会发展的曙光,成为有影响的左翼作家。正因为如此,国民党当局怕得要死、恨得要命,在逮捕屠杀左联五烈士的同时,也将丁玲秘密囚禁。因而毛泽东盛赞丁玲的"纤笔",是有事实根据的。看似夸张,实不为过。"阵图开向陇山东"也是叙事。丁玲到达保安后,毛泽东曾询问她打算做什么,丁玲慨然答道:"当红军!"欢迎会后,党中央派她随红军总政治部北上,到前线去。由此可见,革命作家丁玲到陕北后的表现,也是值得称许的。"昨天文小姐,今日武将军。"这种赞许总括了丁玲来保安的前后,昨日"纤笔一枝"的"文小姐"有其令敌胆寒的威力,今日"开向陇山东"的"武将军"更是直接战斗在陕北根据地的英雄,正以"红军"的身份为人民建功立业。这便是诗人极力歌赞的价值所在。

通观全词,以写景开笔,以叙事为主体,以"保安人物一时新"为称颂中心,阐发新人(丁玲)、新事("洞中开宴会,招待出牢人")、新的评价("纤笔一枝谁与似?三千毛瑟精兵")、新的表现("阵图开向陇山东")和新的变化("昨天文小姐,今日武将军")。这里,人物非同一般,而是蜚声中外的著名女作家,她又是历经磨难,逃离虎口,矢志投向党的怀抱的要"当红军"的"出牢人",此奇一也;中共中央当时以最高规格召开了欢迎会,却只能在简陋的窑洞里进行,此奇二也;在毛泽东眼中,丁玲的"纤笔"足抵三千精兵,此"文小姐"的作用、价值大大超过一般看法,此奇三也;招待会刚开过,丁玲不仅提出"当红军",而且马上受命不畏跋涉之苦,慨然上前线,绝无一点儿"文小姐"的娇弱之态,此奇四也;丁玲到了陕北根据地,一下子由"文小姐"变成了"武将军",此奇五也。因此可以认为,毛泽东在词中充分运用"奇"情出"新"意,处处赞许,无一不实;处处叙事,无一不关情;字面据事理而发,但于字里行间足可洞见诗人喜情。这种抒情角度及构成方式,竟来得那么自然、奇巧而精深,这诚如诗人早年所追寻的那种诗境:"有感而后有情,有情而后著之于诗,始美且雅。"(毛泽东《讲堂录》)全词叙事不独有时序可循,有情思可悟,而且常常注意在对照中见精神。如地处西北一"孤城",突有"一时新"的大事发生,使人由沉静中突地转为惊喜。又如:"纤笔"本属小巧,却以"一枝"定量;"精兵"难得,却以"三千"夸饰;大小轻重本不足比,但诗人仅用一反诘语句,却使整个颠倒过来,小者至大,大者至小,从而体现"出牢人"的作用与影响。再从"文小姐"到"武将军"的变异看,有形变,有质变,变中概括了人物全貌,有今有昔,又今胜于昔;有"文"有"武",时下又"武"胜于"文","武"可发展革命,"武"可抗日以卫国。这便是"保安人物一时新"的"新"之所在。词的这一结尾看似无意为之,实属全词内容归结所在,力点所在。

人物以事显,事显而情真,起笔、落墨各具隐情,倾向性在其间,感召力亦在其间,足以激起读者的崇高理想。今天我们读其词,体其情,不能不钦佩政治家毛泽东的敏感的视野与用心,同时更不能不折服诗人毛泽东精于构思,妙于用事填词的艺术才思。

五律 挽戴安澜将军

一九四三年三月

外侮需人御,将军赋采薇。师称机械化,勇夺虎罴威。浴血东瓜守,驱倭棠吉归。沙场竟殒命,壮志也无违。

这首诗根据一九四三年戴安澜将军追悼会挽联挽诗登记册刊印。最早非正式地发表在一九八三年十二月二十八日《人民政协报》,是在一篇诠释这首诗典故的文章中提供的。

【注　释】

〔五律〕五言律诗的简称。五律是律诗的一种,每篇一般为八句,每句五个字;偶句末字押平声韵,首句末字可押可不押,必须一韵到底;句内和句间要讲平仄;中间四句按常规要用对仗。

〔戴安澜〕(1904—1942)号海鸥,安徽无为人。黄埔军校毕业后,曾参加北伐。在抗击日本侵华战争中,先后参加古北口、漳河、台儿庄、昆仑关等战役,战功卓著。1939年任国民党第五军第二〇〇师师长,被授予陆军少将军衔。第二〇〇师装备较好,当时称"机械化师"。1942年3月,率第二〇〇师出师缅甸,与第五军其他部队一起,协同英军对日作战。在孤军深入的情况下,指挥部队英勇奋战,重创日军,解救了被围困的英军。同年5月,在率师返国途中,遭日军伏击,身受重伤,不幸牺牲。不久,被国民党政府追赠为陆军中将。1956年,中央人民政府内务部追认戴安澜为革命烈士;1985年,由中华人民共和国民政部颁发革命烈士证书。

〔将军赋采薇〕赋,朗诵。采薇,《诗·小雅》中有《采薇》篇,其诗描写戍边抗击外族入侵的兵士久历艰苦,在回乡的路上又饱受饥寒。本句意为戴安澜将军出征御侮。

〔虎罴(pí皮)〕这里比喻凶猛的敌人。罴,见《七律·冬云》注。

〔东瓜〕即同古,缅甸南部重镇。

〔棠吉〕缅甸中部地名。

【考　辨】

这首诗根据1943年戴安澜将军追悼会挽联挽诗登记册刊印。原件在诗前书有"海鸥将军千古",诗末署为"毛泽东敬挽"。

1995年,中共中央文献研究室曾向戴安澜将军的子女发函,请他们提供毛泽东挽戴安澜将军诗的原件。随后,戴安澜将军的儿子覆东、靖东、澄东和女儿藩篱联名来信并附上挽诗抄文照片一张。来信对毛泽东挽诗抄文照片做了说明:"家父戴安澜将军于1942年3月率第五军二百师入缅对日作战。在不到两个月的时间里重创日军,解救英军,给世人以极大鼓舞。但由于指挥多头,英军不合作,战斗由胜利转向退却。二百师在撤退回国途中层层遭到阻击,在通过最后一道封锁线时,家父亲临第一线指挥,不幸中弹负伤。因缺少医药,不幸于1942年5月26日在缅甸茅邦村牺牲。父亲牺牲后国共两党高度评价其英雄业绩,盟国也给了高度赞扬。1943年4月1日,国共两党商定在广西全州为戴安澜将军举行公祭,由李济深先生主持。其时国共两党的最高领导都送了挽联。""1976年9月9日,毛主席逝世。中央决定建纪念堂,并发出通知,搜集毛主席在民间的手稿遗文。我们全家认为,毛主席写给家父的挽诗应是一份珍贵的资料,决定将有抄写毛主席挽诗的挽联登记册寄给中共中央办公厅。"

★ 赏　析 ★

英雄的颂歌
——《五律·挽戴安澜将军》赏析　　　　　莫文征

这是毛泽东诗词中少有的几首五言律诗之一。

毛泽东在致陈毅的一封信中说："我对五言律,从来没有学习过,也没有发表过一首五言律。"根据这段话和1986年9月出版的《毛泽东诗词选》中没有五言律诗的事实,有人曾断定毛泽东一生未写过五言律诗。但自《毛泽东诗词集》出版后,这种说法自然不攻自破。毛泽东不仅写过五言律诗,这首五言律诗还写得相当好。它的被发现,不仅弥补了毛泽东诗词宝库的一个门类,而且就艺术水平来说,与其他作品相比,也毫不逊色。这是个很有意义的发现。当然,这一首之外又发现了几首。

这首诗,是为哀挽1942年赴缅甸作战而壮烈牺牲的远征军二〇〇师师长戴安澜将军而作。戴安澜(1904—1942),字衍功,号海鸥,黄埔军校第三期毕业。1926年参加过北伐,历任连、营、团长等职;1933年参加过长城会战;1938年参加过鲁南会战和武汉会战;1939年任国民党第五军第二〇〇师师长;在桂南会战中曾击毙日军中村正雄少将以下四千余人,取得了辉煌的胜利。1942年2月,日本侵略军为了切断盟军援华抗日物资的重要运输线——滇缅公路,以泰国、越南为基地,向当时英国的殖民地缅甸大举进攻。应英国政府请求,国民党政府派遣三个军(十万人)的远征军赴缅作战,戴所率二〇〇师就是其中一个师。该师装备先进,作风勇猛,在东瓜(亦译同古)、棠吉等地区屡次予敌人以重创。1942年5月18日,戴部在郎科地区与敌遭遇,戴安澜冒密集炮火指挥作战,甚至与敌白刃格斗,不幸为流弹所中,26日壮烈牺牲。1943年4月1日,在广西全州举行戴将军追悼会。中共领导人周恩来、朱德等献挽词,毛泽东于这年3月写了这首诗表示哀挽。同年10月,美国政府以总统罗斯福的名义,给戴颁授了懋绩勋章,戴安澜成为反法西斯斗争中第一位获得国际勋章的中国人。1956年,中央人民政府内务部追认他为革命烈士。

这是一首纪实性很强的诗。首联开门见山,写出将军出战的背景,"外侮"自然指日本侵略军,"需人御"当指抗战,而"赋采薇"则喻出征,这是借《诗经》的《采薇》篇来比喻戴的出征充满艰难困苦。戴安澜受命于危难之时,却从容赴之,则愈显出其大无畏精神。颔联是赞扬戴所率部队装备之精良和气势之雄壮,在他们的面前,日本侵略军即使像熊罴一样凶猛也要失去威风,深入一层地赞美戴及所部的大无畏精神。颈联则以事实印证了这种精神,及由于发挥了这种精神而夺得了辉煌的战绩:东瓜之战发生在1942年3月18日,戴将军率部浴血奋战十二昼夜,歼灭日本侵略军五十五师团五千余人,掩护了英军的撤退,迟滞了日本侵略军的北进。这一战役的胜利,震撼了日本,也震撼了世界,连敌人也不得不承认,自"南进以来,从未遭受若是之劲敌"(日军横田大佐日记)。发生在1942年4月23日的棠吉之战,也是一个胜仗。当时棠吉告急,戴部奉命驰援,激战两昼夜,击退日军,收复棠吉。这一联可以说是主题的展开,它说明:英勇大无畏的精神经得起猛烈炮火的考验,也正是这种枪林弹雨才是缔造这种精神的土壤。尾联则把英雄的奋斗牺牲的意义提升到"壮志"这个人生的哲学高度,从而结束全诗,使诗的整体内容显得十分饱满,构架十分平实牢固。前句一个"竟"字充分刻画了作者对戴牺牲的痛惜之情,像戴将军这样的英雄,人民爱戴他,祖国需要他,而罪恶的日本侵略者却杀害了他,怎不令人义愤填膺!但他的死是重于泰山、流芳百世的,所以又有"壮志也无违"一句,是虽死犹荣的褒奖,这一句也是全诗的点题之句。整首诗,是一首英雄的赞歌,这英雄,是戴安澜,但从整首诗看,并非只写戴之个人,而是包括整个部队,这英雄又同时是戴所部的全体将士。他们使一切进取者获得鼓励,而令一切苟且者感到汗颜。

中国古诗就语言的表现方式而言,大致可分为抒情和叙述两大类。"黑云压城城欲摧,甲光向日金鳞开"(唐李贺《雁门太守行》),"感时花溅泪,恨别鸟惊心"(唐杜甫《春望》),"蜀道难,难于上青天"(唐李白《蜀道难》)等为前一种;后一种如"秦王骑虎游八极,剑光照空天自碧"(唐李贺

《秦王饮酒》），"八月秋高风怒号，卷我屋上三重茅"（唐杜甫《茅屋为秋风所破歌》），"李白乘舟将欲行，忽闻岸上踏歌声"（唐李白《赠汪伦》）等。叙述体就是赋体，毛泽东说："赋也可以用，如杜甫《北征》，可谓敷陈其事而直言之也。"但这赋体乃诗中之赋体，并非汉代那种介乎诗与散文之间的文体，其实最早使用赋体的是诗。班固在《两都赋》中说过："赋者，古诗之流也。"毛泽东这首五言律诗属于赋体，因为它从头至尾采取"敷陈其事而直言之"方式。似乎直到最后一句"壮志也无违"才显得直抒胸臆，带有抒情味。但这是两种方式相比较而言的。其实，在前七句中，"将军赋采薇"和"勇夺虎罴威"二句也含有赞颂的抒情味了，所以，在叙述中也是带着抒情成分的。表面看，抒情是在叙述的语言中夹带的，实则是抒情为本，叙述为表，表里是紧密结合的。有人说叙述就是散文化，其实未必，即便叙述也是诗的叙述，它带节奏，押韵脚，还有平仄音响。艾青说："如果不把诗看成固定化、神秘化，那么我认为叙述也是诗的手段。"对于这首五言律诗来说，惟其采取叙述的方式才能获得流畅感和逼真感，从而也更具古诗韵致，并由此构成诗篇的浩荡气质，这对镌刻主题、宣泄情感是十分重要的设计。

从整体看，这首五言律诗，与毛泽东其他描写战斗内容的诗词一样，具有内容饱满，情感激越，语言精炼，形象鲜明等特征；而语气平直，辞藻朴质又是这首五言律所特有，它创造了毛泽东诗词美的另一侧面。这就是该诗的成功之处和价值所在。

这是一首诗律工整，文字老到，又气势如虹的英雄颂歌。

五律 张冠道中

一九四七年

朝雾弥琼宇,征马嘶北风。露湿尘难染,霜笼鸦不惊。戎衣犹铁甲,须眉等银冰。踟蹰张冠道,恍若塞上行。

这首诗根据抄件刊印。最早发表在中央文献出版社一九九六年九月版《毛泽东诗词集》。

【注　释】

〔张冠道中〕1947年3月中旬,胡宗南指挥国民党军十四万余人,向中共中央所在地延安发动进攻。3月18日晚,毛泽东率领中共中央机关撤离延安。随后,他在陕北延川、清涧、子长、子洲、靖边等县转战。根据这首诗描绘寒夜行军的内容,和作者转战陕北时为防空袭曾"夜行晓宿"的经历,可以判定,本诗是写这年4月初作者由子洲县高家塔转移至子长县庄果坪(即张冠)途中的所见、所闻和所感。首联描绘清晨行军结束将宿营时的景象;颔联、颈联倒叙夜间行军时间的流逝,暗喻彻夜行军;尾联写同敌人周旋的感受。

〔琼宇〕即玉宇,指天空。

〔征马嘶北风〕化用《古诗十九首》"胡马依北风"句。征马,这里指战马。北风,一般为冬天的风,此写陕北当时春天的实景。

〔露湿尘难染〕寒露打湿黄土地,尘土难以沾染衣物。

〔霜笼鸦不惊〕部队行军惊飞路边栖鸦,因大地被白霜笼罩而有亮光,乌鸦习性有光则不惊叫。

〔戎衣犹铁甲〕军服因露湿霜沾雾浸而结冰,像铁衣一样又重又硬。

〔须眉等银冰〕胡须、眉毛因浓雾浸湿和口鼻气息沾染,在寒风劲吹下,如同银白冰花。等,等同,如同。

〔踟蹰(chíchú池除)〕徘徊不进。这里状部队行军态势,意为同敌人周旋。

〔恍若塞上行〕恍若,仿佛,好像,状作者行军心态。塞上行,这里用典,取边塞诗意。唐人有《塞上》《塞上曲》《塞上行》等诗题,内容多写边塞征戍之事。塞上,旧时多指我国西北边境和长城内外。

【考　辨】

这首诗第一次发表在中央文献出版社1996年9月版《毛泽东诗词集》中,根据毛泽东办公室秘书林克保存的抄件刊印。此诗的写作日期,抄件标明是1947年。根据诗中的内容和作者转战陕北的经历,可以判定作于这年的4月初。

史料和回忆早已揭示,作者在转战陕北之初,为避敌机侦察、扫射和轰炸,一直是夜行军。即自3月18日撤离延安,到3月31日傍晚转移至绥德县田庄,是坐吉普车夜行军;从田庄向子洲县邱家坪转移开始,到4月5日转移至靖边县青阳岔为止,是骑马夜行军。自4月12日由青阳岔向靖边县王家湾转移起,他结束了夜行军,开始白天行军。从《张冠道中》诗描绘寒夜行军和提及"征马"嘶鸣,可以判定这首诗是写作者4月初骑马夜行军。具体地说,是写作者于4月2日晚上至4月3日清晨,由子洲县高家塔转移至子长县涧峪岔乡庄果坪途中的所见、所闻和所感。"庄果"即"张冠",因读音相近而产生的异文。据考,作者向农民询问村名,并未得知如何写,仅是记音;作者是南方人,"庄""张"二字读音不分。

此诗是"根据抄件刊印",有的论者就怀疑抄件的可靠性,以至怀疑此诗是伪作,甚至对其他"根据抄件刊印"的诗也提出了真伪问题。抄件是毛泽东办公室秘书林克提供的。为了使读者了解"抄件"的真相,现把他在1996年6月7日给中央文献研究室写的《关于毛泽东几首诗的说明》摘录如下:"1962年4月24日,我在日记上抄录了几首诗。"(下面省略了他抄的《张冠道中》《喜闻捷报》《纪念鲁迅八十寿辰》《贾谊》《咏贾谊》等诗。)"记得毛泽东这几首诗的手稿,是他让我清退看过的文件时,我从文件中发现的。我先从文件中把诗稿手迹拿了出来。当我将文件清理完毕之后,我把诗稿翻看了一遍,其中有发表过的诗,也有未发表过的诗,在未发表的诗中有的过去我看过,但以上几首诗,我从未见到过。由于我非常喜爱毛泽东的诗词,我便把这几首诗抄录下来,回办公室后,我先记在一个小本子上,由于怕遗失了,接着又抄录在1962年4月24日我的日记本上。胡乔木同志在编辑毛泽东诗词五十首时,他委托李慎之同志问我有无毛泽东未发表过的诗词。我便请李慎之同志将我抄录毛主席诗词的小本子带交胡乔木同志,我希望他能鉴别或选用。"

　　这首诗中的景物描写,有的论者提出质疑,认为与"季节不合"。诚然,如果不了解此诗的写作背景,不了解此诗是写何时何地的景物,就会觉得"露"与"霜"与"北风",不是一个季节的景物,因而不能同出,同出就有违自然规律。但当了解到此诗是通过描写陕北春天昼夜间特有的气象变化,反映作者转战陕北初期夜行昼宿的一段特殊经历时,可能怀疑就会冰释。上文已经说明,此诗是写作者在1947年4月初转战于陕北子洲、子长县境内的夜行军。据1993年出版的《子洲县志》记载:子洲县春季多风,盛行偏北风;晚霜终于5月28日;春季温度很不稳定,西伯利亚极地干冷气团仍不断南下侵袭,4月下旬亦可骤然下雪。跟随毛泽东转战陕北的高智,曾在《东方红诗刊》1997年第四期发表的《读五律〈张冠道中〉》一文中说:撤离延安"此后的近二十天里,为避敌诱敌,多在晚上和清晨行军。这时的陕北,仍较寒冷,西北风一刮,昼夜温差很大,有时可达零度,一些深山背阴处还有结冰,早晚常有霜露浓雾"。

★ 赏 析 ★

陕北艰苦转战的真实写照
——《五律·张冠道中》赏析 冯 蕙

在1996年毛泽东逝世二十周年时,由中共中央文献研究室编辑、中央文献出版社出版的《毛泽东诗词集》中,新编入毛泽东诗词十七首,其中第一次正式公开发表的有十首。在第一次正式公开发表的这十首诗词中,《挽戴安澜将军》《张冠道中》《喜闻捷报》这三首五律,填补了过去出版的《毛泽东诗词选》中毛泽东诗词作品在抗日战争时期和解放战争前期、中期所出现的空缺。

过去,有些人形成一种看法,即认为毛泽东在诗词创作中不写五律。主要的依据大概是毛泽东1965年7月21日写给陈毅的一封谈诗的信。这封信中说:"我对五言律,从来没有学习过,也没有发表过一首五言律。"另外,在人民文学出版社1986年9月出版的《毛泽东诗词选》中,也确实未见到一首五言律诗。1993年毛泽东一百周年诞辰时,中共中央文献研究室和中央档案馆合办的刊物《党的文献》新发表了毛泽东诗词四首,其中有一首五律《看山》,这是毛泽东写的五言律诗第一次正式面世,突破了关于毛泽东在诗词创作中不写五律的这一看法。1996年出版的《毛泽东诗词集》,又发表了前面所说的三首五言律诗。这说明,在毛泽东的诗词创作中,并不是不写五律,而且写了还不止一首。当然,在毛泽东的整个诗词创作中,五律确实是写得比较少的。而毛泽东在信中说自己对五言律诗"从来没有学习过",这恐怕属于自谦之词。因为他写出了几首五言律诗,怎么好说是"从来没有学习过"呢?况且,他1965年为陈毅修改的那首《西行》,恰好又正是五言律诗。其次,毛泽东说的是自己"没有发表过一首五言律",而不是说他自己从来没有写过五律。毛泽东生前确实没有正式发表过一首五言律诗,他的五律都是在他本人逝世之后才发表的。当然,也毋庸讳言,就近体诗和长短句相比较而言,毛泽东更喜欢也更擅长写词。

在《毛泽东诗词集》中,正编四十二首诗词奠定了毛泽东作为伟大诗人的历史地位,其中词占了三分之二,这一情况绝不是偶然的。

《张冠道中》这一首五言律诗,写于1947年,内容是毛泽东在陕北转战途中所经历的一段情况。

1947年3月,国民党军队在对中国共产党领导的人民军队的进攻中不断受挫后,被迫放弃全面进攻,抽调兵力对山东、陕甘宁两个解放区实行重点进攻。蒋介石集结了二十五万兵力进攻陕甘宁边区,其中分两路进攻延安的兵力达十四万之多。在敌强我弱的形势下,毛泽东和中共中央于3月18日撤离延安,开始了历时一年的艰苦的陕北转战。从五律《张冠道中》这首诗的内容来看,写的是夜行军,正反映了毛泽东陕北转战开始阶段的情况。

这首诗的首联"朝雾弥琼宇,征马嘶北风",琼宇即玉宇,指天空,写晨雾弥漫天空,战马在呼啸的北风中嘶鸣。这两句点出了时空,是在野外的一个寒冷的早晨;同时反映了当时行军为避开敌军及敌机而夜行昼宿的实况,可以表明这是一次夜行军行将结束。

颔联"露湿尘不染,霜笼鸦不惊",这两句也是写天气的寒冷。陕北是黄土高原,尘土厚重,寒露打湿了高原的黄土地,尘土飞扬不起来沾染人们的衣物;在霜笼雾罩下,乌鸦都不出巢飞动了。鸦,在这里既是特指乌鸦,又是泛指鸟类。乌鸦是一种体型较大、喙和足都强壮的鸟,但在凛冽的霜晨,它也伏在巢中不动了。在古代文学作品中,也有用鸟伏巢而不飞来形容天气的寒冷。唐代李华在《吊古战场文》中,为了说明边塞的苦寒,就用了"鸷鸟休巢"的句子,鸷鸟是一种凶猛的鸟。

颈联"戎衣犹铁甲,须眉等银冰",进一步写天气的寒冷,并且由写景、写物到写人了。写的虽是人的外形,但透出一种坚定、顽强的精神。行军途中的人,他们的军衣被浓雾、寒露、严霜打湿,在寒冷的气温下结冰了,好像又重又硬的铁衣,他们的眉毛、胡须上都是白色的冰晶。

尾联"踟蹰张冠道,恍若塞上行",揭示了这首五律的题旨。踟蹰,状行军态势。其本意为徘徊不前,这里可以理解为忽行忽止,忽进忽退,表现了为避开强敌而在陕北艰难转战、曲折行进的情景。张冠道应是毛泽东在陕北转战中经过的一条道路。"踯躅张冠道",反映了在陕北转战中,与强敌周旋,兜圈子,捉迷藏,让敌人找不到西北战场人民军队的主力在什么地方,找不到留在陕北的以毛泽东为首的中共中央领导机关在什么地方,把敌人拖到十分疲劳和十分缺粮的程度,使其精疲力竭,然后消灭之。这就是毛泽东提出的"蘑菇"战术。"恍若",状诗人心态。"塞上",指长城内外。"恍若塞上行",可以理解为这次张冠道上夜行军所经历的情况,让诗人感受到古代边塞诗中所描写的天气苦寒、军情紧急等情景,此时此地的心态仿佛觉得是在边塞上行军。

  毛泽东在陕北转战的一年中,其间从1947年3月18日撤离延安至4月12日到达靖边县的王家湾(今属安塞县,毛泽东等在这里住了五十多天)。这一段时间,毛泽东一行频繁地转战。在不到一个月的时间内,经过了延川、清涧、子长、子洲、靖边等好几个县,住宿过的地点有十几个,常常是一天换一个地方。4月上旬,到了子长县的石家湾、靖边县的青阳岔等地,实际上离长城也就比较近了。所以,"恍若塞上行"一句,既是毛泽东的一种感受,也有实际的地理位置这一背景情况。没有在陕北生活过的人,大概想不到陕北黄土高原在3月、4月间还会是这样的寒冷。陕北的无霜期短,春天来得晚,像子长、子洲、靖边这些地方,晚霜终止的时间是在4月中下旬。毛泽东在1947年3月下旬至4月上旬转战经过这些地方时,黄土地还没有解冻,霜笼雾罩的情况是常有的。综上所述,《张冠道中》这首五律所写的,正是1947年3月18日至4月12日这段时间毛泽东在陕北转战中的情况。

  毛泽东在诗词创作中,革命浪漫主义的色彩十分鲜明,可以说他的诗词创作的基调是革命浪漫主义。这一判断,并不排斥毛泽东的有些诗词作品是采用的现实主义的手法,《张冠道中》这一首五言律诗就是一例。这首诗用真实描写的手法,平实而形象地反映了毛泽东在陕北转战中艰苦的夜行军情况,勾画出了一幅在凛冽霜晨的苦寒行军图。从敌我形势来说,当时是强敌进攻,大军压境,形势严峻;从时令来说,还是寒凝大地的季节。所以,全诗写得凝滞、沉重、深邃,蕴含着敌情紧急、行军艰险以及诗人在防御作战阶段中某种无奈和压抑的心境等深刻寓意。但这些艰辛和困难都是暂时的,中国共产党领导下的人民军队必将取得最后的胜利。

国民党军队进攻延安和陕甘宁边区,气势汹汹,实际上是蒋介石国民党发动的对人民军队和解放区的全面进攻被粉碎后,日暮途穷,为挽救它的垂死统治而采取的一着。毛泽东早在1946年11月18日为中共中央起草的指示中就指出:"蒋介石军队在被我歼灭了三十五个旅之后,在其进攻能力快要枯竭之时,即使用突袭方法,占领延安,亦无损于人民解放战争胜利的大局,挽救不了蒋介石灭亡的前途。"时局的发展,正如毛泽东所预见。中共中央和人民军队撤离延安后,在艰苦的陕北转战中,经过青化砭、羊马河、蟠龙等战役,沉重地打击了进犯的国民党军队。1947年8月取得沙家店战役胜利后,人民军队在西北战场转入了战略反攻阶段。

1996年出版的《毛泽东诗词集》中,编入的毛泽东转战陕北期间的两首五律《张冠道中》和《喜闻捷报》,形成十分有趣的鲜明对比:前一首凝滞、沉重,后一首明快、喜悦。从战争形势来说,前一首写的是人民军队在西北战场的战略防御阶段,后一首写的是人民军队在西北战场的战略反攻阶段;从时令来说,前一首写的是天寒地冻的日子,后一首写的是秋高气爽的中秋佳节;从记事来说,前一首写的是苦寒中的艰难行军,后一首写的是听到收复蟠龙的捷报时的喜悦心情。这两首诗,既有这样一些不同之处,又是互相联系的;没有战略防御阶段的艰苦转战、扭转战局,也就不会有战略反攻阶段的捷报频传!

五律 喜闻捷报

一九四七年

中秋步运河上,闻西北野战军收复蟠龙作。

秋风度河上,大野入苍穹。佳令随人至,明月傍云生。故里鸿音绝,妻儿信未通。满宇频翘望,凯歌奏边城。

这首诗根据抄件刊印。最早发表在中央文献出版社一九九六年九月版《毛泽东诗词集》。

【注　释】

〔步运河上〕步运，本义为徒步运输、徒步运行，引申义为散步、漫步。《宋史·刘蒙正传》："岭南陆运香药入京……由大庾岭步运至南安军。"河上，黄河边及其附近。《史记·范雎蔡泽列传》："秦攻韩汾陉，拔之，因城河上广武。"唐司马贞《史记索隐》引刘氏云："此河上盖近河之地，本属韩，今秦得而城。"

〔蟠龙〕在延安城东北七十多里，是一个古镇。

〔秋风度河上〕度，通"渡"，过的意思。河上，见〔步运河上〕注。

〔大野入苍穹〕大野，一望无际的旷野。入，融为一体。苍穹，即苍天。

〔佳令随人至〕佳令，美好的节令，这里指中秋节。1947年中秋节是阳历9月29日。人，这里指传递捷报的通信兵。

〔故里鸿音绝〕故里，这里指作者居住长达十年之久的第二故乡延安。鸿音绝，音信已断绝。鸿即大雁，《汉书·苏武传》载有大雁传书之事。当时国民党军胡宗南部队占领延安已有半年之久，作者在中秋佳节对延安人民愈加思念。

〔妻儿信未通〕作者率中共中央机关在1947年3月18日撤离延安后，他的一双儿女立即去了晋绥解放区。随后，儿子毛岸英随中央工委转移到河北平山，女儿李讷随中央后委留在晋西临县。妻子江青随作者转战陕北，在沙家店战役后去中央后委接李讷，到中秋节时尚未回来。作者在象征团圆的中秋佳节，以未接到妻儿书信来起兴，表达了"每逢佳节倍思亲"的情怀。

〔满宇〕这里指解放战争的所有战场。宇，国土，疆域。《左传·昭公四年》："或无难以丧其国，失其守宇。"

〔凯歌奏边城〕1947年8月，西北野战军在陕北取得沙家店战役胜利，粉碎了国民党军对陕北的重点进攻，开始转入内线反攻。9月中下旬，陆续收复青化砭、蟠龙等城镇。边城，这里指陕甘宁边区的城镇，即指蟠龙古镇。

【考　辨】

　　这首诗第一次发表在中央文献出版社1996年9月版《毛泽东诗词集》中,根据毛泽东办公室秘书林克保存的抄件刊印。诗的小序为:"中秋步运河上,闻西北野战军收复蟠龙作。"这原是此诗的标题,因同全书其他标题体例不一致,故将其做了小序,另拟题《喜闻捷报》。从小序可以判定,此诗作于1947年9月29日。在旧体诗词中,标题和小序一般都是文言。这个小序也是文言,其中的关键词语为"步运河上",可以有两种判读:一是"步／运河上"。一般人都这样判读,这虽合乎古代汉语的语法,但"运河上"不是古代汉语的语词,并且与诗中的"河上"其词义完全不同。这首诗的首联是对偶句,出句的"河上"是地理名,对句的"苍穹"是天文名,这两者相对是工对。诗中的"河上"若解作"运河上",还有什么对偶可言？二是"步运／河上"。这样判读,无论"步运"还是"河上",一般人都觉得这两个语词生僻;但这是两个古代汉语的语词,这个短语也合乎古代汉语的语法。"步运",按辞书可解释为徒步运输、徒步运行,引申为散步、漫步。《宋史·刘蒙正传》:"岭南陆运香药入京……由大庾岭步运至南安军。""河上",古人专称黄河为"河",称黄河边、黄河附近为"河上"。《国语·晋语三》:"秦饥,公令河上输之粟。"《史记·范雎蔡泽列传》:"秦攻韩汾陉,拔之,因城河上广武。"唐司马贞《史记索隐》引刘氏云:"此河上盖近河之地,本属韩,今秦得而城。"1947年中秋节前后,毛泽东住在佳县神泉堡,那里距离黄河约十华里,可称之为"河上",他在那里无论徒步运输或者散步、漫步,都可说成"步运河上"。据《汪东兴日记·随毛主席转战陕北》记载,中共中央机关转战陕北时,在河东的中央后委常运来粮食、草料和其他物品。《杨尚昆回忆录》说:"(1947年)9月,后委向中央纵队送棉衣(包括棉鞋、棉帽)八百套,土布一千零三十六丈,棉花一千四百七十公斤。其他如电台的摇手,保健药品和医疗器械,骡马的蹄铁、肚带、鞭梢等,也都根据前方的需要随时运送。"由此可见,诗人有可能随身边工作人员在中秋节到黄河边,或者就在神泉堡参加运输补给品包括过节物品等。在中秋节那天,周恩来给在远方的邓颖超写信,说那天吃了月饼和葡萄等食品。可以推断,这些过节物品是从晋西后委运来的。有论者认为毛泽东是统帅,不可能参加运输这类妨碍指挥作战的劳动。其实,据跟随毛泽东转战陕北的指战员回忆,毛泽东常和战士一起帮住地农民干农活,如推磨、打场、掰玉米、刨山药蛋等等。据考,跟随毛泽东转战陕北的部队,曾在中秋节放假一天。毛泽东未必整天都在"指挥作战"。查《毛泽东年谱》,在1947年9月29日(中秋节),他没有发出任何指挥作战的文电。

从周恩来在中秋节那天给远在河北平山的妻子邓颖超写了一封长信联想到,同周一起过节的毛泽东,在赏月时自然会想到延安故里的乡亲,想到在河北平山的儿子和在晋西后委的妻子、女儿,想到解放战争各个战场的指战员,于是拿起诗笔写下一篇具有历史价值的诗篇。

★ 赏　析 ★

且行"秦塞"漫吟哦
——《五律·喜闻捷报》赏析

杨胜群

毛泽东新中国成立前创作的诗词作品中,许多都是和战事联系在一起的。《毛泽东诗词集》第一次正式发表的《五律·张冠道中》和《五律·喜闻捷报》,又是两首"马背诗"。这两首诗体裁相同,写作时间相近,在内容风格上也可以说是姊妹篇。

1947年3月,胡宗南指挥国民党军十四万余人向陕北及中共中央所在地延安发动进攻。毛泽东率领中共中央机关撤出延安,转战于陕北延川、清涧、子长、子洲、靖边、佳县等地。这一带古属"秦塞"。这里有大夏国都遗址,有秦皇长子扶苏和秦名将蒙恬的坟茔,有二郎山、杨家城等古战场,有绵延百里的明长城和风摇声动了数百年的明响铃塔……秦时明月曾照耀着这里的农人荷锄而归,汉时关前仿佛还回响着胡马啁啾和"五千貂锦"的喊杀声。唐代诗人陈陶曾有著名的边塞诗句云:"可怜无定河边骨,犹是春闺梦里人。"无定河,就在这里流淌。

毛泽东指挥三军转战这古秦塞之地,履险如夷,逐鹿中原,酣战之余,研墨挥毫写下这两首五律,挟边塞诗风,带古风余韵。前者写的是霜凝大地、露重飞难、战马踟蹰行军作战的情景,后者则是写晚风朔气、明月边秋的战地风光;前者是一幅浓墨重彩的征战图,后者则是一曲征战小憩间的轻哦漫吟。两首诗诗意古朴高远、壮丽优美。这里,就《喜闻捷报》一首做些臆说。

这首五律的标题"喜闻捷报",是编者根据诗的小序和诗意代拟的。经考证,这首诗当写于1947年9月29日(中秋节),写作地点是佳县神泉堡。

1947年7月开始,中国人民解放军由战略防御转入战略进攻,它以刘邓、陈粟、陈谢三路大军挺进中原,开创新的中原解放区为主要战略重心,逐步展开。毛泽东仍"不肯过河东",不避艰险,转战陕北,在世界上最小的司令部里,指挥着这场世界上最大的人民解放战争。全国每一个战场都装在他心里。而在陕北战场,钳制和消灭国民党胡宗南军,收复延安的战斗更牵着他的心。1947年8月,西北野战军发动沙家店战役,一举歼灭胡宗南军主力之一部六千多人,取得对西北战局有决定意义的沙家店大捷。西北野战军召开干部会议,毛泽东等亲赴会场祝贺。他在会上高兴地说:"沙家店这一仗打得确实好,陕北战争已'过坳'了,我们最困难的时期快过去了。"9月中旬,西北野战军又乘胜追击,收复青化砭、蟠龙等拱卫延安的重镇。此时,中共中央驻在靠近黄河的佳县神泉堡。捷报传来,又逢中秋佳节,毛泽东喜不自禁,吟成这首诗。小序中所说"河"指黄河。

黄河边上,中秋明月,胜利捷报,为诗人提供了绝好的起兴。全诗遣词造句通俗清新,写景抒情错落有致、起伏跌宕,于平淡中见雄奇,于温婉中见豪放。第一至第六句为对仗工整的三联,次第展开。

第一联"秋风度河上,大野入苍穹",读来马上使人联想起"大漠孤烟直,长河落日圆"的边塞风光。暮色苍茫,挟秋带晚的风冉冉从河上吹过,晚来一眼尽收的无边原野渐渐与天地融为一体。这是只有用水墨画才能画出的陕北黄土高原秋天的晚上。到过陕北的人都知道,走在黄土高原上,犹如一履平地,只有当眼前突然横亘一道沟壑时,才意识到自己是置身在海拔上千米的地球隆起处。"一年一度秋风劲"。这样的秋日晨昏,在这黄土地上不知已重复了多少万年;在这秦塞黄河之畔,也不知上演过多少场城头换旗的悲喜剧。而今,一场崭新的人民解放战争在这里拉开了新的大幕。

"佳令随人至,明月傍云生。"随着一支从南中国的红土地上走来,身上还带着乌蒙泥、岷山雪的队伍的到来,中秋佳节悄然而至。一轮明月,傍着如霞似锦的晚云,脱颖而出。"江月年年只相似"。四时更替,节令轮回,本是自然规律,并不因人们的聚散来去而改变。但是,在这位三军统帅的诗人眼里,佳令明月是胜利之师带来的。作者借景寄情,对革命战争胜利进展的喜悦,溢于言表。

中秋赏月是中国人的美好传统。自然美、生活美与人情美,同一时刻在千千万万人的眼中定格。明月是一斝人们用真、善、美的心灵勾兑的醇酒,明月是一方寄托着人们美好情思的素笺。"千里共婵娟"。征人游子虽然和关山遥隔的故土、亲人共享一轮明月,但还是觉得"月是故乡明",禁不住牵动万里归心。

"今夜月明人尽望"。作为以天下为己任的领袖诗人又会怎样呢?

哦,他也未能超凡脱俗,和普通人一样怀土思亲了。"故里鸿音绝,妻儿信未通。"作者的感情突然涓细起来。月到中秋,家山万里,在胜利的喜悦中,在战后的平静中,他生出缕缕乡思。

毛泽东1910年离开家乡韶山,外出求学,随后投身革命。在阔别家乡的漫长岁月里,他深深眷念着养育了他的故土,思念着家乡亲友。1937年11月,正是抗日战争爆发后的紧张时候,他还给表兄文运昌写了信,深情地说:"我为全社会出一些力,是把我十分敬爱的外家及我家乡一切穷苦人包括在内的,我十分眷念我外家诸兄弟子侄,及一切穷苦同乡。"并表示希望家乡亲友和他通信,即使是得到他们的"片纸只字都是欢喜"的。"烽火连三月,家书抵万金。"查阅现在能看到的资料,我们竟没有发现毛泽东一封1938年到1949年间与家乡亲友的通信。诗人这里说"故里鸿音绝",完全可以得到证实。我们还可以从史料证实,毛泽东写作此诗时,妻子和几个子女也不在他身边。

有人认为,"故里鸿音绝,妻儿信未通"两句是作者写战士,写战士征战的疾苦和怀土思亲之情。这样解释,反映人民领袖悲天悯民和革命战士舍家报国的情怀,自可聊备一说。

毛泽东的感情世界是博大、深邃的,而又是细腻的。这在他的诗词创作与欣赏活动上也可表现出来。当他曾寄予很大希望且为之奔走的大革命胜利发展时,他豪情满怀,"问苍茫大地,谁主沉浮"?大革命失败前夕,风雨如磐,他"苍凉唱大风";当为革命远走天涯,离别妻儿时,他也感到"汽笛一声肠已断,从此天涯孤旅"。他喜铁板铜琶唱范仲淹笔下的衡阳秋雁,连角边声;又喜击节轻哼范翁的"碧云天,黄叶地",芳草与斜阳。而范翁的这两首词中,却分别有"浊酒一杯家万里,燕然未勒归无计"和"黯乡魂,追旅意",这样同是离情别绪的句子。

怀土思亲,今人与古人,常人与伟人都是相通的。古时一些优秀的边塞诗,之所以当时产生那么大的影响,并流传后世,一个重要的因素,就是表达了人们这种共有的感情。如果没有这种感情色彩,仅有那些"大漠孤烟""长河落日"的描写,恐怕就可能淡乎寡味了。其实,把"故里鸿音绝,妻儿信未通"理解为毛泽东自我的感情,并不会损害其伟人的形象,而只会使其在诗中的形象更加真实可信、有血有肉,而且还会使诗的意境更加完满。唐代诗人岑参的《五律·发临洮将赴北庭留别》,是一首将国事放在首位的边塞诗的代表作。诗中写到为国远赴边戍,不敢"道远"之后,接着就是一句"私向梦中归"。这是多么真实的感情!这里的"私"心不仅不影响其公心,而且还更衬托出其公心。边塞诗人中有许多自己并不是长驻边塞的征人,只因眼见戍边将士之苦感同身受而发。而诗人毛泽东却是一位征人,自己就是诗中的主人公。作为革命军队的统帅,此时在战地,他自然比别的人更加深切地看到和体恤将士们的牺牲和疾苦,希望早日结束战争,让他们解甲归乡与亲人团聚。他推己及人或由人及己,从心里发出"明月何时照我还"的感慨,真是太合情理了!

然而,毛泽东毕竟是毛泽东,他的秋思不是秋愁,他的"边塞诗",不是边"愁"诗。

接下来的两句,也是这首诗的最后两句。"满宇频翘望,凯歌奏边城",使诗的意境得到最高的升华,诗人的感情由涓涓细流又汇入了浩瀚的河海。如果说,这前面句子中出现的明月是独照伊人,那么到这里便化成了满天星斗,普照人间。此时此刻,毛泽东最终想到的还是最广大的人民群众的疾苦与愿望。而广大人民此时真正翘望的不是中秋明月,而是人民解放战争的胜利佳音。可以告慰江东父老的是,"前军夜战洮河北,已报生擒吐谷浑"。人民解放军在秦塞古战场又取得了一次辉煌的胜利。边城高奏凯歌时,不正是人民额手相庆之时吗?

浣溪沙

和柳亚子先生

一九五〇年十一月

颜斶齐王各命前,多年矛盾廓无边,而今一扫纪新元。

最喜诗人高唱至,正和前线捷音联,妙香山上战旗妍。

这首词最早发表在人民文学出版社一九八六年九月版《毛泽东诗词选》。

【注　释】

〔颜斶(chù触)齐王各命前〕颜斶,战国时齐国人。《战国策·齐策四》称,齐宣王召见颜斶,说:"斶前!"斶也说:"王前!"齐宣王不高兴。斶说:"夫斶前为慕势,王前为趋士。与(与其)使斶为趋势(一作慕势),不如使王为趋士。"这是比喻蒋介石要柳亚子听他的反革命主张,柳亚子要蒋介石听他的革命主张。

〔廓无边〕无限扩大。

〔而今一扫纪新元〕指新中国诞生开创了新纪元,把柳亚子同蒋介石的矛盾一扫而光,意为柳亚子获得了解放。

〔前线捷音〕指抗美援朝战争第一次战役传来捷报。

〔妙香山上战旗妍(yán言)〕妙香山,在朝鲜西北部。战旗,即军旗。妍,美丽,美艳。这里喻指在抗美援朝战争第一次战役中,收复了妙香山地区。

附：柳亚子原词

浣 溪 沙

中央戏剧学院舞蹈团演出《和平鸽》舞剧，欧阳予倩编剧，戴爱莲女士导演兼饰主角，四夕至五夕，连续在怀仁堂奏技。再成短调，欣赏赞美之不尽矣！

白鸽连翩奋舞前。工农大众力无边。推翻原子更金圆。

美帝，和平堡垒拥苏联。天安门上万红妍！　　战贩集团仇

【附词注释】

〔四夕至五夕〕根据柳亚子的《北行日记》，这是指1950年10月4日晚和5日晚。柳亚子在这两个晚上曾接连在怀仁堂观看了《和平鸽》舞剧。

〔推翻原子更金圆〕原子，指原子弹。金圆，指美元。此句意为否定和反对美帝国主义用原子弹威慑加上用美元援助来统治世界的政策。

〔战贩集团仇美帝〕美国和其他帝国主义国家的反动势力在第二次世界大战后不久就竭力煽动新的世界战争，从而使他们的军火商得利，被称为战贩集团。1950年10月美国纠集十五国军队，打着联合国军的旗号侵入朝鲜北部，威胁中国东北，战争气焰极为猖獗。中国人民在抗美援朝斗争中发起了仇视、鄙视、蔑视美帝的宣传运动。本句的"战贩集团"和"美帝"同是"仇"的宾语（主语"我们"省略），跟下句的句式相同。

〔天安门上万红妍〕1949年10月1日毛泽东在天安门上宣告中华人民共和国成立，从此天安门象征新中国。万红妍，红灯高挂，红旗招展，十分美丽。这里喻指新中国欣欣向荣，前程美好。

【考　辨】

这首词首次发表在人民文学出版社1986年9月版《毛泽东诗词选》时，标题为《浣溪沙·和柳〔亚子〕先生》，根据手稿刊印。这是作者惟一留存的手迹，将"餍"书写成"蠹"系笔误，词末书有"和柳先生浣溪沙小调一首"的字样。1996年9月版《毛泽东诗词集》将此词标题改为《浣溪沙·和柳亚子先生》，原因是使全书标题的体例统一。

此词手迹上未署写作时间，经考证判定作于"一九五〇年十一月"，依据是：（一）柳亚子原词《浣溪沙》作于同年10月上旬，据他的《北行日记》记载，他于10月11日南行，29日返京，估计他在返京后将此词赠毛泽东。（二）抗美援朝战争第一次战役于同年10月25日至11月5日进行，期间毛泽东致电彭德怀等，接连四次指示派兵占领和控制妙香山等制高点。第一次战役的胜利收复了妙香山地区,"妙香山上战旗妍"的诗句,正是对这一胜利的写实。当朝鲜前线传来第一次战役的捷报时,作者正好接到柳亚子的赠词,估计和词不久写出,不至于超出11月。

词中"颜斶齐王各命前"句,胡乔木在主持编辑《毛泽东诗词选》时,亲自作注解释为"这是比喻蒋介石要柳亚子听他的反革命主张,柳亚子要蒋介石听他的革命主张"。这个解释反映了胡乔木对这首词的理解是深刻和全面的。他既抓住了和词同赠词在某些意念和题旨上的联系,又抓住了"最喜诗人高唱至"诗句这个有助于理解全诗的关键。作者告诉我们:"最喜"的是诗人的高唱,即指赠词中歌颂祖国解放、宣扬抗美拥苏。"最喜"是词情的进层,反证和词上半阕的词情是"喜"。那么"喜"的是什么呢?从分析和词上阕得知,"喜"的是诗人获得解放。"多年矛盾廓无边",这是指蒋介石当权时,从1926年起,柳亚子始终不与蒋合作,公然反蒋;而蒋把柳看作眼中钉,对其长期进行迫害。柳曾被开除国民党党籍,并遭悬赏通缉。"而今一扫纪新元",纪新元即新纪元,指祖国的解放、新中国的建立开创了新纪元;一扫,指祖国的解放将蒋柳矛盾一扫而光,意为诗人柳亚子获得了解放。当然,由蒋柳矛盾的一扫而光,可以联想和引申到蒋介石、毛泽东之间,国共两党之间历来存在的矛盾一扫而光。但是,有的论者认为,此词上阕不必将蒋柳矛盾坐实,"颜斶齐王各命前"只表示某种势力的、观念的对立,可以比喻为国共两党的矛盾,也可以比喻蒋介石与毛泽东的矛盾。这种解释与赠词作者毫无联系,就失去了和词应有之义,并且失去了"最喜"的进层关系,这就颇不近情,也不近理了。

★ 赏 析 ★

无个人之乐而有众人与共之喜
——《浣溪沙·和柳亚子先生》赏析　　　　涂怀理

"无个人之乐而有众人与共之喜",是说毛泽东作此词时,他的家已是满门忠烈,其爱子岸英亦将赴朝出生入死,他实在谈不上有什么"个人安乐"或"家庭幸福"。他平生拥有的只是众人与共的皆大欢喜。所以,他的诗词所反映的襟抱,是有功而不居功,无个人之乐而有众人与共之喜,如"喜看稻菽千重浪",如"梅花欢喜漫天雪",如"更喜岷山千里雪",其中最能显示毛诗这种本色的是"最喜诗人高唱至"——《浣溪沙·和柳亚子先生》这一首。

新中国成立之初,毛与柳多次唱和。柳视此为殊荣,曾反复步毛泽东赓和的那首七律诗韵,共写了六十一首之多(《磨剑室诗词集》),这在中国赓和诗史中是罕见的;他还反复步毛泽东前一次赓和的那首浣溪沙词韵,共写了五首之多;赞《和平鸽》舞剧这一首仍用其韵,可见柳念兹在兹。

读《浣溪沙·和柳亚子先生》这首词,要细细体会作者那一次见到"诗人高唱至"时的心情,他可以用"喜看"二字来表达,也可用"欢喜"或"更喜",都是合乎平仄的;但他决定选用"最喜"二字,因为这首词涉及三桩天大的喜事:一是人民江山除旧布新的开国之喜,二是认识到世界人民公敌本质的知音之喜,三是人民正义之师能以弱克强的得胜之喜。这三者,他都以词艺表现出来了,为整个作品创造了"喜欲狂"的意境。

毛泽东也曾同意"欢愉之词难好,哀怨之词易工"的说法。(陈晋《毛泽东与文艺传统》)"浣溪沙"词牌,在宋代词坛高手们笔下,大都写个人之柔情(如贺铸:"倚枕有时成雨梦,隔帘无处说春心。一从灯夜到如今。"),写个人之别绪(如秦观:"自在飞花轻若梦,天边丝雨细如愁。宝帘闲挂小银钩。"),写个人之伤感(如晏殊:"无可奈何花落去,似曾相识燕归来。小园香径独徘徊。");当然也有反映人民生活苦乐的作品,如苏轼写农民丰收或歉收的那几首,也只是表现一点点苦乐而已。这个词牌,到了当代词坛高手毛泽东笔下,便呈现出了质的飞跃。他所反映的内容是以全人类为对象的,其眼光看到了整个世界,尤其是《浣溪沙·和柳亚子先生》这一首,丝毫不写"个人",而是从国家民族着笔,写出了获得胜利后的大欢喜。他用四十二个字纵横天下,时间是由古到今,空间是由中及外,情理形神俱备,用地道的"诗家语"把"欢愉之词"写得非常之工,非大手笔不能出此!

请看他如何运用诗的思维写第一桩大喜事。

共产党领导的革命队伍经过长期浴血奋战,终于推倒了压在全国人民头上的三座大山,赢得了一个从今走向繁荣富强的新中国。这个天大的喜事,毛泽东要用"浣溪沙"上片二十一个字,并步柳词原韵写出来。起句韵脚必须押"前"字。柳词起句"白鸽连翩奋舞前",是从眼前景物写起,乃一般写法。掌上千秋史的毛泽东则起笔不凡,他为步"前"字韵而思接千载,寻找到一个再恰当不过的典故,即《战国策·齐策四》中《颜斶说齐王》开篇的六个"前"字:"齐宣王见颜斶,曰:'斶前!'斶亦曰:'王前!'宣王不悦。左右曰:'王,人君也。斶,人臣也。王曰"斶前",斶亦曰"王前",可乎?'斶对曰:'夫斶前为慕势,王前为趋士,与使斶为慕势,不如使王为趋士。'王忿然作色,曰:'王者贵乎?士贵乎?'对曰:'士贵耳!王者不贵!'"这只是上半篇的主要内容,只描述了颜斶不因权势的胁迫而屈服,但尚不完整;毛泽东引颜斶为喻体的"诗意"绝不止于此,还包含下半篇描述颜斶不因金钱和地位而惑乱,不因家庭贫穷地位低下而变节,内容是齐宣王见硬的不行便来软的,仍摆出富贵骄人习态,以丰厚的物质享乐作钓饵,表示"愿受为弟子",请"颜先生与寡人游"。颜斶继续针锋相对,以贫贱骄人之气度,坚决推辞,拒绝和好。后人(含川斋主)曾用"两行诗"(鹤顶格嵌字联)概括全篇,上联模拟颜斶的口气,下联模仿齐王的口吻:"颜敢命王前,王者何如寒士贵;斶辞居我右,我公不羡寡人荣。"

毛泽东引此典入起句,真是"立片言以居要,乃一篇之警策",把古今天下大事——敌、我、友的问题都说清楚了。词中以骄横跋扈狡诈多变的齐宣王喻指蒋介石,以骨鲠狷介的"持不同政见者"颜斶喻指中国共产党的忠实朋友柳亚子,是惟妙惟肖的。柳先生自己就说过:"1926年夏,余游广州,(在广州的国民党二届二中全会上。——笔者注)初见蒋贼,即决其必反";此后尽管蒋对柳软硬兼施,但柳已认定蒋是个祸害,决不动摇。柳的表现受到毛泽东的好评:"广州别后,十八年中,你的灾难也受够了,但是没有把你压倒,还是屹然独立的,为你并为中国人民庆贺!"(1944年11月12日致柳亚子信)。六年后的同月,毛和柳词,起句突然而来的"颜斶齐王各命前"的后三字,便是柳、蒋之间矛盾极其尖锐的精彩写照。"小令须突然而来,悠然而去。"(沈祥龙《论词随笔》)——毛泽东是精于此道的。

由于起句高屋建瓴,接下来是"多年矛盾廓无边"。请注意"廓无边",是说像这样一对矛盾,其纵横外延简直没有边际,这当然就不只是颜斶与齐王或柳与蒋之间了。"在历史长河中,所有的矛盾归结起来,不外是主从关系的矛盾,更看出衔接首句的妙处了。"(端木蕻良语)的确如此。

好词妙处之一,是既能大开又能大合。上两句已经大开,能否大合就靠第三句如何作结了。于是毛泽东以雷霆万钧之笔力推出结句曰:"而今一扫纪新元。"气势之大、力量之强,堪与毛词名句"俱往矣"相等。细加品味,"纪新元"三字可以不必理解为名词"新纪元"的倒装。"纪元"又称"建元"。此处"纪"字可以是动词,"新元"才是名词(如"新人""新事"都是名词)。可见动词"纪"在这里起到了转折语意的巨大作用。结句的意思是:而今推倒了压迫人民的"三座大山",那"多年矛盾"也随着一扫而光,建立了中华人民共和国;"解放区的天是明朗的天,解放区的人民好喜欢",应"为你(柳先生)并为中国人民庆贺"啊!

以上表现了人民江山除旧布新的开国之喜。

接着作者运用形象思维写第二桩大喜事,即认识世界人民公敌本质的知音之喜。

赓和之作,往往是原作内容的引申甚至无限扩大,"最喜诗人高唱至"一句正是这样。一个"至"字,把静止的"诗人"二字变为了活动的形象,使人想起尹瘦石曾以柳亚子为原形画的屈原像:鬓髯飘动,广袖舒飞,佩剑行吟而至。关键词是"高唱"二字,它并非从艺术上推崇柳词是高妙的佳作。柳先生堪称杰出的革命诗人,名篇迭出,但他这首词比起毛泽东的和词,就甘拜下风。如"工农大众力无边",诗味如何?再如"战贩集团仇美帝,和平堡垒拥苏联",语言是否有点儿生硬?"盖词中一个生硬字用不得,须深加锻炼,字字敲打得响,歌诵妥溜,方为本色语。"(宋沈义父《乐府指迷》)但此处"高唱"二字,又绝不是一般客套话如"大作"之尊称,乃是在对当时严峻时局的看法上,这两个老朋友之间彼此"引为同调"。对于时局的看法,毛泽东早年曾指出"前途是光明的,道路是曲折的",并于1945年10月4日写信给柳亚子,"深望先生引为同调"(《磨剑室诗词集》)。柳亚子也果然心心相印。而后,时至1950年10月4日柳先生观看《和平鸽》舞剧之前四天,即9月30日,周恩来总理在国庆节大会上警告美国:中国人民对帝国主义侵略朝鲜不能置之不理。"当时,我国革命胜利刚刚一年,长期战争创伤尚待医治,财政经济状况还相当困难,物价不稳定,城市有三四百万职工和知识分子失业,农村有三四千万农民遭受水旱灾害。同时,新解放区的土地改革尚待进行,散布在一些新区的国民党小股武装和土匪也急待剿灭。在军事方面,我军虽有五百余万富有战事经验、英勇善战的陆军,但海、空军尚在初创阶段,陆军本身装备也相当落后。在这种困难情况下,要不要出兵参战,要不要同美帝国主义进行战争较量,在政治上、军事上都是重大的战略抉择问题。"(军事科学院军事历史研究部编著《中国人民志愿军抗美援朝战史》)10月8日,毛泽东本着他的关于"纸老虎"的非凡战略思想,下令出兵抗美援朝,敢于同世界上头号强国美国为首的十几个西方列强公开抗争。当时党内外有不少人特别是从旧社会过来的知识分子中的许多人有"恐美"情绪。在这严峻时刻,柳亚子高歌"推翻原子更金圆"的英雄诗篇,这一首预示必将取得"光荣的胜利"的凯歌来至毛泽东面前。这才是最高层次的知音啊!希腊的荷马说过:"真正的朋友,是一个灵魂寓于两个身体,两个灵魂只有一个思想,两颗心的跳动是一致的。"柳先生对于世界人民公敌的本质,认识得如此深刻而坚定,毛泽东怎能不为之由衷而喜呢!

接着,毛泽东运用诗的联想,写第三桩大喜事:人民正义之师能以弱克强的得胜之喜。

　　历史已经证明,中国人民志愿军抗美援朝的战史,可以说是胸中百万兵的毛泽东运筹帷幄而决胜千里以外的史诗。如在1950年10月21日,"毛泽东主席审时度势,当机立断,在战役部署上指出:……要注意控制妙香山、小白山等制高点,隔断东西两敌。同时还特别指出:此时是歼灭南军三几个师,争取出国第一个胜仗,开始转变朝鲜战局的极好机会。"(军事科学院军事历史研究部编著《中国人民志愿军抗美援朝战史》)正是在毛泽东军事思想指导下,这一仗打得真漂亮,胜利的战旗果然插上了妙香山! 11月9日,毛泽东在批准一场战斗部署时指出:"如能达成这一目的,我军就在根本上胜利了。"(军事科学院军事历史研究部编著《中国人民志愿军抗美援朝战史》)诗词,往往是用具体事物表现某种特殊意义的,"妙香山上战旗妍"便是如此:在现代化条件下,我方能以劣势装备战胜优势装备之世界头号大敌,其世界意义之深远是无可估量的。这可是天大的喜事啊! 于是这位伟大的军事统帅想起柳词"正和前线捷音联",便满怀胜利的喜悦,挥笔写就这一首人间"最喜之歌"。

　　赓和诗体有三,其中"步韵"最难。毛泽东是最不喜欢"亦步亦趋""束缚思想"的,惟独每和柳诗几乎必步其韵。我想,这不只是出于对好朋友的热爱,而且还加上了对诗坛前辈的尊敬。但他又决不肯因词害意,不愿受韵律之束缚而伤诗美,他别出心裁以"元"押"圆",机智地利用了这两个字有时可以通用(如货币单位)的一面,令人叫绝! 至于"前""边""联""妍",他押得既巧妙又自然,则又是在讲究声律中增添了这首"欢愉之词"工整的美。他真不愧是语言艺术的大师!

七律 和周世钊同志

一九五五年十月

春江浩荡暂徘徊,又踏层峰望眼开。风起绿洲吹浪去,雨从青野上山来。尊前谈笑人依旧,域外鸡虫事可哀。莫叹韶华容易逝,卅年仍到赫曦台。

这首诗作者抄录在一九五五年十月四日致周世钊的信中,随信最早发表在人民出版社一九八三年十二月版《毛泽东书信选集》。

【注　释】

〔和周世钊同志〕1955年6月20日,作者在长沙由程潜、周世钊等人陪同,上午先到涨水的湘江游泳,后登岳麓山;中午在山巅望湘亭用餐,谈笑甚欢;下午冒雨游爱晚亭。当天,周世钊曾作《七律·从毛主席登岳麓山至云麓宫》,不久书赠作者。这是作者答周世钊的酬和之作。周世钊,见《七律·答友人》注。周当时任湖南省教育厅副厅长兼湖南省立第一师范学校校长。

〔春江〕指涨水的湘江。

〔层峰〕连绵不断的山峰,这里指岳麓山。

〔绿洲〕指橘子洲,在长沙之西的湘江中。

〔尊前〕尊同"樽",酒杯。尊前,酒席前。

〔域外鸡虫事可哀〕国外的某些事像鸡虫得失一样渺小,纠缠这些小事的人是可悲的。这里所指论说不一。一说,毛泽东和周世钊等用餐时谈及毛青年时代的好友、曾任新民学会总干事的萧子升。萧当时侨居乌拉圭,毛曾嘱原新民学会的老同学给萧写信,要他回国工作。但萧坚持反共立场,不仅拒绝回国,还写文章攻击毛。唐杜甫《缚鸡行》:"小奴缚鸡向市卖,鸡被缚急相喧争。家中厌鸡食虫蚁,不知鸡卖还遭烹。虫鸡于人何厚薄?吾叱奴人解其缚。鸡虫得失无了时,注目寒江倚山阁。"

〔莫叹韶华容易逝〕化用唐李贺《嘲少年》诗"莫道韶华镇长在"句。韶华,美好的年华,指人的青年时代。

〔卅(sà萨)年仍到赫曦(xī西)台〕卅年,三十年,表概数。赫曦台,在湖南省长沙市岳麓山岳麓书院。南宋朱熹曾称岳麓山顶为赫曦,后称山上的台为赫曦台。清代因山上的台已毁,将原"赫曦台"匾额悬于岳麓书院"前台",由此前台更名赫曦台。赫曦,指太阳光明盛大的样子。此句意为作者与周世钊青年时代到过赫曦台,过了三十年,年届花甲仍能健步重游故地,感到分外高兴。

附：周世钊原诗

七律
从毛主席登岳麓山至云麓宫

滚滚江声走白沙,飘飘旗影卷红霞。直登云麓三千丈,来看长沙百万家。故国几年空咒虎,东风遍地绿桑麻。南巡喜见升平乐,何用书生颂物华。

【附诗注释】

〔云麓宫〕在岳麓山的云麓峰顶,系道教宫观。近旁有望湘亭,是纵览长沙风貌的观景点。

〔故国几年空兕(sì寺)虎〕故国,这里指故乡。空,尽,引申为绝迹。兕,古代兽名,似水牛,独角青色。兕虎,兕与虎,泛指猛兽,这里比喻凶恶的敌人,即指国民党反动派。

〔物华〕自然美景。

【考 辨】

这首诗作者留存手迹一件,诗原抄录在给周世钊的书信上。

此诗"尊前谈笑人依旧,域外鸡虫事可哀"句,其"域外鸡虫事"长期以来未弄清。曾有论者指为萧子升侨居国外的逸闻,颇有道理。从"尊前谈笑人依旧"句可知,作者和陪客在席间所谈,有一个主要话题是忆旧怀友。"人依旧",似指作者和周世钊等友好,在为人和交往等方面依然不变,一如过去。同时,作者想起青年时代的好友萧子升,他们曾环洞庭湖游学,常写长信交流思想,同怀理想创建新民学会。但是,萧子升留法勤工俭学时接触了无政府主义思潮,主张"温和的革命",以教育为工具,从此思想和人品大变,与毛泽东分道扬镳。萧子升留学回国后曾任国民党北平市党务指导委员、国民党政府农矿部政务次长等职。据《毛泽东和他的父老乡亲》一书记载:新中国成立后,萧子升逃往海外,发表过许多攻击毛泽东的言论和文章。但毛泽东气度宽宏,对早年同萧子升的友谊却未能忘却。他曾嘱新民学会老同学写信给萧子升,要他回国工作,遭萧子升回绝。1955年,我国一个文艺代表团到乌拉圭访问演出,毛泽东听说萧子升在该国定居,特意让该团团长向萧致意,请萧回来看看,但萧拒绝会见团长。毛泽东在这首诗中说,国外的某些事像鸡虫得失一样渺小,纠缠这些小事的人是可悲的。分析起来,这很像是写的萧子升在海外的逸闻。

★ 赏　析 ★

赫曦春望寄情高
——《七律·和周世钊同志》赏析

罗　炽

　　1955年6月,毛泽东回到长沙,在当时的湖南省教育厅副厅长周世钊等陪同下,畅游了湘江,乘兴登上了岳麓山。事后,周世钊在给毛泽东的信中,附上了诗作数首。同年10月4日,毛泽东复信说:"读大作各首甚有兴趣,奉和一律,尚祈指政。"信中所指,就是这首和诗。

　　周世钊(1897—1976),字惇元,湖南宁乡人。1913年与毛泽东同班就读于湖南省第四师范学校;次年,学校并入湖南省立第一师范学校,二人仍为同窗好友。1918年,周世钊第一批加入毛泽东等人组织的新民学会,并成为基本会员。后来,毛泽东投笔从戎,上了井冈山;周世钊则长期从事教育工作。全国解放以后,周世钊加入中国民主同盟,任湖南省教育厅副厅长兼第一师范学校校长。他与毛泽东所走道路不同,但两人友情真挚,数十年来肝胆相照,常有诗文书信酬唱往还。毛泽东这次所和之诗,即指周世钊所作《七律·从毛主席登岳麓山至云麓宫》:"滚滚江声走白沙,飘飘旗影卷红霞。直登云麓三千丈,来看长沙百万家。故国几年空兕虎,东风遍地绿桑麻。南巡喜见升平乐,何用书生颂物华。"

　　大凡赓和之作,不外依韵(依所和对象之诗韵)、用韵(用所和对象诗韵之原字,但不拘其次序)、步韵(亦称次韵,即按所和对象诗之原韵、原字次序作诗)三种。此外,还有一种,即依据所和对象诗之意蕴,抒发自我之情怀,而不拘其字韵,只需标题上附以"和"字即可。毛泽东这首和诗就属此类。

　　"春江浩荡暂徘徊,又踏层峰望眼开。"首联对景即事起兴,与周诗颔联"直登云麓"同指一事,但起势不同。"春江",指蜿蜒在岳麓山下的暮春时节的湘江。每年端午前后,湘江照例要涨几次大水,俗称"端阳水"。毛泽东此行,适值其时。当一行人行至南郊猴子石,毛泽东豪情勃发,奋身跃入湘江,游至岳麓山下的排楼口才登岸,旋即更衣与周世钊等一道登上岳麓山之云麓宫。所谓"暂徘徊""踏层峰"即指此。

"风起绿洲吹浪去,雨从青野上山来。"颔联直承首联"望眼开"而脱出,自然连贯。"绿洲",当指湘江中的水陆洲。洲西向岳麓,东临长沙市区,是一个美丽狭长的小岛。"青野",泛指诗人眼底所收之碧绿青翠的田野。湘江泛浪,逶迤而去;时雨从容,洒向山间。风雨交织,虚实映衬。

"尊前谈笑人依旧,域外鸡虫事可哀。"颈联触景生情,突兀一转,导人于浮想。"尊",此即"酒樽"。毛泽东曾在给周世钊的信中称其"骏骨未凋"(1949年10月15日致周世钊信),此似可作"人依旧"一解。"域外鸡虫",指国际上超级大国之间以及各国内部的矛盾斗争。"鸡虫"此处作动词,与"谈笑"对仗。其典出自唐杜甫《缚鸡行》:"小奴缚鸡向市卖,鸡被缚急相喧争。家中厌鸡食虫蚁,不知鸡卖还遭烹。虫鸡于人何厚薄?吾叱奴人解其缚。鸡虫得失无了时,注目寒江倚山阁。"《杜臆》评此诗说:"鸡得则虫失,虫得则鸡失,世间类此者甚多,故云'无了时'。"此联用"樽前谈笑"映衬域外鸡虫得失"无了时",表示了对其藐视和不屑的豪迈气概,故云"事可哀"。

"莫叹韶华容易逝,卅年仍到赫曦台。"尾联紧接颈联,由人及我,用"卅年仍到赫曦台"之现实,收束全诗,远胜唐刘禹锡"前度刘郎今又来"之意境。赫曦台位于岳麓山顶,属岳麓书院建筑物之一。据乾隆《长沙府志》卷一二《古迹》载,宋朱熹自闽来访,曾名岳麓山顶曰"赫曦"。"赫曦"为光明盛大貌。典似出自《楚辞·离骚》:"陟陞皇之赫戏。""戏""曦"古通。明嘉靖知府孙存曾为建台,后废。清乾隆五十五年(1790年),山长罗典在书院内建前台。道光五年(1825年),山长欧阳厚均为存朱熹故迹,更名"赫曦台"。毛泽东20世纪20年代曾登岳麓,此是重游。"卅年"为约写。

在毛泽东的唱和诗词中,从审美的角度讲,这首《和周世钊同志》的七律为最美。全诗八句,为我们展示了两个层面的图画。一为所感,一为所思。感则尽其象,思则尽其理,虚实相生,由感性而达于理性,进而形成两个层面的有机统一,充分地反映了毛泽东的革命世界观和人生观,使他的高尚人格跃然纸上。这种诗化哲学,无疑是这位伟人给人以魅力的一个主要方面。

诗的首联和颔联为所感。诗人用洗练的四句,为我们描述了一幅生机勃勃的春日画面:春江浩荡,层峦叠翠,风起绿洲,雨来青野,诗人一行就徜徉徘徊在这春风春雨中,沐着和风,隔着雨帘极目望去,但见无垠碧野,风翻绿浪,郁郁葱葱;江声滚滚,浪击洪波,浩荡而去。好一幅湘江烟雨图! 置身其中,是何等快慰!作者曾在一封信中说:"'秋风万里芙蓉国,暮雨千家薜荔村。''西来云气开衡岳,日夜涛声下洞庭。'同志,你处在这样的环境中,岂不妙哉?"(1961年12月26日致周世钊信)这不仅仅是作者诗人气质的流露,更反映了诗人对生活,对祖国山川名胜的执着的爱!这种诗意,来自生活,又超越于生活。明王守仁《望赫曦台》诗曰:"隔江岳麓悬情久,雷雨潇湘日夜来。安得轻风扫微霭,振衣直上赫曦台。"他是很盼望去,可是慑于雷雨;他希望能有风澄清雾霭,再去观景,但没等上好天气,只能悬望而不得及,何等遗憾!诗人则不同。他寄情山水,任凭"烟雨莽苍","不管风吹浪打",游辄尽兴。毛泽东曾说:"游者岂徒观览山水而已哉?"(1965年7月21日致陈毅信。)诗人一行沐雨栉风,攀登岳麓,所为者何?"直登云麓三千丈,来看长沙百万家。"这是陪同者周世钊的理解。"百万家",应指农业合作化高潮中的广大农民。除此之外,诗人似乎还表达了另一种意向:登高可使望眼更开阔,岂止长沙,甚至可联想到整个中国。"太现实就不可能写诗了"(毛泽东《讲堂录》)。这"绿洲""青野",难道不可以将整个神州大地作如是观?唐王之涣《登鹳雀楼》云:"欲穷千里目,更上一层楼。"诗人是早已得其真谛。君不见那"无限风光在险峰"的哲语,岂不比王之涣更胜一筹?

从颈联到尾联为所思,即一种哲理的升华。从现实的感性体认而达于理性的思维,这是认识过程的又一次超越,反映了诗人对人生的看法。本来,哲学是一种理论化了的世界观和人生观,诗人这里用形象思维的笔触做了异曲同工的表述。处在如此生机蓬勃的时空之中,故友重逢,结伴而游,樽前举酒,共忆:"同学少年,风华正茂;书生意气,挥斥方遒。"如今三十余年过去,恍如昨日。诗人倥偬军旅,指挥和率领广大工农群众推翻压在头上的三座大山,建立了一个红彤彤的新中国;诗人的朋友则兢兢业业地从事教育事业,培养知识人才,支持革命事业。虽云道路不同,也是一样的报效祖国。几十年来,相互牵挂,"九州明月系离肠"(周世钊诗),相照以肝胆。此际重逢,共同的感慨是"人依旧"。一个"旧"字,活脱脱地把一对朋友当年豪爽、潇洒与直朴的性格与追求刻画了出来,鲜活生动。正是这种美德,使他们维系了六十余年的友情。一为党和国家的领袖,一为人民教师,并未因职务和级别不同而形成交谊障碍,很难得。其实,"尊前谈笑",此处不仅仅指故友喜相逢,更指国内安定团结、民主祥和的政治气氛。周世钊同志把它说成是"升平之乐"。相形之下,"域外"却并非如此。国际上的鸡虫之争扰扰不宁,使人哀叹。更进一层,域外的大国争霸、权力之争等等矛盾,在诗人看来,不过是鸡虫之争得失,何足挂齿,简直不屑一顾!

古往今来,多少骚人墨客,借景抒情,多有感慨韶华易逝的情调。即如三国曹操,可谓一世枭雄,酒到酣时,他是怎么说的?"对酒当歌,人生几何!譬如朝露,去日苦多。慨当以慷,忧思难忘。何以解忧?惟有杜康。"(《短歌行》)人生譬如朝露,不可保夕,惟有借酒解忧,何其消极!宋代豪放诗人苏轼在赤壁矶怀三国之古的时候,也不禁生出感慨:"故国神游,多情应笑我,早生华发。人生如梦,一樽还酹江月。"(《念奴娇·赤壁怀古》)可是毛泽东却相反:"莫叹韶华容易逝。"人生易老,这是自然规律。可是对于一个革命的乐观者来说,壮志难移!三十年过去了,我们不仍然登上赫曦台了吗?一个"仍"字,点出诗人把握空间、藐视时间的浩然正气。常说"物是人非",诗人却偏说"人依旧"。南唐后主李煜也堪称词坛巨擘。他的《虞美人》词说:"雕栏玉砌应犹在,只是朱颜改,问君能有几多愁,恰似一江春水向东流!"诗人说:李后主虽然"多才多艺,但不抓政治,终于亡国"。(陈晋《毛泽东与文艺传统》)对他表示了极大的轻蔑。鸿鹄与燕雀,其志相较,有如霄壤。诗的后四句凸现了诗人崇高的人格美,恰如一幅可意会而不可描摹的图画,令人永味。

　　毛泽东的这首"赫曦春望",巧妙地将感性与理性,现实与超越,自然美与心灵美有机地糅合在一起,寄情高雅。它在逻辑上是有层次的,在领悟中却又没有层次,言有尽而意无穷。使读之者如沐春风,如登春台,如沐赫赫晨曦,超然心悟。

五律 看山

一九五五年

三上北高峰,杭州一望空。飞凤亭边树,桃花岭上风。热来寻扇子,冷去对佳人。一片飘飖下,欢迎有晚鹰。

这首诗最早发表在《党的文献》一九九三年第六期。

【注　释】

〔北高峰〕在浙江省杭州市灵隐寺后，与南高峰相对峙，为西湖群山之一。在北高峰附近有飞凤亭（即宝石山上的来凤亭）、桃花岭（原名桃源岭）、扇子岭、美人峰等名胜。根据作者自注，诗中的"扇子"指扇子岭，"佳人"指美人峰。

〔杭州一望空〕意为专注于看山以致看不见杭州城。空，中无所有。

〔冷去对佳人〕作者有一件手迹为"冷去对美人"，由于此句不合律，犯孤平（"仄仄仄仄平"），为救拗，故改仄声字"美"为平声字"佳"。佳人，旧体诗词中常作为比兴之词，或象征理想，或喻指贤者。

〔飘飖〕同"飘摇"，飘荡、飞扬貌。这里指鹰翔。

〔晚鹰〕指傍晚在山间飞翔的苍鹰。一说，喻指灵鹫峰，在杭州灵隐寺旁。鹫，鹰属。尾联写灵鹫峰，同标题《看山》是紧扣的。

【考　辨】

这首诗最早由毛泽东办公室秘书林克《忆毛泽东学英语》一文披露，载三联书店1986年9月版《毛泽东的读书生活》一书，尾联出句作"一片飘飘下"，林克回忆作于1959年。《党的文献》1993年第六期公开发表时，据作者手稿把"飘飘"校订为"飘飖"，写作时间校正为1955年。

此诗作者留存的手迹，现在所见有四件。其中有一件手迹第六句作"冷去对美人"；有两件手迹第六句作"冷去对佳人"；另有一件手迹异文较多，现全文照录于下："三上北高峰，杭州一望空。飞凤亭〔边〕看，桃花岭上闻。冷来寻扇子，热去喝东风。韬光庵畔树，一片是苍鹰。"此外，作者还留下一件修改审定的抄件。

此诗写作时间的确定，是根据林克的回忆和查证。1993年，为纪念毛泽东一百周年诞辰，中共中央文献研究室编辑发表了毛泽东作于杭州的《看山》等四首诗。在编辑过程中，曾走访林克，他回忆说：他陪毛泽东在1955年4月、6月、11月，1959年11月，曾四次去杭州，还一起爬过山。他又从1956年11月26日的日记中查到了抄录的《看山》《莫干山》《五云山》等三首诗。于是，林克肯定地判断这三首诗作于1955年，并说他在《忆毛泽东学英语》文章中，对《看山》(标题有误，应是《莫干山》)等两首诗写作时间的回忆是不准确的。

　　对此诗的格律，读者和学者多有指摘。有的认为此诗失粘和出韵，应定为五古。有的认为此诗不合格律，毛泽东不可能写这样的诗，是伪作。至于是否伪作，作者留下的手迹已能将真伪问题澄清。不过有一点必须指出，仅凭不合律就断定不是毛泽东的作品，是会陷入误区的。

　　这首诗为什么定为五律，这里稍加说明。律诗要求一句之内平仄相间，一联之内平仄相对，两联之间平仄相粘；中间二联要求对仗；押平声韵，一韵到底。从这首诗的平仄、对仗、押韵来看，基本符合五律要求。说基本合律，按律诗的正轨来看，还有不合律之处，即首联与颔联之间平仄失粘，以湖南方音押韵，按传统说法是"出韵"。王力在《汉语诗律学》一书中说：有一种古风式的律诗，"字数和普通律诗相同，对仗的规矩也和普通律诗相同，只是句子的平仄不依照或不完全依照律诗的格式，粘对也不完全合律"。他又在《诗词格律》一书中说："后来也有一些诗人有意识地写一些古风式的律诗。"王力的这些论述，使我们认识到要对毛泽东诗词中的少量作品，作符合其实际情况的说明。《看山》诗就是一首古风式的律诗。至于用韵，自宋以后越来越宽，以方音为韵也屡见不鲜。毛泽东这首诗正是用湖南方音押韵，虽然不是正格，却是可行的。

★ 赏　析 ★

一篇富于形象的佳作
——《五律·看山》赏析
林东海

　　杭州在远古时期,是一片汪洋,即今名杭州湾王盘洋的一部分。海潮东来,为今名北高峰、南高峰呈扇形的西部峰山所阻,回潮挟带泥沙,久淤成陆,海湾深处,积水为湖,这便是后来的西湖。自唐以后,湖水改造成淡水,西湖便渐成生机勃发、风景优美的游览胜地,今天更为世人所瞩目。

　　毛泽东对于杭州湖山景色,情有独钟。自20世纪50年代始至谢世,其游憩杭州,观赏湖山,多至数十次。他对湖西半月形的群山,尤有兴趣,不止一次登上灵隐之北的北高峰,远眺西南诸峰。这首《看山》诗,便是1955年北高峰登眺时写下的一首五律。

　　诗中说"三上北高峰",所谓"三上",不必理解为三次登上北高峰,古人常以"三"表示多,这里也可以作多解。实际上他也的确多次登览。他登上高峰之巅,环视杭州,一望无际,于是次句曰:"杭州一望空。"这"空"字并非虚无之意。杭州为"东南形胜,江吴都会",有"重湖叠巘""烟柳画桥",真是"自古繁华"(北宋柳永《望海潮》),怎能是"一望空"呢?可见此"空"者非"无"也。这"空"字,也不同于萨都剌所说的"望天低吴楚,眼空无物"(元萨都剌《百字令·登石头城》)。其所谓"眼空无物",非"无物",乃指无人,即后文所说"一江南北,消磨多少豪杰",慨叹金陵古都的衰落,更无英雄人物,意从苏轼"浪淘尽千古风流人物"化出。20世纪50年代初,杭州人民正是鼓干劲、争上游的精神风貌,所以这"空"字,自非萨都剌的所谓"眼空"。在"一望"之后下一"空"字,是需有诗胆的,在历朝诗作中,很难找到先例。是不是为了凑韵脚,才生硬地安个"空"字呢?字是韵字,却非强凑。在旷望之后,用什么词来描述视觉中的环境和感觉中的心境呢?一般诗人可能会选用"赊"字或"遥"字之类,而不一定敢于下这个生涩的"空"字。尽管这里的"空"字,乃廓然广大之义,与"赊"字、"遥"字近似,但却显得有力度,更能表现作者的胸襟怀抱。"空"字取广大寥廓之义入诗。虽然有点儿生涩,但却不是生造。唐朝诗人李频《送友人游塞北》诗云:"树隔高关断,沙连大漠空。"这里的"空"字就是辽远广阔之义,非谓沙漠空无一物。可见"一望空"这"空"字下得有据,也下得有力。

诗人把视线从旷远的天际,收回到西南诸峰,并选取几座山入诗。中间两联四句,一句写一座山,巧借山名作对,并构成诗的意境。依次写了凤凰山、桃花岭、扇子岭、美人峰。凤凰与桃花,都落在平声,不可作对,于是将凤凰改为飞凤。飞凤对桃花,虽不甚工,却合律,也较富于动态。扇子与美人,本乃天然成对,倘若用在句首,可以不动,以美人对扇子,既粘又对。但如果山名都如颔联安在句首,会失之板滞,所以诗人在颈联将山名调到句末。但是,移于句末,扇字与美字却落在第四字,按"一三五不论,二四六分明"的平仄声律要诀,山名首字皆仄,便失协了,所以作者又巧妙地将"美人"改成"佳人",使之合律。

毛泽东说过,诗要用形象思维,比、兴两法是不能不用的。在这首诗里正是采取形象比兴的手法,将山名加以形象化,构成诗的意境,由虚而实,实中见虚。四座山名,原是形象化的抽象,在诗中则将抽象还原于形象,并稍加点染,便成了有景有人的诗境:在湖西凤凰山飞凤亭之侧,绿树成荫,一派天然好景;桃花岭上的桃花,虽然已经凋谢,但从那里吹来的风,似乎还带着花香,令人精神为之一爽;夏日炎天,使人想起扇子岭,要是寻来这一面大扇子,一定可以驱除溽暑烦热;佳人、美人,在古典诗歌中往往是理想的象征,在追求理想,对待佳人时,既要有饱满的热情,又要持冷静的态度。颈联中"热来""冷去","来"和"去"都是语助词,无义。这里只剩下一"热"一"冷",其义并非指气候的炎热寒冷,而是含有遥深的寄兴。诗人是政治家,诗意也常带有政治色彩。中间二联实中之虚,便包含着对形势的看法,颔联以好景喻大好形势,颈联以冷热喻审慎态度。这是切合当时作者的政治观点和政治态度的。

末联写晚鹰飘飖而下,表示欢迎。晚鹰何所指?诗题曰"看山",其前所写诸景皆山,紧扣着山,十分切题。以此推断,晚鹰应当指山,或即指灵鹫峰。灵鹫峰又名飞来峰,在北高峰南,灵隐寺前。相传天竺(今印度)高僧慧理登此山,道:"此天竺灵鹫山之小岭,不知何年飞来?"灵鹫,鹰属,为了押韵,目为晚鹰,自在情理之中。作者登北高峰,傍晚下山,取道灵隐寺前,正有飞来峰迎于路侧,应正合当时看山实际。况且毛泽东最反对胶柱鼓瑟不知变化,呆板地以山名原封不动地入诗。孙髯翁昆明大观楼长联,把滇池周遭的山写入联中,灵活地将山名化为形象化的语言,如"看东骧神骏,西翥灵仪,北走蜿蜒,南朔缟素",十分形象,所以毛泽东对长联批曰:"从古未有,别创一格。"阮元将长联妄改一遍,这几句改为"看东骧金马,西翥碧鸡,北倚盘龙,南驯宝象",毛泽东批曰:"死对,点金成铁。"阮元将孙髯翁由山名加以形象化的词语,回归于世人俗称的山名,所以成了"死对",不够活脱,也缺少诗意。此诗中二联之点化山名和末联以"一片飘飘下,欢迎有晚鹰"写灵鹫峰,也都类似大观楼长联之写山,活脱而富于诗意。

　　这首诗的体裁,本文开头就称之为"五律",为何称为五律,还得稍加说明。律诗要求一句之内平仄相间,一联之内平仄相对,二联之间平仄相粘;中间二联不仅要求声对,还要求意对,即要求对仗;押平声韵,一韵到底。从平仄、对仗、押韵这三要素看,这首诗基本符合五律要求。之所以说基本合律,是因为还存在两个小问题,一是首联与颔联之间平仄失粘,二是押韵稍宽,即传统所说"出韵"。

　　关于平仄失粘问题,即在唐人大家中,或偶犯之,以不害意为要。倘若将此诗头两句前后易位,作"杭州一望空,三上北高峰",岂非全然粘合,但却有伤于诗意。是否偶一失粘即可定其非五律? 不可。但凡作古风,非于声调求节奏,而于语言求节奏,即非重外节奏,而重内节奏,所以常有意回避平仄相间与相对,有时则于押韵之句犯三连平,以示区别,或求取一种律外的舒缓感。如本篇,仅一处失粘,余皆合律,岂可视为"古风"? 偶犯失粘,仍视为律诗,古有先例。如陈子昂《晚次乐乡县》首二联云:"故乡杳无际,日暮且孤征。川原迷旧国,道路入边城。"其失粘处,正与本篇同。王寿昌《小清华园诗谈》指陈子昂此篇前四句、卢照邻《春晚山庄》前四句、王勃《春日还郊》后四句,皆失粘,说"初学不可不知"。然而从来无人否认这些诗为律诗。李白《登金陵凤凰台》前六句云："凤凰台上凤凰游,凤去台空江自流。吴宫花草埋幽径,晋代衣冠成古丘。三山半落青天外,二水中分白鹭洲。"三联之中两处失粘,然仍不失为七律之佼佼者,与崔颢《黄鹤楼》诗并誉为唐律压卷之作。由此观之,本篇虽偶犯失粘,仍可称为五律。

关于押韵,律诗要求押平韵,且一韵到底,不可换韵。此诗协平韵,自不成问题,问题在是否一韵到底。如果以平水韵按之,自然非出一韵。依顺序而下,"峰"属冬韵,"空""风"属东韵,"人"属真韵,"鹰"属蒸韵。若绳之以古法,首句可韵可不韵,韵则用邻韵,冬部为东部之邻,故首句协"峰",非出韵,正合古法。惟"人""鹰",当以出韵论。律诗之所以为律诗,平仄、对仗是决定性的要素,用韵的宽严尚不致影响其为律或非律。自宋以后,中古音逐渐发生变化,入声字派入平、上、去三声,韵部亦由多而趋少,由广韵的二百零六部,到平水韵为一百零七部,中原音韵为十九部,中华新韵则为十八部。由于韵部减少,韵域扩宽,邻韵通押,自宋以来,在非科举应试场合,时有发生,而且愈到后来,有愈多的趋势,亦即用韵愈来愈宽。我国方言各地有异,作诗者时有以方言入诗者,故方音为韵屡见不鲜。虽非正格,却照样流行。本篇之"人""鹰",在湖南方言中,与"空""东"同韵,读法皆如"庚"(en)韵。依古今音变视之,以方言为韵按之,也是平声"一韵",所以本篇不出五律范围。

诗律由滥觞而成熟,往往由粗而细,由松而严;待成熟之后,又往往物极必反,发生变化,由严而松。强调传统者,多偏于严。律体之严者,要求用字不得犯复。本篇却用二"上"字,二"一"字,律之以严,可视为白璧微瑕。但若持宽容态度,犹有可说。二"上"字,形同而义不同,首句之"上",义为登,是动词;四句之"上"字,义为方位,是副词,犯复而未尽复。二"一"字也一样,次句之"一"字,是副词,状"望"字;七句之"一"字,是数词,与"片"为数量,也是犯复而未尽复。

总之,此诗在毛泽东的诗作中,虽非上乘之作,但仍属基本合于五律富于形象的佳作。

七绝　莫干山

一九五五年

翻身复进七人房,回首峰峦入莽苍。四十八盘才走过,风驰又已到钱塘。

这首诗最早发表在《党的文献》一九九三年第六期。

【注　释】

〔莫干山〕在浙江省德清县西北。相传春秋时吴国在此铸"莫邪""干将"二剑,故名。为浙北避暑、休养胜地。

〔七人房〕指作者使用的卧车,可坐七人。

〔莽苍〕远望不甚分明的苍翠山色。

〔四十八盘〕泛写曲折盘旋的山间公路。

〔钱塘〕旧县名。这里指杭州市。

【考　辨】

这首诗最早由毛泽东办公室秘书林克《忆毛泽东学英语》一文披露,载三联书店1986年9月版《毛泽东的读书生活》一书,题为《看山》,首句作"翻身跃入七人房",林克回忆作于1959年。《党的文献》1993年第六期公开发表时,据作者手迹把标题改为《莫干山》,把"跃入"订正为"复进";并走访林克,经他查阅日记等,将写作时间校正为1955年。

此诗留存的手迹,现在所见有五件。其中有三件首句作"翻身复进七人房";有一件首句作"翻身复入七人房";有一件标题为《莫干山》,将"复入"改为"复进";另有一件铅笔字手迹,标题为《天目山》,首句作"翻身跃入七人房",次句作"回首烟云是上苍"。

★ 赏 析 ★

游兴高昂　情满于山
——《七绝·莫干山》赏析

胡国强

　　这是毛泽东少有的几首记游诗之一。此诗最早见于毛泽东办公室秘书林克的《忆毛泽东学英语》一文，林克回忆道："毛泽东经常在刚刚起床，在入睡之前，在饭前饭后，在爬山、散步中间休息时，以及游泳之后晒太阳时学习英语。1959年11月，他在杭州休息时，游兴很高，接连攀登了南高峰、北高峰、玉皇顶、莫干山等处。……在攀登莫干山时，他口诵《看山》诗一首：'翻身跃入七人房，回首峰峦入莽苍。四十八盘才走过，风驰又已到钱塘。'"此诗后又见于陈晋《山川游历与诗文意气》一文，也是引自林克的《忆毛泽东学英语》。香港刘济昆在他的《毛泽东诗词全集详注》中，将这首诗的题名改为《游莫干山后归途即兴》，并在注释中说："这首诗是毛泽东秘书林克于1990年透露的。"此诗正式发表在1993年第六期《党的文献》杂志上，全国许多报刊都加以转载。在这次正式发表中，此诗题名为《莫干山》，创作时间为1955年，诗的首句为"翻身复进七人房"。

　　据文献记载，1955年毛泽东曾到大江南北视察工作，这年春夏之交，毛泽东来到杭州，工作之余曾作短暂休养。当时他已六十二岁，虽是年逾花甲的老人，但身体仍很健康。不过，他的保健医生根据他的年龄和身体状况，提出了要他多安排一些游泳、爬山、跳舞等活动，以增加运动量，从而达到延年益寿的目的。毛泽东接受了医生的建议，遂有接连攀登北高峰、南高峰、五云山、莫干山之举。此诗即为毛泽东攀登莫干山归途中，游兴未尽口占之作。毛泽东到杭州视察工作、休养游览莫干山等名山多次，此诗正式发表定为1955年作。是否1959年毛泽东游莫干山时另有所作，不得而知。

　　莫干山是休养避暑胜地，在浙江省德清县城西北十三公里处，属天目山余脉。相传春秋末年,铸剑名匠莫邪、干将夫妇为吴王阖闾所召,在此铸剑,剑成身亡。后人为了纪念他们,以其名名山,故叫莫干山。山方圆百里,主峰塔山高七百一十九米,景色优美,盛夏凉爽如秋,为避暑胜地。山多修竹、清泉,云雾出没。每当微雨过后,碧绿的竹海更加清新。雨后的阳光射入参差的林间,斑驳的碎影洒满山坡。这时林间的阳光格外绚丽,五光十色,色彩斑斓,加之嫩绿的竹笋破土而出,那样子十分令人喜爱。山上有剑地、荫山、天池、天桥诸胜景。莫干山以清凉著称,每临夏日,外面的世界骄阳似火而莫干山却清凉如秋。据统计,莫干山比上海、杭州气温低七八度。故此每年到莫干山旅游避暑的人不计其数。

对毛泽东这样的豪放诗人来说,游历自然是能激发他的诗情想象的重要方式。这首记述他游历的绝句,虽是信口吟诵的即兴之作,却做到了生动自然,文情并茂,音调铿锵,韵致横溢。

"翻身复进七人房。"诗的首句由登车返程开始写起。徒步登山,观赏美景,时间一久,渐生疲劳。转过身来,找到了自己乘坐的轿车,敏捷地进入了车内座位上。诗从"翻身"的动作切入。"翻身"意为转过身来。杜甫《哀江头》诗:"翻身向天仰射云,一笑正坠双飞翼。""复进"意为返回进入。另一版本作"跃入",写出了毛泽东身体矫健,动作敏捷。"七人房",指轿车。因其可容七人乘坐,故云。诗人以俚语味极浓的"七人房"比喻自己乘坐的轿车,通俗诙谐。首句诗描写作者坐车动作的敏捷连贯,诗句节奏轻快,语调活泼,正好与诗人轻松愉快的心境相契合。

"回首峰峦入莽苍。"次句诗接写下山途中车已开动,在车轮飞动之中诗人回头再看车窗外的青峰翠峦,它随着窗内诗人视点的飞速移动和空间角度的不断变化,由大到小,由近到远,由高到低,以至于迷迷蒙蒙,时隐时现,若有若无,最后终于迷茫一片了。"回首"意为回头,回头看。苏轼《观潮诗》之一:"回首不知沙界小,飘衣犹觉色尘高。""峰峦"意为连绵的山峰。杜甫《放船》诗:"青惜峰峦过,黄知橘柚来。""莽苍",形容景色迷茫。孟郊《古别曲》:"荒郊烟莽苍,旷野风凄切。"这句诗采用了兼语句式。"峰峦"既是"回首"的宾语,又兼"入莽苍"的主语。"回首"照应诗的开头的"翻身",表现出诗人毛泽东对莫干山名山胜景的顾昐留恋和游历未了的兴致。由"峰峦入莽苍"我们想起了王维《汉江临泛》中的"山色有无中",这两句诗的确有异曲同工之妙。诗人一个"入"字,将静态的景物——连绵的青峰翠峦一片绿海动态化,极为传神。陈毅同志1952年7月游莫干山,曾写下《莫干山纪游词》七首。其中有"莫干好,遍地是修篁。夹道万竿成绿海,风来凤尾罗拜忙。小窗排队长。……莫干好,最好游人多。飞瀑剑池涤俗虑,塔山远景足高歌。结伴舞婆娑。"陈毅诗句描写的莫干山的景色,也可作为毛泽东诗句描写的景物的最好注脚。

　　莫干山与杭州市的空间直接距离不过百里,但以实际的公路里程计算却在百里之遥,汽车开行绝非一时半刻就能达到,因为当时还没有高速公路。但是,诗歌的艺术时空却可以像陆机《文赋》中说的那样"观古今于须臾,抚四海为一瞬"。如果说"回首峰峦入莽苍"是以急速变化的空间景象来表现飞逝而去的时间意象的话,那么这首诗的结尾两句却是采用时空变形的艺术手法,化时辰为瞬间,缩百里为咫尺,写出了诗人独特的审美感受。

　　"四十八盘才走过,风驰又已到钱塘。""四十八盘"指的是莫干山的盘山公路,据云有四十八个弯道,它显示了峰回路转、弯曲盘旋的空间意象。"才走过"指诗人乘坐的轿车一下飞奔而过,它显示了急剧发展的时间节奏。上一诗句的"入"字表现为一个过程,"入莽苍"当然应在轿车离开盘山的山道之后。而"回首"则是诗人在车中一路不断地向后仰望,聚精会神地目送"峰峦"远去。待到青峰翠峦终于融入一片"苍茫"之中,诗人这时转过头来才发现轿车已在不知不觉中履入平地了,这就是"才走过"的心理依据。从山上到山下,诗人感到轿车只是顷刻间地奔驰而过,于是原有的空间被大大地压缩了。诗人的《七律·登庐山》诗的首联为"一山飞驰大江边,跃上葱茏四百旋"。诗人在展现雄伟壮阔的庐山空间景象的同时,着一形容时间速率极快的"跃"字,一下子就把庐山上下的空间距离大大缩短了,形象生动地展现出诗人的万丈豪情。而此诗"四十八盘才走过"的"走"字,是飞奔之意,与"跃"字有相同的艺术功能,同时又和后一句的"风驰"同义。"风驰",意为像风一般地急驰,多形容迅疾。王维《兵部起请露布文》:"万里风驰,六军电扫。""钱塘"为古县名,地在今浙江省杭州市。秦代置钱唐县,至唐代,因县名与国号相犯,故加"土"旁为"钱塘"。历史上,它曾长期为杭州州治。此诗结尾句如果没有"风驰"二字过渡,人们就会产生莫干山即是钱塘的错觉,其实"四十八盘"只是诗人归程的一小段,下了山后离杭州尚有百里以上的路程。但是诗人却以风驰电掣、其疾如飞的车轮滚动,生动、形象地表现了时间的高速,压缩了出发点莫干山与目的地杭州市之间巨大的空间距离。此句诗的"已"字回应了上句诗的"才"字,构成了前后两句诗的顺承关系。此句诗的"又"则点明"到钱塘"并非初次,暗示了诗人由杭州去莫干山旅游,再由莫干山返回杭州的来去行踪,具有极强的概括力。

全诗由"翻身"到"复进",由"回首"到"入莽苍",由"才走过"到"到钱塘",时间的速率愈来愈快,空间的距离愈来愈短。诗人正是借助了这种急速的时空变化,非常生动地抒发了归途中"俱怀逸兴壮思飞"(李白《宣州谢朓楼饯别校书叔云》)的欣喜欢快之情。

胡应麟说:"太白诸绝句,信口而成,所谓无意于工而无不工者。"(《诗薮·内编卷六》)毛泽东的这首《莫干山》就是"无意于工而无不工者"的榜样。这首七绝,既没有奇特新颖的想象,更没有精工华美的辞藻,它只是用叙述的语气,写了诗人登山之情,然而它却意味深长,耐人回味。短短四句诗二十八个字,写得清新朴素,明白如话。此诗的内容单纯,但同时又是丰富的;它是极易理解的,却又是体味不尽的;它的构思是细致而深曲的,但都又是脱口吟成、浑然无迹的。从这里,我们就不难领会到毛泽东绝句的"无意于工而无不工"的妙境。

七绝 五云山

一九五五年

五云山上五云飞,远接群峰近拂堤。若问杭州何处好,此中听得野莺啼。

这首诗最早发表在《党的文献》一九九三年第六期。

【注　释】

〔五云山〕是浙江省杭州市西湖群山之一,邻近钱塘江。据传因有五色彩云萦绕山顶经时不散而得名。

〔群峰〕指西湖西面和南面诸峰,如北高峰、南高峰、美人峰、月桂峰、白鹤峰等。

〔堤〕指邻近的钱塘江的江堤。

〔野莺〕身体小,羽毛褐黄色,嘴短而尖,叫声清脆。其中羽毛黄者叫黄莺。

【考　辨】

这首诗作者留存的手迹,现在所见有三件。诗中"远接群峰近拂堤"句,有一件手迹作"远接群峰近拂衣",另一件手迹作"远接遥岑近拂堤";"若问杭州何处好"句,有一件手迹作"试问杭州何处好";"此中听得野莺啼"句,有一件手迹作"这里听得鹧鸪啼",另外在毛泽东办公室秘书林克的抄件上作"这里听得八哥啼"。

五云山上的竹林里、树丛中,到处可见野莺的娇小身影,可闻它的清脆鸣声。诗人毛泽东感到在五云山听莺啼令人神往,因此认为五云山是杭州最好的地方,这是创作主体的偏爱,也是诗人当时心声的流露。

★ 赏　析 ★

情人眼里出西施
——《七绝·五云山》赏析　　　　　　　　　　刘济昆

中国人最提倡爱国。爱国首先应该爱祖国的什么？首先应该爱祖国的山和祖国的水。古往今来的诗人，如屈原、李白、杜甫、苏东坡、陆游、辛弃疾、闻一多、徐志摩、臧克家、艾青、贺敬之等等，都是对祖国山水一往情深的人。

毛泽东如何？他的诗词能够流传全中国乃至全世界，最主要的原因是他以无限深情歌唱中国的山和水。

毛泽东笔下写了多少座山？有"奇气曾钟此"的南岳衡山；有"层林尽染"的岳麓山；有"锁大江"的龟山和蛇山；有"山下旌旗在望，山头鼓角相闻"的井冈山；有山下"风展红旗如画"的武夷山；有"山头云欲立"的白云山；有"雄关真如铁"的娄山；有"离天三尺三"的八面山；有"逶迤"的五岭——大庾岭、骑田岭、萌渚岭、都庞岭、越城岭；有"磅礴"的乌蒙山；有"千里雪"的岷山；有"横空出世"的昆仑山；有"红旗漫卷西风"的六盘山；有"风雨起苍黄"的钟山；有将来"高峡出平湖"的巫山；有"飞峙大江边"的庐山；有"杭州一望空"的北高峰；有"峰峦入莽苍"的莫干山；有"山上白云飞"的九嶷山；……还有没点出山名的山，如"风卷红旗过大关"的"头上高山"，如"颠连直接东溟"的"会昌城外高峰"，如"倒海翻江卷巨澜"的长征途中的山，"刺破青天锷未残"的山；……可以说，毛泽东一见到祖国的山，就会诗兴大发；即使饥寒交迫、千辛万苦时也如此。

《七绝·五云山》写于1955年，发表于1993年。据说1955年春夏之交，毛泽东到杭州休养，其时他已年逾花甲（六十二岁），医生根据他的年龄和身体状况，提出要他多安排一些游泳、登山、跳舞等活动，以增加运动量，达到健身的目的。这首七绝就是他登临西湖附近名山时留下的游兴诗。

毛泽东对杭州非常欣赏，至少写了四首诗赞美这江南胜地。五云山在西湖之南,《云楼纪事》云:"山之巅有五色瑞云盘旋其上,因名。"《西湖游览志》谓:"五云山,高数百丈,周十五里,五峰森列,驾轶云霞,盘曲而上,凡七十二弯。俯视南北两峰,若双锥朋立,长江带绕,西湖樯开,樯帆往来,若鸥凫出没。"明人张岱在《西湖梦寻》中对五云山有精彩的描述:"冈阜深秀,林峦蔚起,高千丈,周四十五里……五峰森列,驾轶云霞,俯视南北高峰,宛若双锥朋立。长江带绕,西湖镜开;江上帆樯,小若鸥凫,出没烟波,真奇观也。"清代许承祖有首五云山诗:"石磴千盘传碧天,五云辉映五峰巅。遥看下界寒光遍,白玉花开纪瑞年。"

　　毛泽东怎么写五云山?——"五云山上五云飞,远接群峰近拂堤。若问杭州何处好,此中听得野莺啼。"

　　杭州最好的地方不一定是五云山;但毛泽东这首诗有五云山甲杭州之意,是何原因?这显示了他对五云山的深深爱恋,就像"情人眼里出西施"一样。实际上,毛泽东眼中和笔下的任何一座祖国的山,都是"西施"。

　　毛泽东是天字第一流的爱国者;一个爱国者,最爱祖国的山。谁曰不然?

七绝 观潮

一九五七年九月

千里波涛滚滚来,雪花飞向钓鱼台。人山纷赞阵容阔,铁马从容杀敌回。

这首诗最早发表在《党的文献》一九九三年第六期。

【注　释】

〔观潮〕指观赏浙江省钱塘江口的涌潮。钱塘潮以每年阴历八月十八日在海宁县(今海宁市)盐官镇所见最为壮观。作者在1957年9月11日(即阴历八月十八日),曾乘车去海宁县盐官镇七里庙观潮。

〔钓鱼台〕即钓台,在钱塘江中段的富春江边,相传为东汉严光(子陵)隐居垂钓处。钱塘潮激起的浪花不可能飞到钓鱼台,这是诗人的夸张想象。

〔铁马从容杀敌回〕铁马,配有铁甲的战马,借喻雄师劲旅。南宋陆游《十一月四日风雨大作》:"夜阑卧听风吹雨,铁马冰河入梦来。"钱塘江涌潮袭来时,潮声大作,如闻十万劲旅杀敌凯旋时的军声。唐赵嘏《钱塘》诗:"十万军声半夜潮。"

【考　辨】

这首诗的写作时间,是根据毛泽东办公室秘书林克判定的。1993年中共中央文献研究室拟在《党的文献》发表此诗,特地访问了林克。他凭回忆并查了自己的日记后告诉我们:1957年9月11日,农历八月十八日,是"潮神生日",那天钱塘潮最为壮观,他曾陪毛泽东从杭州乘车去海宁县盐官镇七里庙观潮。毛泽东回来后不久就写了这首诗,写作时间可定为"一九五七年九月"。

此诗留存作者修改过的林克的抄件,二句将"雪花冲向钓鱼台"改为"雪花飞向钓鱼台",三句将"人山争看阵云阔"改为"人山纷说阵容阔"。同时,还留存作者审定过的原在毛泽东身边做医护工作并曾为他保存诗稿的吴旭君用毛笔誊清的抄件,三句作"人山纷赞阵容阔"。此诗发表时是根据作者审定的抄件刊印的。

★ 赏　析 ★

弄潮者的自我升华
——《七绝·观潮》赏析

陈　晋

人,有时候需要从自然对象中发现自己,提升自己。

第一次看见大海的人,心里大概是不会静如古潭的。在无涯的水天一色的茫茫围困中,你意识到自身的局限,感到窘迫;当你尽力舒展想象,用自己的胸怀去包容对象时,你又会发觉自身的无限和广阔。在呼啸翻卷的猛涛恶浪冲你奔袭而来的时候,也会出现两种对立的感觉:或惊惑、提防,意识到自身的渺小;或抗拒、搏斗,唤起一种豪迈。当你进入后面那种境界的时候,你和对象不再对立,对象不再是外在于自身的存在了,你在它身上看到自己;和对象的认同感,以及意识到自我价值的自豪感也油然而生。

人与自然的差距和冲突,便形成了戏剧性的张力;人化自然或自然人化的统一、和谐,便出现了美。把这种张力和美写成诗,在对象那里观照以至实现自我的精神,便是崇高。

毛泽东的《观潮》,就是这样的作品。

这首七绝,无疑是比较简明的咏物之作。毛泽东观潮之所,便是浙江海宁有名的钱塘江出海口。这里呈外宽内窄的喇叭形,潮起潮落,前推后聚,蔚为气势磅礴的天下奇观,不知倾倒历代多少文人墨客。早在南宋,就把农历八月十八日这一天定为"潮神生日",形成大规模的观潮活动,有时这一天还在钱塘江检阅水师,以壮行色。由潮而生出"神"来,看来,这潮多少寄托了人们的某种寓意。

1957年9月10日,这是个美好的日子,毛泽东来到杭州。当天,他便乘船游览钱塘江。11日上午,即"潮神生日"的那一天(农历八月十八日),毛泽东又从杭州住地乘车直驱百里,来到海宁七里庙,观看了钱塘秋涛,随后写下《观潮》记感。

全诗四句的结构,呈一实一虚之状。

起句"千里波涛滚滚来",于平实中露陡峭,本是对所观之景直陈言之,其中"千里"二字,则在极度夸张之中一下子把人们带入特定的观潮氛围。

第二句"雪花飞向钓鱼台",则是夸张想象了。那波涛卷起的雪白浪花,竟从入海口逆钱塘江向西南凌空飞越,落到一二百里以外的浙江桐庐县境内富春江畔东汉大隐士严光垂钓之处。观潮者主观的介入,超越了客观自然的本来状态,也是对首句气势的大力延伸。

第三句"人山纷赞阵容阔",又回到实景的描述,恰如摄像机镜头的一个"反打",从对面的"潮"反过来对准了"观潮的人群",记录下他们的反应。既是"人山纷赞",同时观潮的人当不在少数,而他们的反应是大体一致的,即感叹作者前二句所描述到的壮阔。

第四句"铁马从容杀敌回",作者把镜头又一下子荡开,虚起来,从群体又回到作者个人的想象世界——那从杭州湾乃至千里之外的太平洋汇聚后,扑面而来的滚滚浪潮,仿佛是从鼓角战场厮杀回来,气势正盛的雄师劲旅。作者的主观介入,不像第二句那样,只是一种想象,类似陆游的"铁马冰河入梦来",而多少挟带了作者的感情。句中的"回"字颇值得玩味。这首先符合人们的视角,让人觉得钱塘江入海口外的无边无际的海面,才是永恒的战场。同时,站在岸边观潮的作者与对象之间不是对立的,他和凯旋的千军万马融在了一起,欢迎着、欣赏着自己的勇士。这里面的感情色彩,于"从容"二字含蓄出之。于是,自然被人化了,人也被自然化了,分不清你我。换言之,人走进了壮阔奇景,也只有崇高感的人,才能体会并走进崇高的对象。

观钱塘江之潮而咏之,古来多多。毛泽东自幼爱读的洋洋大赋——枚乘的《七发》,专有"广陵曲江观潮"一段:"疾雷闻百里,江水逆流,海水生潮;山出内云,日夜不止。衍溢漂疾,波涌而涛起。其始起也,洪淋淋焉,若白鹭之下翔;其少进也,浩浩瀁瀁,如素车白马帷盖之张;其波涌而云乱,扰扰焉如三军之腾装;其旁作而奔起也,飘飘焉如轻车之勒兵。"广陵曲江，一说为扬州附近，一说即浙江的钱塘江。但这并不重要，反正都是观潮。毛泽东很称道枚乘的文笔，在1959年庐山会议期间写的《关于枚乘〈七发〉》的长篇文章中，说其"文好。广陵观潮一段，达到了高峰"。枚乘的描写，把能想象得出的比喻淋漓尽致地铺排出来，是典型的赋体文风。其中有一点，或许给毛泽东有所启发，或许是大多数人在观潮时都能联想得到的，这就是以"三军腾装"（枚乘）和"铁马杀敌"（毛泽东）喻之。

我们说毛泽东打破物我距离，和对象融为一体，不仅是一种字面的分析。对于钱塘江潮，他似乎不满足于"观"，1957年9月11日观潮的当天下午，毛泽东便投入到钱塘江水中去了，朝着潮急浪高处游去。前面似乎是永恒的战场，那是他渴望的地方。我想，在"滔天浊浪排空来，翻江倒海山可摧"的壮景中，一个人搏击其中，也是一种可观之景吧。

人们在观这种"景"的时候，会不会想起"潮神"两个字呢？

七绝·刘蕡

一九五八年

千载长天起大云,中唐俊伟有刘蕡。孤鸿铩羽悲鸣镝,万马齐喑叫一声。

这首诗根据作者审定的抄件刊印。最早发表在中央文献出版社一九九六年九月版《毛泽东诗词集》。

【注　释】

〔刘蕡(fén坟)〕(?—842)字去华，幽州昌平(今北京市昌平)人。中唐太和二年(828年)，举贤良方正，刘蕡对策称："宫闱将变，社稷将危"，"阉寺持废立之权"，"四凶在朝，虽强必诛"。痛论宦官专权，能废立君主，危害国家，劝皇帝诛灭他们。考官赞赏刘蕡的文章，但惧怕宦官的专横，不敢录取他。令狐楚、牛僧孺都征召他为幕府从事，后授秘书郎。终因宦官诬陷，贬为柳州司户参军，客死他乡。作者在读《旧唐书·刘蕡传》时，对刘蕡的策论很赞赏，旁批："起特奇。"

〔千载长天起大云〕大云，即庆云，古谓祥瑞之气，其下隐有贤人。据《尚书大传》，相传舜将禅位给禹，同臣僚在一起唱《卿云》歌："卿云烂兮，纠缦缦兮，日月光华，旦复旦兮。"东汉郑玄注："卿，当为'庆'。"本句寓意是，一千多年前的中唐如果用刘蕡这样的贤人，将会从没落趋向中兴。

〔中唐〕唐朝分初唐、盛唐、中唐、晚唐四期，以大历(766年)到太和(835年)之间为中唐。

〔孤鸿铩(shà杀)羽悲鸣镝(dí嫡)〕孤鸿，孤单失群的大雁，喻指刘蕡。铩羽，羽毛摧落，这里比喻受挫、失意。鸣镝，也叫响箭，这里比喻宦官对刘蕡的中伤和打击。

〔万马齐喑(yīn阴)叫一声〕化用清龚自珍《己亥杂诗》诗"万马齐喑究可哀"句。万马齐喑，亦作"万马皆喑"。喑，哑。北宋苏轼《三马图赞引》："振鬣长鸣，万马皆喑。"意为骏马抖动颈上的鬣毛嘶叫时，其他的马都鸦雀无声。后用来比喻一种沉闷的局面。叫一声，喻指刘蕡冒死大胆攻击宦官，名动一时。

【考　辨】

这首诗留存作者修改过的、毛泽东办公室秘书林克用钢笔书写的抄件。抄件标题为《咏史一首》，作者改为《刘蕡》；抄件首句为"千载天空起大云",作者改为"千载长天起大云";抄件末句为"胜过贪生怕死人",作者改为"万马皆喑叫一声"。

此诗还留存作者审定过的原在毛泽东身边做医护工作并曾帮他保存诗稿的吴旭君用毛笔誊清的抄件,末句作"万马齐喑叫一声"。《毛泽东诗词集》首次发表这首诗时,就是根据作者审定的吴旭君的抄件刊印的。

★ 赏 析 ★

呼唤新的时代精神的咏史诗
——《七绝·刘蕡》赏析

李 捷

毛泽东喜好读中国古代文史典籍,尤其喜好评点历史人物。他曾经对秦始皇统一中国的功绩予以肯定。在谈到汉末曹操这位有争议的人物时,他也充分肯定曹操在统一中国北方中的历史作用,并表示"这个案要翻"。而在闻名于世的《沁园春·雪》以及后来的《贺新郎·读史》两首词中,他又纵论中国数千年的文明史,评点历史上有所作为的著名人物,讴歌劳动人民和当今的革命英雄。他的评点,发人所未发,引人深思;他的词作,论古说今,大气磅礴,令人感奋。

作于1958年的《七绝·刘蕡》这首诗,则把评点历史人物与论古说今巧妙地结合起来。与上面提到的那两首词不同的是,作者没有采用横跨上千年的历史全景式的描写,而是摄取了中唐时期的一个历史片断;评点的对象,也不是统治集团中的著名人物,而是一位敢于直言犯上、具有独特见解的小人物。

刘蕡是中唐后期人。从中唐开始,唐朝逐渐由盛转衰。尤其是唐穆宗以后,宦官专权,政治变得日益黑暗。刘蕡作为一位杰出人物,处在这样一个时代,可谓生不逢时。

据《旧唐书》和《新唐书》记载,刘蕡"博学善属文,尤精《左氏春秋》。与朋友交,好谈王霸大略,耿介嫉恶,言及世务,慨然有澄清之志"。又说,他"明《春秋》,能言古兴亡事,沈健于谋,浩然有救世意"。从这两部史书所录的刘蕡的策论看,这些记载绝不是溢美之词。

刘蕡空怀韬略,没有受到重用,官只做到秘书郎,不久还被贬为柳州司户参军。其中的一个重要原因,就是在太和二年(828年)举贤良方正的对策中,刘蕡痛陈宦官专权的危害,劝说皇帝诛杀他们,因而得罪了握有生杀大权的宦官。由此,也暴露出中唐后期政治的黑暗。

刘蕡敢于直谏的政治品格和怀才不遇的坎坷遭遇,引起毛泽东的共鸣和同情。毛泽东在读《旧唐书·刘蕡传》时,对刘蕡的策论很赞赏,尤其欣赏策论的开头几句:"臣诚不佞,有匡国致君之术,无位而不得行;有犯颜敢谏之心,无路而不得进。"毛泽东读罢,在一旁批了三个字"起特奇"。赞美之情,溢于言表。

刘蕡在历史上是个小人物。他终生遭宦官诬陷,抑郁而终。但是,毛泽东并不以成败论英雄,也没有因为刘蕡地位的低微而忽略他的存在。恰好相反,通观《七绝·刘蕡》,在毛泽东的笔下,刘蕡是位顶天立地的英雄好汉。

"千载长天起大云,中唐俊伟有刘蕡。"诗一开头,展现在读者面前的,是一位亘古奇才的俊伟人杰。

长天,原本是空间概念,形容天空的浩大广袤。而在诗中,作者却赋予它历史的苍茫与深沉。在作者看来,这无垠无际的长天,就犹如历史的长河。它既不是以十计,也不是以百计,而是以千计。悠悠千载,恍若昨日。这种情感,似曾相识。如《贺新郎·读史》中的"歌未竟,东方白",《水调歌头·重上井冈山》中的"三十八年过去,弹指一挥间",《念奴娇·井冈山》中的"江山如画,古代曾云海绿"和"犹记当时烽火里,九死一生如昨"等等,都饱含着作者对往昔的追思和对人间沧桑的慨叹。

不过,作者吟出"千载长天起大云",不是慨叹往昔,而是为千载之后的长天终于出现了"大云"而大发感慨。这呼风唤雨、使沉寂了千年的长天发生变化的"大云",不是别人,就是称得起中唐俊伟的刘蕡。

据《旧唐书·刘蕡传》记载:"时对策者百余人,所对止循常务,唯蕡切论黄门太横,将危宗社。"这不正是打破了沉寂千年的长天的"大云"吗?

又据《旧唐书·刘蕡传》记载:"是岁,左散骑常侍冯宿、太常少卿贾𫗧、库部郎中庞严为考策官,三人者,时之文士也,睹蕡条对,叹服嗟悒,以为汉之晁(错)、董(仲舒),无以过之。""守道正人,传读其文,至有相对垂泣者。"可见,刘蕡的确称得起是"中唐俊伟"。

然而,就是这样一位旷世奇才,却在亟须人才的时代,被封建专制制度和奸佞小人扼杀了。这怎不令人悲叹惋惜呢！

作者发出这样的感慨："孤鸿铩羽悲鸣镝，万马齐喑叫一声。"

孤鸿，即孤单失群的大雁。作者把受到宦官排斥、禁锢的刘蕡比作失群的孤雁，是再恰当不过的。铩羽，指羽毛摧落，大雁掉了羽毛便很难展翅高飞。在封建专制社会，统治者排除异己的一个办法，就是不准他们做官，这在当时叫做"禁锢"。宦官们对待刘蕡的办法，实际上也是剥夺他做官的权利，就好比将大雁和雁群隔开，再摧落掉它的羽毛。在这种情况下，刘蕡就是有天大的本事，面对宦官的中伤和打击（鸣镝），也只能发出无可奈何的悲叹。

"孤鸿铩羽悲鸣镝"，这七个字，饱含了作者对刘蕡一类人物的同情，也饱含了作者对封建专制制度的憎恨与控诉。而作者领导中国革命走向成功的二十八年，也正是同封建制度彻底决裂、顽强抗争的二十八年。

"万马齐喑叫一声。"作者用激昂的语调结束全诗。这一句，至少可以由两个方面来理解。

从刘蕡当时来说，他在宦官专权的情况下，甘冒杀身之祸切论时弊，发人之所未敢发，名动一时，称得起是冲破专制局面的英雄。这一句，可以理解为对刘蕡的赞颂。

而联系作者写作这首诗的年代来考虑，这最后一句也寄托着作者对当代民族精神的满腔希望。

1958年，正是毛泽东心目中国民经济将要发生"大跃进"的一年。他在多次讲话中，号召要解放思想，破除迷信，还列举了古今中外少年有为的一批代表人物，希望大家敢作敢为，打破"万马齐喑"的沉闷局面。同年4月15日，他在一则按语里还引用了清代思想家龚自珍的一首诗："九州生气恃风雷，万马齐喑究可哀。我劝天公重抖擞，不拘一格降人才。"而毛泽东在《七绝·刘蕡》一诗中的"万马齐喑叫一声"，所要表达的同样是这种意境。不同的是，当年龚自珍所要打破的是封建专制主义造成的压抑沉闷的局面，毛泽东所要打破的则是在国家工业化道路上墨守成规带来的沉闷局面。两者有本质的区别。

总之,作者在最后一句,由对刘蕡敢作敢为的赞叹,联想到对"大跃进"年代民族精神的呼唤,借古喻今,借古抒怀。而这也许正是作者特别看重刘蕡,写作这首《七绝·刘蕡》的初衷所在。

《七绝·刘蕡》是一首咏史诗,但我们从中感受到的,绝不仅是历史。作者是在借咏史抒怀。融入诗人笔下的,是对富有群众创造活力的时代的呼唤,是对美好未来的憧憬。

七绝 屈原

一九六一年秋

屈子当年赋楚骚,手中握有杀人刀。艾萧太盛椒兰少,一跃冲向万里涛。

这首诗根据作者审定的抄件刊印。最早发表在中央文献出版社一九九六年九月版《毛泽东诗词集》。

【注　释】

〔屈子〕指屈原。屈原(前340—前278)，名平，字原，战国楚人，是我国最早的伟大诗人。曾辅佐楚怀王，官至左徒、三闾大夫，主张联齐抗秦，后遭谗去职。楚顷襄王时被放逐。因无力挽救楚国的危亡，深感自己的政治理想无法实现，遂投汨罗江而死。

〔楚骚〕屈原创作的楚辞体《离骚》等诗篇，称楚骚或骚体。

〔手中握有杀人刀〕喻指屈原《离骚》等作品所发挥的战斗作用。毛泽东在《关于枚乘〈七发〉》一文中说："骚体是有民主色彩的，属于浪漫主义流派，对腐败的统治者投以批判的匕首。"

〔艾萧太盛椒兰少〕意为小人多贤士少。艾萧，即艾蒿、臭草，比喻奸佞小人。椒兰，申椒和兰草，皆为芳香植物，比喻贤德之士。艾萧和椒兰都是《离骚》中的语词。

〔一跃冲向万里涛〕意为屈原在悲愤和绝望中投汨罗江自尽，江涛涌向远方。

【考　辨】

这首诗首次发表时，根据作者审定的抄件刊印。多年来，时有读者询问"手中握有杀人刀"句，是否应当为"手中未有杀人刀"。提出这种询问的人，一定受了"文化大革命"中所谓毛主席诗词传抄件的影响。应当相信经作者审定过的抄件，即使初稿曾作"手中未有杀人刀"，在修改定稿过程中有语词变动是常有的事。作者审定的抄件，是指原在毛泽东身边做医护工作并曾帮他保存诗稿的吴旭君在1973年冬用毛笔誊抄的定稿，它的可靠性不容置疑。值得指出的是，从毛泽东办公室秘书林克保存的抄件发现，早在"文革"前这首诗就已定稿了，因为林克的抄件与吴旭君的誊抄件，字句完全一样，无一字差异。说是在"文革"前已定稿，是根据推断做出的。林克在"文革"时已离开毛泽东身边,他只能在"文革"前从毛泽东那里抄到这首诗。至于"手中未有杀人刀",是否是此诗初稿中的诗句,现在无依据做出肯定或否定的判断。再者,此诗在辗转传抄过程中也可能抄错,也可能有人根据自己的认识对其做了改动。

★ 赏　析 ★

千秋一阕　英雄悲歌
——《七绝·屈原》赏析　　　　　　　　　李仁藩

　　在群星璀璨的华夏诗国上空,有一颗亘古而闪亮的明星,他就是本诗的主人公屈原。历史翻过了两千二百多年,中国诗坛又升起了一颗光前烛后的巨星,他就是本诗的作者毛泽东。这对双子星座,构成了泱泱诗国两个不可或缺的耀眼光环,提供了中华诗美禀赋中永不衰竭的生命能源。

　　1961年,正是新中国内外交困的多事之秋。毛泽东本人也因为"大跃进"和"反右倾"的失误,在党内外承受着巨大的压力。遭际相似,诗心相通,神气相投,使毛泽东想起了屈原,又读起了《离骚》,并赋诗为屈原立传,为自我立言,为诗史立碑。

　　屈原"明于治乱,娴于政令",朝夕理想举贤任能,富国强兵,合纵抗秦,统一中国。然而,"众女嫉余之娥眉兮,谣诼谓余以善淫"。终遭见弃,二度被逐。历经多年的颠沛流离,他深感报国无门,救国无望,遂投汨罗,以死明志,以身警世。屈原的一身硬骨、一腔正气,毛泽东至为叹服。而他集楚湘巫术文化之大成,驰骋奇瑰的想象,罗织山川日月、雷电云霓、香草美人、鸟兽虫鱼、铺陈了句式长短、篇幅宏大、内涵富盛的"骚体诗",更使毛泽东击节叹赏。早在湖南一师就读时,毛泽东就手录《离骚》《九歌》,20世纪50年代、60年代又多次劝人读"楚辞"。更为有趣的是,1958年1月,毛泽东在南宁召开会议,一天夜里,国民党飞机向南宁飞来,全城立即灯火管制;保卫人员劝毛泽东进入防空洞,他根本不理,令人拿来蜡烛,居然神态安详地秉烛夜读"楚辞"! 毛泽东之酷爱"楚辞",景仰屈原,可见一斑。

　　欣赏这首诗,要注意体味三态:时态、情态和心态。

　　时态,两千多年前的"当年"和两千多年后的"今天"。诗中只写"当年",不写"今天",欣赏者却万万不可忽略"今天",否则毛泽东的写作动机、社会情势、审美心态,就无由说起了。

屈原之赋《离骚》，恰如诗题所言，是表达深沉的离别忧愁，是将个人的厄运与国家的灾难连在一起，将一颗被放逐的心灵挣扎、抗争、呐喊、沉沦、毁灭的痛苦历程，惊心动魄地展示出来。这是一个崇高灵魂的自白，是一曲超越时空的理想殉难曲，是一首气薄云天的爱国英雄的悲剧战歌。在他的面前，一切蝇营狗苟的小人、一切卑劣污浊的灵魂，都将受到谴责、鞭挞和唾弃。屈原的人品和诗品，就像一把"杀人刀"，毫不留情地解剖了世世代代的奸佞小人。"当年"如此，"今天"如何呢？按毛泽东当时的看法，国内外的反华势力日夜咒骂我们，帝国主义如此压迫我们，这是需要认真对付的。"手中握有杀人刀"，这剑拔弩张的诗句，正好表达了毛泽东当时的心态。

"艾萧太盛椒兰少"，这既是屈原"当年"所处社会的情态，也是"今天"毛泽东所处国内外环境的写照。"当年"的确如此，"今天"可能未必，即使国际形势险恶，国内却未必"椒兰少"。毛泽东把"今天"的情态估计得这么严峻，这是有远因近况的。国际的反华大合唱、国内的经济大困难，直接导致了毛泽东的严重敌情观。毛泽东的情思遨游于两千多年的时空，诗心纠结于"长太息以掩涕兮，哀民生之多艰"，使他和屈原诗心相通，感同身受。"一跃冲向万里涛"，这"一跃"，是刚毅，是决绝，是殉身明志，是宁死不渝！这是千古悲歌、千秋典范、千载英名！毛泽东用一"跃"一"冲"，给了屈原至高无上的礼赞，也袒露了自己临危不惊、遇难不屈、高压不垮的伟丈夫气概！

这首诗最奇特的是第二句："手中握有杀人刀。"将"楚骚"比之"杀人刀"，简直是匪夷所思，令人咋舌。再三品味，就觉得非如此不是毛泽东，非如此不足以再现"指点江山，激扬文字，粪土当年万户侯"的文采，不足以直逼"纤笔一枝谁与似？三千毛瑟精兵"的威风。这赤裸裸、直通通的比，不避嫌，不隐晦，理直气壮，旗帜鲜明，是一奇。而"手中握有杀人刀"竟"一跃冲向万里涛"，这出人意表、违反常情的大转化、大波折、大对比，又是一奇。这两奇，奇出了波澜起伏，奇出了诗蕴悠长，奇出了诗思深邃，奇出了全诗震撼人心的悲剧力量！为理想献身，为民族捐躯，为祖国而赴汤蹈火,这是一切忧国忧民、爱国爱民、报国报民的仁人志士的英雄情结,从屈原的"亦余心之所善兮,虽九死其犹未悔",到孔夫子的"道不行,乘桴浮于海",到周恩来的"面壁十年图破壁,难酬蹈海亦英雄",到毛泽东的"为有牺牲多壮志,敢教日月换新天",正是这千秋一阕的英雄悲歌!

悲剧是一种理想自觉与现实困顿的冲突。在审美体悟中,悲剧又是一种以否定的形态去肯定历史的合理发展。在漫长的中华文明史中,这种悲剧演示绵绵不断,构成了惊天动地的民族心灵史。这首七绝,正是毛泽东浸染于浓重的民族悲剧氛围而对屈原做了透辟的悲剧读解,从而也透示了他作为民族悲剧文化的延展提升的审美奥秘。正是从对中华民族自立于世界民族之林的终极关怀,以"要扫除一切害人虫,全无敌"的超迈情怀,演绎出了毛泽东吮汲于屈原,奔涌于历史,撞击于现实的英雄悲剧,迸射出熠熠光华,熔铸了崇高的悲剧价值,构成了毛泽东诗词美学中不朽的审美内容、审美特色和审美魅力。

在这个意义上,我们可以读解《七绝·屈原》,它或许也正是毛泽东的生命告白,是毛泽东的革命宣言,是毛泽东和屈原两个诗坛巨子的穿越数千年时空而共同创立的丰碑!

七绝 二首
纪念鲁迅八十寿辰
一九六一年

博大胆识铁石坚,刀光剑影任翔旋。龙华喋血不眠夜,犹制小诗赋管弦。

其二

鉴湖越台名士乡,忧忡为国痛断肠。剑南歌接秋风吟,一例氤氲入诗囊。

这两首诗根据抄件刊印。最早发表在中央文献出版社一九九六年九月版《毛泽东诗词集》。

【注　释】

〔七绝二首〕这两首诗为七言古绝。七言古绝是绝句的一种,每篇四句,每句七个字;一般押仄声韵,不用律句的平仄,以致不粘、不对;也有押平声韵的,但不依律句的平仄,以致不粘、不对。这两首七绝就属后一种情况。

〔鲁迅〕(1881—1936)浙江绍兴人,现代伟大的文学家、思想家和革命家。

〔寿辰〕生日,一般用于中老年人和尊者。这里指冥寿,即已故人的寿辰。

〔博大胆识铁石坚〕意为鲁迅胆大识博,是一位像铁石那样坚硬的硬骨头好汉。

〔刀光剑影任翔旋〕意为鲁迅在敌人的刀光剑影中,任凭刀剑飞翔回旋,毫不畏惧,从容坦荡。

〔龙华喋(dié蝶)血不眠夜〕1931年2月7日深夜,国民党当局在上海龙华,秘密杀害了包括"左联"作家柔石、胡也频、李伟森、白莽、冯铿在内的革命青年共二十四人。喋血,血流遍地。鲁迅在《为了忘却的记念》一文中说:"在一个深夜里……我沉重的感到我失掉了很好的朋友,中国失掉了很好的青年,我在悲愤中沉静下去了,然而积习却从沉静中抬起头来,凑成了这样的几句:惯于长夜过春时……"

〔犹制小诗赋管弦〕犹制小诗,指鲁迅作《七律·无题》诗:"惯于长夜过春时,挈妇将雏鬓有丝。梦里依稀慈母泪,城头变幻大王旗。忍看朋辈成新鬼,怒向刀丛觅小诗。吟罢低眉无写处,月光如水照缁衣。"赋管弦,指配上音乐,意为广为传播。

〔鉴湖越台名士乡〕鉴湖,在浙江省绍兴城西南两公里。附近有山阴(今绍兴)人南宋陆游吟诗处的快阁。清末女革命家秋瑾(1875—1907),亦是山阴人,自号鉴湖女侠。越台,即越王台,春秋时越王勾践在会稽(今绍兴)为招贤士而建。本句是说,鲁迅的故乡绍兴是古今名人荟萃之地。

〔剑南歌接秋风吟(yìn 印)〕剑南歌,指陆游的诗集《剑南诗稿》所收诗作。秋风吟,指秋瑾作的《秋风曲》诗和被清政府杀害前书写的惟一供词"秋风秋雨愁煞人"。接秋风吟,与秋风吟一起。据清汤文潞编《诗韵合璧》,"吟"在这里可读仄声。

〔一例氤氲(yīnyūn 因晕阴)入诗囊〕一例,意即一律,一样。氤氲,形容烟或云气很盛,这里比喻陆游、秋瑾与鲁迅的诗篇,富有爱国诗风。诗囊,装诗稿的袋子。唐李商隐《李长吉小传》称,唐李贺"背一古破锦囊,遇有所得,即书投囊中"。本句意为鲁迅继承陆游、秋瑾的爱国诗风,将他们的诗歌精华一律收入自己的诗囊。一说,入诗囊,比喻为载入诗的史册;本句是说鲁迅的诗,同陆游、秋瑾的诗一样,富有爱国诗风,可载入诗史。

【考　辨】

这两首诗是根据毛泽东办公室秘书林克提供的抄件刊印的。有的论者怀疑抄件的可靠性,加之以律绝衡量,存在"不合律"问题,又自认为有些用词不当,于是推断这不是毛泽东的作品,是伪作。

这两首诗是作者的未定稿,在格律上未加推敲和修改,有古句即非律句,是可以理解的。若以律绝衡量,当然有多处不合律。但是,我们应当根据这两首诗的实际情况,判定为古绝,因为不能排除作者写的就是古绝。本书注释部分对古绝做了注,这里不赘述。

至于指摘这两首诗的词语不通,均属误解。有论者说,鲁迅早已作古,不能把他的生日称为寿辰,应当称诞辰。其实,寿辰即诞辰,是对尊者生日的敬重说法。对作古的尊者、长者的生日称寿辰,指冥诞。古人有为已故者做冥寿的习俗。清王端履《重论文斋笔录》卷一:"是秋九月,为先君子六旬寿辰。"这里的先君子,旧时称自己或他人已去世的祖父,也自称已去世的父亲。这足见古人把已作古的尊者、长者的生日称为寿辰。毛泽东称已故鲁迅的生日为寿辰,也是切当的。有的论者说"博大胆识铁石坚"句有语病,"博大"不能形容"胆识","胆识"不能"铁石"般坚硬。其实,这是旧体诗词要求语言凝练、协调平仄等而形成的特有修辞手法。"博大胆识"既可解释为"博识大胆或胆大识博",也可解释为"博大精深,有胆有识",这是对鲁迅人品和学识的评价;"铁石坚",是赞扬鲁迅是一位硬骨头好汉。有的论者说"刀光剑影任翔旋"句,是生造出来的句子,鲁迅不能在"刀光剑影"中"翔旋","刀光剑影"也无法"翔旋"。其实,这句意为鲁迅在"刀光剑影"的生存环境中,任凭敌人的刀剑飞旋,他毫不畏惧,从容坦荡。有的论者说"犹制小诗赋管弦"句,称鲁迅的诗为小诗是贬低,说鲁迅的诗已拿去谱曲是失实。其实,称"小诗",用了今典,是作者借用和呼应鲁迅对自己诗作的称呼,因为鲁迅的《七律·无题》中有"怒向刀丛觅小诗"句;说"赋管弦",是作者对鲁迅的《七律·无题》诗的高度评价,意为鲁迅这首诗可以谱曲歌唱,广为传播。

  有的论者认为第二首诗虽说写到鲁迅的故乡绍兴,然而从陆游说到秋瑾,与"纪念鲁迅八十寿辰"不沾边。如果仅从此诗字面看,确实无一字提到鲁迅。但是,如果掌握了诗题这把钥匙,又弄清了此诗的比兴手法,就会觉得诗中句句与鲁迅有关,字字都在纪念鲁迅。首句用了古典,意为鲁迅的故乡是古今名人荟萃之地,出了勾践、陆游、秋瑾、鲁迅等名人贤士。二句意为鲁迅与勾践、陆游、秋瑾,在忧国爱国的思想倾向上表现是一致的。三、四句意为鲁迅继承陆游、秋瑾的爱国诗风,将他们的诗歌精华一律收入自己的诗囊。

★ 赏　析 ★

"但见奔星劲有声"
——《七绝二首·纪念鲁迅八十寿辰》赏析　　　　陈漱渝

　　毛泽东与鲁迅是现代中国的两位巨人。这两位巨人的心灵是相通的。毛泽东对鲁迅的经典性评价早已为人们所熟知,但毛泽东以鲁迅为题材的诗作此前尚未得见。在鲁迅诞辰一百一十五周年、逝世六十周年前夕,中共中央文献研究室将毛泽东《七绝二首·纪念鲁迅八十寿辰》公之于世,不仅对鲁迅研究者和爱好者是一种鼓舞,对广大读者也是一种启示和教益。

　　《七绝二首》之一的起句盛赞鲁迅的广阔襟怀、远见卓识,以及坚如磐石的原则立场。大气包举,笼罩全篇。次句承转"刀光剑影"一词,形象再现了第一次国内革命战争失败之后白色恐怖的严酷。"任翔旋",生动描写了鲁迅在文化"围剿"下英勇无畏、机动灵活的战斗英姿。鲁迅后期娴熟掌握了辩证法,不但高瞻远瞩,爱憎分明,而且巧妙运用了"钻网战术""壕堑战术",使一时气势汹汹的文氓、文探、文化刽子手们终于一败涂地。毛泽东深刻指出:"辩证法敌视折衷主义,给事物本质以确切肯定的答案,所以能成为行动的指南。"(中共中央文献研究室编《毛泽东哲学批注集》)鲁迅在反文化"围剿"战役中建树的不朽功勋、鲁迅后期杂文所取得的辉煌思想艺术成就,都是辩证法的胜利。

　　第三句宕开一层,具体点出了轰动中外文坛的左联五烈士遇难事件,内容由虚而实。"龙华喋血",系指国民党政府于1931年2月7日秘密杀害二十余名革命志士(其中包括左联五烈士)的骇人听闻的暴行。现已查明,这批革命者是在集会抵制王明在六届四中全会上推行的"左"倾机会主义路线而分头被捕的。左联五烈士的牺牲,使鲁迅经历了继"三一八"惨案、"四一二"反革命政变之后的又一次巨大震动。他因自己失去了很好的朋友,中国失去了很好的青年而彻夜不眠。先前,鲁迅阅读意大利著名诗人但丁《神曲》一书的"地狱篇",曾惊异于作者设想的残酷,但目睹革命者淤积的凝血,鲁迅感到但丁还是仁厚的:"他还没有想出一个现在已极平常的惨苦到谁也看不见的地狱来。"

末句统摄全诗。一个"犹"字,突出了鲁迅在黑暗暴力的进袭面前不避风险、挺然屹立、顽强抗争的韧的战斗精神。"小诗",指鲁迅的《七律·惯于长夜过春时》(亦称《悼柔石》)。这首诗慷慨悲怆、气壮情真,表达了鲁迅"怒向刀丛觅小诗"的坚强斗志。毛泽东爱读鲁迅诗,尤欣赏鲁迅那些激情澎湃、笔挟风雷的诗句,并常予援引用以教育党内外同志。毛泽东显然对《七律·惯于长夜过春时》这首千古绝唱留下了特别深刻的印象,并把这首诗视为体现鲁迅革命精神的代表作之一。

《七绝二首》之二虽然字面上未提鲁迅,但却深刻揭示了鲁迅赖以植根、成长的文化沃土和给鲁迅以丰富精神滋养的爱国主义优良传统,与第一首有着不可分割的内在联系。

它的首句,寓情于景,由物及人,景、情、人融为一体。"鉴湖""越台"是鲁迅故乡浙江绍兴的代表性景物,象征着萌生于越部族时代的源远流长的吴越文化。"名士"一词这里泛指在中国历史上为国家进步、民族振兴做出过不同贡献的仁人志士。鲁迅在《〈会稽郡故书杂集〉序》中写道:"会稽古称沃衍,珍宝所聚,海岳精液,善生俊异",意思与此相同。在绍兴辈出的"名士"中,鲁迅就是最杰出的代表人物。

次句的"忧忡",即忧心忡忡,形容绍兴历代先贤具有忧国忧民并舍身相报的美德。"痛断肠",形容这些优秀人物在国运艰难、危机四伏的年代痛心疾首,力挽狂澜于既倒。从"壮心未与年俱老,死去犹能作鬼雄"的南宋爱国诗人陆游,到临刑前以"秋风秋雨愁煞人"为惟一供词的反清志士、鉴湖女侠秋瑾,就都具有一脉相承的忧患意识和爱国激情。他们的优秀诗作,连同鲁迅在中国黎明前最黑暗年代制作的小诗,无一例外地成了我国诗歌宝库的珍品,全都溶入了我国优秀文化传统的血脉。

毛泽东《七绝二首》第一首格律上属平起式,第二首属仄起式,但遣词造句都是从内容出发,随意挥写,有的诗句并不完全为格律所拘。全诗风格雄浑、气势挺拔,充满阳刚之美。诗中的议论与形象相结合,与史实相结合,运用了一些并不生僻的典故,增强了作品的概括力,激起了读者的无尽联想。毛泽东这两首七绝的成功,既取决于他对古典诗词的深厚造诣,又取决于他对鲁迅作品和精神的深刻理解。他虽然运用的是旧体诗的形式,但描写的是新的人物,渗透的是新的感情,闪耀着的是时代精神的光芒。鲁迅《七绝·赠人二首》中有"须臾响急冰弦绝,但见奔星劲有声"之句。毛泽东《七绝二首》中的诗句,音量之宏、音力之厚,恰如鲁迅笔下划过夜空发出强劲有力声音的奔星,激励着我们继承发扬鲁迅的爱国主义精神,在追求光明的道路上奋然而前行。

杂言诗
八连颂

一九六三年八月一日

好八连,天下传。为什么?意志坚。为人民,几十年。拒腐蚀,永不沾。因此叫,好八连。解放军,要学习。全军民,要自立。不怕压,不怕迫。不怕刀,不怕戟。不怕鬼,不怕魅。不怕帝,不怕贼。奇儿女,如松柏。上参天,傲霜雪。纪律好,如坚壁。军事好,如霹雳。政治好,称第一。思想好,能分析。分析好,大有益。益在哪?团结力。军民团结如一人,试看天下谁能敌。

这首诗最早发表在一九八二年十二月二十六日《解放军报》。

【注　释】

〔杂言诗〕是古体诗的一种格式，全诗句数和每句字数不固定，一般偶句押韵，可以换韵，既可用平声韵，也可用仄声韵，不讲究平仄、对仗。

〔好八连〕1963年4月25日，国防部批准授予驻守上海的中国人民解放军某部八连"南京路上好八连"的光荣称号。1949年5月，这个连队进驻上海南京路。经过十四年，连队身居闹市，一尘不染，勤俭节约，克己奉公，热爱人民，助人为乐。作者因此写诗赞美他们。

〔刀、戟(jǐ己)〕喻指各种武器。戟，古代一种刺杀兵器，既能直刺，又能横击。

〔鬼、魅(mèi妹)、帝〕喻指当时所说的"帝修反"，即帝国主义、修正主义、反动民族主义，是国际上的一股反华势力。魅，古代传说中的鬼怪。

〔贼〕喻指国内的阶级敌人，即当时所说的反革命分子。

〔奇儿女，如松柏。上参天，傲霜雪〕化用汉曹植《升天行》诗"兰桂上参天"句和《论语·子罕》"岁寒然后知松柏之后彫也"句。

〔纪律好，如坚壁〕意为纪律严明，就像铜墙铁壁，坚不可摧。

〔军事好，如霹雳〕意为军事过硬，就像疾雷声势，威猛奋迅。"如霹雳"，语本唐王维《老将行》诗："汉兵奋迅如霹雳。"

【考　辨】

这首诗最早正式发表在1982年12月26日《解放军报》，是根据作者审定的铅印件刊印的。在这以前，曾非正式地发表在内部刊物《文献和研究》1982年第五期。

此诗有论者认为是一首民歌体的新诗。其实，这属古体诗中的杂言诗，深受汉乐府民歌《盘中诗》(苏伯玉妻作)的影响。《盘中诗》全诗大都为三言，并有几句七言。《八连颂》只有两句七言，其余都是三言，与《盘中诗》相类似。毛泽东读过《盘中诗》，还批注"熟读"二字。

作者在1963年主持编辑《毛主席诗词》时,原拟将此诗收入集中,并已印出清样。在付梓前夕,于同年12月5日,给田家英作批示说:"《八连颂》另印,在内部流传,不入集中。"

★ 赏 析 ★

八连精神的热情礼赞
——《杂言诗·八连颂》赏析

张 晶

《杂言诗·八连颂》是毛泽东为"南京路上好八连"写下的热情礼赞,也是人民军队的颂歌。它一直警策着有着优良革命传统的中国人民解放军在和平建设时期保持艰苦奋斗的光荣本色。

1963年4月25日,国防部批准授予驻守上海的某部八连"南京路上好八连"的光荣称号。1949年5月,这个连队进驻上海南京路。经过了十四年,连队身居闹市,一尘不染,勤俭奉公,热爱人民,助人为乐,深受人民的赞颂与爱戴。八连精神对全军官兵有很大的教育作用。

在艰苦卓绝的战争岁月里,人民军队与人民同甘苦,共患难,没有滋生腐败的土壤,艰苦奋斗并不是难于做到的事。胜利了,部队进驻了大城市,周围是灯红酒绿的环境,当时的资产阶级不甘心失败,用"糖衣炮弹"向我们进攻。在这种情况下,能否"拒腐蚀,永不沾",对我们党和军队都是一份严肃的考卷。"好八连"为我们树立了光辉的榜样。毛泽东在1963年"八一"建军节挥笔写下《八连颂》这首诗,号召全国都来学习八连精神。

从体裁上说,这是一首杂言诗。所谓杂言诗是古体诗的一种格式,全诗句数和每句字数不固定。这首诗除最后两句是七言外,都是每句三言。

从"好八连"至"因此叫,好八连",是诗的第一层,概括地赞颂了"好八连"的事迹与精神实质。诗人一开篇便吟唱道:"好八连,天下传。"说明八连美名远播,传遍华夏神州。"为什么?意志坚。"通过设问,突出了八连的根本特点。"为人民,几十年。拒腐蚀,永不沾。"表现了人民军队的根本宗旨。八连之所以能够"拒腐蚀,永不沾",究其原因,就是因为全心全意为人民服务,是"好八连"官兵乃至整个人民解放军的宗旨所在。"拒腐蚀,永不沾",这六个字,十分凝练精警地概括了八连精神的真谛,也是"好八连"最为闪光之处。毛泽东热情赞颂八连精神,号召全国军民学习八连的主要之点也在于此。因而,这两句成为流传甚广的名言警句。"因此叫,好八连。"总括前面所写,说明"好八连"光荣称号的由来。

"解放军,要学习"至"不怕帝,不怕贼",是诗的第二层,发出了"全军民,要自立"的号召。毛泽东号召全国人民学习解放军的优良作风和光荣传统,要求全国军民挺起脊梁,傲然自立,不怕任何敌人。下面连写了八个"不怕",用铺排的手法,鼓舞军民不怕任何困难、艰险、敌人。"奇儿女,如松柏",用松柏的意象来比拟中华儿女的坚强意志。《论语》中有"岁寒,然后知松柏之后凋也"的名言。中国古典诗歌常以松柏意象来表现人的坚贞高洁的品格。如"建安七子"之一的刘桢在其《赠从弟》诗中便写道:"亭亭山上松,瑟瑟谷中风。风声一何盛,松枝一何劲。冰霜正惨凄,终岁常端正。岂不罹凝寒,松柏有本性。"以松柏比喻其从弟的坚贞品格,实际上是对其勉励。陶渊明在《饮酒》第八首中也以青松比喻自己的高洁志趣:"青松在东园,众草没其姿。凝霜殄异类,卓然见高枝。连林人不觉,独树众乃奇。"陈毅元帅有"大雪压青松,青松挺且直"的名句,来表现革命者的崇高气节。毛泽东在这首诗中以松柏的意象,来比喻中华民族的坚强性格。"上参天,傲霜雪。"是就松柏的意象再加生发,意为中华儿女高大、坚强,不畏一切压力。

"纪律好,如坚壁"至"试看天下谁能敌",是本诗的第三层,对全体军民提出了具体要求。纪律严明,如同坚强堡垒;军事过硬,如同霹雳贯下。这两句相当形象、具体。"政治好,称第一。思想好,能分析。"要求全体军民既要有坚定正确的政治方向,又要有分析能力。"分析好,大有益。益在哪?团结力。"要求人们通过分辨是非,明确方向来加强团结。"军民团结如一人,试看天下谁能敌。"这两句铿锵有力,势如泰山,又是中国革命历史经验的高度凝缩。前面都是三言句,结尾处连用两个七言句,使诗人那种特有的宏大气魄与雄毅的信心得以迸发。

这首诗有鲜明的政治倾向,以明快斩截为风格特征。诗人的意象突出而鲜明,毫无含混之处,它是那种充满力量、鼓舞人民、教育人民的政治诗。如果要用"温柔敦厚""含蓄蕴藉"的古典诗教来衡量它,恐怕是风马牛不相及的。

这首诗是以三言为主体的杂言诗,音节促迫,铿锵有力,有如急促的鼓点,又显得活泼亢奋。

在表现方法上,这首诗有很浓的民歌情调。杂言体与生俱来地与民歌有不解之缘,它的产生便在民歌之中。汉乐府民歌多为杂言体。毛泽东作为诗人,对古典诗词的体裁特征十分熟悉,善于选用适当的词牌或诗体来表现特定的题材与情感。《八连颂》这类诗,并不是自娱性的,而是写给全国军民看的。诗人用通俗浅切的笔调来写,这种以三言为主的杂言体相当适宜。诗人也在很大程度上借鉴了民歌的表现手法,如后半部顶真修辞格的运用,再如八个"不怕"、五个"好",既是排比,又是铺陈,都颇有民歌之风,给人以强烈的感染。

毛泽东在古典文学方面有高深的修养,尤以古体诗词造诣为高。他的诗词或气象万千,或高屋建瓴,或含蕴深婉,风格是多样化的,但都有"言有尽而意无穷"的韵味。从古典诗学的"当行本色"来衡量,作为古体诗词的作家,毛泽东不愧为一代大师。这首《八连颂》,以其通俗浅切、铿锵有力的风格,明白如话的民歌情调,鲜明的政治倾向,产生了独特的审美效应。在毛泽东诗词中,它是较为特殊的,可说是一种"变体"。

这首诗虽以通俗浅切为风格特征,虽然有鲜明的政治色彩,却不妨碍其有着历久弥新的生命力。其中如"拒腐蚀,永不沾"等名句,在今天尤有警策作用。

念奴娇 井冈山

一九六五年五月

参天万木,千百里,飞上南天奇岳。故地重来何所见,多了楼台亭阁。五井碑前,黄洋界上,车子飞如跃。江山如画,古代曾云海绿。 犹记当时烽火里,九死一生如昨。弹指三十八年,人间变了,似天渊翻覆。独有豪情,天际悬明月,风雷磅礴。一声鸡唱,万怪烟消云落。

这首词最早发表在人民文学出版社一九八六年九月版《毛泽东诗词选》。

【注　释】

〔井冈山〕见《西江月·井冈山》注。1965年5月下旬，作者重上井冈山游览视察期间，写了这首词。

〔五井碑〕井冈山上有大井、小井、上井、中井、下井等地，总称五井。明清以来立有记修路功德的五井碑，在"文化大革命"中已毁。

〔黄洋界〕见《西江月·井冈山》注。

〔江山如画〕借用北宋苏轼《念奴娇·赤壁怀古》词"江山如画"句。

〔古代曾云海绿〕意为这里古人曾说是海。

〔弹指三十八年〕见《水调歌头·重上井冈山》注。

〔万怪〕比喻形形色色的坏人。

【考　辨】

这首词和《水调歌头·重上井冈山》写于同时，是姊妹篇，但作者生前一直没有发表，首次发表在人民文学出版社1986年9月版《毛泽东诗词选》。

此词作者留存的手迹，现在所见有一件。词中"车子飞如跃"句，手迹作"大道通如蛐"；"古代曾云海绿"句，手迹作"遍地男红女绿"；"万怪烟消云落"句，手迹作"万怪烟消雾落"。

此词还留存原在毛泽东身边做医护工作并曾帮他保存诗稿的吴旭君用毛笔誊清的抄件，经作者修改审定过，抄件原为"车子能飞跃"句，作者改为"车子飞如跃"。首次发表就是根据作者修改审定的抄件刊印的。

★ 赏　析 ★

望云不尽井冈情
——《念奴娇·井冈山》赏析

石　英

　　毛泽东于1965年5月重上井冈山,仅对这一别三十八年的故地,就写了两首词,一是《水调歌头·井冈山》,一是《念奴娇·井冈山》。对比之下,前者较重气势,后者语词较为平实。但细读之,反复品咂,后首词特点在于平实中蕴含着浓厚的韵味。两首重上井冈山咏怀之作很难简单地作高下轩轾之分,只能说是各有侧重,春光秋色分领风骚。

　　古诗词中常有这一类作品,作者对某种景物感怀殊深,但道来却似平直。表面看来,既不奇崛,亦无惊人之语,但依然流传至今,仍不失为佳篇。何也?皆因诗词作者孕怀已久,酿思极深,及不愿以磅礴气势夺人,而以潜缓之流从容涌出。这类作品往往时间愈久愈耐得品味,不可以一般俗见衡量之。我觉得,《念奴娇·井冈山》当属于这一类型的作品。

　　当然,作者也许有自己的考虑,故生前虽公开发表了《水调歌头·井冈山》一词,《念奴娇·井冈山》却直至他逝世十年后的1986年始收在人民文学出版社出版的《毛泽东诗词选》的副编,得以与广大读者见面。之所以未在作者生前公之于众,多半是因为毛泽东历来对自己的作品要求甚严,不修改润色至满意时从不轻率公之于众;而个中又一具体原因是重上井冈山有两首词作在焉,先行择发其中之一首也是合乎情理的。

　　作者感慨万千,这首词很难绝对分解哪句是今哪句是昔,可说是昔中有今,今中有昔,今昔叠印,才更见真实。

　　本词对井冈山风景的描摹与评价可谓极简约。"参天万木,千百里,飞上南天奇岳。"寥寥几语,即使井冈山突出的特征跃然纸上。而"江山如画,古代曾云海绿"则是诗人的由衷激赏与评断:这如画的"奇岳",据说古代曾是茫茫沧海。古今易貌,变化万千,不尽着笔,而意在言外。所以,本词始终贯穿着一种沧桑感。当然这种感慨,并非悲凉感伤,果然壮怀深

467

沉,但亦不能作浮浅的兴奋解。

  故地重来,"何所见"三字,提示说"如今多了些什么"? 那就是"楼台亭阁"。五井(大井、小井、上井、中井、下井)碑前,黄洋界上,"车子飞如跃"。这几句从表面看来,只是就事说事,白描而已,但似乎并非如此平淡,了无余意。我们在分析一件作品时(尤其是有丰富经历和杰出建树的伟人之作),均应结合他独特的历史背景和非同寻常的胸怀进行分析,方能在看似平常语中品出特定的含义。井冈山无疑是毛泽东的革命历程最难忘的象征之一。他1927年率领秋收起义的队伍来到这里,创建了中国第一个农村革命根据地。自此,革命力量发展壮大,"星星之火,可以燎原"也以此为证。井冈山亦可谓作者起步之基石,而三十八年过去,革命取得了胜利,作者亦以亲率一支衣衫褴褛、仅持老汉阳造以至梭镖大刀的农民军领导者而成为党和国家的领袖和数百万军队的统帅,变化不可谓不大;但毛泽东既非旧时开国皇帝,不会重蹈他们功成后的趾高气扬、高枕尽享的老路,也绝非那班目光短浅就此息步的胜利者,卸却了正当的忧患意识,不再对事业的发展前途进行思考与展望。不,毛泽东是一位革命现实主义者,同时又是一位伟大的理想主义者。他始终心系国家和人民,对于他所开创的革命事业的前途和命运一直未停止过思考。1965年5月正是他"亲手发动的无产阶级文化大革命"开始的前一年,此际在他的头脑里已呈"山雨欲来"之势。他当年鏖战过的井冈道上"多了楼台亭阁""车子飞如跃",固然是国家经济发展、人们生活水平提高的具体表现,但作为一位重精神价值、重继续革命的理想主义者,似乎不会因此而大喜过望。他想的是更远大的目标(不论这种目标是否完全切合实际,具体实现起来效果又如何)。这样说决不仅是一种推测,因为作者在词句中仅是客观描述,主观上的赏赞色彩并不明显;如再结合当时的背景、作者在那个时期的主体思路加以考察,说这些词句别有含义是完全合乎情理而并非臆断的。

  然而,毕竟是"人间变了,似天渊翻覆"。这是令每一个浴血奋战的过来人足慰与深感欣幸的。不过,当年的记忆是太深刻了,作为第一个革命根据地的开创者,神思很自然地又回到那"敌军围困万千重""黄洋界上炮声隆"的艰难岁月。过去虽然已成为过去,但只有浴血者才知那特定时空的沉重,闯过来之不易。因而"犹记当时烽火里,九死一生如昨"。短短两语,仔细咀嚼有巨大的震撼力。这是一个不能忘却过去的战士刻骨铭心的印记,这是一个久经沧海的历险者最深切的体验。"九死一生"谁都会用,但毛泽东在此处用它却非同一般。很难想象还有别的什么词能比它更确切,更具分量! 这也绝非普通参观者和风雅吟咏者的慨叹所能比拟的。故而前述本词是"昔中有今,今中有昔,今昔叠印"。

作者一登上井冈山,他的思绪就不可能停留在当下,然当下眼前的一切又是活生生的现实。山形大致如昨,然山上的其他设置与活动景物毕竟又是三十八年后的特征。这些在作者的头脑里、眼界中忽明忽暗,忽隐忽显,沉重的和轻松的,悲壮的和欣悦的,正面的和负面的,过去的和现实的,很难分清先后地一忽儿涌来,形成本词中多元的意象。

尽管如此,作者笔锋一转,毅然挥洒出"独有豪情"一语,牵引词末几句,使全篇顿增力度。"独有豪情"是人民领袖一贯的气魄与真性情。不论是昨日还是今天,也不论是烽火年代还是和平岁月,作者总是以满腔革命豪情催动"风雷磅礴"。至于"一声鸡唱,万怪烟消云落",不惟指的是民主革命的胜利、人民共和国的成立(当时有"一唱雄鸡天下白"之句),联系到1965年的时间背景,也包含着作者孕思的另一场"大革命"充满自信的预期。这里"烟消云落"句中之"烟云",自然也不仅指战争年代之敌腾起的烟云,也包括作者心目中阻挡革命车轮前进的势力。至于"天际悬明月",既不必局限于作天象观,也不必仅作为作者革命理想的象征来理解。因为,诗人常常触景而生情。本词作者重上井冈山,既赏白天之景,又感夜晚之情,又岂无明月朗照之时光? 或凭窗眺望,或漫步林竹,阅月光而联想到现实,志比高天朗月,可说是顺理成章。当然,毛泽东不是李白,望明月至少不仅仅是"低头思故乡",而更多的是"风雷磅礴",以至"烟消云落"。

如果硬作比较的话,这首词在艺术铸炼上也许稍逊于《水调歌头·井冈山》,但它的某些表述更有助于我们了解毛泽东当时的思绪和心境。因此,除了作为一首词章品读,也不妨将它视为一篇难得的历史文献。

如上所述,《念奴娇·井冈山》与广大读者见面是在作者逝世十年之后。作者生前或许是还准备有日将再加润色之。当然那已是不可能的了。所以人民文学出版社只能根据作者修改审定的抄件刊印。设想如作者在世,即使同意发表也会作反复修改,使其更臻于精致的。我们应十分珍视毛泽东有关井冈山的这第三首词作。

七律·洪都

一九六五年

到得洪都又一年,祖生击楫至今传。闻鸡久听南天雨,立马曾挥北地鞭。鬓雪飞来成废料,彩云长在有新天。年年后浪推前浪,江草江花处处鲜。

这首诗最早发表在一九九四年十二月二十六日《人民日报》。

【注　释】

〔洪都〕旧南昌府的别称。隋、唐、宋三代曾以南昌为洪州治所,又为东南都会,因而得名。这里指江西省南昌市。

〔祖生击楫至今传〕祖生,即东晋名将祖逖。304年匈奴族刘渊在黄河流域建立汉国。中原大乱,祖逖率领亲党数百家来投镇守建邺(今南京市)的晋元帝司马睿。313年祖逖要求率兵北伐,被任为奋威将军、豫州刺史,率部曲百余家渡江北上,中流击楫,立誓收复中原。击楫,敲打船桨,后用以形容有志报国的抱负和气概。此句暗喻中国共产党领导的南昌起义。

〔闻鸡久听南天雨〕闻鸡,用闻鸡起舞的典故。参见《五古·挽易昌陶》注。雨,即风雨。《诗经·郑风·风雨》:"风雨如晦,鸡鸣不已。"本句写作者于风雨如晦的岁月,在我国南方像闻鸡起舞那样,奋起行动,从事革命斗争。

〔立马曾挥北地鞭〕立马,即驻马。"挥鞭",喻指率军作战。本句意为作者经过二万五千里长征,在我国北方指挥抗日战争和解放战争的戎马生涯。

〔鬓雪飞来成废料〕作者用诙谐调侃语气,慨叹自己鬓发苍白已成无用之人。

〔彩云长在有新天〕彩云,比喻美好的事物。此句意为只要确保马克思主义真理和共产主义理想的存在,就会有社会主义的新天地。

〔后浪推前浪〕寓有新陈代谢、新事物更替旧事物、一代胜过一代之意。南宋释文珦《过苕溪》:"只看后浪催前浪,当悟新人换旧人。"

〔江草江花处处鲜〕化用唐杜甫《哀江头》诗"江草江花岂终极"句和唐白居易《忆江南》诗"日出江花红胜火"句。此句形象地描绘了我国欣欣向荣的锦绣前程,和上句共同表达了作者对我国未来的展望和憧憬。

【考　辨】

这首诗作者留存一件手迹和一件修改审定的由原在毛泽东身边做医护工作并曾帮他保存诗稿的吴旭君用毛笔誊清的抄件,首次发表在1994年12月26日《人民日报》，是根据这个抄件即定稿刊印的。作者在抄件上将"祖生击楫古今传"句中的"古"改为"至"。手迹同定稿相比，有两句异文。诗中"祖生击楫至今传"句，手迹作"手中尚有祖生鞭"；"立马曾挥北地鞭"句，手迹作"立马曾敲北地镫"。

此诗"到得洪都又一年"的本事如下：毛泽东在1964年4月到江西视察工作，曾到过南昌；1965年12月24日再度到南昌，住进了赣江之滨的赣江宾馆，所以说这次到得南昌是"又一年"。据此，可以判定这首诗作于1965年12月下旬。

★ 赏 析 ★

雄图发英断　大略驾群才
——《七律·洪都》赏析

吴开有

　　命题不为《南昌》,而叫《洪都》,题高则意高。《洪都》高度概括了一个世纪的革命和建设的历程,自传式地刻画了中国革命和建设的领导者毛泽东的形象,并折射出毛泽东的战友的群像。

　　"到得洪都又一年,祖生击楫至今传。"首联扣题、切题,感时引古入兴,从诗人又到南昌视察而思接千载说起。洪都,是旧南昌府的别称。隋、唐、宋三代都以南昌为洪州治所,又为东南都会。王勃《滕王阁序》描绘洪都的物象:"物华天宝,龙光射牛斗之墟;人杰地灵,徐孺下陈蕃之榻。雄州雾列,俊采星驰。台隍枕夷夏之交,宾主尽东南之美。"毛诗用"洪都"是摄古人神韵,取其意象,具有丰富的意蕴和内涵。毛泽东1964年到过南昌视察,1965年又到南昌视察,抚今追昔,浮想联翩,感奋良多,意蕴双关,故说"到得洪都又一年。"古代史上的洪都,物华天宝,人杰地灵,尽东南之美;现代史上的洪都,群贤毕至,人才荟萃。1927年八一南昌起义暴发,紧接着诗人领导了秋收起义,开始了缔造人民军队和开创中国革命的道路,这是以毛泽东为首的中国共产党人为苦难深重的祖国谋解放所迈出的极为重要而成功的一步。祖生,即东晋名将祖逖。公元304年,匈奴族刘渊在黄河流域建立汉国,中原大乱。公元313年,祖生率领亲党数百家来投镇守建邺(今南京市)的晋元帝,请求北伐,被任为奋威将军、豫州(今南昌市)刺史,率部曲百余家北渡长江,中流击楫而发誓收复中原:"祖逖不能清中原复济者,有如大江!"击楫,敲打船桨。毛诗用"祖生击楫",言此意彼,隐喻作者青少年时代就立誓报效国家的豪情壮志。一箭双雕,诗笔双美。首联如鲸鲵拨浪,一击之间,即知有千里之势;诗意深曲,隐喻象征作者实现了古人之志,使古今洪都的景物形象和人物形象交相辉映,具有含蓄蕴藉之美。

"闻鸡久听南天雨,立马曾挥北地鞭。鬓雪飞来成废料,彩云长在有新天。"中二联转接"祖生击楫",引古叙事入兴,视听通感,时空转换,曲折错综,顿挫浩荡,炼意警策,寓有哲理,熔胸襟、气度、见识、人生观、价值观、战争观、美学观于一炉,笔势轩昂地刻画了诗人毛泽东"雄图发英断,大略驾群才"的艺术形象,具有奇姿壮彩的崇高之美。

颔联用视听通感、移步换形和时空转换的笔法,有声有色地塑造了叙事抒情主人公的丰功伟业。从这个脍炙人口的佳句中折射出叙事抒情主人公宏大的谋划和英明的决断,雄才大略,凌驾群才之上。所谓"视听通感",钱钟书说:"五官的感觉简直是有无相通的。"毛泽东在《人的正确思想是从哪里来的?》一文中给"视听通感"以科学的解释:"无数客观外界的现象通过人的眼、耳、鼻、舌、身这五个官能反映到自己的头脑中来,开始是感性认识。这种感性认识的材料积累多了,就会产生一个飞跃,变成了理性认识,这就是思想。"又在给陈毅的信中说:"诗要用形象思维,不能如散文那样直说,所以比、兴两法是不能不用的。赋也可以用,如杜甫之《北征》,可谓'敷陈其事而直言之也';然其中亦有比、兴。"无数客观外界的现象如声色嗅味触觉等所感觉的在表面上虽似各不相关,而实际上是遥相呼应,互相感通的。"闻鸡久听南天雨。"由"祖生击楫"的故事联想到祖生及其战友刘琨闻鸡起舞的故事,视听发生感通,思绪万端,听到了自己在南中国从事轰轰烈烈的革命活动的风雨之声。"闻鸡"是化用"闻鸡起舞"的典故。《晋书·祖逖传》:"与刘琨俱为司州主簿,情好绸缪,共被同寝。中夜闻荒鸡鸣,蹴琨觉曰:'此非恶声也。'因起舞。"《洪都》以"闻鸡起舞"入兴,隐喻象征有忧患意识而立志为国效力的诗人及其战友奋起行动,将宏伟谋划付诸实践,叱咤风云,大展宏图。"久听南天雨",一个"久"字,炼字炼意,叙事寓托了诗人在南中国生活并奋斗了四十余年,经历了种种风风雨雨:既经历了民族艰危、神州飘摇的风雨,又经历了革命受挫、党内斗争的风雨。这种种历史事件,用"闻鸡久听南天雨"七个字,高度概括而形象地集中了、升华了、象征了诗人前半生的丰功伟绩,是革命的南天群雕,具有洗练之美。"立马曾挥北地鞭",一个"曾"字,暗示他后半生叱咤风云的伟烈丰功彪炳史册。"立马",出自清代诗人严遂《咏史·三垂冈》。诗云:"英雄立马起沙陀,奈此朱梁跋扈何。只手难扶唐社稷,连城犹拥晋山河。风云帐下奇儿在,鼓角灯前老泪多。萧瑟三垂冈下路,至今人唱百年歌。"毛泽东少年时代读过这首咏三垂冈战役的诗,1964年12月,他读《五代史·唐庄宗传》时凭记忆书写此诗,并注明此"诗歌颂李克用父子"。"北地",指北方,包括新中国建立后作者定居北京。"挥鞭",指挥作战的同义语。遵义会议后,诗人指挥中央红军长征到达我国北方,在八年抗日烽火中,领导了八路军、新四军和南方游击队进行了英勇无畏的抗日战争,打败了世界上最凶残而强大的侵略者日本帝国主义,一举雪洗了百年来中国人民反抗外国武装侵略作战中屡战屡败的民族耻辱,改变了外国人的中国观,使中国人民跻身于世界民族之林,而毛泽东成了空前的民族英雄;解放战争中,诗人运筹帷幄,决胜千里,指挥人民解放军进行了震惊中外的三大战役,推翻了三座大山,创建了中华人民共和国;新中国成立以后,诗人又指挥了抗美援朝战争,中国人民志愿军在朝鲜人民军的配合下,使美帝国主义迭遭失败,最后被迫在《朝鲜停战协定》上签字。"立马曾挥北地鞭"表现诗人如此步步辉煌,人皆叹为观止,具有超拔之美。颔联由语简言奇、含意深切而精警动人的语句构成警策之美。

  颈联与颔联相互排斥,由正说到反说,转折很突然,称为急转。"鬓雪飞来成废料",在人意料之外,笔锋陡转,又在"曾挥北地鞭"的情理之中。接处用提法,转处用驻法。"鬓雪",直入比兴,隐喻年迈衰老;"废料",即废物,隐喻诗人重晚节。表露因素是毛泽东慨叹双鬓斑白,年迈体衰,已成无用之人;而暗含因素则是淡化自己过去所建树的伟业丰功,正如他教育老一辈革命家所说:"不要吃老本,要立新功。"毛泽东言传身教,不服年老,仍要有所作为,口吟手书曹操诗句:"老骥伏枥,志在千里;烈士暮年,壮心不已。"他永远不满足于胜利的现实,这从对句"彩云常在有新天"跌宕出了崇高的审美理想。"跌宕"即顿宕、顿挫,诗中的小结处。"顿挫者,横断不即下,欲说又不直说,所谓'盘马弯弓惜不发'。"(清方东树《昭昧詹言》)毛诗小结小顿处含蓄,具有"言外有意,笔外有神"的神韵之美。"彩云",美丽的云,隐喻坚持马列主义真理和共产主义理想,就能永葆革命之青春;"新天",在科学真理和伟大理想的光辉照耀下,建设社会主义的强国,就有社会主义——共产主义的新天地。

尾联"年年后浪推前浪,江草江花处处鲜",移情入兴,题外借形,放开一步,宕出远神。"年年后浪推前浪",起起伏伏,伏中有起,起中有伏,具有起伏之美。俗语:"大江后浪推前浪,世上今人胜古人。"宋人文珦《过苕溪》:"只看后浪催前浪,当悟新人换旧人。"毛泽东摄取古今神韵,上升为艺术辩证法,诗意盎然,隐喻新生事物替换陈旧事物,寓托一代胜过一代,具有荡逸之美和辐射之美。"江草江花处处鲜",用移情通感形象地描绘了新中国江草绿如蓝、江花红胜火的锦绣前程。以"后浪前浪""江草江花"写壮美和优美之景,景中含意,意中带景,象征诗人对新中国未来的展望、憧憬及对后代的殷切期望,言已尽而意无穷,具有健举之美。颈联和尾联升华了诗篇的思想内容和艺术表现,达到了美的至极,具有摄人心魄、警策后世的崇高之美。

《七律·洪都》首联深沉豪放,颔联磅礴豪放,颈联旷达豪放,尾联飘逸豪放,继承和发展了李白、苏辛为代表的豪放派美学风格,青出于蓝而胜于蓝。

《七律·洪都》言外有意,笔外有神。毛泽东是辩证法大师,善于运用艺术创造的对立统一规律来写人的本质精神。全诗的精神有人神、物神,二者以传人之神为主,将人神融入物神,以人神统帅物神,物神辐射人神。诗中的洪都、祖生击楫、闻鸡起舞、南天雨、立马、北地、挥鞭、鬓雪、废料、彩云、新天、后浪前浪、江草江花等物象生气勃勃,言外有意,意象飘逸,神韵袭人。全诗句句精警,字字精神,摸之有棱,掷地有声,浑融无迹,从而铸成诗之境界崇高、气象恢宏、意蕴深邃、格调高昂,具有沁人心脾的氤氲之美和神肖之美。

七律　有所思

一九六六年六月

正是神都有事时，又来南国踏芳枝。青松怒向苍天发，败叶纷随碧水驰。一阵风雷惊世界，满街红绿走旌旗。凭阑静听潇潇雨，故国人民有所思。

这首诗根据作者审定的抄件刊印。最早发表在中央文献出版社一九九六年九月版《毛泽东诗词集》。

【注　释】

〔有所思〕诗题本于汉无名氏乐府《有所思》，首句为："有所思，乃在大海南。"

〔正是神都有事时〕神都，古谓京城，这里指首都北京。有事，指"文化大革命"的发动。

〔南国〕中国南方的泛称。作者写这首诗的前后，正在南方巡视。1966年5月15日至6月15日在杭州；途经长沙于17日到韶山滴水洞，在这里住了十一天；28日赴武汉。本诗作于韶山滴水洞。

〔青松怒向苍天发，败叶纷随碧水驰〕此联是对大字报的赞颂。

〔风雷〕风暴与雷霆。这里喻指"文化大革命"的声势。

〔满街红绿走旌旗〕红绿，代指红男绿女，即穿红着绿的青年男女，这里指大、中学生。旌旗，旗帜的通称。

〔凭阑静听潇潇雨〕化用南宋岳飞《满江红·怒发冲冠》词"凭阑处、潇潇雨歇"句。阑同栏。潇潇，骤急的雨势。

〔故国人民有所思〕化用唐杜甫《秋兴》诗"故国平居有所思"句。故国，《秋兴》诗中指京城长安；本句指祖国，因手稿原作"七亿人民有所思"。

【考　辨】

这首诗作者留存手迹一件。这件手迹公开发表时做了技术处理，即把作者删改的原标题清除掉了。诗中"又来南国踏芳枝"句，手迹作"又来南国踏丛枝"；"败叶纷随碧水驰"句，手迹作"败叶纷随碧水之"；"一阵风雷惊世界"句，手迹作"一阵风雷惊宇宙"；"故国人民有所思"句，手迹作"七亿人民有所思"。此诗发表是根据作者审定的抄件刊印。

此诗原题为《颂大字报》，后改为《有所思》。从全诗看，虽有颂大字报的内容，如颔联所描述的情景，但远非仅仅颂大字报。"一阵风雷惊世界,满街红绿走旌旗",绝非仅写大字报的影响,而是写作者所设想的"文化大革命"高潮甚至胜利时的声威和盛况。从这两句诗来分析,他设想的"文化大革命"不是长期的,只搞"一阵"而已。说是"设想",是因为1966年6月的时候,"文化大革命"尚未发展到满街红男绿女、旌旗随风招展的群众游行阶段。诗题改为《有所思》,内蕴更丰富,更切合全诗内容,也更富诗意。

这首诗揭示了作者对"文化大革命"的短期设想,透露了他在重大历史关头的内心自白,记录了他发动"文化大革命"的深沉思考,有重要的文献和历史价值。同时,此诗在艺术上也达到了很高水准,不失为一篇上乘之作。

★ 赏 析 ★

所思的是故国和人民
——《七律·有所思》赏析　　　　　　龚育之

中央文献出版社出版的《毛泽东诗词集》,名为《集》,而不叫《全集》,说明它实际上是之前人民文学出版社出版的《毛泽东诗词选》的增订本。在选诗的篇数上有增加。包括《毛泽东诗词选》出版以后中央文献研究室在报刊上陆续发表的七首,连同现在这个增订本中第一次发表的十首,十年中人们新读到的毛泽东诗词共有十七首。这十七首,一仍《毛泽东诗词选》旧例,都放在"副编"之中。在附录和注释上也有增加。因此,新本子是比过去的《毛泽东诗词选》更丰富和完善的本子。

在这十七首新发表的诗词中,我觉得最会引人注目的,就是这首作于1966年6月的《七律·有所思》。

说这首诗最会引人注目,有两个原因:一是从诗的艺术境界上来说,它是十七首中最出色的一首,是堪同"正编"中那些脍炙人口的名篇在艺术上相提并论的一首;二是从诗的历史背景上来说,这首诗是反映作者在中国革命发展的重要历史关头的复杂心境的又一首诗。

1927年春,作者写《菩萨蛮·黄鹤楼》,有"把酒酹滔滔,心潮逐浪高"这样的诗句。1958年在此句下作者自注:"一九二七年,大革命失败的前夕,心情苍凉,一时不知如何是好。这是那年的春季。夏季,八月七号,党的紧急会议,决定武装反击,从此找到了出路。"

1935年2月,作者写《忆秦娥·娄山关》。1958年在此题下作者自注:"万里长征,千回百折,顺利少于困难不知有多少倍,心情是沉郁的。过了岷山,豁然开朗,转化到了反面,柳暗花明又一村了。"

大家知道,1927年的"八七会议"和1935年1月的遵义会议,是中国共产党的历史上标志伟大历史转折的两次会议。"八七会议"那一次,是从大革命失败到土地革命兴起的转折;遵义会议那一次,则是长征从失败到胜利的转折,是中国革命从两次胜利、两次失败到确立正确领导、获得顺利发展的转折。遵义会议以后,逐步形成了以毛泽东为核心的成熟的中央领导集体,领导全党胜利地结束了长征,转变了路线,开创了抗日民族统一战线的新局面,经过抗日战争和解放战争的胜利,建立了中华人民共和国,并且在中国建立起社会主义制度的基础。这是从一个胜利到另一个更大胜利的历史进程,这期间的毛泽东诗词,反映的是胜利者的豪情和慷慨,是对未来事业充满信心的联翩浮想,苍凉、沉郁,不再在作者的诗篇中显露了。

但是,我觉得,这首《有所思》中反映的作者心境,在胜利的豪情中,在笔下的雷声中,也隐藏着某种沉郁以至苍凉。

1966年6月,正是"文化大革命"初起的时候。"神都有事",就是"文化大革命"之事。

"文化大革命",我们今天加上引号,说明历史已经证明它既不真正是文化领域的革命,也不是任何意义上的革命或社会进步,而是一场给党、国家和各族人民带来严重灾难的内乱。但在当时,不但毛泽东自己,也包括党内绝大多数同志和卷入这场运动的广大群众,都是把它当作文化和政治上的一场大革命来发动和参加的。

毛泽东为什么要发动这样一场针对我们党、党的领导层、党的司令部里很大一部分人的"革命"呢?这就要说到他那时对我们党的领导层和司令部的政治状况的估计了。在毛泽东亲自修改、增写、定稿而成为"文化大革命"纲领的《五一六通知》和其他一些文件中,是这样描写当时的政治形势的:一大批资产阶级的代表人物、反革命的修正主义分子,已经混进党里、政府里、军队里和文化领域各界里,相当大的一个多数的单位的领导权已经不在马克思主义者和人民手里。党内走资本主义道路的当权派在中央形成了一个资产阶级司令部,它有一条修正主义的政治路线和组织路线,在各省、市、自治区和中央各部门都有代理人。过去的各种斗争都不能解决问题,只有实行"文化大革命",公开地、全面地、自下而上地发动广大群众来揭发上述黑暗面,才能把被"走资派"篡夺的权力重新夺回来。

这就是说,在毛泽东看来,这时我们党和我们的社会主义事业处在严重的危机中。尽管他对发动一场"文化大革命"来挽救这个危机那时是很有信心的,但是我们事业的发展竟然出现他所认定的这样严重的危机,发动一场大革命来挽救这个危机的努力也才刚刚开始,他认为广大干部对此还很不理解,很不认真,很不得力。他这时的心情中,怎能没有沉郁和苍凉呢?

"南国踏芳"——"文化大革命"发动的时候,毛泽东在南方几省视察和居住。5月15日到6月15日在"武林"(杭州),途经长沙于17日到"西方的一个山洞"(韶山滴水洞)住了十几天,28日来到"白云黄鹤的地方"(武汉)。从南方遥看北京,毛泽东是怎样看正在掀起的"文化大革命"呢?他在武汉给江青写过一封信,讲自己身上的虎气和猴气;讲自信和又有些不自信;讲盛名之下其实难副;讲天下大乱,达到天下大治,过七八年又来一次;讲前途光明和道路曲折……这封信在林彪事件爆发后在党内广泛传达过。信中所表露的心情,是复杂的。这样的心情,是不是会反映到同时写作的这首诗中来呢?

"一阵风雷惊世界,满街红绿走旌旗。"是泛指,还是特指?应该都有,应该从泛指和特指两重寓意上来理解。特指就是指"文化大革命",这是毫无疑问的。当时"文化大革命"的风雷骤起,震惊中国,也震惊世界。泛指则是指那个时代中国和世界的人民革命的风雷。"一从大地起风雷"(1961年11月《七律·和郭沫若同志》),"五洲震荡风雷激"(1963年1月《满江红·和郭沫若同志》),"风雷动,旌旗奋,是人寰"(1965年5月《水调歌头·重上井冈山》),都是泛指。特别后面这一句,把风雷和旌旗联在一起,正好作为《有所思》里这一句的注脚。如果在解释这一句时过分强调特指"文化大革命",那么,"满街红绿走旌旗"虽然是"文化大革命"高潮时情景的写照,但6月的时候"文化大革命"群众运动的形态,主要还是高等院校和部分党政机关中的大字报和群众集会,一般还没有上街。满街旌旗,是8月以后的事情。当然,我们也不必解得那么实,用满街旌旗形容"文化大革命"之动员群众,也未为不可的。

"凭阑静听潇潇雨",当是从岳飞《满江红》中"凭阑处、潇潇雨歇"化来。岳飞这首词是一首悲壮的词。岳词中有一句"待从头收拾旧河山",从某种意义上说,毛泽东发动"文化大革命"是不是也有从头收拾河山的壮怀呢?这样的壮怀,不能不带有悲壮的味道,也就是不能不带有沉郁和苍凉的一面。

历史的悲剧是,毛泽东对形势的估计脱离了实际的状况,他所发动和领导的"文化大革命"几经曲折,不但没有达到他的理想和目的,而且实际上他也已经很难把握和控制局势,陷入了欲罢不能、骑虎难下的境地。当他说天下大乱,七八年来一次的时候,他设想的绝不是一次乱七八年。他晚年的心境,至少某些时候的心境,应该说是孤独和悲凉的。从1975年为他读诗的芦荻所述他在董必武同志逝世的日子里,终日不语,流泪吟诵张元幹词的情况,可以证明这一点。据说,毛泽东病重时,曾经回顾平生,说:我一生干了两件事。一是与蒋介石斗了那么几十年,把他赶到那么几个海岛上去了。抗战八年,把日本人请回老家去了。打进北京,总算进了紫禁城。对这些事持异议的不多,只有那么几个人,在我耳边叽叽喳喳,无非是要我及早收回那几个海岛罢了。另一件事情你们都知道,就是发动文化大革命。这事拥护的人不多,反对的人不少。这两件事没有完,这笔遗产得交给下一代。怎么交?和平交不成,就动荡中交,搞得不好,后代怎么办,就得血雨腥风了。你们怎么办,只有天知道。

叶剑英同志在一次党内会议上讲过毛泽东的这段话。坊间一些书籍上也有这段话。

这段话表露的是1976年时的心境,不能用以形容写《有所思》的时候。不过那时思考的是"文化大革命",这时思考的还是"文化大革命"。其间经历了十年,十年实践,使全党许多同志,也使毛泽东,对"文化大革命"的思考,大大不同于十年前"文化大革命"开始的时候了。毛泽东没有否定也不可能否定"文化大革命",但他已经清醒地懂得,尽管进行了十年,尽管打倒了那么多"走资派",尽管办过了那么多学习班,尽管开过了九大又开过了十大,结果"文化大革命"还是(或者说更是)拥护的人不多,反对的人不少。在这前后十年和"不多""不少"的对比之间,毛泽东思考了一些什么呢?

无论怎样,归根到底,毛泽东写《七律·有所思》,从他的主观意愿来说,所思的是:故国和人民!

七绝 贾谊

贾生才调世无伦,哭泣情怀吊屈文。梁王堕马寻常事,何用哀伤付一生。

这首诗根据抄件刊印。最早发表在中央文献出版社一九九六年九月版《毛泽东诗词集》。

【注　释】

〔贾生才调世无伦〕本句用唐李商隐《贾生》诗"贾生才调更无伦"句。贾生，指贾谊（前200—前168），洛阳（今河南洛阳东）人，时称贾生，西汉政论家、文学家。初被汉文帝召为博士，不久迁为太中大夫。文帝想任其为公卿，因遭大臣周勃、灌婴等排挤，被贬为长沙王太傅。才调，指才气、才能。

〔哭泣情怀〕贾谊在《上疏陈政事》中说："臣窃惟事势，可为痛哭者一，可为流涕者二。"贾谊在梁怀王堕马死后，"哭泣岁余，亦死"。

〔吊屈文〕贾谊贬为长沙王太傅后，渡湘江时有感于屈原忠而见疏，作《吊屈原赋》，"因以自喻"。

〔梁王堕马寻常事，何用哀伤付一生〕贾谊后被征拜为梁怀王太傅，因梁怀王堕马而死，他认为自己"为傅无状"，忧郁自伤，不久去世。作者非常赞赏贾谊的才华，认为他因哀伤而死不值得，对此感到很惋惜。

【考　辨】

这首诗发表在中央文献出版社1996年9月出版的《毛泽东诗词集》，是根据毛泽东办公室秘书林克保存的抄件刊印的。

此诗"贾生才调世无伦"，是用唐李商隐《贾生》诗"贾生才调更无伦"句。从中央档案馆编《毛泽东手书选集》得知，毛泽东曾两次手书《贾生》诗，每次都凭记忆写作"贾生才调世无伦"。这说明他作《七绝·贾谊》诗时，用了《贾生》诗的成句，只是把"更"误记成"世"了。毛泽东的这个误记，无疑将成为《贾谊》诗是毛泽东所做的一个重要证据。

从林克保存的抄件看，此诗末句原为"何用轻容付一生"，后圈掉"轻容"二字，改为"哀伤"。可见，林克关注他抄录的诗词，当发现作者有了新的改动，会在抄件上立即进行改正。

★ 赏　析 ★

赞美与同情交织的诗人情怀
——《七绝·贾谊》赏析

孙东升

　　毛泽东喜欢读史，读史时又特别关注历史人物。西汉的政论家、文学家贾谊就是他特别喜欢的一位。

　　《七绝·贾谊》这首咏史诗，就是毛泽东在了解了贾谊的生平事迹后，有感而发吟成的诗篇。

　　从字面上看，这首诗明白流畅，并无艰深晦涩之处，只要大致了解贾谊的人生经历，其意旨就很容易理解了。贾谊，生于公元前200年，卒于公元前168年，年轻有为、才华横溢，被毛泽东称为"英俊天才"。据《史记》和《汉书》记载，贾谊十八岁就能"诵诗属书"，名闻当世。汉文帝时，他被征召为博士，每次皇帝下诏让大臣们议论问题时，许多年长的博士说不清楚的地方，年仅二十多岁的贾谊都能对答如流，显出出众的才华，因而深得文帝喜爱和称赞。不到一年，文帝就擢升他为太中大夫。贾谊主张改革，提出改订历法、修正律令、订立制度等一系列重要建议和措施，因而遭到当朝保守派权贵们的嫉妒和毁谤。文帝本想提升他作公卿，因为大臣周勃、灌婴的极力反对和排挤而未果，贾谊反被逐出京城，贬为长沙王太傅。一次在渡湘江时，郁郁不平的贾谊望着滔滔江水，有感于屈原遭谗被逐、自沉汨罗的故事，心有灵犀，联系到自己空怀报国之志反被疏远的现实，文思如泉涌，写下著名的《吊屈原赋》，"因以自喻"。这就是诗的前两句所写的"贾生才调世无伦，哭泣情怀吊屈文"的来历。

　　过了三四年，文帝召贾谊回到长安，曾在未央宫前殿的宣室向他问有关鬼神本原之事。在得到满意的回答、二人彻夜长谈之后，文帝叹曰：我很久不见贾生了，自以为比他强了，现在看来，还是不如他呀！于是，命贾谊做了文帝小儿子梁怀王的太傅。在怀王太傅任上，贾谊忠心耿耿，梦想成就一番事业。他怀着忧国忧民的心情，向文帝写了著名的《治安策》。

文中居安思危,清醒地看到当时表面清平盛世下暗藏的种种危机,表现了一位爱国者对国家前途命运的深切忧虑,并提出削小诸侯领地,削弱诸侯权利,加强对少数民族的控制,制定礼仪、纲纪、法度,使上下有所遵循。这些论述,有理有据,又有很强的说服力,可惜未被统治者所重视。

贾谊是一个政论家,他认为在治国安邦平天下的诸多事情中,教育太子——未来的君主的任务也相当重要。在《治安策》中,他提出应当选拔天下道德品行都很端正的人与太子为伴,使太子"生而见正事,闻正言,行正道,前后左右皆正人也","不使太子见恶行"。在他看来,太子完全脱离世俗的人群,在周围都是正人君子的环境中成长就不至于变坏。这种想法近乎幼稚,因而遭到毛泽东的批评。在1958年4月27日的一封信中,毛泽东除建议他的秘书田家英读班固的《贾谊传》外,还评论《治安策》一文中"论太子一节近于迂腐"。贾谊的主张,说说倒还罢了,但更为可惜的是,他在怀王太傅任上,因为梁怀王骑马不慎掉下来摔死这样一件平常的意外事故,便认为是自己"为傅无状",因此郁郁寡欢,不断自责哭泣,一年以后也去世了,年仅三十三岁。对此,毛泽东惋惜万状地说:"梁王堕马寻常事,何用哀伤付一生。"

这首诗是根据抄件刊印的,没有标明写作时间,因而我们无法确切地知道这首诗创作的时代背景。但是,如果我们翻阅一下毛泽东的有关文稿和讲话,知道他较集中地谈论贾谊等年轻天才是在1958年前后。这个时期,毛泽东特别重视年轻干部的提拔,认为"青年人比老年人强,贫人、贱人、被人们看不起的人、地位低下的人,大部分发明创造,占百分之七十以上",原因就是"因为他们贫贱低微,生命力旺盛,迷信较少、顾虑少,天不怕、地不怕,敢想敢说敢干"。(毛泽东《读〈初唐四杰集〉批语》)在1958年3月22日成都中央工作会议上,毛泽东两次提到贾谊,说他"曾多次向文帝上疏、批评时政,郁郁不得志";"这位西汉政论家、文学家,十八岁即能诵读诗书、善文章,为世人称誉"。这年5月8日,在中共八大二次会议上,毛泽东更是不厌其烦地讲道:"汉朝有个贾谊,十几岁就被汉文帝找去了,一天升了三次官,后来贬到长沙,写了两篇赋:《吊屈原赋》和《鵩鸟赋》。

后来又回到朝廷,写了一本书,叫《治安策》,他是秦汉历史学家。他写了十几篇作品,留下来的是两篇文学作品(两篇赋),两篇政治作品:《治安策》和《过秦论》。他死的时候只有三十三岁。"毛泽东在读《初唐四杰集》时更是掩饰不住自己的感情,批注道:王勃可与"王弼的哲学(主观唯心主义)、贾谊的历史学和政治学"相媲美,且都是"少年英发""英俊天才","惜乎死得太早了"。

由此不难看出,毛泽东对贾谊的才华十分赞赏,而对他的不幸早逝又十分同情。这首诗看似就事论事,实则饱含了诗人对贾谊这种出众才华的赞美、迂腐之气的痛惜之情。如果说在被贬长沙之后,他郁郁不得志,借吊屈原来抒发自己心中不平之气尚可理解的话,那么,在梁怀王堕马而死之后,他用感情自责的方法来走上绝路,就实在太不应该了,难免让人觉得可笑可叹。诗中,毛泽东对贾谊的人生遭际在思想感情上经历了两次跨越。前两句大唱赞美、颂扬之歌:贾谊以屈原自比,不平则鸣,虽空怀报国之志而不得重用,但他的才情却是举世无匹的;后两句则在惋惜、同情的同时略带指责之意:本来很平常的一件事情,何必忧郁自伤,为之托付一生呢?短短四句二十八个字,可谓选材精当、议论警绝。诗人似乎想在字里行间凝聚贾谊短暂而又光辉的一生,同时又不由自主地做出了自己的情感判断。这首诗的内在魅力,正在于此。

在文学史上,古往今来,写贾谊的诗颇多。当解读毛泽东的这首诗时,也许是因为化用前人诗句的缘故吧,我们很自然地会想起唐代李商隐的那首《贾生》:"宣室求贤访逐臣,贾生才调更无伦。可怜夜半虚前席,不问苍生问鬼神。"众所周知,毛泽东喜欢读李商隐的诗作,并曾在六处圈画过这首诗。几乎可以肯定地说,毛泽东写《贾谊》一诗时受到了李商隐《贾生》的启发和影响。将这两首诗放在一起相比较,不难看出,二者都是融大议论于短短篇幅之中,且均以慨叹出之,韵味深长,耐人寻味。不过,正像任何诗作都不能步前人后尘那样,毛泽东的诗更脱前人窠臼,从另一个角度吟出自己的感慨,而效果却同样成为抑扬顿挫、唱叹有致、令人折服的良篇佳构。如果说李商隐写的《贾生》着眼点在于统治者不重视人才,而毛泽东则先化用(几乎是在借用)李商隐的一句诗作开头,把着眼点放在贾谊个人的穷迫遭际上,同时融入了自己的情感,真可谓一咏三叹,让人回味无穷。借旧瓶装新酒、借旧题出新意,毛泽东运用得洒脱自如,反陆游词意写《咏梅》是一例,这首又是一例。

七律 咏贾谊

少年倜傥廊庙才,壮志未酬事堪哀。
雄英无计倾圣主,高节终竟受疑猜。
胸罗文章兵百万,胆照华国树千台。
千古同惜长沙傅,空白汨罗步尘埃。

这首诗根据抄件刊印。最早发表在中央文献出版社一九九六年九月版《毛泽东诗词集》。

【注　释】

〔少年倜傥（tì tǎng 替淌）廊庙才〕本句是说，贾谊年少有才，豪爽洒脱，是国家的栋梁之材。据《汉书·贾谊传》载，贾谊十八岁时，以能诵读诗书，善文章，为郡人所称；二十多岁任博士，一年之内超迁为太中大夫。廊庙，指朝廷。廊庙才，指才能和才气可任朝廷要职的人。

〔胸罗文章兵百万〕胸罗文章，指贾谊胸有锦绣文章。他的政论文如《过秦论》《治安策》《论积贮疏》等，提出了一系列治国策略和改革制度的主张，表现出卓越的政治远见和才能。兵百万，比喻贾谊论治国策略的锦绣文章其作用抵得上百万军队。

〔胆照华国树千台〕胆照，肝胆相照。华国，即华夏，这里指汉王朝。树千台，指建立众多的诸侯国。汉制设立"三台"，即尚书为中台，御史为宪台，谒者为外台，分别掌管政事、监察、外交。建立众多的诸侯国则势将设立"千台"。贾谊主张加强中央集权，削弱诸侯王势力。他在《治安策》中指出，"欲天下之治安，莫若众建诸侯而少其力"。

〔雄英〕出类拔萃的人。三国魏曹植《大司马曹休诔》："年没弱冠，志在雄英。"

〔圣主〕借用古代称颂帝王的惯用语，这里指汉文帝。唐李白《峨眉山月歌送蜀僧晏入中京》："君逢圣主游丹阙"；《巴陵赠贾舍人》："圣主恩深汉文帝。"

〔长沙傅〕指被贬谪为长沙王太傅的贾谊。

〔空白汨罗步尘埃〕空白，徒然说，白说。汨罗，即汨罗江，在湖南省东北部。这里化用屈原自沉汨罗江的典故。步尘埃，即步后尘。贾谊在《吊屈原赋》中对屈原选择投江殉国的归宿，颇不以为然，说"所贵圣之神德兮，远浊世而自藏"。本句意为贾谊对屈原投江的议论是白说了，他虽没有投江而死，但因梁怀王堕马死而忧伤死去，同于屈原的投江，还是步了后尘。

【考　辨】

这首诗根据毛泽东办公室的秘书林克的抄件刊印。

有的论者为了证明此诗不是毛泽东的作品,是伪作,提出的论据是"通篇严重失律","用语颠三倒四,语句不通"。关于毛泽东几首诗词的格律问题,在《五律·看山》考辨、《七律·读〈封建论〉呈郭老》考辨中,已有简略的论列,这里不赘述。

至于对此诗"用语颠三倒四,语句不通"的指责,下面一一加以辨析。

关于"廊庙"。有的论者说,"将'庙廊'颠倒成'廊庙'"。其实在古籍中"廊庙"和"庙廊",都是习用词,根本谈不上是颠倒。例如,《新唐书·张行成传》:"行成体方正,廊庙才也。"《宋书·裴松之传》:"裴松之廊庙之才,不宜久尸边务,今召为世子洗马。"又如,东晋王羲之《报殷浩书》:"吾素自无廊庙志。"

关于"雄英"。有的论者说,"把'英雄'颠倒成'雄英',毫无道理,更不可解"。这一指责确实是毫无道理的。"雄英"是文言语词,做出类拔萃的事迹或出类拔萃的人解释。例如,三国魏曹植《大司马曹休诔》:"年没弱冠,志在雄英。"明陈继儒《珍珠船》卷三:"四海脱有微风摇之者,雄英之魁,卿其人矣。""雄英"与"英雄"的词义是不一样的,所以也谈不上是颠倒。

关于"步尘埃"。有的论者说,此词语不通。步尘埃,即步后尘、步人后尘,意为跟着人家扬起的尘埃走。这是出于押韵的需要而将词语颠倒用之的,既合诗法,也合语法。

关于"倜傥"。有论者说,这是"轻浮谀词"。倜傥,卓异,豪爽洒脱。西汉司马迁《报任安书》:"惟倜傥非常之人称焉。"此诗称贾谊"少年倜傥",同作者在读《初唐四杰集》时作批语称赞贾谊等是"少年英发""英俊天才",是完全一致的。

关于"胸罗文章"。有论者说,"有点文理欠通"。作者意为贾谊胸有锦绣文章;就是把它直译为"贾谊胸中罗列(容纳)文章",也谈不上有什么语病。

关于"胆照华国"。有论者说,"'胆照华国'与'胸罗文章'一样,有辞义不通的毛病"。也许"胆照"和"华国"两个词语生僻一些,但并不费解。"胆照",是肝胆相照的略语。旧体诗词用略语是诗法之一,当然要用得能理解。华国即华夏,这里指汉王朝。作者意为贾谊与汉王朝肝胆相照。如果这样来理解,也谈不上辞义不通。

这首诗用典故和生僻词较多,读起来略感晦涩难懂。但这是一首咏史诗,使事用典是咏史诗特点之一,不能以一般写景抒情诗的标准来要求和衡量。

《诗人玉屑·下字》用字颠倒条:"古人诗押字,或有语颠倒,而于理无害者。如韩退之以'参差'为'差参',以'玲珑'为'珑玲'是也。"毛泽东诗词中因押韵或调平仄之需,也时有颠倒用字,例如"大军纵横驰奔(奔驰)","杨柳轻飏直上重霄九(九重霄)","六亿神州尽舜尧(尧舜)","世上无难事,只要肯登攀(攀登)",等等。颠倒用字也是一种诗法,如果不懂得也可能加以诟病。

★ 赏　析 ★

千古同惜长沙傅
——《七律·咏贾谊》赏析

丁　毅

这首咏贾谊的诗写作年代待考，估计是毛泽东晚年所作。

贾谊(前200—前168)，河南洛阳人，西汉文帝时期著名政治家、思想家、文学家。他主张加强中央集权，发展农业生产，对北方边患匈奴实行强硬的对抗政策，这些成为当时和以后相当时期内汉朝奉行的国策。而贾谊本人却在朝中大臣反对及奸佞小人谗毁下，逐渐失去汉文帝的信任，最后竟郁闷而死，年三十三岁。

毛泽东在讲话中曾多次提到贾谊年轻有为，"英俊天才"。在这首诗里则对其才能高度赞扬，并对其不幸遭遇表示无限惋惜之情。

"少年倜傥廊庙才，壮志未酬事堪哀。"首联先对贾谊的才华以及作者对其不幸的同情态度作一概括交代。贾谊十八岁时，就以能诵《诗》《书》和善写文章扬名于郡中，得到河南郡守吴公重视，成为吴的门客。又由于吴公推荐，汉文帝刘恒召贾谊为博士，此时他才二十二岁。在诸博士中贾谊最年轻，却表现出出类拔萃的才能。每当文帝下诏令交付讨论，诸老博士欲语不能，而贾谊却能尽为之对，且能道出他人要说的意见，因此公认贾谊才能高出众人不少。这当然引起文帝赏爱，又提拔他为太中大夫，成为皇帝的高级顾问官。大约在这时，贾谊写了三篇《过秦论》，这是一组现实感很强的史论，文章就秦的兴衰总结历史教训，借以告诫汉王朝统治者。文章气势磅礴，议论英发，看得出是少年才气发扬之作。这组史论历来受文学推崇，其上篇为现行中学语文教材采用，几成为人人必读的范文。毛泽东誉贾谊"少年倜傥"，我们可以从这组文章中得到一些感性认识。

作为高级顾问官，贾谊也不负文帝提拔，他提出一系列建设性意见，如改革旧的律令,命令住在长安的诸侯回到自己封地,都得到采纳实行。当然也有一些建议,限于条件缓期实行。这些都看出贾谊确实才识过人,是精通国家政治的"廊庙才",是朝廷的栋梁。

汉文帝二年(前178年),正当文帝打算"任(贾谊)公卿之位"时,朝廷上出现了一股反对贾谊的力量,这里既有奸佞小人,也有功高卓著的大臣如绛侯周勃等人。他们攻击贾谊"年少初学,专欲擅权,纷乱诸事",因此汉文帝就疏远了他,"不用其议"。先是贬他作长沙王吴差的太傅,以后再也没有信任他。贾谊的才能始终未得到施展,"壮志未酬事堪哀",这位历史上少有的青年政治家,最后结局竟如此悲惨,实在让人哀叹不已!

"胸罗文章兵百万,胆照华国树千台。"颔联照应首联第一句,是"少年倜傥廊庙才"的具体化。贾谊是理论创造者,故用"胸罗文章"赞其理论上的建树。罗,帛之美者,这里作动词用。"胸罗文章",如注中说是指贾谊胸有锦绣文章,就是说他的理论创造很了不起。"兵百万",是对"胸罗文章"的补充说明,即贾谊的理论著述其作用顶得上雄兵百万。宋朝范仲淹抵抗西夏,守边数年,西夏人畏惧他,不敢侵犯边境,说他"胸中自有数万甲兵"。毛泽东的"胸罗文章兵百万"一句诗即从这句古语化出。贾谊的理论主张对于汉王朝前期的稳固发展起了很大作用,的确顶得上百万雄兵。再说贾谊主张一改自汉高祖以来对匈奴实行的退让政策,在当时具有振聋发聩的作用,这一点引起反对霸权主义的毛泽东的重视是很自然的,用军事上提法来称赞文章功能也就很容易理解了。

"胆照华国树千台"一句,照注中所说是指贾谊忠于汉朝,提出了建立众多诸侯国以达到加强中央集权的建议,势将设立很多下属行政机构。这样理解是可以的。这里再提一个说法供读者参考。贾谊《新书》里有一篇《君道》,是专讲帝王之术的,内言:"文王有志为台,令匠规之,民闻之者裹粮而至,问业而作之,日日以众。故弗趋而疾,弗期而成。命其台曰灵台,……爱敬之至也。"《诗经·大雅·灵台》专题歌颂之,贾谊文中引了这首诗。《孟子》开篇也引了这首诗并发表议论说:"古之人与民偕乐,故能乐也。"看来这是儒家鼓吹民为邦本思想常用的典故。毛泽东用此典是说贾谊赤胆忠心对待朝廷,目的就是希望汉文帝成为周文王那样受百姓拥戴的明君。

尽管贾谊如此忠于国家,其命运却又极其不幸。颈联"雄英无计倾圣主,高节终竟受疑猜"则是对首联第二句"壮志未酬事堪哀"的详细阐明。贾谊在反对派的攻讦之下难以再取得汉文帝的信任,才能再大也无法施展,这是最让人叹惋的。"雄英"一词与"英雄"无本质区别。细思之,又略有差异。"雄"指力量过人,"英"指在智慧方面出类拔萃。"英雄"偏在"雄"义,是力量上的强者;"雄英"偏在"英"义,是智者之美。所以此联出句就应该理解为:尽管贾谊聪明过人他也想不出办法让汉文帝倾听他的意见。汉文帝七年(前173年)贾谊被召回朝廷,文帝在宣室接见了他,可惜不询问政事而问"鬼神之本",贾谊答得认真,文帝听得有趣,而且称赞说:"吾久不见贾生,自以为过之,今不及也。"荒诞无稽的鬼神说倒引起皇帝的欣赏,而且也给贾谊的命运带来小小转机,汉文帝让贾谊做他最喜爱的小儿子梁怀王刘揖的太傅,这实在是莫大的悲哀。其后,贾谊多次上疏,即后来合成一长篇的《治安策》,表现出卓越的政治见解,文帝也采纳了其中的建议,如"众建诸侯而少其力"则付诸实行,而贾谊却仍不得重用。"高节终竟受疑猜",原来一片忠心换来的还是被怀疑,文帝是在控制使用他。

为什么贾谊不被重用?苏轼在《贾谊论》中批评贾谊"不能自用其才",毛泽东在这首诗里把责任归到汉文帝这边,倒是正中肯綮。既然贾谊已多次表现出政治才能,是难得的人才,反而他受到猜疑,不是你最高统治者的过错吗?

汉文帝十一年(前169年),梁怀王刘揖入朝时,不小心堕马而死,贾谊身为太傅有失职之嫌,惧怕与歉疚兼而有之,经常哭泣,一年后竟在精神极度痛苦中死去。一代杰出政治家的不幸结局让后代不少人唏嘘,也成为不少诗人歌咏的对象,引起政治家、诗人毛泽东的同情也是自然的。"千古同惜长沙傅",千百年来大家一致惋惜贾谊的遭遇,毛泽东在惋惜之余也觉得贾谊有可议之处,"空白汨罗步尘埃"一句大有深意,值得玩味。贾谊在长沙渡湘江时,写过一篇《吊屈原赋》,借对屈原的同情发泄自己的愤慨,并批评了屈原不能"远浊世而自藏",似乎比屈原还高明些。毛泽东说他"空白汨罗",意思应该是你这样评论屈原不是白说了吗,你因梁怀王堕马身亡而忧伤死去,还不也是步了屈原的后尘,你也没有做到"远浊世而自藏"啊!再说屈原自沉完善了他的坚持正道直行的崇高形象,贾谊哭泣而死留给人的是懦弱伤感的印象,虽都是死,其意义并不相同,反过来再看贾谊对屈原投汨罗所发的议论不是感到徒然吗?

这首诗在艺术上也很有特色。

显著特点是处处运用对比手法。贾谊本人才能甚高与命运多舛形成强大反差,个体的贾谊与"兵百万""树千台"之间是"一与多的对立统一","雄英"与"高节"的贾谊反受"圣主""疑猜"让人感到太不公平,与屈原结局虽同,两相比较仍有差异,用"空白"一词委婉点出。就在这一系列对比之中,作者的赞美、惋惜、批评态度与感情准确鲜明地表现出来。

这是一首咏史诗,题材决定了这类诗难以写得形象鲜明、情感饱满,弄不好就"质木无文",缺少诗味。这首诗在题材处理上颇见匠心。首联概括交代人物命运时以一"哀"字点出所抒之情,尾联再以"惜"字予以呼应,这样全篇就笼罩在浓郁的抒情气氛之中。颔联抓住人物才德两方面特点刻画其形象,颈联叙事是对人物命运所做的高度概括。中间两联写人、叙事是首尾两联所抒之情的基础,人、事因情而设,情又以人、事而发,做到了抒情、叙事、写人的完美统一。

最后要提及的是,作为党和人民领袖的毛泽东,他写咏史诗绝非发思古之幽情。晚年的毛泽东以"备战、备荒、为人民"作为基本国策,贾谊的政治主张与毛泽东制定的政策有相通之处,或者为他制定政策提供了有益借鉴。这些应是这首咏史诗产生的基础,既决定了这首诗的内容,又决定了它的艺术贡献。以历史唯物主义的方法评价古人,为现实服务,也是其不同于历史上所有咏史诗之处。

附录

四言诗

祭母文

一九一九年十月八日

呜呼吾母,遽然而死。寿五十三,生有七子。七子余三,即东民覃。其他不育,二女二男。育吾兄弟,艰辛备历。摧折作磨,因此遘疾。中间万万,皆伤心史。不忍卒书,待徐温吐。今则欲言,只有两端:一则盛德,一则恨偏。吾母高风,首推博爱。远近亲疏,一皆覆载。恺恻慈祥,感动庶汇。爱力所及,原本真诚。不作诳言,不存欺心。整饬成性,一丝不诡。手泽所经,皆有条理。头脑精密,劈理分情。事无遗算,物无遁形。洁净之风,传遍戚里。不染一尘,身心表里。五德荦荦,乃其大端。合其人格,如在上焉。恨偏所在,三纲之末。有志未伸,有求不获。精神痛苦,以此为卓。

天乎人欤，倾地一角。次则儿辈，育之成行。如果未熟，介在青黄。病时揽手，酸心结肠。但呼儿辈，各务为良。又次所怀，好亲至爱。或属素恩，或多劳瘁。大小亲疏，均待报赉。总兹所述，盛德所辉。必秉悃忱，则效不违。致于所恨，必补遗缺。念兹在兹，此心不越。养育深恩，春晖朝霭。报之何时，精禽大海。呜呼吾母，母终未死。躯壳虽隳，灵则万古。有生一日，皆报恩时。有生一日，皆伴亲时。今也言长，时则苦短。惟挈大端，置其粗浅。此时家奠，尽此一觞。后有言陈，与日俱长。尚飨！

这篇祭文最早发表在湖南出版社一九九〇年七月版《毛泽东早期文稿》。

【注　释】

〔四言诗〕古体诗的一种格式。每句四个字,句数不限,一般偶句押韵,也可三句、四句一押韵,可以换韵,首句可押可不押,不讲究平仄、对仗。

〔祭母文〕毛泽东的母亲文素勤(文七妹),生于1867年2月12日,湖南湘乡人,1919年10月5日患淋巴腺炎病逝。这篇祭文是毛泽东闻母噩耗从长沙回家奔丧在灵前所写。古代祭文体裁可以是韵文,可以是散文,也可以是韵文、散文兼用。毛泽东的《祭母文》,是用四言韵文形式写成的,故列入四言诗。

〔呜呼〕旧时祭文中常用的叹词,这里是作者对亡母的哀悼。

〔东民覃〕指毛泽东、毛泽民、毛泽覃。毛泽民(1896—1943),毛泽东的大弟。1921年春参加革命,1922年加入中国共产党。先后担任安源路矿工人消费合作总社总经理、中共中央出版发行部经理、中华苏维埃共和国临时中央政府国家银行行长、中华工农民主政府国民经济部部长等职。抗日战争时期在新疆从事抗日民族统一战线工作,任新疆省政府财政厅代理厅长、民政厅厅长。后被新疆军阀盛世才杀害于迪化(今乌鲁木齐)。毛泽覃(1905—1935),毛泽东的二弟。先后担任社会主义青年团长沙地委书记处书记、红三军政治部主任、红军独立师政委兼师长、苏区中央局秘书长。中央红军进行长征后,担任中央苏区分局委员、红军独立师师长。后在江西瑞金与敌军作战时牺牲。

〔摧折作磨,因此遘(gòu够)疾〕遘,遭遇。疾,病。这二句意为遭挫折、受磨难,因此患病。

〔不忍卒书,待徐温吐〕卒,完毕,结束。温,复习,引申为回忆。吐,说出来。这二句意为不忍心全都写完,等待以后慢慢地回忆着来讲述。

〔今则欲言〕今则,犹今之、今者,则,助词。欲言,想要说的。

〔一则盛德,一则恨偏〕一则,犹一条、一方面。盛德,即大德,指高尚品德。恨偏,即偏恨,指偏于怨恨或特别遗憾。

〔远近亲疏,一皆覆载〕远近,指近亲远戚。亲疏,指亲近、疏远者。一皆,全都。覆载,即天覆地载,原指天地养育及包容万物;这里指给予恩惠,慷慨接济。

〔恺恻(kǎicè凯测)慈祥,感动庶汇〕借用清代曾国藩家书中的成语。恺,快乐。恻,诚恳。慈祥,仁慈和蔼。庶,古代指百姓、民众。汇,汇集,聚集。庶汇,此处指众人。这二句意为性情快乐诚恳,仁慈和蔼,感动了众人。

〔诳(kuáng狂)言〕骗人的话。

〔整饬(chì斥)成性,一丝不诡〕整饬,整理,使有条理。不诡,不违反。这二句意为治家有条理成为天性,一丝一毫不违反。

〔手泽所经〕手泽,原指手汗沾润,此处指亲手。这句意为亲手经办的事情。

〔事无遗算,物无遁形〕事无遗算,化用西晋陆机《辨亡论》句:"谋无遗算。"遗算,失于算计。物无遁形,借用陆机《汉高祖功臣颂》句:"物无遁形。"遁,隐藏。这二句意为对事情的谋划没有失于算计,对事物的观察没有隐藏形态。

〔戚里〕亲戚与邻里。

〔五德荦(luò络)荦,乃其大端〕五德,儒家以温、良、恭、俭、让为修身的五种品德。荦荦,分明。大端,这里指做人的大节。

〔合其人格,如在上焉〕合,综合。如,应当。在,属于。上,旧指尊长。焉,表语气。这二句意为综合母亲的人格,应当属于受人尊敬的长辈。

〔三纲之末〕儒家提出:"君为臣纲,父为子纲,夫为妻纲。"这三纲是封建社会的三种伦理关系。"夫为妻纲",处于三纲中的末尾。

〔为(wéi围)卓〕为,成为。卓,特出。

〔天乎人欤,倾地一角〕意为苍天啊,人世啊,精神的痛苦就像大地塌陷一个角落。前句表达儿辈的悲呼,后句比喻母亲痛苦的深重。

〔育之成行(háng杭)〕育,养育。之,代儿辈。成行,指长大成人。唐杜甫《赠卫八处士》:"儿女忽成行。"

〔酸心结肠〕即心酸肠结,比喻悲痛至极。

〔或属素恩,或多劳瘁〕或,有的人。属,是。素,向来。多,过分。这二句意为有的人是向来受他恩惠,有的人过分劳累病苦。

〔报赉(lài赖)〕报答与赠送。

〔总兹所述,盛德所辉〕兹,此,即以上。所,助词,用在动词前面。辉,辉映,照耀。这二句意为总括以上叙述,都为母亲的高尚品德所辉映。

〔必秉悃(kǔn捆)忱,则效不违〕秉,秉持。悃忱,诚恳的心意。则效,效法,仿效。《诗经·小雅·鹿鸣》:"君子是则是效。"不违,不违背。

〔念兹在兹,此心不越〕念兹在兹,借用《尚书·虞书·大禹谟》句:"念兹在兹"。兹,此,指皋陶。这句原意,夏禹要虞舜思念此人,不要忘记他的功劳。后泛指念念不忘。不越,不超出,不改变。这二句意为念念不忘要补救母亲抱憾未来得及回报的事情,这种心意决不改变。

〔春晖〕春天的阳光。唐孟郊《游子吟》:"谁言寸草心,报得三春晖。"后来春晖用以比喻母爱的温暖。

〔精禽大海〕精禽,指古代神话中的鸟,名精卫。大海,这里指填海。据《山海经·北山经》,相传炎帝女因游东海淹死,灵魂化为精卫,经常衔西山木石,以填东海。这句意为要以精卫填海的精神永不停息地来报答母亲的养育深恩。

〔躯壳虽隳(huī灰),灵则万古〕隳,毁坏。灵,精神。

〔惟挈大端,置其粗浅〕挈,举出。大端,这里指主要方面。置,置辞,即措辞。粗浅,这里指文辞粗略浅陋,可看作谦辞。

〔尽此一觞〕尽,完,饮完,引申为干。觞,酒杯。这句意为请母亲干这杯酒。

〔尚飨〕旧时祭文常用作结束语,这里意为希望亡母来享用祭品。

【考　辨】

这篇祭文的原稿在毛泽东表兄文运昌家保存多年,后遗失。文运昌在新中国成立初期,向档案部门提供了本文的抄件,题为《毛泽东祭母文》,并在题下写明:"民国八年八月十五日,他在灵位前执笔成之,我代录正的,稿存我家。""民国八年"即公元1919年,"八月十五日",系农历,公历是10月8日。毛泽东的塾师、族兄毛宇居也同时向档案部门提供了另一个抄件,文后写道:"此文脱尽凡俗,语句沉着,笔力矫健,皆是至性流露,故为之留存,以为吾宗后辈法。"这两份抄件基本相同,只有个别字相异。

　　文运昌抄件前半部分是《祭母文》,后半部分题为《毛泽东泣母灵联》。联曰:"(一)疾革尚呼儿,无限关怀,万端遗恨皆须补;长生新学佛,不能住世,一掬慈容何处寻?(二)春风南岸留晖远,秋雨韶山洒泪多。"

★ 赏 析 ★

秋雨韶山洒泪多
——《四言诗·祭母文》赏析

唐 逊

《祭母文》是毛泽东悼念母亲以四言诗形式写的一篇祭文,也是一首悼诗。毛泽东的母亲文素勤,湘乡县(今湘乡市)棠佳阁人,是韶山冲里一个以勤劳、善良、敦厚、富有同情心而著称的劳动妇女。她非常疼爱孩子,并以她那劳动人民的优秀品德影响着他们。她怜悯那些穷人:要饭的来了,总是盛饭给他们吃;饥荒的时候,常常送米给穷乡亲。毛泽东十分敬重他的母亲,甚至在几十年后还以深厚的感情谈到她。

毛泽东很爱自己的母亲,他二十六岁那年,母亲得了淋巴腺炎,正在长沙的毛泽东把母亲接去医治,毛泽东与两个弟弟还搀扶着老母到照相馆合影留念。这是文氏夫人第一次照相,也是最后一次照相。兄弟三个万万没有想到,这竟是他们与母亲的最后一次相聚。

正当毛泽东在长沙忙于驱张运动的时候,得到母亲病危的特急家信,像是晴天霹雳,他马上奔回韶山。可是,当他赶到上屋场时,母亲已入棺两天了。二弟泽民告诉他:母亲临终还在呼唤着他们的名字。毛泽东听后心如刀绞。那几天,他对着暗淡的油灯,守在灵前,面对孤灯以泪和墨,含悲挥笔写下这篇情深意切的《祭母文》。

从"呜呼吾母,遽然而死"至"不忍卒书,待徐温吐"等八句,介绍毛母生儿育女的艰辛。毛母五十三岁逝世,一生有七个子女,只有三个育活,备历摧折,遭受病痛。伤心事"中间万万",使作者不能很快写出,只能慢慢地重温回忆。毛泽东对母亲一片深情,精神沉重,悲哀万千。

"今则欲言,只有两端:一则盛德,一则恨偏。"叙述毛母两方面的优秀品质:一个是美好的品德——盛德;一个是憎恨不公正——恨偏。

毛母的"盛德"首先是"博爱",对远近亲戚都一样庇养包容("一皆覆载"),使大家深受感动("感动庶汇");而且办事严谨公正("整饬成性"),

有条有理("皆有条理");本身整洁清廉("洁净之风"),"不染一尘"。作者认为母亲具备儒家的品德("五德荦荦")。

而毛母的"恨偏",是指"三纲之末"的"夫为妻纲",男人居于主要和支配的地位。毛泽东曾回忆道:"我母亲是个心地善良的妇女,为人慷慨厚道,随时愿意接济别人,她可怜穷人,他们在荒年前来讨饭的时候,她常常给他们饭吃。但是,如果我父亲,他就不能这样做了。我父亲是不赞成施舍的。我家为这事多次发生过争吵。我家分成两'党'。一党是我父亲,是执政党。反对党由我、母亲、弟弟组成,有时连雇工也包括在内。可是在反对党的'统一战线'内部,存在着意见分歧。我母亲主张间接打击的政策。凡是明显的感情流露或者公开反抗执政党的企图,她都批评,说这不是中国人的做法。"(斯诺《红星照耀中国》)通过这段回忆,可以看出在毛家,毛父是一家之主,而且对全家颇为严厉,遭到全家不满,以至组成"统一战线"反对他。而毛母心地善良,信佛也很虔诚,所以她不主张直接批评毛父,主张"间接打击",即含蓄批评、帮助。在毛泽东的自述中还谈过他对父亲的不满,甚至当着穷人的面争论起来,以致激怒的他跑出家门,恫吓毛父说如果他再走近一步自己就要跳下池塘的事情。当然,毛泽东也不是一味批评父亲,他也认为父亲的严厉态度使自己干活非常勤快,记账仔细,免得父亲有把柄来批评自己。毛泽东所说的"恨偏所在,三纲之末",是仇恨封建制度的"三纲"。这时的毛泽东已在新学堂里学到"自然科学和西学的新学科",受到资产阶级启蒙教育,已经能反对封建伦理道德,不再迷信,不再信佛了。"恨偏"指的首先是"有志未伸""精神痛苦";其次是儿辈之人年龄不大,如果子未熟,"介在青黄",病中握住儿子们的手内心非常痛苦("酸心结肠"),一再叮嘱:你们一定要做善良的人("各务为良");再次,是所怀念的亲友都想报答("均待报赍")。以上诗句介绍了毛母的优秀品德。

以下作者抒发热爱母亲、怀念母亲的深厚之情。对母亲的诚恳心意("悃忱")继承不违背("则效不违"),对于她的遗恨,没有做到的,设法弥补。用"春晖朝霭"比喻养育之恩,用"精禽大海"来报答恩情。

"呜呼吾母,母终未死"以下直接抒情,表达母亲人虽去世,但精神永存,自己一生都要报答和陪伴她。

多年过去,毛泽东对自己父母始终深深怀念。新中国成立后,1959年6月25日,毛泽东在罗瑞卿等人陪同下回到阔别三十二年的韶山故乡。在旧居,他在父母的照片前凝视着,伫立了好一阵,然后对随行的同志说:"如果是现在,他们就不会死了。"对父母过早去世非常遗憾。毛泽东还特意瞻仰了父母的坟墓,那天早上,他默默地爬上故居对面一座叫楠竹坪的小岗,走到他父母合葬的坟前低头默立,深深地三鞠躬,眼圈湿红。他接过警卫递过的松枝,恭恭敬敬放在坟头上,又默立片刻,然后离去。回到住所后,毛泽东对罗瑞卿说:"我们共产党人是彻底的唯物主义者,不信什么鬼神。但生我者父母,教我者党、同志、老师、朋友也,还得承认。我下次再回来,还要去看他们两位。"(权延赤《走下神坛的毛泽东》)。

这首诗在写作上有几个特点:

一、感情真挚,余音绵绵。叙述母亲一生所受痛苦,"中间万万,皆伤心史"。歌颂母亲功德,及颂扬怀念之情,徐徐道来,却又满怀悲戚,最后直抒胸臆,愿永世相伴,使人难忘。读毕全诗,使人大有秋雨韶山洒泪多的感触。

二、叙述委婉,辞意恳切。作者熟悉中国传统的四言诗,长于叙事抒情,前一部分叙述毛母的遭遇和功绩品德,作者"不忍卒书,待徐温吐",只抓住毛母的"盛德"和"恨偏"展开叙述,使毛母和亲友的关系,以及优良品德"传遍戚里",被读者所悉知。后面抒情,水到渠成,自然而然。

三、语言简洁生动,富有表现力与强烈的感染力。诗中形容毛母认为儿子们太小,像果子未熟,在青黄之间("如果未熟,介在青黄")。简洁明了。形容母亲病中对儿子们的挂念,"病时揽手,酸心结肠",将母亲的抓住儿子的手,痛苦万分的情态,写得非常逼真生动。又如报答母恩,以"精禽大海"作比,活用"精卫填海"的典故,表示自己终身努力的决心,给人以深刻奇特印象。

归国谣

今宵月

一九一九年十月

今宵月,直把天涯都照彻。清光不令青山失。 清溪却向青滩泄。鸡声歇,马嘶人语长亭白。

这首词最早以毛泽东手迹与释文发表在一九九二年十一月《中国风》创刊号。

【注　释】

〔**今宵月**〕化用辛弃疾《木兰花慢》"可怜今夕月"句。

〔**天涯**〕天边，极远的地方。

〔**不令**〕犹不使、不让。作者手迹原作"不令"，系笔误。

〔**清溪**〕指韶河，在韶山冲由西向东流。东部有清溪山，建有清溪寺。旧时设清溪乡（作者故乡韶山旧属清溪乡），今建清溪镇。

〔**青滩**〕指韶河流入涟水的汇合处。

〔**长亭**〕旧时大道上行人休息与送别的亭子。

【考　辨】

《归国谣·今宵月》最早见于1992年11月《中国风》创刊号上发表的《毛泽东手迹三幅》中的第一幅。手迹是从丁玲遗物中发现的。《中国风》编者按说，这是毛泽东1937年在延安书赠丁玲的。编者对是谁的词作虽经查考尚难确定，暂仍存疑。经过二十年来不断探求研究，现在确认《归国谣》是毛泽东的词作。

从毛泽东书赠手迹原委考辨。1937年春天在延安，毛泽东与丁玲多次谈论到自己的词作，并随手书写，一共赠送给丁玲十余幅诗词手迹。因为是当面交谈，边谈边写，作品内容已经讲述，所以书写自己创作的八首词作时都无须署名。这八首词作，作者在世时先后公开发表了《沁园春·雪》《沁园春·长沙》《菩萨蛮·黄鹤楼》《忆秦娥·娄山关》《清平乐·六盘山》等五首，作者去世而丁玲在世时公开发表了《贺新郎·别友》和《临江仙·给丁玲同志》这两首。只剩下这一首《归国谣》迟至丁玲辞世后在1992年11月《中国风》创刊号上随同手迹与释文才得以发表。九幅手迹中，惟有一幅黄兴的《临江仙》，明确标注了作者和写作地点："黄兴（北京）。"毛泽东之所以手书黄兴词作，可能意在说明他赠给丁玲的词作《临江仙》词牌，湘籍革命前辈黄兴二十五年前在北京就曾应用过。再者他也化用了黄兴《临江仙》的词句。"壁上红旗飘落照"一句,化用了"国旗五色正飘然"和"落照"词意,"三千毛瑟精兵"对应了"十万貔貅"。《归国谣》词发表后,有论者提出《归国谣》手迹是毛泽东抄录黄兴的词作。持该论者当时只知道毛赠丁玲手迹是《中国风》上所刊三幅,又因三幅中有黄兴词,遂误将《归国谣》说成是黄兴之作,但提出时并无确凿证据。这就引起了此词作者是谁之争。近二十年中,学者们搜罗查阅了从台湾到大陆大量的黄兴著述、墨迹和年谱传记,都未见这首词,证明《归国谣》不是黄兴所作。这期间,学者们对中国古代诗词也做了大量查证,证明《归国谣》也不是古人词作。所以,《归国谣》无疑是毛泽东的词作。

从遣词用语和用韵上考辨。词中"直、彻、鸡声、长亭、青山"这些词语,在毛泽东学生时代的诗歌中就已经用过。而在革命战争年代和新中国成立后的毛泽东诗词中更能大量见到《归国谣》词中诸如"直、把、都、彻、鸡声、马嘶、白"等词语的习惯用法,例句不胜枚举。就用韵看,《归国谣》词的韵部与作者后来大量词作的韵部完全相同,而且都有用湖南方音押韵的特点,尤其"白"的用法,"长亭白"与《贺新郎·读史》中"东方白"的音、义及方音押韵一模一样。

从写作年代考辨。词作描绘的夜半戴月山乡行直至马嘶人语到长亭的情景,是毛泽东早年的山乡出行,环境氛围是典型的湖南山乡。1917年暑假毛泽东与萧子升到湖南洞庭湖周围五县游学途中突遇暴雨,曾成七律,其中写道:"骤雨东风过远湾,滂然遥接石龙关。……君行此去遵何路,坐眺长亭意转闲。"这首诗和《归国谣》词,一写戴月山乡行,一写暴雨山乡行,虽然境界迥异,然而都在湖南山乡,同样都有长亭,可知两首诗词写作时间距离比较接近。由此推断,《归国谣》是毛泽东早期词作。

从词意本事考辨。《归国谣》中,朗月、清光、青山、鸡声、清溪、青滩、马嘶、人语、长亭,对这样的景物环境反复进行探究,查考毛泽东的大量史料,结合青年毛泽东的活动行踪、诗语世界和韶山山水风物,确认这是典型的韶山景物环境,词意本事是写毛泽东在1919年10月葬母后夜别韶山的情景。

　　有学者指出,毛泽东的《归国谣》,应当是《归自谣》,并说:"一些书籍将《归自谣》与《归国谣》误为一体。"据考,《归国谣》词牌,一作《归自谣》。《词律》说,《归国谣》有三体,其中一体为三十四字,"国"一作"自","谣"一作"遥",见欧阳修词,起句为三字。《词律》说的这一体,与毛泽东所填《归国谣》,格律完全相同。此外,龙榆生编撰的《唐宋词格律》说,《归自谣》"一作《归国谣》","三十四字,前后片各三仄韵"。王力著《汉语诗律学》说,"归国谣(归自遥)卅四字"。只有《词谱》将《归国遥》与《归自谣》,编排为不同调。

★ 考 证 ★

《归国谣》考证

萧永义

1992年,《中国风》创刊号上首次发表了毛泽东三幅手迹。"编者按"说明:这是毛泽东1937年在延安书赠丁玲的。丁玲在《延安文艺座谈会的前前后后》一文中回忆这一往事时写道:"他(指毛泽东)同我谈话,有几次都是一边谈,一边用毛笔随手抄几首他自己作的词,或者他喜欢的词,有的随抄随丢,有几首却给了我,至今还在我这里。"毛泽东手书的这三首词中,《贺新凉》一首,系毛泽东自己的词作,即1978年9月9日《人民日报》首次发表的《贺新郎》(《贺新凉》为《贺新郎》的别称)。《临江仙》一首,系资产阶级民主革命家黄兴的词作。至于《归国谣》一首,是毛泽东自己的还是别人的词作,虽经查考,尚未得出定论。

对于这首《归国谣》,臧克家先生认为:"从内容看,是赠别友朋的。""体味再三,我个人倾向它是毛主席之作。这是从字句上,表现手法上,和其他诗词比较之下得出的这个看法。"(《读〈毛泽东手迹三幅〉》,载于《中国风》1992年11月创刊号)

笔者倾向臧翁之说。三幅手迹中,《临江仙》一幅,题下注有"黄兴·北京"字样,据查,确系黄兴到北京之作;《贺新凉》一幅,题下无注,系作者自己的作品。这幅《归国谣》,题下亦无注,同样为作者自己的作品的可能性是存在的。毛泽东诗词喜用"直"字,如"直下龙岩上杭""直上重霄九";喜用"都"字,如"洒向人间都是怨""一片汪洋都不见""都是人间城郭";喜用"白"字,如"漫天皆白""一唱雄鸡天下白""歌未竟,东方白"等。"归"词中是接连用了这些字的。词中"把"字、"彻"字也近乎毛词口气。如"把汝裁为三截""万丈长缨要把鲲鹏缚","搅得周天寒彻""衡阳雁声彻"等。"鸡声歇,马嘶人语长亭白"与他的"西风烈,长空雁叫霜晨月""枪林逼,飞将军自重霄入"等,在句式、节奏乃至音律上也非常接近。

又，毛泽东故乡韶山旧属清溪乡，今名清溪镇，有清溪流经。《归国谣》中的"清溪"是否有可能指此而言，也是值得玩味的。至于"长亭"，韶山附近即有"如意亭""永义亭""郭家亭"等地名。毛早年诗作"骤雨东风过远湾"中还有"坐眺长亭意转闲"之句，他如将"长亭"写入词中也是非常自然的。真相究竟如何，希望诗界更多的朋友参加探讨。如果不是毛泽东的作品，则至少可以肯定是毛所喜爱、词风与毛相近的作家的作品。这对于研究毛泽东诗词也是有意义的。

顺便提及一个问题，即这首词的词牌。《词律》说：《归国谣》有两体。一见温庭筠词，四十二字，四句四仄韵。韦庄词起句增一字。一见欧阳修词，三十四字，前后段各三句三仄韵。"国"一作"自"，"谣"一作"遥"。《词谱》则指出：《归自谣》，双调，六句，三十四字，六仄韵。与《归国谣》实非同调。

按，前些年，曾有论者指出毛手书之《归国谣》为黄兴之作，但至今未见提供出处。笔者与友人多方查考，直至通过黄兴先生的亲属查看了《黄克强先生诗联选集》等，亦未能得到证实。

再按，2004年8月中旬，笔者得到台湾一位朋友寄来的《黄克强先生书翰墨迹》（中国国民党中央委员会党史委员会编，1973年10月25日增订本）。其中诗、词、联手迹有二十五幅。毛泽东在陕北书写过的《临江仙》词赫然在目，《归国谣》则未见。

★ 赏　析 ★

戴月离乡山冲行　青山清溪不了情
——《归国谣·今宵月》赏析

黄玉杰

　　1992年11月《中国风》创刊号上首次发表了毛泽东书赠丁玲的《归国谣》手迹。书赠手迹的时间在1937年春天,地点在延安。《归国谣》手迹于发表前人们从未风闻。事隔五十五年之后发表已显然太迟,当事人毛泽东、丁玲早已作古,无可查询。发表以来二十年中,若干毛诗笺注诠释和赏析本收纳论及了《归国谣》,认为是毛泽东本人词作,但对词作所述何时、何地、何事,认识大相径庭。《归国谣》作者之争和词意本事考论,确实扑朔迷离,几近数论中的哥德巴赫猜想,成为二十年来毛诗研究领域费解的难题。

　　笔者多年中反复思虑,从毛泽东书赠手迹原委、词作遣词用语和用韵方面进行考辨,确认《归国谣》是毛泽东早期词作;同时反复探究《归国谣》中的景物环境,查考了毛泽东的大量史料,结合青年毛泽东的活动行踪、诗语世界和韶山山水风物,确认这是典型的韶山景物环境,词意本事是写毛泽东在1919年10月葬母后夜别韶山的情景。

　　词作缘起。毛泽东非常敬爱母亲文素勤。当年春天,母亲患淋巴腺炎,毛泽东曾接其到长沙医治,并与泽民、泽覃同母亲合影留念。10月初,正当他致力于驱逐张敬尧运动时,母亲病危。他与在湖南一师附小上学的泽覃急赶回家,母亲已于10月5日去世,入棺两天。毛泽东悲痛欲绝。10月8日正值中秋节之夜,他坐在灵堂里含泪写成四言古诗体的《祭母文》九十七句,抒发了对母亲诚挚赞颂和无限哀痛的深沉感情,表达了报答恩德、填补遗恨的庄严誓愿。他同时还写有两副祭母灵联。文素勤安葬在韶山南岸对面的楠竹山上。母亲去世"头七"过后,毛泽东告别父亲和大弟泽民,带着小弟泽覃,离开韶山,返回长沙。《归国谣》记叙了离别韶山的情景。

词意要素解读。时间,母亲去世"头七"最后一天(10月11日)刚过的午夜后到天亮。地点,韶山冲到银田寺。人物,抒情主人公毛泽东。事件,毛泽东领着小弟离别韶山,思接天涯,注目青山。一路迤逦赶来,天亮到达银田寺码头,将乘船去长沙。

词作上片开头"今宵月",写作者仰视天空,仲秋夜半一轮皎洁的明月当头朗照着,点明这次刻骨铭心的行程时间和景物氛围。"直把天涯都照彻",放眼远眺,清亮的月光照耀着广袤的大地,隐含着作者思接世界,显示出思念范围的广泛。"清光不令青山失",青山,这里指作者故里的山,作者母亲长眠之地,这句诗作者抒发了对家乡二十里青山的着意留恋,表现了对亲人逝世的深切缅怀。

下片"清溪却向青滩泄",作者回顾并远眺,韶河水流的方向即行程所经方向中加入一转折连词"却"字,透露了离别时对故乡和亲人的万分留恋,对母亲逝世的无限伤痛和哀思。"鸡声歇",点明时间的流逝。"马嘶人语长亭白",描写清晨集市码头的喧闹繁忙,并点明新的行程即将开始。

意境解读。仲秋时节的后半夜,一轮明月当头朗照,雄鸡头遍长鸣,在二十里山冲中此起彼应。毛泽东刚过了母亲死去的"头七",领着十四岁的小弟泽覃,出了韶山上屋场,告别了父亲和泽民,踏上了东去的山冲小路,他要赶回长沙继续从事驱张运动。秋雨过后,晴空万里,月明星稀,空气中散发着泥土的芳香。明月把眼前韶山冲一直到遥远的天边都照遍。"海上生明月,天涯共此时。"毛泽东远眺天际,心忧天下。"苍山辞祖国,弱水望邻封。"(毛泽东1919年春在天津观海所赋残句)他怀念着远在巴黎的新民学会诸同志,春天时他亲自从北京经天津到上海送他们登船去法国勤工俭学。"铁肩担道义,妙手著文章。"离开北京半年多了,他怀念着领路的导师李大钊和陈独秀,怀念着多年的恩师杨昌济先生。"今夜鄜州月,闺中只独看。"他热恋的情人杨开慧大概在明月下遥望南天,"香雾云鬟湿,清辉玉臂寒"。毛泽东胸怀国家兴亡大事,回家奔丧,不忘长沙的驱张运动情势紧迫,他急于回去组织民众,开展深入斗争。"月是故乡明",环顾周遭,二十里山冲尽收眼底,崇山峻岭,清晰分明。巍峨的韶峰插入云天，山背后就是棠佳阁舅父家，山这边长冲里有舅父家的祖坟。在大石鼓的虎歇坪上，有祖父毛恩普的坟墓，东茅塘那边有祖母的坟墓。"人有悲欢离合，月有阴晴圆缺。"一周来，母亲的遽然去世使山冲里外的亲戚邻里都陷入了巨大的悲痛中。南岸对面的楠竹山上，又添上了母亲的新坟。母亲"养育深恩，春晖朝霭"，"躯壳虽隳，灵则万古"，万端遗恨皆须补，精禽大海报恩时。棠佳阁与韶山冲，是生他养他的地方。列祖列宗，父老乡亲，自古忠孝难两全，孩儿今又出乡关。沿着从韶峰、滴水洞发源而来的山溪，一路东来，过了清溪寺，走出韶山冲。再见了，韶山！"青山遮不住，毕竟东流去"，从北边罗仙寨发源而来的溪水到此交汇，顿时成为远去的韶河，一直流向前方的青滩，流进那东去的涟水，流向湘潭，汇入湘江，北去长沙。"子在川上曰：逝者如斯夫，不舍昼夜。"听雄鸡啼过三遍，看东方已经露出了鱼肚白，银田寺内那棵几百年的古银杏树高高挺立，在向他招手。银田寺这三县边界上的商埠是他的人生征程上的驿站，长沙求学以来，九年了，年年岁岁，寒来暑往，多少次往返，都要经过这里，多少次歇脚休息后又步行赶路，多少次走水路在码头上下船，有时天晚了也曾住店投宿。此地此时，古寺的晨钟敲响了，古寺周围人声鼎沸，人头攒动，从四面八方涌进墟场；韶河码头边，货船接连开动，驶向远方；征马在嘶鸣，一队骡马驮队在商客的吆喝声中，朝着东北的长沙方向进发了。

《归国谣·今宵月》是至今所见的毛泽东第一首词作，显示了独特的艺术特色。词作记叙了离别出行的行程，重点描绘了沿途的风光景致，随着移步换景，呈现出一幅幅山乡山水风景风俗画，表现出绘画的美感。诗人头顶一轮明月，走过一路青山脚下，一溪清水岸边，伴听一路鸡鸣，迎来一天曙色，到达一座长亭，耳听一处集市码头的马嘶人语。朗月清光青山，鸡声清溪青滩，马嘶人语长亭，意象奇妙组合，清丽自然，清幽冲淡。随着行进，触景生情，情由境生，情动于中。清光青山的哀思，广袤天涯的联想，家乡水流的留恋，长亭曙色的召唤，马嘶人语的感奋，情感波浪起伏，沉郁深邃。词作语言优美，含蓄凝练，有情有景，景中寓情，有声有色，有动有静，充分显示出柔美的风格，属于婉约之作。

毛泽东曾经说过:"词有婉约、豪放两派,各有兴会,……我的兴趣偏于豪放,不废婉约。"(《读范仲淹两首词的批语》)纵观毛泽东早期的诗词创作,确实如此。他在1915年《五古·挽易昌陶》中写道:"愿言试长剑","东海有岛夷,北山尽仇怨。荡涤谁氏子,安得辞浮贱";在1918年《七古·送纵宇一郎东行》中写道:"丈夫何事足萦怀,要将宇宙看稊米。沧海横流安足虑,世事纷纭从君理。"这一类陈情报国、献身救国的诗句,善于描绘雄浑浩茫的意境,笔力雄健,壮怀激烈,格调豪放,初步显示出诗歌创作豪放、崇高的主体风格特征。而1919年的《四言诗·祭母文》和《归国谣·今宵月》,到1921年的《虞美人·枕上》、1923年的《贺新郎·别友》,这一类陈述亲情或爱情的悼亡、别离题材作品,深沉缅怀与填补遗恨共存,情爱之深与别离之痛交织,或沉郁悲壮,或哀婉深沉,格调柔婉,显示着婉约的风格特征。

书赠缘由。丁玲是杨开慧的同学,是毛泽东两位女友、新民学会骨干成员向警予、陶毅的学生,参加过驱张运动,后成为左联著名女作家,投奔保安后又驰骋前线,被毛泽东称赞为:"昨天文小姐,今日武将军。"1937年的春天,毛泽东同丁玲在延安多次叙谈忆旧,往事历历,家庭与爱情方面的内容成为重要的话题。聊叙期间,他书赠一首与开慧的咏别词《贺新郎·别友》,是情之必然。这首词作主旨婉约,极富人情味。聊叙中涉及家庭母爱,也是切近的话题。毛泽东在母亲去世后撰写了长篇的《祭母文》,还拟了两幅灵联。他在葬母后月夜离家重返长沙,于途中填了一首纪程抒怀的《归国谣·今宵月》,篇幅虽短,含蕴颇深,谈话中顺手书赠给丁玲,才使今天留存这首宝贵的词作。

经过多年的研究探讨,今天,《归国谣·今宵月》能收录于《毛泽东诗词全编鉴赏(增订本)》之中,确实是值得庆贺的。

四言诗

祭黄陵文

一九三七年三月

赫赫始祖，吾华肇造。胄衍祀绵，岳峨河浩。聪明睿知，光被遐荒。建此伟业，雄立东方。世变沧桑，中更蹉跌。越数千年，强邻蔑德。琉台不守，三韩为墟。辽海燕冀，汉奸何多！以地事敌，敌欲岂足。人执笞绳，我为奴辱。懿维我祖，命世之英。涿鹿奋战，区宇以宁。岂其苗裔，不武如斯。泱泱大国，让其沦胥。东等不才，剑屦俱奋。万里崎岖，为国效命。频年苦斗，备历险夷。匈奴未灭，何以家为。各党各界，团结坚固。不论军民，不分贫富。民族阵线，救国良方。四万万众，坚决抵抗。民主共和，改革内政。亿兆一心,战则必胜。还我河山,卫我国权。此物此志,永矢勿谖。经武整军,昭告列祖。实鉴临之,皇天后土。尚飨!

这篇祭文最早发表在一九三七年四月六日延安《新中华报》。

【注　释】

〔祭黄陵文〕毛泽东写作这篇四言诗体的祭文时，正值日本帝国主义对中国发动大规模进攻的前夕，中华民族处于危亡的紧要关头，中国人民抗日救亡运动风起云涌。同时，不久前发生的西安事变在中国共产党的斡旋下和平解决，促成了国民党停止内战，抗日民族统一战线正在逐渐形成。这篇祭文的问世，具有特殊的重要意义。它抒发了中国人民重振民族雄风的共同心声，代表了中国人民誓死抗日救亡的强烈愿望。

〔黄陵〕又称黄帝陵，传为轩辕黄帝的陵墓，在陕西省黄陵县城北的桥山上。

〔赫赫始祖，吾华肇造〕赫赫，形容声名昭著、功业伟大。始祖，最初的祖先，指轩辕黄帝，后世称"人文初祖"。黄帝，传说中我国上古时的部落领袖。本姓公孙，后改姓姬，号轩辕氏、有熊氏。相传炎帝扰乱各部落，他率领各部落打败炎帝。后蚩尤扰乱，他又率领各部落在涿鹿击杀蚩尤。从此，他由部落首领被拥戴为部落联盟领袖。传说黄帝时有许多发明创造，如蚕桑、医药、舟车、文字、音律、算数等。吾华肇造，意为开始缔造我中华民族。

〔胄衍祀绵，岳峨河浩〕胄衍，后裔繁衍不绝。祀绵，祭祀绵延不断。岳峨，五岳巍峨。河浩，黄河浩荡。

〔睿知〕明智。知，通智。《荀子•赋》："无知无巧，善治衣裳。"杨倞注："知，读为智。"

〔光被遐荒〕光通广。被，及。遐荒，远方荒僻之地。这句意为开拓疆域广及荒远之地。

〔世变沧桑，中更蹉跌〕世变，世事变化。沧桑，沧海变为桑田，比喻经历许多世事变化。中更，中间经历。蹉跌，失足跌倒，比喻失误、挫折。

〔强邻蔑德〕强邻，强悍的邻国，这里指日本帝国主义。蔑德，没有国际公德，这里指发动侵略战争。

〔琉台不守〕琉，指琉球国，原为中国属国，属清朝版图，1879年被日本吞并。台,指台湾,1895年根据丧权辱国的《马关条约》割让给日本。

〔三韩为墟〕我国汉代时,朝鲜南部分为马韩、辰韩、弁辰三国,至晋代弁辰亦称弁韩,合称三韩,后用为朝鲜的代称。为墟,成为废墟,这里指1910年日本吞并朝鲜。

〔辽海燕冀〕辽海,古地区名,指辽河流域以东至渤海地区,这里泛指东北。燕冀,燕,曾是河北省的别称,冀是河北省的简称,这里泛指华北。

〔笞(chī吃)绳〕这里指刑具。笞,指用于鞭打和杖击的鞭子、棍棒。绳,指用于捆绑的绳索。

〔奴辱〕即辱奴,意为受辱的奴仆。

〔懿(yì意)维我祖,命世之英〕懿,指懿德,美好德行。维,助词,无义。命世,同名世,闻名于世。这二句意为我们的始祖黄帝是有美好德行的闻名于世的英雄。

〔涿鹿奋战,区宇以宁〕涿鹿,在今河北省涿鹿县东南。区宇,疆域,天下。这二句意为黄帝率领各部落同九黎族首领蚩尤所率部落,在涿鹿之野奋力决战,蚩尤战败被杀,从此天下得以安宁。

〔苗裔〕后代子孙。屈原《离骚》:"帝高阳之苗裔兮。"

〔沦胥〕犹沦陷,意为国土被敌人占领。

〔东等不才,剑屦(jù据)俱奋〕东等,指以毛泽东为代表的中共中央领导人。不才,自谦之词。剑屦俱奋,用"剑及屦及"的典故,原意是用以形容行动坚决迅速,这里意为中国共产党人抗日的行动坚决迅速。

〔万里崎岖〕万里,指工农红军万里长征。崎岖,比喻征途处境困难,历经险阻。

〔备历险夷〕意为历尽危险。备,尽。险夷,偏义复词,偏指险。夷,平安;亦可作助词解,无义。

〔匈奴未灭,何以家为〕化用《史记·卫将军骠骑列传》句:"匈奴未灭,无以家为也。"这原本是西汉抗击匈奴入侵的名将霍去病的一句名言,原意是匈奴没有消灭,不可能顾及家。此处化用这句话,意为日本侵略者没有消灭,要家干什么?表达了中国共产党人为了抗日救国将个人小家置之度外的决心。

〔民族阵线〕指中国共产党提出建立的抗日民族统一战线。

〔永矢勿谖(xuān宣)〕借用《诗经·卫风·考槃》句:"永矢弗谖。"只将弗改为勿。矢,誓。谖,忘记。这句意为永志不忘。

〔实鉴临之,皇天后土〕化用晋代李密《陈情表》句:"皇天后土,实所共鉴。"实,助词,无义。鉴,明察。临之,来临。因押韵的需要,这二句前后倒置,意为天地神灵请来明察。

【考　辨】

这篇祭文的标题,现在所见有两种版本:(一)《祭黄陵文》;(二)《祭黄帝陵》。应以第一种版本为准,根据是这个标题系毛泽东自己拟定。他在1937年3月29日致范长江的信中说:"寄上谈话一份,祭黄陵文一纸,借供参考,可能时祈为发布。"既然以《祭黄陵文》为题是作者手定,不应轻易改变。第二种版本,以《祭黄帝陵》为题,系《诗刊》1992年第七期发表这篇祭文时由编者所加,故本书未加采用。

关于这篇祭文的写作时间,根据上文所述,毛泽东致信范长江是1937年3月29日,可以推断祭文完稿于3月底之前。因此本书将祭文的写作日期定为"1937年3月"。

这篇祭文作者仅留存一件手迹。现在所见署名毛泽东的另一件手迹,是他人将手迹原件做了技术处理,即把手迹原件小序中的"毛泽东"三字移植到祭文之末而成。

祭文手迹原件有小序,全文如下:"中华民国二十六年四月五日,苏维埃政府主席毛泽东、人民抗日红军总司令朱德敬派代表林祖涵,以鲜花时果之仪致祭于我中华民族始祖轩辕黄帝之陵。而致词曰:"《诗刊》发表这篇祭文时,将小序删略。本书效仿《诗刊》的处理。

这篇祭文,名为文,实是诗,是四言古体诗。从作者留存的手迹看,正文未用标点符号,而用的是句读号,亦称句逗号。作者在每四字语意未尽而须停顿处标句读号(、),每四句语意已尽处及"尚飨"后标句号(。),惟有"汉奸何多"句尾标叹号(!)。本书对这篇祭文的标点,依据《毛泽东诗词集》对旧体诗的标点法,奇句句尾标逗号,偶句句尾除"汉奸何多"按作者手迹标为叹号外,其余都标为句号。

  这篇祭文收入本书做了版本考证,发现《新中华报》发表时将"辽海"误作"辽河";《诗刊》发表时有三处异文:(一)手迹作"聪明睿知",《诗刊》改作"聪明睿智",据考,可不改,因"知"通"智"。(二)手迹作"光被遐荒",《诗刊》改作"光披遐荒",据考,系误改。《尚书·尧典》:"光被四表。"这可作为证据。(三)手迹作"何以家为",《诗刊》误作"何以为家"。

★ 赏　析 ★

坦诚真挚　可昭日月
——《四言诗·祭黄陵文》赏析　　　　魏守忠

　　巍巍屹立的黄帝陵,是神州大地的象征,是华胄血脉的英灵。这里不仅是生活在中华大地上英雄儿女们心中的圣地,也是遍布在地球各个角落上华裔子孙的魂魄所系。

　　毛泽东的这首《祭黄陵文》诗,大气浩然,气贯斗牛。它刻在黄帝陵前的碑石上,回荡在亿万中国人民的心中,将永彪史册。它表现出中国共产党人是中华民族五千年精神文明理所当然的产物,表明中国共产党的事业是中国人民的希望所在,而中国共产党亦自觉地担负起了民族解放的重任,其所作所为没有辜负列祖列宗的瞩目。

　　这首诗产生于动荡的1937年。

　　那是一个风云骤变的年头,是民族生死攸关的年头,也是在历史上大字书写的年头。

　　六年前,1931年9月18日,强盗按照强盗的逻辑,向炎黄子孙举起了血淋淋的屠刀,他们蔑视中华,虎视眈眈。一时间"黑云压城城欲摧"。而在中华大地上,却是兄弟阋墙,内乱频仍,同室操戈,哀鸿遍野。

　　一年前,张学良、杨虎城将军"铁肩担道义",为了促进民族团结,毅然采取兵谏,发动了震惊中外的西安事变。

　　1937年,中国共产党人忍辱负重,从大局出发,由其卓越的代表周恩来亲赴西安,从中斡旋调停,终于达成了中国共产党和中国国民党建立抗日民族统一战线的合作协议,完成了中华民族历史上一篇宏编巨著。从此,中国人民同仇敌忾,共赴国难,开拓了中国的新一页。

　　就在这种情况下,共产党人和国民党人携起手来,共同前去告慰自己的祖先,拜谒黄帝陵。中国共产党的代表林伯渠擎来了毛泽东主席亲笔书写的这首诗,镌碑立在陵墓之前。

这首诗采用传统的祭文形式,四言体,中间引经据典,颇具古风,用在此时此地十分庄严、贴切。其内容纵古论今,浩乎霈然,又柔肠百结,语重心长。既有对中华民族列祖列宗的钦佩、赞叹之情,又有对强敌压境,千疮百孔的现实唏嘘感慨之意,更充满了对联合抗敌的祈盼、对中国未来的憧憬。

　　当我们读到"胄衍祀绵,岳峨河浩"之句时,不由得顿感天高地阔,豪情满怀。是啊,从华岳到大河,神州大地孕育繁衍了人类最古老的文明之一,一股崇敬自豪之情油然而生。而今天,在"强邻蔑德,三韩为墟"的情况下,竟然"汉奸何多",他们"以地事敌",摇尾乞怜;岂知"敌欲何足"!人民逐渐沦为"奴辱"。在这民族命运利益攸关之际,中国共产党人和工农红军,用自己的剑,用自己的脚,迅速地感奋起来,"万里崎岖,为国效命",为倡导"不论军民,不分贫富""四万万众,坚决抵抗"而振臂呼喊,要求"民主共和,改革内政""还我河山,卫我国权",那么中国一定会"战则必胜"!毛泽东以坦荡之胸怀,凛然之正气告慰祖先,表现出矢志不渝的意志和光明磊落、团结奋战的决心,实在是可以惊天地,泣鬼神,令人回肠荡气,与日月同辉!

　　这首诗本身不就是一篇共产党人的宣言吗?其情可感,可志可钦。坦诚真挚,可昭日月,光宗耀祖,赴难同心。读之令人热血沸腾。

　　在国际形势风云变幻、大开大阖的今天,我们不是更应当发扬炎黄子孙的优良传统,再一次实现民族团结,携手并肩,在"一个中国"的前提下,使中华民族在世界上更加自豪地屹立,更快地腾飞吗?

七律 重庆谈判

一九四五年秋

有田有地吾为主,无法无天是为民。
炸桥挖路为团结,夺地争城是斗争。
重庆有官皆墨吏,延安无土不黄金。
遍地哀鸿满城血,无非一念救苍生。

这首诗最早曾发表在一九四七年四月二十二日上海《大公报》和一九四九年三月十三日上海《立报》。

【注　释】

〔重庆谈判〕毛泽东率中国共产党和谈代表团于1945年8月至10月，在重庆和中国国民党进行了四十三天的和平谈判。

〔有田有地吾为（wéi 韦）主〕有田有地，指保有解放区。为，动词，做。吾为主，意为人民当家做主。在重庆谈判中蒋介石提出要中共放弃解放区，毛泽东表示不能同意。

〔无法无天是为（wèi 胃）民〕无法无天，这里是作者对蒋介石要中共交出军队的反击和讽刺。1945年8月13日，毛泽东在《抗日战争胜利后的时局和我们的方针》一文中指出："今年三月一日蒋介石说过：共产党交出军队，才有合法地位。……我们没有交出军队，所以没有合法地位，我们是'无法无天'。"为，介词，为了。是为民，意为是为了人民的利益。在重庆谈判中，蒋介石坚持要中共交出军队，被毛泽东断然拒绝。

〔重庆有官皆墨吏〕重庆，当时是四川省东部的重镇，1938年至1946年为国民党政府的陪都。有官，指国民党官员。墨吏，贪污的官吏。《左传·昭公十四年》："贪以败官为墨。"西晋杜预注："墨，不洁之称。"

〔延安〕在陕西省北部，1937年1月至1947年3月为中共中央所在地。

〔炸桥挖路为团结〕炸桥挖路，指解放区军队进行的交通破击战。为团结，意为解放区军队炸断桥梁、挖毁道路，打击沿铁路线向解放区进犯的国民党军，是为了制止内战、谋求团结、争取和平。

〔夺地争城是斗争〕指中国共产党领导的解放区军民反对蒋介石篡夺抗战胜利果实、抢占解放区土地的斗争。毛泽东在《抗日战争胜利后的时局和我们的方针》中指出："蒋介石对于人民是寸土必夺，寸利必得。我们呢？我们的方针是针锋相对，寸土必争。"

〔哀鸿〕哀鸣的大雁。《诗经·小雅·鸿雁》："鸿雁于飞，哀鸣嗷嗷。"这里喻指原沦陷区和国统区的灾民。

〔苍生〕本指草木丛生的地方，后借指百姓，这里喻指全国人民。

【考　辨】

　　这首诗最早见之于1947年4月22日上海《大公报》和1949年3月13日上海《立报》。《大公报》披露这首诗的那篇短文中说,此诗曾载《中国青年》月刊,但至今尚未查实。盛巽昌《毛泽东诗词二首》一文(《文教资料简报》1983年第十二期),据《立报》和《新民报》"更正",抄录出全诗。王奇《重庆,一道冲破浓雾的闪电——论四十年前中国政坛的一件怪事,并以悼念王昆仑同志》(《新观察》1985年第十八期),引用了其中"重庆有官皆墨吏,延安无土不黄金"一联。

　　盛巽昌文中说:"1945年8月,毛泽东从延安到重庆,与周恩来、王若飞等同志共同与国民党进行和平谈判。""在重庆期间,毛泽东一首七律流传甚广。"七律,即指这首诗。对盛巽昌的这一说法,得到当年在重庆《新华日报》社工作的胡绳明确的肯定。1996年我们编辑的《毛泽东诗词集》清样稿,曾送胡绳审阅。他在谈完审阅意见后,我们把毛泽东这首诗的复印件给他看,并问他此诗在重庆谈判期间是否在重庆流传过。胡绳毫不迟疑地回答说流传过,并肯定地说这是毛主席的诗。这应当说是一个可贵的见证。

　　"延安无土不黄金",此据王奇《重庆,一道冲破浓雾的闪电!》中的引用。盛巽昌《毛泽东诗词二首》作"延安无屎不黄金"。这句诗用"土"比用"屎"好,理由是:延安地处黄土高原,"土"作黄色,比喻为黄金,是恰当的;"屎"只有人的作黄色,动物的则不然,比喻为黄金,就欠当了。

　　这首七律诗,原无题。曾见有的毛泽东诗词注解本,选录此诗题为《忆重庆谈判》。因这首诗在重庆谈判期间就在该地流传,显见这不是回忆重庆谈判之作。本书编者特拟题为《重庆谈判》。

★ 考　证 ★

《七律·重庆谈判》考证

吴正裕

《文教资料简报》1983年第十二期刊载盛巽昌《毛泽东诗词二首》一文,在《七律(有田有地吾为主)》的小标题下写道:1945年在重庆谈判期间,"毛泽东同志一首七律诗传抄甚广。这里据上海1949年3月13日《亚报》,并参照《新民报》的'更正',抄录于后,以供研究参考:'有田有地吾为主,无法无天是为民。重庆有官皆墨吏,延安无屎不黄金。炸桥挖路为团结,夺地争城是斗争。遍地哀鸿满城血,无非一念救苍生。'"

盛巽昌发掘出的这首毛泽东佚诗,不胫而走,引起了一些毛泽东诗词研究者的兴趣和重视。1991年,马连礼主编的《毛泽东诗词史诗论》附录《毛泽东诗词辑逸》中就按照盛巽昌提供的版本(以下简称盛巽昌本)收录了这首诗。随后,1993年出版的徐涛编著的《毛泽东诗词全编》、罗炽主编的《毛泽东诗词鉴赏辞典》、1994年出版的季世昌主编的《毛泽东诗词鉴赏大全》,都按照盛巽昌本收录了该诗。此后,仅笔者所见就有二十多部毛泽东诗词注释本、解读本、鉴赏本等,收录了这首诗;但从标题、正文到写作时间,多有异文和讹误;并且对此诗的解读,众说纷纭,大都不符合作者的原意。近年来,笔者试图考证这首诗,先后到国家图书馆、首都图书馆、中国版本图书馆、上海图书馆,都未查到《亚报》,也未查到上海版的《新民报》,只有上海版的《新民报晚刊》,而在上面也未见这首诗的"更正"。最近,笔者寻访到了曾在上海图书馆、上海社会科学院工作过的盛巽昌,承蒙他在上海图书馆细心查阅新中国成立前出版的报刊,不仅找到了刊登这首诗的《立报》,而且找到了较早披露这首诗的《大公报》,并托人给笔者捎来了上述两报有关这首诗部分的复印件。据盛巽昌来信说,他发表在《文教资料简报》上的文章,原文是《立报》,误植为《亚报》;他文章中提到的《新民报》"更正",据他回忆,所据仅是《新民报》某篇文章提到这首诗中"炸桥挖路为团结,夺地争城是斗争"一联,同《立报》上的文字不完全一样,觉得表述得更好,又因《新民报》刊载的时间比《立报》要晚,于是他对《立报》上的此联做了相应的"更正"。"更正"一词可能是他所加,这是造成他在《新民报》上暂时未查到"更正"线索的原因之一;另一个原因是当时他在文章中未注明该报"更正"的具体时间。笔者认为,虽然这个"更正"暂未查清,但是它一定是有依据的,因为这个"更正"的文字,同《大公报》刊载此诗的颈联一字不差。

(一)版本和见证

这首诗从目前搜集到的资料来看,大体上有四种版本。

第一,《大公报》披露这首诗的版本(以下简称《大公报》本)。

王芸生时任总编辑的上海版《大公报》,在1947年4月22日第八版"世象杂话"栏目下,以《金城延安》为题的短文中说:"前年和谈初启,毛泽东氏于填罢'沁园春'一词后,尚有七律打油诗一首(曾载《中国青年》月刊),诗云:'有田有地皆吾主,无法无天是为民。重庆有官皆墨吏,延安无屎不黄金。炸桥挖路为团结,夺地争城是斗争。遍地哀鸿满地血,无非一念救苍生。'"《大公报》上的这篇短文,不仅披露了这首诗,还表明这首诗曾载《中国青年》月刊。《中国青年》月刊,1939年7月创刊于重庆,1946年8月月刊社迁至南京继续出刊。笔者在国家图书馆查到了这个刊物,从1945年9月一直查阅到1947年4月,未见这首诗的踪影。遗憾的是,国家图书馆独缺此刊1946年4月至7月,共四期。笔者托人在重庆、南京等地图书馆查找这四期,也未查到令人期盼的结果。难道这首诗曾载于《中国青年》月刊一说是子虚乌有?笔者想有可能因查阅不细而漏查。近日,毛泽东诗词版本专家宋苍松给笔者看了他收藏的"文革"期间由华南师范学院红卫兵组织编印的一个油印本,其中辑录了当时流传的几首毛泽东诗词,这首诗也被收录。全诗文字除了有两个明显的错字外,与下述刘济昆提供的版本完全相同。引起笔者特别注意的是,诗后有一条注,说明此诗原载《中国青年》。这表明,此诗可能最早是刊载在《中国青年》的。这里需要指正的是,《大公报》披露这首诗的这篇短文,把毛泽东作于1936年2月的《沁园春·雪》,错误地说成了填于重庆谈判初启时;同时将这首七律诗称为打油诗,说明短文作者并未读懂该诗。

第二,《立报》刊载这首诗的版本(以下简称《立报》本)。

著名新闻工作者成舍我于1948年前在上海创办《立报》。1949年3月13日,《立报》第四版以《毛泽东的诗》为题,在刊载毛泽东的《沁园春·雪》和《七律·长征》的同时,刊载了毛泽东的这首七律。这篇文章说:"在重庆时,有人问他为什么不民主?要炸桥破路!他写过一首七律作为答复云:'有田有地吾为主,无法无天是为民。重庆有官皆墨吏,延安无屎不黄金。炸桥破路谈团结,毁屋攻城是斗争。遍地哀鸿满城血,无非一念救苍生。'"该文指明了毛泽东写此诗的初衷,是为了答复有人关于"炸桥破路"的指责。

第三,刘济昆辑录这首诗的版本(以下简称刘济昆本)。

香港学者刘济昆在1992年出版的《毛泽东诗词全集评注·新版前言》中辑录了这首诗,题为《七律·重庆谈判》,全文是:"有田有地皆吾主,无法无天是为民。重庆有官尽墨吏,延安无屎不黄金。炸桥挖路为团结,夺地争城是斗争。遍地哀鸿遍地血,无非一念救苍生。"刘济昆辑录这首诗没有提供版本或稿本的出处,估计来自"文革"中红卫兵的传抄件。据说,1966年秋,北京大学校园内曾以大字报公布了这首诗,自此该诗在全国各地广为流传。20世纪90年代以来,研究毛泽东诗词的有些出版物就受到刘济昆本的影响,如这首诗的首联出句"皆吾主",尾联出句"遍地血",依据的就是这个版本。

第四,王奇提供这首诗颔联的版本(以下简称王奇本)。

王奇曾任民革中央机关报《团结报》的总编辑,在1985年王昆仑逝世后,他撰写了《重庆,一道冲破浓雾的闪电——论四十年前中国政坛的一件往事,并以悼念王昆仑同志》一文,载《新观察》1985年第十八期。他在文章中写道:"中国共产党中央主席毛泽东,豪情满怀,挥笔写下了'重庆有官皆墨吏,延安无土不黄金'的雄联。"王奇虽然只提供了这首诗颔联的版本,却深深影响了研究毛泽东诗词的不少出版物,将这首诗颔联中的"无屎"改为"无土"。

　　王奇已于2011年过世,王奇本的依据已难以弄清。笔者从《团结报》社了解到,王奇1923年生于新疆,1945年他没有到过重庆。那么,他怎样知道毛泽东在重庆写的这首诗呢?从王奇的生平经历得知,他于1951年8月调到民革中央宣传部任党刊编辑室主任,时任宣传部长的王昆仑成了他的顶头上级。自此,王奇曾在王昆仑身边工作多年,王昆仑调离宣传部后,王奇还常为他起草文章,也曾去他办公室和寓所面谈。据《团结报》社两位退休编辑推测,王奇能够提供这首诗的颔联版本,或许是从王昆仑那里抄录到了这首诗。这个推测也得到王奇之子王焱(曾任《读书》杂志主编)的认可。王奇写的回忆王昆仑的文章说过,毛泽东在重庆谈判期间,曾在红岩村约见王昆仑、屈武、许宝驹等作竟夜之谈。由此可见,毛泽东的这首七律政论诗在山城流传,王昆仑应当是知情的见证人之一。

　　另一个对这首诗知情的见证人是胡绳。重庆谈判期间,时任《新华日报》编委的胡绳,曾受到毛泽东的接见。1996年,笔者和冯蕙、李捷随逄先知去胡绳寓所听取他对《毛泽东诗词集》书稿的审查意见。当胡绳谈完对书稿的审查意见后,笔者将从徐涛编著的《毛泽东诗词全编》书中复印下来的这首诗拿给他看并问:"这是不是毛主席的诗?重庆谈判期间这首诗是否流传过?"胡绳看后毫不迟疑地回答说:"这是毛主席的诗,谈判期间流传过,是'延安无土不黄金',不是'无屎不黄金'。"胡绳回答的三句话笔者随手写在笔记本上,至今留存着。他的见证,消除了笔者对这首诗的存疑。

　　综上所述,从几种版本的情况和知情人的见证,可以得出下列结论:一是在重庆谈判期间毛泽东确实创作了七律政论诗;二是这首诗当时曾广为传抄,有的抄了初稿,有的抄了修改稿,有的在传抄中产生了笔误,这是出现几种不同版本的原因;三是几种版本虽有异文,但大同小异,容易校订出比较完善的版本。

(二)对勘和校正

下面将从这首诗的标题、正文、写作时间三个方面进行校订。

第一,标题。

这首诗原是一首无题诗。刘济昆本拟题为《七律·重庆谈判》,这是最早的为此诗署明恰当标题的版本。随后,出版的多种毛泽东诗词注释本、解读本、鉴赏本,都由编者为此诗拟题,现在所见有"重庆谈判""忆重庆谈判""有田有地吾为主""无法无天是为民"等标题。用此诗首句作为标题,是处理无题诗的惯用方法,但并不能表达此诗的主旨。拟题为《忆重庆谈判》,不符合此诗在重庆谈判期间曾广为传抄的史实。深入分析此诗的内容和主旨,正如刘济昆本,拟题为《重庆谈判》,是准确而恰当的。

第二,正文。

将这首诗的几个版本对勘,发现《立报》本可能是此诗的初稿,证据是颈联出句"炸桥破路谈团结",正是作者对有人指责中共"炸桥破路"的答复,这也是他写此诗的初衷。由于是信手写下的初稿,未加推敲,颈联出句中"炸桥"与"破路"语义相重,因"破路"即为破坏铁路,内含"炸桥"之义;颈联对句中"毁屋攻城",用语不够精当,难以表达争夺抗战胜利果实的深意。

首联出句,《立报》本为"有田有地吾为主",这应当是作者写下的原文;《大公报》本和刘济昆本此句均作"有田有地皆吾主",如果把这句诗解读为"有田有地都是我的主人",这绝对不会出于毛泽东的笔下,"皆吾主"恐由"吾为主"错抄而成。首联对句"无法无天是为民",几个版本文字完全相同。应当指出的是,1993年出版的由苏桂主编的《毛泽东诗词大典》,没有依据地将此句改为"无法无天是尔民",不少毛泽东诗词研究著作以此书为版本出处,以讹传讹。

颔联出句,《大公报》本、《立报》本、王奇本均为"重庆有官皆墨吏",应当是正确无误。只有刘济昆本作"重庆有官尽墨吏","尽墨吏"三字均为仄声,并且此句第三字应平而仄,因此是拗句。"三仄脚"为格律诗的变格,虽在唐人格律诗中当第三字是平声时不避"三仄脚"的实例并不罕见,但在毛泽东的格律诗中仅见"坐地日行八万里"一句,因"八万里"是地理数据,故未拘平仄。"尽墨吏"的"尽"字恐系传抄者的笔误。颔联对句,《大公报》本、《立报》本、刘济昆本均为"延安无屎不黄金",这可能是本于作者的初稿;王奇本为"延安无土不黄金",可以判断为本于作者的修改稿,因有王昆仑、胡绳的见证。再说,用"无土"比用"无屎"更恰当,延安地处黄土高原,俗话说黄土变成金;至于"无屎",指一切"屎",人屎呈黄色,动物屎则大都非黄色,比喻变成金并不十分恰当。

颈联,《立报》本为"炸桥破路谈团结,毁屋攻城是斗争",经版本对勘和反复研究,判定这出于初稿。《大公报》本、刘济昆本以及盛巽昌本均为"炸桥挖路为团结,夺地争城是斗争",从遣词用字可以看出,这是对初稿的修改,通过琢句练字,达到了意足而语工。

尾联出句,《立报》本为"遍地哀鸿满城血",这应当是作者写下的原文;《大公报》本为"遍地哀鸿满地血",刘济昆本为"遍地哀鸿遍地血";无论是"满地血"还是"遍地血",三字均为仄声,虽然此句第三字是平声字,已救拗,但"三仄脚"是作者轻易不用的,恐系传抄者的笔误,由"满城血"错抄而成。

第三,写作时间。

这首诗原本不清楚写作时间。毛泽东诗词的注释本、解读本、鉴赏本等,收录此诗时编著者根据自己的研究,自定写作时间,现在所见大体上有"1945年""1945年8月""1945年秋""1945年至1946年间"等。根据笔者的研究,把此诗的写作时间定为"1945年秋"是准确的,这也符合作者确定诗词写作时间的通常做法,即不清楚何月何日的标明某年或某年某季。《大公报》《立报》刊载此诗时都提到写于重庆谈判期间,胡绳也见证此诗在重庆谈判期间流传过,可以判定此诗最早作于1945年9月,最迟作于是年10月上旬,因此可以认定写作时间为"1945年秋"。

(三)解读

通过对这首诗的标题、正文、写作时间的校正,此诗有了一个更完善的版本,全文是:

七律　重庆谈判

一九四五年秋

有田有地吾为主,无法无天是为民。

重庆有官皆墨吏,延安无土不黄金。

炸桥挖路为团结,夺地争城是斗争。

遍地哀鸿满城血,无非一念救苍生。

1945年8月,在抗日战争胜利结束时,蒋介石为了抢夺抗战胜利果实,蓄意挑动内战,但慑于国内外要求和平民主的强大政治压力,同时也为了争取时间调兵遣将开赴内战前线,于是玩弄起假和平的诡计。他在8月接连三次发电报邀请毛泽东赴渝谈判。毛泽东为了揭露蒋介石假和平、真内战的阴谋,不顾个人安危,毅然偕同周恩来、王若飞于8月28日从延安飞抵重庆,国共两党从而进行了四十三天谈判,这是一场激烈的政治斗争,史称"重庆谈判"。10月10日,国共双方签订了《会谈纪要》,即《双十协定》。毛泽东胜利完成谈判使命后于第二天飞返延安。

毛泽东在重庆谈判期间,用诗的语言记载了重庆谈判这一重大历史事件,创作了一首七律政论诗。这首诗墨迹未干就在山城广为传抄,披露了毛泽东在重庆谈判中的心路历程。

首联出句,"有田有地吾为主"。"有田有地",喻指保存解放区;"吾为主","吾"指代解放区人民。本句意为保存解放区,解放区的人民就能当家做主。首联对句,"无法无天是为民"。"无法无天",喻指保存人民的武装;"是为民","民"指代人民的基本利益。本句意为保存人民武装,是为了保护人民的基本利益。毛泽东在《抗日战争胜利后的时局和我们的方针》中说:"我们是针锋相对,寸土必争,绝不让国民党轻轻易易地占我们的地方,杀我们的人。"又说:"今年三月一日蒋介石说过:共产党交出军队,才有合法地位。蒋介石的这句话,现在还适用。我们没有交出军队,所以没有合法地位,我们是'无法无天'。"毛泽东在《关于重庆谈判》中说:"人民的武装,一枝枪,一粒子弹,都要保存,不能交出去。"在重庆谈判中,中共领导的解放区问题和军队问题是两个重要议题,毛泽东同蒋介石几次面谈,蒋介石以"统一政令""统一军令"为名,一再要求中共交出解放区、交出军队,都遭到毛泽东的断然拒绝,但表示愿做让步。毛泽东在《关于重庆谈判》中说:"在不损害人民基本利益的原则下,容许做一些让步,用这些让步去换得全国人民需要的和平和民主。"中共方面在谈判后期曾同意让出八个解放区,军队缩编到二十四个师,还可以少到二十个师。国民党方面仍认为违背政令、军令,中共方面据理反驳,最后双方在解放区和军队问题上未获协议。

颔联出句,"重庆有官皆墨吏"。重庆当时是国民党政府的陪都,指代国民党政府统治的国统区;墨吏,贪官污吏。本句意为国民党政府统治的国统区政治黑暗,官吏贪腐,搜刮民财,民不聊生。颔联对句,"延安无土不黄金"。延安当时是中共中央所在地,指代中共领导下的解放区。谚语说:"众人一条心,黄土变成金。"本句意为在中共领导下的解放区,政治修明,干部廉洁,人民当家做主,万众一心,就连黄土也会变成金。颔联将重庆与延安做了尖锐和鲜明的对比,歌颂了解放区,抨击了国统区。此联承接首联,从解放区与国统区的对比中,阐明了保存解放区的正当性与必要性,对取消解放区的主张进行了反击。

颈联出句,"炸桥挖路为团结"。是说解放区军队开展交通破击战,"炸桥挖路",是为了达到制止内战、国内团结、实现和平的目的。《毛泽东年谱》(中央文献出版社2013年12月版)1945年9月17日相关谱文记载:"蒋介石在重庆谈判开始后,至本日止,还命令四个战区的司令长官傅作义、胡宗南、孙连仲、李品仙等,分别率领所部沿铁路线向解放区进犯。中共中央、中央军委决心开展交通破击战,打击沿铁路线进犯的国民党军,以求达到争取和平的目的。"毛泽东在《国民党进攻的真相》一文中说:"国民党当局正在大举调兵,像洪水一样,想要淹没我整个解放区。""而阻碍这种进攻,亦即有效地制止内战的武器之一,就是不许他们在铁路上运兵。"颈联对句,"夺地争城是斗争"。"夺地争城"指争夺抗战胜利果实。本句意指解放区军队同国民党军队争夺抗战胜利果实是一个尖锐的斗争。毛泽东在《抗日战争胜利后的时局和我们的方针》一文中写道:"抗战胜利的果实应该属于人民","不要以为胜利的果实都靠得住落在人民的手里。""一批大桃子,例如上海、南京、杭州等大城市,那是要被蒋介石抢去的。""另一批桃子是双方要争夺的。太原以北的同蒲,平绥中段,北宁,郑州以北的平汉,正太,白晋,德石,津浦,胶济,郑州以东的陇海,这些地方的中小城市是必争的,这一批中小桃子都是解放区人民流血流汗灌溉起来的。""目前这个斗争表现为蒋介石要篡夺抗战胜利果实和我们反对他的篡夺的斗争。"

尾联出句,"遍地哀鸿满城血"。哀鸿,哀鸣的大雁,这里比喻灾民。本句意为在国统区以及原沦陷区到处都是流离失所、贫病交加的灾民,并且国民党当局正在大举调兵进攻解放区的城镇,进行大肆烧杀,造成大量军民流血伤亡。尾联对句,"无非一念救苍生"。"一念",一个念头,指作者赴渝谈判的目的;"苍生",本指繁生草木之处,多借指百姓,这里借指全国人民。本句是说作者来重庆参加国共谈判只有一个目的,就是避免内战、争取和平以求拯救全国人民。

《七律·重庆谈判》,是政治家诗人毛泽东创作的一首别具一格、不同凡响的政论诗。此诗的思想性和艺术性都具有鲜明的特色。

第一,境界高远,政见鲜明,针锋相对,论理犀利,入木三分,具有强烈的战斗性和震撼力。首联对蒋介石在重庆谈判中要求中共交出解放区和军队的无理主张,进行了有力的批驳和反击。颔联勾勒了解放区和国统区的两重天地,一褒一贬,对比鲜明。颈联揭示了抗战胜利后国共之间面临的两场严酷的斗争,表明了中共正确的斗争策略。尾联揭露和控诉了国民党当局在国统区和解放区造成的灾难,表达了反对内战以求拯救全国人民的赤子之情。

第二,愤激之情跃然纸上。马克思说过:"愤怒出诗人。"毛泽东在重庆谈判的时候,面对蒋介石的无理要求和咄咄逼人的施压,同时眼见国民党军大举进攻解放区与大肆抢夺抗战胜利果实,一种愤慨怨恨的感情油然而生,这种强烈的感情贯穿于该诗的字里行间。

第三,运用比、兴两法,涵蕴深长,寄托弥高,诗意隽永。用比、兴两法就是用形象思维方法。比法,朱熹说是"以彼物比此物",可以理解为明比。兴法,有一种是暗喻。刘勰《文心雕龙·比兴》篇说:"观夫兴之托喻,婉而成章","比显而兴隐"。就是说比法是明比,兴法是暗喻。这首诗中的"无土"比作黄金,"哀鸿"喻指灾民,"苍生"借指百姓,这都是明比,初读就能读懂。诗中的"有田有地""无法无天""炸桥挖路""夺地争城",用了典故,即用了今典;这都是暗喻,如果不了解这些用语的本事,一读再读也未必完全读懂。但是,只要深入研究一下此诗的写作背景,并读一读作者在重庆谈判前后的著作,就会弄清这些用语的本事。一旦弄清了诗句的原意,就会觉得这些诗句并不平淡枯燥,从而品味出隽永的诗意来。

第四,语言通俗浅显,新颖生动。首联把有关谈判的两个重要议题,颔联把当时国共之间的两场尖锐斗争,概括为诗的语言,运用了口头常用语,言简意赅,亦庄亦谐,鲜活风趣。颔联是此诗的警句,鞭辟入里,平中见奇,读了使人过目不忘。

第五,不避重字。这首诗中用的重字,如"有""无""地""为""是""城",显得较多。但由于连用三联对偶句,涉笔成趣,并不觉得这些重字用得不妥。也许有人认为首联的两个"为"字用得不合适,因此将"是为民"改为"是尔民"。其实,这两个"为"字,不但读音不同,而且词类和词意也不同。"吾为主","为"读 wéi,是动词,意为"做、作"。"是为民","为"读 wèi,是介词,意为"为了",表示目的。毛泽东写律诗,有时不避重字,例如《七律·长征》《七律·冬云》《七律·洪都》《七律·读〈封建论〉呈郭老》等,都用了重字。我国古典诗词中,有些名篇也不乏不避重字的例子。

从字句上、风格上、表现手法上来看,《七律·重庆谈判》同毛泽东晚年创作的题为《读报》的政论诗作比较,有不少相同之点;可以说这首诗为毛泽东写政论诗开了先河。该诗因为写了重庆谈判这一重大题材,无疑具有重要的历史价值,具有史诗性。

★ 赏 析 ★

无非一念救苍生
——《七律·重庆谈判》赏析   季世昌 徐四海

  1945年8月,日本宣布无条件投降。中国经过八年浴血抗战,终于取得了最后的胜利。这是近现代以来,中华民族第一次取得反对外国侵略完全彻底的胜利。全国人民无不沉浸在激动和兴奋的情绪中,迫切地希望有一个和平安定的环境,把中国建设成为独立、民主、富强的新国家。然而就在这时,天空中布满阴霾,国民党统治集团依靠美国政府的支持,企图在中国继续维持国民党一党专制的统治。中国人民正面临着两种命运、两种前途的大决战。是把中国引向光明的前途,还是使中国继续处于半封建半殖民地社会的黑暗统治,中国共产党领导广大人民同国民党统治集团展开了一场复杂而激烈的斗争。

  蒋介石慑于全国人民要求和平的愿望和国际舆论的强大压力,以及他自身还没有来得及做好发动全国内战的准备,一方面加紧调兵遣将,另一方面假惺惺地装出和平姿态,于1945年8月14日、20日、23日十天内三次电邀毛泽东赴重庆进行和平谈判。为了争取实现全国人民迫切要求和平的愿望,以毛泽东为首的中国共产党代表团不顾自身安危,毅然赴重庆与国民党政府谈判。

  在前往重庆之前,毛泽东就对谈判有着清醒的估计:以蒋介石为首的国民党是绝没有谈判诚意的,谈判是绝不可能成功的。但毛泽东明确表示,谈判"必须去","这样可以取得全部主动权"。"由于有我们的力量、全国的人心、蒋介石自己的困难、外国的干涉等四个条件,这次去是可以解决一些问题的。"不去,我们就在全国人民面前输了理,蒋介石就会把不要和平的责任推到中国共产党身上。去,就表现了中国共产党的诚意,就可以在全国人民面前揭露蒋介石假和平、真内战的阴谋,就可以得到全国人民和国际舆论的信任和支持,壮大我们的力量,为以后彻底战胜蒋介石和国内外一切反动势力做好充分的准备。同时,去,在谈判桌上,和国民党蒋介石斗争,也可以在部分问题上达成某种协议,有利于国内形势的部分稳定,给人民带来某些好处,并且有利于革命力量的成长。将来国民党蒋介石集团撕毁协议,就更暴露了他们假和平的真面目。

事实上,果不其然,经过四十三天艰苦谈判,双方在一些方面达成了共识,10月10日,国共终于签订了《国民政府与中共代表会谈纪要》,即通常所称的"双十协定"。余下的问题由周恩来等留在重庆继续谈判。毛泽东于10月11日返回了延安。"双十协定"签订后,中共将长江以南的军队北撤,而蒋介石却背信弃义,撕毁协议,向革命根据地发动全面的大规模军事进攻,彻底暴露了其假和平、真内战的阴谋。蒋介石真面目的暴露,使全国人民更加紧密地团结在中国共产党周围,积极参加反对国民党蒋介石集团的革命斗争。从此,人民解放战争拉开了序幕,并最终以我们的胜利,敌人的失败而告终,一个崭新的中国在东方诞生。

从其内容、记叙、议论的口气看,这首诗当写于重庆谈判期间。

它反映了重庆谈判尖锐而复杂的斗争过程,展现了中国共产党同国民党蒋介石集团斗争的高超艺术,庄严地表达了共产党人一切为了人民大众、要拯救劳苦大众于水深火热之中的伟大理想。

首联有两种理解。一种认为上句讽刺蒋介石,是说蒋介石认为自己拥有土地、人口,他就是中国当然的统治者;下句是说我们中国共产党和革命人民就是敢于犯上作乱,是违背你蒋介石那个天条的老百姓。我们认为,这种理解没有反映重庆谈判中国共两党之间的重大分歧和斗争,即蒋介石再三提出要中共放弃解放区和军队,毛泽东始终予以坚决拒绝的史实。

从诗的一般写作规律以及毛泽东写作的其他诗词来看,一首诗在描写双方斗争时,毛泽东往往是以我为主,正面描写我方的多,而写敌人的只用一两句,就把它揭露无遗。如《两江月·井冈山》即是如此,上下两片,都是只有一句写敌人,三句写我方。这首诗头两句如果都理解成写我方,我们以为更为顺畅。上句是说保有解放区,人民翻了身,当家做了主人。下句仍然是说我方,反击和讽刺蒋介石要中共交出军队的无理主张。在蒋介石看来,不服从他的"统一军令",不交出军队,就没有合法地位,就是"无法无天"。是为民,意为中共不交出军队,是为了保护人民的基本利益。

在重庆谈判中,斗争的主要焦点之一,是蒋介石要我们交出解放区。蒋介石认为抗日战争结束了,抗日根据地就不存在了。我们说抗日根据地是人民在中国共产党领导下浴血奋战而得来的,绝不能丢失。这首诗从这个角度讲,把上句理解为解放区人民翻身解放做主人更为合理。在重庆谈判中,斗争的主要焦点之二,是蒋介石要我们交出军队。解放区的军队,抗战八年来在毫无外援的情况下,完全靠自己的努力解放了广大的国土,抗击了大部的侵华日军和几乎全部的伪军。这支抗日战功赫赫的人民军队,怎能轻易交出?毛泽东在《关于重庆谈判》一文中说:"人民的武装,一枝枪,一粒子弹,都要保存,不能交出去。"由此可见,把首联下句理解为对蒋介石要中共交出军队的反击和讽刺是恰当的。

颔联将重庆与延安两相对比。上句写国民党政治腐败,不得人心。重庆作为国民党政府的陪都,无官不贪。抗战中,他们欺压百姓,搜刮民财;抗战刚刚胜利,就贪婪地侵吞巨额敌伪财产。蒋介石为整顿吏治,曾以严刑峻法,从重从严惩治贪官污吏,甚至想开展"肃清贪污运动",借以解决普遍存在于国民党官场的严重贪污腐败问题,但终因国民党官场腐败积重难返而无力改变。毛泽东用"墨吏"形容这班贪官,十分形象生动。下句写在人民当家做主的延安,则是一片新的天地,到处朝气蓬勃,人尽其才,物尽其用,正如一首歌中所唱:"解放区的天是明朗的天,解放区的人民好喜欢。民主政府爱人民,共产党的恩情说不完。"两相对比,国民党和共产党到底谁赢得了民心,谁是全中国人民根本利益的忠实代表,已一目了然。

颈联上句是指蒋介石在重庆谈判期间,命令四个战区的司令长官,分别率领所部沿铁路线向解放区进犯;中共中央和中央军委决定针锋相对,开展交通破击战,炸桥挖路,打击沿铁路线进犯的国民党军,以达到制止内战、谋求团结、争取和平的目的。下句则是讲我党我军为保卫解放区而作斗争。毛泽东在重庆谈判时曾经告诉我方人员：你们打得越凶，打得越好，我们在谈判桌上就越有力量。这下句诗是说，我们共产党领导的人民军队夺地争城是为了同国民党军队抢占解放区的土地做斗争。

尾联很显然是原沦陷区、国统区同解放区的鲜明对比。在日本侵略军铁蹄蹂躏下的原沦陷区，中国人民被奴役、被枪杀，过着牛马不如的生活，饿殍与横死见于城乡。在国民党统治区到处是流离失所、无家可归的难民，哀鸿遍野。在蒋介石独裁统治下，特务横行，共产党人和进步人士被杀戮，血流满地，人民处在水深火热之中。而在解放区，共产党却处处为人民，从人民的利益着想，包括中共代表团前往重庆和国民党谈判，其根本的宗旨和出发点都是为了谋求人民的福祉，把人民从水深火热之中解救出来。最后一句，铿锵有力，掷地有声，充分揭示了以毛泽东为代表的中国共产党人，一切为了人民的根本宗旨和解放广大人民群众的远大理想，庄严地表达了共产党人的坚定信念与坚强决心。

毛泽东是政治家诗人、诗人政治家。他的诗词大部分与政治有关，这一类诗词可以称作政治抒情诗。他的这些诗词，大部分都是通过写景咏物，抒发自己的政治理想和远大抱负，展示诗人博大的胸怀和高尚的情操。然而这首《七律·重庆谈判》却不然，是直抒胸臆，一吐心中之块垒，表达革命领袖一切为人民的高大形象和崇高品格。过去，人们曾经注意到，毛泽东在20世纪50年代末、60年代初写的几首《读报》诗，开拓了毛泽东诗作的题材，是以杂文笔法写作的政治讽刺诗。其实，毛泽东这类叙写时事的题材和艺术风格的诗，可以更早地追溯到1945年写的《七律·重庆谈判》。

这首七律，语言看似平淡无奇，但每一句都表达了中国共产党人和国民党统治集团针锋相对的观点，富有深刻的思想内涵，在思想和艺术上，它具有以下几点鲜明的个性和特色：

一是具有强烈的战斗性。唐代诗人白居易在《致元九书》中提出了他的文学主张："文章合为时而著，歌诗合为事而作。"毛泽东继承和发展古代诗歌"诗言志""歌咏言"的优良传统，早在1939年6月致萧三的信中，他就说过:"现在需要战斗的作品。"这首诗非常切合时宜,很有战斗性。1959年7月4日,毛泽东与梅白等谈诗时还说:"写诗,就要写出自己胸怀和情操,这样才能引起读者的共鸣,才能使人感奋。"这首诗语言尖锐泼辣,幽默风趣,对敌人无情揭露,淋漓痛快,对人民赤子之心,令人感奋,因而这首诗当时在重庆广为流传就是很自然的了。怎样写政治讽刺诗,反映现实生活,服务于现实斗争,毛泽东为我们树立了榜样。在当代诗词创作中,无论是政治诗,还是讽刺诗,无论是揭露敌人的暴行和阴谋,还是讽刺人民中的缺点错误和丑恶现象,都可以从毛泽东这首诗中得到启发。

二是对比鲜明,形象生动,击中敌人要害。从内容看,这是一首政论诗,但由于诗人运用了一些富有形象和动作性的词语,如"墨""土""黄金""炸桥挖路""夺地争城""遍地哀鸿满城血"等,读起来并不显得枯燥,反而给人以深刻的印象。再加上我们在重庆谈判中,对解放区和人民军队的鲜明立场和态度,与国民党蒋介石统治集团的顽固立场和论调两相对比,是非立现,黑白分明。一为私,一为公;一光明,一黑暗。"重庆有官皆墨吏,延安无土不黄金",对比何等鲜明!"遍地哀鸿满城血,无非一念救苍生",将原沦陷区和国统区的黑暗现实、共产党人的磊落胸襟写得淋漓尽致,令人拍案叫绝!

三是语言生动活泼,多用群众口语。诗中"有田有地""无法无天""无土不黄金"等俗语、成语的运用,无不显得自然灵动,生机勃勃,嬉笑怒骂皆成文章。称它为一首难得的好诗一点儿也不为过。

七绝 仿陆游诗

一九五八年十二月二十一日

人类今娴上太空,但悲不见五洲同。愚公尽扫饕蚊日,公祭无忘告马翁。

这首诗最早发表在中央文献出版社一九九二年八月版《建国以来毛泽东文稿》第七册。

【注　释】

〔陆游〕见《卜算子·咏梅》〔陆游〕注。

〔人类今娴(xián贤)上太空〕一九五七年十月四日,苏联成功地发射了人类第一颗人造地球卫星。一九五八年二月一日,美国也成功地发射了一颗人造地球卫星。娴,熟习,熟练。

〔但悲不见五洲同〕但悲,只是悲伤。五洲,见《满江红·和郭沫若同志》〔五洲〕注。五洲同,指全世界实现共产主义。

〔愚公尽扫饕(tāo涛)蚊日〕作者在广州创作本诗时,写有一段话:"鲁迅一九二七年在广州,修改他的《古小说钩沉》,然后说道:于时云海沉沉,星月澄碧,饕蚊遥叹,予在广州。(按:这是作者凭记忆写的。鲁迅一九二七年编校《唐宋传奇集》后,作《序例》,文末题记说:'时大夜弥天,璧月澄照,饕蚊遥叹,余在广州。')从那时到今天,三十一年了,大陆上的蚊子灭得差不多了,当然,革命尚未全成,同志仍须努力。港台一带,饕蚊尚多,西方世界,饕蚊成阵。安得起全世界各民族千百万愚公,用他们自己的移山办法,把蚊阵一扫而空,岂不伟哉!"愚公,中国古代寓言中人名。《列子·汤问》有一则寓言,叫做"愚公移山"。说有一位老人,名叫北山愚公,他的家门前有两座大山,挡住他家的出路,他下决心要把山铲平。于是愚公率领儿子们天天挖山不止。他说:我死有子,子又有孙,子子孙孙是没有穷尽的;山不增高,挖一点少一点,为什么忧虑挖不平呢? 本诗中的愚公,喻指全世界的无产阶级。饕,贪得无厌。《汉书·礼乐志》:"贪饕险波。"颜师古注:"贪甚曰饕。"本诗中的饕蚊,喻指全世界的资产阶级。

〔马翁〕指全世界无产阶级的革命导师马克思。翁,对年长者的敬称。

附：陆游原诗

七绝
示儿

死去元知万事空,但悲不见九州同。王师北定中原日,家祭无忘告乃翁。

【附诗注释】

〔示儿〕这首诗是陆游的绝笔诗,可看作是遗嘱,作于一二一〇年春。示儿,给儿子看。

〔元知〕即原知。元,本来,原先。

〔九州同〕九州,传说中的我国上古时的行政区划,泛指中国。九州同,指打败金兵,收复中原,统一中国。

〔王师〕帝王的军队,这里指南宋王朝的军队。

〔中原〕广义的中原指黄河中下游地区。这里泛指中国北方。

〔乃翁〕你的父亲,是父亲对儿子的自称。

【考　辨】

根据毛泽东办公室秘书林克抄件,毛泽东早在革命战争时期就写过仿陆游《示儿》的诗,题为《示同志》,留下了"红军扫荡环球日,庆祝应烧焰火红"的诗句,抒发了解放全人类、在全世界实现共产主义的理想。

这首诗作者留存的手迹,现在所见有两件:一是见于1958年12月21日作者在《毛主席诗词十九首》上所作批语之中;二是见于1958年12月26日作者六十五岁生日那天书示女儿李讷的信笺之中。在第一件手迹上写作"人类今闲上太空",在第二件手迹上写作"人类今娴上太空"。在古代汉语中,"闲"通"娴";在现代汉语中,"闲"与"娴"已不通用。

1992年8月中央文献出版社出版的《建国以来毛泽东文稿》第七册发表这首诗时,是"根据手稿刊印"的,即根据作者留存的第一件手迹刊印的,对有误的文字未做校正。而且当时尚未发现作者留存的第二件手迹。1996年9月中央文献出版社出版的《毛泽东诗词集》,在附录中刊载这首诗时对正文做了校订,即根据作者留存的第二件手迹,将"今闲"订正为"今娴";根据作者袭用鲁迅语,将"餐蚊"订正为"饕蚊"。作者在两件手迹上都将"饕蚊"误作"餮蚊",原因是他引用鲁迅的话是凭记忆所写,产生了误记。

近年来这首诗不少出版物所载,多有讹误。如"人类今娴上太空"句,被误为"人类今闻上太空""人类如今上太空""人类而今上太空""人类今天上太空";"愚公尽扫饕蚊日"句,被误为"愚公尽扫餮蚊日";"公祭无忘告马翁"句,被误为"公祭毋忘告马翁"。

★ 赏　析 ★

巧仿古诗铸新词　"一诗三体"赋心声
——《七绝·仿陆游诗》赏析　　　　　　　　吴直雄

　　毛泽东的这首诗,是其诗词中颇为独特的一首。之所以说它独特,因为此诗一诗兼三体:它既是"剥体诗""用典诗",同时又是感怀三十一年奋斗历史、预言中国革命和世界革命光辉前程的批注体式的"评点诗"。

　　此种体式异常独特的诗,必然具有"剥体诗""用典诗"和"评点诗"三个方面的美学特征和思想意蕴等诸多方面的功能。细细品味全诗,它是对陆游《七绝·示儿》诗的仿效与创新,是毛泽东回首三十一年来革命成功的情感抒发,是他对中华儿女、对全世界各民族千百万愚公奋起革命、尽扫顽敌的壮志激励,更是他坚定共产主义信念的尽情展示。此诗从其体式特点和深层思想意蕴来看,是具有高度思想性和艺术性的力作。

　　检索当今出版的毛泽东诗词集和毛泽东诗词研究的诸多注本、论著可以发现,毛泽东在约六十年的诗词创作中,有几首诗显得特别:"就其作品内容而言,就是剥离旧体,重铸新词;就其创作手法而言,先有发表之作,且一般都是名诗名篇。在此基础,或是仿用前人诗作(一般应是名作)的结构格式,或是改动其中某些字句同时又袭用某些字句,或是颠倒、删除某些字句,或是上述几种手法相结合,根据创作者所要表达的思想内容和所要描写的对象创作出新的诗作。这种新的诗作就是剥体诗。这种以故为新的作品,人们仅从其创作手法而言,有的称为仿拟诗或点化诗或套改诗或剥皮诗等等。而用剥体诗之名则能统摄其称。"(吴直雄《毛泽东妙用诗词》)而毛泽东的《七绝·仿陆游诗》正具有剥体诗这样的体式特点,故此诗当属"剥体诗"。

　　凡是对中国古典诗词有所了解的人,几乎没有人不熟悉陆游这首《示儿》。它是陆游在八十五岁临终前的一首遗嘱式绝笔诗,是诗人爱国主义精神永垂不朽的赞歌,是诗人一生九千余首诗的压卷之作。这一首绝命诗自其面世以来,感动和激励着世世代代的炎黄子孙。

毛泽东剥用陆游《示儿》诗,从用典的角度来说,这种剥用之法,又是以陆游的这一首诗为全局性典故,亦即用"大"典故(吴直雄《毛泽东妙用典故精粹》)的"用典诗"。毛泽东用其诗体和诗韵,剥用了其中字、词、句,以"人类今娴上太空"替代"死去元知万事空",此句一改,即挪近了时空,使诗句气象万千,极写了当今人类社会科技进步的大好形势;以"五洲"置换"九州",用"但悲不见五洲同"表现人类社会的进步则不容乐观,以与他在《毛主席诗词十九首》上批注的"革命尚未全成,同志仍须努力"妙相扣合;用"愚公尽扫饕蚊日"变换"王师北定中原日"一句,其中的"饕蚊"袭用鲁迅语,喻指全世界资产阶级;末句改"家"为"公",改"乃"为"马"。以"马翁"指代无产阶级革命的伟大导师马克思,以"愚公"喻指全世界无产阶级。这就高度地浓缩了他在批注中所写的"从那时到今天,三十一年了,大陆上的蚊子消灭得差不多了,当然,革命尚未全成,同志仍须努力。港台一带,饕蚊尚多,西方世界,饕蚊成阵。安得起全世界各民族千百万愚公,用他们自己的移山办法,把蚊阵一扫而空,岂不伟哉"这一段精妙论断,并给"同志仍须"怎样努力指明了方向。毛泽东立足中国,放眼世界,用诗的语言,展现了资本主义制度必然灭亡、共产主义制度必然在全球取得胜利的坚定信念;展现了他藐视强敌的大无畏革命精神和雄心壮志。这就在诗的意境和创作主题上,以开阔的眼界、全新的语言剥离了原诗原典的创作意境与创作主旨,充分地展现毛泽东无比坚定的共产主义信仰。

这首仿陆游诗,毛泽东沿袭了陆游欲扬先抑、提炼概括、飞跃跳动的创作手法,但其创作主旨已由陆诗抒发的爱国主义精神升华为毛诗弘扬的共产主义理想。陆游当时是一位手无寸权的老人,面对大宋王朝失去的半壁江山,只能无奈地期盼宋军早日收复中原,其诗作也只能是感慨苍凉、悲愤沉郁。而毛泽东则早在青年时期就树立起对马克思主义的信仰,正如他所说:"我接受马克思主义,……就一直没有动摇过。……到了1920年夏天,我已经在理论上和某种程度的行动上,成为一个马克思主义者。"(斯诺《红星照耀中国》)作为无产阶级革命家的毛泽东,其马克思主义信仰不仅从未动摇过,而是老而弥坚。他坚定地认为:"共产主义是无产阶级的整个思想体系,同时又是一种新的社会制度。这种思想体系和社会制度,是区别于任何别的思想体系和任何别的社会制度的,是自有人类历史以来,最完全最进步最革命最合理的。……惟独共产主义的思想体系和社会制度,正以排山倒海之势,雷霆万钧之力,磅礴于全世界,而葆其美妙之青春。"(毛泽东《新民主主义论》)他是站在世界无产阶级革命的制高点上看待全球的革命形势,所寄托的是无产阶级革命必将胜利的情怀,因而在诗的创作风格上就有一反陆游之诗苍凉、悲愤与沉郁之妙,而全诗所显现的则是豪迈乐观的气概。毛泽东用其生花之笔,以陆游整首《示儿》诗为"大"典故"新翻杨柳",妙借陆游之诗为典,力辟新蹊剥而用之,在诗中注入了自己崭新闪光的思想意蕴,赋予全诗以浓浓的诗情,使自己那无比坚定的共产主义信念跃然纸上。语短意深、极富感召力。

所谓这首诗"三体具兼",就是说,除却完全具有剥体诗、用典诗的特征之外,它同时还具有批注、评点的特质,又属"评点诗"。

评点之兴,源远流长。它是我国古代文学批评中的一种独具特色的艺术形式。评点之法,是我国评论文本的传统而又是特别的方法。"评"是指对文本的评论和注释。"点"是批注对文本的点拨或标点,实际上这也是评论的一种,能让读者头脑清醒地对文本产生顿开茅塞之感。"'点'是为了便于阅读,'评'则在于帮助理解。"(邵名尉《谈谈古代诗文的"评点法"教学》)而"如果是借诗或作诗对所阅看的文本内容进行批注评点,这种诗即可称为'评点诗'"(吴直雄《楹联巨匠毛泽东》)。毛泽东在文物出版社1958年9月刻印的大字本《毛主席诗词十九首》第一页《沁园春·长沙》的天头、地脚和标题下的空隙处,开宗明义地批注道:

"我的几首歪词,发表以后,注家蜂起,全是好心。一部分说对了,一部分说得不对,我有说明的责任。一九五八年十二月,在广州,见文物出版社一九五八年九月刊本,天头甚宽,因而写了下面的一些字,谢注家,兼谢读者。鲁迅一九二七年在广州,修改他的《古小说钩沉》,然后说道:于时云海沉沉,星月澄碧,饕蚊遥叹,予在广州。从那时到今天,三十一年了,大陆上的蚊子灭得差不多了,当然,革命尚未全成,同志仍须努力。港台一带,饕蚊尚多,西方世界,饕蚊成阵。安得起全世界各民族千百万愚公,用他们自己的移山办法,把蚊阵一扫而空,岂不伟哉!试仿陆放翁曰:人类今娴上太空,但悲不见五洲同。愚公尽扫饕蚊日,公祭无忘告马翁。"

于批注中创作的这首诗就是评点诗,其蕴含极深,意境绝妙。

第一,从这首评点诗的内容来看,毛泽东明白地告诉读者:他这首诗是"试仿陆放翁"的,即是仿陆游的《七绝·示儿》。这是就剥体诗形式而言的。就其用典诗而言,我们细细地品味批注内容,就知其内容则是全新的。其诗题不再是"示儿"了,而是在"示共产主义接班人"或曰"示全世界各民族千百万愚公",我们甚至可以写作:毛泽东《七绝·示共产主义接班人》或毛泽东《七绝·示全世界各民族千百万愚公》。因这首诗处于批注之首,且涵盖着《毛主席诗词十九首》中的创作内容,故又兼有评说整个大字本《毛主席诗词十九首》之妙。

第二,毛泽东为什么会写此评点诗呢?笔者以为其有感而发的原因有四:

其一,毛泽东胸怀寰宇。其时美苏太空角逐激烈。1957年10月4日,苏联在世界上首次成功地发射"人造卫星一号";这年的11月3日,苏联又在卫星上带着活狗成功地发射"人造卫星二号"。次年2月1日,美国亦成功地发射了人造卫星"探险者一号"。1958年5月17日,毛泽东在中共八大二次会议上说:"苏联第三颗卫星上天,这是好事。""苏联卫星上天,我们想不想搞个把两个卫星,我们也要搞一点卫星。"(中央文献研究室编《毛泽东年谱(一九四九——一九七六)》第三卷)遥想当年革命的艰难,看当今世界科技的飞速发展变化,激发了毛泽东的创作灵感,遂有"人类今娴上太空"的诗句。

其二,毛泽东思接千绪。他由身在广州批注自作诗词,联想到鲁迅1927年在广州编校《唐宋传奇集》,作《序例》,于是凭记忆写下其文末题记中的文字:"时大夜弥天,璧月澄照,饕蚊遥叹,余在广州。"(原文有误记,这里已校正。)1927年,这是每个中国共产党人和中国人民永远难忘的年份。中国轰轰烈烈的大革命由于陈独秀的右倾机会主义,由于当时饕蚊成阵一般的反革命势力的猖狂,导致了大革命的惨痛失败。"但是,中国共产党和中国人民并没有被吓倒,被征服,被杀绝。他们从地下爬起来,揩干净身上的血迹,掩埋好同伴的尸首,他们又继续战斗了。他们高举起革命的大旗,举行了武装的抵抗,在中国的广大区域内,组织了人民的政府,实行了土地制度的改革,创造了人民的军队——中国红军,保存了和发展了中国人民的革命力量。"(毛泽东《论联合政府》)毛泽东坚信:"现在的世界,依靠共产主义做救星;现在的中国,也正是这样。"(毛泽东《新民主主义论》)中国共产党人和中国革命人民,经历血与火的考验,中国革命终于成功了。毛泽东重温其创作的诗词,这些中国革命和建设的史诗,不就是自己与全体坚信马列无不胜的中国共产党人一道,带领中国革命人民跃马横槊,为尽扫封建主义、官僚资本主义、帝国主义这些成阵"饕蚊",为使祖国富强而进行轰轰烈烈的中国革命和建设的笔底波澜的形象记录吗?

其三,毛泽东视通万里。他是一位胸怀世界的马克思主义者。正因为如此,他看到的不仅仅是全中国而是全世界:当时港台资产阶级势力盛行,西方世界资产阶级势力异常猖獗,他看到了中国革命和世界革命任重而道远的现实,所以能"腹中天地阔,笔下涌巨澜"地批注并赋诗。

其四,毛泽东是政治家诗人。中国是诗的国度,中国诗精湛如珠,是中国语言的精华,是中国文学的国粹,其作用远非一般论述可比,它的艺术魅力引人入胜。它"可以兴,可以观,可以群,可以怨"(《论语·阳货》)。毛泽东一生十分钟情陆游诗。1961年12月,"当他读完陆游的《卜算子·咏梅》之后,联系到陆游的一生,感悟颇深,遂作注云:'作者北伐主张失败,皇帝不信任他,卖国分子打击他,自己陷于孤立,感到苍茫寂寞,因作此词'。"(吴直雄《毛泽东妙用典故精粹》)然后"反其意而用之",写下了《卜算子·咏梅》。如果说毛泽东的《卜算子·咏梅》因"反其意而用之"反出了全新之意的话,那么他在批注中以诗作结的这首诗则是顺其《七绝·示儿》之意开阔升华而用之。

陆游终生爱国,追求统一,其《七绝·示儿》就是他终生爱国的绝唱,悲怆而不悲观。他临终前对"王师"必然会"北定中原"充满希望。所谓顺其意,是指顺其热爱祖国、关心人民疾苦、坚信国家统一的信念不变之意。作为在"中华民族历史上最伟大的民族英雄毛泽东"(胡耀邦语,桑维军《论毛泽东功过评价中的辩证关系》),他始终坚信:"社会主义制度终究要代替资本主义制度,这是一个不以人们自己的意志为转移的客观规律。不管反动派怎样企图阻止历史车轮的前进,革命或迟或早总会发生,并且将必然取得胜利。"(毛泽东《在苏联最高苏维埃庆祝伟大的十月社会主义革命四十周年会议上的讲话》)在表达爱国主义和坚信美好前景方面,毛泽东的《七绝·仿陆游诗》和陆游的《七绝·示儿》,有其一脉相承之妙。所谓开阔升华而用之,是指在上述一脉相承的基础上,由于毛泽东有着极其丰富的革命经历和过人的天赋,有着坚定的共产主义信念,故能将关心人民疾苦升华为以解放全人类为己任,将爱国主义精神升华为共产主义思想。

从上述意义上说,毛泽东的这些批注及批注中写下的评点诗,是对自己创作的史诗所做的概括性批注,是对今后中国革命和世界革命形势的客观考量,是对"共产主义接班人"或曰"全世界各民族千百万愚公"的殷切期望,更是对坚信共产主义定将在全球取得胜利的形象表述!

七律 读报

一九五九年十一月

反苏昔忆闹群蛙,今日重看大反华。恶煞腐心兴鼓吹,凶神张口吐烟霞。神州岂止千重恶,赤县原藏万种邪。遍找全球侵略者,仅余中国一孤家。

这首诗根据作者审改的抄件刊印。近年来此诗不少出版物所载,多有讹误。

【注　释】

〔今日重看大反华〕1959年3月起,帝国主义、修正主义和反动民族主义等反华势力掀起一股反华逆流。

〔恶煞(shà厦)腐心〕恶煞,传说中的凶神,这里喻指凶恶的反华势力。腐心,形容痛恨之极。《史记·刺客列传》:"此臣之日夜切齿腐心也。"唐司马贞《史记索隐》:"切齿,齿相磨切也……腐音辅,亦烂也。犹今人事不可忍云腐烂然,皆奋怒之意。"

〔吐烟霞〕这里比喻进行造谣诬蔑等欺骗性宣传。

〔神州岂止千重恶,赤县原藏万种邪〕本联和尾联,是作者用反讽笔法,揭露反华势力对中国进行的攻击和谩骂。神州、赤县,指中国。战国时代的驺衍说:"中国名曰赤县神州。"

【考　辨】

这首诗写于1959年11月,当时作者住在杭州。这年12月4日至6日,毛泽东在杭州主持召开了中共中央政治局扩大会议,会议讨论了国际形势和中共的对策。次年1月7日至17日,他又在上海主持召开了中共中央政治局扩大会议,会议讨论了国际形势问题,他在会上说:"全世界反华反共运动,除印度以外,还加上印尼反华。反华大合唱,调子不同。苏联射了好多箭。反华大合唱还会唱。"会议前夕,作者曾指示将此诗印发给与会者征求意见。后来作者对此诗又做过一些修改。近年来不少出版物所载,多有讹误。如"反苏昔忆闹群蛙"句,被误为"反苏忆昔闹群蛙";"今日重看大反华"句,被误为"喜看今日大反华""喜看今天大反华""欣看今日大反华""今日欣看大反华";"恶煞腐心兴鼓吹,凶神张口吐烟霞"两句,被说成又一稿作"铁托腐心兴鼓吹,艾森张口吐烟霞";"神州岂止千重恶"句,被误作"神州岂止千里恶";"遍找全球侵略者,仅余中国一孤家"两句,被误为"遍寻全球侵略者,惟余此处一孤家",或"遍寻全球'侵略者',唯余此处一孤家",或"遍访全球侵略者,惟余此处一孤家"。此诗原题《读报有感》,定稿改为《读报》。作者在1963年亲自主持编辑出版《毛主席诗词》时,原拟收入此诗,并已印出了清样。同年12月5日,他致信田家英说:"'小小寰球'一词似可收入集中,亦请同志们一议。其余反修诗词,除个别可收入外,都宜缓发。"因此,这首诗在付梓前从集中删去了。

★ 赏　析 ★

戏谑反讽　粗犷坦直
——《七律·读报》赏析

李癸德

　　毛泽东一生酷爱读报。在井冈山时期,为了弄到报纸,他甚至专门派了三十一团的一个营,去打大军阀谭延闿的家乡,收罗了一批报纸上山。在毛泽东的诗词生涯中,与读报有关的创作集中在20世纪50年代末至60年代初。

　　毛泽东的诗词,粗略地分,可分为早期、中期、晚期三个阶段。早期指学生时代,中期指革命战争年代和新中国成立初期,晚期大致包括20世纪60年代、70年代。一般说来,早期诗作心事拿云,囊括宇宙;中期诗作高踞题顶,稳操胜算;晚期诗作高蹈临虚,不囿法度。明显分界中晚期诗风的,大概以这首《读报》为枢纽。抓住这首七律来分析,我们可以清晰地看出毛泽东诗词品格的转变和心路历程的转捩。

　　这首诗的鉴赏,目前大致有三种判然有别的样式,或许可以称为诗味三品吧。

　　一种是一味高扬式,代表论点称之为"是一首纯政治性的诗";一种是简单排拒式,代表论点称之"潜含文革杀机";一种是辩证探究式,代表论点为转折式、枢纽式的界定,这就是我们要作的心境、语境、意境的诗艺三探。三探的关键,是捕捉毛泽东诗风的演变,测评毛泽东诗品的流程,把握毛泽东诗情的走向。三探的目的,是对毛诗鉴赏的求实、求新、求深,是对鉴赏者自身的反思、超越和提升。

　　先说心境。这首《读报》诗,包含趣事一桩。董必武的和诗作于1959年12月10日,已公开见刊,而毛泽东的原诗仍不见庐山真面目。它显然属于毛泽东不愿意正式发表的那类。毛泽东曾经说过:"我偶尔写过几首七律,没有一首是我自己满意的。""主题虽好,诗意无多。"这首诗大概算是这一类吧。人民文学出版社1986年9月版《毛泽东诗词选》的"出版说明"中提到"流传较广或较有纪念意义的作品",也许这也算其中之一。这首诗是"急就章",纯为中苏两党论战而鼓与呼。烽烟甫起,黑云压城,毛泽东横戈立马,挺立沙场,骁勇刚烈之姿千古照人。诗人的义愤焦灼、刚直不阿,通过冷嘲热讽、嬉笑怒骂而跃然纸上。诗人本怒形于色,却冷静沉稳,既睥睨群丑,又潇洒风流。"今日重看大反华",定下了全诗反讽的基调,也鲜明地透露了当时诗人的心境。首联从"昔"到"今"的时间跨越,展示了诗人纵览历史的胸襟;揭露敌人从"反苏"到"反华"一脉相承,则显示了诗人审察历史的敏锐。一个"重看",举重若轻,诗人的自信、自强、自主、自立,溢于言表,充盈诗行。

沿着反讽的主线,诗人冷眼旁观恶煞凶神们的反华表演。紧扣反讽的语调,诗人模拟群丑的心态语态,颔联正面揭穿,犀利驳斥,颈联反唇相讥,反守为攻。"千重恶""万种邪""侵略者""孤家",等等,声口毕肖,心迹大白,投枪匕首般的语言,直剖恶煞凶神的阴暗心理、卑劣伎俩。全诗的语境庄谐相交,语含嘲讽,语锋峭厉。颔联、颈联互文见义,对举相生,连环相扣,增加了诗句的错综美。尾联的"遍找""仅余",从范围到数量,突出了诗人坚持原则、坚持真理的凛然大义,十分自豪之中透出些许自负,严格自律之中更有几分自勉,既见出诗人凌绝顶而小天下的视界,又隐含诗人挟泰山以跨北海的气度,读来使人神往,催人奋发。全诗语境幽默诙谐,讥诮风生,耿直豪犷,甚至故作鲁莽唐突,以自身的豪态逼出论敌的窘态,活画出在真正的马克思主义者面前,群凶们露出了大旗下面藏着的"修",出乖露丑,秽亵难容。

这首诗的论战性质规范了诗人的主体角色。他更多地突出了政治家的风采而减弱了诗家风度。他像特立独行的诗人统帅,集历史意识、人间气象、论战风云、胜利预言于一身,使这首诗更多地扮演了政治教化的角色,更多地表现出政治文化的品格,而痛失了诗人一贯卓具的沉郁、苍劲、雄浑的诗美风范,诗风从此变得刚烈、直白、浅豁,有时甚至夹杂几许粗莽与古野。传统的言志载道加上了现实的政治色彩,兴观群怨的千古功能带上了政治教化的急切功利,在刻意追求激活政治之中,不经意牺牲了诗歌的沉雄意境。诗语与政治贴得太近，这既是毛诗的一贯长处，也难免是他的某些短处，既为他赢得辉煌的成功，也隐含着他令人遗憾的失误。"主题虽好，诗意无多"，诗人的夫子自道，是清醒的，求实的。毛诗的政治文化内核构成他特有的"文化场"，成了凝结20世纪60年代政治风云的范本，提供了后人反观时代风貌、政治格局的镜子，也透露了诗人诗风转变的微妙信息与情感变化的心路历程。

概括说来，这首律诗心境急，语境粗，意境直，诗化政治显其志，诗化哲学实其内，诗化论战定其格。同样是读报有感，比之早一年写下的《送瘟神》二首，诗品的雅俗高下是一目了然的。

鲁迅的诗话中，曾有一言甘苦谈：感情太烈时不宜写诗。现在看来，此言不谬。扩而大之，感情太烈时，甚至也不宜评诗。历来的诗评家一则言这首诗为"纯政治性的诗"，一则言这首诗"潜含文革杀机"，这些皮相之言，是解读的盲点、感情的两极。单纯着眼于政治的指认，一味听从偏激的驱使，都不利于细密体察与审慎领会，更不利于诗艺的切磋与诗美的弘扬。从虔诚的推崇到逆反的贬斥，仍然只是着眼于道德政治的体悟，仍然只是停留在自在阶段的被动式认知，不破除这种障碍，很难进入自为自觉的主动式感知会通。这种二律悖反的宗教式注疏和集体无意识的诗语对话，曾给我们的诗词鉴赏带来过浓重的悲剧色彩和失重状态。今天，这种自我消解在多大程度上改观了呢？

读者们在期待着。诗评家不是也应不断反思、不断超越、不断提升吗？

七律·读报

一九五九年十二月

西海而今出圣人,涂脂抹粉上豪门。不知说了啥些事,但记西方是友朋。举世劳民尊匪盗,万年宇宙绝纷争。列宁火焰成灰烬,人类从兹入大同。

这首诗根据作者审改的抄件刊印。近年来此诗不少出版物所载,多有讹误。

【注　释】

〔西海而今出圣人〕西海，我国古代史籍常称西方极远处的海为西海，这里指黑海和里海，代指苏联。圣人，旧时指品格最高尚、智慧最高超的人物；这里是暗讽赫鲁晓夫(1894—1971)的反话。他当时任苏联共产党中央委员会第一书记，苏联部长会议主席。

〔上豪门〕这里喻指1959年9月赫鲁晓夫盛装打扮访问美国。

〔不知说了啥些事，但记西方是友朋〕这首诗的过程稿上，此联原为"一辆汽车几间屋，三头黄犊半盘银"。1959年10月2日，中苏两党在北京举行会谈，赫鲁晓夫在会谈一开始就讲他的访美见闻。他说，他所到之处受到很热烈的欢迎，一位农场主送他三头良种牛，一位资本家送他一盘古银币；又说，美国差不多每个家庭都有汽车，一家都有几间房；又讲到他去戴维营的情景，说艾森豪威尔总统热情接待他，带他去看自己的农场。

〔劳民〕劳动人民。

〔大同〕这里指资本主义的一统江山。

【考　辨】

这首诗写于1959年12月，当时作者住在杭州。这年12月4日至6日，他在杭州主持召开了中共中央政治局扩大会议，会议讨论了国际形势和中共的对策。吴冷西在《十年论战——中苏关系回忆录》一书第四章最早披露了这首诗的过程稿："西海如今出圣人，涂脂抹粉上豪门。一辆汽车几间屋，三头黄犊半盘银。举世劳民同主子，万年宇宙绝纷争。列宁火焰成灰烬，人类从此入大同。"他接着写道："这首打油诗是主席的警卫员1959年12月杭州会议时给田家英看，田家英转告我的，没有广为流传，当然也没有公开发表。"

这首诗作者没有留下手迹，只留下经作者审改的两个抄件。一个抄件是毛泽东办公室秘书林克用钢笔抄写的，诗前写了"诗一首、读报、1959年12月"字样。作者在这个抄件上将"一辆汽车几间屋,三头黄犊半盘银",改为"不知说了啥些事,但记MY是友朋",并将"入大同"改为"进大同"。另一个抄件是原在毛泽东身边做医护工作并曾帮他保存诗稿的吴旭君用毛笔抄写的,诗前写了"读报、1959年12月"字样。从诗的正文看,吴旭君抄件是根据作者修改的林克抄件照录的,只是尾句末已改回"入大同"了。作者在吴旭君抄件上仅改了一处,将"MY"改为"西方"。把这首诗两个抄件同吴冷西披露的过程稿做对照,发现除了在林克抄件上将颔联整个改掉外,作者早在林克抄件之前已改了三处:将"如今"改为"而今";将"同主子"改为"尊匪盗";将"从此"改为"从兹"。

吴冷西披露这首诗时为无题诗,林克、吴旭君的抄件上题为《读报》。近年来此诗被不少出版物所载,同最后定稿相比,多有讹误。如"西海而今出圣人"句,被误为"西海如今出圣人";"不知说了啥些事,但记西方是友朋"两句,被误为"一辆汽车几间屋,三头黄犊半盘银";"举世劳民尊匪盗"句,被误为"举世劳民同主子""举世芬尼尊匪盗";"人类从兹入大同"句,被误为"人类从此入大同"。

1960年1月7日至17日,毛泽东在上海主持召开了中共中央政治局扩大会议,会议讨论了国际形势问题。在会前他曾指示秘书,将这首诗以及新近所作《读报》诗印发给参加会议的各同志。

★ 赏 析 ★

人类先进思想的不灭火焰
——《七律·读报》赏析

何联华

读书看报,是毛泽东一生的喜爱和习惯。诗题曰"读报",就是阅读当时的报纸,关注当时国际国内重大的时政新闻。毛泽东在创作这首诗的前后,即20世纪50年代末60年代初,一共写了好几首这类诗作,已见到的连这首在内是四首,统称其为"《读报》诗"(但据本人十五年前在拙著《毛泽东诗词新探》一书中所做的考证,"《读报》诗"除已披露和证实的四首之外,至少还有"沟"字韵和"鲜"字韵两首尚未披露出来)。此后他还写了另外一些主旨相似的诗词作品,不过作者不再称"《读报》诗",而径直称之为"反修诗词"了。

这首"《读报》诗",从内容上看,显然是一首时政诗(或曰"因事立题"抒发"所遇所感"的"讽喻诗")。20世纪50年代末,毛泽东关注的重大时政是什么呢?"一是国际问题,一是国内问题。这两个问题,在庐山会议后这一年多的时间里一直贯穿在毛泽东的思想和行动中。有时候偏重于国际问题(这种时候更多),有时候则偏重于国内经济问题。"(逄先知、金冲及主编《毛泽东传(1949—1976)》)在这首《七律·读报》中,毛泽东关注的显然是"偏重于国际问题"方面的思考。

这首《读报》诗,最早见诸吴冷西的《十年论战——中苏关系回忆录》一书中,被称为打油诗。但这首诗的中间两联(即"一辆汽车几间屋,三头黄犊半盘银。举世劳民同主子,万年宇宙绝纷争")与今本有明显不同。现今的这首《读报》诗,是2003年陈晋在《党的文献》第三期上发表的题为《"突围"心路——毛泽东晚年诗词辨析》一文中披露出来的。除第五句"举世芬尼尊匪盗"中的"芬尼"二字,显系"劳民"二字所误而与今本不同而外,其他各句只有两处异文,即"而今"误为"如今","从兹"误为"从此"。"将两个文本加以比较,可以看出,'打油诗'文本在先,'《读报》诗'则

是其修改稿。"(刘汉民《毛泽东诗词修改赏析》)

时任新华通讯社负责人的吴冷西在其书中说:"毛主席写了一首打油诗,讽刺赫鲁晓夫访美。"毛泽东为何要写诗"讽刺赫鲁晓夫访美"呢?让我们先了解一下毛泽东当时所关注的国际问题,尤其是苏共领导人赫鲁晓夫对中国的态度和言行。

有资料显示:"1955年9月,赫鲁晓夫竟然向联邦德国总理阿登纳提出请求,把中国说成是对苏联最大的问题,请阿登纳帮助对付中国。"(刘廷合《苏东剧变主要原因探析》)1958年夏天,赫鲁晓夫不顾中国的主权,提出要在中国领土上建立一个海军雷达站,还提出建立共同舰队并使用中国港口等主张。毛泽东当时说,他们是想"控制我们的海岸线——封锁我们"。(罗斯·特里尔《毛泽东传》)赫鲁晓夫还对中国内部事务指手画脚,说什么"中国的大跃进是一个糟糕的笑话","人民公社简直是疯狂"等中伤中国人民感情的话。尤其是1959年9月底10月初,赫鲁晓夫应邀到北京参加中华人民共和国成立十周年活动期间,同毛泽东等中国领导人举行会谈,在谈到台湾问题时,他不仅含沙射影地攻击中国炮轰金门是"用武力试探资本主义制度的稳固性",还"以列宁当年曾在西伯利亚建立远东共和国为例,暗示中国共产党可以让蒋介石暂时建立一个'台湾共和国'。在谈到中印边境冲突时,赫鲁晓夫反对中国为捍卫国家主权和领土完整所进行的自卫反击战,指责中国'为了一块不毛之地把尼赫鲁推向西方'"。(徐隆彬《赫鲁晓夫执政史》)在会谈中,赫鲁晓夫还转告他在美国当着艾森豪威尔的面所做的"承诺",向中国领导人施压,要求释放在华监禁的五名美国犯人。1959年10月6日,即赫氏访华回国后的第三天,他就跑到远东海参崴发表讲话,影射攻击中共领导人"向往着战争,像一只公鸡一样,准备打架,这是不明智的"。

针对赫鲁晓夫上述种种言论和对中国态度的变化,以及美国政府对外两手政策(即和平手段和战争威胁)的制订,毛泽东于1959年底一方面明确提出了"防止和平演变的问题",另一方面在杭州召开了中共中央政治局扩大会议,会议讨论了国际形势和中共的对策。他在《讲话提纲》(逢先知、金冲及主编《毛泽东传(1949—1976)》)中,对国际"反动派大反华",对赫鲁晓夫"不懂马列主义,易受帝国主义的骗",以及"一怕帝国主义,二怕中国的共产主义"的"信口开河"的攻击诋毁和有损中国核心利益的言论,表示了坚定的态度和长远的策略。总之,鉴于对外关系的严峻形势和当时国内出现的严重经济困难,加之他那越是身处逆境越主张抗争的文化性格,毛泽东就在《读报》诗中采用艺术的方法,描绘了赫鲁晓夫的访美,并对其言行和本质进行了揭露和嘲讽。

"西海而今出圣人,涂脂抹粉上豪门。"首联是律诗所讲究的"起承转合"中的"起"(启)。它概括地点出了诗中的"本事",颇似报纸新闻中的"导语"。一开篇就点出了地点:"西海";时间:"而今";人物:"圣人";事件:"上豪门"。首句中的关键词是"圣人",他是诗中的主角。"圣人"本指品格最高尚、智慧最高超的人物,而此前被毛泽东称之为"圣人"的就是孔夫子和鲁迅;另一个被他称之为"大圣"的,则是后两年他诗中所称道的神话人物孙悟空了。而这首《读报》诗中的"圣人",是褒义反用,指的就是当年在国际共运中以"老子党"自居、看不起其他兄弟党的盛气凌人的那位苏共领导人赫鲁晓夫。为何说这位"圣人"出自"西海"呢?"西海"即西方,因为传统的俄罗斯和苏联,在中国人看来就是在西方。将西方称"西海",一是避免与本诗第四句中的"西方"重复,二是出于格律方面的考虑。因为这首诗是"仄起平收"的格式(即"仄仄平平仄仄平"),第二字必须是仄声,"海"系仄声,而"方"为平声,所以用"海"是恰当的。第二句中的"豪门"何所指?它指的就是帝国主义的大本营,即美国政府的代称"白宫",或指美国总统艾森豪威尔的乡间别墅戴维营(因为赫鲁晓夫同艾森豪威尔在此会谈了三天)。这句诗中的"涂脂抹粉"四个字用得极妙,它不仅将女性和演员化妆常有的行为用来形容赫鲁晓夫访美之前喜形于色,精心打扮,以献媚邀宠、讨好主子的丑态,而且为整首诗的文本风格和诗人的情感色彩定下了基调。

"不知说了啥些事,但记西方是友朋。"颔联紧承首联,写"圣人"到"豪门"后的活动情形。赫鲁晓夫应邀前往艾森豪威尔的乡间别墅后,他们究竟谈了些啥,议了些甚？诗人采用轻起重落的手法,先用"不知"二字轻轻扬起,然后用"但记"二字重重落下,落到"友朋"上面。("友朋"应是"朋友"的倒置。这是因为音韵和平仄的关系,"友"字是仄声,而此处是韵脚应用平声;"朋"字正好是平声,按湖南方言与上联中的"门"字正好合韵,所以作者将"朋友"改用为"友朋"了。)这两位"友朋"在戴维营待了三天,他们所说之事自然很多。据吴冷西最早披露出来的"打油诗"初稿,这两句原为"一辆汽车几间屋,三头黄犊半盘银"。初稿中的句子虽然具体生动、对仗工整,且有幽默感(因为那正是赫鲁晓夫们所津津乐道和羡慕不已的东西),但却略嫌直露,缺乏诗意的空间;修改后的"不知"两句,尽管字句浅近,对仗欠工,但却幽默风趣,主旨突出,且给读者留有想象余地。他们三天之中所谈之事很多,对那些唠叨之语,人们自可不必去管它;但最重要的问题、最关键的词语,赫鲁晓夫记住了,广大读者也记住了,那就是"西方是友朋","豪门"中的主子们都是好"友朋",都是他的"哥儿们"。这大概也是赫鲁晓夫"上豪门"之后的最大"感悟"吧！

"举世劳民尊匪盗,万年宇宙绝纷争。"颈联继续沿着赫鲁晓夫的思维逻辑展开,反话正说:如果全世界的劳动人民都像赫氏所认定的那样,都把西方那些土匪强盗们当作好朋友(甚至"导师")来尊崇,并任其掠夺、屠杀和统治的话,那宇宙地球上千年万年的矛盾、斗争、压迫、战争等等野蛮之事,从此就会统统绝迹;一个"没有军队、没有武器、没有战争"的"三无世界"就会实现了！这真是"绝妙"的主意！这两句诗,就是诗人对赫氏访美后到处兜售他们的"戴维营精神""大国主宰世界命运"论,到处宣扬和美化美国总统是好人,是"真诚希望和平"的"明智派"等无耻谰言的揭露和嘲讽。

"列宁火焰成灰烬,人类从兹入大同。"尾联两句,诗人怀着极大的义愤和蔑视,对赫鲁晓夫的言行和本质做了进一步揭露和讽刺。赫鲁晓夫们处心积虑地背叛列宁的理想、信念和事业,改变无产阶级政党的性质,美化资本主义社会制度和帝国主义的头面人物,力图在列宁缔造的人类第一个社会主义国家里,扑灭革命的火焰,使它化为"灰烬"。他们认为,这样人类就可以进入他们所向往的"一辆汽车几间屋,三头黄犊半盘银"的美好"大同"世界了!而殊不知,这却正是人类已经经历过的少数人压迫剥削多数人的充满战争与掠夺的资本主义老路!"列宁火焰成灰烬"一句,是全诗的"诗眼",正是诗人毛泽东所忧虑和痛心的焦点,也是诗人极力嘲讽、揭露赫鲁晓夫等人出卖革命的险恶用心和本质所在。这一句,同作者的另一首《读报》诗中的"列宁竟撇头颅后"一句的意涵相通,但却更进了一层,即指出赫鲁晓夫们不仅将列宁事业置于"颅后",而且还要将其思想"火焰"化为"灰烬";用心何其阴险。毛泽东在写这首诗的前三年说过,他们不仅将斯大林"这把刀子"丢了,而且"列宁这把刀子是不是也被苏联一些领导人丢掉一些了呢?我看也丢掉相当多了"。不幸言中,三年之后,毛泽东的深刻预见就果真得到了验证,他们将列宁"这把刀子"也彻底丢了。但是,历史告诉未来:马克思列宁主义是人类在社会发展进程中所创造出来的先进思想成果,它那与时俱进的理论品质,是永远不灭的思想火焰!正如毛泽东在杭州会议的《讲话提纲》中指出的:"中国的大旗则是鲜红的。""世界极为光明。乌云越厚,光明越多。"

这首诗的主要艺术特点,是讽喻和反讽手法的运用。鉴于赫鲁晓夫在各种场合针对中国的内政外交所发表的种种含沙射影,偏听偏信,夸大其词,信口开河,乃至指责、轻蔑、讥笑等傲慢无理的言辞举止,毛泽东在诗中对其运用了讽刺。讽喻、反讽都是时政诗常用的艺术手法。这首诗就用了"西海""圣人""豪门""匪盗""火焰""大同"等具有比喻、象征意义的词语,或正面讽刺,或反话正说,无疑增加了诗的形象性和生动性。当然,这首诗在艺术上,同毛泽东其他的"反修诗词"(如《七律·冬云》《卜算子·咏梅》等),自然不可同日而语,无论意境、对仗、用韵等都不在同一水准上;所以毛泽东生前主张"缓发"。但对这类诗词的作用和意义,他还是充分肯定的。

这首《读报》诗从创作至今,已经过去许多年了,随着苏联解体、东欧剧变、中国崛起,当年的主体、客体、喻体等都发生了翻天覆地的变化。那么,这类《读报》诗乃至整个"反修诗词"对今天的读者还有什么样的价值和意义呢？诗词艺术的魅力是久远的。《读报》诗除了给我们文学艺术上的审美愉悦之外，至少还有三点值得我们思考：

第一，它是历史的记录。它艺术地记录了20世纪50年代末至60年代初中苏关系剧变的历史史实，真实地反映了20世纪中叶国际共运的发展轨迹和伟人毛泽东晚年的一段心路历程。

第二，它是精神的旗帜。它为中国人民在抗击帝国主义、霸权主义、大国沙文主义，以及抵御强权外侮、维护民族尊严、坚持独立自主、走中国特色社会主义道路等方面，树立了一面鲜艳的旗帜。

第三，它是长鸣的警钟。世界上总有一些利益集团和代表人物，怀着帝国心态和冷战思维，随着国际形势的发展，变着法儿妖魔化中国，极力散布"中国威胁论"，他们或用"软实力"推销他们的所谓"自由民主"价值观，或用"硬实力"从海上、陆地、空中建构包围中国的军事圈，千方百计遏制中国的发展。因此，重读《读报》诗和"反修诗词"时，不能不使我们想到，在努力构建和谐中国、和谐世界和小康家园时，一定要对霸权主义和各种反华势力保持高度的警惕。

当然，从总结历史经验教训的角度，回眸过去，拉开时距，站在今天更加广阔的视域来看，"反修诗词""反修"斗争，是否可以说也有其局限性呢？任何事物都是过程中的产物。中苏两党论战和国际共运分歧也都只不过是历史过程中的产物。今天，尽管历史已经有了结论，但是诗人、学者和史学家们，还是可以去慢慢挥洒笔墨和宣泄情感的。

七律 读报

一九五九年十二月

托洛茨基到远东,不和不战逞英雄。列宁竟撇头颅后,叶督该拘大鹫峰。敢向邻居试螳臂,只缘自己是狂蜂。人人尽说西方好,独惜神州出蠢虫。

这首诗根据作者审定的铅印件刊印。近年来此诗不少出版物所载,略有讹误。

【注　释】

〔托洛茨基到远东〕托洛茨基(1879—1940)，十月革命时，任俄国社会民主工党(布尔什维克)中央政治局委员。十月革命胜利后，曾任革命军事委员会主席等职。1918年反对列宁关于同德国签订《布列斯特和约》的主张，提出了"既不签订和约，也不进行战争"的口号。列宁逝世后，反对列宁关于在苏联建设社会主义的理论和路线。1927年11月被开除出党。1929年1月被驱逐出苏联。1940年8月在墨西哥遭暗杀。这里暗指赫鲁晓夫1959年10月访华回国后到了苏联远东海参崴等地。

〔不和不战〕这原是赫鲁晓夫攻击中国共产党的话，1959年10月31日在苏联最高苏维埃会议上，以及同年12月1日在匈牙利社会主义工人党代表会议上，他不指名地攻击中国共产党是"不战不和的托洛茨基主义"。这里作者是对赫鲁晓夫的反击，讽刺他在战争与和平问题上的尴尬立场。

〔列宁竟撇头颅后〕把列宁的教导抛到脑后，都忘了。

〔叶督该拘大鹫峰〕叶督，指叶名琛(1807—1859)，湖北汉阳人。1852年任两广总督。1857年英法联军进攻广州，他既不积极备战，又拒绝同敌军议和，临战还不肯抵抗，被当时人讥讽为"不战不和不守"。广州失陷后，他被俘，押解到印度加尔各答拘禁，不久死于该地。大鹫(jiù就)峰，即印度灵鹫山，或称鹫峰，为佛说法之地。这里代指印度。

〔螳臂〕《庄子·人间世》："汝不知夫螳螂乎，怒其臂以当车辙，不知其不胜任也。"后来用"螳臂当车"比喻不自量力，必然失败。

〔独惜神州出蠢虫〕蠢虫，糊涂人。本句是反话，针对上句"人人尽说西方好"，说惟独中国出了对此持相反观点的"糊涂人"。

【考　辨】

这首诗写于1959年12月，当时作者住在杭州。这年12月4日至6日，他在杭州召开了中共中央政治局扩大会议，会议讨论了国际形势和中共的对策。次年1月7日至17日,作者又在上海主持召开了中共中央政治局扩大会议,会前曾指示将此诗印发给即将与会的各同志。后来,作者对此诗做过一些修改。近年来不少出版物所载,略有讹误。如"托洛茨基"误为"托洛斯基"(原稿如此,应据通常译法加以校正);"不和不战逗英雄"句,被误为"不战不和逗英雄"。此诗原题《读报有感》,定稿改为《读报》。1963年作者原拟将此诗收入《毛主席诗词》,曾印出清样,付梓前他决定"缓发",从集中删去了。

★ 赏　析 ★

"既反列斯又反华"
——《七律·读报》赏析

吴正裕

这首《七律·读报》诗,是辛辣的政治讽刺诗,在毛泽东诗词中别具一格,是对旧体诗词体裁的颇有价值的创新。

毛泽东在1959年和1960年,先后写了五首《读报》诗。其中,有四首初稿题为《读报有感》;有一首初稿题为《改鲁迅》,就其内容来说,实质上也是一首"读报有感"诗。1963年毛泽东主持编辑《毛主席诗词》时,原拟收入其中四首诗,在清样稿上已将《读报有感》改题为《读报》,将《改鲁迅》改题为《改鲁迅诗》。同年12月5日,即在该书付梓的前夕,毛泽东给田家英作批示:"'小小寰球'一词似可收入集中,亦请同志们一议。其余反修诗词,除个别可收入外,都宜缓发。"这里所说的"同志们"指参加中共中央书记处扩大会议的同志,所说的"其余反修诗词",就包括这四首《读报》诗。于是,该书在出版时即删除了这四首诗。需要指出的是,作者提出这些诗"宜缓发",并非意味着作者不准备发表。1973年冬,作者对这些诗修改定稿后,曾请在他身边做医护工作的吴旭君用毛笔抄清保存,足见他对这些诗是珍爱的。1964年1月,毛泽东同美国记者安娜·路易斯·斯特朗谈话时,斯特朗问毛在中苏"大论战"中起什么作用,毛回答说:"我在这次斗争中做得很少,只写了几首诗,我自己没有什么其他的个人武器。"这说明,毛泽东把他称作反修诗词的作品,也包括这些《读报》诗,看成了他在中苏论战中自己所使用的投枪和匕首。

1959年12月作的《七律·读报》诗,写作背景大体如下。这年9月,苏联部长会议主席、苏共中央第一书记赫鲁晓夫访问美国,在总统别墅戴维营同艾森豪威尔总统会谈,献媚讨好美国,同美国搞缓和,乞求和平。随后,他宣扬戴维营精神,鼓吹同艾森豪威尔的会谈"在国际关系的气氛中引起了转暖的某种开端",苏、美两国首脑坐在一起,人类历史就进入了

"新的转折点"。同年9月30日,赫鲁晓夫访美后匆匆赶到中国,参加中国国庆。10月2日举行的中苏会谈,内容包括台湾问题、释放在押美国人问题、西藏问题、中印边界问题和印度支那问题。除印度支那问题双方有一些共同点外,在其他问题上双方的观点针锋相对。赫鲁晓夫试图压迫中国向美国让步,以利于他改善苏美关系;中国则加重了对赫鲁晓夫对美政策的疑虑。赫鲁晓夫回国后到苏联远东的海参崴发表演讲,批评中国像"好斗的公鸡",热衷于战争。回到莫斯科后,他又在最高苏维埃会议上发表演讲,批评中共领导人是"不战不和的托洛茨基主义"。毛泽东读报得悉上述消息,赋诗予以反击。

"托洛茨基到远东,不和不战逞英雄。"首联比喻赫鲁晓夫是托洛茨基式的人物,二人是一丘之貉。托洛茨基(1879—1940),1917年8月加入俄国布尔什维克党并任党中央委员,十月革命胜利后,先后任外交人民委员、陆海军人民委员、革命军事委员会主席等职,曾对抗列宁关于社会主义革命和社会主义建设的路线。列宁逝世后,他组织反党联盟意图推翻以斯大林为首的苏联党和国家的领导。1927年托洛茨基被开除出党,1929年被驱逐出苏联。本诗用托洛茨基暗喻赫鲁晓夫,不直接指名道姓,一是用比兴手法,使讽刺性更强;二是避免直露,引起当时的政治纠纷;三是以历史人物为现实人物定性,表示赫鲁晓夫同托洛茨基一样是机会主义者。远东,这里指苏联的远东地区。赫鲁晓夫访华回国后的第三天,即10月6日,就在远东海参崴举行的群众大会上发表演讲说:"在我们这个时代里,只有不理智的人才会不害怕战争。""像公鸡喜欢打架一样地热衷于战争,这是不明智的。"这里,赫鲁晓夫不指名地批评了中国对帝国主义的政策。10月31日,赫鲁晓夫又在苏联最高苏维埃第三次会议上发表演讲,在谈论中国对帝国主义的政策时,特别提到十月革命初期列宁与托洛茨基的分歧,以此类比今天他同中国在对待西方帝国主义问题上的不同态度,他说:"托洛茨基在当时发表左倾的反对意见,并提出臭名昭彰的口号:'既不签订和约,也不进行战争!'他这样做迎合了德国帝国主义者的口味。大家知道,德国帝国主义者就利用了托洛茨基的冒险立场来反对苏维埃国家。年轻的苏维埃国家不得不克服不少的困难。政策中冒险主义的结果就是这样。"这里,赫鲁晓夫不指名地批评中共领导人是"冒险主义"。他在那次演讲中还指责中国在台湾问题上是"不战不和的托洛茨基主义"。本诗首句中的"到远东",有论者解释为赫鲁晓夫访华,是不符合作者原意的。中国虽属远东,但赫鲁晓夫访华的情况,作者不需要通过读报获悉,也就不会写《读报》诗。本诗"不和不战逗英雄"句,有两层意思:第一是说赫鲁晓夫蛮横逞强,攻击中共领导人是"不战不和"的托洛茨基主义;第二是作者反唇相讥,暗喻赫鲁晓夫是搞"不和不战"的狗熊,揭露他在战争与和平问题上的尴尬立场,即既同美国搞缓和又同美国搞军备竞赛,既不肯支持被压迫民族和人民的革命战争,又不愿真心维护世界和平,是真正的"不战不和"的托洛茨基主义。"逗英雄",是反讽的语调,化庄为谐,使讽刺对象成为滑稽形象,意为赫鲁晓夫表面上是蛮横逞强,骨子里是狗熊丑态。

"列宁竟撇头颅后",比喻赫鲁晓夫将马列主义置诸脑后。同时,喻指赫鲁晓夫的"不和不战"方针,是同列宁主义背道而驰的,是把列宁"撇头颅后"的结果。1956年11月15日,毛泽东在谈到苏共二十次代表大会时说:"我看有两把'刀子':一把是列宁,一把是斯大林。现在,斯大林这把刀子,俄国人丢了。……列宁这把刀子现在是不是也被苏联一些领导人丢掉一些呢?我看也丢掉相当多了。"三年后,毛泽东敏锐地发现赫鲁晓夫在战争与和平问题上已背叛列宁主义,并把这点看成是他变"修"的标志。

"叶督该拘大鹫峰",用古典喻指本诗的讽刺对象。叶督,指叶名琛(1807—1859),在清末曾任两广总督,拜大学士。其人自大虚骄,残暴昏庸。1857年12月,英法联军发动第二次鸦片战争。侵略军进攻广州前后,叶名琛既不积极备战,又拒绝同敌军议和,临战还不肯抵抗,被当时人讥讽为"不战不和不守"。广州失陷时他当了英军俘虏,被解往印度加尔各答,拘禁在大鹫峰下的镇海楼,不久吞石自尽,客死他乡。大鹫峰,即印度灵鹫山,也称鹫峰,为佛说法之地。这里代指印度。本句意为对侵略军采取"不战不和"对策的叶名琛总督,被拘禁在印度而死是活该;并喻指对帝国主义采取"不和不战"方针的赫鲁晓夫该遭叶名琛的下场。本句和上句即颔联,批判的分量非常重,将赫鲁晓夫之流钉在历史的耻辱柱上。

"敢向邻居试螳臂,只缘自己是狂蜂。"颈联用比兴手法揭示赫鲁晓夫的反华嘴脸。由于这两句诗写得比较含蓄,往往产生不同的理解。例如,有的论者把"狂蜂"解释为印度扩张主义者,把"敢向邻居试螳臂",解释为1959年8月印度军队在中印边境挑起武装冲突,侵入我国领土。笔者认为这个解释脱离了本诗的主旨和讽刺对象,是不符合作者原意的。要理解这两句诗,首先要弄清"狂蜂"比喻谁。从本诗的主旨和讽刺对象,可以判定"狂蜂"比喻的就是赫鲁晓夫。另外,邻居,指中国;螳臂,指螳臂当车,比喻不自量力,必遭失败;只缘,只因为。颈联是一个倒装的因果复句,意为赫鲁晓夫推行其大国沙文主义政策,不自量力,敢于向中国挑衅和攻击,只因为他像发了狂的马蜂,政治上丧失了理智。这一联显示了作者强烈的自信心和对霸权主义者的鄙夷与蔑视。本联出句中"试螳臂"的本事是指:1958年,赫鲁晓夫集团向中国提出建设长波电台和成立共同舰队问题,企图从军事上控制中国,损害中国的主权;1959年6月,苏联单方面撕毁了中苏双方签订的国防新技术协议,拒绝向中国提供原子弹样品和生产原子弹的技术资料;1959年9月9日,苏联塔斯社在关于中印边境事件的声明中偏袒印度当局,从而将中苏分歧公开暴露在全世界面前;1959年10月,赫鲁晓夫在中苏会谈中和回国后对中国政策的指责和批评,等等。

"人人尽说西方好,独惜神州出蠢虫。"尾联用调侃和轻松的语调,正话反说。出句是指赫鲁晓夫集团人人都说西方帝国主义的好话,这里特指赫鲁晓夫访美后美化美国总统的论调,说什么艾森豪威尔是"明智"派,"真诚希望和平",和我们一样"热爱和平",等等。这句诗揭露了赫鲁晓夫对艾森豪威尔抱有幻想,没有看到美帝国主义的本质。尾联对句的"蠢虫",指糊涂人,这是反话,透露的正意是明白人、明智人;同时,整个对句也是反话,针对出句"人人尽说西方好",对句意为惟独中国出了对此持相反观点的"糊涂人"。这就是说中国真正明智的人看清了帝国主义的本质,对西方不抱幻想,从而同赫鲁晓夫集团划清了界限。

毛泽东的这首《七律·读报》诗,是政治讽刺诗,与其他体裁和题材的诗作不同,用诙谐、调侃的笔调,并用了反话,通过冷嘲热讽、嬉笑怒骂,表明了政治理念,抒发了感慨义愤,揭露了政敌丑态,收到了鲜明的讽刺效果。此诗虽用古典,但融入了新名词,词语通俗易懂,明白晓畅;虽有一些议论较直白显露,但善用比兴手法,既有明比又有暗喻。全篇有很多形象的描写,这些议论是同形象的描写结合着的,不失旧体诗词的韵味。

董必武在1959年12月10日写了《奉和毛主席读报有感七律一首》,首联为:"垂危阶级乱鸣蛙,既反列斯又反华。"这里姑且借来半联,作为本文的标题。

七律 改鲁迅诗

一九五九年十二月

曾惊秋肃临天下，竟遣春温上舌端。尘海苍茫沉百感，金风萧瑟走高官。喜攀飞翼通身暖，苦坠空云半截寒。悚听自吹皆圣绩，起看敌焰正阑干。

这首诗根据作者审定的铅印件刊印。近年来此诗不少出版物所载，多有讹误。

【注　释】

〔七律·改鲁迅诗〕1935年秋,鲁迅作了《七律·亥年残秋偶作》。毛泽东根据1959年底的国际局势,借用鲁迅该诗的一些意境和词句,改作为一首政治讽刺诗,抒发自己对现实的感怀。鲁迅见《七绝二首·纪念鲁迅八十寿辰》注。

〔曾警秋肃临天下〕秋肃,形容秋天的肃杀、萧条。《汉书·礼乐志》:"秋气肃杀。"这句意为曾经告诫帝国主义推行冷战政策和战争政策将给世界人民带来灾难。

〔竟遣春温上舌端〕春温,形容春天的明媚温煦。这句借喻赫鲁晓夫美化美帝国主义,鼓吹他1959年9月访美,同艾森豪威尔总统的会晤"在国际关系的气氛中引起了转暖的某种开端",赞扬艾森豪威尔是"明智"派,"真诚希望和平"。

〔金风萧瑟走高官〕金风,即秋风,旧说以五行言,秋属金。萧瑟,风吹草木的声音。走高官,指赫鲁晓夫奔走访美。

〔喜攀飞翼通身暖〕飞翼,这里比喻飞机。喜攀飞翼,喻指赫鲁晓夫欣然乘专机访美。通身暖,比喻自鸣得意。

〔空云〕犹天云,指高空。

〔敌焰正阑干〕这里指帝国主义扩充军备和鼓吹冷战的气焰正嚣张。阑干,纵横的意思,引申为放肆、嚣张。

附：鲁迅原诗

七律
亥年残秋偶作

曾惊秋肃临天下，敢遣春温上笔端。尘海苍茫沉百感，金风萧瑟走千官。老归大泽菰蒲尽，梦坠空云齿发寒。竦听荒鸡偏阒寂，起看星斗正阑干。

【附诗注释】

〔亥年残秋〕即1935年深秋。

〔秋肃〕借喻蒋介石对日本侵略军实行不抵抗政策,国家民族将遭受亡国灭种的大灾难。

〔春温〕借喻编造虚假景象,粉饰黑暗,歌颂升平。

〔走千官〕走,逃跑。千官,众多的大小官员。这里指蒋介石和他的国民政府正在出卖华北,华北危在旦夕,日本关东军又无理提出将南京任命的华北官员一概罢免,因此华北的国民党官员纷纷南逃。

〔菰蒲〕菰和蒲都是生长在浅水中的植物,这里借指水泽边地即归宿处。

〔荒鸡〕夜里啼的鸡。《书影》:"古以三鼓前鸡鸣,为荒鸡。"古代迷信认为,鸡不按时啼是不吉之兆,天下必有变乱。

〔阒(qù去)寂〕寂静无声。

〔星斗正阑干〕星斗,北斗星。阑干,横斜。古乐府《善哉行》:"月没参横,北斗阑干。"星斗正阑干,写天快亮了。

【考 辨】

这首诗写于1959年12月,当时作者住在杭州。这年12月4日至6日,他在杭州主持召开了中共中央政治局扩大会议,会议讨论了国际形势和中共的对策。次年1月7日至17日,他又在上海主持召开了中共中央政治局扩大会议,会议讨论了国际形势问题。会前他曾指示将此诗印发给即将与会的各同志。近年来不少出版物所载,多有讹误。如"曾警秋肃临天下"句,被误为"曾惊秋肃临天下";"尘海苍茫沉百感"句,被误为"尘海苍茫沉百志";"悚听自吹皆圣绩"句,被误为"惊听自吹皆圣迹""惊听自吹皆圣绩"。此诗原题《改鲁迅》,定稿改为《改鲁迅诗》。1963年作者原拟将此诗收入《毛主席诗词》,曾印出清样,付梓前他决定"缓发",从集中删去了。

★ 赏 析 ★

改旧出新　感怀幽深
——《七律·改鲁迅诗》赏析

蔡清富

1935年12月5日,鲁迅为老友许寿裳写了一首七律,题为《亥年残秋偶作》。

受诗者许寿裳认为,"此诗哀民生之憔悴,状心事之浩茫,感慨百端,俯视一切,栖身无地,苦斗益坚,于悲凉孤寂之中,寓熹微之希望焉。"(许寿裳《〈鲁迅旧体诗集〉跋》)

鲁迅的《亥年残秋偶作》,从写作到现在已有数十年了。其间读该诗者不计其数,每人所感也不尽相同。毛泽东说,他的心是与鲁迅相通的。1959年毛泽东读《亥年残秋偶作》,与鲁迅创作该诗时一样,所怀者大,所思者深。他联系20世纪50年代末的国际局势,借修改鲁迅诗作而抒发自己对现实生活的感怀。

我们将鲁迅的原诗与毛泽东的改诗作一比较分析,以便了解毛泽东是如何通过修改鲁迅诗篇来表达自己特定的情思的。

"曾惊秋肃临天下,敢遣春温上笔端。"鲁诗首联的意思是说,惊心于深秋的肃杀之气,岂敢将春天的温暖形诸笔端!这是鲁迅针对1935年的政治局势而发的感慨。当时,国民政府在日本帝国主义的武力讹诈下,签订了《何梅协定》,出卖华北,出卖中国,民族危机空前严重。鲁迅在《摩罗诗力说》里说过:"人有读古国文化史者,循代而下,至于卷末,必凄以有所觉,如脱春温而入于秋肃。"在中华民族生死存亡的危急关头,鲁迅深感"如脱春温而入于秋肃",其爱国情感溢于言表。

"曾警秋肃临天下,竟遭春温上舌端。"这联基本上是鲁诗的原句,毛泽东改了三个字——改"惊"为"警",更"敢"为"竟",变"笔"为"舌"。但由于写作的针对性相异,其含义也就有了很大的不同。毛泽东改鲁迅诗的时间是1959年12月。本年9月赫鲁晓夫访美,他赞扬艾森豪威尔是"明智"派,"真诚希望和平",并宣称两国首脑会晤"在国际关系的气氛中引起了转暖的某种开端",使"'冷战'的冰块在开始融化"。明明是艾森豪威尔妄图称霸世界,到处挑起事端,"冷战"局面不断加剧,真是个"秋肃临天下";但赫鲁晓夫公然美化帝国主义头子,竟说艾森豪威尔"真正希望消除'冷战'状态,建立我们两国的正常关系,促进改善各国的正常关系"。改写的这个"警"字,既是作者的警觉,更让人们提高警惕,加以戒备。"竟"与"舌"二字,活画出了赫鲁晓夫巧言令色、编造谎言、讨好侵略者的嘴脸。"曾惊秋肃临天下,敢遣春温上笔端。"鲁迅原句偏重主观抒情。"曾警秋肃临天下,竟遣春温上舌端。"毛泽东的改句,于主观抒情之外,有一定的客观描述,显示出政治讽刺诗的特色。

"尘海苍茫沉百感,金风萧瑟走千官。"鲁迅原句的意思是,面对苍茫无边的人世,只觉百感交集,心情无限沉重;在萧瑟的秋风之中,只见国民党的文武官员大批南逃。"沉百感"三字,既说明了感慨之多,又表达了不能自由抒发的苦闷,它与"吟罢低眉无写处,月光如水照缁衣"的含义相近。"金风萧瑟走千官"一句,把国民党当局听命于日寇、执行《何梅协定》、致使大批官员南逃的丑态,描写得淋漓尽致。此联首句着重抒情,第二句于客观描述中寄寓着嘲讽。

"尘海苍茫沉百感,金风萧瑟走高官。"此联只有一字之改,变"千"为"高",但却明确地标出了自己的批判对象——赫鲁晓夫——脱离人民的高官。20世纪50年代中后期,中苏两党在国际共产主义运动中出现了一系列原则分歧,其中关于战争与和平的问题,更直接关系到全球人类的命运。面对赫鲁晓夫丧失原则的"和平主义"主张,向来以实现"太平世界,环球同此凉热"为己任的毛泽东,自然感慨良多,但限于多种原因,当时又难以在世人面前表述清楚。毛泽东袭用鲁迅"尘海苍茫沉百感"的诗句,表达了心中非常复杂的思想感情。"金风萧瑟走高官",是指1959年9月赫鲁晓夫访美,向美国总统艾森豪威尔乞求和平。由"千"变"高",一字之改顿呈新意。

"老归大泽菰蒲尽,梦坠空云齿发寒。"鲁迅诗句的意思是说,年老归于水乡食宿两空,仿佛梦见自己坠入空云之中,感到浑身寒冷。菰与蒲都是水生植物。菰的嫩茎名曰茭白,可食用;菰秋天结的实称菰米,亦可食用。蒲是水草,可制席,嫩芽也可吃。这里以"菰蒲"借指食宿之处。"齿发寒",以牙齿、头发借代全身,说明周身寒栗。这两句表面上写的是作者个人的境遇和心情,实际上反映了广大群众饥寒交迫的生活状况。真可谓"哀民生之憔悴,状心事之浩茫"。

"喜攀飞翼通身暖,苦坠空云半截寒。"这两句诗,前句是毛泽东的独创,后句改动了鲁诗三个字。"喜攀飞翼通身暖",是描写赫鲁晓夫攀附到美国的所谓"真诚希望和平"的"明智"派,全身感到暖洋洋的。飞翼,飞机,这里特指赫鲁晓夫访问美国乘坐的专机。赫鲁晓夫宣称,美苏两国首脑会晤,"将有助于使'冷战'彻底成为过去,将有助于确立比较暖和的气候"。"苦坠空云半截寒",是毛泽东对赫鲁晓夫未来命运的判断。改"梦"为"苦",强调了赫鲁晓夫必将自食恶果。变"齿发"为"半截",是为了与上句的"通身"对仗。

"竦听荒鸡偏阒寂,起看星斗正阑干。"在祖国处于危亡之际,鲁迅夜不能寐,企盼听到半夜鸡叫,以便"闻鸡起舞",但偏偏一片沉寂;起来看看北斗星,正横斜天际,天快亮了。"竦听",挺立着侧耳细听。"荒鸡",夜半鸡不按一定时刻而鸣,叫做荒鸡。《晋书·祖逖传》:"逖与刘琨俱为司州主簿,情好绸缪,共被同寝。中夜闻荒鸡鸣,蹴琨觉曰:'此非恶声也。'因起舞。"后因称及时奋起为闻鸡起舞。"阑",横斜。北斗横斜,指天快亮了。《古乐府·善哉行》:"月落参横,北斗阑干。"最后这联,表现了鲁迅"于悲凉孤寂之中,寓熹微之希望焉"。

"悚听自吹皆圣绩,起看敌焰正阑干。"毛泽东改诗的末联,前句是改写,后句变"星斗"为"敌焰",全联的意思已与鲁诗根本不同。"悚听自吹皆圣绩",是毛泽东对赫鲁晓夫自我吹嘘的揭露与嘲笑。赫鲁晓夫在访美期间,大肆鼓吹苏联在各方面的所谓辉煌成就,说什么苏联在经济竞赛中很快能战胜美国,"苏联发展国民经济的七年计划完成以后,不折不扣地将使苏联达到美国的经济发展水平"。他还大讲苏联向月球发射的宇宙火箭和原子破冰船对世界和平的决定的意义,说:"我们的原子破冰船'列宁号',不仅要划破海洋中的冰层,并且要划破'冷战'的冰层。"这些自吹的成绩,在毛泽东听来,颇有毛骨悚然之感。他改"竦"为"悚",就突出了这种感受。

"起看敌焰正阑干"与"起看星斗正阑干"相比,虽只有二字之差,但表达的意思完全不一样。"敌焰"指帝国主义扩充军备和鼓吹"冷战"的嚣张气焰。"阑干",纵横散乱貌,引申为放肆、嚣张。毛泽东"起看敌焰正阑干"的诗句,有力地驳斥了赫鲁晓夫所谓"国际关系有些转暖了,'冷战'的冰块在开始溶化"的谬论。1959年,正是美国在世界各地制造紧张局势、挑起侵略战火的年代。仅以中国周边而论,就有印度侵犯我国领土的事件,美国派兵进驻老挝、威胁越南安全之举,美国支持蒋介石反攻大陆、并多次派飞机在我国西沙群岛上空挑衅的行动。"敌焰正阑干",的确是铁一般的事实。末联两句,恰好形成了鲜明的对比。"敌焰正阑干"的现实,粉碎了赫鲁晓夫心造的"春温"美梦。

通过模仿、套用、修改前人诗篇表达本人在特定条件下的感受和思想,是我国一种固有的写诗方法。被模仿的诗篇往往是影响很大的名作,经过改写的作品,既要保持原作的固有形式,又应有独出心裁的新意。如果把原作称作一度创作的话,那么,被修改的诗篇似可称为二度创作。

唐代诗人贾岛有一首《寻隐者不遇》:"松下问童子,言师采药去。只在此山中,云深不知处。"清朝乾隆年间,有个私塾老师,经常上课不管学生,而去茶馆喝茶。一次朋友来访未遇,听其所往,便改贾诗以留言:"书塾问童子,言师喝茶去。只在此城中,巷深不知处。"改诗虽不如原作幽深,但也颇有风趣。

唐代诗人崔颢,有一首千古流传的《黄鹤楼》诗:"昔人已乘黄鹤去,此地空余黄鹤楼。黄鹤一去不复返,白云千载空悠悠。晴川历历汉阳树,芳草萋萋鹦鹉洲。日暮乡关何处是,烟波江上使人愁。"1933年1月,鲁迅目睹"北平的迁移古物和不准大学生逃难","剥崔颢《黄鹤楼》诗以吊之",曰:"阔人已骑文化去,此地空余文化城。文化一去不复返,古城千载冷清清。专车队队前门站,晦气重重大学生。日薄榆关何处抗,烟花场上没人惊。"

鲁迅的改诗,辛辣地讽刺了当权"阔人"屈服日寇、贪财不要民的丑恶面目。

毛泽东的《改鲁迅诗》继承了我国剥离旧体、重铸新词的传统。他的改诗,不仅题材重大、思想深刻,而且在艺术技巧上令人首肯。原诗和改诗都是七律,而七律的最根本要求,就是中间的两联四句要讲究对仗和平仄。仅以改动最大的第三联说,"喜攀"与"苦坠","飞翼"与"空云","通身暖"与"半截寒",对仗十分工整。其中"暖"与"寒"的对仗与平仄,更是神来之笔,因为作者有"金沙水拍云崖暖,大渡桥横铁索寒"的写作经验。笔者认为,毛诗"暖"与"寒"的对仗,似乎比原作"尽"与"寒"的对仗更为工整。改诗还采用了强烈的对比手法,"秋肃临天下"与"春温上舌端","自吹皆圣绩"与"敌焰正阑干",说的是两种情景,它们互为映衬。改诗的首尾两句则是统一情景的相互补充,前后照应。"敌焰正阑干"恰是"秋肃临天下"的具体说明。

七律 读报

一九六〇年六月十三日

托洛茨基返故居,不和不战欲何如?青空飘落能言鸟,黑海翻腾愤怒鱼。爱丽舍宫唇发紫,戴维营里面施朱。新闻岁岁寻常出,独有今年出得殊。

这首诗根据作者审定的铅印件刊印。近年来此诗不少出版物所载,多有讹误。

【注　释】

〔托洛茨基返故居〕本句是说，托洛茨基的阴魂回到了苏联故乡，暗讽赫鲁晓夫同托洛茨基一样推行机会主义路线。

〔青空飘落能言鸟〕青空，青色的天空，指高空。能言鸟，即鹦鹉。本句喻指，1960年5月1日，美国一架U-2型飞机入侵苏联领空时被击落，飞行员被俘后供认了自己的间谍使命。

〔黑海翻腾愤怒鱼〕黑海，其北岸、东岸属苏联。愤怒鱼，这里比喻愤怒的苏联黑海舰队官兵。

〔爱丽舍宫唇发紫〕本句喻指，1960年5月16日，在法国总统府爱丽舍宫召开的苏、美、英、法四国首脑会议预备会议上，苏联部长会议主席赫鲁晓夫愤怒谴责美国军用飞机对苏联领空的侵犯，要求美国政府谴责这一行动和宣布今后不再对苏联采取这种行动。美国总统艾森豪威尔拒绝赫鲁晓夫所提要求，从而葬送了首脑会议。唇发紫，描写因愤怒、生气而使嘴唇发紫。

〔戴维营里面施朱〕本句喻指，1959年9月赫鲁晓夫访美，在总统别墅戴维营同艾森豪威尔会谈，讨好美国。当时苏联曾大肆宣扬"戴维营精神"，说苏美两国首脑坐在一起是人类"历史的转折点"。面施朱，涂脂抹粉，比喻献媚讨好。

【考　辨】

这首诗作于1960年6月13日，当时作者住在上海。这年6月8日至18日，他在上海主持召开了中共中央政治局扩大会议，会议讨论了国际形势问题。此诗近年来不少出版物所载，多有讹误。如写作时间"一九六〇年六月十三日"，被误为"一九六一年"；"托洛茨基"误为"托洛斯基"（原稿如此，应据通常译法校正）；"不和不战欲何如"句，被误为"不战不和欲何如"；"青空飘落能言鸟"句，被误为"青云飘下能言鸟"；"黑海翻腾愤怒鱼"句，被误为"黑海翻起愤怒鱼"；"爱丽舍宫唇发紫"句，被误为"爱丽舍宫辱发黑"；"新闻岁岁寻常出"句，被误为"新闻多多寻常出""新闻岁岁寻常有"；"独有今年出得殊"句，被误为"唯有今年出得殊"。此诗原题《读报有感》，定稿改为《读报》。1963年作者原拟将此诗收入《毛主席诗词》，曾印出清样，付梓前他决定"缓发"，将其从集中删去了。

毛泽东从1959年11月至1960年6月，现在所见总共写了四首《读报》诗。但从董必武奉和毛泽东《读报》诗来看，毛泽东应另有两首《读报》诗，一首为"沟"字韵，一首为"鲜"字韵，可惜至今未见。所谓"未见"，一是未见于原在毛泽东身边做医护工作的吴旭君为毛泽东诗稿誊清并保管的档案之中，二是未见于中央档案馆保存的毛泽东文稿档案之中。可以推断，这两首诗已被作者废弃了。因为这两首诗当作于20世纪50年代末、60年代初，1963年作者曾主编了《毛主席诗词》，在这期间不太可能散失。

★ 赏　析 ★

青空黑海入篇章
——《七律·读报》赏析　　　　　　　　　　　萧永义

　　毛泽东在20世纪50年代末60年代初曾写过几首《读报》诗,都是为揭露、批判国际共运中的现代修正主义而作。它们如投枪、如匕首,具有极强的针对性、战斗性,当时就曾不胫而走,广为流传。这种诗是毛泽东诗词中的又一个门类,或可称为诗中的杂文体,具有特殊的思想艺术价值,值得毛泽东诗词研究者的珍视。

　　毛泽东作于1960年6月13日的这首《七律·读报》是因何而写的呢?诗的末联"新闻岁岁寻常出,独有今年出得殊"实已点出题旨:它是为当时的不寻常的新闻而发的。

　　原来,在作者写诗的前不久,国际曾接连爆发两起不寻常的新闻,而它们又是具有因果关系的。首先是5月1日,发生了美国U-2型高空侦察机侵入苏联领空进行间谍活动,并被苏军击落的事件;随之是5月16日,赫鲁晓夫在巴黎四国首脑第一次会面时,提出美国总统必须严办"U-2事件"的直接负责的人,并保证今后不再继续类似的行动,否则他将退出这次最高级会谈,并取消前一年发出的对艾森豪威尔回访苏联的邀请。艾森豪威尔拒绝了赫鲁晓夫的这一要求,四国首脑巴黎会议遂因之流产……

　　这两件事对于苏共赫鲁晓夫集团是十分难堪的,它们宣告了苏共"二十大"以来所推行的修正主义路线的破产,特别是宣告了赫鲁晓夫近半年多以来极力吹嘘的"戴维营精神"的彻底破产。1959年9月25日至27日,赫鲁晓夫与艾森豪威尔在美国总统别墅戴维营举行了会谈。会谈中,美苏就德国、柏林、裁军、苏美关系等问题进行了一系列交易,妄图由此实现美苏两国主宰世界的梦想。戴维营会谈结束后发表了联合公报,苏联赫鲁晓夫集团大肆宣扬所谓"戴维营精神",鼓吹苏美两国首脑坐在一起,人类历史就进入了"新的转折点"。然而曾几何时,严酷的现实却宣告了这种"唇发紫"的吹嘘的破产。毛泽东这首《读报》诗的写作背景大致如此。诗的辛辣反映了历史事件本身的辛辣。

　　诗的首联:"托洛茨基返故居,不和不战欲何如?"这是总说,直点主题,托洛茨基实指赫鲁晓夫。托洛茨基是列宁逝世后联共党内的机会主义派别和反党联盟的首领。他于1929年被驱逐出苏联国境,1940年被刺死于墨西哥。说托洛茨基返故居,即指托洛茨基的阴魂又回到了苏联,实指赫鲁晓夫集团在苏共党内占据了统治地位。"不和不战欲何如?"指赫鲁晓夫集团在战争与和平问题上,既不肯支持各被压迫民族和人民反对帝国主义、殖民主义的革命战争,惟恐得罪帝国主义,导致第三次世界大战;又不愿真正维护世界和平,而企图凭借武力,与美帝国主义争夺世界霸权。那么你们到底想干什么?"不和不战",作者此处可能是引用了近代史上鸦片战争中的一个典故。1857年12月,英法联军进攻广州。昏庸无能的两广总督叶名琛,既拒绝与敌军议和,又不许部下官兵抗敌,致使广州沦陷,自己亦被俘,时人因而对他有"不战不和不守,不死不降不走"之讥。毛泽东用以形容赫鲁晓夫在战争与和平问题上的矛盾立场和处境,可谓惟妙惟肖。但是也有可能是作者用赫氏之矛攻赫氏之盾。1959年10月,赫鲁晓夫访华后,返回途中在海参崴攻击说,中国像"公鸡那样热衷于战争"。后来在莫斯科的最高苏维埃会议上,他又攻击中国在台湾海峡问题上是"不战不和的托洛茨基"。

　　"青空飘落能言鸟",指苏军从高空击落美"U-2型"侦察机一事。能言鸟,《汉书》卷六《武帝纪》载,汉武帝元狩二年(前121年),"南越献驯象、能言鸟"。唐颜师古注曰:"能言鸟"即鹦鹉。此指U-2飞机。美U-2飞机被击落时,驾驶员鲍尔斯被俘,并供认了自己的间谍使命,作者用典似亦兼及这一细节。

　　"黑海翻腾愤怒鱼。"此句承上而来,说由于美U-2飞机入侵苏联领空被击落一事,引起了苏联军民的极端愤慨。"愤怒鱼"疑指苏联黑海舰队,并进而代指苏联的军队和人民,但苏联黑海舰队显然首当其冲。因为据说被击落的这架美国间谍飞机是由黑海南岸的土耳其起飞的。

"爱丽舍宫唇发紫,戴维营里面施朱。"前句指在法国总统官邸爱丽舍宫,气急败坏的赫鲁晓夫舌敝唇焦地指责5月1日发生的美间谍飞机入侵苏联领空事。据艾森豪威尔回忆录《白宫岁月》第二十三章《没有开成的最高级会议》记述:"担任主席的戴高乐总统还没有正式宣布开会,赫鲁晓夫就脸红脖子粗地站起来,大声要求给他发言权",他"按预先准备好的稿子发出了长时间的恶骂"。后句指赫鲁晓夫1959年12月25日至27日在戴维营会谈期间向美帝国主义献媚讨好。面施朱,本义指女子往脸上涂脂抹粉。以上两句在时间顺序上是颠倒的,但诗词中这种句法常见,有时且更能引人入胜。

"新闻岁岁寻常出,独有今年出得殊。"这可看作作者整首诗中的不表态的表态,而且以反语出之,表示了诗人的讽嘲与幽默。

毛泽东的这首《读报》诗,由于过去没有正式发表,因而对它的诠释性文字也极少见。但董必武1960年6月14日夜写过一首和诗,题曰:《七律·奉和毛主席一九六○年六月十三日读报有感韵》。诗云:"岁月徒今叹不居,徘徊歧路愿难如。总思铸戟为农器,无怪临渊羡庶鱼。幻术使青能变白,色盲看碧亦成朱。列宁遗教谁违背?阿Q精神又岂殊。"(《董必武诗选》)董老的和韵之作对于我们领悟原作的主题思想是有重要参考意义的,尽管它没有也不必要重复原作中涉及的那些具体事件。今试将董老和诗的大意申述如下:岁月不居,在战争与和平的歧路上徘徊的如意算盘毕竟不那么得心应手。一方面总在鼓吹化枪炮为农器,不肯支持世界人民反帝、反殖的正义斗争,一方面却又在临渊羡鱼,忘不了那大鱼吃小鱼的世界霸权的征逐。机会主义的特征就是皂白不分,不讲原则。列宁遗教早已置之高阁,只有自欺欺人的精神胜利法(如戴维营精神的鼓噪之类),与鲁迅笔下的阿Q没有什么两样!(董老和诗中"无怪临渊羡庶鱼"句,"庶鱼",《汉语大字典》释为:"古代传说中的鳞虫类动物。《淮南子地形训》:'介鳞生蛟龙,蛟龙生鲲鲠,鲲鲠生建邪,建邪生庶鱼。凡鳞者生于庶鱼。'"此处"庶鱼"似即鱼的代称。但既然"凡鳞者生于庶鱼",则赫鲁晓夫之流所羡之鱼非比一般是可以想见的。)

毛泽东的《读报》诗在艺术上坚持了创作上的形象思维和比、兴手法，从而保持了诗的形象性、含蓄性。如"托洛茨基返故居"就具有形象性。诗的中间两联则更具有强烈的形象性。"青空""黑海""唇发紫""面施朱"，都属于工巧的对仗。"能言鸟"是用典，它与"愤怒鱼"这一新词语起到了新旧映衬的效果。整首诗保留了浓郁的传统诗歌的风味。本诗用韵"居""如""鱼"，同属上平声六鱼；"朱""殊"，同属上平声七虞。于传统用韵规范有所突破，用韵从宽，邻韵通押。董老是精于格律的，他的和诗既然全部采用了毛诗原韵，则毛诗的从宽用韵是得到了诗家的认可的。

七律 读《封建论》呈郭老

一九七三年八月五日

劝君少骂秦始皇,焚坑事业要商量。祖龙魂死秦犹在,孔学名高实秕糠。百代都行秦政法,『十批』不是好文章。熟读唐人《封建论》,莫从子厚返文王。

这首诗根据作者审定的铅印件刊印。最早发表在中央文献出版社一九九八年一月版《建国以来毛泽东文稿》第十三册。

【注　释】

〔《封建论》〕唐代文学家、思想家柳宗元的史论文章，阐发了设置郡县、废除分封、加强中央集权、反对藩镇割据的主张。

〔郭老〕指郭沫若，见《七律·和郭沫若同志》注。

〔秦始皇〕战国时期秦国的国君。公元前221年，在先后消灭割据称雄的魏、赵、韩、齐、楚、燕六国的基础上，他废封建而置郡县，建立了中国历史上第一个统一的中央集权的封建国家。见《沁园春·雪》注。

〔焚坑〕秦始皇为加强中央集权统治和思想控制，下令焚烧《秦记》以外的列国史记和民间私藏的《诗》《书》等典籍，坑死以古非今的方士和儒生四百六十多名，史称"焚书坑儒"。

〔祖龙〕指秦始皇。《史记·秦始皇本纪》："今年祖龙死。"裴骃《集解》："《苏林》曰：'祖，始也；龙，人君象。谓始皇也。'"

〔孔学〕即由春秋时期鲁国人孔丘创立的儒学。

〔"十批"不是好文章〕十批，指郭沫若所著《十批判书》，收入有关中国古代先秦诸子批判的文章共十篇，故名。毛泽东在1973年7月的一次谈话中，曾批评《十批判书》尊孔反法。

〔莫从子厚返文王〕子厚，即柳宗元（773—819），字子厚，河东解（今山西运城市解州镇）人。文王，即周文王，姓姬名昌，商末为西伯，周族领袖，晚年自号为文王。周文王时开始推行较完备的封建制（即分封制）。本句是说不要从柳宗元的反对分封制回到周文王的实行分封制，即反对倒退。

【考　辨】

这首诗近来有论者写文章将它推断为伪作，一个重要论点，是认为这首诗"与毛泽东作律诗的一贯作风相违背"，"其不合平仄者竟达十七处之多"，"只要仔细分析一下经他同意公开发表出来的所有律诗和绝句,可以说没有一首是不合律的"。

在旧体诗词的格律问题上,毛泽东主张"律诗要讲平仄,不讲平仄,即非律诗"(1965年7月21日毛泽东致陈毅的信)。但在研究毛泽东诗词的格律问题时,又不能不注意到毛泽东在诗词创作上,有时不拘守格律、甚至写古风式律诗的情况。例如,他留下过多幅手迹的《五律·看山》,以及这首《七律·读〈封建论〉呈郭老》,就是古风式律诗。王力在《汉语诗律学》一书中说:古风式的律诗,"字数和普通律诗相同,对仗的规矩也和普通律诗相同,只是句子的平仄不依照或不完全依照律诗的格式,粘对也不完全合律"。《五律·看山》按律诗正轨衡量,是一首古风式的律诗。《七律·读〈封建论〉呈郭老》按律诗正轨衡量,也是一首古风式的律诗,没有完全依照律诗的平仄格式,是一首拗律。

写古风式的律诗,并非毛泽东的独创。中国古代就有一些诗人有意识地写古风式的律诗,例如,杜甫的《崔氏东山草堂》:"爱汝玉山草堂静,高秋爽气相鲜新。有时自发钟磬响,落日更见渔樵人。盘剥白鸦谷口粟,饭煮青泥坊底芹。何为西庄王给事,柴门空闭锁松筠。"苏轼的《寿星院寒碧轩》:"清风肃肃摇窗扉,窗前修竹一尺围。纷纷苍雪落夏簟,冉冉绿雾沾人衣。日高山蝉抱叶响,人静翠羽穿林飞。道人绝粒对寒碧,为问鹤骨何缘肥。"以上这两首诗,都有不合平仄之处,或者失对,或者失粘。杜甫和苏轼都是古典诗词的大家,不能因为这两首诗的失粘、失对和平仄不合,就断定这两首诗不是出自他们的手笔。据著名学者、诗论家霍松林的研究,以重格调为选诗标准之一的《唐诗别裁集》,所选五律四百多首,含拗句(即不合平仄)的诗就有百余首,而且有许多首都是名篇。这就告诉我们,评论近体诗不能过分拘守格律,不能只知"正体"而不知"变体"。

同样,判断毛泽东诗词的真伪,也决不能仅仅根据其是否完全合乎平仄,而是要综合考证各种材料,特别是档案材料,才能得出有可靠依据的、符合实际的结论来。

说《七律·读〈封建论〉呈郭老》是毛泽东所作,有确凿的档案可以证明。(一)这首诗编入《建国以来毛泽东文稿》时,是根据中央档案馆保存的铅印件刊印的。(二)1973年8月7日周恩来曾写给毛泽东一封亲笔信,信中说:"江青同志在昨晚政治局会议上已将主席读柳子厚的封建论和呈郭老的诗以及有关问题给我们传达了,我们也议论了一下。"毛泽东圈阅了这封信,这表明,毛泽东认同了"呈郭老的诗"是他写的。周恩来的这封亲笔信保存在中央档案馆。

★ 赏　析 ★

爽直的批评　诚恳的规劝
——《七律·读〈封建论〉呈郭老》赏析　　　龚国基

《七律·读〈封建论〉呈郭老》是我们所见到的毛泽东的最后一首诗。这首诗作于"文化大革命"后期,有其特殊的思想背景和政治背景。

1973年8月5日,毛泽东对江青念出这首后来题为《读〈封建论〉呈郭老》的七律,要她当场手记。毛泽东之所以要呈诗郭沫若,主要是由于他不同意郭老在研究政治思想史的时候所表现出扬儒抑法的倾向,《十批判书》是其代表性言论,因而以诗提出批评探讨意见。

儒家与法家,是中国封建社会政治思想和实践的两大流派。儒家思想的创始人是孔子,而秦始皇是中国历史上最早成功的法家思想的实践者。几千年来的政治家、思想家对儒法问题总要做出扬此抑彼的选择,而其中的突出表现,是对孔子与秦始皇这两个重要历史人物或褒或贬的不同评价。作为开创一个崭新时代的革命家、思想家和政治领袖,毛泽东批判地继承历史遗产、评价我国古代政治思想时,其基本立场、观点是扬法抑儒,褒秦始皇而贬孔子。到了"文化大革命"期间,其褒秦贬孔的态度更加明显。郭沫若《十批判书》扬儒抑法,毛泽东曾多次表达过不同意郭老的观点。

毛泽东作此诗,还有其直接的政治原因。1971年林彪事件之后,在林彪住处查出一些肯定孔孟言论(如"克己复礼"之类)的条幅和材料。林彪之子林立果搞的反革命政变计划《"571工程"纪要》,又径直把毛泽东比为秦始皇而加以咒骂。毛泽东便越发感到林彪的极右实质与孔儒思想有必然的联系,批林必须批孔。因而呈诗郭老,就《十批判书》尊孔和骂秦始皇的问题提出批评商榷。在念了呈郭老一诗后,毛泽东还说:"郭老对待秦始皇、对待孔子那种态度和林彪一样。"可见,毛泽东此时借咏史而发政论,评说儒法,并非纯学术探讨,以此发动批林批孔运动的政治用意是明显的。

这是一首朋友之间探讨学术问题的政论性咏史诗。今天我们拨开历史烟云,从诗歌欣赏的角度来阅读、分析、品评,或许可以得到较切实的理解和认识。

诗以《读〈封建论〉呈郭老》为题,可知是由读柳宗元《封建论》一文有感而发,就儒法问题向郭老呈诗商榷。首联"劝君少骂秦始皇,焚坑事业要商量",婉劝郭老:请您不要否定秦始皇这样一个在中国历史上曾起过重要进步作用的人物,您对"焚书坑儒"这件事的看法,值得商榷。开门见山,正面提出分歧的论点和批评、商榷的意见。郭沫若在重庆时期写的《十批判书》,在《吕不韦与秦王政的批判》一文中,把秦始皇当作"站在奴隶主的立场",使"已经解放了的人民,又整个化为了奴隶",从而把社会向后扭转的人物加以否定,而称赞孔子"是顺应着当时的社会变革潮流的","企图建立一个新的体系以为新来的封建社会的韧带"。对秦始皇的"焚书坑儒",则沿袭历史偏见,看成是专制暴行。毛泽东不同意郭老的观点。他曾明确表示:"我这个人比较有点偏向,就不那么高兴孔夫子。看了说孔夫子是代表奴隶主、旧贵族,我偏向这一方面,而不赞成孔夫子是代表那个时候新兴地主阶级。因此,我跟郭老在这一点上不那么对。你那个《十批判书》崇儒反法,我也不那么赞成。"又说:"我赞成郭老的历史分期,奴隶制以春秋战国之间为界。但是不能大骂秦始皇。"关于秦始皇的"焚书坑儒",鲁迅先生就另有看法。他在《华德焚书异同论》一文中说:"秦始皇实在冤枉得很","不错,秦始皇烧过书,烧书是为了统一思想。但他没有烧掉农书和医书"。毛泽东的看法与鲁迅相近,他认为秦始皇的做法是为了镇压奴隶主复辟势力,巩固封建主义的中央集权,未可厚非。他曾说:"秦始皇焚书坑儒,坑的是一派,只有四百六十多人,他崇尚法家。"

颔联"祖龙魂死秦犹在,孔学名高实秕糠",这两句是说:秦始皇虽然早已死去,但他所开创的功业还长留史册,而您所赞颂的儒家学说名声虽大,但实如秕糠没有多少价值。将秦始皇与孔子对比评说,摆出"少骂秦始皇"的论据。毛泽东从小读孔夫子的书,但"不那么高兴孔夫子",而"赞成秦始皇"。"五四"新文化运动中,他反孔的态度就比较鲜明。但从延安时期到20世纪50年代,他都多次说过:"孔孟有一部分真理","孔夫子当然是有地位的","此人不可一笔抹杀"。20世纪60年代中期以后,毛泽东对孔子就越来越反感,对秦始皇的功绩越来越称赞。他说过:"在中国历史上,真正做了点事的是秦始皇,孔子只说空话。几千年来,形式上是孔夫子,实际上是按秦始皇办事。""孔夫子有些好处,但也不是很好。我们应该讲句公道话。秦始皇比孔子伟大得多。"到"文化大革命"后期,毛泽东扬秦贬孔更为激烈。诗中斥孔学为"秕糠",显然贬抑过分,是偏激之词。这大概与林彪集团尊孔骂秦始皇有关。

颈联"百代都行秦政法,'十批'不是好文章",进一步举出历史事实。秦始皇以"郡县制"代替"封建制",统一度量衡,"车同轨,书同文"等重要政策、法令,历代封建统治者,绝大多数都一直沿用下来。这就充分证明,否定秦始皇的《十批判书》观点错误,"不是好文章"。毛泽东曾说:"秦始皇是第一个把中国统一起来的人物。不但政治上统一中国,而且统一了中国的文字、中国的各种制度,如度量衡,有些制度后来一直沿用下来。中国过去的封建君主还没有第二个超过他的。"这段评论,可以作为"百代都行秦政法"的注脚。

尾联"熟读唐人《封建论》,莫从子厚返文王",以诚恳友善的语气,写出对郭老的期望,劝说郭老多读一读唐人柳宗元所写的《封建论》这篇文章,不要从柳宗元的正确观点倒退到周文王的"封建制"时代去。柳宗元的《封建论》精辟地分析了"封建制"之大弊,"郡县制"之大利,指出"郡县制"是保证中央集权、国家统一、长治久安的政治体制。毛泽东高度评价《封建论》的意义,力劝郭老"熟读"之,可谓慧眼独具,语切心长。此联作结,哲理深刻,发人深思。

全诗主旨,在于批评郭老崇儒反法的错误观点,劝说他正确认识和对待秦始皇这样一位有重大功绩和深远影响的历史人物。

见识独到、以理服人,议论峻爽、笔锋犀利,是这首诗的鲜明特点。秦始皇的历史功绩已永载史册,历代君主无人超过,"可是被人骂了几千年"。诗人石破天惊,起笔即一反常论独出新见:"劝君少骂秦始皇,焚坑事业要商量",敢于为秦始皇"讲句公道话",平反千年历史冤案,还其本来面目。并举出"祖龙魂死秦犹在""百代都行秦政法"的历史事实来加以论证。既明快峻爽,尖锐泼辣;又以理服人,无可辩驳。

诚恳规劝,情理交融,是这首诗的另一特点。诗人与郭沫若情谊至深,诗中在重大原则、是非问题上毫不含糊,严肃爽直地提出批评商榷意见,但又平等相待,推心置腹,满腔热情。"呈""郭老"既示尊敬,又合常理(郭沫若比毛泽东年长一岁),言未发而情动于衷;"劝君"透露以诚相待的好意;"要商量"不是以势压人,而是平等相商,探讨歧见;"熟读唐人《封建论》,莫从子厚返文王",将理性的启迪与深情的期望融为一体。郭老读此诗深受感动和启发,以《春雷》为题赋七律一首呈毛泽东,诚恳接受、衷心感激毛泽东的批评。

在艺术形式上应当指出,这首诗有两个方面的不足:一是以议论为诗,二是格律欠严。以议论为诗,向为诗评家所诟病。毛泽东也强调"诗要用形象思维,不能如散文那样直说",不主张"以文为诗"。他的诗词佳作,都是形象思维的一流珍品。但此诗却多议论而少形象,多"直说"而少比、兴。虽说理透辟却缺乏形象的感染力和诗意的含蓄美。毛泽东还认为,"律诗要讲平仄,不讲平仄,即非律诗";对于格律诗词,"老一辈的人要搞就要搞得像样"。他的律诗名篇,都字斟句酌,严遵平仄格律。这首诗用韵严格,而平仄却多有未合,"失粘""失对"也不止一处,对于律诗这是犯忌的。诗中存在上述不足,与毛泽东深厚的诗词素养、鲜明的理论主张和严谨的创作态度,显然不相符。

如何理解、看待上述现象呢?只要联系此诗特殊的写作背景加以分析,其实也不难理解。因为这是为发动一场政治运动而作的政论急就章,大约是未经执笔写作、修改,就径以口述由人笔录。可以想见,作者是只求论辩的达意,而无意于形象、意境的营构;只借七律的体式,而无心于格律的严谨。(客观地说,政论诗在形象、意境的要求上,也难与抒情诗同等。)更不能忽视的是,诗人此时已年近八旬,经过林彪事件的打击,正是国事多艰,暮年忧患,疾病缠身,心力交瘁。作诗已多年搁笔,"浮想联翩"难再,推敲平仄无暇。甚至可以说,作者虽用了律诗的形式,也未必是真正当作"诗"来写的;因而读者也未必要完全当作"诗"来求全责备了。此诗作者并未正式发表,本书也只编入"附录",我们在阅读、评析时,应与正式发表的毛泽东诗词加以区别。

毛泽东诗论

致臧克家等

（一九五七年一月十二日）

克家同志和各位同志：

惠书早已收到，迟复为歉！遵嘱将记得起来的旧体诗词，连同你们寄来的八首，一共十八首，抄寄如另纸，请加审处。

这些东西，我历来不愿意正式发表，因为是旧体，怕谬种流传，贻误青年；再则诗味不多，没有什么特色。既然你们以为可以刊载，又可为已经传抄的几首改正错字，那末，就照你们的意见办吧。

《诗刊》出版，很好，祝它成长发展。诗当然应以新诗为主体，旧诗可以写一些，但是不宜在青年中提倡，因为这种体裁束缚思想，又不易学。这些话仅供你们参考。

同志的敬礼！

毛　泽　东
一九五七年一月十二日

致李淑一

（一九五七年五月十一日）

淑一同志：

　　惠书收到。过于谦让了。我们是一辈的人，不是前辈后辈关系，你所取的态度不适当，要改。已指出"巫峡"，读者已知所指何处，似不必再出现"三峡"字面。大作[1]读毕，感慨系之。开慧所述那一首[2]不好，不要写了吧。有《游仙》一首为赠。这种游仙，作者自己不在内，别于古之游仙诗。但词里有之，如咏七夕之类。我失骄杨君失柳，杨柳轻飏直上重霄九。问讯吴刚何所有，吴刚捧出桂花酒。　　寂寞嫦娥舒广袖，万里长空且为忠魂舞。忽报人间曾伏虎，泪飞顿作倾盆雨。

　　暑假或寒假你如有可能，请到板仓代我看一看开慧的墓。此外，你如去看直荀的墓的时候，请为我代致悼意。你如见到柳午亭[3]先生时，请为我代致问候。午亭先生和你有何困难，请告。

　　为国珍摄！

毛　泽　东
一九五七年五月十一日

【注　释】

[1]指李淑一作的《菩萨蛮·惊梦》词："兰闺索寞翻身早，夜来触动离愁了。底事太难堪，惊侬晓梦残。　征人何处觅？六载无消息。醒忆别

伊时,满衫清泪滋。"

　　[2]指《虞美人·枕上》。

　　[3]柳直荀之父。

读范仲淹两首词的批语

（一九五七年八月一日）

苏 幕 遮

碧云天,黄叶地,秋色连波,波上寒烟翠。山映斜阳天接水,芳草无情,更在斜阳外。 黯乡魂,追旅意,夜夜除非,好梦留人睡。明月楼高休独倚。酒入愁肠,化作相思泪。

渔 家 傲

塞下秋来风景异,衡阳雁去无留意。四面边声连角起。千嶂里,长烟落日孤城闭。 浊酒一杯家万里,燕然未勒归无计。羌管悠悠霜满地。人不寐,将军白发征夫泪。

  词有婉约、豪放两派,各有兴会,应当兼读。读婉约派久了,厌倦了,要改读豪放派。豪放派读久了,又厌倦了,应当改读婉约派。我的兴趣偏于豪放,不废婉约。婉约派中有许多意境苍凉而又优美的词。范仲淹[1]的上两首,介于婉约与豪放两派之间,可算中间派吧;但基本上仍属婉约,既苍凉又优美,使人不厌读。婉约派中的一味儿女情长,豪放派中的一味铜琶铁板,读久了,都令人厌倦的。人的心情是复杂的,有所偏但仍是复杂的。所谓复杂,就是对立统一。人的心情,经常有对立的成分,不是单一的,是可以分析的。词的婉约、豪放两派,在一个人读起来,有时喜欢前者,有时喜欢后者,就是一例。睡不着,哼范词,写了这些。江青看后,给李讷看一看。

一九五七年八月一日

【注　释】

　　[1]范仲淹(989—1052),字希文,吴县(今江苏省苏州市吴中区)人。北宋政治家、文学家。他的词作不多,但为世传诵。

致胡乔木

（一九五八年七月一日）

乔木同志：

　　睡不着觉，写了两首宣传诗[1]，为灭血吸虫而作。请你同《人民日报》文艺组同志商量一下，看可用否？如有修改，请告诉我。如可以用，请在明天或后天《人民日报》上发表，不使冷气。灭血吸虫是一场恶战。诗中坐地、巡天、红雨、三河之类，可能有些人看不懂，可以不要理他。过一会，或须作点解释。

毛　泽　东

七月一日

【注　释】

[1]指《七律二首·送瘟神》。

《七律二首·送瘟神》后记

（一九五八年七月一日）

六月三十日《人民日报》发表文章说：余江县基本消灭了血吸虫，十二省、市灭疫大有希望。我写了两首宣传诗，略等于近来的招贴画，聊为一臂之助。就血吸虫所毁灭我们的生命而言，远强于过去打过我们的任何一个或几个帝国主义。八国联军，抗日战争，就毁人一点来说，都不及血吸虫。除开历史上死掉的人以外，现在尚有一千万人患疫，一万万人受疫的威胁。是可忍，孰不可忍？然而今之华佗们在早几年大多数信心不足，近一二年干劲渐高，因而有了希望。主要是党抓起来了，群众大规模发动起来了。党组织，科学家，人民群众，三者结合起来，瘟神就只好走路了。

致周世钊

（一九五八年十月二十五日）

惇元兄：

赐书收到，十月十七日的，读了高兴。受任新职，不要拈轻怕重，而要拈重鄙轻。古人有云：贤者在位，能者在职，二者不可得而兼。我看你这个人是可以兼的。年年月月日日时时感觉自己能力不行，实则是因为一不甚认识自己；二不甚理解客观事物——那些留学生们，大教授们，人事纠纷，复杂心理，看不起你，口中不说，目笑存之，如此等类。这些社会常态，几乎人人要经历的。此外，自己缺乏从政经验，临事而惧，陈力而后就列，这是好的。这些都是实事，可以理解的。我认为聪明、老实二义，足以解决一切困难问题。这点似乎同你谈过。聪谓多问多思，实谓实事求是。持之以恒，行之有素，总是比较能够做好事情的。你的勇气，看来比过去大有增加。士别三日，应当刮目相看了。我又讲了这一大篇，无非加一点油，添一点醋而已。坐地日行八万里，蒋竹如讲得不对，是有数据的。地球直径约一万二千五百公里，以圆周率三点一四一六乘之，得约四万公里，即八万华里。这是地球的自转（即一天时间）里程。坐火车、轮船、汽车，要付代价，叫做旅行。坐地球，不付代价（即不买车票），日行八万华里，问人这是旅行么，答曰不是，我一动也没有动。真是岂有此理！囿于习俗，迷信未除。完全的日常生活，许多人却以为怪。巡天，即谓我们这个太阳系（地球在内）每日每时都在银河系里穿来穿去。银河一河也，河则无限，"一千"言其多而已。我们人类只是"巡"在一条河中，"看"则可以无数。牛郎晋人，血吸虫病,蛊病,俗名鼓胀病,周秦汉累见书传,牛郎自然关心他的乡人,要问瘟神情况如何了。大熊星座,俗名牛郎星(是否记错了?),属银河系。[1]这些解释,请向竹如道之。有不同意见,可以辩论。十一月我不一定在京,不见也可吧!

毛　泽　东
一九五八年十月二十五日

【注　释】

[1]牛郎星不属大熊星座,它是天鹰星座中的α星。大熊星座中的星和牛郎星都属银河系。

在《毛主席诗词十九首》上的批注*
（一九五八年十二月二十一日）

一

我的几首歪词，发表以后，注家蜂起，全是好心。一部分说对了，一部分说得不对，我有说明的责任。一九五八年十二月，在广州，见文物出版社一九五八年九月刊本，天头甚宽，因而写了下面的一些字，谢注家，兼谢读者。鲁迅[1]一九二七年在广州，修改他的《古小说钩沉》，然后说道：于时云海沉沉，星月澄碧，饕蚊遥叹，予在广州。[2]从那时到今天，三十一年了，大陆上的蚊子灭得差不多了，当然，革命尚未全成，同志仍须努力。港台一带，饕蚊尚多，西方世界，饕蚊成阵。安得起全世界各民族千百万愚公，用他们自己的移山办法，把蚊阵一扫而空，岂不伟哉！试仿陆放翁[3]曰：人类今娴上太空，但悲不见五洲同。愚公尽扫饕蚊日，公祭无忘告马翁。

毛　泽　东

一九五八年十二月二十一日上午十时

二

击水：游泳。那时初学，盛夏水涨，几死者数。一群人终于

　＊　这是毛泽东在文物出版社1958年9月刻印的大字本《毛主席诗词十九首》的书眉上写的批注。其中二至十三，本书已分别采录到有关诗词的注释中，标为"作者自注"。

坚持，直到隆冬，犹在江中。当时有一篇诗，都忘记了，只记得两句：自信人生二百年，会当水击三千里。[4]

三

心潮：一九二七年，大革命失败的前夕，心情苍凉，一时不知如何是好，这是那年的春季。夏季，八月七号，党的紧急会议，决定武装反击，从此找到了出路。[5]

四

踏遍青山人未老：一九三四年，形势危急，准备长征，心情又是郁闷的。这一首《清平乐》，如前面那首《菩萨蛮》一样，表露了同一的心境。[6]

五

万里长征，千回百折，顺利少于困难不知有多少倍，心情是沉郁的。过了岷山，豁然开朗，转化到了反面，柳暗花明又一村了。以下诸篇，反映了这一种心情。[7]

六

水拍：改浪拍。这是一位不相识的朋友建议如此改的。他说：不要一篇内有两个浪字，是可以的。

三军：红军一方面军，二方面军，四方面军。不是海、陆、空三军,也不是古代晋国所作上军、中军、下军的三军。[8]

七

苍龙:蒋介石,不是日本人。因为当前全副精神要对付的是蒋不是日。[9]

八

昆仑:主题思想是反对帝国主义,不是别的。改一句:一截留中国,改为一截还东国。忘记了日本人是不对的。这样,英、美、日都涉及了。别的解释不合实际。[10]

九

雪:反封建主义,批判二千年封建主义的一个反动侧面。文采、风骚、大雕,只能如是,须知这是写诗啊!难道可以谩骂这一些人们吗?别的解释是错的。末三句,是指无产阶级。[11]

十

三十一年:一九一九年离开北京,一九四九年还到北京。旧国:国之都城。不是State,也不是Country。[12]

十一

乐奏:这里误植为奏乐,应改。[13]

十二

长沙水：民谣：常德德山山有德，长沙沙水水无沙。所谓无沙水，地在长沙城东，有一个有名的"白沙井"。武昌鱼：三国孙权一度从京口（镇江）迁都武昌，官僚、绅士、地主及其他富裕阶层不悦，反对迁都，造作口号云：宁饮扬州水，不食武昌鱼。那时的扬州人心情如此。现在变了，武昌鱼是颇有味道的。[14]

十三

上下两韵，不可改，只得仍之。[15]

【注　释】

[1]鲁迅，见《七绝二首·纪念鲁迅八十寿辰》注。

[2]毛泽东引用鲁迅的这句话，是凭记忆写的。鲁迅1927年在广州编校《唐宋传奇集》，作《序例》，文末题记说："时大夜弥天，璧月澄照，饕蚊遥叹，余在广州。"《唐宋传奇集》上册于1927年12月由北新书局出版，下册于1928年2月出版。

[3]指仿陆游《七绝·示儿》诗："死去元知万事空，但悲不见九州同。王师北定中原日，家祭无忘告乃翁。"陆游，见《卜算子·咏梅》注。

[4]这是对《沁园春·长沙》的批注。

[5]这是对《菩萨蛮·黄鹤楼》的批注。

[6]这是对《清平乐·会昌》的批注。《菩萨蛮》，指《菩萨蛮·大柏地》。

[7]这是对《忆秦娥·娄山关》的批注。"以下诸篇"，指《十六字令三首》（此篇在《毛主席诗词十九首》中排在《忆秦娥·娄山关》之后）、《七律·长

征》《念奴娇·昆仑》《清平乐·六盘山》。

[8]这是对《七律·长征》的批注。

[9]这是对《清平乐·六盘山》的批注。

[10]这是对《念奴娇·昆仑》的批注。

[11]这是对《沁园春·雪》的批注。

[12]这是对《七律·和柳亚子先生》的批注。

[13]这是对《浣溪沙·和柳亚子先生》的批注。

[14]这是对《水调歌头·游泳》的批注。这条批注有误记,据《三国志·吴书》记载,吴主孙皓一度从建业迁都武昌,反对迁都者造的童谣是:"宁饮建业水,不食武昌鱼。"

[15]这是对《蝶恋花·答李淑一》的批注。"上下两韵",指本词的韵脚字"柳、九、有、酒、袖"与"舞、虎、雨"不同韵。

致胡乔木

（一九五九年九月七日）

乔木同志：

诗两首[1]，请你送给郭沫若同志一阅，看有什么毛病没有？加以笔削，是为至要。主题虽好，诗意无多，只有几句较好一些的，例如"云横九派浮黄鹤"之类。诗难，不易写，经历者如鱼饮水，冷暖自知，不足为外人道也。

毛　泽　东
九月七日

【注　释】

[1]指毛泽东1959年6月写的《七律·到韶山》和同年7月写的《七律·登庐山》。

致胡乔木

（一九五九年九月十三日）

乔木同志：

沫若同志两信都读，给了我启发。两诗[1]又改了一点字句，请再送陈[2]沫若一观，请他再予审改，以其意见告我为盼！

毛　泽　东
九月十三日早上

"霸主"指蒋介石。这一联写那个时期的阶级斗争。通首写三十二年的历史。

【注　释】

[1]指毛泽东1959年6月写的《七律·到韶山》和同年7月写的《七律·登庐山》。

[2]送陈，即送予、送给。陈，唐颜师古注引东汉应劭曰："陈，施也。"《广雅·释诂三》："施，予也。"

《词六首》[1]引言

（一九六二年四月）

这六首词，年深日久，通忘记了。《人民文学》编辑部搜集起来，要求发表，因以付之。[2]回忆了一下，这些词是在一九二九至一九三一年在马背上哼成的。文采不佳，却反映了那个时期革命人民群众和革命战士们的心情舒快状态，作为史料，是可以的。

【注　释】

[1]《词六首》，指《清平乐·蒋桂战争》《采桑子·重阳》《减字木兰花·广昌路上》《蝶恋花·从汀州向长沙》《渔家傲·反第一次大"围剿"》《渔家傲·反第二次大"围剿"》。引言是作者原为这六首词在《人民文学》1962年5月号上发表而写的，后未发，改刊一则较短的，全文为："这六首词，是一九二九年——一九三一年在马背上哼成的，通忘记了。《人民文学》编辑部的同志们搜集起来寄给了我，要求发表。略加修改，因以付之。"

[2] 1962年1月15日，《人民文学》编辑部给毛泽东的信中说："最近我们辗转搜寻，找到了您的几首诗词。正因为是辗转搜寻到的，所以不知是否有讹误，也不知您是否愿意将其发表，或者是不是还需要修改，因此抄寄一份给您，请您指示，并请注上题目和写作年月。"

《忆秦娥·娄山关》的写作背景*

（一九六二年五月）

我对于《娄山关》这首词作过一番研究，初以为是写一天的事。后来又觉得不对，是在写两次的事，头一阕一次，第二阕一次。我曾在广州文艺座谈会[1]上发表了意见，主张后者（写两次的事），而否定前者（写一天），可是我错了。这是作者告诉我的。一九三五年一月党的遵义会议以后，红军第一次打娄山关，胜利了，企图经过川南，渡江北上，进入川西，直取成都，击灭刘湘[2]，在川西建立根据地。但是事与愿违，遇到了川军的重重阻力。红军由娄山关一直向西，经过古蔺、古宋诸县打到了川滇黔三省交界的一个地方，叫做"鸡鸣三省"，突然遇到了云南军队的强大阻力，无法前进。中央政治局开了一个会，立即决定循原路反攻遵义，出敌不意，打回马枪，这是当年二月。在接近娄山关几十华里的地点，清晨出发，还有月亮，午后二三时到达娄山关，一战攻克，消灭敌军一个师，这时已近黄昏了。乘胜直追，夜战遵义，又消灭敌军一个师。此役共消灭敌军两个师，重占遵义。词是后来追写的，那天走了一百多华里，指挥作战，哪有时间和精力去哼词呢？南方有好多个省，冬天无雪，或多年无雪，而只下霜，长空有雁，晓月不甚寒，正像北方的深秋，云贵川诸省，就是这样。"苍山如海，残阳如血"两句，据作者说，是在战争中积累

---

* 1962年，《人民文学》准备在五月号发表毛泽东的《词六首》，郭沫若应约于5月1日撰写了《喜读毛主席〈词六首〉》一文。5月9日，郭沫若将该文清样送毛泽东审改。毛泽东阅后将这篇文章中关于《忆秦娥·娄山关》写作背景的一段话全部删去，以郭沫若的口吻重新写了本篇的文字。由于时间紧迫，毛泽东的这段改文未能交给郭沫若和《人民文学》，所以当时《人民文学》发表的仍是郭沫若的原稿。毛泽东这段改文，直到1991年12月26日才首次在《人民日报》上发表。

了多年的景物观察，一到娄山关这种战争胜利和自然景物的突然遇合，就造成了作者自以为颇为成功的这两句话。由此看来，我在广州座谈会上所说的一段话，竟是错了。解诗之难，由此可见。

【注　释】

　　[1]指1962年3月7日由中国作家协会广东分会和《羊城晚报》副刊部在广州举办的文艺座谈会。

　　[2]刘湘，1933年任国民党军四川"剿匪"总司令部总司令，1934年并任国民党四川省政府主席。

对《毛主席诗词》中若干词句的解释*
（一九六四年一月二十七日）

一、"怅寥廓，问苍茫大地，谁主沉浮？"

这句是指：在北伐以前，军阀统治，中国的命运究竟由哪一个阶级做主？

二、"到中流击水"。

"击水"指在湘江中游泳。当时我写的诗有两句还记得："自信人生二百年，会当水击三千里。"那时有个因是子（蒋维乔），提倡一种静坐法。

三、"山下旌旗在望，山头鼓角相闻。"

"旌旗"和"鼓角"都是指我军。黄洋界很陡，阵地在山腰，指挥在山头，敌人仰攻。山下并没有都被敌人占领，没有严重到这个程度。"旌旗在望"，其实没有飘扬的旗子，都是卷起的。

四、"一枕黄粱再现"。

指军阀的黄粱梦。

五、"国际悲歌歌一曲"。

"悲"是悲壮之意。

六、"枯木朽株齐努力。枪林逼，飞将军自重霄入。"

"枯木朽株"，不是指敌方，是指自己这边，草木也可帮我们忙。"枪林逼"也是指自己这边。"枪林逼，飞将军自重霄入"是倒装笔法，就是："飞将军自重霄入，枪林逼。"

---

* 1963年《毛主席诗词》出版后，外文出版发行事业局立即组织翻译出版英译本。1964年1月27日，毛泽东应英译者的请求，就自己诗词中的一些词句，一一做了口头解释。这是根据英译者当时对毛泽东答复所做记录的要点整理的。

七、"莫道君行早"。

"君行早"的"君",指我自己,不是复数,要照单数译。会昌有高山,天不亮我就去爬山。

八、"离天三尺三"。

这是湖南常德的民谣。

九、"西风烈,长空雁叫霜晨月。……雄关漫道真如铁,而今迈步从头越。"

这首词上下两阕不是分写两次攻打娄山关,而是写一次。这里北有大巴山,长江、乌江之间也有山脉挡风,所以一二月也不太冷。"雁叫"、"霜晨",是写当时景象。云贵地区就是这样,昆明更是四季如春。遵义会议后,红军北上,准备过长江,但是遇到强大阻力。为了甩开敌军,出敌不意,杀回马枪,红军又回头走,决心回遵义,结果第二次打下了娄山关,重占遵义。过娄山关时,太阳还没有落山。

十、"五岭逶迤腾细浪,乌蒙磅礴走泥丸。"

把山比作"细浪"、"泥丸",是"等闲"之意。

十一、"天若有情天亦老"。

这是借用李贺的句子。与人间比,天是不老的。其实天也有发生、发展、衰亡。天是自然界,包括有机界,如细菌、动物。自然界、人类社会,一样有发生和灭亡的过程。社会上的阶级,有兴起,有灭亡。

十二、"一片汪洋都不见,知向谁边?"

是指渔船不见。

十三、"泪飞顿作倾盆雨"。

是指高兴得掉泪。

十四、"坐地日行八万里,巡天遥看一千河。"

人坐在地球这颗行星上,不要买票,在宇宙里旅行。地球自转的里数,就是人旅行的里数。地球直径为一万二千七百多公里,乘以圆周率,即赤道长,约四万公里,再折合成华里,约八万里。人在二十四小时内走了八万里。

十五、"牛郎欲问瘟神事"。

牛郎织女是晋朝人的传说。

十六、"红雨随心翻作浪,青山着意化为桥。"

"红雨"指桃花。写这句是为下句创造条件。"青山着意化为桥",指青山穿洞成为桥。这两句诗有水有桥。

十七、"别梦依稀咒逝川,故园三十二年前。……黑手高悬霸主鞭。"

"咒逝川"、"三十二年前",指大革命失败,反动派镇压了革命。这里的"霸主",就是指蒋介石。

十八、"冷眼向洋看世界"。

"冷眼向洋"就是"横眉冷对"。

十九、"云横九派浮黄鹤"。

"黄鹤"不是指黄鹤楼。"九派"指这一带的河流,是长江的支流。明朝李攀龙有一首送朋友的诗《怀明卿》:"豫章西望彩云间,九派长江九叠山。高卧不须窥石镜,秋风憔悴侍臣颜。"李攀龙是"后七子"之一。明朝也有好诗,但《明诗综》不好,《明诗别裁》好。

二十、"浪下三吴起白烟"。

"白烟"为水。

二十一、"陶令不知何处去,桃花源里可耕田?"

陶渊明设想了一个名为桃花源的理想世界,没有租税,没有压迫。

二十二、《七律·答友人》的"友人"指谁？

"友人"指周世钊。

二十三、"九嶷山上白云飞"。

"九嶷山"，即苍梧山，在湖南省南部。

二十四、"红霞万朵百重衣"。

"红霞"，指帝子衣服。

二十五、"洞庭波涌连天雪"。

"洞庭波"，取自《楚辞》中的《九歌·湘夫人》："洞庭波兮木叶下"。

二十六、"长岛人歌动地诗"。

"长岛"即水陆洲，也叫橘子洲，长沙因此得名，就像汉口因在汉水之口而得名一样。

二十七、"芙蓉国里尽朝晖"。

"芙蓉国"，指湖南，见谭用之诗"秋风万里芙蓉国"。"芙蓉"是指木芙蓉，不是水芙蓉，水芙蓉是荷花。谭诗可查《全唐诗》。

二十八、"暮色苍茫看劲松，乱云飞渡仍从容。"

是云从容，不是松从容。

二十九、"僧是愚氓犹可训，妖为鬼蜮必成灾。"

郭沫若原诗针对唐僧。应针对白骨精。唐僧是不觉悟的人，被欺骗了。我的和诗是驳郭老的。

三十、"蚂蚁缘槐夸大国"。

"大槐安国"是汤显祖《南柯记》里的故事。

三十一、"正西风落叶下长安，飞鸣镝。"

"飞鸣镝"指我们的进攻。"正西风落叶下长安"，虫子怕秋冬。形势变得很快，那时是"百丈冰"，而现在正是"四海翻腾云水怒，五洲震荡风雷激"了。从去年起，我们进攻，九月开始写文章,一评苏共中央的公开信。

三十二、"天地转,光阴迫。一万年太久,只争朝夕。"

你要慢,我就要快,反其道而行之。你想活一万年?没有那么长。我要马上见高低,争个明白,不容许搪塞。但其实时间在我们这边,"只争朝夕",我们也没有那么急。

致 陈 毅

（一九六五年七月二十一日）

陈毅同志：

　　你叫我改诗，我不能改。因我对五言律，从来没有学习过，也没有发表过一首五言律。你的大作，大气磅礴。只是在字面上（形式上）感觉于律诗稍有未合。因律诗要讲平仄，不讲平仄，即非律诗。我看你于此道，同我一样，还未入门。我偶尔写过几首七律，没有一首是我自己满意的。如同你会写自由诗一样，我则对于长短句的词学稍懂一点。剑英善七律，董老善五律，你要学律诗，可向他们请教。

西　行

万里西行急，乘风御太空。不因鹏翼展，哪得鸟途通。
海酿千钟酒，山栽万仞葱。风雷驱大地，是处有亲朋。

　　只给你改了一首，还很不满意，其余不能改了。

　　又诗要用形象思维，不能如散文那样直说，所以比、兴两法是不能不用的。赋也可以用，如杜甫之《北征》，可谓"敷陈其事而直言之也"，然其中亦有比、兴。"比者，以彼物比此物也"，"兴者，先言他物以引起所咏之词也"。韩愈以文为诗；有些人说他完全不知诗，则未免太过，如《山石》，《衡岳》，《八月十五酬张功曹》之类，还是可以的。据此可以知为诗之不易。宋人多数不懂诗是要用形象思维的，一反唐人规律，所以味同嚼蜡。以上随便谈来，都是一些古典。要作今诗，则要用形象思维方法，反映阶级斗争与生产斗争，古典绝不能要。但用白话写诗，几十年来，迄无成功。民歌中倒是有一些好的。将来趋势，很可能从民歌中吸引养料和形式，发展成为一套吸引广大读者的新体诗歌。又李白只有很少几首律诗，李贺除有很少几首五言律外，七言律他一首也不写。李贺诗很值得一读，不知你有兴趣否？

祝好！

毛 泽 东
一九六五年七月二十一日